ULLSTEIN

Das Buch

Über ein halbes Jahrtausend lang haben die Generationen des Habsburgergeschlechts die Geschicke Mitteleuropas bestimmt. Die Autorin hat aus Archiven zahlreiche unbekannte und bisher nicht veröffentlichte Dokumente zusammengetragen. In den Mittelpunkt ihrer Darstellung stellt sie aber nicht das politische Geschehen, sondern private Aspekte: Es werden die Hintergründe der Familiengeschichten, Skandale und Liebesaffären, Erbstreitigkeiten und Heiratspolitik geschildert. Entstanden ist ein farbiges, lebensnahes Porträt der großen Herrscherdynastie.

Die Autorin

Dorothy Gies McGuigan ist gebürtige Amerikanerin. Sie absolvierte ihr Geschichtsstudium an der University of Michigan, an der Columbia University, am King's College und an der University of London und lebte zwölf Jahre in Wien, wo sie sich in die Geschichte der Habsburger vertiefte. Sie lebt heute in Ann Arbor (Michigan).

Inhalt

Verzeichnis der Abbildungen

Die Abbildungen stammen aus dem Bildarchiv der Österreichischen Nationalbibliothek und aus dem Kunsthistorischen Museum in Wien.

Vorwort zur deutschen Ausgabe

Der Prozeß der Entdeckung Europas durch Amerika geht weiter. Keineswegs zum Nachteil des Entdeckten, der sich im Spiegel transatlantischer Unvoreingenommenheit ganz anders und manchmal viel reizvoller sieht als in der eigenen, hergebrachten Vorstellung.

Hier auf diesen Seiten werden uns die Welt und das Schicksal der Habsburger von einer Frau aus den USA präsentiert, die nach 1945 zwölf Jahre lang in Wien lebte und sich bei dieser Gelegenheit in das imponierende Herrschergeschlecht und seine sechseinhalb Jahrhunderte buchstäblich vernarrte. Die Faszination hat die graduierte Historikerin (University of Michigan, Columbia University, King's College, University of London) nicht mehr losgelassen, und ihr Ergebnis ist dieses Buch: keine wissenschaftlich »erschöpfende« Darstellung, trotz aller reichlich investierten Akribie, sondern ein Familienroman reinsten Wassers, vor dem alle Buddenbrooks, Barrings und Forsythes der Welt verblassen, denn mit so viel Aufstieg und Niedergang, Glück und Ende kann keine poetische Phantasie Schritt halten.

Wie sie liebten und ihre Kinder aufzogen, was sie aßen und tranken, wie sie sich kleideten und wie sie reisten, woran sie glaubten und wovor sie sich fürchteten, wie sie mit anderen stritten und untereinander rauften, wie sie ihren zeitweise erdumspannenden Besitz durch Eheschließungen mehrten und bewahrten (»Tu, felix Austria, nube«) und dabei hart an die Grenzen des Inzestes, ganz gewiß aber tief in die Gefilde der Inzucht gerieten, davon wird hier erzählt (ein »Inside Habsburg« gewissermaßen), von Politik und Krieg dafür nur am Rande.

Der Reigen der liebenden und oftmals leidenden

Habsburgerfrauen, der da an uns vorbeizieht, ist ebenso stattlich wie kontrastreich: von Johanna der Wahnsinnigen über Philippine Welser, Maria Theresia (samt Töchtern) und Elisabeth bis zur Gräfin Chotek und (sie gehören nun einmal dazu) bis zu Katharina Schratt und Mary Vetsera. Und nicht weniger stattlich und kontrastreich der Reigen der Herren Gemahle mit ihren Heldentaten und Hobbys, Narreteien und Sensationen aus der Intimsphäre; wozu noch die Fülle des verbürgten Tratsches kommt und viel Kunst, Idyll und Mystik – wie sich's eben gehört für einen Familienroman von Format. Die Distanz, aus der die in Habsburg verliebte Amerikanerin erzählt, und die daraus resultierende Tonart – in Verbindung mit Briefen und anderen persönlichen Aufzeichnungen – lassen selbst so unnahbare Erscheinungen wie Karl V., Philipp II. oder Karl VI. vom Piedestal herabsteigen und einmal nichts anderes sein als Sohn, Bruder und Vater mit den dazugehörigen Nöten und Sorgen; wodurch wir endlich einmal ausgiebig erfahren, was alles nicht im Geschichtsbuch steht.

Die Illustration bemüht sich, den gleichen Weg einzuschlagen und, soweit die Maler und Fotografen es ermöglichen, das Familiäre und Menschliche hervorzukehren. Auf Vollständigkeit wurde – auch in der Reihe der kaiserlichen Herren – weniger, auf den Eindruck mehr Wert gelegt. Die dem Text des Werkes gemäße Spannung im Bogen der Jahrhunderte ergab sich von selbst: vom Granatapfel in der Hand des weltentsagenden ersten Maximilian à la Dürer bis zur Armbanduhr am Handgelenk des zuversichtlich ins Objektiv lächelnden letzten Karl.

Wir sprechen durchaus im Sinn der Autorin, wenn wir dem Leser gute Unterhaltung wünschen.

Kurt Eigl

I

HABSBURGS AHNHERR

Die Könige der Welt sind alt
und werden keine Erben haben.
Rilke

Als im Jahre 1273 das Wahlkollegium der Kurfürsten in Frankfurt zusammentrat, um der »schrecklichen, der kaiserlosen Zeit« ein Ende zu machen – jenem von Alpträumen erfüllten Interregnum, durch das Mitteleuropa zu einem Spielball der Gewalt und der Anarchie geworden war –, hatten die Fürsten Schwierigkeiten, einen genehmen und zugleich unbedeutenden Mann zu wählen; jedenfalls einen, dem sie vereint den Fuß in den Nacken setzen konnten. Vor allem wünschten sie sich einen Herrscher, der die kostbarste aller Kronen nicht für erblich erklären würde.

Aus diesem Grund übergingen sie die sich aufdrängende Möglichkeit, einen der ihren, Ottokar von Böhmen, zu wählen, und schlugen als König für das Heilige Römische Reich einen Provinzadeligen von geringer Reputation vor, den Grafen Rudolf von Habsburg.[1]

Die Welt war durch diese Wal überrascht, der glückliche Kandidat nicht weniger – zumindest behaupten dies die Chronisten. Als die Nachricht mitten in einer Septembernacht dem Grafen Rudolf in seinem Zelt überbracht wurde – er war gerade mit dem Bischof von Basel in eine kriegerische Auseinandersetzung verwickelt –, meinte Rudolf, jedenfalls im ersten Moment, der Bote – es war der Burggraf von Nürnberg, Friedrich von Zollern – erlaube sich einen Scherz. Doch der Burggraf erwiderte: »Dies sei ferne, daß ich Euch, den mächtigsten aller Herren, zum besten hätte.«[2]

Rudolf schloß sofort Frieden, ließ die Gefangenen frei und reiste nordwärts, nach Aachen, um die Krone

Karls des Großen zu empfangen. Sein früherer Feind, der Bischof von Basel, der ihn besser kannte als die Kurfürsten, murrte: »Nun halte Dich fest, Gottvater, oder Rudolf wird nach Deinem Thron langen!«[3]

Die Kurfürsten hatten ihren Erwählten in der Tat unterschätzt. Rudolf besaß alle Eigenschaften des Emporkömmlings. Als erfahrener Politiker, als Meister im Intrigieren und Manövrieren, als Hasardeur und gewiegter Geschäftemacher verstand er es trefflich, aus allem das Beste herauszuholen. Er mag damals schon drei der sieben Kurfürsten bestochen haben, und zwar mit dem, was sich auch in der Zukunft für seine Familie als wertvollster Einsatz erweisen sollte – mit heiratsfähigen Töchtern.

Mit einem Fuß in der Tür der Weltgeschichte war Rudolf energisch genug, sie mit der Schulter ganz aufzustoßen. Er schickte sich an, in den Besitz der reichen österreichischen Herzogtümer im Gebiet der mittleren Donau zu kommen, Ländereien, die von seinem Rivalen, König Ottokar, nach dem Tode des letzten gesetzlichen Erben erobert worden waren. Als Rudolf nach Wien kam, fand er sich vor verschlossenen Toren. Intuitiv schätzte er das Wesen der Wiener richtig ein und drohte, ihre Weingärten und die Weinernte des Jahres zu vernichten, worauf ihm die Tore prompt geöffnet wurden.[4] Ottokar wurde gezwungen, ein Paar seiner Kinder mit einem Paar der Kinder Rudolfs zu verloben und sich dann nach Prag zurückzuziehen.

Ungefähr ein Jahr später, 1278, trafen die beiden Könige noch einmal im Marchfeld bei Dürnkrut aufeinander, um ihren Streit für immer auszutragen. Rudolf entschied den Tag für sich. Ottokar, der einige Jahre vorher Rudolf abschätzig als »armes Gräflein« bezeichnet hatte, verlor Schlacht und Leben.

Rudolf gab seinen eigenen Söhnen die österreichischen Herzogtümer als Familienbesitz. Die heilige Krone war attraktiver.

Wie er aussah, wissen wir von seinem Steinbild auf dem Grabmal in Speyer: die große vorstehende Hakennase, die stechenden Augen, die tiefgefurchten Wangen – ein Gesicht, hart und humorig zugleich. Wie scharfe Handzeichen am Rande der Geschichte sind uns Legenden über ihn bekannt. »Bei Gott, laßt doch jedermann zu mir kommen!« soll er ausgerufen haben. »Ich bin ja nicht König geworden, um wie in einem Kasten verborgen zu bleiben . . .« Er war keineswegs zu stolz, sich im Felde zu seinen Soldaten zu setzen und mit ihnen Rüben zu essen. Und mit Geld ging er so sparsam um, daß er seine Kleider selbst flickte.[5]

Er besaß Witz genug, über seine eigene Nase zu lachen. Als er einmal eine schmale Bergstraße entlangritt, begegnete er einem mürrischen Reiter, der keinen Fußbreit ausweichen wollte. Rudolf unverschämt anstarrend, fragte er herausfordernd: »Also, wohin soll ich denn, um dieser gewaltigen Riesennase Platz zu machen?« Rudolf lächelte freundlich, drückte seine Nase mit einem Finger seitwärts und sagte: »Nicht wahr, nun geht's?«[6]

Und als der stolze, beinharte alte Mann, dem auf dem Marchfeld das Pferd unter dem Leib getötet worden war, das Ende seines Erdendaseins nahen fühlte, bestieg er sein Roß zur letzten Reise mit den Worten: »Zu den andern hin will ich, hin nach Speyer, wo viele meiner Vorgänger liegen, die auch Könige waren. Und daß man mich nicht hinbringen muß, will ich selber zu ihnen geritten kommen.«[7]

Die Welt des Ahnherrn der Habsburger war eine Welt, aus der Magie und Wunder nicht wegzudenken sind. Man erzählte sich, daß er einmal – noch ehe er König wurde – zur Jagd ritt und dabei einem armen

Priester begegnete, der zu Fuß mit dem Allerheiligsten zu einem Sterbenden unterwegs war. Rudolf sprang kurz entschlossen aus dem Sattel und sagte: »Es schickt sich nicht, daß ich reite, während der Diener meines Herrn und Erlösers zu Fuß geht.« Er wollte auch das Reitpferd, das der Priester auf seinen Wunsch bestiegen hatte, nicht mehr zurückhaben: es wäre nicht recht, es wieder für alltägliche Dienste zu benützen, nachdem es den Heiland getragen habe. Die Kaiserkrone wurde vom Volk als Belohnung für seine gottesfürchtige Handlung betrachtet.[8]

Es wird auch erzählt, daß er in Aachen, als er kniend die deutsche Königskrone empfing, nachher völlig verändert wieder aufgestanden sei. »Ich bin nicht der, den Ihr voreinst gekannt«, läßt ihn Grillparzer im »König Ottokar« sagen.

Obwohl das Heilige Römische Reich zu jener Zeit bereits ein recht wankendes Staatengefüge war, über welches der Kaiser nur noch eine Schattenherrschaft ausübte, bemühte sich Rudolf, seine Persönlichkeit stärker einzusetzen, als dies der Gottähnlichkeit der Könige allgemein zukam. Ein goldener Nimbus umgab den Träger dieser glitzernden archaischen Krone, zwischen deren riesigen, ungeschliffenen Juwelen der unschätzbare Stein »Der Weise« prangte, den der Dichter Walther von der Vogelweide besungen hatte.[9] Seine Würde stand hoch über der aller anderen Monarchen. Ein König der Könige, so thronte er auf dem höchsten Gipfel der feudalen Welt. Er war Kaiser, Cäsar, ein Erbe von römischem Zuschnitt. Nur er konnte einen Fürsten in Europa zum König machen, er allein durfte als Majestät angesprochen werden.[10] Es war das einzige übernationale weltliche Amt auf Erden, und jeder Fürst christlichen Glaubens konnte sein Anwärter sein. Tatsächlich wurden knapp vor Rudolf ein Spanier und ein

Engländer peinlicherweise gleichzeitig gewählt. Theoretisch wurde der Herrscher vom Volk seines Reiches für das hohe Amt bestimmt. Und wenn auch die Wahl unter den sieben einflußreichsten Fürsten Deutschlands ausgetragen wurde – die mystische Sieben findet sich bei den Sakramenten und den Gestirnen und Himmelserscheinungen der Apokalypse wieder –, so wirkten dennoch die Stimmen des Volkes und der Kirche entscheidend auf die Abstimmung ein.

Auch die Krönung eines zur Würde des Römisch-Deutschen Kaisers berufenen Königs war nicht zu vergleichen mit der Krönung eines gewöhnlichen Königs. Er trug einen den Gewändern des Bischofs ähnlichen Ornat und empfing die Kommunion wie ein Priester »in beiderlei Gestalt«, Brot und Wein. Im Augenblick der Weihe, wenn er den Treueid auf das in silbernen und goldenen Lettern geschriebene Buch des Evangeliums und auf eine Schatulle voll Erde, getränkt mit dem Blut des Märtyrers Stephan, des ersten der Kirche, abgelegt hatte, wandte sich der Erzbischof von Köln an die versammelte Menge, deren Zustimmung er mit den Worten erbat: »Wollt Ihr diesen König als Kaiser und König des Römischen Reiches haben und ihm dienen, entsprechend dem Geheiß der Apostel?«[11]

Die Menge gab ihre Zustimmung mit einem laut gerufenen: »Fiat!« So soll es sein!

Jahrhundertelang lebten das Heilige Römische Reich und sein Kaiser in den Erinnerungen der Völker als Manifest einer geeinten Welt, zusammengehalten in christlichem Frieden. In der europäischen Vorstellung war der Kaiser das einzige Symbol einer übernationalen Einheit im Bereich des Weltlichen.

Nach dem Tode Albrechts, des Sohnes Rudolfs, trat in den Gezeiten des Familienglücks eine Ebbe ein, die Krone entglitt den Händen der Habsburger für ein volles Jahrhundert. Ein Kaiser aus der rivalisierenden Familie der Luxemburger, Karl IV., erließ 1356 die Goldene Bulle, welche die Habsburger von der Zugehörigkeit zum Wahlkollegium ausschloß. Aber ein anderer energischer Habsburger, Herzog Rudolf IV. »der Stifter«, hatte ein paar Tricks parat. Er entdeckte in seinem Kanzleramt eine Anzahl von Schriften, die seine Dynastie über alle anderen prinzlichen Familien emporhob und infolgedessen auch über die Kurfürsten: Alle Habsburger, so verkündete er, seien Erzherzoge und Erzherzoginnen von Geburt an.

Die Dokumente (Privilegium majus) wurden als klare Fälschungen erkannt und bezeichnet; der italienische Dichter Petrarca war über den Betrug besonders ergrimmt. Aber die Habsburger stellten ihren neuen Titel mit derartigem Aplomb und solcher Selbstsicherheit zur Schau, daß niemand es wagte, ihn in Abrede zu stellen. Schließlich wurde wiederum einer der Ihren, Friedrich III., Kaiser und bestätigte den Titel.

Was seinem Ahnherrn Rudolf I. nicht gelungen war, wie sehr er sich auch danach gesehnt und darum bemüht hatte: in Rom gekrönt zu werden, Friedrich war es 1452 vergönnt. Er war der erste und einzige Habsburger – und zugleich der letzte deutsche König –, der die Krone in Rom empfing (seinem Urenkel Karl V. reiste der Papst 1530 bis Bologna entgegen).

Von der Zeit Friedrichs an blieben die Habsburger mit der Kaiserkrone eng verbunden. Sie trugen sie nahezu ohne Unterbrechung, bis das Heilige Reich selbst erlosch.

II

HABSBURG IM HEIRATSGESCHÄFT: MAXIMILIAN I.

1. *Hochzeit in Burgund*

Eine ewige und unerschütterliche Liebe
verband die beiden in solch süßer
und liebender Harmonie,
daß nur der furchtbare Streich des Todes
sie voneinander trennen konnte.[12]
Jean Molinet, Hofchronist von Burgund

Im Leben einer Familie wie im Leben eines Menschen gibt es von Zeit zu Zeit Augenblicke ernster Gefahr, tödlicher Bedrohung, wenn unser Weiterleben – ungewollt und ungeplant – an Kleinigkeiten, an einem Winken des Schicksals zu hängen scheint. Ein solcher Augenblick ereignete sich für die Habsburger Anno 1477, als die Eheschließung des letzten Sohnes und Erben, Maximilian, um Haaresbreite gescheitert wäre.

Sein Vater, Kaiser Friedrich III., war kein begüterter Mann. Eine ganze Kette von Unglücksfällen hatte den Einfluß seiner Familie bis auf einen Bruchteil dessen reduziert, was er einmal war. Friedrich hatte innen und außen Schwierigkeiten, er wurde zum Krieg gedrängt, mußte mit einem streitsüchtigen Bruder die Herrschaft teilen und war gezwungen, seinem draufgängerischen, energischen Nachbarn Matthias Corvinus, Ungarns »Krähenkönig«, allmählich Raum zu geben. Zweimal hatten ihn und seine Familie die Einwohner seiner Stadt Wien in der Hofburg belagert, weil sie solchen Hunger litten, daß sie Hunde und Katzen verschlangen und sogar die Aasgeier verspeisten, die sich bereits auf den Dächern der Residenz niederließen. Als er mit den Seinigen aus der Stadt flüchtete, mußte der heiligste der Herrscher, der einzige Kaiser der westlichen Welt, es erdulden, daß man ihn verspottete und auspfiff und die Gepäckwagen seiner Gemahlin plünderte.[13]

Die warme und strahlende südliche Anmut seiner jungen Frau Eleonora von Portugal wandelte sich in der Folgezeit allmählich in eisige Verbitterung, und er mußte erleben, wie von seinen Kindern eins nach dem anderen dahinstarb, bis nur noch zwei am Leben blieben: der Knabe Maximilian und dessen Schwester Kunigunde.

Aber Friedrich besaß ein einzigartiges Temperament; eine gewisse Unempfindlichkeit der Seele, gepaart mit einer tüchtigen Portion Ausdauer, befähigte ihn, Schicksalsschlägen zu trotzen, die einen ungeduldigeren oder sensibleren Mann zerbrochen hätten.

Während all dieser Geschehnisse klammerte sich der phlegmatische, leidenschaftslose Friedrich an die sonderbare Überzeugung von seiner dynastischen Mission. Er sammelte Bücher über Magie und Okkultismus, beschäftigte sich mit Astrologie und hielt an seinem tiefen Glauben an die außergewöhnliche Kraft königlichen Blutes – vor allem seines eigenen – fest. Er verfolgte seinen Stammbaum zurück bis zu Kaiser Augustus und sogar noch weiter bis in die Zeit des Königs Priamos von Troja. Wenn Gott schon sein Geschlecht über alle anderen Fürstenhäuser emporgehoben hatte, so geschah dies sicherlich aus einem erhabenen Sinn für die Welt. Er wollte einfach ausharren, seine böse Pechsträhne durchstehen. Wie ein Schlafwandler schritt er über die Wracks seines Lebens, über verlorene Schlachten, verlorene Länder, verlorene Hoffnungen und über Enttäuschungen, Niederlagen und persönliche Tragödien hinweg. Friedrich war seines schließlichen Triumphes so gewiß, daß er einen sonderbaren Wahlspruch ersann und ihn in alles, was er besaß, einkerben und einmeißeln ließ: A E I O U.

Diese Vokalfolge bedeutet, so erklärte er: »Austria Est Imperare Orbi Universo – Als (Alles) Erdreich ist Österreich underthan.«[14]

Was den einzigen Sohn, den geliebten Erben, betraf, auf dem jene unerfüllbar scheinenden Hoffnungen ruhten, so war Maximilian vom Temperament seines Vaters völlig verschieden. Er war schnell entschlossen und geradezu quecksilbrig, wo sein Vater ledern und schwerfällig wirkte, er war ruhelos, neugierig und emsig, während sein Vater bedächtig, vorsichtig, langsam war.

Es war offenbar, daß der Knabe aus Trauer um den frühen Tod der Mutter und unter einem strengen Erzieher, der selbst vor Prügeln nicht zurückschreckte, zunächst derart schlecht lernte, daß sein Vater befürchtete, der Knabe sei geistig zurückgeblieben. Dann aber ganz plötzlich – als er zu fechten und den Speer zu werfen begann und ein vortrefflicher Jäger wurde – kam sein heller, fähiger Verstand zum Durchbruch.[15]

Er war noch ein Kind und spielte mit seinen Begleitern im Schloßhof Belagerung, als sein Vater bereits über eine Braut für ihn nachzudenken begann. Gab es denn überhaupt eine billigere oder simplere Lösung, das Glück der Familie wieder zurechtzuflicken, als die richtige Heirat für den Sohn ausfindig zu machen? Vermutlich war es Friedrichs alter Freund und früherer Kanzler, Aeneas Silvius Piccolomini, nun Papst Pius II., der ihm Marie, das einzige Kind des Herzogs von Burgund, vorschlug. Sie würde nach dem Tode ihres Vaters die Erbin des reichsten und kräftigsten selbständigen Staates in Europa sein.[16]

Aber diese Angelegenheit zu arrangieren war gar nicht so einfach. Während all der Jahre, da die beiden Kinder, voneinander getrennt, an den entgegengesetzten Enden Europas heranreiften, wurde der Plan wiederholt besprochen, fallengelassen und von neuem erwogen. Einerseits wetteiferten zahllose Freier um die Hand Maries, andererseits war ihr Vater, Karl der Kühne (»der Stürmische« wäre die geeignetere Übersetzung seines französischen Beinamens »le Téméraire« gewesen), ein schwieriger Mann, der sich von unmäßigem Ehrgeiz und Stolz treiben ließ und einen wahnwitzig hohen Preis für diese kostbarste aller Handelswaren verlangte. Karl hatte zwei Leidenschaften: die Liebe zu seinem Herzogtum und den Haß gegen Frankreich. Deshalb verlangte er als Gegengabe für seine Tochter einen Preis, der beiden Passionen genügen sollte: die Erhebung Burgunds zu einem Frankreich ebenbürtigen Königreich und seine Berufung als Nachfolger Friedrichs III. in der Würde eines Kaisers des Heiligen Römischen Reiches, so daß er schließlich höher rangieren würde als der König von Frankreich.

Die beiden Väter trafen sich im Herbst 1473 in Trier, um einander bezüglich der Eheschließung ihrer Kinder und der Fortführung ihrer Familienpolitik zu übervorteilen. Tatsächlich könnte jener Zeitpunkt das weitere Schicksal beider Häuser glaubwürdig erklären.

Über dieser Epoche – einem Jahrhundert, das von einem »sehr gemischten Geruch nach Blut und Rosen« durchtränkt war – hing eine stete Trauer, ein Ausdruck von Müdigkeit und ein Gefühl vom Enden aller Dinge. Große Familien vergingen in Tragik und Verwesung – etwa das Haus York im Tower und auf dem Bosworthfeld. Die Einnahme von Konstantinopel durch die Türken und deren stetes Vordringen auf den Balkan überzog die christliche Welt wie ein Leichentuch. Auf Bildern und Holzschnitten triumphierte der Tod über die Freuden des Lebens, die Dichter sangen vom Tode und den schneebedeckten Grüften vergangener Jahre: »O misérable et très dolente vie ... O elendes, sehr klägliches Leben!« Noch ruhten im Schoße des Jahrhunderts die unbekannten Wunder, die noch kommen sollten: Michelangelo, Kopernikus, Luther, Kolumbus; dieser noch ein gelangweilter Jüngling, der sich über die Spinnrocken in der häuslichen Spinnstube beugte.

In Trier aber starrte der vierzehnjährige Habsburg-Erbe, Maximilian, verwundert auf die schimmernde Pracht, die seine Zukunft sein sollte.

Karl der Kühne befand sich dazumal gerade auf dem Gipfel seines Aufstiegs. Ohne jede Zimperlichkeit trug er vor den Augen der frisch verarmten Habsburger den Reichtum Burgunds stolz zur Schau. Mit 400 Wagenladungen kostbarer Wandteppiche, mit Lasten von Gold und Silber und den Bildern flämischer Maler verwandelte er, begleitet von den besten Musikern Europas, die Abtei Sankt Maximin in einen luxuriösen Palast.

Dann hielt er einen grandiosen Einzug in die Stadt, glanzvoll wie ein Sonnenkönig in einen Mantel gehüllt, den seine flämischen Weber entworfen, mit Fäden puren Goldes bestickt und reichlich mit Juwelen verziert hatten. Dazu trug er ein Schwert, das auf dem Griff das vollständige Vaterunser aus lauter Diamanten eingelegt hatte.

Als die Habsburger – Vater und Sohn – in der Kirche betend niederknieten, geschah dies vor einem Altar, der mit burgundischen Schätzen beladen war: Da standen die zwölf Apostel aus Silber, zehn Heilige aus schwerem Gold, edelsteinfunkelnde Kandelaber und Reliquienschreine und schließlich ein einzelner riesiger Diamant in Form einer Lilie, der einen Nagel vom Kreuze Christi umschloß.

Beim Eröffnungsbankett verstand es Karl, den verarmten Kaiser so zu setzen, daß dieser sich einem riesigen Schrank gegenübersah, der mit 800 Teilen eines

Tafelgeschirrs aus Silber und Gold sowie mit drei Einhornhörnern beladen war.

Karl wollte nicht einmal so sehr einen Schwiegersohn (»Ich könnte mich ebensogut selbst zur Rolle eines Bettelmönchs bequemen«, sagte er zu einem seiner Begleiter), aber er dürstete leidenschaftlich nach einer Königskrone und der Chance, einmal selbst die Kaiserwürde zu besitzen.

Jedenfalls war Karl seines Erfolges so sicher, daß er bereits in einer Trierer Werkstatt eine Königskrone nach seinen Maßen in Auftrag gab.[17]

Der Auftritt des Kaisers gestaltete sich viel einfacher. Friedrich hatte es trotz aller Mißgeschicke verstanden, eine kleine Auswahl von Juwelen zu retten, und neben diesem Schmuck, seinem Titel und dem ehrwürdigen uralten Namen wirkte Karl wie ein Parvenü. Huldvoll wickelte er das tägliche Zeremoniell ab und verzichtete darauf, sich von Karl, seinem Vasallen, die Hände waschen zu lassen.

Zunächst schienen die Besprechungen hinter verschlossenen Türen gut voranzukommen. Aber was dann wirklich vor sich ging beziehungsweise warum es sich so ereignete, weiß niemand. Fürchtete Friedrich vielleicht die Fühlungnahme mit seinem Feinde Matthias Corvinus durch geheime Abgesandte Karls? Nahm er die Drohungen des Königs von Frankreich ernst? Oder fand er einfach nur den von Karl geforderten Preis zu hoch? Gewiß ist, daß sich einige der mächtigen deutschen Adeligen den Ambitionen Karls widersetzten. Und unbestritten hatte Friedrich viel weniger Einfluß auf die Stimmen seiner Kurfürsten, als Karl sich einbildete. Jedenfalls reiste Kaiser Friedrich genau am Tage vor Karls Thronerhebung und Krönung ohne Abschied einfach mit einem Schiff die Mosel abwärts gegen Köln und ließ die Konferenz platzen. Dem Erzbischof von Trier hinterließ er die Weisung, er möge die anfallenden Rechnungen bezahlen. Karl der Kühne blieb zurück, kochend vor Wut und Enttäuschung, mit einer unverlobten Tochter und einer halbfertigen Krone in den Händen.

Von Trier aus trat Karl dann jenen verhängnisvollen Weg zu undurchführbaren Eroberungen an, wobei er sich in einer Art gequälter Raserei, von einer verlorenen Schlacht in die andere taumelnd – Granson, Morat und Nancy –, immer mehr der Katastrophe näherte.

Friedrichs Verzögerungstaktik machte sich bezahlt. Im Jahre 1476, als sich bereits alle gegen Karl gewandt hatten, stimmte dieser endlich zu, seine Tochter dem Sohne des Kaisers ohne jede Gegenleistung zu verloben. Das junge Paar wechselte Ringe und Porträts, und Maximilian schrieb an Marie, daß er von nun ab ihre Farben tragen würde (wie es einem Ritter geziemte). Da das Reisen in jenen Tagen sehr schwierig war, lag Gent von Wien weltweit entfernt, sie konnten einander also bis zu ihrer Hochzeit nicht sehen. Und während Marie im Schloß von Gent auf die Rückkehr ihres Vaters wartete, der den genauen Hochzeitstermin festlegen sollte, entdeckte eine Gruppe von Karls Gefolgsleuten in einer bitterkalten Januarnacht beim Durchsuchen eines zugefrorenen Weihers nächst Nancy den nackten, von Wölfen schon halb aufgefressenen Leichnam des Herzogs. Er war bei Nancy gefallen.[18]

In den der verlorenen Schlacht folgenden Wochen, als sich die Nachricht vom Tode des Herzogs durch ganz Europa ausbreitete, entspann sich ein wahres Drama von geheimen, blutrünstigen Machenschaften rund um die Person der jungen Herzogin Marie. König Ludwig XI. von Frankreich, der gewandteste lebende Politiker – die »weltumfangende Spinne« nannten ihn seine Feinde –, war der erste, der zum Schlag ausholte.

Es sah ganz so aus, als wollte er Burgund, dessen Erbin und alles übrige verschlingen. Wie sein Historiker Commynes treffend rapportiert, war Ludwig von der Nachricht über Karls Tod »freudig überrascht«. Er ordnete nicht nur Trauerfeierlichkeiten an, sondern gab auch der französischen Armee den Befehl, sofort in Burgund einzumarschieren, es ganz zu besetzen und auch die Grenzgebiete der Picardie und Artois zu nehmen. Was seine »geliebte Cousine Marie« betraf, so gab er bekannt, daß er sie unter seinen Schutz nehmen – die Spinne, die die Fliege beschützt – und sie seinem einzigen Sohn, dem neun Jahre alten Dauphin, vermählen wolle.

Das war aber noch nicht alles. In ihrem eigenen Land sah sich Marie, ein sanftes Mädchen – dessen bis dahin sorgsam behütetes Leben hauptsächlich mit Musik, Handarbeiten und Falkenjagd ausgefüllt war –, plötzlich unbarmherzig in einen politischen Mahlstrom hineingerissen. Der Hof legte zwar offizielle Trauer an, aber die Städte Flanderns, die die schwere Last von ihres Vaters Zepter tüchtig zu spüren bekommen hatten, konnten ihre Freude über seinen Tod kaum verhehlen. Die Bewohner von Gent erhoben sich, setzten Maries liebsten Menschen, nämlich ihre gescheite jugendliche Stiefmutter Margarete von York, vor die Tür, machten Marie im eigenen Schloß faktisch zur Gefangenen und erzwangen ihre Zustimmung zu einem Sonderrecht, das den Gentern die Selbstverwaltung zusicherte. Zwei von Maries eigenen Beratern wurden dafür, daß sie die Befehle ihrer Herrin ausgeführt hatten, zum Tode verurteilt und hingerichtet, obwohl Marie allein aus dem Schloß lief und sich durch die aufgebrachte Menschenmenge einen Weg bahnte, um für die beiden Gnade zu erbitten.

Ihre Höflinge und deren Handlanger stritten darüber, welcher ihrer Freier sie bekommen sollte – ob der Dauphin von Frankreich oder der Bruder der englischen Königin oder der Sohn eines burgundischen Adeligen.[19]

In Wien bot Kaiser Friedrich, dieser bedächtige, umständliche Mann, so viel Energie auf, als er nur hatte, um die Heirat seines eigenen Sohnes mit Marie durchzusetzen. Er sandte einen Vertreter samt Gefolge nach Burgund, der versuchen sollte, die Vermählung zu sichern, und der so diskret wie nur möglich Erkundigungen über die Höhe der burgundischen Revenuen einzuziehen hatte. Friedrich begann Geld für die Hochzeitsreise zu sammeln und verschickte an alle hochstehenden Fürsten des Reiches Einladungen, seinen Sohn zur Hochzeit nach Burgund zu geleiten.[20]

Marie legte in ihrer Hochzeitsangelegenheit eine bemerkenswerte Entschlossenheit und Zielstrebigkeit an den Tag. Im März dieses Jahres – 1477 – reiste aus dem Genter Schloß ein zuverlässiger geheimer Kurier ab, der einen Brief für Maximilian bei sich trug:

»Teuerster und gütiger Gebieter und Bruder, ich grüße Sie aus ganzem Herzen . . . Sie dürfen nicht daran zweifeln, daß ich zur Vereinbarung zwischen uns – getroffen von meinem Herrn und Vater, der nun im Himmel ist – stehe, und ich will Ihnen eine getreue Ehefrau sein . . . Der Überbringer weiß, wie ich von Feinden umgeben bin. Gott gewähre uns unseren Herzenswunsch. Ich bitte Sie inständig, nicht zu zögern, denn Ihr Kommen wird meinem Volke Trost und Hilfe bringen . . . wenn Sie aber nicht kommen, kann mein Land keine Unterstützung erwarten . . . und ich könnte gewaltsam gegen meinen Willen dazu getrieben werden, etwas zu tun, falls Sie mich im Stiche lassen.«[21]

Wovor fürchtete sich die neunzehnjährige Prinzessin? Wozu wollte sie nicht gegen ihren Willen gedrängt werden? Ganz einfach: Sie wurde gequält von der Vorstellung, den erst neun Jahre alten Dauphin von Frankreich, ein mageres, kränklich aussehendes Kind mit eingefallener Brust und krummen Beinen, heiraten zu müssen.

Der Vertreter Kaiser Friedrichs fand bei seiner Ankunft in Burgund noch immer Bürgerkrieg vor und innerhalb des herzoglichen Palastes einige Verwirrung. Also eilte er zurück nach Wien und beschwor den Kaiser, sich zu beeilen, denn »sie würden mit Freuden ihr Leben und alle ihre irdischen Güter« dafür geben, wenn nur der Erzherzog schon unterwegs zu ihnen wäre.[22] Die Hofleute hatten noch hinzugefügt, daß, soweit es die Herzogin Marie beträfe, diese einzig und allein nur Maximilian erwählen wolle: »Ihn und keinen anderen auf der Welt will sie haben.«[23] Ob die Herzogin allerdings gegen die Pressionen, Intrigen und Bestechungen des Franzosenkönigs standzuhalten vermöge, könne niemand sagen.

Die übrigen kaiserlichen Emissäre bereiteten in großer Hast eine Trauung durch Stellvertreter vor. Ohne einen ihrer Räte zu befragen, stand Marie alles durch, legte sich vor Zeugen auf das bereitstehende Paradebett, während der stellvertretende Bräutigam, Herzog Ludwig von Bayern, an ihrer Seite lag. Zwischen ihnen befand sich ein Schwert, und die rechte Körperseite Ludwigs war »zum Beweis, daß der Bräutigam sie an ihren Feinden rächen würde«, mit einem Panzer bekleidet.[24]

Trotzdem fühlte sich niemand sonderlich beeindruckt. Stellvertreterhochzeiten wurden nur noch als Propagandatricks gewertet, weshalb sowohl die Machenschaften des Königs von Frankreich als auch die Annäherungsversuche der übrigen Bewerber ungestört weitergingen. Es war im Juni, als König Ludwig XI. den

Einwohnern einer besetzten burgundischen Stadt mitteilte, er werde sie, falls sie die Hochzeit ihrer Prinzessin mit Maximilian zuließen, kurzerhand in eine ferne Gegend deportieren, in »ein primitives und unzivilisiertes Land, wo sie fern von jeglicher Tröstung leben müßten«.[25]

In Wien verzögerte jedoch ein peinliches Mißgeschick die Abreise des echten Bräutigams: Es war einfach kein Geld in der kaiserlichen Kasse. Nun konnte der Sohn des Kaisers ja nicht wie ein gewöhnlicher Passagier in einer Postkutsche quer durch Europa reisen, sein Auftreten mußte eindrucksvoll genug sein, um die recht weltlich eingestellten Burgunder, die an die übertriebene Prachtentfaltung ihrer eigenen Herzöge gewöhnt waren, für sich zu gewinnen. Außerdem war ein päpstlicher Dispens zu bezahlen – die jungen Brautleute waren entfernt verwandt –, und für die Braut mußte auch noch Schmuck eingekauft werden.[26]

Friedrich versuchte, wo immer es nur möglich war, zu betteln und zu borgen. Er nahm Vorschüsse auf die Revenuen aus den kaiserlichen Städten und zog eine alte Schuld von den Ulmer Juden ein, so daß es ihm gelang, beinahe genug für die Reise zusammenzukratzen. Noch am 21. Mai, am Vorabend der Abreise seines Sohnes, war der Kaiser mit dem Verpfänden von Liegenschaften und dem Borgen von Dukaten beschäftigt.[27] Und am Ende war erst nur so viel Geld beisammen, daß es gerade bis Köln und nicht weiter reichte. Und um die Lage noch schwieriger zu gestalten, stand Friedrichs alter Feind, Matthias Corvinus, wieder einmal schwertklirrend vor den Toren Österreichs ...

Maximilians Reise von Wien nach Gent dauerte nahezu drei Monate. Zu der erschreckenden Beschaffenheit der Straßen des 15. Jahrhunderts und dem Mangel an Bequemlichkeit für eine große Reisegesellschaft kamen noch Verzögerungen, die jede Fahrt von solch politischer Bedeutung in die Länge ziehen: Empfänge, Bankette, feierliche Überreichung von Hochzeitsgeschenken. Alle Bewohner der Dörfer und Städte entlang der Reiseroute drängten sich, dem Sohn des Kaisers zu huldigen. Mit jeder Meile wuchs der Hochzeitszug: Bischöfe und Äbte in von Pferden gezogenen Sänften schlossen sich an, Fürsten mit Eskorten bewaffneter Ritter, und den Schluß des Zuges bildeten Hochzeitsgaben in Gestalt lebender Schafe, Ochsen, Pferde und mit vollen Weinfässern beladener Wagen.[28]

Hocherfreut schrieb Maximilian an seinen Vater, daß ihm die Stadt Augsburg einen mit Goldstücken gefüllten Pokal überreicht habe.[29] Trotzdem war zu dem Zeitpunkt, da die ganze Gesellschaft Köln erreichte, nahezu alles Geld aufgebraucht, die Teilnehmer hielten Rast und warteten fast den ganzen Monat Juli. Erst als Maries entschlossene Stiefmutter, Margarete von York, 100 000 Dukaten und einen Begleitschutz burgundischer Reiter schickte, konnte der Zug die Reise wieder fortsetzen.

Kaum weniger nützlich als die Dukaten war deren Überbringer, Olivier de La Marche, ein Höfling, Dichter und Mann von Welt, der Maximilians unentbehrlicher Führer durch die Irrgärten der burgundischen Hofetikette werden sollte.[30]

Intrigen verfolgten den jungen Bräutigam fast bis zur Torschwelle von Maries Palast. Der Vater eines ihrer Freier, der Herzog von Cleve, versuchte zuerst in Köln, dann in Brüssel, die Reisegesellschaft aufzuhalten, und der König der Franzosen bestand darauf, daß Marie ohne seine Zustimmung nicht heiraten könne, da er nicht nur ihr nächster männlicher Verwandter, sondern auch der Herrscher sei, dem sie für einen Teil ihrer Ländereien Gehorsam schulde.

Als Maximilian endlich die Grenzen Burgunds überschritt, ließen ihm die Abgesandten seines Vaters die Nachricht zukommen, daß Ort und Tag der Verehelichung im stillen abgeändert worden seien; gleichzeitig wurde er gewarnt, dies ja nicht zu verraten.[31]

Bei Sonnenuntergang am 18. August ritt Maximilian in die Stadt Gent ein – »wie ein Erzengel«, wurde später behauptet. Er trug einen vergoldeten Panzer, und auf seinem blonden Haar saß an Stelle eines Helms ein Diadem aus Perlen und kostbaren Edelsteinen, während seine Brust mit dem samtschwarzen Wappenkreuz Burgunds geziert war. Hinter ihm ritt ein nahezu tausend Mann starkes Gefolge von Fürsten, Freiherren, Bischöfen und Rittern, die die Trauerkleider, die man anläßlich des Todes von Herzog Karl trug, abgelegt hatten und nun in schimmernder Rüstung mit federgeschmückten Helmen und flatternden Fahnen auftraten. An ihren Lanzen baumelten fröhlich Fuchsschwänze. Sie zogen in die Stadt ein, nachdem sie den Außenkreis der großen Windmühlen passiert hatten, und trabten durch die mit Menschen vollgestopften Straßen. Die Genter trugen Spruchbänder mit der Aufschrift: »Ruhmreichster Prinz, beschütze uns, oder wir verderben!«[32]

Am späten Abend begegneten die beiden jungen Leute einander bei Fackelschein in einem inneren Hof des herzoglichen Palastes. Marie wartete mit ihren Damen auf einer Freitreppe, die in den großen Rittersaal führte. Nachdem sich Maximilian einen Weg durch die riesige Menschenmenge gebahnt und die Damen alle mit einem Kuß begrüßt hatte, starrte sich das junge Paar erstaunt und stumm und *»blaß wie der Tod«* an.[33]

Marie mochte in jener Nacht noch hübscher ausgesehen haben, als uns ihr Gesicht und ihre Gestalt auf einem Miniaturbild im Gebetbuch ihres Vaters erhalten sind: stattlich gekleidet, das edel geformte Antlitz mit den dunklen Augen von einem leichten Lächeln erhellt und gekrönt von einer hoch aufgetürmten, nach oben spitz zulaufenden, unter weißen Schleiern verhüllten Frisur, so wie sie die eleganten Damen des Hofes trugen. Über den achtzehnjährigen Erzherzog mit seinen lebhaften, fröhlichen braunen Augen und seiner markanten Renaissancenase gab es nur ein einziges, allgemeines Urteil: Er sieht entzückend aus!

Weder Braut noch Bräutigam verstanden die Sprache des anderen. Sie waren während des ganzen Abends gezwungen, sich durch Zeichen zu verständigen. Eine ziemlich karge Unterhaltung. Aber da fand man einen charmanten Ausweg, um das Eis zu brechen: Dem Prinzen wurde bedeutet, daß er, einem alten flämischen Brauch folgend, eine Blume suchen und finden müsse, die die Prinzessin irgendwo an sich versteckt habe. Zögernd suchte der junge Mann die Blume zu ertasten – »sittsam, mit zwei Fingern«, berichtet ein deutscher Chronist –, während die Zuschauer lächelten und nickten. Endlich sagte der daneben stehende ältliche Erzbischof von Trier zu dem Knaben: »Löset das Mieder der Dame, vielleicht werdet Ihr es dann finden.« Mit zitternden Händen gehorchte Maximilian und zog eine Blume – eine Nelke – hervor, deren Bedeutung vom versammelten Hof sofort begriffen wurde: denn in der althergebrachten Blumensprache versinnbildlicht die Nelke die reine Gattenliebe.[34]

Maries Ratsherren unterbrachen diese poetische Szene mit einigen sehr konkreten Fragen bezüglich des finanziellen Übereinkommens, besonders hinsichtlich der Morgengabe, jenes Goldgeschenkes, das der Bräutigam nach alter Sitte am Morgen nach der Eheschließung der Braut als Entschädigung für den Verlust ihrer

Jungfernschaft zu überreichen hat. Aber Maximilian beendete die Debatte rasch, indem er sich kurzerhand mit allem einverstanden erklärte. Der Ehekontrakt wurde bekräftigt und unterzeichnet, der Bräutigam gab seiner Verlobten einen prachtvollen Edelstein, worauf die Begegnung mit einem Bankett im Prunksaal des Palastes endete.

Bei Anbruch des folgenden Tages wurde Maximilian nach nur knapp vier Stunden Schlaf geweckt und in die Schloßkapelle geführt. Dort kniete das junge Paar nieder, um das Treueversprechen abzulegen, mit dem päpstlichen Legaten das heilige Brot zu brechen, den Hochzeitsbecher zu teilen und den Friedenskuß zu empfangen. Marie erschien dabei als wahres Kind ihres Vaters, als eine goldene Prinzessin: in goldbestickten Gewändern, die Taille von einer mit Juwelen besetzten Schärpe umgeben, auf dem Haupt die goldene Krone Burgunds.[35]

Die ganze Hochzeitsgesellschaft wurde nun zu den Festlichkeiten mit Musik und Tanz gebeten, die den vollen Tag über andauerten. Bei Einbruch der Nacht geleitete eine Eskorte von Rittern Maximilian zum Brautgemach, wo das junge Pärchen, einer lustvollen Sitte jener Tage gemäß, gemeinsam zu Bett gebracht wurde. Einer der sächsischen Ritter, der den Hochzeitszug quer durch Deutschland begleitet hatte, hinterließ über diese Reise einen Bericht, der vor der Tür zum Brautgemach endet: »Wie es da ganngen ist wais ich nit.« (Was dann drinnen geschah, weiß ich nicht.)[36]

Der Hofchronist von Burgund, Jean Molinet, hingegen drückte sich deutlicher aus. Obwohl er versprach, über die Konsumtion der Ehe taktvoll zu schweigen, fügte er doch hinzu, der Herzog habe bewiesen, daß er »ein Begatter und ein richtiger Mann war, der von Gott, der die Nachkommenschaft schicke, geliebt sei, denn unsere edle Herzogin und Prinzessin empfing und fand sich schwanger mit einem lebensfähigen Kind . . .«[37]

Zweifellos war diese Hochzeit durch Verknüpfung von erstaunlichem Glück und dem Willen Maries sowie dem ihres Schwiegervaters zustande gekommen. Kaum drei Wochen nachdem Maximilian Wien verlassen hatte, fiel die ungarische Armee in Niederösterreich ein und zog bis vor die Tore der Hauptstadt. Kaiser Friedrich floh donauaufwärts; er kam nie wieder nach Wien zurück. Als ein Schattenkaiser, halb im Exil lebend, konnte er sich doch damit trösten: Was immer er auch verloren hatte, seinen Kindeskindern war das wertvolle Erbe Burgunds gesichert.

Ludwig XI. von Frankreich – die »weltumspannende Spinne« – rechnete es zu den schwersten Fehlern seines Lebens, daß er die Habsburgerheirat zugelassen hatte. Auf seinem Schloß Plessis-les-Tours sann er bereits über Mittel und Wege nach, um die Beute, die er unerklärlicherweise hatte entschlüpfen lassen, wieder zurückzubekommen.

2. *Die Mitgift*

Hätten wir Frieden,
wir säßen in einem Rosengarten.
Brief Maximilians aus Burgund[38]

Die ersten Tage nach seiner Eheschließung offenbarten sich für Maximilian als eine jener galanten Romanzen, die er so sehr liebte. An jedem Morgen fand er in seinem Zimmer ein neues kostbares Kleidungsstück ausgebreitet vor: einen Tag ein Gewand aus Goldstoff mit silberner Filigranarbeit, den andern eines aus reinem weißem Satin, geschmückt mit einer schweren goldenen Kette, dann wieder ein Kleid aus feinstem schwarzem oder eines aus braunem Samt, mit Zobel eingefaßt.[39]

Philippe de Commynes, der Freund und Historiker des Königs von Frankreich, behauptete, daß Maximilian, als er nach Burgund kam, »überhaupt nichts wußte«.[40] Es traf offenbar zu, daß er von praktischer »Realpolitik« keine Ahnung hatte. Immerhin besaß er aber eine Anzahl erfreulicher Eigenschaften, die ihn zu einem durchaus angenehmen Bräutigam einer Prinzessin machten, die mit knapper Not einer Heirat mit einem siechen neunjährigen Knaben entronnen war.

Alle ritterlichen Taten führte er mit enormer Kraft und Energie aus; er war imstande, ein Hufeisen mit bloßen Händen zu biegen, ein Bravourstück, das er direkt von seiner polnischen Großmutter Cymburga geerbt hatte, der man nachsagte, sie habe mit bloßen Händen Nägel in die Wand geschlagen. Er tanzte gut, spielte die Laute, sang mit angenehmer Stimme, malte ein bißchen und trieb ein wenig Lyrik. Auch in den Künsten der Liebe war er ausgebildet, dank der großzügigen Dienste einer österreichischen Geliebten namens Rosina, die nach seiner Abreise aus Wien in Tränen aufgelöst dort zurückgeblieben war. (Von Zeit zu Zeit dachte er selbst in Burgund voll Sehnsucht an sie und bestürmte seinen alten Freund Sigismund Prüschenk, den Kanzler seines Vaters, mit Fragen über sie.)[41]

Mit seiner Gattin selbst war er recht zufrieden. Voll entwaffnender Offenheit verglich er sie mit seiner ehemaligen Geliebten:

»Ich habe eine schöne, hingebungsvolle und tugendhafte Frau . . . Ihr Leib schlanker als der Rosinas und weiß wie Schnee, mit brünettem Haar, schmaler Nase, zierlichem, kleinem Kopf und Gesicht, braunen Augen mit grauen Sprenkeln, schön und klar, ihr Mund ein bißchen groß, aber rot und keusch.«[42]

Marie sah in den feinen Kleidern, die sie sich für ihre Hochzeit hatte machen lassen, sehr liebreizend aus. Die Stoffe hierfür hatte sie von Florentiner Kaufleuten aus Brügge bekommen: gemusterten Damast und Satin, feinen Samt in Braungelb und Karmesinrot, Weiß und Violett.

Obwohl beide in voneinander weit entfernten Ländern aufgewachsen waren und verschiedene Sprachen redeten, entdeckten sie doch durch die gemeinsamen Bande ihrer höfischen Erziehung Hunderte Dinge, die sie miteinander teilen konnten. Jeder begann den anderen seine Sprache zu lehren; Jahre später ließ Maximilian die Szenerie dieser Schulstunden malen: In einem reizenden Sommerhaus sitzt das Prinzenpaar lächelnd beisammen, ein aufgeschlagenes Buch auf den Knien, während Liebespaare Hand in Hand durch den Garten schlendern.

An manchen Abenden spielten sie mit Figuren, die aus Bergkristall und Gold geschnitzt waren, Schach. Oder sie lasen gemeinsam aus den kostbaren Pergamentbänden der Hofbibliothek: aus den Stundenbüchern und den Geschichten von Troja, die Maries Vater gesammelt und aufgeschrieben hatte, ferner die Abenteuer des Lanzelot sowie über Perzeforest und Melusine. Oder sie lauschten dem Schloßchor, dessen 24 Stimmen engelsüß erklangen und der verwirrende, hinreißende Lieder sang, wie sie Maximilian nie zuvor gehört hatte. Olivier de La Marche erzählte ihm, daß die Stimmen durch den Genuß von rohem Fleisch so klar und rein erhalten würden.[43]

Zu Abend aßen sie mit Maries Stiefmutter von Tafelgeschirr aus Gold und Kupfer. (Maximilian bezeichnete die Dame in seinen Briefen mit der gnadenlosen Unverschämtheit seiner Jugend als »die alte Frau«, denn Margarete von York war zu diesem Zeitpunkt – genau 32 Jahre alt.)

Die Speisen waren abwechslungsreicher und erlesener, als er je welche gekostet hatte, denn in den Küchengärten Flanderns wuchsen feine Kräuter, Artischocken und grüne Salate, wie sie nirgends sonst in Europa zu finden waren. Und den großen, gutgeführten Schloßküchen entströmten exquisite Saucen, Pasteten, Honigkuchen und andere Süßigkeiten. So hatte der verstorbene Herzog Karl besonders eine Konfitüre aus gepreßten Rosen geliebt.

In keinem anderen nördlich der Alpen gelegenen Hofstaat wurde die Art anmutiger Lebensweise mit so bewußter Eleganz geübt wie im Herzogsschloß von Burgund, wo die mittelalterliche Kultur gerade damals in einem letzten Spätsommer erblühte.

Nach dem kalten und unbehaglichen Familienschloß in Wien, das mehr Festung als Palast war, erschienen Maximilian die Wärme und Bequemlichkeit der Paläste von Gent, Brügge und Brüssel als eine Quelle nie endender Wunder. An den Wänden hingen die leuchtenden Gemälde der flämischen Meister van Eyck und Roger van der Weyden, und wenn Maximilian Zeit fand, eilte er zum Roten Kloster, um dem Maler Hugo van der Goes zuzusehen, der zwischen Anfällen von Wahnsinn seine Meisterwerke schuf. Sogar die königlichen Wappenschilder, die Meßgeräte und Fahnen sowie die persönlichsten Stücke der Palasteinrichtung waren von bedeutendsten Künstlern entworfen worden.

Er wurde nie müde, die riesigen Teppiche an den Wänden ganz genau zu betrachten, denn auf ihnen waren Szenen aus der Geschichte abgebildet. Sein besonderes Interesse galt den berühmten Trojagobelins – denn er glaubte natürlich, genau wie sein Vater, daß die Habsburger direkt von König Priamos abstammten. Diese Trojateppiche waren auf den hohen Webstühlen von Tournai hergestellt und von der Stadt Brügge Maries Vater geschenkt worden, »unserem hochverehrten Herrn und Prinzen nach seinem Wunsch und Gebet«.[44]

In dem exquisiten Palasthaushalt, den sich das herzogliche Paar eingerichtet hatte, wachten Dutzende adeliger Hofbeamter und Hunderte erstklassig geschulter Diener über die komplizierte Reihenfolge des täglichen Zeremoniells. Vier Bedienstete waren nur dazu bestimmt, das herzogliche Bett zu betreuen: Einer öffnete am Morgen die Vorhänge und schlug die Bettdekken zurück, ein anderer schüttelte und lüftete die Federbetten, der dritte hielt den brennenden Kienspan, wenn der Herzog ins Bett stieg, und der vierte zog den Vorhang rund um die Schlafstelle zu. Ein anderer Diener wieder hatte nur die Aufgabe, jeweils den Herzogsstuhl zurechtzurücken, während ein weiterer jedesmal eine Schale unter das herzogliche Kinn hielt, sooft sein Herr den Trinkbecher zum Munde führte. Ein Edelmann hatte die Ehre, seinem Herrn das Fleisch zu zerkleinern, und genoß dafür das Privileg, jenes Stück, das er beim Zerteilen mit der Hand berührt hatte, für sich behalten zu dürfen. Nach jedem Gang wurde bei Tisch eine mit parfümiertem Wasser gefüllte Silberschale zum Reinigen der Finger herumgereicht, und jeder Gast erhielt einen Zahnstocher, der mit Diamanten besetzt war und dessen breiteres Ende eine Perle zierte.

Die Wunder, die der Palast beherbergte, schienen in der Tat ohne Ende zu sein. In den Schatzkammern wurden nicht nur große Mengen von Gold- und Silbergeschirr aufbewahrt (allerdings weit weniger als zu jener Zeit, da sie der habgierige Großvater Maries, Philipp der Gute, aufgestapelt hatte, denn ihr Herr Papa hatte bereits begonnen, diesen Schatz anzugreifen), sondern die Kammern enthielten auch alle Arten schöner und seltener Gegenstände. So etwa eine durchsichtige Lavendelschale aus Achat, von der man sagte, daß sie jenes Gefäß sei, aus welchem der Herr beim Letzten Abendmahl getrunken habe. Des weiteren gab es geschickt bearbeitete Juwelen, den größten in Europa bekannten Diamanten sowie das berühmte Einhornschwert Herzog Karls, das in seinem Griff ein Stück des von Zauberkraft erfüllten Hornes enthielt und den Träger vor jedem Unglück schützen sollte.[45]

Singvögel hingen in Käfigen überall im Palast, und die Zwinger waren von Tieren bevölkert, die der österreichische Prinz noch nie zuvor gesehen hatte: Löwen und Leoparden, Elefanten, Bären, Kamele und Affen.

Aber von all den Reichtümern, die ihm seine Frau als Mitgift gebracht hatte, begeisterte den jungen Edelmann die Jagdausstattung des verstorbenen Schwiegervaters am meisten. Herzog Karl hatte 4000 Jagdhunde und 3000 abgerichtete Falken zu seinem Vergnügen gehalten. Auch Marie liebte die Jagd. Ihr Lieblingsfalke saß auf einer Sitzstange über dem Kaminsims, wo sie ihn mit eigener Hand fütterte, damit er sich an sie gewöhne. »Meine Frau ist eine ausgezeichnete Jägerin mit Falken und Hunden«, berichtete Maximilian stolz nach Hause. »Sie besitzt einen weißen Windhund, der sehr schnell ist. Er schläft fast jede Nacht vor unserem Bett.«[46]

Seite an Seite ritten Maximilian und Marie, sooft sie Zeit dazu fanden, auf die Jagd. Da gab es eine wilde Hatz durch die weiten flämischen Ebenen, Wildfütterung in den Wäldern von Soignes, Nistplätze von Reihern, Kranichen und Wildgänsen in der Sumpflandschaft außerhalb von Brügge. »Wenn nur Frieden wäre und ich unseren Herrn und Vater für zwei Wochen bei uns hätte, wäre ich im Paradies«,[47] sagte Maximilian immer wieder.

Lange noch ehe die Süße aus dem kurzen Honigmond gepreßt war, lange bevor er die Annehmlichkeiten der reichen Erbschaft seiner Frau voll ausgekostet hatte, mußte er sich jenem tödlichen Geschenk in Maries Mitgift zuwenden: dem Streit mit Frankreich.

Der alte Machtkampf zwischen den Königen von Frankreich und ihren Vettern, den burgundischen Herzögen, der während des Hundertjährigen Krieges weiterschwelte, war durch einen Doppelmord wieder in voller Leidenschaft entflammt. Maries Urgroßvater, Johann der Furchtlose, hatte in einer dunklen Straße von Paris den Scheinregenten Frankreichs, Ludwig von Orléans, getötet und war selbst wenige Jahre später von Truppen des französischen Dauphins auf der Brücke von Montereau erschlagen worden. Die Fehde gärte während der Regentschaft von Maries Großvater, Philipp dem Guten, und ihres Vaters, Karls des Kühnen, weiter. Nun, wiederaufgenommen von Maximilian durch die Verpflichtung, das Erbe seiner Gattin verteidigen zu müssen, und noch bestärkt durch zahllose wirtschaftliche und politische Einflüsse, mündete der Streit in den langen qualvollen Kampf zwischen Habsburg und Frankreich um die Vorherrschaft in Europa.

Marie forderte die Rückgabe ihrer Besitzungen, die der »Spinnenkönig« besetzt hatte, und zwar das Herzogtum von Bourgogne mit der Hauptstadt Dijon, wo ihre Vorfahren begraben waren, und die Provinzen Picardie und Artois. Einen Monat nach seiner Hochzeit schrieb Maximilian wütend an Prüschenk: »Es gibt keinen größeren Schurken auf der ganzen Welt als den Franzosenkönig.«[48]

Der Schlauheit, Geschicklichkeit und dem ausgeklügelten politischen Genie des Spinnenkönigs konnte Maximilian nur den naiven Optimismus eines arglosen Achtzehnjährigen entgegensetzen, dessen Verstand von veralteten Vorstellungen über Ritterlichkeit vernebelt war. Auf dem Schloß seines Vaters hatte er alle feudalen Arten von Kriegführung und Belagerung gelernt und geübt – von Ludwigs Art zu kämpfen wußte er nichts. Es war eine neue Form des Krieges – ein knickeriger Krieg, ein Nerven- und Zermürbungskrieg, ein Krieg mit Bestechungen, Spionage, Verrat, Invasionen, Grenzverletzungen, mit dem Vernichten von Ernten und dem Versenken der Heringsflotte, die den Uferländern Nahrung brachte.

Schmerzlich langwierig war dieser knickerige Krieg und gar nicht zu vergleichen mit den Turnieren bei großen Festlichkeiten am Hofe zu Wien:

»Während Sie sich amüsieren, im Turnier messen und tanzen (so schrieb er nach Hause), denken Sie an mich und lassen Sie mich Anteil nehmen . . . Denn meine einzigen Flötenspieler sind die französischen

Schützen mit ihren Musketen. Sie haben mich drei- oder viermal beinahe zu Tode geflötet.«[49]

Die Armee Burgunds war in Nancy geschlagen worden; Maximilian mußte Streiter sammeln und eine neue ausbilden. Während Wochen und Monaten war er fort im Felde, um die burgundischen Verteidigungsanlagen wiederherzustellen. Und obzwar er gehofft hatte, durch die Verehelichung mit einer reichen Erbin alle Geldsorgen für immer los zu sein, fand er nun zu seinem Schrecken, daß der Krieg nicht leicht zu finanzieren war. Die reichen, emporgekommenen Kaufleute in den Städten hielten die Hand fest auf dem Geldbeutel, sie wollten ihre Kriege zu Wucherpreisen ausfechten. Fast vom Anfang an sind alle Briefe, die er an den Kanzler seines Vaters nach Hause schrieb, mit Geldsorgen angefüllt.

Um ihre angeworbene Armee bezahlen zu können, begannen Maximilian und Marie, allerlei Sachen zu verpfänden. Zuerst verschwand der goldglitzernde Mantel, den Karl der Kühne in Trier getragen hatte, zusammen mit ihrem persönlichen Schmuck. Als nächstes kam ein großes goldenes Tablett aus der herzoglichen Sammlung an die Reihe. Immer wieder wurden Geschirrstücke aus der Schatzkammer des Palastes eingeschmolzen, um Bargeld zu erhalten. Und schließlich trennte sich das junge Paar von 32 der schönsten Bilder flämischer Meister aus dem Palast. Sie wurden in Brügge an die Medici-Bank verpfändet in der Hoffnung, sie eines Tages wieder einlösen zu können. Aber wenig später schrieb Maximilian sehr entrüstet, daß »besagte Bankiers die Gemälde an gewisse Engländer verkauft hätten«.[50]

Doch selbst inmitten des knickerigen Krieges blieb das Leben nicht ganz ohne Freude. Im Sommer nach ihrer Hochzeit – im Juni 1478 –, während Maximilian mit der

Ausbildung seiner Truppen im Felde beschäftigt war, gebar Marie im Schloß von Brügge einen Sohn. Maximilian schrieb an seinen Freund Prüschenk, daß er »täglich einen hübschen Sohn von seiner Frau erwarte, die jeden Tag niederkommen kann. Alle Frauen und Ärzte meinten, es wird ein kleiner Herzog sein«.

Noch ehe der Kurier abreiste, konnte er eine weitere Nachricht hinzufügen: »Ich bin sehr glücklich, daß ich einen Knaben habe, und wenn bloß Frieden wäre, könnte ich Lanzen stechen und Turnier reiten . . .«[51]

Der kostbare Habsburgererbe Philipp wurde mit großem Pomp getauft. Seine Großmutter, Margarete von York, hielt ihn über das Becken, und da der König von Frankreich ungute Gerüchte ausstreute, wonach das Baby in Wahrheit ein Mädchen sei, trug ihn die Patin auf einen Balkon des Palastes, wickelte ihn aus den Windeln und zeigte ihn der versammelten Menge, damit alle sehen konnten, daß das Kind fraglos ein Prinz war.

Maximilian, der noch immer bei seinen Truppen im Felde stand, konnte an der Taufe nicht teilnehmen. Aber als er im folgenden Monat mit den Franzosen einen Waffenstillstand schloß, kehrte er nach Hause zurück, und sein kleiner Sohn wurde ihm bis ans Stadttor entgegengebracht. Der stolze Vater stieg vom Pferd, nahm das Kind in die Arme und trug es zu Fuß durch die Straßen bis in den Palast. Dieser Anblick rührte die Stadtväter an ihrer empfindsamsten Stelle, und sie widmeten Philipp ein Taufgeschenk von 14 000 Goldkronen.

Es konnte kein überzeugenderes Argument gegen die Pläne des Franzosenkönigs geben als den Beinamen, den die Burgunder dem kleinen Philipp verliehen: Sie nannten ihn ihren »prince naturel« – den auf ihrer Scholle geborenen Erben.

Im selben Sommer des Jahres 1478 bot Maximilian, dem Rat des unschätzbaren Olivier de La Marche folgend, einem neuerlichen Zug des Königs der Franzosen Schach, indem er sich selbst als Oberhaupt des Ordens vom Goldenen Vlies einsetzte. Die 24 Edelleute, aus denen dieser höchst exklusive Ritterorden bestand – »gentils hommes de nom et d'armes et sans reproche – adelige Männer von Namen und wappenführend und ohne Fehl« –, schworen, den christlichen Glauben zu verteidigen, die Tugend zu schützen, ihrem Herrscher unerschütterlich treu zu sein und die Insignien des Ordens jederzeit deutlich sichtbar zu tragen: eine goldene, mit Steinen besetzte Gliederkette, von der das Abbild des Vlieses herunterhing.[52]

Einige der Ordensritter waren samt ihrem alten Oberhaupt, Karl dem Kühnen, auf dem Schlachtfeld von Nancy geblieben, weshalb die anderen, als sie an einem Apriltag des Jahres 1478 zur Kapelle in Brügge zogen, das weiße Pferd Karls des Kühnen am Zügel mit sich führten. Auf dem leeren Sattel lag auf einem schwarzen Samtkissen die Kette des Großmeisters. In der Kapelle erfolgte dann die Inthronisation Maximilians, er wurde mit den goldbestickten Gewändern eines Ordensritters bekleidet und erhielt die Kette des Großmeisters. Von diesem Zeitpunkt an würden ihm die Ordensritter, die sich aus der Aristokratie ganz Burgunds zusammensetzten, Gehorsam leisten, ihm als eine Art Staatsrat zur Seite stehen und sogar als private Beichtiger dienen. Einmal im Jahr sollten die Fehler jedes Mitglieds, einschließlich des Herrschers, betrachtet und entsprechend Lob oder Tadel erteilt werden.

Das Goldene Vlies blieb mit der Familie Habsburg eng verbunden. Von der Zeit Maximilians an sollte stets ein Habsburger als Großmeister fungieren.

Im Sommer 1478, ein Jahr nach der Hochzeit, als der Sohn geboren und mit Frankreich ein kurzer Waffenstillstand geschlossen worden war, genoß das junge Herzogspaar ein goldenes Zwischenspiel von Frieden und Freude. In einer Zeit, da eheliche Liebe in den Palästen nicht nur selten, sondern einfach unmodern geworden war, wurde die aus einer rein politischen Verbindung erblühende tiefe Zuneigung der beiden jungen Leute gleichsam zu einer Legende. Für ihr Siegel hatte Marie das Motto gewählt: »En vous me fye – Auf dich vertraue ich.«

Bei den fröhlichen Abendgesellschaften im kleinen Kreise stellte Maximilian das Mahl zusammen, ließ frisches Gemüse und köstliche Früchte reichen und bestritt die Unterhaltung des öfteren mit lebenden Bildern und Scharaden in Masken und Kostümen, wobei er selbst gerne mittat.

Doch der Waffenstillstand war nur von kurzer Dauer. Bald brach der knickerige Krieg wieder aus, wobei die tödliche Langeweile nur gelegentlich durch eine herzhafte Schlacht unterbrochen wurde, zum Beispiel 1479 bei Guinegate. In diesem Gefecht zeichnete sich Maximilian durch besondere Tapferkeit aus: Er sprang furchtlos vom Pferde und führte seine Fußsoldaten persönlich gegen die französische Infanterie und zum Siege.

Im Januar des nächsten Jahres – 1480 – gebar Marie ihr zweites Kind, eine Tochter, die den Namen ihrer geliebten englischen Stiefmutter erhielt: Margarete. Aber bereits im Herbst 1481 überschatteten die ersten Sorgen das Glück des Paares. Ihr drittes Kind, ein Knabe, starb wenige Wochen nach der Geburt, und die junge Mutter kränkte sich darüber so bitterlich, daß es schien, als würde sie über diesen Verlust nie mehr hinwegkommen. Erst als der lange Winter vorüber war und sie sich abermals Mutter fühlte, kehrte ihr Lebensmut wieder.

An einem Tag im März 1482, einem jener strahlenden Tage, die die Eiskrusten eines strengen Nordwinters rasch zum Schmelzen bringen, ritten Maximilian und Marie mit ihrem Gefolge zur Reiherjagd in das Moor nahe von Brügge. Marie muß damals so ausgesehen haben, wie sie auf ihrem Großsiegel bildlich dargestellt ist: auf ihrem feurigen Pferd sitzend, die Falten ihres Reitkleides anmutig um den Leib geschmiegt, den Falken auf dem Handgelenk und ihr liebster Windhund an ihrer Seite einherrennend.

Maximilian, der einer Gruppe von Jägern voranritt, durchstöberte das Gesträuch und eröffnete den jagdlichen Wettkampf. Plötzlich flog ein Reiher auf. Marie band ihren Falken los, die Augen allein auf das Kampfspiel gerichtet – und im selben Augenblick strauchelte ihr Pferd, das zum Sprung über einen Graben ansetzen wollte, über einen querliegenden Baumstamm. Pferd und Reiterin stürzten übereinander in den Graben, schwerverletzt wurde Marie geborgen, in ein nahe gelegenes Schloß getragen und erst am anderen Tag in einer Sänfte in ihr Schloß nach Brügge gebracht.

Während der von Angst erfüllten schrecklichen Tage, die nun folgten, während Höflinge und Diener flüsternd über die Gänge eilten und der verschreckte junge Gatte mit Asche auf dem Haupt eine Bittprozession für ihre Genesung begleitete, schwand das Leben der jungen Frau langsam dahin. Hilflos beratschlagten die Ärzte vor ihrem Krankenzimmer, man sagte, daß Marie aus fraulicher Sittsamkeit ihnen nicht erlaubte, sie zu untersuchen.

Als es mit ihr zu Ende ging, rief sie alle ihre Lieben zusammen, sagte ihren Kindern Lebewohl und schickte dann ihren Gemahl aus dem Zimmer, um ihm das

Letzte zu ersparen, wobei sie gütig sagte: »Nous serons, hélas! bientôt séparés – Bald, ach, werden wir voneinander getrennt sein!« Zu den an ihrem Bett versammelten Ratsherren und den Rittern des Goldenen Vlieses sagte sie: »Adieu, Chevaliers. Ich fühle, daß der Tod naht. Ich bitte Sie, vergeben Sie mir, wenn ich jemals Ihr Mißfallen erregt habe.« Marie war kaum 25 Jahre alt, als sie am 27. März 1482 starb.[53]

Obwohl sich Maximilian wieder verehelichte, konnte er doch den Verlust seiner jungen ersten Gemahlin niemals ganz verwinden. Den Generalstaaten von Burgund gestand er, daß er »weder bei Tag noch bei Nacht je eine Stunde der Freude oder der Geborgenheit in diesem Lande erlebt habe, ausgenommen die Jahre, da er bei ihr weilte«.[54]

Jahrelang konnte er Maries Namen nicht aussprechen, ohne daß sich seine Augen mit Tränen füllten.

Es gibt eine Geschichte, die erzählt, daß er einige Jahre später, als er bereits Kaiser war, den Abt Trithemius von Würzburg, einen klugen, wegen seiner magischen Fähigkeiten bekannten Mann, gebeten habe, Maries Geist aus dem Reiche der Toten herbeizurufen. Der Abt stimmte dem Wunsch unter der Bedingung zu, daß Maximilian unter keinen Umständen zu ihr sprechen dürfe. Aber als Maries Gestalt im selben blauen Gewand, das sie am Tage des todbringenden Sturzes trug, aus den Schatten des Raumes hervortrat, konnte sich Maximilian nicht mehr länger beherrschen: Er rief ein einziges zärtliches Wort, und sofort entschwand sie seinen Blicken.[55]

3. Leid und Herrlichkeit

Mit einem solchen Prinzen
muß das Goldene Zeitalter wiederkehren.
Sebastian Brant zur Kaiserwahl
Maximilians

Ludwig XI. lag in einem dunklen Raum seines Schlosses in Plessis-les-Tours. Er hatte einen Schlaganfall nach dem anderen erlitten, war halbseitig gelähmt, konnte niemanden mehr sehen – eine alte, kranke Spinne, die auf ihren Tod wartete. Aber dieser Frühling des Jahres 1482 brachte ihm mit den Nachrichten von Maries unerwartetem Tod ein letztes Aufflammen von Freude: Er raffte sich auf und empfing eine Delegation abtrünniger Genter Bürger, die ein sehr merkwürdiger Mann, ein Schuhmacher namens Coppenolle, anführte. Ludwig schloß mit den Bürgern einen Vertrag, der Frankreich nahezu alles zusicherte, was es im Augenblick erstrebte. Er füllte ihre Taschen mit französischem Gold und schickte sie nach Burgund zurück. So weit war er in seiner Perfidie gegangen, daß er beim Schwur zur Bekräftigung des Vertrages eigentlich seine linke statt der rechten Hand auf die Bibel hätte legen sollen. Als er bald darauf starb, trug er gewiß ein Lächeln auf seinen Zügen.

Unmittelbar nach dem Tode Maries wurde Maximilian von einer Flut des Unglücks überrollt. Kein festes nationales Band umschloß mehr die verschiedenen Provinzen Burgunds, obwohl sie einmal gemeinsam die Übergriffe Frankreichs abgewehrt hatten. Dafür setzten sie nun den Streit untereinander fort, stießen sich an den hohen Kosten des Krieges und an der störenden Anwesenheit der Söldnertruppen Maximilians.

Die Städte Gent und Brügge, unnachgiebig und streng separatistisch, zeigten kein Verständnis für eine Zusammengehörigkeit mit dem übrigen Land. Marie war kaum in ihrer Gruft in der Kirche von Brügge bestattet, als ihre Untertanen Maximilian zu verstehen gaben, daß er ein fremder Niemand sei, der Witwer ihrer Prinzessin und wohl der Vater ihres Prinzen; aber um das Wohlergehen des kleinen Herzogs würden sie sich ab nun selber kümmern.

In einer der bittersten Stunden seines Lebens wurde Maximilian gezwungen, seine Unterschrift unter den Vertrag von Arras zu setzen, den ihm die Männer von Gent präsentierten. Durch diesen Vertrag wurde Frankreich das Zugeständnis gemacht, alle von ihm besetzten Gebiete behalten zu dürfen. Und als Garantie für den Frieden mußte auch noch Maximilians kleine Tochter Margarete dem französischen Dauphin als Braut ausgeliefert werden. In den Armen ihrer Kinderfrau reiste das kleine Mädchen nach Amboise in Frankreich, wo sie in einer Hochzeitszeremonie demselben Dauphin Karl – nun 13 Jahre alt –, der einst zum Bräutigam ihrer Mutter ausersehen war, vermählt wurde.

Wie sich die Dinge fügten, hatte es Margarete – »die kleine Königin«, wie die Franzosen sie nannten – gar nicht einmal schlecht getroffen. Sie wurde im Schloß von Amboise unter der Vormundschaft der tüchtigen älteren Schwester des Dauphins, Anna de Beaujeu, die der frühere König Ludwig als die »am wenigsten dumme Frau Frankreichs« bezeichnet hatte,[56] mit großer Sorgfalt aufgezogen.

Gerade als alles am allerschlimmsten aussah, begann Maximilian sein verlorenes Glück wiederzufinden. Die treu gebliebenen Provinzen Burgunds eilten ihm zu Hilfe, mit ihrer Unterstützung und seiner Söldnerarmee schlug er die Rebellion in Gent nieder und erlangte die Obhut über seinen kleinen Sohn, Erzherzog Philipp, zurück, der in die Stadt Mecheln gebracht und dort von seiner Stiefgroßmutter Margarete von York betreut wurde.

Kaiser Friedrich III. hatte unterdessen den Fortgang der Ereignisse in Burgund aus der Ferne verfolgt, doch war er selbst durch das Vordringen Matthias Corvinus' in Österreich völlig gebunden. Im Sommer 1485 wurde Wien von den Ungarn erobert, der »Krähenkönig« rückte in großer Gala ein und schlug seine Residenz in der Hofburg auf.

Die verbitterten Wiener, die während der vier Monate langen Belagerungszeit genügend gelitten und gehungert hatten, witzelten, daß die stolze Devise ihres Kaisers – AEIOU – in Wahrheit so gedeutet werden müsse: »Aller Erst Ist Österreich Verloren.« Durch die deutschen Lande lief ein Raunen, dann ein Schrei, daß ein neuer Kaiser vonnöten wäre, und zwar – schrecklicherweise – ein junger, einer voll Energie und Schwung. Von seinem Linzer Exil aus stimmte der halsstarrige Friedrich schließlich zu, seinen Sohn Maximilian zum König des Römischen Reiches zu krönen.[57]

Im Herbst 1485 machten sich beide auf den Weg in die Stadt Karls des Großen; Friedrich kam auf der Donau von Süden her, Maximilian aus den Niederlanden. Vater und Sohn hatten einander acht Jahre lang nicht mehr gesehen – seit Maximilians Abreise zur Hochzeit –, nun begegneten sie sich im Winter 1485 auf einer Straße außerhalb Aachens. Der Vater war ein alter Mann geworden, ein alter Herrscher von siebzig Jahren, der auf der Welt außer seinem Sohn und einem Haufen Juwelen nichts mehr besaß. Maximilian, der die Heimat als noch sehr naiver Achtzehnjähriger verlassen hatte, trat nun, nach acht Jahren, als Mann und Führer von Männern auf, gezeichnet von Kriegsnarben und von Kummer und Glück seiner Ehe. Als er etwas später vor den versammelten deutschen Fürsten sprach, waren seine Zuhörer fasziniert und berichteten nachher, die Worte seien gleich lauterem Gold aus dem Munde des jungen Prinzen geströmt.

Die Begegnung eines alten Kaisers mit einem angehenden Herrscher konnte nicht so vor sich gehen wie zwischen irgendeinem Vater und irgendeinem Sohn. Schon die Begrüßung mußte im dekorativen Rahmen des Hofzeremoniells und öffentlich stattfinden, wie auf einer Bühne. Als sich Maximilian mit seinem glänzenden Gefolge Aachen näherte – jeder seiner Ritter trug am linken Ärmel die weißblauroten Farben der Gefolgsleute des Erzherzogs –, kamen zwei Abgesandte seines Vaters angeritten und überbrachten die Botschaft, daß der Kaiser mehr als alles andere in der Welt wünsche, sein Kind wiederzusehen, und daß er eben auf dem Wege sei, ihn zu treffen. Maximilian schickte unverzüglich einen eigenen adeligen Kurier mit der Botschaft an seinen Vater zurück, daß es auch *seine* größte Freude auf der Welt wäre, dem Vater gegenüberzutreten, und daß ihn nur die Kriege, in die er verwikkelt gewesen sei, daran gehindert hätten, dies nicht schon früher zu tun. Außerdem bat er Seine Kaiserliche Majestät ergebenst, ihm keinen weiteren Schritt entgegenzukommen, sondern ihm zu erlauben, den sie noch trennenden Weg allein zurückzulegen.

Entgegen den höflichen und dringenden Bitten des Abgesandten seines Sohnes setzte der Kaiser seinen Weg jedoch fort, um zu Maximilian zu gelangen. Er sandte noch einen Boten aus, um den Sohn zu bitten, er möge doch bleiben, wo er wäre, und er bat ihn außerdem, nicht vom Pferde zu steigen, wenn er dem Vater seine Ehrerbietung erweise. Maximilian, so behauptet Molinet, war »fort esbahi« – vollkommen überwältigt –

von der hochherzigen Gunstbezeigung des Kaisers, es blieb ihm keine andere Wahl, als zu gehorchen. Als sie endlich in Sichtweite aufeinander zuritten, ließ der Kaiser anhalten und erlaubte seinem Sohn, sich ihm zu nähern. Maximilian verbeugte sich in Ehrfurcht so tief, wie er es im Sattel sitzend nur tun konnte, und unser Chronist berichtet, daß beide, Vater und Sohn, dabei »so manche Träne der Freude aus übervollem Herzen vergossen«.[58]

Sie verbrachten die zwölf Tage des Weihnachtsfestes gemeinsam in Aachen und reisten anschließend nach Frankfurt weiter. Die Reise dorthin wurde allerdings sehr oft zur Abhaltung von Ritterspielen, Turnierkämpfen und anderen Festlichkeiten unterbrochen. Maximilian hatte seinen Kirchenchor mit ausgebildeten Musikern bei sich, alle in scharlachrote Mäntel gekleidet. Sie wurden immer wieder aufgerufen, die Gesellschaft zu unterhalten.

Am frühen Morgen des 16. Februar 1486 erschienen Maximilian und seine Kurfürsten am Frankfurter Wohnsitz des Kaisers, und alle machten sich zu Fuß auf den Weg in die Kirche von Sankt Bartholomä zur Wahlabstimmung.

Nachdem die Heiliggeistmesse zu Ende gesungen war, scharten sich die Kurfürsten um den Altar und schwuren auf die Bibel, daß sie, »nicht getrieben durch Gunst, Liebe, nahe Verwandtschaft, Verdruß oder Haß, Betrug oder Täuschung, den besten aller Fürsten erwählen würden, einen Fürsten von edlem Geblüt, tugendhaft, mächtig und kampfbewährt, um als Römischer Kaiser zu regieren«.[59]

Im übrigen aber waren sie alle für Bestechungsgelder sehr empfänglich. So hatte bei dieser Gelegenheit der neue König von Frankreich, Karl VIII. – Maximilians Rivale um die Hand Maries von Burgund und jetzt sein künftiger Schwiegersohn –, allen sieben Kurfürsten fette Summen angeboten, falls sie die Wahl Maximilians verhindern würden. Trotzdem ging die ganze Angelegenheit sehr glatt vonstatten. Als sich die versammelte Menge niedergekniet und das »Veni Sancte Spiritus« gesungen hatte, zogen sich die Kurfürsten in die Sakristei zurück, um Maximilians Fähigkeiten abzuwägen. In knapp einer Stunde kehrten sie zurück, verneigten sich tief vor ihm, baten ihn höflich, ihnen zu folgen, und stellten ihn als den durch einstimmig erfolgte Wahl Erkorenen vor.

Einige Wochen später wurde er in Aachen gekrönt, auf den Thron Karls des Großen und damit in den Besitz des Reiches gesetzt, um nach dem Tode seines Vaters »die Weltherrschaft« anzutreten.

Als die Krönung mit ihren betäubenden Festlichkeiten, Turnierspielen, Banketten und Zeremonien vorüber war, ritt Maximilian nach Burgund zurück. In seinen Ohren klangen noch immer das Fanfaren- und Trompetengeschmetter, die Hurra- und Hochrufe, die Lob- und Schmeichelworte nach. Er führte eine Truppe von 30 000 »Landsknechten« – deutsche Söldner – mit sich, einen wilden, draufgängerischen Haufen, gewohnt, die Gastfreundschaft der Landbevölkerung bedenkenlos auszunützen, zumal wenn die Herren Söldner ihren Sold nicht pünktlich bekamen. Maximilian war entschlossen, mit ihrer Hilfe die Angelegenheit mit Frankreich ein für allemal zu regeln.

Doch wieder waren es die Bürger einer dieser renitenten flämischen Städte – diesmal Brügge –, die sich ihm in den Weg stellten. Eines Tages kam er mit einem kleinen Söldnertrupp in Brügge an und ließ seine Leute auf dem Hauptplatz der Stadt exerzieren. Die Bewohner waren empört; eine erregte Menge rottete sich zusammen und schaute zu. Als durch einen mißverstandenen Exerzierbefehl irgend jemand glaubte, die Soldaten hättenBefehl bekommen, anzugreifen, ertönte im nächsten Augenblick die große Alarmglocke, die Zunftleute von Brügge eilten zu den Waffen, und die Stadttore wurden eilends geschlossen. Noch ehe Maximilian sich besinnen konnte, war er umzingelt, als Gefangener abgeführt und in einem solide gebauten Herrschaftshaus am Hauptplatz eingesperrt.

Vier Monate lang befand sich der stolzeste junge Monarch der Christenheit mitten im Herzen dieser unbotmäßigen Stadt in Haft. Zwar stimmt es, daß seine Wärter die Mütze zogen, wenn sie ihn anredeten; man gestattete ihm auch, zu seinen persönlichen Diensten zwölf Diener zu halten, und man schickte ihm einige der besten flämischen Künstler, die die Wände seiner Wohnräume auszuschmücken hatten. Aber er blieb ein Gefangener, obwohl ganz Europa über diesen Handstreich vor Zorn bebte; obwohl die Kurfürsten heftigst protestierten, der Papst donnernd drohte, die ganze Stadt Brügge zu exkommunizieren, und der König und die Königin von Spanien eine Flotte zu Maximilians Befreiung ausrüsteten.

Die verwegensten Befreiungsversuche werden in überlieferten Legenden seinem Freund und Hofnarren Kunz von der Rosen zugeschrieben. Dieser versuchte für seinen Herrn den Burggraben mit einem Schwimmgürtel zu durchqueren, wurde aber von bösartigen Schwänen angegriffen und zur Umkehr gezwungen. (Er bemerkte bedauernd, daß die Schwäne »bestimmt gute Franzosen« gewesen seien.)[60]

Hierauf ließ sich Kunz in der Kunst des Tonsurenschneidens unterweisen, verkleidete sich als Mönch und drang so bis zu dem Gefangenen vor, um ihm die Beichte abzunehmen. Im Zimmer seines Herrn angekommen, versuchte er, diesen zu bewegen, er möge ihm erlauben, ihm den Kopf kahlzuscheren, dann mit ihm die Kleider zu tauschen und ihm so zur Flucht zu verhelfen. Sein Herr liebte zwar Maskeraden, aber diese lehnte er ab.

Schließlich versprach Maximilian, um seine Freiheit wiederzuerlangen, er werde sich an die Abmachungen von Arras halten und gegenüber Frankreich Frieden bewahren. Eine Woche später marschierte sein Vater mit einer ansehnlichen kaiserlichen Armee in Burgund ein, Maximilian widerrief sein Versprechen, erklärte, man habe es ihm unter Druck abgerungen, und begann an der Spitze der Armee seines Vaters die aufrührerischen Städte zu unterwerfen. Der größte Teil Burgunds unterstützte ihn dabei, und Brügge wie Gent ergaben sich.

Burgund, in der Geschichte von nun an als »die Niederlande« bezeichnet, blieb dennoch ein recht heikler Besitz.

4. Bräute – verloren und gewonnen

Der alte Kaiser Friedrich hatte die letzten Jahre seines Lebens in Linz zugebracht. Er war 1485 durch den ungarischen König Matthias Corvinus aus Wien vertrieben worden und wußte durch einen Vergleich seines Horoskops mit dem des Corvinus, daß er diesen niemals im offenen Kampf ausstechen würde – sondern abwarten und den Einfluß des Saturns ausschalten mußte.

Doch im April 1490 starb der ungarische König in der Wiener Hofburg. Er hatte Kaiser Friedrich in allem überspielt, außer in einem, und dieses eine erwies sich zufälligerweise als das Wichtigste von allem: Matthias hinterließ keine legitimen Erben. Ihm wird übrigens das neiderfüllte, aber geistreiche Spottwort auf die Habsburger zugeschrieben:

»Bella gerant fortes; tu, felix Austria, nube:
Nam quae Mars aliis, dat tibi regna Venus.«[61]
(Laß die Mächtigen Kriege ausfechten; du, glückliches Österreich, heirate:
Was Mars den anderen gibt, dir schenkt es Venus.)

Nach einem alten Vertrag sollten, falls Corvinus keine Söhne hinterließ, die Habsburger Ungarn erben. Aber die ungarischen Magnaten wählten Wladislaw aus dem polnischen Jagellonengeschlecht zu ihrem Herrscher. Nun rief Friedrich seinen Sohn Maximilian zu Hilfe, warf die Ungarn aus Wien und Niederösterreich hinaus und trieb sie weit hinter ihre Grenzen zurück.

Da Corvinus tot und die habsburgischen Kronländer wieder in seinem Besitz waren, hätte der alte Friedrich nach Wien zurückkehren können. Aber er blieb in Linz und kümmerte sich immer weniger und weniger um das Reich; dafür um so mehr um die Geheimnisse des Universums. Er stellte angeblich ein durchaus brauchbares Gold her, indem er Quecksilber mit Arsenblende und anderen Substanzen verband, und aus dem Abfall des selbstfabrizierten Edelmetalls mixte er einen Heiltrank, der für ein rundes Dutzend Gebresten gut war. Er verstand es, in den Falten der Menschenangesichter zu lesen und die Linien in den Handflächen zu deuten. Mathematik sowie die Arbeiten der gelehrten Astronomen Peurbach und Regiomontanus, die zu dieser Zeit in Wien weilten, studierte er eifrig. Er ließ kleine Sternwarten – mit Blickrichtung nach allen Seiten – bauen und verbrachte halbe Nächte damit, den Himmel zu beobachten. Ängstlich war er darauf bedacht, daß ihm niemand zu nahe käme. Die Städter, teils furchtsam, teils verärgert, nannten seine Aussichtstürme »Mausefallen« und witzelten, ihr Kaiser verbringe seine Zeit damit, Mäusedreck zu sammeln. Friedrich zuckte nur mit den Achseln; gegenüber solchen Lappalien zeigte er die Gleichgültigkeit aller jener Menschen, die sich gegen Ende ihres Daseins nur noch mit Sternenkunde befassen.[62]

Im Frühjahr 1493 wurde einer seiner Füße brandig. Maximilian schickte die erfahrensten Ärzte zu seinem Vater. Im Juni kam er selbst nach Linz und war zugegen, als sie dem alten Herrn das Bein abnahmen, zu jener Zeit die einzige Rettung. Friedrich war achtundsiebzig. Am meisten fürchtete er, daß ihm die Nachwelt den Spitznamen »Friedrich der Lahme« geben könnte. Er überstand die Amputation, und seine Genesung schien gute Fortschritte zu machen. Doch gegen Ende des Sommers überaß er sich an unreifen Melonen, erlitt eine Magenkolik und starb. Maximilian, der Römische

König, rückte nun an die Stelle seines Vaters. Er wurde Kaiser des Reiches, jenes säkularen Imperiums der Christenheit, das – so erträumten es die Menschen des Mittelalters – eines Tages die ganze Welt umfassen würde.[63]

Die Umrisse der habsburgischen Zukunft, vom jungen Kaiser nur dunkel erahnt, waren in mancher Hinsicht bereits völlig klar. In Mitteleuropa verwurzelt, würden die Habsburger einen Zweifrontenkrieg zu führen haben: im Westen gegen Frankreich, im Osten gegen die Türken, die langsam, aber beharrlich donauaufwärts vorrückten, bis sie eines Tages an die Tore Wiens pochen würden.

In ihrer Familie würden die Habsburger die Charaktereigenschaften des zähen alten Friedrich III. widerspiegeln. Ohne besondere militärische Gaben, ohne Geld, aber auch ohne den Sinn und die Mittel, welches aufzubringen, also ohne jene Möglichkeiten, die gerade damals den mächtigen nationalen Monarchien England und Frankreich die Bahn frei machten (die 1356 erlassene Goldene Bulle hatte die imperiale Macht faktisch für immer verstümmelt), würden sie außergewöhnlichen Gebrauch von den Waffen machen müssen. Sie würden Glück und Macht auf heiratsfähige Kinder aufbauen und es – wie Friedrich – verstehen, abzuwarten. Sie würden von Zeit zu Zeit ihre Verluste abbuchen, Kompromisse schließen, sich den Verhältnissen anpassen und den Willen bekunden, nicht aufzugeben, sondern auszuharren – zu überleben. Valois, Orléans, Bourbon, Tudor und Stuart kamen und gingen. Die Habsburger blieben.

Der Brennpunkt von Maximilians Leben hatte sich verschoben. Von einem ältlichen kinderlosen Verwandten, Erzherzog Sigismund, war ihm die Provinz Tirol urkundlich übereignet worden. Er lernte »das

Land im Gebirge« über alles auf der Welt lieben, seine Dörfer und stolzen Bergbauern, seine Fichtenwälder und die klaren, wasserreichen Flüsse und besonders die steilen Berghänge, über und über gezeichnet von der harten Handschrift der Gletscher. Er nannte Tirol seinen »Bauernkittel«.

In der Stadt Innsbruck, die wie ein Adlerhorst inmitten schneebedeckter Gipfel lag, schlug er seinen ständigen Hofstaat auf und schuf sich dort eine Heimstatt nach seinem Geschmack. Er bereicherte den Stadtplatz der alten Herzogsresidenz um ein extravagantes Schmuckstück: Er ließ einen überdachten Doppelbalkon errichten, wunderbar geformt und mit vergoldeten Kupferziegeln gedeckt. Unter diesem »Goldenen Dachl« pflegte er mit seinem Hof zu stehen und den Darbietungen der fahrenden Gaukler und Spielleute auf dem Platz unten zuzusehen. Von Innsbruck aus ritt er an die dunklen Bergseen zum Fischen, und auf den steilsten Felsklippen jagte er nach Gemsen. Dabei trug er den kurzen grünen Lodenrock und den breitrandigen grünen Tirolerhut der Älpler.

Maximilian war Witwer. Also begann er wieder einmal nach einer günstigen Partie Ausschau zu halten.

Schon im März 1490, einen Monat vor dem Tod des Königs von Ungarn, war Maximilian ein Heiratscoup gelungen, zumindest schien es so. Er war – aus der Ferne natürlich – mit Anna von Bretagne verlobt worden, der Erbin eines starken, unabhängigen Herzogtums im Westen Frankreichs, des einzigen wichtigen angrenzenden Herzogtums außer Burgund, das der expansionsfreudige Franzosenkönig einzustecken versäumt hatte.

Verhindert, persönlich um die Braut zu werben – weil er gerade damit beschäftigt war, die Ungarn aus Niederösterreich zu verjagen –, schickte er seinen

Gesandten Wolf von Polheim, der bei der Stellvertreterzeremonie als sehr konkretes Symbol sein entblößtes Bein in das Bett der jungen Anna zu legen hatte. Alles schien in bester Ordnung zu sein.[64]

Aber Maximilian hatte die Rechnung ohne eine andere Anna gemacht, nämlich Anna de Beaujeu, Regentin von Frankreich und Besitzerin des gerissensten Frauenverstandes von Europa. Ihr junger Bruder, König Karl VIII. – derselbe Knabe, der beinahe Marie von Burgund geheiratet hätte und nun als Ehemann Maximilians kleiner Tochter Margarete in Betracht kam –, wurde an der Spitze einer Armee in die Bretagne entsandt, um Herzogin Anna in ihrer Hauptstadt Rennes zu belagern.

Während Maximilian in Frankfurt vor dem Reichstag Geld und Truppen erbat, um seiner Braut zu Hilfe zu eilen, hielt die 15 Jahre alte Herzogin in der belagerten Stadt tapfer aus. Die deutschen Fürsten hatten jedoch kein Interesse an der Bretagne und bewilligten Maximilian nur 2000 Fußsoldaten – gegen eine 30 000 Mann starke französische Armee. Schließlich unterwarf sich Herzogin Anna, da ihr Volk bereits hungerte und der Winter vor der Tür stand, worauf König Karl gleich beide in Besitz nahm: das Herzogtum und die Herzogin, und er verlor keine Zeit, die Ehe zu konsumieren – noch bevor der Papst Dispens erteilt hatte.

Maximilian litt unter der doppelten Demütigung: die ihm verlobte Frau unterworfen und verehelicht mit seinem erbittertsten Feind – und die eigene Tochter, Margarete, die acht Jahre lang als künftige Königin in Frankreich gelebt hatte, wie ein nicht angenommenes Paket nach Burgund zurückgeschickt. Als er bald darauf das Erbe seines Vaters antrat, fand er dieses zwar an Ansehen und majestätischer Würde reich, aber arm an Geld. Er erhielt wohl den kostbaren Juwelenschatz, an den sich sein Vater während der Jahre der Einschränkungen als an ein sichtbares Zeichen seines Königtums geklammert hatte. Aber auch Max lehnte es ab, sich davon zu trennen. Wohl verpfändete er den Schatz wiederholt, oder er gab dann und wann Teile davon weg. Doch schließlich hinterließ er ihn fast ungeschmälert seinen Enkelkindern.

In der Zwischenzeit aber benötigte er dringend Geld, und wieder einmal schlug er den bequemsten Weg ein, um Abhilfe zu schaffen: Er heiratete eine reiche Frau. In den Augen des höfischen Europa war es eine skandalöse Mesalliance: Er ehelichte Bianca Sforza, eine Nichte des Herzogs von Mailand, der vor noch gar nicht langer Zeit dem Bauernstande entwachsen war. Doch die verschwenderische Mitgift – 300 000 Golddukaten plus weiteren 100 000 in Juwelen und Schmuck – machte das Fehlen der ebenbürtigen Ahnen beinahe wett. Die Trauung per procurationem in Mailand war entsprechend extravagant: Leonardo da Vinci arrangierte die Festlichkeiten.

Von allem Anfang an zeigte sich der Bräutigam nur mäßig begeistert. Er machte gar kein Hehl daraus. Während die Braut zu Pferde im tiefsten Winter die schreckliche Überquerung der Alpen vornahm – ihre Maultiere waren mit Geschirr, Juwelen, Altargeräten, Haushaltsgegenständen (einschließlich eines silbernen Bettwärmers und eines ebensolchen Nachttopfs sowie 3000 goldener Sticknadeln) überladen – und sie am Weihnachtsabend endlich Innsbruck erreichte, blieb Maximilian in Wien und ließ sich bis März Zeit, um die Ehe zu vollziehen.[65]

Wenige Monate nach der Hochzeit führte er beim Gesandten von Mailand Klage, daß Bianca zwar genauso schön sei wie seine erste Frau, aber daß sie einen »höchst mittelmäßigen Verstand« besitze. »Aber«, so fügte er hoffnungsvoll hinzu, »vielleicht kann sie sich mit der Zeit bessern.«[66]

Doch Bianca schien unverbesserlich leichtsinnig, hoffnungslos extravagant und allen nur möglichen ausgefallenen Narreteien ergeben. Einmal machte ihr der mailändische Gesandte ernste Vorwürfe, weil sie ihre sämtlichen Mahlzeiten auf dem Fußboden einzunehmen beliebte. Ein anderes Mal schrieb Maximilian an den Herzog von Nassau, daß Bianca darauf bestanden habe, ihr Gänsezungen zu servieren, und das ausgerechnet während einer Reise durch eine besonders arme Provinz der Niederlande.

Mit dem Geld ging sie noch sorgloser um als ihr Gemahl. Als sie im Sommer 1494, bald nach ihrer Hochzeit, in die Niederlande zur Großjährigkeitsfeier des Sohnes, Erzherzog Philipp, fuhren, klagte der Kaiser darüber, daß Bianca an einem einzigen Tag 2000 Gulden ausgab – die gesamte Summe, die sie als Hochzeitsgeschenk von der Stadt Köln erhalten hatte. Maximilian selbst war auf dieser Reise derart knapp bei Kasse, daß er gelegentlich für ihre Herbergskosten ein Schmuckstück als Pfand zurücklassen mußte. Ein Scherzwort, das in Europa die Runde machte, besagte sogar, daß der verarmte Kaiser gelegentlich sogar seine frischgebackene Gemahlin als Einsatz zurücklassen mußte.[67]

Obwohl Bianca einen ungeheuren Reichtum an Juwelen aus Mailand mitgebracht hatte, verwendete sie regelmäßig das ganze Haushaltsgeld zu ihrer persönlichen Verschönerung und kaufte nicht selten Schmuck ein mit dem Versprechen, ihn später zu bezahlen. 1496 schrieb einer der kaiserlichen Beamten aus Worms einen dringenden Brief an Maximilian mit der Bitte, er möge doch unverzüglich Geld schicken, weil »die Königin und ihre Hofdamen nur noch drei oder vier Tage

Kredit haben. Und wenn innerhalb dieser Zeit kein Geld einlangt, wird sogar ihre Versorgung mit Essen ein Ende finden«.[68]

Bianca selbst schrieb zur gleichen Zeit ihrem Gatten, daß sie gezwungen worden sei, ihre Leibwäsche zu verpfänden, und er möge doch bitte Geld senden, um diese wieder auslösen zu können.[69]

Im Frauentrakt der Innsbrucker Hofburg herrschte beständig Aufregung, und einige der italienischen Hofdamen Biancas schreckten nicht davor zurück, ihre Beschwerden dem Kaiser persönlich vorzutragen.[70] Maximilian fand es deshalb immer mehr für zweckmäßig, für längere Zeit solo zu verreisen.

Biancas Mitgift schmolz rasch dahin. Im ersten Jahr ihrer Ehe – 1494 – fiel der König der Franzosen in Italien ein. Seine Eroberung mit einem alten und fadenscheinigen Familienrecht bemäntelnd, unterwarf er einen Stadtsenat nach dem andern, proklamierte sich selbst zum König von Jerusalem und Sizilien und schickte sich an, sich auch noch zum König von Neapel krönen zu lassen. Darob entrüstet – war Italien nicht einst das Herz des Heiligen Römischen Reiches? –, schloß Maximilian sich einem Bündnis an, das zum Ziel hatte, die Franzosen aus Italien zu vertreiben. Immer wieder steckte er während der folgenden Jahre alles Geld, das er hatte, und alle Truppen, die er dem Reichstag abluchsen konnte, in den Krieg gegen den Franzosenkönig in Italien. Einmal siegte die eine, dann wieder die andere Seite. Ständiger Verlierer war das auf die Folter gespannte, ausgesogene Italien.

5. Kaiser Maximilians Image

Innerhalb eines einzigen Jahrzehnts seiner Herrschaft als Kaiser war Maximilian in der Vorstellung seiner Untertanen zu einer Art Balladenheros geworden. Er besaß Charme, sorglosen Wagemut und einen gesunden Humor, lauter Eigenschaften, aus denen Legenden erwachsen. Er selbst förderte deren Bildung, indem er später seine Heldentaten in zwei alles lebhaft ausschmückenden Memoirenwerken – dem »Weißkunig« (in Prosa) und dem »Theuerdank« (in Versen) – der Mit- und Nachwelt erzählte. Seine beiden Geheimschreiber halfen ihm dabei tüchtig.

Turnierkämpfe und Lanzengefechte waren für ihn wie Speis und Trank. Er war der beste Bogenschütze, der beste Reiter und Jäger seiner Zeit. Als der riesengroße französische Ritter Claude de Barre auf dem ersten Reichstag zu Worms seinen Schild aus dem Fenster seines Quartiers hing, um damit alle anwesenden Deutschen zum Zweikampf herauszufordern, war es der Kaiser selbst, der die Herausforderung annahm, kämpfte und den Ritter bezwang.[71]

Maximilian machte aus seinen Söldnern eine schlagkräftige Kampftruppe, die in Friedenszeiten womöglich noch mehr gefürchtet war als im Kriege. Sie marschierten in zum Teil bunten Gewandungen, trugen ausgediente, altmodische Rüstungen, schwere Schilde und 18 Fuß hohe Lanzen aus Eschenholz. Oft schulterte Maximilian selbst eine solche und marschierte mit seinen Leuten mit. Es wurde berichtet, daß man ihn mehr als einmal dabei beobachtete, wie er im dichtesten Kampfgetümmel unerschrocken aus dem Sattel sprang, einen Verwundeten vom Boden aufhob und mit ihm das Pferd wieder bestieg.

Mitunter war er aber doch auch ein wenig Angeber. Einmal, so behauptete er, betrat er in München einen Löwenkäfig, öffnete der Bestie mit Gewalt das Maul und zog ihr die Zunge heraus, worauf sie sich hinlegte und ihm die Hand leckte. Ein andermal erkletterte er das höchste Sims des Ulmer Kirchturms, wagte sich auf das Eisengestänge hinaus, an welchem die Signallaterne befestigt war, hockte sich wie ein Zirkusakrobat auf ein Bein und streckte das andere hoch in die Luft . . .

Und noch heute zeigen die Tiroler ihren Kindern die hochragende Felsenwand im Norden Innsbrucks, die »Martinswand«, wo sich Kaiser Max bei der Gemsenjagd verklettert hatte und beinahe sein Leben lassen mußte, aber von einem Engel gerettet wurde. (Möglicherweise hieß der Engel Oskar Zyps und war ein tüchtiger Bergsteiger).

Kaiser Maximilian hatte eine Vorliebe für das Forschen und Experimentieren. Etwas von einem Dichter, etwas von einem Philosophen, etwas von einem Maler, einem Erfinder, einem Musiker war in ihm und machte ihn zu einem außerordentlich vielseitig begabten Mann, zu einem »uomo universale«, wie die Renaissance derlei Allroundgestalten zu bezeichnen liebte. Er plante Dutzende von Büchern, 22 davon existieren noch; er schrieb oder diktierte Manuskripte über alle möglichen Themen: Jagd, Falknerei, Genealogie, Bau- und Kochkunst. Sorgfältig ausgewählte Musiker begleiteten ihn, wohin er auch reiste. Er förderte die Kunst und arbeitete am Entwurf seiner prächtigen Grabstätte in der Hofkirche zu Innsbruck mit, deren Bronzefiguren zu den Meisterwerken der Spätgotik zählen.

Sein Freund Albrecht Dürer malte sein Porträt, übernahm die Ausschmückung seines persönlichen Gebetbuches und schuf in einer Reihe von prachtvollen Holzschnitten ine triumphale Prozession, in der alle Vorfahren Maximilians – wirkliche und erfundene – erscheinen.

Als der Reichstag einmal nach Augsburg einberufen worden war, arbeitete Dürer hoch oben an der Wand der großen Halle gerade an einem Deckengemälde. Maximilian rief einen in der Nähe stehenden Adeligen zu sich und bat ihn, dem Meister die Leiter zu halten. Der Edelmann lehnte dies ab, indem er beleidigt erklärte, eine derartige Tätigkeit wäre unter seiner Würde. Der Kaiser erwiderte: »Ich kann jeden Tag aus einem Adeligen einen Bauern machen, aber aus keinem Edelmann kann ich einen Künstler machen, wie dieser es ist«, und er erhob Dürer in den Adelsstand.[72]

Kaiser Max liebte es, zu feiern, zu tanzen, sich zu verkleiden; er begeisterte sich daran, seine Gäste in Maske und Kostüm persönlich zu unterhalten. In Köln gab er im Anschluß an seine Krönung ein großes Fest. Als das Mahl vorüber war, wurden die Tische eilig weggeräumt und in der Halle ein prachtvolles Seidenzelt aufgestellt. Aus diesem traten alsbald Sänger und Musiker hervor sowie ein Mann und eine Frau in türkischer Kleidung, die, auf jeder Schulter ein als Affe verkleidetes Kind tragend, »miauten, Grimassen schnitten und sonderbare Dinge taten«. Auf dem Höhepunkt der Ausgelassenheit tauchte Maximilian selbst auf: in einem kurzen goldenen Wams und verschiedenfarbigen, mit goldenen Bändern verschnürten Schuhen. An seiner Seite erschien eine verschleierte, in Samt gekleidete und mit Juwelen geschmückte Dame, die zum Vergnügen der versammelten Gäste mit dem Kaiser einen französischen Tanz vorführte.[73]

Maximilian erfreute sich an der Gesellschaft von Frauen aller sozialen Schichten, er konnte der Äbtissin des Klosters »Zu den elftausend Jungfrauen« in Köln genauso den Hof machen wie den Bürgersfrauen von Augsburg, mit denen er rund um das brennende Johannisfeuer den Fackeltanz tanzte.

Einmal, als er bei Markgraf Friedrich in Nürnberg zu Besuch weilte, bedrängten ihn die Damen, nach dem Mahl noch ein wenig zu bleiben, obgleich er am selben Abend auf einem anderen Schloß erwartet wurde. Schließlich versteckten die hübschen Bittstellerinnen seine Stiefel und Sporen. Lachend erklärte er sich einverstanden zu bleiben, tanzte mit ihnen den ganzen Nachmittag und die Nacht durch bis zum Morgengrauen und ritt erst dann nach Neumarkt weiter, wo man bereits seit dem Vortag auf ihn wartete.[74]

Ein anderes Mal wurde eine Schar Dirnen gerade zu der Zeit, als der Reichstag zusammentreten sollte, aus Regensburg verbannt. Die »fahrenden« oder auch »reisenden Damen« – so nannte man sie damals zufolge ihrer Gewohnheit, in Gruppen von Stadt zu Stadt zu ziehen, wo gerade ein Fest oder eine Versammlung stattfand – brachten dem Kaiser ihr Anliegen vor und erklärten, sie seien dessen gewiß, daß ihre Gesellschaft während des Reichstages geschätzt sein würde – worauf der gutmütige Maximilian einwilligte, sie nach Regensburg hineinzuschmuggeln, wenn ein Mädchen sich an den Schwanz seines Pferdes hängte, das nächste sich am Rock des ersten anklammerte und so fort. Auf diese Weise war es möglich, daß im Gefolge des Kaisers und akklamiert von den belustigten Zuschauern die fahrenden Damen am Reichstag teilnehmen konnten.[75]

Max geruhte auch, sein edles Habsburgerblut mit großer Freigebigkeit zu verschwenden, weshalb er ungezählte uneheliche Kinder hinterließ. Schließlich wurden sieben davon durch seine Enkelsöhne aufgespürt und unterstützt,[76] aber auch andere werden ihm zugeschrieben, so Matthäus Lang von Wellenberg, der spätere Erzbischof von Salzburg.

Wenn sich Maximilian auch die längste Zeit als den romantischen Helden einer »chanson de geste« sah – so wie er sich selbst in seinem »Theuerdank« darstellte –, konnte er dennoch tun, was sich kein Balladenheld und nur ganz wenige wirkliche Monarchen erlauben durften: nämlich über seine Fehltritte und Schwächen zu lachen. Er lachte, wenn er einmal bei einem Turnier rücklings auf den Boden zu liegen kam, und er lachte, wenn ihm bei einer Karnevalsbelustigung keine einzige Dame ihre Gunst geschenkt hatte.

»Ich habe ziemlich viel getanzt, in Turnieren mit der Lanze gefochten und den Karneval genossen«, schrieb er einmal an Prüschenk. »Ich habe den Damen den Hof gemacht und große Gunst geerntet, ich habe sehr viel und sehr herzlich gelacht. Aber beim Turnier bin ich so oft hingefallen, daß ich kaum noch Mut habe. Übrigens wird mich keine Dame nur vom Herzen lieben . . . Nun ist Fastenzeit, und ich weiß nicht, was ich beichten soll, denn alles, was ich in diesem Fasching getan habe, spricht für sich selbst.«[77]

War Maximilian auch ein fröhlicher und humorvoller Herrscher, so galt er doch auch als ein sehr gedankentiefer und religiöser Mann. »Warum«, so fragte er den Abt Trithemius einmal, »warum sollten eigentlich Hexen Macht über die bösen Sinne haben, während ein rechtschaffener Mann nichts von einem Engel erreichen kann?« Und er wünschte von dem gelehrten Abt auch zu wissen: »Da das Christentum nur einen so kleinen Teil unserer Erde erobert hat – sollte da nicht jeder, der an seinen Gott glaubt, durch seine eigene Religion gerettet werden?«[78]

Sein Leben lang hoffte Kaiser Max auf einen Kreuzzug, um die Türken aus Europa vertreiben und Konstantinopel befreien zu können, und er gab sich alle Mühe, die anderen christlichen Herrscher für diesen Plan zu gewinnen.

Das Ereignis, um das sich die meisten Legenden in seinem Leben rankten, war die Entdeckung des nahtlosen Mantels Christi unter dem Altar der Kathedrale von Trier. Nach einem im Jahre 1512, dem Jahr der Auffindung, entstandenen Volkslied erschien Maximilian in Köln ein Engel, der ihn bat, nach Trier zu reiten. Dort begannen in der Kathedrale auf dem Altar ganz plötzlich und auf völlig unerklärliche Weise 15 Kerzen zu brennen. Man rückte den Altar zur Seite und fand darunter den aus einem einzigen Stück Tuch geschnittenen Mantel des Herrn, zusammen mit den Würfeln, die die Kreuziger verwendet hatten, als sie um Christi Kleid würfelten.[79]

Dieser nahtlose Mantel wurde zum Symbol des Heiligen Römischen Reiches, der ungeteilten christlichen Welt. Und schließlich auch des Habsburgerreichs.

6. *Die spanische Heirat: Philipp der Schöne und Johanna die Wahnsinnige*

Une rage d'amour,
qui est une rage excessive et inextinguible ...
(Eine Liebesraserei,
an Tollheit grenzend und nicht zu löschen)[80]

Maximilians zweite Gattin, Bianca, blieb kinderlos. Wieder einmal ruhte die Zukunft der Dynastie auf einem einzigen Sohn und einer Tochter: auf Philipp, der unter der Obhut seiner Großmutter Margarete von York in Mecheln in den Niederlanden heranwuchs, und auf dessen Schwester, Margarete, der kleinen Exkönigin von Frankreich, die sich ihrem Bruder in Mecheln zugesellt hatte.

Philipp war ein hübscher Knabe mit blondem Haar und blauen Augen – die Historie sollte ihm den Namen »Philipp der Schöne« geben. Seine langen, schlanken Beine in der enganliegenden Hose und den spitz zulaufenden Schuhen jener Zeit waren ein bedeutsames Merkmal männlicher Schönheit. Er strahlte noch mehr Charme aus als sein Vater, und einschließlich seiner in ihn vernarrten Großmutter wetteiferten alle Damen miteinander, ihn zu verwöhnen.

Er war noch nicht ganz sechzehn, als er für mündig erklärt und der Vormundschaft seines Vaters entzogen wurde. In einer sehr anschaulichen Zeremonie wurden von den in der Kirche von Mecheln versammelten Generalstaaten die Regentschaftssiegel mit Hammerschlägen zertrümmert und durch die Siegel ihres im Lande geborenen Prinzen Philipp ersetzt. In jenem

Sommer 1494 kam auch Maximilian mit Bianca in die Niederlande, wo Vater und Sohn an den zeremoniösen »Fröhlichen Einzügen« in die Städte und verschiedenen Provinzen teilnahmen.

Zur selben Zeit überschritt König Karl VIII. von Frankreich die Alpen, um jene kurzlebige Eroberung Italiens ins Werk zu setzen. Im Jahr darauf schloß Maximilian – in der Absicht, Frankreich zu vertreiben und einzukreisen – sein Bündnis mit den katholischen Majestäten Spaniens, mit König Ferdinand und Königin Isabella; eine »vollkommene und immerwährende Allianz«, wie es im Vertrag hieß. Und als Garantie für deren dauernden Bestand beschworen Philipp und seine Schwester Margarete im Dezember 1495, in der Kirche der heiligen Gudula zu Brüssel kniend, ihre Verlobung mit Johanna und Johann, den Kindern des spanischen Königshauses.

Als Philipp im darauffolgenden Sommer auf Besuch zu seinem Vater nach Tirol reiste, wurde plötzlich offenbar, daß er auch eine eigene Meinung hatte. Er war jetzt unabhängiger Souverän der Niederlande, und er lehnte es entschieden ab, die Interessen seines Landes der Antifrankreichpolitik seines Vaters zu unterstellen. Es war ein von Streitigkeiten erfüllter Sommer. Bei einer Gelegenheit warf Maximilian in einem schrecklichen Wutanfall den burgundischen Lehrmeister seines Sohnes, Busleyden, hinaus und verbot ihm, je wieder unter seine Augen zu treten.[81]

Philipp muß erleichtert aufgeatmet haben, als ihn Anfang Oktober in Linz ein Kurier mit der Nachricht erreichte, daß seine Braut, Prinzessin Johanna von Spanien, in den Niederlanden eingetroffen sei und seine Ankunft erwarte. Er brach sofort auf und erreichte, die letzten Stationen der Reise in rasender Ungeduld zurücklegend, in Lierre den spanischen Brautzug.

Es war eine richtige Blitz-und-Donner-Begegnung. Johanna war nicht hübsch, aber das dunkle Haar, die olivfarbene Haut, die meergrünen Augen – »yeux verts de mer«, sagten die Flamen – und der nach innen gekehrte, gleichsam schweigende Blick gaben ihrem selten lächelnden Gesicht etwas Exotisches, das Philipp erregte. Er konnte kaum erwarten, das Mädchen zu besitzen, und bestand darauf, daß der Bischof der Diözese noch am selben Nachmittag die Trauung vornahm, so daß er die Nacht bereits mit ihr schlafen konnte. Großmutter und Schwester wurden eiligst aus Mecheln herbeigeholt, die Zeremonie rollte ab, und während sich die Gäste auf einem in aller Eile bereiteten Fest vergnügten, zog sich das Brautpaar in ein rasch gemietetes Quartier in der Nähe des Flusses zurück.[82]

Von dieser Hochzeitsnacht an brachte Johanna ihrem Gatten aufrichtige, Leib und Seele verzehrende Leidenschaft entgegen. Vielleicht trug sie den Keim zu einer Geisteskrankheit – geerbt von ihrer Großmutter mütterlicherseits, die in geistiger Umnachtung gestorben war – schon in sich, oder sie war als Kind von ihrer schönen und geschäftigen Mutter, der Königin Isabella, die ihr den Spitznamen »la suegra« (die Schwiegermutter) gegeben hatte, vernachlässigt worden. Jedenfalls hatte sich Johanna zu einem grüblerischen, in sich gekehrten Menschen entwickelt. Sie war tief religiös gewesen. Jetzt aber, nach ihrer Eheschließung, erübrigte sie keine Zeit mehr für ihre frommen Neigungen. Sie fand aber auch keine Freude an dem fröhlichen Leben, das Philipp führte, weder an den Gastmählern noch an den Ballfesten oder Jagden, die den jungen herzoglichen Hof so voll beschäftigten. Ihr einziger Lebensinhalt war die »rasende Liebe« zu ihrem Gatten. Eine solche Liebe kann für den Geliebten zur Last werden. Johannas verzehrende Leidenschaft begann denn auch Philipp zu irritieren, schließlich wurde sie ihm lästig.

Von Anfang an gab es im königlichen Haushalt kaum einen Augenblick lang Frieden. Keiner der beiden Ehegatten schien Talent für Häuslichkeit zu besitzen. Philipp erfreute sich am Flirt und an der schmeichlerischen Aufmerksamkeit der Frauen in jenen Tagen, da prinzliche Liebesaffären außer Neidgeflüster keinerlei Kommentare heraufbeschworen.

Zwischen den Vermählten freilich brachen erbitterte Streitigkeiten aus, es gab stürmische Eifersuchtsszenen und Anklagen. Der venezianische Gesandte, der das Paar kannte, erklärte, daß »die Prinzessin ihren Gemahl so sehr quäle, daß dieser Grund habe, mit ihr wenig zufrieden zu sein«.[83] Angeblich konnte Philipp ihre Wutausbrüche nur dadurch bezähmen, daß er ihr das eheliche Bett verweigerte.[84]

Mittlerweile war die zweite habsburgisch-spanische Ehe zustande gekommen. Derselbe Geleitzug spanischer Galeonen, der Johanna nach den Niederlanden gebracht hatte, segelte nun mit Philipps Schwester Margarete nach Spanien zurück. Sie sollte ja die Gattin des spanischen Thronerben Juan werden. Auf der Reise gerieten die Schiffe in einen heftigen Sturm, und es wird berichtet, Margarete habe sich für den Fall, daß das Schiff untergehen sollte, eine mit Goldstücken für ein königliches Begräbnis gefullte Geldbörse an ihr Handgelenk gebunden, zusammen mit dem witzigen Zweizeiler:

»Cy-gist Margot, la gentil demoiselle,
Qu'ha deux marys et encore est pucelle.«[85]
(Hier liegt Margarete, das sanfte Mädchen,
das zwei Ehegatten hatte und dennoch
als Jungfrau starb.)

Aber schließlich kam sie wohlbehalten in Spanien an, und die Vermählung konnte stattfinden.

Die gleiche hemmungslose Sinnlichkeit, die die Schwester erfüllte, erfüllte auch den Bruder. Juan verliebte sich genauso rasend in die blonde Habsburgerprinzessin, wie Johanna sich in Philipp verliebt hatte. Aus Angst um die Gesundheit ihres Sohnes versuchte Königin Isabella, das junge Paar zu trennen. Sie gab ihrer Schwiegertochter den Rat, dem Gemahl gegenüber etwas zurückhaltender zu sein, damit seine Manneskraft nicht zu rasch verbrenne. Aber 18 Monate nach der Hochzeit starb Juan an einem hitzigen Fieber in den Armen seiner jungen Frau. In ganz Spanien hieß es, er sei an der Liebe gestorben.[86]

Juans Tod war der erste einer Reihe von Todesfällen, die bewirkten, daß die größte aller zu erheiratenden oder zu erbenden Beuten in den Besitz der Habsburger gelangte. Innerhalb eines Jahres nach Juans Tod starben seine ältere Schwester und dann deren kleiner Sohn, so daß Philipps Frau Johanna als Erbin des spanischen Thrones allein zurückblieb.

In den Niederlanden hatte Johanna inzwischen Philipp drei Kinder geboren: Eleonore, Karl und Ysabeau (Isabella). Aber sie zeigte für alle drei ebensowenig Interesse wie für irgend etwas anderes außer ihrem Gatten.

Im November 1501 reisten Philipp und Johanna nach Spanien, damit Johanna vor den Cortes – dem spanischen Parlament – den erforderlichen Eid ablegen konnte. Zu Maximilians großem Mißvergnügen beschloß Philipp, die Einladung des Franzosenkönigs anzunehmen und quer durch Frankreich zu reisen, anstatt den Seeweg zu wählen. Die Fahrt wurde zu einer langen Rundreise mit Festlichkeiten und Vergnügungen aller Art, und im Mittelpunkt jeglicher Aufmerksamkeit stand stets der fröhliche, lebenslustige Philipp, während die stille, unglückliche und reservierte Johanna zur Seite gedrückt wurde. Als ihr der französische König galant einen Kuß auf die Wange drücken wollte, stieß sie ihn heftig zurück und verärgerte auch noch die Königin, indem sie dieser die kalte Schulter zeigte und ihr den Vortritt streitig machte.

In Spanien angekommen, bemerkten Johannas Eltern die alarmierende Veränderung ihrer Tochter: ihre Anfälle von Leidenschaft und Zorn und die langen Perioden dumpfen, brütenden Schweigens. Die erforderlichen Eide waren geleistet, aber als der Herbst 1502 herannahte, war Johanna hochschwanger und außerstande, die Rückreise anzutreten. Philipp erklärte jedoch, er könne das spanische Klima nicht vertragen, und trat – möglicherweise erleichtert, weil der störenden Begleitung seiner Frau ledig – die Rückreise ohne sie an. Wiederum durchquerte er Frankreich, wieder feierte er auf dem ganzen langen Weg Feste und beendete die Reise mit einem Freundschaftsvertrag, den er mit dem französischen König schloß.

In Spanien zurückgelassen, verfiel Johanna in immer tiefere Melancholie. Selbst die Geburt ihres zweiten Sohnes, Ferdinand – im März 1503 –, trug nicht dazu bei, ihre Lebensgeister zu wecken. Sie wartete auf den Tag, da sie mit Philipp wieder vereint sein würde.

Der Chronist Petrus Martyr berichtet, sie habe »sich wie eine Löwin gebärdet«, als sie in jenem Spätherbst dahinterkam, daß ihr ihre Mutter einen Brief Philipps vorenthalten habe, worin dieser nach ihrer Rückkehr fragte.[87] Doch da die Zeit der Stürme bereits begonnen hatte, war an eine Seereise nicht zu denken. Ihre Mutter schickte Johanna auf das befestigte Schloß von Medina del Campo.

In einer kalten, stürmischen Winternacht rate Johanna halbnackt aus dem Schloß und flehte die Wächter beim Tor an, ihr aufzuschließen, sie müsse eilen, um ihren Gatten zu treffen. Als die Wachen dies ablehnten, weinte sie, hämmerte an die großen Torflügel und saß dann die ganze Nacht und den ganzen folgenden Tag zitternd da, die warmen Kleider, die ihr Dienerinnen brachten, verschmähend, bis man schließlich nach ihrer Mutter, nach Königin Isabella, in Segovia schickte. Die Königin schrieb ihrem Gesandten in Brüssel:

»Sie sprach mit so wenig Respekt und so wenig, wie es einer Tochter geziemt, daß ich, wenn ich mir nicht ihres Geisteszustandes bewußt gewesen wäre, eine solche Sprache niemals geduldet hätte.«[68]

Endlich, im Frühling, war es Johanna möglich, mit einem Schiff die Reise nach den Niederlanden anzutreten. Ihren kleinen Sohn Ferdinand ließ sie in Spanien.

Philipps Zuneigung zu seiner Frau war noch mehr abgekühlt, gar nicht zu reden von der Geduld, die er hätte aufbringen müssen, um mit ihren schwierigen Launen fertig zu werden. Eines Tages entdeckte Johanna – oder sie glaubte es zumindest –, daß sich Philipp eine blondhaarige Schönheit des Hofes zur Mätresse genommen hatte. Rasend vor Eifersucht, fiel sie mit einer Schere über das Mädchen her, schnitt ihr das goldblonde Haar ab und ohrfeigte ihr hübsches Gesicht.[89]

Mit Gewalt gelang es Philipp, Johanna in ihren Gemächern im Brüsseler Palast einzuschließen, und es ging das Gerücht, daß er öfter als einmal Schläge anwenden mußte, um sie zur Vernunft zu bringen. Er nannte sie ein »Schreckgespenst« – sie nannte ihn »den besten aller Ehegatten«.[90] Sie versuchte zu entfliehen und verteidigte sich gegen den Vorwurf des Wahnsinns, indem sie in einem lichten Augenblick an eine Freundin schrieb:

»Ich sollte mich über diese unwahre Zeugenschaft gegen mich nicht wundern, seit man sie auch unserem Herrn gegenüber aufgestellt hat.«[91]

Selbst jetzt noch gab es kurze Perioden der Versöhnung, und im September 1505 gebar Johanna ihr fünftes Kind, eine Tochter, die den Namen Maria erhielt.

Bald nachher traf aus Spanien die Nachricht ein, daß Königin Isabella gestorben war, und da sie ihre Tochter als Regentin für ungeeignet hielt, hatte sie die Regentschaft über Kastilien in die Hände ihres Gemahls, des Königs Ferdinand, gelegt. Darob fühlte sich der ehrgeizige Philipp gedemütigt, und er und seine Frau brachen erneut nach Spanien auf, um Johannas Erbe einzufordern.

Philipp geriet bald mit seinem Schwiegervater, König Ferdinand, in Streit, weil sich dieser in höchst ungehöriger Eile – kurze Zeit nach dem Tod seiner Gemahling – mit einer sehr jungen und hübschen französischen Prinzessin, Germaine de Foix, vermählt hatte. Durch sie konnte sogar die Erbfolge der Kinder Philipps bedroht sein. Aber Philipps bekannter Charme und sein politischer Spürsinn brachten alles ins Lot. Die kastilischen Cortes unterstützten Johanna und deren Gatten, König Ferdinand verzichtete auf die Regentschaft und schiffte sich mit seiner neuen Gemahlin nach Neapel ein.

Während dieses zweiten vorübergehenden Aufenthaltes in Spanien war Johanna noch schwieriger geworden. Das Paar war kaum angekommen, als sie alle Damen ihrer Begleitung sofort wieder nach den Niederlanden zurückschickte, mit Ausnahme einer ganz alten Dienerin, der sie zu bleiben erlaubte. Johanna schloß sich die meiste Zeit in ihren Gemächern ein, trug nur Schwarz und lehnte es ab, an offiziellen Feierlichkeiten teilzunehmen.

Maximilians Gesandter in Spanien schrieb damals an seinen Kaiser:

»Der größte Feind, den unser gnädiger Herr von Kastilien hat, ist – außer dem König von Aragon – die Königin, Seiner Gnaden Gemahlin; die ist böser, als ich Eurer Majestät schreiben kann.«[92]

An einem heißen Septembertag des Jahres 1506 spielte Philipp mit Freunden in Burgos »Pelota«. Nachher trank er sehr viel eiskaltes Wasser und bekam am anderen Tag ein leichtes Fieber, dem jedoch bald Schüttelfrost folgte. Wenig später wurde er von heftigen Krämpfen befallen und spuckte Blut. Die Ärzte ließen ihn an der entgegengesetzten Seite der schmerzenden Körperstellen zur Ader. Am vierten Tag stand er vom Krankenlager auf und kleidete sich an. Aber plötzlich stieg das Fieber, Zunge und Hals schwollen an, so daß er kaum noch zu sprechen oder zu schlucken vermochte. Am fünften Tag setzten die Ärzte an seinen Schultern und am Nacken Schröpfgläser an und gaben ihm Purgiermittel. Doch sein Zustand verschlechterte sich, man ließ ihn wiederholt zur Ader; sein Geist verwirrte sich, er hatte heftige Schweißausbrüche und fiel in Agonie. Am sechsten Tag verschied er.[93]

Die Ärzte am spanischen Hof erklärten offen, daß Philipp gestorben sei, weil er etwas getan habe, was keinem Südländer auch nur im Traum einfallen würde: eiskaltes Wasser trinken, wenn man erhitzt ist. Das Gerücht aber, das man sich im flämischen Gefolge Philipps zuraunte und das sich dann an allen Höfen Europas verbreitete, wußte es anders: Philipp sei vergiftet worden. Einige meinten, man habe ihm das Gift auf Befehl seines Schwiegervaters verabreicht, andere wieder glaubten, es sei ihm von seiner eifersüchtigen Frau eingegeben worden.[94]

Kalt wie Eis und still wie das Grab hatte Johanna am Krankenbett ihres Gatten gewacht, alle Medizinen gekostet, bevor sie sie ihm eingab, und seine fieberheiße Stirn gekühlt, während sein Lebenslicht langsam erlosch.

Nachdem der Leichnam einbalsamiert und in den Sarkophag gelegt worden war, wurde sie von wildem, hemmungslosem Schmerz geschüttelt. Sie ließ den Glassarg in ihr Gemach stellen und hielt einsame Totenwacht. Nach dem Begräbnis, als der Sarg in ein nahe gelegenes Mönchskloster gebracht worden war, ging sie täglich hin, ließ ihn öffnen und umarmte den geliebten Toten. Sie hatte ihre Trauergarderobe sehr sorgsam und reichlich gewählt und legte bei jedem Besuch der Grabstätte ein anderes Kleid an.

Im Januar kam ihr der Gedanke, den Leichnam des Gatten in die königliche Gruft nach Granada bringen zu lassen. Mit einem großen Trauergefolge machte sie sich nach dem Süden auf. Ihrer Equipage voran schaukelte der Sarg auf einer offenen Bahre, aber sie ließ fast immer nur nachts bei Fackelschein fahren, da sie meinte: »Eine Witwe, die die Sonne ihrer eigenen Seele verloren hat, sollte sich nie mehr dem Licht des Tages stellen.«[95]

Als sie einmal vor einem Ordenshaus anhielten, um dort zu übernachten, entdeckte Johanna, daß es ein Nonnen- und kein Mönchskloster war, und sofort ließ sie den Sarg des Gatten auf das freie Feld bringen, fern von jeglicher Frauengesellschaft, und wachte dort die ganze Nacht über.

In der Stadt Torquemada wurde Johanna von den Wehen überrascht, sie lehnte die Hilfe der Hebammen ab und brachte ganz allein ein Töchterchen zur Welt, das sie Katharina nannte.

Die düstere Prozession kam nie in Granada an. Johanna schlug einen anderen Weg ein, um ihren Vater, König Ferdinand, zu treffen, der aus Neapel zurückkehrte. Nicht lange danach veranlaßte Ferdinand ihre Unterbringung im Kastell von Tordesillas.

Einst hatte ein Mönch Johanna von einem Prinzen erzählt, der gestorben, aber nach vierzehn Jahren wieder zum Leben erwacht war. Geduldig wie ein Kind wartete Johanna, bis die Jahre verstrichen wären und ihr Philipp wieder zum Leben erwachen würde. Und wie ein Kind weinte sie, als vierzehn Jahre vorüber waren und der Leichnam des Gatten im Sarg vermoderte und zerfiel.[96]

7. *Die Kinder von Mecheln*

Die vier Kinder, die das unglückselige Paar Philipp und Johanna in den Niederlanden zurückgelassen hatte, wuchsen unter den wachsamen Augen ihrer Tante Margarete, der Schwester Philipps, inmitten einer Schar von Kindsweibern, Gouvernanten und Lehrern heran. Die in Spanien geborenen Geschwister wuchsen in Spanien auf, ohne jemals – zumindest viele Jahre lang – der niederländischen Sippe zu begegnen: Ferdinand am Hofe seines Großvaters, des Königs von Spanien, und die kleine Katharina, das Kind der Sorge und des Todes, bei ihrer geisteskranken Mutter hinter den düsteren Mauern des Kastells von Tordesillas.

Maximilians Tochter Margarete hatte nach dem frühzeitigen Tod ihres jungen spanischen Ehegemahls wieder geheiratet, aber ihr zweiter Gatte, Philibert von Savoyen, starb gleichfalls sehr jung, und wieder war sie Witwe. Nun versuchte der Vater, ihr eine andere nutzbringende politische Partie einzureden, und zwar den ältlichen, bresthaften König Heinrich VII. von England. Margarete aber lehnte ab. Sie hatte ihre Heiratspflichten gegenüber der Familie erfüllt und zog den Witwenstand einer neuen Königsehe vor.

Sie war eine Frau von vielseitigen Interessen und von kultiviertem Geschmack, doch von der beflügelten Phantasie ihres Vaters Maximilian hatte sie wenig mitbekommen; sie war viel praktischer, erdgebundener und hatte eine sehr klare Vorstellung vom Wert des Geldes und davon, wie schwer es zu bekommen war. Als Regentin der Niederlande – während der Dauer der Minderjährigkeit ihres Neffen Karl – erwies sie sich als ausgesprochen tüchtig. Mit Sorgfalt und Hingebung zog sie die vier Kinder ihres verstorbenen Bruders in der stillen Stadt Mecheln auf – ein kostbares Nest voll mit Habsburgergrünschnäbeln, für die Maximilian bereits große Pläne schmiedete.

Der Kaiser und seine Tochter standen einander sehr nahe, keine andere Frau war Maximilian während der letzten zehn Jahre seines Lebens so verbunden. Eilboten kamen aus Konstanz, Düsseldorf, Freiburg, Köln, aus Frankfurt und Innsbruck und brachten Briefe für die in Witwengewänder gehüllte kluge junge Frau im Palast von Mecheln. Maximilians Schreiben – oft persönlich flüchtig hingeworfen, in Französisch und Latein, dann und wann mit einem deutschen Wort dazwischen, ein wenig verworren und oft fehlerhaft – waren an »meine gute Tochter« gerichtet und mit »Euer guter Vater Maxi« unterzeichnet. Margaretes Grußworte an den Vater lauteten: »Mein sehr verehrter Herr und Vater.«

Maximilian schickt ihr seinen Pastetenkoch, damit er in ihrer Küche lerne, denn er weiß nur zu gut, daß nirgends in der Welt so köstliche Pasteten gebacken werden wie in Flandern. Und sie sendet ihm aus Mecheln ein Paket mit Süßigkeiten und Konfitüren, für die er eine Schwäche hat. Ein anderes Mal schickt sie feine Unterwäsche, die sie eigenhändig angefertigt hat, der Kaiser erhält sie in Bozen, wo er sich gerade zu einem neuen Italienfeldzug rüstet:

»Ich bekam«, so schreibt er, ». . . die feinen Hemden und die Leinenwasche, zu deren Herstellung Ihr selbst beigetragen habt und über die Wir hocherfreut sind, hauptsächlich weil . . . Ihr dabei an Uns gedacht habt. Und wenn Wir in diesem Jahre unsere Rüstung tragen, die so drückend und schwer ist, wird Unserem Herzen das gute Gefühl und die Weichheit dieser feinen Wäsche wohltun, die die Engel im Paradiese wohl auch als Gewandung verwenden dürften.«[97]

Aus dem italienischen Feldlager teilt er ihr später mit, wo sich die Juwelen befinden, die er verpfänden mußte, um seine Soldaten zu besolden; denn falls er im Kampfe fallen sollte, so wünsche er, daß sie diese »für Unsere teuren und sehr geliebten Enkelkinder« auslösen möge.[98]

Oft sind seine Briefe aber auch kurz angebunden. Er befiehlt ihr kategorisch, die Kinder nach Brüssel zu bringen, wo er sich kurz aufhalten werde und sie zu sehen wünsche. Und immer wieder bittet er um Geld, er benötigt es dringendst, um seine Truppen zu bezahlen – kann sie es irgendwo von irgendwem auftreiben? Gutgelaunt schreibt er dann, daß er die 10 000 Goldgulden erhalten habe, die sie ihm durch ihren »maître d'hôtel« überbringen ließ, und ob sie nicht kommen und an einer Jagdgesellschaft teilnehmen wolle, die sehr fröhlich zu werden verspreche?

Margarete ihrerseits beklagt sich, daß seine Briefe grob gewesen seien, und er antwortet gutmütig, er werde ihr, »damit wir miteinander Frieden schließen«, einen schönen Karfunkelstein senden, der seinem verstorbenen Vater, Kaiser Friedrich, gehört und den er gerade in »einer alten Truhe zu Augsburg« gefunden habe.[99]

Als 1510 der Winter vor der Tür steht, schreibt er von der ernsten Erkrankung der Kaiserin Bianca und bittet die Tochter, sie möge die besten Ärzte, die sie kenne, heimlich befragen und ihm dann »Mittel zur Heilung dieser Krankheit« schicken.[100] Aber Margarete antwortete, die Ärzte wären der Meinung, Biancas Erkrankung sei wohl sehr seltsam und gefährlich, ohne weitere Informationen könnten sie da nicht helfen.[101] Nach etwas mehr als einem Jahr muß Maximilian Margarete mitteilen, daß Bianca gestorben sei, nachdem sie alle Sakramente empfangen habe, und nun »mit den Seligen im Königreich des Paradieses weile«.[102] Als Bianca in Innsbruck verschied, hielt sich Maximilian weit entfernt in Freiburg auf; er sandte seinen Hofmarschall, der den Vorbereitungen für das Begräbnis beiwohnte.

Einige Monate nach Biancas Tod enthüllt Maximilian seiner Tochter einen verblüffenden Plan, der ihm gerade in den Sinn gekommen ist:

»Da Wir aus verschiedenen Gründen es nicht für gut finden zu heiraten, haben Wir beschlossen, niemals wieder an der Seite eines nackten Weibes zu liegen. Und morgen senden Wir (den Bischof von Gurk) nach Rom zum Papst, einen Weg zu finden . . ., um Uns als Koadjutor anzunehmen, so daß Wir nach seinem Tode sicher sein können, die Papstwürde zu erlangen, Priester zu werden und später ein Heiliger, den ihr nach Unserem Tode verehren könnt.«[103]

Er fügt bei, daß er beginne, die Kardinäle entsprechend zu bearbeiten, und daß 200 000 bis 300 000 Dukaten sehr dienlich wären, diese werten Herren zu überzeugen. Er unterzeichnete den Brief mit »von der Hand deines guten Vaters Maximilian, des künftigen Papstes«.

Die Vereinigung von Papstwürde und Kaisertum unter einem einzigen Oberhaupt – nämlich ihm selbst – war eine erstaunliche und sehr einfache Lösung diverser Probleme. Mit einem Schlage konnte er die Kirche, die es dringend nötig hatte, reformieren, konnte er die Türken besiegen, seinen Streit mit dem König von Frankreich austragen und gleichzeitig sein beklagenswert erschöpftes Budget ins Gleichgewicht bringen. Aber Papst Julius II. spielte nicht mit, er weigerte sich hartnäckig, zu sterben, sondern siechte im Vatikan als zwielichtiger, schwieriger Mann langwierig dahin.

Luther schrieb einmal, Maximilian habe, als ihn jemand fragte, warum er plötzlich laut auflachte, geantwortet, er müsse lachen »bei dem Gedanken, daß Gott das geistliche und das weltliche Reich so aufgeteilt habe, daß jenes unter die Herrschaft eines prunksüchtigen, ausschweifenden Papstes und dieses unter das Regiment eines Gemsenjägers gekommen sei«.[104]

Die Enkelkinder in Mecheln lagen noch in der Wiege, als Maximilian bereits an ihre Verheiratung zu denken begann. Der Älteste, Karl, Erbe des enormen Besitztums beider Elternteile – der Niederlande, Spaniens und der österreichischen Kronländer –, wurde infolge der sich beständig ändernden politischen Pläne während seiner Kindheit mehrmals verlobt. Eleonore, die älteste Enkelin, war für eine besonders glänzende Partie vorgesehen. Maximilian schrieb seiner Tochter Margarete ganz offen, daß er nur auf den Tod einer der großen Königinnen Europas warte, damit Eleonore deren Platz einnehmen könne.

Als erstes der Enkelkinder sollte Ysabeau (Isabella) verheiratet werden: ein sanftes, blauäugiges Mädchen von 13 Jahren, das Maximilian im April 1514 mit dem König von Dänemark verlobte. Der Ehevertrag wurde in Linz unterzeichnet, und der dänische Hochzeitszug brach sofort nach Mecheln auf, wo die Ferntrauung stattfinden sollte. Tante Margarete wäre es lieber gewesen, die Hochzeit noch etwas aufzuschieben, das Kind war so jung und die Zeit für die nötigen Vorbereitungen viel zu kurz. Aber der dänische Botschafter drängte zur Eile, und so blieb Margarete nichts anderes übrig, als die Hochzeit mitsamt den Gastmählern, Turnierspielen und Tanzfesten zu bestellen. An jenem Abend versammelte sich die ganze Gesellschaft, um Zeuge zu sein, wie sich das Kind Ysabeau im Hochzeitsstaat gehorsam auf das festliche Brautbett legte, während der dänische Botschafter, ein Bein entblößt, neben ihr lagerte, »so wie es bei hohen Fürstlichkeiten üblich ist«, schrieb Margarete in dem Bericht an ihren Vater.[105]

Der Grund, weshalb es der Dänenkönig so eilig hatte, eine Braut edlen Geblüts zu bekommen, war der Familie Ysabeaus gewiß nicht erklärt worden. Einige Jahre zuvor hatte nämlich König Christian ein hübsches holländisches Mädchen namens Duybeke (»die kleine Taube«) zur Mätresse genommen. Er hatte sie in einer Kuchenbäckerei in Bergen entdeckt und in den Kopenhagener Palast gebracht. Mit dem Mädchen kam auch dessen Mutter Sygebritte nach Kopenhagen, eine schreckliche Person, mehr Geier als Taube, die sofort die Aufsicht über den Palasthaushalt an sich riß, selbstherrlich entschied, wer zum König dürfe und wer nicht, und ganz allgemein die Situation am Hofe für die Edelleute äußerst unangenehm gestaltete. Manche scheuten nicht davor zurück, sie der Hexerei zu bezichtigen. Die Dinge hatten derartige Formen angenommen, daß der dänische König kaum noch hoffen konnte, seinen Thron zu behalten, wenn er nicht schleunig eine annehmbare Braut heiratete.

Wenige Monate nach erfolgter Stellvertretertrauung segelte Ysabeau nach Kopenhagen ab, begleitet vom Bischof von Schleswig, der bereits warnend an seinen König geschrieben hatte:

»Ihre Hoheit verdient, daß Ihr sie freundlich empfanget, denn sie ist edel, klug, tugendhaft und wunderbar! ... Ich bitte Eure Majestät demütigst, daß Ihr sie mit größtem Pomp und allen Feierlichkeiten empfanget und allen Burgundern und Dänen zeiget, daß sie Euch sehr teuer und willkommen ist.«[106] Und er fügte noch hinzu: »Und lassen Eure Majestät sich sofort den Bart abnehmen, und zwar aus vielerlei Gründen!«

Unglücklicherweise beachtete König Christian den guten Rat seines Bischofs nicht. Der Bart blieb, und mit der kleinen Taube und deren herrschsüchtiger Mutter war es nicht anders: Sie blieben.

Bald drangen Klatschereien und Gerüchte zu Tante Margarete in den Niederlanden und kamen auch dem Großvater Maximilian in Innsbruck zu Ohren. Die sanfte Ysabeau, die man für das Amt einer Königin, für das ja alle Habsburgertöchter ausersehen waren, gut vorbereitet hatte, ließ sich ihr schreckliches Heimweh in keiner Weise anmerken. Bald nach ihrer Ankunft in Dänemark schrieb sie im August 1515 an die Tante:

»Madame, wenn ich für mich wählen könnte, wollte ich jetzt bei Ihnen sein. Denn von Ihnen getrennt zu sein ist der größte Kummer, der mir zustößt, besonders da ich nicht weiß, wann ich hoffen darf, Sie wiederzusehen.«[107]

Als Maximilian von den Zuständen Wind bekam, die im königlichen Palast zu Kopenhagen herrschten, setzte er einen Boten nach Dänemark in Marsch, um den König zu bewegen, »sein unordentlich Leben aufzugeben und ihn zu überreden, Unserer Tochter ein treuer Gefährte zu sein«.[108]

An Ysabeaus Bruder Karl in den Niederlanden schrieb Maximilian im Januar 1516:

»Das unerfreuliche und schamlose Leben, das Unser Bruder und Schwiegersohn, der König von Dänemark, mit einer Konkubine führt – zum großen Kummer und Mißfallen Unserer Tochter, Eurer Schwester –, wird von allen ihren Verwandten heftig gerügt.«[109]

Aber Christian änderte sich nicht. Als Ysabeau Kinder bekam, wurden sie der anmaßenden Sygebritte in Obhut gegeben. Schließlich entthronten aufständische Adelige den König, und Ysabeau mußte samt ihm und ihren drei Kindern aus Dänemark fliehen. In Mecheln, im friedlichen Haushalt der Tante, starb sie 1525 im Alter von 24 Jahren. Die Kinder, eine neue Generation von Halbwaisen, hinterließ sie ihrer Tante Margarete, damit diese sie aufziehe.

Ungefähr zur selben Zeit, da Ysabeaus Ferntrauung stattfand, wurde ein anderes, für die Zukunft der Habsburgerfamilie noch weit wichtigeres Heiratsprojekt in die Wege geleitet. Die achtjährige Maria, das jüngste der Kinder im Haushalt von Mecheln, wurde auf eine lange Reise quer durch Europa bis nach Wien geschickt, wo sie Prinz Lajos (Ludwig), den Thronerben Ungarns, ehelichen sollte.

In dem 1491 geschlossenen Friedensvertrag waren Maximilian und König Wladislaw II. von Ungarn übereingekommen, daß die ungarische Stephanskrone, falls Wladislaw keine männlichen Nachkommen hinterließ, an das Haus Habsburg fallen solle. Wladislaws erstgeborenes Kind war ein Mädchen, Prinzessin Anna; Maximilian schlug sofort vor, sie mit einem seiner Enkel, Karl oder Ferdinand, zu verloben. Eine einflußreiche Gruppe ungarischer Adeliger hatte jedoch einen Kandidaten aus den eigenen Reihen parat: János Zápolya, Prinz von Transsylvanien. Als nun aus dem königlichen Palast in Budapest die Kunde von der baldigen Geburt eines zweiten Kindes durchsickerte, verlor Maximilian keine Zeit mehr und verlobte 1506 seine kindliche Enkelin Maria, die noch in der Wiege ihres Kinderzimmers von Mecheln lag, mit dem noch ungeborenen Kind des Ungarkönigs.

Glücklicherweise erwies sich dann dieses Kind als dem passenden Geschlecht zugehörig – es war Prinz Lajos. Doch seine Frühgeburt kostete der Königin das Leben, und auch das Dasein des schwachen Kindes hing an einem Faden, bis die magyarischen Hofärzte als behelfsmäßigen Brutkasten frischgeschlachtete Tierleiber nahmen, um das Baby darin warm zu halten.

Im Jahre 1507 wurde ein bedeutsamer Ehevertrag unterzeichnet, demzufolge Prinzessin Anna von Ungarn entweder Karl oder Ferdinand heiraten sollte und Prinz Lajos die kleine Maria. Maximilians kluger Botschafter Cuspinian, der wußte, unter welchen Schwierigkeiten und Komplikationen dieser Ehevertrag zustande gebracht worden war, hielt dies für eine derart lebenswichtige politische Entscheidung, daß die einzige Eintragung in sein Tagebuch für jenes Jahr einfach lautete: »Captus Ludovicus« – den Lajos gekapert.[110]

Aber Maximilian wußte aus Erfahrung nur zu gut, daß bloße Eheverträge für eine Zurschaustellung nichts taugten, und obzwar die Kinder für eine Ehe zu jung waren, würde doch eine vor Zeugen ausgeführte Hochzeitszeremonie viel bindender sein als ein papierener Kontrakt. Deshalb eben ließ er seine Enkelin Maria aus Mecheln holen und traf während des Winters und Frühjahrs 1515 Vorbereitungen für eine große, festliche Hochzeit in Wien.

Die ungeheuren Schwierigkeiten auf dem Wege zu dieser Doppelhochzeit würden einen geringeren Mann als Maximilian gewiß entmutigt haben; denn der Kaiser hatte wenig Geld, war nicht bei bester Gesundheit, und es war kein Bräutigam für die ungarische Prinzessin greifbar. Seine finanziellen Sorgen waren im Lauf der Jahre immer auswegloser geworden, er pflegte schon seit längerer Zeit von einer gefälligen Bankiersfamilie in Augsburg, den Fuggern, Geld zu borgen. Die Fugger waren gern bereit, an den Habsburgerkaiser zu Wucherzinsen Geldbeträge zu verleihen, wobei als Sicherstellung Silberbergwerke in Tirol, habsburgischer Grundbesitz und sonstige Einkünfte dienten. Wieder und immer wieder verlor Maximilian die Verfügungsgewalt über ein Bergwerk oder sonst ein Besitztum, wenn eine Schuld fällig wurde.

Als es nun im Frühjahr 1515 um die Krone von Ungarn ging, hatte er einfach nicht genügend Geld, um die Kosten der großartigen und prunkvollen Hochzeit – wie es ja eine sein sollte – zu tragen. Aber obwohl er bei ihnen bereits tief in der Kreide stand, gelang es ihm schließlich doch, den Fuggern ein Darlehen von 54 000 Gulden zu entreißen, weil die Handelsherren ihrerseits seinen Schutz für gewisse Bergwerke, die sie in Ungarn besaßen, nötig hatten.[111]

Überdies war Maximilian leidend. In jenem Frühjahr 1515 lag er so krank darnieder, daß der Hochzeitstermin verschoben werden mußte. Als der Sommer kam, konnte er kein Pferd mehr besteigen und mußte in einer Sänfte getragen werden.

Aber keines dieser Hindernisse war so kritisch wie das Fehlen eines Bräutigams. Prinzessin Anna war einem der zwei Enkelsöhne Maximilians versprochen worden, aber Erzherzog Karl war bereits mit der englischen Prinzessin Mary verlobt – eine für die wirtschaftlichen Interessen der Niederlande sehr bedeutsame Vereinbarung –, während Erzherzog Ferdinand, der Liebling und Namensvetter seines Großvaters, des Königs von Spanien, am spanischen Hofe aufwuchs. Der König dachte aber nicht im entferntesten daran, den jungen Ferdinand nach Wien zu schicken, nur um die Habsburgermacht noch mehr zu vergrößern.

Und doch wagte es Maximilian in dieser Zwangslage wegen der drängenden politischen Situation in Ungarn nicht, die Hochzeit auch nur um einen Monat zu verschieben. Im Juli 1515 überschritten König Wladislaw von Ungarn und seine beiden königlichen Kinder Lajos und Anna, sein Bruder König Sigismund von Polen und eine große Anzahl ungarischer und polnischer Adeliger die Grenze Österreichs und wurden von Maximilian einige Meilen östlich von Wien erwartet.

Sogar dann noch, am Vorabend der Hochzeit, wäre das ganze Vorhaben um ein Haar gescheitert. Maximilian empfing die Könige, in einer Sänfte sitzend, umgeben von 500 bewaffneten Rittern. Als er die königlichen Brüder einlud, mit ihm nach Wien zu reiten, rieten einige der ungarischen Herren davon ab mit dem Bemerken, die ganze Sache könne sehr wohl auch eine Falle sein. Der Kardinal von Gran flüsterte Wladislaw ins Ohr, er begebe sich da möglicherweise ohne Schutz in die Gewalt eines Mannes, mit dem er noch ein paar Jahre zuvor Krieg geführt habe.[112]

Gerade im richtigen Augenblick erhob König Sigismund von Polen seine Stimme und erklärte, daß er für seine Person Vertrauen in die Kaiserehre setze und mit Maximilian in die Stadt reiten werde, worauf auch Wladislaw zustimmte und sich die ganze Gesellschaft in Richtung Wien in Bewegung setzte.

Sogar das Wetter verschwor sich gegen Maximilian. Das geborgte Geld, das er für seinen feierlichen Einzug ausgegeben hatte, war umsonst ausgegeben. Ein Wolkenbruch machte alles zunichte, die Federbüsche hingen triefend herab, die Festkleider wurden gänzlich durchnäßt, und die Musiker konnten nicht spielen.

Schließlich mußte Maximilian noch zu einer besonderen List greifen, um das schwierigste aller Probleme zu lösen: das Fehlen eines Bräutigams für Prinzessin Anna.

Er zeigte sich sogar dem gewachsen. Am 22. Juli kniete im Dom von Sankt Stephan der grauhaarige Maximilian in der kaiserlichen Robe neben der zwölf Jahre alten Prinzessin und sprach den Heiratsschwur. Dieser hatte einen genau festgesetzten Wortlaut. Sollte innerhalb von Jahresfrist keiner der Enkel Maximilians erscheinen und Anna zur Frau nehmen, so würde er selbst die Vermählung vollziehen und Anna zur Kaiserin machen. Zusammen mit Maximilian und der kleinen Anna gelobten die beiden Neunjährigen – Maria und Lajos –, einander zu rechtmäßigen Gatten zu nehmen.

Eine glanzvolle Reihe von Festen, Bällen und Zeremonien begleitete die Doppelhochzeit von 1515. Die drei Kinder erfreuten sich ohne Zweifel am meisten an dem großen Turnier, bei welchem hundert adelige Knaben zu Rittern geschlagen wurden, und am wenigsten gefielen ihnen wohl die gewundenen lateinischen Ansprachen von 22 Mitgliedern der Fakultät. Die Grußadressen, die später in Buchform herauskamen, ergaben einen stattlichen Band.

Was Maximilian betrifft, so bereitete ihm die Bekanntschaft mit König Sigismund das größte Vergnügen, und er war entzückt, in dem Polenkönig einen Mann von ebenso lebhaftem Geist wie tiefem Interesse an humanistischer Gelehrsamkeit zu finden. Nie sollte er vergessen, daß ohne Sigismunds gute Dienste Prinzessin Anna nicht in das Haus Habsburg eingeheiratet hätte, denn die Ungarn – so schrieb er in einem Brief an seine Tochter –, die ihren König nicht achteten, hätten die schöne Prinzessin ihrem Diener und Untertan zur Frau gegeben, zur ewigen Schande für das Haus Österreich und für Gott.[113]

Mit »Diener und Untertan« war der Mitbewerber János Zápolya gemeint.

In echt maximilianischer Manier versuchte der Kaiser sein Bestes, um auch Sigismund mit einer habsburgischen Braut zu belohnen, und als der polnische König einige Zeit später seine Frau verlor, schrieb der alte Ehestifter an seine Tochter Margarete und schlug ihr Sigismund als Gatten für seine älteste Enkelin Eleonore vor. Dabei beschrieb er den Polenherrscher enthusiastisch als »stattlich, etwas beleibt, mit sehr weißen Händen«. Außerdem fügte er die wesentlich wertvollere Information hinzu, er habe aus Sigismunds eigenem Munde, der »schön und rot« sei, erfahren, daß der König 46 oder 47 Jahre alt sei.[114]

Margarete und ihre Nichte schienen etwas weniger enthusiasmiert, obwohl ihre Antwort sehr taktvoll ausfiel. Zur »polnischen Heirat« kam es jedoch nie, und Eleonore wurde für den König von Portugal aufgespart.

Einige Monate nach der Doppelhochzeit von 1515 ereigneten sich zwei Dinge, die bewiesen, wie weitblikkend Maximilian gewesen war, als er diese Heiraten gegen alle Hindernisse durchsetzte. König Ferdinand von Spanien starb im Januar 1516, und sein Enkel Ferdinand war frei, um Maximilians Stelle als Bräutigam der Prinzessin Anna einzunehmen. Vorläufig blieb er noch in Spanien, um seine Erziehung zu vollenden, aber innerhalb der hierfür festgesetzten Frist wurde er der ungarischen Erbin durch Stellvertretung angetraut.

Im März 1516 starb König Wladislaw, und die antihabsburgische Partei in Ungarn unternahm Schritte, um die Heiraten zu annullieren. So gefährlich und ungewiß erschien Maximilian die Situation, daß er eiligst Maria und Anna – die »kleinen Königinnen«, reginulae, wie sie jetzt genannt wurden – von Wien nach seiner sicheren Residenz Innsbruck bringen ließ, wo sie ihre Studien beenden und die Ankunft ihrer Brautigame erwarten sollten.

8. Albrecht Dürers letztes Porträt

Innsbruck, ich muß dich lassen,
ich fahr' dahin mein Straßen,
in fremde Land dahin.
Mein Freud ist mir genommen,
die ich nit weiß bekommen,
wo ich im Elend bin.
(Maximilian I. zugeschrieben)

Im Sommer 1518 hielt Maximilian seinen letzten Reichstag. Hoch oben in einem kleinen Zimmer des Palastes zu Augsburg malte in diesen Wochen Albrecht Dürer sein letztes Porträt Maximilians, das großartige Bildnis eines alt gewordenen Königs. In den Augenwinkeln sitzt immer noch der Schalk, aber das Haar unter dem Biberhut ist ergraut. Ein Ausdruck unermeßlicher Traurigkeit lebt in diesem Antlitz. In der Hand hält der Kaiser einen geöffneten Granatapfel, so als wäre es die Welt, in die er hineingebissen habe und die ihm zu sauer gewesen sei.

Der alte Verschwörer war damit beschäftigt, einen weiteren Streich zu spielen. In jenem Sommer 1518 war er emsig bemüht, die Wählerstimmen zu kaufen, die er brauchte, um die Nachfolge seines Enkels Karl zu sichern, und er kaufte diese Stimmen mit Geld, das er gar nicht hatte.

Gegen Ende September, gerade als der Reichstag zu Ende ging, tauchte in Augsburg ein selbstsicherer junger Augustiner namens Martin Luther aus Wittenberg auf, um vor dem päpstlichen Legaten, dem Kardinal Cajetan, die 95 Thesen zu verteidigen, die er ein Jahr zuvor durch Anschlag veröffentlicht hatte und in denen er den päpstlichen Ablaß verurteilte. Maximilian hatte dem Mönch freies Geleit nach Augsburg zugebilligt, doch blieb er nicht, um den Disput anzuhören. Er hatte keine Zeit, sich mit solchen Stechfliegen wie Luther abzugeben. Daß die Kirche Reformen dringend nötig hatte, wußte jedermann im Reich, Maximilian selbst hatte sich einige Jahre vorher von Jakob Wimpfeling eine Liste der ärgsten Mißstände anfertigen lassen. Die Kirche zu Reformen zu zwingen, war Sache des Kaisers, nicht Sache eines Mönchs, und der Kaiser mußte den richtigen Zeitpunkt und den richtigen Ort hierfür wählen.

Im Augenblick hatten aber andere Geschäfte den Vorrang. Die Türken gebärdeten sich bedrohlicher denn je, und der Papst hatte erneut zum Kreuzzug wider sie aufgerufen. Als Maximilian den Reichstag eröffnete, überreichte ihm der päpstliche Legat ein geweihtes Schwert, mit dem Konstantinopel und Jerusalem wiedereingenommen werden sollten. Maximilian hatte einen Feldzugsplan zur Besiegung der Türken innerhalb von drei Jahren ausgearbeitet, und er schickte eine Kopie davon an alle christlichen Monarchen Europas.

Aber das drängendste Geschäft war doch die Wahl des nächsten Kaisers! – Maximilian hatte im letzten Jahr ernste Anzeichen des nahen Todes verspürt. Und der Papst hatte dem Gesandten Venedigs während desselben Jahres vertraulich mitgeteilt, der Kaiser habe einen Schlaganfall erlitten, der zwar leicht gewesen sei, doch würden solche Anfälle, wenn sie einmal kommen, von den davon Befallenen im allgemeinen kaum länger als ein Jahr überlebt.[115]

Es war nun schon lange her, daß Maximilian im Sattel gesessen oder mit einer hübschen Partnerin einen »Morisco« oder eine schnelle »Koralle« getanzt hatte. Vom harten Leben im Lager und auf dem Schlachtfeld und von seinen Reisen, die er jahraus, jahrein unternahm, verbraucht, stand er, der stets eine bewundernswerte Konstitution gehabt hatte, vor dem körperlichen Zusammenbruch. Er reiste nur noch in der Sänfte, und man erzählte sich, daß die längliche Kiste, die in seinem Staatswagen mitgeführt wurde, einen Sarg enthalte.

Sein einziger Sohn, Philipp, war seit Jahren tot, es war unbedingt notwendig, daß sein ältester Enkel, Karl, ihm auf dem Thron folgte und den Titel Römischer König bekam, solange er selbst noch am Leben war. Sechs der sieben Kurfürsten konnten gewonnen werden; aber auch der siebente, der König von Böhmen – in Person seines Schwiegerenkels, des jungen Königs Lajos von Ungarn –, hätte nach Maximilians Meinung dazu gebracht werden können, für Karl zu votieren. Die Stimmen der deutschen Wähler kamen teuer, und die des Kurfürsten von Sachsen, Friedrichs des Weisen, war weder für Geld noch für Liebe zu bekommen. Maximilian gelang es, den übrigen fünf Versprechungen abzunötigen, und obwohl seine Verschuldung bei den Fuggern ungeheuerlich war, sicherte er 600 000 Gulden an Bestechungsgeldern zu, zahlbar nach der Wahl. Er konnte schwerlich anders als verärgert sein über Luthers unkluge Haltung gerade in diesem Moment, denn drei der fünf gekauften Kurfürsten waren die drei deutschen Erzbischöfe von Mainz, Trier und Köln, und gerade gegen den Erzbischof von Mainz, wegen dessen Verkauf von Ablaßbriefen, zog Luther her.

Nachdem er dieses wichtige Geschäft zur Beeinflussung des Wahlausganges erledigt hatte, verließ Maximilian Augsburg, noch ehe der Reichstag zu Ende war. Während jenes Sommers, so erzählte man, habe er die hübschen Bürgersfrauen, die nach der Sitte auf öffentlichen Bällen Schleier trugen, gebeten, den Schleier abzunehmen, damit er sich noch einmal am Anblick ihrer Gesichter erfreuen könne.

Er reiste südwärts, über die wohlbekannte Gebirgsstraße nach Innsbruck, die Stadt, die ihm von allen in der Welt die liebste war. Unzählige Male war er von den Bergen in sie hinuntergeritten, von der Hirsch- oder Gemsenjagd zurückkehrend oder von der Reise kreuz und quer durch das Reich oder vom Krieg in Italien, und dann hatte er schon von fern das Goldene Dachl erblickt, das im Sonnenlicht schimmert und im Regen glänzt.

Im November 1518 ritt er zum letztenmal nach Innsbruck hinein, alt und kränklich und voll Sehnsucht nach den Freuden des Advents, nach der Wärme und Helle der Kerzen, nach dem Knistern des Feuers in den Kachelöfen seines neuen Palastes; voll Sehnsucht nach gutem Wein, nach den lieblichen Stimmen seines Chores – des besten der Welt, wie er sich brüsten durfte – und nach der Gesellschaft der beiden kleinen Königinnen Anna und Maria; das alles sollte ihm den Winter zum Frühling machen. In den drei Jahren, seit die jungen Mädchen nach Innsbruck gekommen waren, hatte er nach ihnen gesehen, wann immer er konnte, und wenn er auf Reisen war, hatte er ihnen Geschenke gesendet, etwa ein Dutzend weißer Federn, Samt und Juwelenbesatz für schöne Renaissancehüte.

Maximilian war immer großzügig gewesen, wenn er geben konnte. Seine eigenen Bedürfnisse waren für einen Kaiser erstaunlich bescheiden, seine einzige Leidenschaft waren kostbare Rüstungen und schöne Musik. Seit Jahren lebte halb Innsbruck von seiner Freigebigkeit.

Aber nun waren ihm die Schulden über den Kopf gewachsen. Die österreichischen Stände zeigten sich bei ihrem Treffen in diesem Jahr sehr besorgt darüber, sie hatten versucht, die Fugger zu zwingen, einige der einträglichen Tiroler Pachteinkünfte und die Silber- und Kupferminen, die sie übernommen hatten, wieder herauszugeben.[116] Und jetzt drängten gar noch die Innsbrucker Gastwirte auf Begleichung einer alten Rechnung, die er beim besten Willen nicht bezahlen konnte. Sie weigerten sich, sein Gefolge wieder zu beherbergen, und die Stadtväter wollten keinen Groschen für den üblichen großen Empfang ausgeben. Man sagte sogar, Maximilians Pferde würden die ganze Nacht über auf der Straße stehengelassen, weil sich für sie kein Stall fände.

Durch diese schmähliche Behandlung schwer gekränkt, müde und leidend, vielleicht auch schon von einem neuerlichen Schlaganfall heimgesucht, befahl Maximilian seinen Dienern, ihn fortzubringen. Er reiste weiter, aus Innsbruck hinaus, man brachte ihn in der Sänfte, dann auf einem Boot, schließlich wieder in der Sänfte bis nach Wels, wo er sich zu krank fühlte, um noch weiterreisen zu können. Man schickte um Ärzte bis nach Wien, aber der Patient, der selbst in der medizinischen Kunst bewandert war, wußte, daß nichts mehr getan werden konnte.

Ganz still lag er in Wels und wartete auf den Tod, mit seinem Lieblingshund zu Füßen des Bettes, mit Käfigen voll singender Vögel im Zimmer, mit Musikern, die spielten, wenn er danach verlangte, und mit seinem alten Freund Doktor Mennel, der ihm in den langen schlaflosen Nächten laut aus der Geschichte seiner habsburgischen Vorfahren vorlas.

Er diktierte seinen Letzten Willen und gab darin seltsame, sehr klare und bestimmte Anweisungen: Sein Körper sollte vollständig rasiert, alle seine Zähne gezogen werden, und er sei nicht bloß mit einem Totenhemd, sondern auch mit Unterwäsche zu bekleiden.

»Ganz am Ende seines Daseins«, sagte Cuspinian später »wurde er der Bescheidenste aller Sterblichen – omnium mortalium vericundissimus.«[117]

Am 12. Januar 1519 trat der Tod ein. Maximilian wurde jedoch nicht nach Innsbruck zurückgebracht, um in dem großen Sarkophag in der Hofkirche bestattet zu werden – inmitten der Bronzefiguren der Könige, die er zu seinem Stamm zählte –, sondern man brachte ihn in seinen Geburtsort Wiener Neustadt und begrub ihn dort vor dem Hochaltar der Burgkapelle, so daß der Priester, wenn er die Hostie hob, genau über seiner Brust stand.

Das Herz des Kaisers aber wurde seinem Wunsche gemäß nach Brügge gebracht und in den Sarkophag gelegt, in welchem Marie von Burgund ruht, die geliebte Frau seiner Jugendtage.

III

DIE WELT KARLS V.

1. Erbe der Welt

Der ältere Enkel Maximilians, Karl, war mit seinen drei Schwestern in Mecheln in den Niederlanden aufgewachsen, ein ernster Knabe von wenig einnehmendem Äußeren. Das blonde, nach Pagenart glattgekämmte Haar milderte nur wenig das schmale, scharfgeschnittene Gesicht mit der langen, spitzen Nase und dem eckig vorstehenden Unterkiefer – dem berühmten habsburgischen Kinn in seiner ausgeprägtesten Form. Dieses Kinn ragte so weit vor, daß der Mund offenstand, was seinem Träger ein wenig geistreiches Aussehen verlieh. Eine kurze, dicke Zunge hinderte ihn auch noch daran, deutlich zu sprechen.[118]

Karl lernte es, dieses sein wenig erfreuliches Gesicht mit trocken-ironischem Humor zu betrachten. Als er Jahre später den König von Frankreich zu einem Zusammentreffen einlud, schrieb Karl, daß es wohl wahr sei, daß sein Mund offenstehe, »aber nicht, um die Leute zu beißen«, der französische König brauche deswegen keine Angst zu haben.[119]

Von dem ungewöhnlich guten Aussehen seines Vaters hatte Karl nur ein einziges Erbstück mitbekommen: zwei schöne, gerade Beine, die auch nach jahrelangem Sitzen im Sattel nicht krumm wurden, wie das in jener Zeit auch den aristokratischsten Beinen passierte.

Karl war sechs Jahre alt, als seine Eltern die Niederlande verließen und sich auf jene tragische Spanienreise begaben, der Vater noch voll des jugendlichen Ungestüms – die Kinder sahen ihn von Zeit zu Zeit kurz, wenn er sich auf die Jagd, zu einem Fest oder einem festlichen Einzug in eine seiner Städte begab – und die Mutter voll dunkler Gemütsart, die durch ihr junges Leben stets wie eine Fremde gewandelt war. An jenem Tag im Oktober 1506, als Karls Gouverneur, Sieur de Chièvres, die Schreckensnachricht vom Tode Philipps in Spanien überbrachte, schrieb er an Maximilian, den Großvater der Kinder, daß diese dem Schmerz ihrem Alter gemäß Ausdruck gaben, aber doch mehr, als er gedacht.[120]

Es ist vielleicht nicht überraschend, daß Karl ein nervöses Kind war und zu Anfällen von Melancholie neigte. Die Residenz der Kinder war eine Miniaturausgabe des pompösen Hofes ihrer burgundischen Ahnen. Nicht weniger als 93 Personen warteten ihnen auf: Kinderfrauen, Gouvernanten, Erzieher, Ärzte, Köche, Kämmerer, Lakaien, Kellermeister. Ein Schwarm von Erwachsenen umsorgte Karl und kümmerte sich um seine Erziehung.

Mit sechs Jahren wurde Karl Oberhaupt des Ordens des Goldenen Vlieses. Mit sieben unterschrieb er Staatspapiere, mit acht entwarf er in lateinischer Sprache diplomatische Briefe an den Papst. Mit zehn saß er bereits im Staatsrat, die ernste kleine Gestalt in Schwarz gekleidet, und führte das Protokoll mit peinlich genauer Schrift.

Es fällt schwer, sich Karl V. ausgelassen und wild vorzustellen, selbst als Kind nicht. Und doch gab es trotz der Erhabenheit, die ihn unnachgiebig verfolgte, Freuden, wie zum Beispiel einen kleinen Wagen, »bemalt mit lustigen Bildern«, einen Schlitten, der in Gestalt eines Schiffes mit Masten, Standarten und Bannern über den Schnee dahinglitt, und zwei Ritter in Turnierstellung, die ein Kind mit Schnüren lenken konnte. Es gab Bankette und Jagden, und es gab Reisen nach den fröhlicheren, größeren Städten Brüssel, Antwerpen und Loewen.

Der englische Gesandte hinterließ uns die Beschreibung eines solchen Besuches in Brüssel Anno 1512, als draußen vor den Toren des Palastes anläßlich des Johannisfestes ein großes Feuer flackerte und »der Prinz, seine Schwestern und das junge Volk tanzten«. Die französischen Diplomaten, bemerkt der Engländer spitz, könnten über die vier kleinen Habsburger nicht besonders erfreut gewesen sein, »deren Anblick, wie ich glaube, für die betreffenden Gesandten weder erfreulich noch angenehm war, denn, Gott sei gepriesen, sie waren alle groß und blond und hatten gerade Glieder«.[121]

Karls zarter Körperbau täuschte. Er hatte jene beliebig dehnbaren Kräfte, wie ein starker Wille sie gebiert. Schon als Kind machte er alles so, als wäre es unbedingt notwendig, um seine Tauglichkeit für die Regierungsgeschäfte zu beweisen. Er lernte ausgezeichnet Reiten, Fechten und den Turnierkampf. Sein Großvater, selbst ein begeisterter Jäger, freute sich außerordentlich über Karls Liebe zur Jagd und schrieb an seine Tochter:

»Wir waren sehr erfreut darüber, daß unser Sohn Karl so großes Vergnügen an der Jagd findet; im anderen Falle hätte man denken können, er sei ein Bastard.«[122]

Wie sein Großvater liebte auch er die Musik leidenschaftlich. Er sang gut, spielte Flöte, und als Kind war er vom Spinett schwer wegzubringen. Später reiste auch mit ihm ein gut geschulter Chor überallhin. Er konnte bei einer neu komponierten Messe sofort jene Stellen erkennen, die der Komponist von anderswo abgeschrieben hatte, und wenn ihn auch die verheerendste politische Krise nicht aus der Ruhe bringen konnte, so verlor er doch völlig die Fassung, wenn ein Chorsänger zu tief oder zu hoch einsetzte.

Musik war eine Art Refugium für das Kind, das keine

Zeit für sich allein hatte. Karls Gedanken, Meinungen und Vorurteile waren von internationaler Bedeutung. Sein Hofmeister schlief in seinem Zimmer und weckte ihn zuweilen mitten in der Nacht, damit er eine soeben eingelangte Depesche durchlese und seine Meinung an den Rand schreibe. Als Karl dreizehn war, kamen seine beiden Großväter, Maximilian und König Ferdinand von Spanien – zusammen mit ihrem Verbündeten, Heinrich VIII. von England –, feierlich überein, jeder von ihnen werde eine adelige »Person seines Vertrauens« stellen, die Karl als Kämmerer zur Seite stehen und deren jede mit einem Schlüssel zu Karls Zimmer versehen sein sollte, um abwechselnd darin zu schlafen.

Es war vielleicht gerade dieses völlige Fehlen von Privatleben, das Karl früh lehrte, sich in sich selbst zurückzuziehen. Während seines ganzen Lebens vermochten es nur wenige Menschen – Verwandte oder Höflinge –, die Türen zu seinem Inneren zu öffnen. Und es war ohne Zweifel die harte Disziplin seiner Kindheitsjahre, die aus dem sensiblen Knaben ein Instrument der Pflicht und Aufopferung machte, für welches das Königtum höchste Berufung und das Gebet die sofortige Reaktion auf jedes bemerkenswerte Ereignis war. Dieses so eingeengte Bewußtsein ließ ihm keine Ruhe und trieb ihn schließlich gegen Ende seines Lebens im großen Saal der Herzöge von Brabant zu Brüssel in jene unglaubliche Situation hinein . . .

Karl muß wirklich noch sehr jung gewesen sein, als er zum erstenmal in seinem Schulzimmer die Karten und Globen betrachtete und mit dem Finger auf einer dieser alten Landkarten die Länder abfuhr, über die er regieren sollte. Sein Herrschaftsbereich hatte nicht die saubere Kompaktheit Englands oder Frankreichs, die deren Könige fast in einer Hand unterbrachten. Karls Reich breitete sich unregelmäßig nach allen Seiten Europas aus, von den östlichen Grenzen der österreichischen Herzogtümer bis zu den Niederlanden; im Süden umschloß es die Königreiche Neapel und Spanien und griff dann quer über den Ozean nach der riesigen Neuen Welt hinüber, von der nur Gott wußte, wo sie aufhörte.

Acht Jahre vor Karls Geburt hatte seine Großmutter, Königin Isabella, Christoph Kolumbus auf seine Entdeckungsreise geschickt. Als Karls Eltern, Philipp und Johanna, 1506 ihre letzte Reise nach Spanien unternahmen, hatte der alte Admiral Kolumbus, von der Gicht geplagt, ihnen höflich geschrieben, er erbitte die Nachsicht der Hohen Herrschaften, weil seine Krankheit es ihm nicht gestatte, ihnen seinen Respekt zu erweisen, doch biete er ihnen für die Zukunft seine Dienste an. Diese Dienste wurden nie erwiesen und, wie sich herausstellte, auch niemals gebraucht: Der alte Entdecker und der junge Prinz Philipp starben noch im selben Jahr.

Es war die Welt der Seefahrt, in die Karl in Flandern hineingeboren wurde, nie weit weg vom Geruch des Meeres und immer in Sichtweite großer Segelschiffe. Der Drang zu reisen lag in der Luft. Solange Karl lebte, waren die Kartographen ständig damit beschäftigt, neue Karten zu zeichnen, alte zu vergrößern oder mit neuen Einzeichnungen zu versehen, so schnell schritten die Entdeckungen fort. Und auch Karl sollte oft genug über die neuesten Karten der Erde und des Himmels gebeugt stehen, sollte die Verwendung der Meßgeräte der Seeleute und Astronomen erlernen: des Astrolabiums und des Kompasses und eines Planetariums aus purem Gold, zu dessen Anfertigung der Astronom Petrus Apianus zehn Jahre gebraucht hatte. Er sollte so viele Reisen unternehmen wie vor ihm noch kein Monarch der Welt.

Seine erste Reise führte ihn im Alter von 17 Jahren nach Spanien, wo er nach dem Tode seines Großvaters König Ferdinand die Erbfolge antrat. Am 18. September 1517 bei Tagesanbruch hißte die aus 40 Einheiten bestehende königliche Flotte die Segel. Auf dem Schiff des Königs befanden sich Karl, seine Schwester Eleonore, die den König von Portugal heiraten sollte, die Ritter des Goldenen Vlieses mit ihren Sekretären und Bediensteten, Karls Musiker, sein Leibdiener und 20 Bogenschützen, alles in allem 300 Personen.

Ein junger Kämmerer namens Laurent Vital, der ein guter Beobachter war, fuhr bei dieser Reise mit und führte Buch über den Tagesklatsch; ihm verdanken wir die Kenntnis so mancher Einzelheit.[123]

Als die königliche Flotte stolz in den Kanal einfuhr, folgten ihr alle Schiffe, die in Vlissingen vor Anker lagen, und jedes passierte Karls Flaggschiff zum Zeichen der Ehrerbietung. Lange Zeit noch konnten Beobachter von der Küste aus das Schiff des Königs ausmachen, denn es trug seine Banner am Hauptmast und hatte bunte Bilder auf den Seitensegeln: Christus am Kreuz, die Heilige Dreifaltigkeit, die Heilige Jungfrau mit dem Kind, den Mond zu Füßen und über dem Haupte die Sternenkrone. Auf dem Hauptsegel waren die Säulen des Herkules zu sehen – der Punkt der weitesten südlichen Ausdehnung von Karls neuem Reich –, und darunter stand der Wahlspruch, den er für sich erwählt hatte: »Plus oultre« (Noch weiter!).

Der König ließ sorgenvolle Herzen zurück, sagt Vital. »Und wahrlich, sie hatten guten Grund, ihn zu lieben und bei Gott Fürbitte zu leisten für ihn, den edlen und tapferen Prinzen, der er war; hatte er doch zwischen sich und dem Tod nichts weiter als einen halben Fuß starke Holzwände, die mit Nägeln oder Haken zusammengehalten wurden ... Er war so vielen und vielfältigen Gefahren ausgeliefert, daß der bloße Gedanke daran schreckenerregend war.«[124]

Es war wirklich so, daß alle Gefahren einer Seereise des 16. Jahrhunderts Karls erste Fahrt heimsuchten. Zwischen Dover und Calais verfolgte sie ein Piratenschiff, wahrscheinlich einer jener englischen Freibeuter, die reichen flämischen Kauffahrern auflauerten. Man vertrieb ihn mit ein paar Kanonenschüssen. Karl hatte bezüglich der allgemein zu treffenden Sicherheitsvorkehrungen für die Flotte genaue schriftliche Anweisungen gegeben. Wegen der Feuersgefahr mußten alle Passagiere ohne Kerzenlicht zu Bett gehen; nur er, seine Schwester und ein paar höhergestellte Personen waren mit eisernen Laternen ausgerüstet. Trotz all dieser Vorsichtsmaßnahmen fing eines der Schiffe bei Nacht Feuer. Wie eine große Fackel trieb das Schiff auf der dunklen Wasseroberfläche dahin, während der Rest des Konvois dem Schauspiel hilflos zusehen mußte und die schrecklichen Hilferufe »Jesus! Misericorde!« über das Wasser gellten. Alle 150 Männer und Frauen, die sich an Bord befanden, gingen zugrunde.

Sieur de Chièvres hatte Befehl gegeben, Karl und seine Schwester nicht zu wecken. Als man Karl am Morgen die Nachricht von der Tragödie überbrachte, erklärte er, er wollte lieber seinen ganzen Thronschatz verlieren als »tant de gens de bien«, so viele gute Leute.

Zwischen derlei Abenteuern erwies sich das Leben an Bord des schwimmenden Palastes als ein Hofleben im kleinen. Trompeten begrüßten den dämmernden Morgen, Musik begleitete jedes Mahl. Wenn Karl aufwachte, ging er zuerst an Deck, um seine Schwester zu begrüßen, und gemeinsam verrichteten sie im Freien vor einem Kruzifix ihr Morgengebet. In Gesellschaft ihrer Freunde verbrachten sie den Tag mit dem Lesen von Chroniken, mit Schachspiel, mit Konversation und den diversen Späßen von Karls Hofnarren. Am Abend bei Sonnenuntergang versammelten sich alle an Deck und sangen das »Ave Maria« und das »Salve Regina«.

Als sie die spanischen Gewässer erreichten, ging die Farbe des Meeres von Blau in ein klares Grün über, der Wind drehte und legte sich schließlich, und die Schiffe standen ruhig auf dem Wasser, unfähig, sich auch nur um einiges der kastilischen Küste zu nähern. Nach einer Weile legte sich dichter schwarzer Nebel über alles, so daß die Steuermänner ihren Kurs nicht mehr sahen. Dem Nebel folgte ein so schrecklicher Sturm, daß die Schiffe von Wellen, hoch wie Berge, hin und her geschleudert wurden. Alle an Bord waren todkrank, und der junge König betete auf den Knien und versprach Prozessionen, Fasten und Almosen, wenn Gott ihm sichere Passage gewähre.

Schließlich ließ der Sturm nach, und zwölf Tage nachdem sie Vlissingen verlassen hatten kam Land in Sicht. Sie waren aber vom Kurs abgekommen, und anstatt in der Biskaya zu landen, erblickten sie vor sich die öde Küste Asturiens, die zackig und steil aus dem Wasser ragte. Karl, der einen neuen Wetterwechsel befürchtete, befahl, daß sein Schiff lande. Ein Boot brachte die kleine Gesellschaft an den einsamen Strand, während der Rest der Flotte nach Santander weitersegelte.

Es stellte sich jedoch heraus, daß Karls Abenteuer noch kaum begonnen hatte, denn die Bergbewohner jener wilden Küste, die sich nicht träumen ließen, ihren König leibhaftig vor sich zu haben, hielten die Gelandeten für türkische Piraten und wollten mit ihnen kurzen Prozeß machen. Erst als sie die zahlreichen Damen bemerkten, taten sie ihre Dolche und Lanzen weg.

Die Gesellschaft borgte sich Muli und Karren für ihr Gepäck, und dann machten sich Karl, Eleonore und ihre Freunde auf den Weg durch das unwirtliche Land in Richtung Valladolid, der Hauptstadt Kastiliens. Einige entkamen beim Durchwaten der angeschwollenen Gebirgsbäche knapp dem Tod, andere, als sie auf den kaum sichtbaren Maultierpfaden, die die steilen Hänge entlangführten, ausglitten. Eisregen und Schnee durchnäßten sie völlig, Speise und Trank, die sie in den ärmlichen Dörfern bekamen, machten sie krank. Mehrere starben am Fieber, weil keine Hilfe in der Nähe war.

Auch Karl erkrankte, und die ganze Gesellschaft mußte in einem erbärmlich armen und verwahrlosten Dorf haltmachen, wo in den stinkenden, von Gerümpel übersäten Hütten kein reiner Fleck Erde gefunden werden konnte, auf dem man das Bett des Königs hätte aufstellen können. Schließlich errichtete man in einem Schuppen ein Zelt, bekleidete die Innenwände mit feinsten flämischen Tapeten und hängte Meisterwerke der flämischen Malerei auf. Während draußen der Sturm tobte und der Regen fiel, schlief Karl in seinem kleinen, transportablen Luxusappartement, bis er sich erholt hatte und die Reise fortsetzen konnte.

Zwei Monate nachdem er den Fuß auf die Küste Spaniens gesetzt hatte, ritt Karl in Valladolid ein.

Sein ganzes Leben sollte von solchen Reisen aufgezehrt werden: zu Pferde über die primitiven Straßen der damaligen Zeit, zur See, Wind und Wellen ausgeliefert, in der Sänfte, von einem Ende des riesigen Reiches zum anderen. Lange Zeit sollten seine Jugend und sein starker Wille dem allen standhalten. Sein Wahlspruch blieb: »Plus oultre.«

Eine Woche nach seiner Ankunft in Valladolid führte der Bischof von Burgos dem jungen König zwei Fremde vor: einen sehnigen, sonnenverbrannten Seemann und einen nervösen, reizbaren Astronomen. Zum Beweis ihrer Glaubwürdigkeit hatten sie zwei schwarze Sklaven mitgebracht, zur Erläuterung ihres Planes einen Globus, auf welchem sie jene Linie zeigten, die Papst Alexander VI. 1493 eingezeichnet hatte und mit der er die Weltkugel genau in zwei Hälften teilte, wie man eine Orange halbiert, alles unentdeckte Land westlich dieser Linie den Spaniern, östlich davon den Portugiesen zusprechend. Die Gewürzinseln, erklärte der Seemann – er hieß Magellan –, kämen sicherlich den Spaniern zu, könnte man sie von Westen her erreichen. Vom König von Portugal abgewiesen, kämen sie nun zu Karl, um dessen Unterstützung zu erbitten. Dieser erklärte sich auch bereit, drei Viertel der Kosten der Reise zu bezahlen, und setzte im März 1518 seine Unterschrift mit: »Yo el Rey – Ich, der König« unter das entsprechende Dokument. Von dem Unternehmen entzückt, konnte der junge Karl es kaum erwarten, bis die Fahrzeuge gebaut und ausgerüstet waren. Im August 1519 fuhren Magellans fünf Schiffe von Sevilla den Guadalquivier abwärts zur ersten Etappe ihrer Reise um die Erde.

Drei Jahre später fuhr das einzige übriggebliebene Schiff, die »Victoria«, in den Hafen von Sevilla ein. Magellan lag in fremder Erde begraben, weit weg auf den Philippinen, und der winzige Rest seiner Mannschaft, 18 Überlebende, hageren Gespenstern gleich, ging barfuß, in weiße Totenhemden gehüllt und mit brennenden Kerzen in den Händen, zur Kirche Santa Maria de la Victoria, um Gott Dank zu sagen.

Mit Stolz und Freude schrieb Karl an seine Tante, die regierende Königin der Niederlande, daß eines seiner Schiffe die Erde umsegelt habe und ihm Ingwer, Zimt, Muskat und Sandelholz mitgebracht habe.[125]

2. *Familienangelegenheiten*

Obwohl die sechs Kinder Philips und Johannas in ihrem ganzen Leben nie auch nur eine Nacht gemeinsam unter einem Dach verbrachten, bestanden eigenartigerweise zwischen ihnen starke Bande der Treue und Zuneigung. Die Tragik ihrer Eltern und das stolze Bewußtsein ihrer Geburt trennten sie von der übrigen Welt; es war, als ob diese Absonderung sie mehr aneinanderkettete als gewöhnliche Brüder und Schwestern.

Für die anderen war Karl Herr so gut wie Bruder, absolutes Oberhaupt der Familie und des Staates. Von Natur zurückhaltend und von den Höflingen dazu erzogen, seine spontanen Gefühlsreaktionen hinter der Maske glatter Höflichkeit zu verbergen, achtete Karl stets genauestens auf seine Gefühle. Nur selten, bei der Außenwelt verborgen bleibenden familiären Zwistigkeiten, hätte ein scharfer Beobachter hinter dem königlichen Gehaben den inneren Menschen erkennen können, mag für einen Augenblick der Widerstreit privater Gefühle mit der starren Pflicht im Dienste der Öffentlichkeit wahrnehmbar geworden sein.

Auf jener ersten Reise nach Spanien traf Karl auch mit der geisteskranken Königin, seiner Mutter, zusammen, die er seit elf Jahren nicht mehr gesehen hatte, und er sah zum erstenmal seinen einzigen Bruder Ferdinand und seine jüngste Schwester Katharina. – Aber noch bevor er sich nach Spanien eingeschifft hatte, mußte er sich mit einem Familienproblem auseinandersetzen.

Am Strand von Middelburg in den Niederlanden, Provinz Zeeland, hatten Karl, seine Schwester Eleonore und ein Gefolge von jugendlichen Höflingen während des schönen August 1517 auf die Fertigstellung der Flotte gewartet und sich die Zeit angenehm vertrieben. Es gab Feste und Tanzabende, Musikaufführungen und Spiele, oder man unternahm Exkursionen auf die noch unfertigen Schiffe. Eleonore, die nach dem Süden ging, um dort den König von Portugal zu heiraten, war nicht ausgesprochen schön, aber sie war ein anziehendes Mädchen mit blauen Augen, blondem Haar und einem zarten, rosigen Teint. Einer der Höflinge, der Pfalzgraf Friedrich, verliebte sich törichterweise in sie und sie sich in ihn.

Eleonore war um ein oder zwei Jahre älter als ihr Bruder, aber Karl zögerte keinen Augenblick, der Schwester einen diskriminierenden Brief zu entreißen, eine leidenschaftliche Liebeserklärung Friedrichs, die mit den Worten begann: »Ma mie, ma mignonne – Meine Liebe, mein Liebling.« Darin versprach Friedrich, alles für sie zu wagen. Er rief Gott und die Heilige Jungfrau an, ihnen zu helfen, und verlangte nicht mehr und nicht weniger, als daß er ihr und sie ihm gehöre.[126]

Ganz Herr der Lage, zwang Karl die Liebenden, vor Zeugen zu schwören, daß zwischen ihnen keine intime Beziehung bestehe und daß sie einander für immer entsagen würden. Graf Friedrich wurde vom Hof verbannt, Eleonore noch vor Ablauf eines Jahres dem ältlichen König von Portugal angetraut.

Eleonore verstand. Ihre Ergebenheit gegenüber Karl blieb bis an das Ende ihres Lebens bestehen, wo sie mit ihm ins Exil ging. Während er in seinen Briefen an die anderen Schwestern diese immer mit »Madame, meine gute Schwester« anredete, schrieb er an Eleonore stets »Madame, meine beste Schwester«.

Etwas später, im November desselben Jahres (1517), machten Karl und Eleonore nach ihrer neuerlichen Ankunft in Spanien, bevor sie offiziell in der Hauptstadt eintrafen, einen privaten Abstecher nach Tordesillas, um dort ihre Mutter zu besuchen. Wieweit die jungen Leute über den Geisteszustand der Mutter informiert waren, kann man nur vermuten. Keiner von beiden konnte eine klare Erinnerung an sie haben: Eleonore war sieben gewesen, Karl noch nicht sechs, als Johanna jene tragische Seereise nach Spanien angetreten hatte. Ein einziges Wort, eine einzige Geste verrieten den Schrecken und die Furcht Karls bei diesem ersten Besuch.

Einige Jahre vorher hatte der Bischof von Malaga die Königin in Tordesillas besucht und von dort berichtet, daß sie ruhiger geworden sei und ihre Dienerinnen nicht mehr anschrie: »Aber seit ich da bin, hat sie noch keine frische Wäsche angezogen und sich weder gekämmt noch ihr Gesicht gewaschen. Man sagt mir, sie schlafe auf dem Fußboden, esse von einem Teller auf dem Boden sitzend und gehe nicht zur Messe.«[127] Außerdem leide sie, fügte der Bischof hinzu, an »incontinentia urinae«.

Karls Besuch hatte ebenso politische wie private Gründe. Die Kastilier, die Landsleute seiner Mutter, betrachteten diese immer noch als ihre rechtmäßige Königin und hielten sie für behext, keineswegs aber für geisteskrank. Karl sollte auch tatsächlich, solange sie lebte, nur Mitregent sein. Und dieser erste Besuch vollzog sich auch mit allem Anstand und aller Etikette, die einer regierenden Königin, sei sie auch irre, gebühren.

Karls allgegenwärtiger Kämmerer Laurent Vital war voll Neugier, dieses ungewöhnliche Zusammentreffen von Mutter und Sohn mit anzusehen. Als Karl und Eleonore zusammen mit einigen Engvertrauten, die Johanna in den ersten Tagen ihrer Ehe gekannt hatten, sich der Schwelle ihres Zimmers näherten, ergriff Vital wichtigtuerisch die Fackel eines Dieners, wie um Karl den Weg zu seiner Mutter Zimmer zu beleuchten. Aber Karl fegte ihn mit einer festen Handbewegung brüsk zur Seite, »denn der König wollte kein Licht«.[128]

Karl hatte immer im Glanz der Öffentlichkeit gelebt. Die meisten persönlichen Begegnungen, sogar die erste mit seiner ihm verlobten Braut, fanden unter den Augen von mehreren hundert Zeugen statt. Aber das Zusammentreffen mit der Mutter sollte ein privates bleiben: er wollte kein Licht. Er und seine Schwester betraten das Zimmer, und die Tür wurde rasch geschlossen. Vital blieb draußen und war gezwungen, seine Neugier durch Berichte aus zweiter Hand zu stillen, die von den wenigen Augenzeugen kamen.

Karl voran, zu seiner Linken Eleonore, einen Schritt zurück, wie es die Rangordnung vorschrieb, so näherten sich die Geschwister der Mutter, die sie seit so vielen Jahren nicht gesehen hatten. Sie machten vor ihr drei Verbeugungen, jede tiefer und höflicher als die vorhergehende, die dritte bis zum Boden. Karl hob die Hand seiner Mutter, um sie zu küssen, aber sie entzog sie ihm schnell und umarmte beide.

Karl sprach die wenigen Worte des formellen Grußes, die er ohne Zweifel vorbereitet hatte:

»Madame, wir, Eure untertänigen und gehorsamen Kinder, glücklich, Euch bei guter Gesundheit zu sehen, wofür wir Gott danken, haben lange den Wunsch gehegt, Euch Reverenz zu erweisen und unsere Verehrung, unsere Dienste und unseren Gehorsam zu erzeigen.«

Die Mutter starrte sie wortlos an, lächelte nur und nickte. Gleich darauf fragte sie verwundert:

»Seid ihr wirklich meine Kinder? Daß ihr so groß geworden seid in so kurzer Zeit!« Dann sagte sie, was wohl jede andere Mutter auch gesagt hätte: »Kinder, ihr habt sicherlich eine lange und anstrengende Reise gehabt. Es ist nicht erstaunlich, wenn ihr ermüdet seid. Da es schon spät ist, geht ihr am besten früh zu Bett und ruht bis morgen.«[129]

Die jungen Leute nickten, sagten ihr Lebewohl und empfahlen sich.

Karls listiger Kanzler, Sieur de Chièvres, blieb zurück. Er hatte noch eine Transaktion zu bewerkstelligen: Er schlug vor, die Königin möge, um sich mancherlei Unannehmlichkeiten zu ersparen, die Regierungsgewalt gänzlich an Karl abtreten, und er erreichte, daß sie das vorbereitete Dokument unterschrieb.

Immer wieder, sooft er nach Spanien kam, besuchte Karl seine Mutter in Tordesillas. Worüber sie bei diesen Besuchen sprachen, kann niemand sagen. Der Schatten, der auf Karls Gemüt lag, sein Hang zu Melancholie und Pessimismus, das alles kam gewiß von der Mutter. Und er dachte ohne Zweifel an Johanna und deren Leidenschaft, die sie so völlig verzehrt hatte, wenn er seinem Sohn Philipp Jahre später riet, »d'être raisonnable dans les choses d'amour – in der Liebe vernünftig zu sein«.[130]

Bei ihrem ersten Besuch in Tordesillas, im Jahre 1517, trafen Karl und Eleonore zum erstenmal ihre jüngste Schwester Katharina, jenes Kind, das Johanna zehn Jahre zuvor auf der düsteren Reise quer durch Spanien – mit dem Leichnam ihres Gatten im Wagen – geboren hatte. Die »einsame, bescheidene Prinzessin«, wie Vital sie nennt, hatte durch all die Jahre ihrer Kindheit das Gefängnis der Mutter geteilt. Sie lebte in einem hinter Johannas Zimmer gelegenen kahlen, kleinen Raum, auf dessen Fußboden Matten lagen und der nur einen Eingang vom Zimmer der Mutter her hatte. Ja, Katharina hatte nicht einmal ein Fenster gehabt! Bis der »Chevalier d'honneur« ihrer Mutter – kurze Zeit vor dem Eintreffen der Geschwister – auf die Idee kam, man könnte doch die Wand durchbrechen, so daß das Kind wenigstens hinausschauen könne, »um die Kirchgeher oder Spaziergänger zu sehen und die Pferde, die vom Trog tranken. Und oft kamen auf ihre Bitten Kinder und spielten mit ihr. Damit sie gerne wiederkamen, warf sie ihnen öfters Silberstücke hinunter«.[131]

Vital beschreibt sie als ein reizendes kleines Mädchen, sehr sanftmütig, hübsch und anmutig. Von allen habsburgischen Kindern ähnelte Katharina am meisten ihrem schönen Vater Philipp, besonders wenn sie lachte. Aber sie kann nicht sehr oft gelacht haben, da sie außer ihrer Mutter, zwei uralten Dienerinnen und dem Priester niemanden sah. Das einsame Leben des kleinen Mädchens hatte bereits seine Spuren hinterlassen: Sie sprach sehr wenig.

Als ihr älterer Bruder und ihre Schwester kamen, um sie zu besuchen, war sie wie eine Dienstmagd gekleidet: Sie hatte ein ledernes Gewand, wie es die spanischen Bauern trugen, über ihrem schlichten grauen Kleid, und das blonde Haar war zu einem glatten, festen Zopf geflochten, der über ihren Rücken hing.

Die Lage der Schwester rührte Karl und Eleonore tief. Sie machten sich auch Sorgen darüber, daß Katharina ohne die sorgfältige Erziehung in Benehmen und Etikette aufwuchs, durch die eine Habsburgertochter auf ihre einzig mögliche Laufbahn vorbereitet wurde: auf die Heirat mit einem Prinzen oder König.

Bald nachdem sich der Hofstaat in Valladolid niedergelassen hatte, beratschlagten Karl und Eleonore, wie sie ihre kleine Schwester aus dem einsamen Gefängnis befreien könnten. Das Problem war, sie auf möglichst unauffällige, ruhige Weise wegzubringen, ohne der geistig zerrütteten Königin auch nur die geringste Aufregung zu bereiten. Denn es gab, wie gesagt, aus dem

Zimmer des Mädchens keinen anderen Ausgang als den durch das Zimmer der Mutter.

Es stellte sich aber heraus, daß ein alter flämischer Bediensteter namens Bertrand, der Jahre zuvor in Philipps Gefolge nach Spanien gekommen war, immer noch in Tordesillas lebte und Johannas Vertrauen genoß.[132] Dieser Mann hatte einen unbenützten Gang entdeckt, der an der Außenmauer von Katharinas Zimmer entlanglief. Hier arbeitete er heimlich und still an einer Maueröffnung, groß genug, um einen Mann durchzulassen. An der Innenseite verbarg man das Loch durch einen Vorhang.

In der festgesetzten Nacht schickte Karl von Valladolid eine stattliche Abordnung aus, die seine Schwester feierlich zu empfangen hatte: eine Eskorte von 200 Herren unter der Führung eines Ritters des Goldenen Vlieses, dazu Damen des burgundischen Hofstaates und seine eigene alte Erzieherin, Lady Anne de Beaumont. Sie alle warteten in der Dunkelheit auf einer kleinen Brücke in der Nähe des Schlosses.

Eine Stunde nach Mitternacht stahl sich Bertrand, barfuß und nur mit einem Wams bekleidet, durch die Maueröffnung in das Zimmer der kleinen Prinzessin. Er ergriff die Fackel, die, »wie es üblich ist, in den Zimmern von Prinzen und großen Herren die ganze Nacht über brennt«, und weckte Katharinas Dienerin. Die Frau fuhr erschreckt und verwirrt auf, aber sie schrie nicht, denn sie kannte Bertrand gut.

Er komme auf Befehl des Königs, sagte er ernst und fügte hinzu: »Es wäre gut, Madame, unser kleines Fräulein sehr sanft zu wecken. Dann will ich ihr in Eurer Gegenwart mitteilen, was der König, unser allergnädigster Herr, mir auszurichten befohlen hat.«

Als Katharina geweckt worden war, machte ihr der alte Bertrand eine tiefe Verbeugung und sagte, sie müsse sich schell und lautlos anziehen, denn ihr Bruder habe seine Leute gesandt, sie an den Hof zu bringen, und diese warteten darauf, sie zu empfangen.

Die kleine Prinzessin, für ein Kind von zehn Jahren von erstaunlicher Geistesgegenwart, besann sich und erwiderte: »Höre, Bertrand. Ich habe vernommen. Aber was wird die Königin, meine Mutter, sagen, wenn sie nach mir fragt und mich nicht finden kann? Sicher will ich dem König gehorchen, aber ich glaube, es wäre besser . . . wenn ich insgeheim irgendwo in der Stadt wartete, so daß ich sehen kann, ob meine Mutter, die Königin, ohne mich zufrieden ist. Ist sie zufrieden, dann will ich zu meinem Bruder gehen. Wenn sie aber gar zu unglücklich ist, kann man ihr vielleicht sagen, ich sei krank und die Ärzte hätte mir Luftveränderung verordnet.«

Bertrand entgegnete, sie müsse sofort mitkommen oder dem König, »ihrem teuren Herrn und Bruder«, ungehorsam werden. Hierauf begann das Kind aus Liebe zu seiner Mutter, die es nun ohne ein Wort des Abschieds verlassen mußte, zu weinen. Sie erlaubte, daß man sie ankleidete, und dann wurde sie zusammen mit zwei Dienerinnen durch die Maueröffnung geleitet und zur königlichen Abordnung gebracht.

Das Kind konnte sich noch immer nicht beruhigen. In der Sänfte, in der man sie nach Valladolid trug, verbrachten die Hofdamen die Nacht damit, ihr vorzusingen und zu versuchen, sie aufzuheitern.

Am Morgen erreichten sie Valladolid, und Katharina wurde sofort in das Zimmer ihrer Schwester Eleonore gebracht. Der treue Berichterstatter Vital, der draußen an der Tür horchte, hörte bald darauf Lachen und weibliches Geplauder – da wußte er, daß alles gut war. »La n'yavaient nouvelles que de rire et mener joyeuse vie – Da gab es nichts anderes mehr als Lachen und ein frohgemutes Leben.«

Schnell und voll Entzücken verwandelten ihre ältere Schwester und deren Hofdamen das kleine Mädchen in eine Prinzessin. Sie zogen ihr das graue Kleid aus grobem Leinen aus und hüllten sie in eine mit Gold bestickte Robe aus violettem Satin. Sie lösten ihr das Haar und machten ihr eine moderne Frisur im kastilischen Stil, »die ihr wundervoll stand, denn sie war ein schönes Mädchen«, sagte Vital, »schöner als jede ihrer Schwestern oder irgendein Mädchen, das ich dort sah . . .«

Am folgenden Tag, einem Sonntag, begleitete Katharina Bruder und Schwester zu einem Turnier, das den Tag über und beim Licht der Fackeln bis in die Nacht hinein dauerte. Hernach tanzte die ganze Gesellschaft.

Inzwischen hatte Karl Bertrand gebeten, auf Königin Johanna ein wachsames Auge zu haben und ihn wissen zu lassen, ob alles in Ordnung sei. Aber gerade an diesem Sonntag schickte Johanna eine ihrer Damen in das Zimmer der Tochter, um das Kind zu holen. Die Dame kehrte zurück und war in großer Pein, sagen zu müssen, daß das Zimmer leer sei. Johanna ging durch alle Räume des Schlosses, weinte herzzerbrechend und fragte nach Katharina. Sie wollte weder essen und trinken, noch wollte sie schlafen gehen.

Bertrand wartete, in der Hoffnung, der Schmerz der geisteskranken Königin werde sich legen, und er sprach ihr zu und bat sie, doch etwas zu essen.

»Ach, Bertrand!« antwortete sie. »Sprich nicht von Essen und Trinken. Ich kann nicht, mein Herz ist zu gequält von Sorge. Ich will nicht eher essen und trinken, bis ich mein Kind wiederhabe.«

Da gab es nichts anderes zu tun, als ein Pferd zu

nehmen und nach Valladolid zu reiten, um Karl über den Zustand der Königin, seiner Mutter, genau zu berichten, »worüber der König nicht im geringsten erfreut war«.

Also mußte Katharina wieder nach Tordesillas. Aber diesmal sollte seine Schwester wenigstens nicht mehr in geistiger Gefangenschaft leben, beschloß Karl. Er wählte für sie ein Gefolge von Damen und jungen Mädchen ihres Alters aus, die von nun an stets um sie sein sollten, und er selbst geleitete sie zurück zum Gefängnis der Mutter.

Er fand Johanna noch immer in tiefem Schmerz. Nachdem er sie gegrüßt hatte, sagte er: »Madame, ich bitte Sie, hören Sie auf zu weinen. Ich bringe Ihnen gute Nachricht von Ihrer Tochter, die ich zurückgebracht habe.« Er sagte seiner Mutter, daß Katharina nicht mehr länger eingesperrt in ein Hinterzimmer und in völliger Einsamkeit leben dürfe; sie müsse ihrem Alter und ihrer Stellung entsprechende Gesellschaft haben, müsse spielen und im Freien umherstreifen dürfen, »zum Vergnügen ebenso wie für ihre Gesundheit«. Oder, fügte er ganz offen hinzu, sie werde sicherlich sterben.

Kaum ein Jahr später wurde die kleine Person, zumindest symbolisch, in den großen Bestechungsfeldzug hineingezogen, der die Wahl ihres Bruders zum Kaiser begleitete. Katharina entkam zwar der Einheirat in die Familie des Kurfürsten von Brandenburg, doch verlangte dieser sie noch einige Jahre hindurch als Teil des Preises, der ihm für seine Stimme angeboten worden sei.[133]

Mittlerweile wurde Eleonore schon einige Monate nach ihrer Verheiratung mit dem portugiesischen König Witwe. Prinz Johann, des verstorbenen Königs Sohn aus früherer Ehe, bestieg den Thron. Eine Zeitlang dachte man daran, ihn mit seiner Stiefmutter Eleonore zu verheiraten, ein Vorschlag, dem der spanische Gesandte großes Gewicht beimaß, da, wie er vor Karl ausführte, eine zweite Heirat mit dem Sohn die Kosten einer neuerlichen Mitgift ersparen würde (die erste war übrigens nie bezahlt worden).

Am Ende war es Katharina, die man mit sechzehn nach Portugal expedierte, damit sie den jungen König heirate. Ihre verwitwete Schwester Eleonore wurde für eine weit wichtigere politische Partie aufgespart.

Es gab noch ein drittes kritisches Familientreffen auf jener ersten Reise durch Spanien im Herbst 1517: Karls erste Begegnung mit seinem Bruder Ferdinand.

Es war nicht wie beim Zusammentreffen Karls mit seiner Mutter, das im geheimen stattfand – sondern bei hellem Sonnenschein trafen die Brüder einander auf der Hauptstraße, mit Eklat und großem Prunk. Die Rüstungen und Lanzen funkelten, und das Klappern der Hufe und der Tritt der Marschierenden mischten sich mit der Musik der Flöten und Trommeln. Als Karl und Eleonore von Tordesillas ihren Weg nach Valladolid nahmen, ritt ihnen Ferdinand mit einem großen Gefolge von Granden, Kardinälen und Bewaffneten entgegen.[134]

Das heikle und quälende Problem, mit welchem sich Karl in der nächsten Zeit befassen mußte und das in diesem Augenblick in Gestalt seines jüngeren Bruders auf ihn zugeritten kam, war von ziemlich komplexer Natur. Anstatt so aufzuwachsen, wie es sonst bei Brüdern üblich ist – in einer sich streitenden, herumbalgenden und aneinander hängenden Familie –, hatten diese beiden einander nie gesehen. Sie waren weit voneinander entfernt in verschiedenen Ländern aufgewachsen, sprachen verschiedene Sprachen, standen unter dem Einfluß verschiedener Kulturkreise. Wie die Dinge jetzt standen, war der vierzehnjährige Ferdinand nicht nur Karls Nachfolger, sondern auch sein gefährlichster Rivale. Auf spanischem Boden geboren und von seinem Großvater sorgfältig für die Nachfolge auf dem spanischen Thron erzogen – da dieser gehofft hatte, er werde Karl verdrängen –, war der jüngere Knabe in Spanien außerordentlich populär. In Karl hingegen erblickte man einen fremden Prinzen, umgeben von einem Gefolge unberufener Fremder. Außerdem hatten die Kanzler der beiden Prinzen versucht, Zwietracht zwischen sie zu säen. Kurz bevor Karl von den Niederlanden abreiste, hatte er seinem Bruder geschrieben und ihn davor gewarnt, jenen Leuten seines Gefolges, die schlecht über den älteren Bruder sprächen – »palabras feas y malas« –, Beachtung zu schenken.[135]

Aber ihr Zusammentreffen ging recht gut vonstatten, sie schienen sofort Gefallen aneinander zu finden. Von dem Augenblick an, da Ferdinand mit seinem glänzenden Zug herangeritten, vom Pferd gestiegen war und vor Karl eine tiefe Verbeugung gemacht hatte, wichen die Brüder kaum von des anderen Seite. War es diesen Abend Ferdinand, der Karl Waschbecken und Handtuch reichte und beim Abendessen zur Rechten des Bruders saß und zum erstenmal im Leben die vielgerühmten burgundischen Leckerbissen und das Zuckerwerk kostete, so war es am nächsten Abend Karl, der die Ordenskette des Goldenen Vlieses abnahm und sie dem Bruder um die Schultern legte. Und im Februar, als alle spanischen Vasallen Karl Lehnstreue schworen, war Ferdinand der erste, der niederkniete, seine Hände in die des Sieur de Chièvres legte, der die Zeremonie stellvertretend für Karl vornahm, und seinen Eid leistete.

Selbst Karls voreingenommenste flämische Kanzler

fanden an Ferdinand nichts auszusetzen. Vital erklärte, daß der Knabe »liebenswürdig und von guter Wesensart sei und sich seinem Bruder, dem König, gegenüber sehr offen und bescheiden betrage . . .«[136]

Dennoch ging in Spanien nicht alles so glatt, wie man gewünscht hätte. Viele von Karls burgundischen Gefolgsleuten behandelten die Spanier geringschätzig und ernteten dafür Haß.

In Valladolid hatten spanische Priester ihre Häuser räumen müssen, damit Raum für Karls Höflinge frei wurde. Sie übten Vergeltung, indem sie sich weigerten, in Gegenwart der Fremden die Messe zu lesen, ja sie verlangten sogar deren Exkommunikation. Die Spanier warfen den Burgundern Geilheit und Trunkenheit vor und erklärten, sie müßten ihre Frauen hinter Schloß und Riegel vor ihnen schützen. Nicht selten genossen Karls Hofleute die Freude, daß ihnen ein Blumentopf auf den Kopf fiel, wenn sie sich auf dem Heimweg befanden, »ohne daß sie durch ein ›Guarda!‹ gewarnt worden wären«. Es ging zu wie zwischen Besetzern und Besetzten, und die Fälle gegenseitiger Bosheitsakte und Beschuldigungen wurden immer krasser und häufiger.[137]

Karl war jung und unerfahren, verstand nicht einmal die Sprache seines Königreiches und stand fast völlig unter dem Einfluß seiner Berater, an ihrer Spitze Chièvres. Er war weit davon entfernt, in Spanien bereits sicheren Fuß gefaßt zu haben. Er konnte kaum übersehen, daß man ihn, wenn er vor den Cortes erschien, kühl grüßte, während sein Bruder mit Hochrufen empfangen wurde.

Im ganzen gesehen schien es das beste, dem Rat der Kanzler zu folgen und Ferdinand vorerst nach den Niederlanden zu schicken.

Mit gemischten Gefühlen und mit Gram im Herzen

trennte sich Karl von Ferdinand, es war im April 1518 in der Stadt Aranda. Die Brüder ritten gemeinsam eine halbe Meile aus Aranda hinaus bis zu einer Abzweigung. Als der jüngere vom Pferd steigen wollte, um protokollgemäß zu grüßen, erlaubte Karl dies nicht. Als Gleichberechtigte im Sattel bleibend und mit entblößtem Haupt umarmten sie sich und empfahlen einander Gott. Ferdinand wandte sich seewärts zum Hafen von Santander, Karl kehrte langsam in die Stadt zurück.

Die Trennung schien ihm doch Kummer zu bereiten. Er winkte den Marquis von Aguilar heran, der Ferdinands Haushalt führen sollte, und bat ihn, mit einer letzten Botschaft Ferdinand nachzureiten. »Marquis, mein Freund«, sagte er, »bleiben Sie bei meinem Bruder, bis er an Bord geht. Empfehlen Sie mich ihm und sagen Sie ihm, daß er oft von mir hören wird und daß ich oft den Wunsch haben werde, mit ihm in meinem Park in Brüssel Damwild, Rehe und Kaninchen zu jagen ... Ich bin sicher, es wird ihm dort gefallen ...«[138]

Ob es Ferdinand gefiel oder nicht, er nahm sein Geschick mit Anstand entgegen. Nie mehr setzte er seinen Fuß auf Spaniens Boden.

3. *Eine folgenschwere Wahl*

Ein Mann, der sich stet zum Guten bekennt,
muß notwendigerweise darüber verzweifeln,
daß es so viele gibt, die nicht gut sind.
Daher ist es nötig . . . zu lernen, wie man Böses tut,
und dieses Wissen zu gebrauchen
oder nicht zu gebrauchen,
wie es die Lage erfordert.
Machiavelli, Il principe

Karl war mit seinem Hof in Lerida in Spanien, als ihn im Frühling 1519 die Nachricht vom Tode seines Großvaters erreichte. Er erkannte sehr bald, daß sich die Versprechungen, die Maximilian von fünf der sieben Kurfürsten im Vorsommer so teuer erkauft hatte, in Luft auflösten. Die deutschen Kurfürsten fragten sich, ob der junge Habsburger nicht schon viel zu mächtig sei und ob sie nicht überdies für ihre Stimme einen höheren Preis herausschlagen könnten.

In Rom äußerte Papst Leo X. ganz offen gegenüber dem venezianischen Gesandten, die Kaiserkrone werde nun wohl versteigert und »an den Meistbietenden abgeschlagen werden«.[139]

Eines ist sicher: Von allem Anfang an war Karl entschlossen, die Kaiserkrone zu erlangen, und zwar nicht bloß, weil so viele seiner Vorfahren sie getragen hatten, sondern weil ihm klargeworden war, daß er nur mit diesem übernationalen Symbol hoffen durfte, seine weit über die Welt zerstreuten Länder zusammenzuhalten. »Diese Wahl zu gewinnen, sind Wir entschlossen, nichts zu unterlassen und alles dafür zu geben als dem einzigen in der Welt, woran Unser Herz hängt.«[140]

Was noch einige Monate vorher nach einem friedlichen Wettstreit ausgesehen hatte, das wurde über Nacht zu einer der erbittertst umkämpften Wahl der Geschichte. Denn auf dem Throne Frankreichs saß der junge König Franz I., der mit ganz ähnlichem Starrsinn beschlossen hatte: Karl müsse die Wahl verlieren. Obwohl die Kaiserkrone seit jeher mit der deutschen identisch war, so gab es in der Goldenen Bulle, dem Reichsgrundgesetz von 1356, doch keinerlei Hinweis darauf, daß nicht auch jeder andere europäische Prinz kandidieren konnte. Wenn Karl gewann, war Frankreich von den Habsburgern gefährlich eingekreist: im Norden die Niederlande, im Süden Spanien, im Osten das Reich. Kein Wunder, daß sich der junge, energische und mutige Franzosenkönig mit allen ihm zur Verfügung stehenden Geld- und Propagandamitteln in den Wahlkampf warf.

Aber er sollte nicht Karls einziger Rivale bleiben. Jenseits des Kanals sah der von seinem klugen Kanzler, Kardinal Wolsey, beratene König Heinrich VIII. nicht ein, warum er nicht Englands Macht bis weit ins Zentrum Europas hinein ausweiten sollte, nachdem er bereits bei Calais auf dem Kontinent Fuß gefaßt hatte. Wolsey hatte es auf die Papstwürde abgesehen, die er bei der nächsten Vakanz zu erlangen hoffte, und mit Heinrich auf dem Kaiserthron würden sie eine ansehnliche Schwade in der europäischen Politik ernten.

Neben dem französischen und dem englischen König hatten noch mindestens zwei andere ein Auge auf die Kaiserkrone geworfen. Der junge König Lajos von Ungarn, selbst einer der sieben Kurfürsten, war bei der berühmten Heirat vom Jahre 1515 zu Maximilians Koadjutor und Adoptivsohn geworden mit dem halben Versprechen, dem Schwiegervater auf den Thron zu folgen. Und sein Onkel, König Sigismund von Polen, wurde zeitweise von scharfsinnigen Beobachtern gleichfalls als wahrscheinlicher Kandidat angesehen, falls der Wahlgang keine Entscheidung bringe.

Ganz gleich, wer gewann, eines war völlig klar: daß der Wahlgang die Lage in Europa auf Jahre hinaus beeinflussen würde. Glanz und Ruhm dieser Krone stellten ihren Träger über alle anderen Monarchen, und sein Einfluß würde über den ganzen Kontinent reichen. In jenem Frühling des Jahres 1519 wurde von Moskau bis London in diplomatischen Kreisen fast über nichts anderes gesprochen als über die heißumstrittene Wahl.

Für die Kurfürsten muß es ein angenehmes, erhebendes Gefühl gewesen sein, zu wissen, daß sie für einige Monate das Schicksal Europas in den Händen hielten. Das passierte ihnen wohl nur einmal im Leben, und mit einer einzigen Ausnahme waren sie alle entschlossen, für sich dabei das Beste herauszuschlagen.

Karl, mit spanischen Problemen reichlich beschäftigt, konnte nicht selbst in den Gang der Dinge eingreifen, sondern überließ die Führung der Wahlkampagne seiner fähigen Tante, der regierenden Königin Margarete. Mit Geld ging er sorgsam um. Trotz der großen Ausdehnung seines Reiches hatte er wenig Bares zur Verfügung, und er ließ sich von seinen Gesandten versichern, sie würden die Bestechungsgelder so niedrig wie möglich halten.

Die Tante jedoch hatte von ihrem heiklen Posten als Regentin der Niederlande aus ein sehr wachsames Auge auf den Gang der Dinge und machte sich keine Illusionen darüber, was die menschliche Seele – auch die eines Kurfürsten – am meisten rührt. Sie erklärte ganz offen, es gäbe zwei Wege zur Krone: Geld oder Gewalt,[141] und sie war durchaus eingerichtet, einen von beiden zu gehen oder beide zugleich.

Zuerst hatte der französische König Franz I. alle Chancen für sich. Seine Mutter, Louise von Savoyen, war bereit, ihr riesiges Vermögen auszugeben, um damit die wertvolle Krone zu kaufen, die ihr Sohn so heiß begehrte. Die französischen Gesandten, vielleicht die geschicktesten der Welt, gingen von einem Kurfürsten zum anderen, ganze Maultierzüge von Gold im Kielwasser, und spendeten großzügig, ja verschwenderisch. Das Gerücht ging um, Franz wäre bereit, jedem Kurfürst zwischen 400 000 und 500 000 Dukaten zu zahlen, für die damalige Zeit eine wahrhaft astronomische Summe. Er sagte rundweg, es sei seine Absicht, »an die Spitze zu gelangen und ihn (Karl) an Talenten, Ehren, Ländereien und Besitz zu übertreffen«.[142]

Karls Abgesandte versuchten, wie einer von ihnen sagte, »unsere Armut nicht merken zu lassen« und die Kurfürsten dennoch nicht ins andere Lager zu treiben. Einer bat Margarete, sie möge ihre Briefe an ihn nur verschlüsselt abfassen, und fügte hinzu, wenn Karl nicht bald mehr Geld schickt, »wird all unser heißes Bemühen in Rauch aufgehen, denn wo wir tausend anbieten, gibt der Franzose zehntausend«.[143]

Wie sich bald herausstellte, lag das Schicksal der ganzen Wahl in den Mauern von Augsburg, wo die mächtigen Familien der Fugger und Welser ihr Hauptquartier hatten. Als Margarete erfuhr, daß die Kurfürsten es vorzogen, ihre Geschäfte über die Fugger abzuwickeln, zu denen sie blindes Vertrauen hatten, begann sie sofort, sich von diesen Geld zu Bestechungszwekken zu borgen. Die Gelder sollten erst nach der Wahl und nur im Fall eines Sieges Karls auszahlbar sein. Ja, sie war noch klüger: Sie verbot den Kaufleuten von Antwerpen, wo sich eine Niederlassung der Fugger befand, während der kritischen Monate der Wahlkampagne an irgendeine fremde Macht Geld zu verleihen;

und die Fugger erklärten sich hilfreich bereit, während derselben Zeit keine französischen Wechsel einzulösen, was den Agenten König Franz' I. beträchtliche Schwierigkeiten verursachte.

Mittlerweile stiegen die Preise der Wählerstimmen raketenhaft in die Höhe. Die ganze Sache sei, sagte einer von Karls Agenten, ein perfekter »marché d'avoine« – ein richtiger Hafermarkt, er habe »so geldgierige Leute« noch nie gesehen.[144] Der Markgraf von Brandenburg war besonders happig. Er bat Jakob Fugger, ihm im Vertrauen zu sagen, wieviel Gold Karl ihm und dem Welser geschickt habe. Und als der Fugger antwortete, daß sich die von Karl hinterlegten Schuldbriefe auf nur 153 000 Gulden in Silber plus einem weiteren Darlehen von 126 000 Gulden beliefen, erklärte der Brandenburger, das sei nicht genug und er wechsle zum Franzosen über.[135]

Gesagt, getan. Franz versprach ihm im Falle seines Sieges den Titel Prinzregent von Deutschland und außerdem die französische Prinzessin Renée zur Frau, mit einer Mitgift von 200 000 Gulden. Als dies Karls Agent hörte, bot er dem Brandenburger dieselbe Summe und die Hand von Karls Schwester Katharina, der Kleinen aus Tordesillas. Worauf der Franzose prompt die Geldsumme verdoppelte. Die Prinzessinnen konnten sie leider nicht verdoppeln.

Eine bange Woche nach der anderen verstrich, und es sah aus, als läge der französische König an der Spitze. Der Erzbischof von Trier, traditionsgemäß in der französischen Einflußsphäre daheim, wurde als Anhänger von Franz I. erklärt, und auch Erzbischof Albrecht von Mainz, der sich sein hohes Amt selbst vor einigen Jahren mit so hohen Kosten erkauft hatte, daß Luther darob wütend war, neigte sich als Bruder des Markgrafen von Brandenburg dem französischen König zu. Jedermann in Europa ergriff Partei mit einer Leidenschaft, als ob er selbst eine Stimme abgeben müßte.

Papst Leo X. machte kein Hehl daraus, daß er Karls Sieg nicht wünschte. Zuerst versuchte er sich einzureden, daß Karls Wahl ungesetzlich wäre. Aber er konnte keinen triftigen Grund dafür finden. Zum Gesandten Venedigs, Marco Minio, sagte er, daß er Karl auf keinen Fall gewinnen lassen werde: »Wissen Sie, wieviel Meilen von hier entfernt die Grenzen seines Reiches verlaufen? Vierzig!«[146]

Die Nachricht, daß der Papst den französischen König unterstütze, erregte den Zorn der Schweizer; sie schrieben ihm sehr aufgebracht, er verwende seinen geistlichen Einfluß auf weltliche Dinge, und sie erinnerten ihn daran, daß er der gemeinsame Vater *aller* Menschen sei.[147]

Beide Seiten schrien: »Foul!« Die Franzosen versicherten, der Schweizer Brief sei von Karls Agenten erpreßt worden, und Karls Gesandter beklagte sich in London bitter darüber, daß die Franzosen die Kaiserkrone durch Gewalt und Tyrannei an sich reißen wollten und daß sie nicht nur eine Armee an ihren Grenzen stehen hätten, sondern auch den Papst und Venedig mit seiner bemerkenswerten Streitmacht, ferner die Florentiner, die Genueser und die Schweizer auf ihre Seite gebracht hätten.[148]

Einmal schienen Karls Gewinnchancen bereits so düster zu sein, daß seine Tante und einige Anhänger der Habsburger vorschlugen, an seiner Statt den jüngeren Bruder Ferdinand als Kandidaten einzusetzen. Aber diesen Vorschlag lehnte Karl sofort ab. Seine Überlegungen waren so klar wie je zuvor: Nur das Prestige der Kaiserkrone würde ihm die Macht verleihen, seine so verschiedenen Länder zu einen, ihnen den

Frieden zu erhalten und eine universale Monarchie zu schaffen. Er schrieb an den Bruder und ermahnte ihn, sich für den Moment von Deutschland fernzuhalten, versprach ihm jedoch, daß er mit ihm, wenn die Zeit dafür reif sei, das Reich so gerecht wie möglich teilen werde.[149]

Mit dem Herannahen des Sommers war ein allmählicher Klimawechsel in der Kampagne feststellbar. Die Stimmen standen nun drei zu drei, der Kurfürst von Sachsen, Friedrich der Weise, lehnte noch immer jegliche Bestechung ab. Beide Seiten beanspruchten für sich den Sieg. In Rom besuchte der Gesandte Venedigs am 10. Juni den Papst, und der Heilige Vater teilte ihm mit, daß sowohl der französische als auch der spanische Gesandte bei ihm in Audienz gewesen seien, und jeder habe sich damit gebrüstet, daß sein König gewählt werden würde. Verächtlich fügte Leo X. hinzu: »Einer der beiden wird scharlachrot anlaufen.«[150]

Der französische Gesandte in Rom, ein Mann mit Humor, prahlte damit, daß König Franz I. nunmehr vier Stimmen versprochen worden seien – eine klare Majorität. Und dann setzte er hinzu: »Wir haben vier, und Karls Leute sagen, sie hätten vier, also muß es acht Kurfürsten geben.«[151]

In dieser Atmosphäre von Spannung und Mißtrauen waren inzwischen die sieben Kurfürsten nach Frankfurt gereist, um ihre Stimmen abzugeben. Niemand konnte sagen, was geschehen werde – sogar ein Krieg stand nicht außer Frage, von allen Seiten war Schwertergerassel zu vernehmen.

Margarete hatte Nachricht erhalten, daß die Franzosen ihre Truppen an der Grenze konzentriert hätten. Daraufhin befahl sie ihrer Armee, sich nahe der niederländischen Grenze bei Aachen zu versammeln. Die zwei führenden »Condottieri« Deutschlands, Franz von

Sickingen und Robert de la Marck, die trotz des kaiserlichen Verbots solcher kriegerischer Haufen jeder über eine stattliche Privatarmee verfügten, erklärten sich zuerst für den französischen König, gingen dann aber zu Karl über. Als der Tag der Wahl näher rückte, brachten sie ihre Söldnertruppen bis auf Rufweite an die Stadt Frankfurt heran.

Die Goldene Bulle verbot eindeutig die Anwendung von Gewalt während der Wahl. Nicht nur mußten alle Fremden Frankfurt verlassen – eine Anordnung, die sehr schwer durchzusetzen gewesen sein muß –, sondern es war auch keinem der Kurfürsten erlaubt, mehr als 200 Leute im Gefolge zu haben, von denen nur 50 bewaffnet sein durften. Nach dem Bericht des englischen Gesandten Pace waren die Fürsten beim Anblick der Söldner sehr verärgert und verlangten von Karls Agenten Aufklärung darüber, was diese Truppen so nahe beim Wahlort zu bedeuten hätten. Die Agenten antworteten, daß die Truppen nichts Arges gegen sie im Schilde führten, daß sie aber solchen Gewaltakten, wie der französische König sie vorhabe, energisch begegnen würden.[152]

Die Aufregung in Frankfurt war auf dem Siedepunkt angelangt. Pace schrieb an Kardinal Wolsey:

»Der französische König hat doppelt soviel für die Kaiserkrone versprochen, wie jeder andere christliche Prinz dafür geben will.«[153]

In der Stunde Null bekam Pace von Wolsey Instruktionen, auf den Wahlsieg Heinrichs VIII. hinzuarbeiten, da Wolsey eine Möglichkeit sah, diesen seinen Herrn als »Verlegenheits«-Kandidaten durchzubringen. Pace sollte dabei »so geheim wie möglich« vorgehen, doch sickerten wahrscheinlich Nachrichten über seine Bemühungen durch und kamen Karls Agenten zu Ohren, denn Pace war bald durch und durch eingeschüchtert.

Er schrieb nach Hause, daß, falls der englische König siegte, er und seine Leute wahrscheinlich getötet werden würden, bevor ihnen noch jemand zu Hilfe kommen könne, und daß Karls Leute ihm gegenüber damit geprahlt hätten, ihr Herrscher habe so viel Geld und so viele Truppen, daß kein Franzose anders als auf den Spitzen ihrer Speere und Schwerter in das Land hereinkäme. Pace fügte tröstend hinzu:

»Außerdem ist diese Nation in solcher Zwietracht und Unordnung, daß selbst alle Fürsten der Christenheit nicht imstande wären, sie zur Ordnung zurückzurufen.«[154]

In diesem letzten Punkt hatte Pace wahrscheinlich recht. Zu guter Letzt aber, nach aller Gemeinheit und Feilscherei, gaben weder Geld noch Macht den Ausschlag, sondern ein Faktor, mit dem niemand gerechnet hatte: der Wille des Volkes. Maximilians Bestechungsgelder hatte nicht über seinen Tod hinaus gewirkt – aber sein Bild war noch nicht verblaßt! Die Erinnerung an diesen vielgeliebten Mann, einen Herrscher voll Humor, Kraft und Ritterlichkeit, gewann wahrscheinlich die Wahl für dessen Enkel Karl.

Am Vorabend des großen Ereignisses schrieb der englische Gesandte: »Die Kurfürsten sind alle in Bestürzung und Angst, denn die Allgemeinheit neigt zum König von Kastilien (Karl).«[155]

Die letzten Unterredungen zwischen den Kurfürsten fanden am 27. Juni statt. Ursprünglich hatten sie geplant, die Wahl noch länger hinauszuschieben – vielleicht in Erwartung noch größerer Bestechungsgelder –, aber in der Stadt war die Pest ausgebrochen, und sie waren nicht ganz sicher, ob die Hand Gottes ihre erlauchten Personen übergehen würde ...

Am Morgen des 28. Juni gingen alle sieben – König Lajos hatte einen Kanzler als Stellvertreter geschickt –

zu Fuß in einer langen, glanzvollen Prozession zur Bartholomäskirche, um der Heiliggeistmesse beizuwohnen. Die Stadtväter von Frankfurt forderten das Volk auf, beim dreimaligen Schlag der Sturmglocke ein Gebet an Gott zu richten, er möge den Kurfürsten seine Gnade nicht versagen, »damit sie einen König erwählen, der Gott dem Allmächtigen, dem Heiligen Römischen Reich und uns allen dienen möge . . .«[156]

Die sieben legten auf das heilige Evangelium einen Eid ab, daß ihre Hände und Herzen rein seien und daß weder Falschheit noch List ihre freie Entscheidung beeinträchtigte. Sie zogen sich in die Sakristei der Kirche zurück und erschienen nicht lange danach mit lächelnder Miene, um anzukündigen, daß sie einstimmig Karl, den König von Spanien, gewählt hätten.[157]

Den Tag nach der Wahl erklärten die Stadtväter von Augsburg, der Stadt der Fugger, zum Feiertag und trugen die Kosten für ein prächtiges Feuerwerk.

Zwei Tage später erreichte die Nachricht vom Ausgang der Wahl Mecheln in den Niederlanden. Margarete ließ von einem Ende des Landes zum anderen Freudenfeuer entfachen und ordnete Feste und Tedeums zu Ehren ihres Herrn und Neffen an.

In Paris, London und Rom nahm man die Nachricht merklich kühler auf. Der Lord Mayor von London weigerte sich, der spanischen Gesandtschaft eine Festbeleuchtung zu gestatten, und ließ einige allzu begeisterte Anhänger Karls in den Tower werfen. Das war natürlich ein arger diplomatischer Mißgriff, den der Hof dadurch gutzumachen sich beeilte, daß er dem – über diesen Auftrag nicht sehr entzückten – Kardinal Wolsey ein feierliches Tedeum zu zelebrieren befahl.

Auch Leo X. hatte an der ganzen Sache nicht die geringste Freude, und als ihm der französische Gesandte auch noch vorhielt, er, der Papst, habe doch gegen Ende der Wahlkampagne sogar selber Karl unterstützt, geriet er völlig außer sich und erklärte, es habe keinen Sinn, mit dem Kopf durch die Wand zu wollen, und außerdem »kann ich dem Kaiser mit einem Maulvoll Spucke – cum una spudaza – aufwarten, wenn ich will«.[158]

Als zur offiziellen Feier von Karls Wahl in Rom das Hochamt gesungen wurde, erschienen nur zwei Gesandte, der spanische und der portugiesische.

Eine Abordnung unter der Führung des Grafen Friedrich von der Pfalz überbrachte Karl die Nachricht seiner Wahl zum Kaiser nach Molino del Rey, wohin dieser vor der Pest geflohen war. Was Karl in diesem Augenblick sagte oder fühlte, ist nicht überliefert. Aber sicherlich mischten sich in die süßen Klänge des Sieges auch einige falsche Töne.

Fürs eine waren die Spanier gar nicht glücklich darüber, ihren König mit weit entfernten Ländern teilen zu müssen, zu denen sie keine innere Beziehung hatten. Noch weniger glücklich waren sie darüber, daß Karl einen Fremden, nämlich seinen Landsmann und früheren Mentor, Adrian von Utrecht, als Regenten für den Fall seiner Abwesenheit einsetzte. Als Karl die kastilischen Cortes einberief, um eine Steuer zu beschließen, mit der seine Reise- und Krönungskosten bestritten werden sollten, lehnten diese glatt ab. Später, als genug Abgeordnete bestochen worden waren, für die Einführung der Steuer zu stimmen, attackierte der aufgebrachte Pöbel deren Häuser. Zur Zahlung der Steuer kam es nie.[159]

In der Tat hatte Karl, als er im Frühling 1520 Spanien auf dem Seeweg verließ, um sich zu den Krönungsfeierlichkeiten nach Aachen zu begeben, alles bis auf den letzten Knopf verpfändet und sah sich einer Unzahl von Feinden gegenüber. Die Wahl hatte ihn über eine Million Gulden gekostet, das entspricht heute etwa 20 Millionen Dollar. Über die Hälfte davon waren Bestechungsgelder, der Rest sonstige Ausgaben: Propaganda, Löhne für Agenten, Sekretäre und Kuriere, Sold für die Truppe. Die drei bischöflichen Kurfürsten hatten beträchtliche Summen erhalten, dazu jeder eine jährliche Rente; ihre Umgebung, sogar ihre Bediensteten hatten reichliche Trinkgelder bekommen. Der Pfalzgraf hatte die größte Summe eingestreift, nämlich über 184 000 Gulden. Dem ehrenhaften alten Friedrich dem Weisen von Sachsen, der nichts verlangt hatte, wurde eine Schuld erlassen. Der Markgraf von Brandenburg, der sich sehr geizig betragen hatte und erst ganz zum Schluß für Karl stimmte, ging leer aus. Er war über diesen Ausgang der Dinge so wütend, daß er frech behauptete, er habe seine Stimme nicht aus Überzeugung, sondern aus Angst abgegeben.[160] Niemand achtete auf seine Beschuldigungen. Beharrlich verlangte er die Bezahlung der Bestechungssumme, ja er verlangte sogar die Infantin Maria als Teil der Belohnung für seine Stimme.[161]

Sein Leben lang konnte sich Karl von seiner Schuldenlast nicht mehr befreien. Wiederholt mußte er sein Versprechen auf Rückzahlung der enormen Schulden, die er bei den Fuggern hatte, brechen. Sogar als die spanischen Schiffe aus der Neuen Welt vollbeladen mit Schätzen angefahren kamen, war Karls Anteil nur ein Tropfen auf einen heißen Stein.

Empfindlich und reizbar, wenn es um finanzielle Dinge ging, sollte Karl nie mehr die Gewohnheit ablegen, in Geldsachen, besonders bei kleinen Summen, äußerst kleinlich zu sein. Er konnte es nicht sehen, wenn ein Dukaten nutzlos ausgegeben wurde. Er verschob den Kauf neuer Kleider für seine Pagen, auch wenn diese schon recht schäbig daherkamen, und er merkte sogar, wenn aus seinem Wäscheschrank ein Taschentuch fehlte.

Ein Augenzeuge überlieferte uns die Episode, wie Karl einmal in späteren Jahren eine Truppenmusterung abhielt, als es gerade zu regnen begann. Der Kaiser nahm seinen neuen Samthut ab und schob ihn schützend unter seinen Mantel.

4. *Der nahtlose Mantel*

Sire, Gott hat Euch die große Gnade erwiesen,
und Ihr seid nun auf dem Wege zur Herrschaft
über die Welt, die ganze Christenheit
um einen Schäfer zu versammeln.
Großkanzler Gattinara an Karl V.

Am 22. Oktober 1520 ritt Karl in die Stadt Aachen ein, um zum Römischen König gekrönt zu werden. Es war sein erstes Auftreten als Zentralfigur in Europas größter Show, dem öffentlichen Wirken des Kaisers, und er entledigte sich dieser Aufgabe mit bewundernswertem Geschick.

Der feierliche Einzug allein schon sollte ganz Europa eindrücklich zeigen, daß wirklich der geeignetste Kandidat die kaiserliche Würde empfangen hatte. Es gab keine sichtbaren Anzeichen für die zerrüttete Lage seines Staatshaushalts: Die Spanier hatten es zwar abgelehnt, für die Kosten der Krönung aufzukommen, so hatte man eben das Nötige von der reichen Stadt Antwerpen geborgt.

Die Prozession brauchte fünf Stunden, um die Stadttore zu passieren. Hunderte von livrierten Dienern und die Wagen mit dem Gepäck führten den Zug an, gefolgt von tausend Edelleuten zu Pferde, so reich ausgestattet, wie es ihnen ihre Mittel nur erlaubten. Den 24 Pagen in der Livree seines Hofstaates, karmesinrot mit silbernen und goldenen Aufschlägen, folgte eine Gruppe von Musikanten – Kesseltrommeln und Trompeten –, und danach kamen ein halbes Dutzend königliche Stallmeister, die Silber- und Goldmünzen unter die gaffende, das Pflaster stampfende Menge warfen.

Ein Herold im goldenen und silbernen Wappenrock,

der den Stab aus vergoldetem Silber trug, auf dem der kaiserliche Adler thronte, schritt feierlich vorüber. Danach kamen die Kurfürsten und die Bischöfe, hierauf der Reichsmarschall, der das mit der Spitze nach oben gerichtete große kaiserliche Schwert vor sich hertrug.

Zuletzt kam Karl. Er trug über dem Harnisch einen Mantel aus Goldbrokat. Sein Pferd, eine nervös tänzelnde weiße Stute, schien den Boden mit ihren Hufen kaum zu berühren. Karl entzückte die spalierstehende Menge durch seine Reitkunst. Die ihm folgenden Bogenschützen seiner Leibgarde trugen auf ihren Wämsern in Lettern aus Gold seinen Wahlspruch »Plus oultre«.

Der uralte Krönungsritus wurde am folgenden Tag in der Kirche Unserer Lieben Frau vollzogen. Die Feierlichkeit und der religiöse Charakter der Zeremonie machten auf den ernsten jungen König tiefen Eindruck. Zweimal mußte Karl wie die Priester bei der Priesterweihe in der Haltung des Gekreuzigten auf den Stufen des Altars liegen. Indem er seine Hand auf die heiligen Reliquien legte, die man im Sarg Karls des Großen gefunden hatte – das Evangeliar und ein Kästchen mit Erde, getränkt mit dem Blut des Märtyrers Stephanus –, schwor er, das Reich und die heilige katholische Kirche zu schützen.

Der Erzbischof von Köln wandte sich an die Anwesenden und fragte: »Wollt Ihr König Karl als Kaiser und König von Rom, und wollt Ihr ihm nach dem Worte der heiligen Apostel gehorchen?«[162] Die Menge rief: »Fiat!«, die drei Erzbischöfe salbten ihm Stirn, Brust, Rücken und Hände; dann kleideten sie ihn in die kaiserlichen Gewänder, gürteten ihn mit dem Schwert von »Charlemagne« und überreichten ihm das Zepter und den goldenen Reichsapfel, der zum Zeichen der christlichen Souveränität des Kaisers vom Kreuz überragt wurde.

Von jenem Tage in Aachen an war Karls Lebensweg festgelegt. Er war entschlossen, die mittelalterliche Idee von einem einigen christlichen Reich neu zu verwirklichen, und als dessen Oberhaupt wollte er Europa in Frieden regieren.

Wie Karl sich damals der Menge präsentierte, können wir auf dem Porträt des Bernhard van Orley sehen: ein kantiges, hartes Gesicht unter einem juwelenbesetzten Samthut, ein vorspringendes, nach oben gebogenes Kinn, der Mund geöffnet, intensiv blickende blaugraue Augen – das glatte, leidenschaftslose Gesicht eines jungen Mannes, das in seiner Verschlossenheit nichts von seinem Träger verrät. Über seinem Pelz liegt die Ordenskette des Goldenen Vlieses.

Und genauso muß er Martin Luther erschienen sein an jenem Nachmittag im April des Jahres 1521 im großen Saal des Reichstags zu Worms. Frisch von der Krönung weg war Karl südwärts den Rhein entlang nach Worms geritten. Es war zum erstenmal, daß er seinen Fuß auf deutschen Boden setzte. Er sprach nicht Deutsch, er war, wie schon so mancher vor ihm, ein fremder Fürst in einem fremden Land.

Es war ihm bereits klargemacht worden, daß die Aura seiner kaiserlichen Macht sehr trügerisch war und daß die deutschen Fürsten in ihrem Willen, sie zu zerstören, einig waren. Am Vorabend der Krönung hatte er die herkömmliche Wahlkapitulation unterzeichnet – das Versprechen, das den Kaiser an seinen Treuschwur bindet –, aber noch nie hatte ein Kaiser vor ihm ein mit so peinlicher Genauigkeit formuliertes Dokument unterzeichnet.

Gänzlich unerfahren im Umgang mit den komplexen Staatsaffären des verwirrenden, zusammengewürfelten Abendlandes, erschien der einundzwanzigjährige Karl in Worms, um seinem ersten Reichstag vorzusitzen, und er wurde sogleich in eine der größten Krisen seiner Regierungszeit, wenn nicht der ganzen Geschichte, hineingezogen.

Als Luther im Oktober 1517 seine 95 Thesen an das Tor der Schloßkirche zu Wittenberg anschlug, befand sich Karl noch auf seinem beschwerlichen Weg über das wilde Gebirge Nordspaniens, auf der ersten Reise in sein Königreich, und damals lebte auch noch sein Großvater Maximilian I. Der Funke, der den Streit entfachte, war der Verkauf von Ablässen, den der Papst dem jüngeren Bruder des Kurfürsten Joachim von Brandenburg, Kardinal Albrecht, gestattet hatte. Der ehrgeizige Kirchenfürst, der ohnehin schon zwei Bistümer sein eigen nannte, wollte noch die vakante Bistumswürde von Mainz dazuerlangen, die ihm nicht nur ein fettes Einkommen, sondern auch die angesehene Stellung eines Kurfürsten eintrug. Der Papst, eifrig bestrebt, die Mittel für den Bau einer großartigen neuen Kirche über dem Grab des heiligen Petrus in Rom aufzutreiben, verlangte eine riesige Einsetzungsgebühr und dazu noch eine Summe dafür, daß Albrecht ungesetzlicherweise bereits zwei Bistümer besaß.

Den eigentlichen Handel um das Erzbistum übernahmen die Fugger, die überall gerne helfend zur Stelle waren, wo es um größere Summen ging, und bald machte die Geschichte die Runde, der Papst habe ursprünglich 12 000 Dukaten verlangt – »für die zwölf Apostel«. Aber Albrecht sei mit einem Gegenangebot von 7000 gekommen – »für die sieben Todsünden«. Schließlich hätten sie sich dann, wie ein Spaßvogel bemerkte, auf 10 000 geeinigt – »für die Zehn Gebote«.

Einen Teil davon borgte sich Albrecht von den Fuggern. Um den Rest aufzubringen, erteilte ihm der Papst das genannte Privileg, Ablässe zu verkaufen, jene handlichen kleinen Scheine, die ihrem Besitzer Vergebung der Sünden garantierten. Ein ungemein geschäftstüchtiger Mönch namens Tetzel verhökerte die Scheine in ganz Deutschland. Er reiste in Begleitung eines Agenten der Fugger, der die Bücher führte und die Kasse verwaltete.

Die Anstößigkeit dieses Vorgehens erregte Luthers Unwillen, der mit seinen 95 Thesen zuerst nur irgendeinen Professor der Theologie zu einer lebhaften Debatte bringen wollte. Aber seine Hammerschläge setzten in Deutschland – und auch anderswo – alle unterdrückten Gefühle frei, die sich gegen die Macht und die Mißstände der Kirche richteten; einer Kirche, die man als »ausländisch« empfand, weil sie ihr Hauptquartier weit weg, in Rom, hatte. Luther wurde über Nacht berühmt. Durch seine rasch gewonnene Popularität kühn geworden, ließ er auf Papsttum und Kirche seine Schläge nur so niederhageln, verbrannte öffentlich die päpstliche Bulle, die ihn in Acht und Bann tun sollte, und schrieb und predigte mit unverminderter Wut und Heftigkeit weiter.

Mit diesem Explosivstoff hatte sich Karl in seinen ersten Monaten als Kaiser zu beschäftigen. Auf der einen Seite stand der Papst, der geistliche Arm des Reiches, und schrie nach unverzüglicher Verhaftung und Verurteilung Luthers wegen Ketzerei – und Karl brauchte seine Unterstützung; auf der anderen Seite standen weite Kreise in Deutschland, deren Sympathie Luther genoß, darunter sogar die Kurfürsten – und Karl war nach den Bestimmungen der Wahlkapitulation verpflichtet, auf Deutsche in ihrem Heimatland zu hören.

Auf die Einladung Karls an »Unseren edlen, teuren und geschätzten Herrn Martin Luther« fuhr der feuerzüngige Theologe in einem zweirädrigen Karren nach

Worms hinein, begleitet von einem Herold des Kaisers und einen von Karl unterzeichneten Schutzbrief bei sich tragend.

Am Nachmittag des 18. April 1521 erschien er vor einer großen Menge im Saal des Reichstages. Ein Offizial des Erzbischofs von Trier examinierte ihn und nagelte ihn schließlich durch die Frage fest:

»Ich frage Euch, Herr Martin, und antwortet ohne Winden und Haken (ohne Umschweif und Tücke): Wollt Ihr Eure Bücher und die darin enthaltenen Fehler widerrufen oder nicht?«

Luther antwortete:

»Wenn denn Eure Majestät und die Fürsten eine einfache Antwort haben wollen, so will ich sie geben ohne Winden und Haken. Werde ich nicht durch das Zeugnis der Heiligen Schrift oder durch klare Gründe widerlegt – denn weder dem Papst noch den Konzilien glaube ich, da sie des öfteren geirrt und sich widersprochen haben –, so kann und will ich nicht widerrufen, da ich das meinem Gewissen gegenüber nicht verantworten kann. Gott helfe mir! Amen!«

Angeblich soll er noch hinzugefügt haben: »Hier stehe ich, ich kann nicht anders.«[163]

Bis spät in die Nacht hinein brannten an jenem Tag die Kerzen in Karls Zimmer, wo der junge Kaiser mit dem Federkiel in der Hand über den Tisch gebeugt saß und persönlich die Antwort auf Luthers Herausforderung entwarf. Es konnte kaum einen Zweifel darüber geben, wo Karl stehen würde.

Daß die Kirche einer Reform bedurfte, verstand er durchaus, aber sie mußte von innen her kommen, durch ein Konzil. Tief beeinflußt von Erasmus, der fünf Jahre lang Mitglied seines eigenen Thronrates gewesen war und ihn auf seiner Reise nach Worms bis Köln begleitet hatte, sollte Karl selbst die Verkörperung des aufkommenden Humanismus werden und jahrelang für Ausgleich und Versöhnung arbeiten. Während seines zweijährigen Aufenthalts in Spanien waren ihm in vielem die Augen geöffnet worden, und er hatte gesehen, was der begabte spanische Humanist Kardinal Jiménez de Cisneros bei seinen kirchlichen Reformen vollbracht hatte. Aber wenn Luther an den Fundamenten der Kirche rüttelte, indem er den Wert der Sakramente in Frage stellte und an der Willensfreiheit zweifelte, konnte von Zustimmung keine Rede sein.

In seiner Person war Karl die Verkörperung kirchlicher Gewalt und kirchlichen Rechtes; bei seinem ersten Eid, als Ritter des Goldenen Vlieses, und bei seinem letzten, bei der Krönung zum Römischen König, hatte er gelobt, die Einheit des Glaubens zu verteidigen. Er würde nicht zulassen, daß das eine Band, das alle Völker einte, verletzt würde.

Am folgenden Tag, als Karl die Kurfürsten um ihre Meinung über Luther fragte, antworteten sie, sie seien noch nicht bereit, eine Erklärung abzugeben. So las Karl ihnen laut seine eigene Stellungnahme in Französisch, seiner Muttersprache, vor:

»Ich stamme von einer langen Linie christlicher Kaiser der edlen deutschen Nation und der katholischen Könige von Spanien ab, die alle bis in den Tod treue Söhne der heiligen römischen Kirche waren. Sie verteidigten den Glauben um des Ruhmes Gottes willen und verteidigten ihn zur Rettung der Seelen.«

Wenn Luther seine schicksalhaften Worte mit tiefster Überzeugung gesprochen hatte, so lag in Karls Bekenntnis zu seinem Glauben nicht geringere Überzeugung:

»Ich habe beschlossen, den Glauben zu behaupten, den diese meine Vorfahren gehalten haben. Ein einziger Mönch, der sich gegen die tausendjährige Christenheit stellt, muß ein Irrtum sein. Ich bin entschlossen, meine Länder, meine Freunde, mein Blut, mein Leben und selbst meine Seele dafür einzusetzen.«[164]

An den folgenden drei Tagen traf ein Komitee mit Luther zusammen und versuchte nochmals, den Standpunkt einander anzunähern und einen endgültigen Bruch zu vermeiden. Der Erzbischof von Trier, der zusammen mit Maximilian unter dem Altar der Kathedrale von Trier den nahtlosen Mantel Christi enthüllt hatte, bat Luther inständig, den nahtlosen Mantel der Christenheit nicht zu zerreißen.[165]

Aber Luther war bereits zu weit gegangen, um noch zurück zu können. Schließlich erließ der päpstliche Legat, Kardinal Aleander, das Edikt, das Luther unter den Reichsbann stellte und ihn der Besudelung des heiligen Sakraments der Ehe, der Leugnung der Willensfreiheit, der Rebellion, des Abfalls, des Krieges, des Mordes, der Räuberei, der Brandstiftung und der Zerstörung der Christenheit beschuldigte.

Gegen Ende des Monats verließ Luther Worms wieder auf seinem zweirädrigen Karren. Auf dem Weg nach Wittenberg wurde er von Leuten des Kurfürsten von Sachsen gefangengenommen und zu seiner eigenen Sicherheit auf die Wartburg gebracht.

Wenig später, nach Beendigung des Reichstags, reiste Karl nach den Niederlanden, dem Ort seiner Kindheit. Er befand sich in einer Lage, die ihm im Laufe seines Lebens noch recht vertraut werden sollte: in der Lage eines Mannes, der soeben eine Kluft überwunden hat und merkt, daß sich eine um so größere vor seinen Füßen auftut. Im selben Monat April, in dem er mit Luther zusammengekommen war, stand er Dingen gegenüber, die weitaus beängstigender waren als ein einzelner halsstarriger, ketzerischer Mönch.

Bürgerkrieg war in seinem spanischen Königreich

ausgebrochen. Die Feindseligkeit der Spanier gegenüber den Burgundern, die in Karls Abwesenheit regierten, hatte ihn ausgelöst, ganz plötzlich. In diesem selben Monat April hatten die königlichen Truppen in Spanien die entscheidende Schlacht gegen die Rebellen geschlagen und einen Sieg erfochten. Karl würde die Nachricht erst Wochen später erreichen.

Seit seiner Wahl hatte Karl unentwegt versucht, ein Zerwürfnis mit Frankreich zu vermeiden. In derselben Woche, in der Luther nach Worms kam, hatte der französische Gesandte die Stadt wutschnaubend verlassen, und König Franz erklärte Karl den Krieg – den ersten in einer langen Reihe von Kriegen, die während Karls Regierungszeit immer wieder aufflammen sollten.

Aber der Bürgerkrieg in Spanien und der Krieg gegen den alten Erbfeind der Habsburger waren nicht seine einzigen Sorgen – da waren auch noch die Türken. Ein neuer und mächtiger junger Sultan, Soliman, der später »der Große« genannt werden würde, hatte soeben den Thron bestiegen. Erfüllt von Begeisterung und Energie, kamen die Türken den Balkan heraufgezogen. Noch vor dem Ende des Sommers 1521 sollten sie Belgrad erobern, das Tor zur Donauebene und zum Herzen Europas. Noch vor dem Ende von Karls Regierung sollten die habsburgischen Kronländer zum Schild Europas gegen die osmanische Invasion werden.

In Worms war überdies Karls engster Freund und Berater, Chièvres, an der Pest gestorben. Von nun an würde er alle Entscheidungen allein fällen müssen.

Es gab auch Familienangelegenheiten zu regeln. In der Woche seines Zusammentreffens mit Luther hatte Karl seinem Bruder Ferdinand den Kern der österreichischen Kronländer überschrieben. Ferdinand sollte in Abwesenheit Karls auch Regent des Reiches sein – ein wichtiger Schritt in der Habsburgerfamiliengeschichte, denn diese brüderliche Teilung bildete den Keim für das spätere zweigeteilte Habsburgerreich. Von Worms war Ferdinand nach Linz geritten, wo seine Hochzeit mit Anna von Ungarn stattfinden sollte und wo er zum erstenmal seine junge Schwester Maria sehen würde.

Karl hatte ursprünglich bei beiden Hochzeiten, der Ferdinands und Marias, und bei den sie begleitenden Festlichkeiten zugegen sein wollen, aber wieder einmal gingen Staatsaffären dem Vergnügen vor, und er kehrte nach den Niederlanden zurück.

Es war vielleicht kein Zufall, daß der maßvolle, verschlossene Karl sich gerade in diesem Herbst in eine kurze, aber leidenschaftliche Liaison stürzte. Hatte dabei jemand seine Hand im Spiel? Wer weiß? Der venezianische Gesandte meldete einen kuriosen Vorfall, der sich im September an Karls Tafel in Brüssel ereignete. Eine Schüssel mit Fleisch wurde vor den jungen Kaiser gebracht, ganz nach seinem Geschmack zubereitet, aber er rührte das Gericht nicht an, und so wurde es zu einem der unteren Tische gebracht, wie es Sitte war. Als das Fleisch durchgeschnitten wurde, fand man darin »eine kleine Blase gefüllt mit Puder, Haar und anderen Mixturen . . .« Aufregung und Bestürzung im ganzen Palast und in der Stadt. Karls Koch und drei seiner Diener wurden sofort unter dem Verdacht versuchter Vergiftung verhaftet. Aber jene, die um derlei Dinge wußten, darunter auch Karls Leibarzt, erklärten, es sei nicht Gift, sondern ein Liebeszauber.[166]

Kurz danach ist Karl in eine Affäre mit einem flämischen Mädchen verwickelt, von dem man außer dem Namen – Johanna van der Gheenst von Audenarde – nichts weiß. Dieser Verbindung entsprang eine Tochter, die nach Karls Tante, der regierenden Königin Margarete, getauft wurde und die man treuen Dienern übergab, von denen sie wie ein Fürstenkind aufgezogen wurde.

Von den Niederlanden segelte Karl wieder heim nach seinem von Unruhen geplagten Königreich Spanien, wo er sieben Jahre lang bleiben sollte.

5. *Jahre des Triumphes*

In dem Jahrzehnt, das seiner Krönung in Aachen folgte und in dem das Jahrhundert und er in den Zwanzigern standen, stieg Karl Stufe um Stufe auf einen glanzvollen Gipfel der Welterneuerung empor.

Er hatte in diesen zehn Jahren das Glück, alle seine Feinde besiegen zu können – außer einem. Selbst Machiavelli persönlich konnte ihm nicht sagen, wie man mit Martin Luther fertig wurde. Er rang mit den Franzosen um die Kontrolle über Italien und gewann. Bei Pavia wurden die Franzosen an Karls 25. Geburtstag besiegt und ihr König gefangengenommen.

Fast ein Jahr war Franz in Madrid eingekerkert, während die Verhandlungen über das Lösegeld hin und her gingen. Worauf Karl bei seinen Friedensbedingungen bestand, war die Herausgabe jenes Teiles der burgundischen Länder seiner Großmutter, die Ludwig XI. von Frankreich 1477 in Besitz genommen hatte – der alte Kern der Bourgogne mit der Hauptstadt Dijon, wo die Herzöge von Burgund begraben lagen.

Lange lehnte Franz ab; dann, krank und der Gefangenschaft längst überdrüssig geworden, stimmte er schließlich zu und setzte im Januar 1526 seinen Namen unter den Vertrag von Mailand. Er war außerdem bereit, zusammen mit Karl an einem Kreuzzug gegen die Türken teilzunehmen und als Zeichen seiner Vertragstreue Karls Schwester Eleonore, die Witwe des portugiesischen Königs, zu heiraten.

Karl begleitete den französischen König auf einem Teil seiner Reise zur Küste. Als er ihm zum Abschied die Hand reichte, fragte er ihn: »Ihr wißt, was Ihr versprochen habt?«

»Seid beruhigt, mein Bruder«, antwortete Franz, »ich

habe den Willen, alles zu halten; und wenn Ihr anderes von mir hören solltet, könnt Ihr mich als feige und schlecht ansehen!« (Lâche et méchant.)[167]

Aber einige Wochen später verwarf Franz den Vertrag und erklärte, er habe ihn gezwungen unterschrieben. Von seinem Madrider Gefängnis aus hatte er schon einen Brief an den Sultan geschmuggelt, in welchem er die Türken um Hilfe bat. Jetzt überredete er auch noch den neuen Papst, Clemens VII., zusammen mit dem Herzog von Mailand, der Republik Venedig, der Schweiz und England eine Liga gegen Karl zu bilden. Entrüstet erklärte Karl, Franz sei kein Gentleman, und schlug ihm vor, ihre Differenzen durch einen persönlichen Zweikampf auszutragen. Vorwurfsvoll schrieb er in einer Botschaft an den Papst:

»Es gibt manche, die sagen, daß Eure Heiligkeit den König von Frankreich von dem Schwur absolviert habe, mit dem er Uns versprach, das Vereinbarte zu halten; was Wir jedoch nicht glauben wollen, denn es ist etwas, was der Vikar Christi nicht tun würde.«[168]

Der Vikar Christi hatte aber doch solches getan.

Wegen seiner ständigen Geldnot war es Karl unmöglich gewesen, seine Armee in Italien zu bezahlen. Der Winter 1526/27 war in Norditalien schrecklich. Eisregen fiel wolkenbruchartig vom Himmel, Krieg und Besetzung hatten das Land arm gemacht. Die Truppen, die lange ohne Sold geblieben waren, liefen hungrig, zerlumpt und barfuß umher. In der Nähe von Bologna meuterte die kaiserliche Armee, und als General Frundsberg, der die deutschen Söldnerheere nach Italien geführt hatte, den Soldaten alles Geld, das er zusammenkratzen konnte, anbot mit dem Versprechen, bald mehr nachfolgen zu lassen, wurden die Leute wild, drohten ihm mit ihren Lanzen und schrien: »Geld! Geld!« Der alte General fiel ohnmächtig von einer Trommel und wurde als sterbender Mann nach Deutschland zurückgebracht. Das Kommando übernahm Kronfeldherr Charles de Bourbon, ein Cousin des französischen Königs, der sich auf die kaiserliche Seite geschlagen hatte und nun versuchte, vom Papst Geld zur Bezahlung der Truppen geborgt zu bekommen. Der Papst lehnte unklugerweise ab.

Durch Zuzug von allerlei Gesindel aus der italienischen Halbinsel verstärkt, schwärmte das kaiserliche Söldnerheer, getrieben von Hunger, Wut, Gier und Aberglauben, südwärts gegen Rom. Für die deutschen Anhänger Luthers war Rom der eigentliche Feind der Religion, »die Hure Babylon«, wie Luther selbst die Stadt nannte, »die Wohnstätte des Antichrist«.

Am Abend des 5. Mai 1527 kam die Ewige Stadt in Sicht, gerade als die untergehende Sonne die tausend Kuppeln und Turmspitzen in schimmerndes Gold tauchte – Gold genug, um tausend Armeen zu bezahlen.

Beim Morgengrauen des anderen Tages rasten die kaiserlichen Söldner wie ein Rudel hungriger Wölfe auf die Wälle der Stadt zu, überstiegen sie und stürzten sich auf die zivilisierteste Stadt der Welt. Connetable Bourbon war einer der ersten, die die Mauern erstürmten. Sein weißer Mantel bot ein gutes Ziel. Der Schuß aus einer Arkebuse – der Bildhauer Benvenuto Cellini nahm die Ehre dieses Schusses für sich in Anspruch – streckte ihn tot nieder. Die kaiserliche Armee war völlig ohne Führung.

Zehn Tage schwärmten die Soldaten brennend, raubend und plündernd durch die Stadt. Jedes Kloster, jede Kirche wurde ausgeraubt, Tausende von Bürgern in ihren Häusern, auf den Straßen oder in den Gotteshäusern, wohin sie sich geflüchtet hatten, wurden getötet.

Gleich in den ersten Stunden des Einfalls hatten der Papst und seine Kardinäle ihre Roben geschürzt und waren durch einen Geheimgang aus dem päpstlichen Palast auf die Engelsburg geflüchtet. Aber ein oder zwei Tage später fand eine Bande von Söldnern die geistlichen Würdenträger halbtot vor Angst in einem Stall kauern. »Sie weinten sehr«, bemerkte später einer der Deutschen, »aber wir alle wurden sehr reich.« Ein bayrischer Hauptmann warf sich die Robe des Heiligen Vaters über und setzte die dreifache Krone auf, seine Kumpane zogen die Kardinalsroben an und stülpten sich die Kardinalshüte über die Köpfe. Und so ritten sie auf Eseln unter derbem Scherz und Gelächter durch die Stadt.[169]

Zehn Monate war Rom von der Armee des Kaisers besetzt. In der zerstörten und verwüsteten Stadt brachen Seuchen aus, von denen auch die Invasoren befallen wurden. Ihre Zahl schmolz dahin.

Karl wohnte in Madrid gerade einem Turnier bei, als ihn die Nachricht von der Plünderung Roms erreichte. Die Berichte, ob er darüber erfreut oder besorgt war, widersprechen einander. Sicherlich betrachtete er es als eine von Gott über Rom und den Papst ob deren Sünden verhängte Strafe. Noch wenige Monate zuvor hatte er den Heiligen Vater einen »erbärmlichen Feigling« genannt,[170] und außerdem, wie sein Beichtiger Glapion einmal bemerkte, gehörte Nachsicht nicht gerade zu seinen stärksten Seiten. Er ließ es zu, daß der Papst sieben Monate im Kerker schmachten mußte.

Schließlich versöhnten sie sich wieder – der Papst war eben auch Politiker. Im Februar 1530 empfing Karl aus den Händen Clemens' VII. die Kaiserkrone – aber nicht in Rom! Das wäre denn doch eine zu bittere Ironie gewesen. Nein, der Papst kam nach Bologna. In gehöriger Demut kniete Karl vor ihm nieder, küßte seinen

Fuß, worauf der Papst ihn zu sich emporzog und auf jede seiner kaiserlichen Wangen einen Kuß drückte. Nach der Krönung hielt Karl – nach mittelalterlichem Brauch – dem Papst den Steigbügel, als dieser sein Pferd bestieg, und Seite an Seite ritten sie durch die wild jubelnde Menge zu der vornehmen, verschwenderisch gedeckten und geschmückten Festtafel. Nach dem Mahl warf man der Menge – in fröhlicher Zurschaustellung fiskalischer Unbesorgtheit – alles Gold- und Silbergeschirr als Andenken zu.

Karl war Herr von Nord- und Süditalien, wie die mittelalterlichen Kaiser es gewesen waren.

Die Krönung bildete für Karl beinahe schon den Augenblick seines höchsten Triumphes.

Unterdessen waren die Türken unter Soliman unaufhaltsam über den Balkan heraufmarschiert, hatten in der Schlacht bei Mohács Karls Schwager, König Lajos von Ungarn, besiegt und standen 1529 vor den Toren Wiens. Aber gerade als es schien, als ob die belagerte Stadt fallen würde, brach die türkische Armee ihre Zelt ab und trat den Rückzug an – aus Angst vor dem heranrückenden Winter.

1532 erschienen die Türken erneut in den österreichischen Ländern. An der Spitze einer großen, internationalen Armee von Spaniern, Deutschen, Italienern und Flamen marschierte ihnen Karl entgegen. In diesem Augenblick der Gefahr für die ganze Christenheit schrieb in Wittenberg Luther seinen Choral »Ein feste Burg ist unser Gott«.

Und wieder retirierten die Türken, ohne die entscheidende Schlacht anzunehmen, und Karl zog in das jubelnde Wien ein. Man bereitete ihm einen triumphalen Empfang.

Drei Jahre später versammelte der Kaiser bei Barcelona eine internationale Flotte und segelte nach der

Küste Afrikas, um dem Treiben der türkischen Piraten ein Ende zu bereiten, die unter Chaireddin Barbarossa von Tunis das Mittelmeer unsicher machten und den Schiffsverkehr störten. In der schier unerträglichen Hitze des afrikanischen Sommers erstürmte Karl an der Spitze seiner Truppen Tunis. An die zwanzigtausend Christen wurden aus der Sklaverei befreit, auf Kosten Karls eingekleidet und nach Europa zurückgebracht, wo sie fern und nah den Ruhm des Kaisers verbreiteten.

Aber schon in dieser ersten, glanzvollen Dekade seiner Regierungszeit blieben Mißerfolge nicht aus. Die Zeit und die großen Entfernungen, religiöse Spaltung, Nationalismus: all dies arbeitete gegen ihn und seine Absicht, ein universales christliches Imperium zu schaffen.

Vergeblich entwarf Karl Pläne, wie man einen riesigen Herrschaftsbereich zusammenhalten könnte, der weder geographisch noch kulturell, noch sprachlich einen Zusammenhang hatte.

Sein Hof in Madrid war der kosmopolitischste der Welt. Adelige Familien in Spanien und Deutschland, Italien und Burgund sandten ihre Söhne, damit sie dem Kaiser als Pagen und Kapläne dienten. Karls Leibwache bestand aus hundert deutschen Hellebardieren, hundert spanischen Fußsoldaten und hundert burgundischen Bogenschützen. Er nahm in den Orden des Goldenen Vlieses nicht nur Burgunder auf, sondern auch Adelige von spanischer, deutscher und italienischer Herkunft. Als Kanzler hatte er einen Italiener, Mercurino di Gattinara, als Hofmarschall einen Spanier, den Herzog von Alba. Ein Burgunder war sein Schildträger, schnürte seine Schuhe und half ihm in die Rüstung.

Karls mächtigstes Instrument der Einigung war doch aber – seine Familie. Seine Tante Margarete, Regentin der Niederlande, widmete sich mit ganzem Herzen dem lebenswichtigen Kreuzungspunkt Europas, der ihr anvertraut war, eben den Niederlanden. Sein Bruder Ferdinand war sein anderes Ich in den deutschsprachigen Ländern. Seine Schwestern waren Königinnen von Frankreich, Portugal, Ungarn und Böhmen, Dänemark, Norwegen und Schweden. Und seine Tante Katharina von Aragon, die jüngere Schwester seiner Mutter, teilte den Thron von England mit Heinrich VIII.

Und doch waren die trennenden Kräfte stärker als die einenden.

6. Das verschlossene Herz

Wir haben einen frommen Kaiser.
Er hat ein Schloß vor seinem Herzen.
Martin Luther

In dem spektakulären Schauspiel seines Lebens unterspielte Karl beharrlich die Rolle seiner Grundsätze. Er hatte großen Stil – aber es war ein Stil, der sich sehr von dem vergänglichen Aufblitzen und Aufleuchten Franz' I. oder dem lebhaften, sicheren Auftreten und der geradezu überschäumenden Dreistigkeit Heinrichs VIII. unterschied. Ein Freund des Kaisers sagte schlicht und einfach: Karl sei der vollendetste Gentleman, den es gebe und jemals geben werde.[171]

Wenige Könige haben so viel Geschriebenes hinterlassen – Entwürfe, Notizen, Memoranden, Befehle, Briefe –, aber dieser ganze Papierberg konnte die Ausstrahlung nicht einfangen. Seine Memoiren, die er für seinen Sohn Philipp schrieb, sind trocken, unpersönlich und mit bescheidenster Nüchternheit in der dritten Person und ohne schmückende Beiwörter abgefaßt.

»Es ist nicht, wie ich es mir gewünscht hätte«, schrieb er in einer Notiz, die in seinen Händen verblieb, »aber Gott weiß, daß ich nicht aus Eitelkeit so geschrieben habe, und wenn er dadurch beleidigt worden ist, so ist es eher aus Unwissenheit geschehen denn aus Bosheit.«[172]

Stolz hatte er, den Rassestolz der Habsburger, den er wie die Feder auf seinem königlichen Helm trug. Doch verstand er es, anders als die meisten Monarchen seiner Zeit, Amt und Person auseinanderzuhalten, und er wollte seine Triumphe stets der Hilfe Gottes zuschreiben.

Als ihm die Nachricht vom Sieg bei Pavia überbracht wurde und man ihm sagte, daß der französische König sein Gefangener geworden sei, erstaunte er die ausländischen Gesandten in Madrid durch sein zurückhaltendes Betragen. Er ging nämlich sofort in seine Kapelle und verweilte dort eine Stunde im Gebet. Er wollte auch nicht zulassen, daß man den Sieg feierte, denn, so sagte er, dieser Sieg sei mit dem Blut von Christen erfochten worden. Am nächsten Tag ging er zu Fuß zur Messe. Den Priester hatte er gebeten, ihn in der Predigt nicht zu loben, noch herabsetzend über den König von Frankreich zu reden.[173]

Von sich selber sagte er, er weine nicht. Er lachte auch nur selten. Ein schwaches Lächeln mochte vielleicht seine Lippen umspielen, wenn die Hofnarren, die zu seinem Amüsement in seiner Nähe placiert waren, sooft er speiste, ihre Possen trieben. Er hatte Witz, aber es war ein Witz von mehr intellektueller Natur, die trocken-ironische Betätigung eines melancholischen, introspektiven Geistes. Als er einmal auf dem Grabstein eines spanischen Adeligen die Worte las »Hier liegt einer, der die Furcht nicht kannte«, bemerkte er: »Dann hat er nie eine Kerze mit den Fingern ausgelöscht.«[174]

Von Kindheit an von Schmeichlern umgeben, konnte er Schmeicheleien nicht ertragen. Einmal äußerte er zu dem Venezianer Contarini: »Es liegt in meiner Natur, halsstarrig auf meiner eigenen Meinung zu beharren.« Der Gesandte erwiderte ziemlich salbungsvoll: »Sire, auf guten Meinungen zu beharren ist Festigkeit, nicht Halsstarrigkeit.« Mit einem Anflug seines kontrollierten Lächelns sagte Karl: »Manchmal beharre ich auch auf schlechten.«[175]

Während einer Jagd in Spanien verirrte sich Karl einmal und kam mit einem alten Bauern, den er nach dem

Weg fragte, ins Gespräch. Der Kerl, der keine Ahnung hatte, wen er vor sich hatte, prahlte damit, daß er fünf Könige in Spanien habe regieren sehen.

»Und wer war der Beste von den fünfen?« fragte Karl neugierig.

»Ferdinand«, antwortete der alte Mann prompt.

»Und der Schlechteste?«

»Der, den wir jetzt haben. Treibt sich immer anderswo herum, anstatt sich um die Dinge in Spanien zu kümmern, wo er hingehört.«

Als Karl versuchte, sich zu verteidigen, ohne dabei seine Identität preiszugeben, ritt einer seiner Höflinge herbei und wies den Bauern zurecht, was er sich da für Freiheiten erlaube. »Mann, du sprichst mit deinem König!«

Da antwortete der Alte, daß er, wenn er dies gewußt hätte, gewiß noch offener seine Meinung gesagt haben würde. Karl war belustigt und schenkte dem Mann eine Aussteuer für seine Tochter.[176]

Karls Minister redeten ihn mit Heilige Kaiserliche Majestät an. Der persische Gesandte nannte ihn »den König, der die Sonne als Hut hat«. Wo er auch in Europa hinkam, stand die Menge, um zu gaffen. Wenn er ritt, so war er eine leuchtende Gestalt in Gold inmitten des festlichen Zuges, der sich nach dieser oder jener Stadt bewegte; und wenn er mit feierlichem Ernst am Fronleichnamstag dahinschritt, ging er ganz in Schwarz gekleidet, hinter ihm sein Hof, mit Wachskerzen in den Händen. Speiste er in der Öffentlichkeit, so saß er auf einer von einem goldenen Baldachin überdachten Estrade, und jeder, der wollte, konnte kommen, um zuzusehen. »Er ließ sein Messer irgendwo stecken und verwendete oft seine Finger, während er mit der anderen Hand den Teller unter das Kinn hielt«, schrieb ein Augenzeuge, der deutsche Notar

Bartholomäus Sastrow. »Er aß so natürlich und zugleich so reinlich, daß es ein Vergnügen war, ihn zu beobachten.«[177]

In den großen Straßenschauspielen der Zeit, die meist einen ganzen Tag dauerten und mit den Kunstwerken der Renaissance vergleichbar sind, war Karl immer Zentralfigur, der Hauptakteur. So ermüdend auch die königlichen Einzüge, die Empfänge, die Festlichkeiten waren – etwa die endlosen »tableaux vivants«, bei welchen Szenen aus Karls Leben dargestellt wurden, oder ein Zug von Engeln, die ihm die Schlüssel einer Stadt überbrachten –, er übernahm doch stets seine Rolle. Das Theater war ein Teil jenes mystischen Zaubers, der die königliche Würde umgab; die Zurschaustellung der Majestät machte es erst möglich zu regieren.

Aber im Gegensatz zu seinen burgundischen Vorfahren liebte Karl Pomp und Schauspiel nicht als Gelegenheiten, um seine Person in den Vordergrund zu stellen. Sein Geschmack lehnte alles Extravagante und Prahlerische ab. Er liebte die Jagd, aber er gab, nach dem Zeugnis des venezianischen Gesandten Cavalli, dafür keine 100 Kronen aus. Cavalli fügte hinzu: »Er betrachtet es nicht als Schande, hierin oder etwa in der Kleidung und ähnlichen Dingen übertroffen zu werden.« Seine einzige große Leidenschaft waren seine Musikanten. Musik war auf allen seinen Reisen mit dabei.[178]

Ein Kaiser kann Ratgeber haben, aber kaum Freunde. Nur bei seinem Bruder und seiner Schwester, deren Interessen den seinen sehr nahe kamen, suchte er fast während seines ganzen Lebens Rat und Gesellschaft. Wann immer sie konnten, trafen sie einander, bald in der Residenz der Familie in den Niederlanden, dann wieder bei den Reichstagen in Augsburg oder Regensburg, oder im Schloß ihres Großvaters in Innsbruck, wo sie gemeinsam auf die Jagd zu reiten pflegten. In einem solchen Fall schrieb dann Karl gewöhnlich an Ferdinand und bat ihn zu einem Treffen, »denn ich wünsche sehr, dich zu sehen und den Trost und die Freude deiner brüderlichen Gegenwart zu genießen«.[179] Waren sie voneinander getrennt, liefen ihre langen, bis ins Detail gehenden Briefe, die voll waren von Problemen, Neuigkeiten und Ratschlägen, mit Boten kreuz und quer durch Europa.

Noch einen Tag vor ihrem Tod unterließ es die ihm so ergebene Tante, Regentin Margarete, nicht, an Karl einen allerletzten Brief zu diktieren, der voll war von zärtlichen und liebevollen Ratschlägen.

»Monseigneur, die Stunde ist gekommen, wo ich Euch nicht mehr mit meiner Hand schreiben kann, da ich glaube, mein Leben währt nur noch kurze Zeit. Ruhig in meinem Gewissen und entschlossen, alles zu empfangen, was Gott mir senden wird, ohne Schmerz, außer dem einen, Eurer Gegenwart beraubt zu sein und Euch nicht mehr vor meinem Ende sehen und sprechen zu können . . .«[180]

Roger Ascham sagte einmal von Karl, daß »nichts an ihm spricht, außer seiner Zunge«. Selten waren die Augenblicke, in denen das Gefühl echter Besorgnis seine ungerührte Haltung durchbrach wie ein Lichtstrahl die Läden eines Fensters. Er hing sehr an dem kleinen Sohn seiner Schwester Ysabeau, Johann. Als er zum Regensburger Reichstag von 1532 reiste, begleitete ihn der zwölfjährige Neffe. Während Karl mit einer Verletzung, die er sich bei der Jagd zugezogen hatte, zu Bette lag, erkrankte Johann und starb ganz plötzlich. Von Schmerz erfüllt schrieb Karl an seine Schwester Maria:

»Ich bin zutiefst traurig, denn er war der hübscheste kleine Junge seines Alters, den man sich vorstellen kann. Sein Tod rührt mich nicht weniger als der meines eigenen Sohnes, denn ich kannte ihn besser, und er war bereits älter, und ich betrachtete ihn als mein eigenes Kind . . .

Es muß Gottes Wille sein, aber ich kann dennoch meinen Gram darüber, daß er von uns genommen worden ist, nicht unterdrücken. Gott vergebe mir, aber ich hätte seinen Vater eher missen können. Doch nun, der Kleine ist dort gut aufgehoben. Er starb mit einer so kleinen Sündenlast, daß, hätte er auch die meine mit zu tragen, ihm die ewige Seligkeit sicher wäre.«[181]

Mit den Jahren schloß sich seine Schwester Maria enger an ihn an als an sonst jemanden. Sie gestand ihm einmal, daß er – nach Gott – ihr »Alles in der Welt« sei, »mon tout dans ce monde«.[182]

Und doch zögerte Karl nicht, sich seiner Familie zu bedienen, wie es eben die Politik erforderte. Seine Schwestern und Nichten mußten eisern gehorchen, wenn es darum ging, das große Netz der Dynastie, das Maximilian über Europa geworfen hatte, weiterzuknüpfen.

Eleonore, die wenige Monate nach ihrer Vermählung mit dem König von Portugal Witwe wurde, war aufgerufen worden, den Friedensvertrag ihres Bruders mit dem König Franz I. von Frankreich zu besiegeln. Das Leben am französischen Hof kann für Eleonore kaum glücklich gewesen sein. Die Franzosen waren sämtlich antihabsburgisch eingestellt, und zwischen ihrem Gatten und ihrem Bruder gab es immer wieder Krieg. Außerdem war Franzens Aufmerksamkeit von einer Reihe von Mätressen in Anspruch genommen, an ihrer Spitze die Herzogin von Étampes. Eleonore schenkte er nur ein Minimum an Beachtung, und oft nahm er auf Reisen an Stelle der Königin seine Mätresse mit.

Dies alles mußte man bei einer Königsheirat erwarten, es konnte gar nicht anders sein, und Eleonore wußte das auch. Aber Dantiscus, der polnische Gesandte in Paris, der Eleonore noch als blühendes junges Mädchen mit rosigen Wangen gekannt hatte, schrieb 1531, daß sie ihr einstiges Aussehen fast gänzlich eingebüßt habe. Sie sei dick geworden, und ihr gerötetes Kinn sei voller Pusteln. Er fügte hinzu, daß der König sie offensichtlich mit der »Französischen Krankheit« (Syphilis) angesteckt habe, so daß sie keine Kinder gebären könne.[183]

Die lebhafteste der habsburgischen Schwestern, Maria, fügte sich nicht ganz so sanft den Plänen ihres Bruders. Nach der Schlacht von Mohács 1526 Witwe geworden, lehnte sie den zweiten Gatten, den ihr Karl vorschlug, nämlich James von Schottland, glatt ab. Sie erklärte, sie wolle ihrem ersten Gatten, König Lajos, auch noch im Tod die Treue halten, »pis in mein grub«, wie sie schrieb.[184] Worauf Karl sie bewog, die Nachfolge ihrer Tante als Regentin der Niederlande anzutreten.

Einige Jahre später war es nötig, sich der Loyalität des unzuverlässigen Herzogs von Mailand zu versichern, und Karl beschloß eine Heirat zwischen dem in mittleren Jahren stehenden Herzog und seiner zwölfjährigen Nichte Christina zu arrangieren, einer Tochter seiner Schwester Ysabeau, der Königin von Dänemark, die 1525 gestorben war. Die kleine Christina hatte bis dahin im Haushalt der Regentin Maria in den Niederlanden gelebt. Aber die geistvolle und kühne Schwester Karls, die selbst schon als Kind verheiratet worden war, kämpfte wütend gegen die geplante Verheiratung an und sagte ihrem Bruder ganz ungeschminkt die Meinung:

»Es ist gegen die Natur und gegen das Gesetz Gottes, ein kleines Mädchen, das noch in keiner Weise eine Frau genannt werden kann, zu verheiraten und es, selbst noch ein Kind, den Gefahren des Kindbetts auszusetzen.«[185]

Karls Antwort war kurz und unzweideutig: Reichsinteressen haben Vorrang. Im Juni 1533 wurde der Heiratskontrakt unterzeichnet und das arme Mädchen nach Mailand abgeschoben.

Christina wurde Witwe, noch ehe sie vierzehn war.

Was seine eigene Heirat betraf, so war Karl während seiner ganzen Kindheit immer wieder verlobt worden, um damit zahllose Bündnisse zu besiegeln: mit französischen, englischen, ungarischen Prinzessinnen. Schließlich wählte er für sich eine sehr vernünftige Verbindung, die rein politischen und monetären Motiven entsprang. Mit erfrischender Offenheit schrieb er an seinen Bruder, daß er Prinzessin Isabella von Portugal heiraten werde, weil sie als Aussteuer eine Million Dukaten in die Ehe mitbringe und seine spanischen Untertanen ohnehin keine »fremde« Königin haben wollten, sondern eine »hispanische« Prinzessin, die ihre Sprache und ihre Lebensgewohnheiten kenne.[186]

Isabella hatte ihr Herz sicherlich längst an den Kaiser verloren. Schon zwei Jahre vor ihrer Vermählung hatte sie nach einem Bericht des venezianischen Gesandten die bekannte Devise Cesare Borgias: »Aut Caesar aut nihil« zu ihrem persönlichen Wahlspruch erkoren: Entweder den Kaiser oder nichts.[187]

Isabella erwies sich denn auch als eine wahre Perle, und die Ehe, auf der soliden Grundlage harter Dukaten geschlossen, wurde eine durchaus glückliche. Auf den Bildern Tizians tritt uns Isabella als gelassene, kühle Schönheit entgegen, mit blondem Haar, das mit Perlenfäden umwunden und um eine schöne Stirn geflochten ist. Sie hatte dieselbe Erziehung, denselben Stolz und dieselbe Zurückhaltung wie Karl. »Nach innen gerichtet«, beschreibt sie der spanische Chronist Santa Cruz; auch Karl war »nach innen gerichtet«.

Im März 1526, gleich nachdem er den Vertrag von Mailand unterzeichnet und den König von Frankreich freigelassen hatte, ritt Karl zur Hochzeit nach Sevilla. Das junge Paar traf sich am späten Abend im großen Saal des Palastes und wurde gleichzeitig verlobt und verheiratet. Um Mitternacht las der Erzbischof von Toledo die Messe, Karl und Isabella beichteten, empfingen Sakrament und Segen und wurden ins Brautgemach geführt.

Um der Hitze in Sevilla zu entfliehen, reisten sie im Juni nach Granada und verbrachten dort, in der entzückenden Alhambra, unter dem Duft der Orangen- und Zitronenbäume, ihren Honigmond.

Im darauffolgenden Mai gebar Isabella einen Sohn, dem sie nach Karls Vater den Namen Philipp gaben. Karls Freude war so groß, daß er die Geburt mit einer Corrida feierte und mit eigener Hand einen Stier tötete.

Einen Monat vor Isabellas Niederkunft hatte Karls Tante, die Regentin Margarete, aus den Niederlanden geschrieben, daß sie für eine gute und freudenvolle Niederkunft bete und dafür, daß es ein recht schöner Prinz werde. Sie wünschte, sie wäre in Spanien und könnte der Wöchnerin beistehen, und da sie das nicht konnte, schickte sie durch ihren Gesandten ein sehr wertvolles Geschenk: der heiligen Elisabeth eigenen Gürtel, von dem gesagt wird, er lindere bei allen Frauen die Pein der Kindsgeburt. Vom seligen Kaiser Friedrich sei er in Ungarn gefunden und seinem Sohn, dem Kaiser Maximilian, den Gott erlösen möge, gegeben worden, und dieser wiederum habe ihn für die

Niederkunft seiner guten Frau, der Gott Vergebung schenken möge, verwendet.[188]

Ob der wertvolle Gürtel der Kaiserin geholfen hat, ist nicht überliefert, aber es wurde berichtet, daß während der langen und schweren Stunden der Wehen die Wärterinnen Isabellas diese anflehten, doch ihren Schmerz herauszuschreien. Sie erwiderte: »Sterben mag ich wohl, aber wehklagen werde ich nicht.« Und sie bat nur, daß man ihr Gesicht verdecke, damit keiner sie leiden sehe.[189]

Die Freuden des Familienlebens waren für den Herrn der Welt nicht geschaffen. Immer wieder rief die Pflicht Karl nach den Niederlanden, nach Deutschland, Italien, England und Afrika. Bei der Abreise anläßlich des Unternehmens in Tunis schrieb er an Isabella:

»Mein teuerstes, geliebtes Weib, ich küsse dieses Blatt Papier mit derselben Zärtlichkeit und Glut, mit der ich Eure Lippen küssen würde, wäre ich bei Euch . . .«[190]

Immer wieder ließ er sie weinend zurück, um auf Monate oder gar für Jahre weg zu sein, während Isabella in seiner Abwesenheit überlegt und klug regierte. Kreuzzüge gegen die Türken waren jedoch nicht halb so gefährlich wie die Wagnisse, denen sich die Königinnen unterzogen. Immer wieder legte sich die zarte, zerbrechliche Isabella ins Kindbett und gebar alles in allem acht Kinder, von denen drei am Leben blieben. In seinen Memoiren schreibt Karl, daß die Kaiserin immer »très souffrante de ses couches« gewesen sei – daß sie bei ihren Entbindungen sehr litt –, und nach der Geburt ihres siebenten Kindes lebte sie unter beständigen Schmerzen.[191] Nichtsdestoweniger wurde Isabella 1538 nach Karls Rückkehr von einer seiner Reisen sofort wieder schwanger und war während dieser Schwangerschaft so krank, daß Karl nicht mehr von ihrer Seite wich. Am 20. April 1539 gebar sie vorzeitig ein Kind, das fast augenblicklich starb. Eine Zeitlang schien es, als ob Isabella sich wieder erholte. Aber dann wurde sie von einem hitzigen Fieber befallen und starb am 1. Mai.

Von Schmerz tief gebeugt, kniete Karl Stunden um Stunden an ihrem Totenbett. Dann zog er sich zu den Mönchen im Kloster des heiligen Hieronymus bei Toledo zurück, um seinen Schmerz vor der Welt zu verbergen. Erst Jahre später konnte er schreiben:

»... es gefiel Gott, sie zu sich zu rufen, und wir können sicher sein, er tat es aus seiner großen Barmherzigkeit.«[192]

7. Der nahtlose Mantel zerreißt

Nach dem Tode der Gattin prägte sich der Zug von Melancholie und Pessimismus in Karls Persönlichkeit noch stärker aus. Er kleidete sich nur mehr in Schwarz.

Lange schon hatte er an Gicht gelitten, nun plagte sie ihn in steigendem Maße. Vergeblich führte er stets einen blauen Stein mit sich, um sich vor den Schmerzen zu schützen, vergeblich trug er Armbänder aus Gold und Bein als Mittel gegen Hämorrhoiden. Sein Arzt sagte ihm, er würde seiner Gicht nur beikommen, wenn er den Mund ununterbrochen fest geschlossen hielte. Aber wie sollte Karl diese Verordnung befolgen, da er doch immer sehr gerne gegessen hatte? Und auch jetzt noch aß und trank er weiter in großen Mengen. Besonders liebte er Fisch und Wild, schlürfte lebendige und eingesalzene Austern und spülte sie mit eiskaltem Bier hinunter.

Von seiner Gicht bemerkte er bedauernd, daß er »keine Hoffnung auf Waffenstillstand habe«[193] und daß »Geduld und ein bißchen Gejammer ein gutes Heilmittel dagegen«[194] seien. Durch seine unglaublich weiten Reisen quer durch Europa, bei jedem Wetter, über schneeverwehte Alpenpässe und durch brennend heiße spanische Ebenen, wurde seine Gesundheit immer mehr angegriffen. Oft ritt er unter quälenden Schmerzen, den Gichtfuß in einer vom Sattel hängenden Schlinge.

Aber sein zäher, beharrlicher Wille blieb ungebrochen. Ein Vierteljahrhundert lang hatte er nach einem Weg gesucht, im religiösen Streit eine Versöhnung herbeizuführen, eine »Via media« zu finden, einen Mittelweg, auf dem Katholiken und Protestanten einander begegnen könnten. Irgendwo und irgendwie war eine Lösung sicherlich möglich: Wenn beide Seiten sich nur über die alten Glaubensgrundsätze einigten, dann durften die Menschen über die Fragen der Willensfreiheit, der Vorsehung und der Glaubensrechtfertigung, über die sie so hitzig stritten, denken, wie sie wollten.[195]

Aber die Extremisten hier und dort wollten auch nicht um Haaresbreite von ihren Standpunkten abgehen. In den zwanzig Jahren seit dem Reichstag zu Worms hatte sich das Luthertum weithin in den deutschen Landen ausgebreitet, die Kurfürsten von Sachsen, Brandenburg und der Pfalz waren zum Protestantismus übergegangen, ja sogar der Erzbischof von Köln. Der Kirche drohte nicht nur eine Spaltung, sondern totale Aufsplitterung, denn eine ganze Reihe neuer Sekten schossen wie die Pilze aus dem Boden.

Längst war es nicht mehr nur ein doktrinärer Streit. Die ganze Basis der zivilen Gewalt kam ins Wanken durch die Einziehung kirchlichen Eigentums und durch radikale Bewegungen wie die der Wiedertäufer in Münster.

Karl ersuchte den Papst, ein Konzil einzuberufen, um die Fragen der Doktrin zu bereinigen und die Durchführung der nötigsten Reformen zu betreiben. Aber der Papst zögerte. Karls Abgesandter schrieb aus Rom:

»Wenn ich in seiner Gegenwart das Wort ›Konzil‹ ausspreche, ist es, als spräche ich vom Satan persönlich.«[196]

Karl machte eine letzte große Anstrengung, um die Kirchenspaltung in humanistischem Geiste zu heilen. Er berief die bedeutendsten Köpfe des Jahrhunderts 1541 nach Regensburg, Katholiken und Protestanten, unter ihnen Kardinal Contarini, Philipp Melanchthon,

Johannes Calvin. Aber auch dabei kam nichts heraus. Die Versammelten bemühten sich eher, die Klüfte noch zu vertiefen, als daß sie nach Bindegliedern gesucht hätten.

Als der neue Papst, Paul IV., endlich zustimmte, 1545 das Konzil zu Trient einzuberufen, war es bereits zu spät – beide Seiten hatten sich für den Weg der Gewalt entschieden.

Karl war erst siebenundvierzig, als er an der Spitze der kaiserlichen Armee gegen die protestantischen Fürsten der Schmalkaldischen Liga in den Kampf ritt, aber er schien weit betagter zu sein. Früh gealtert, das Gesicht von Schmerz und Gram zerfurcht, die Glieder von der Gicht gemartert, mußte er zeitweise in der Sänfte getragen werden und schleppte sich nur mit großer Anstrengung weiter. Über seinen Sieg bei Mühlberg sagte er: »Ich kam, sah, und Gott siegte.« Auf dem großen Gemälde des Tizian, das in jenem Sommer in Augsburg entstand, erscheint er grau wie der Tod. Ein geschlagener Sieger in schwarzer Rüstung, die Lanze in der Hand: ein Gespensterkrieger in einer düsteren, abstoßenden Landschaft.

8. Bruderzwist

Ein großer Frst wie du darf nur siegen.
Niederlage ist das höchste Verbrechen.
Maria an ihren Bruder Karl V.

Seit sie einander vor 30 Jahren als Knaben auf der Straße nach Valladolid getroffen hatten, hatten Karl und Ferdinand ihre brüderliche Partnerschaft sehr glatt abgewickelt. Sie führten bei den Reichstagen gemeinsam den Vorsitz, sie waren gemeinsam gegen die Türken gezogen, hatten am Gründonnerstag zum Gedenken an Christi Akt der Brüderlichkeit gemeinsam die Füße von zwölf Armen gewaschen. Hin und her waren ihre Boten quer durch ganz Europa geeilt und hatten ihre ausführlichen Briefe befördert, die ihre gemeinsame Regierung erst möglich machten. Seit 1531, seiner Krönung zum Römischen König, war Ferdinand offizieller Thronfolger und Regent des Reiches.

Plötzlich, in Augsburg, im Sommer des Jahres 1550, standen sie einander am Beratungstisch in bitterem Streit gegenüber: Wessen Sohn sollte die Kaiserkrone erben dürfen? Jeder hatte einen Kronprinzen, beide waren 1527 innerhalb weniger Wochen zur Welt gekommen: Karls Sohn, der Infant Philipp, in Spanien, Ferdinands Sohn, Erzherzog Maximilian, in Wien.

Als Karl glaubte, er habe durch das Interimsabkommen von 1548 die beiden im religiösen Streit einander befehdenden Parteien erfolgreich versöhnt, wandte er seine Gedanken dem Meisterplan einer Sicherung der Zukunft des Habsburgerreiches zu. Kern dieses Plans war die Schaffung einer Föderation deutscher Staaten mit der Kaiserkrone in direkter Erbfolge der Habsburgerfamilie. Ein solcher Plan sollte dem Kaisertum und dem Reich eine gewisse Stabilität verleihen und sowohl die Käuflichkeit der Stimmen als auch die eifersüchtigen Machtbestrebungen der deutschen Fürsten für alle Zukunft verhindern.[197]

Karls eigener Sohn, in Spanien aufgezogen und durch und durch Spanier, sollte natürlich das Königreich erben. Und um die Familie seines Bruders möglichst eng an die seine zu binden, plante Karl, seine ältere Tochter, die Infantin Maria, mit Ferdinands Sohn, dem jungen Maximilian, zu verheiraten. Schon aus früheren Willensäußerungen Karls geht klar hervor, daß er ursprünglich dem jungen Paar die Niederlande als Heiratsgut verschreiben wollte.

Allmählich aber änderte Karl seine Absichten und Konzeptionen. Seit dem Tode seiner Frau schien sich seine ganze Liebe auf den einzigen Sohn zu konzentrieren, einen Sohn, der ganz nach seinen Wünschen zu geraten schien: von angenehmem Wesen, gehorsam, ergeben, wohlerzogen.

Inzwischen hatte sein Neffe Maximilian einige Jahre an seinem Hofe gelebt, und Karl gefiel nicht, was er da zu sehen bekommen hatte. Anders als Philipp, war der junge Maximilian lebhaft, heiter, vergnügungssüchtig, ein bißchen wild in seiner Art, und er zeigte viel zu offen seine Neugier und sein Interesse für die ketzerischen Lehren der Protestanten.

Immer mehr reifte in Karl der Entschluß, Philipp alles zu übergeben: nicht nur Spanien und seine riesigen Kolonien, sondern auch Italien, Sizilien, die Niederlande und sogar die Kaiserkrone. Doch wie viele Gründe für seinen Entschluß er auch anführte, es verbarg sich hinter allen doch nur die blinde Liebe eines Vaters zu seinem Sohn. Und sie verbarg sich sehr unvollkommen.

Maximilian war nach Spanien geschickt worden, um

seine Cousine Maria zu heiraten und in Abwesenheit von Prinz Philipp als Regent zu fungieren. Philipp wurde nach dem Norden geschickt, um erste Kontakte mit seinem zukünftigen Herrschaftsgebiet aufzunehmen. Seine Reise durch Italien, Deutschland und die Niederlande wurde zu einer langen Reihe von Festen, Unterhaltungen, Turnieren und feierlichen Einzügen. Aber der schwächliche, niemals lachende junge Mann mit dem stolzen, kalten Gehabe, der nur wenig Französisch, kein Flämisch oder gar Deutsch sprach und der nichts von der einnehmenden Bonhomie seines Cousins Max noch auch seines Vaters ernste und perfektionierte Höflichkeit hatte, konnte im Norden nicht sehr viele Freunde gewinnen. Er hatte auch nicht die bei den Habsburgern übliche Neigung zur Jagd und zum Turnier, noch beherrschte er die Reitkunst besonders, mit der sein Vater stets den spontanen Beifall der Menge erregt hatte, einer Menge, die einen König vor allem danach beurteilte, wie er zu Pferde saß.

Wein bekam ihm schlecht, und im Turnier wurde er einmal von einem etwas zu heftig angreifenden Gegner so wuchtig aus dem Sattel geworfen, daß er bewußtlos liegenblieb.

Weder seine Tante Maria, die Regentin der Niederlande, noch sein Onkel, König Ferdinand, waren von Philipp eingenommen. So war es unvermeidlich, daß die Diskussion zur Katastrophe ausartete, als sich Karl und Ferdinand im Sommer 1550 in Augsburg an den Beratungstisch setzten, um das Problem der Erbfolge zu klären.

Sein ganzes Leben lang hatte sich Ferdinand seinem älteren Bruder gefügt, war er ihm dankbar und freudig in allem gefolgt. Jetzt wurde er zu Karls großem Ärger und Erstaunen störrisch und lehnte es glattweg ab, eine Vereinbarung zu unterzeichnen, die seinen Sohn Maximilian bei der Erbfolge einfach überging.

Kein Argument konnte ihn im geringsten umstimmen. Ferdinand hatte immer angenommen, die Kaiserkrone werde schließlich von ihm auf seinen Sohn übergehen, der in deutschen Landen aufgewachsen war, deren Sprache beherrschte und deren Probleme und Lebensart kannte. Als Ferdinand einwarf, daß Philipp Deutschland und die Deutschen nicht kenne, während Max hier bekannt und beliebt sei, entgegnete ihm Karl, auch Ferdinand habe Deutschland nicht gekannt, als er 1521 dorthin ging, und doch sei er zu einem populären Regenten geworden.

Hinter den verschlossenen Türen des Beratungszimmers im Hause der Fugger tobte in jenem Sommer 1550 der Streit der Brüder. Anschuldigungen wurden erhoben und zurückgegeben, störrisch und in der Gewißheit, recht zu haben, hielten beide an ihren Ansichten fest. Es war klar, daß die deutschen Fürsten auf Ferdinands Seite standen, sie mochten Philipp nicht und kündigten an, sie würden nie wieder für einen Spanier stimmen.

Abrupt brach Karl an einem bestimmten Punkt die Diskussion ab und erklärte, es wäre am besten, wenn beide über die Sache erst einmal nachdächten, ehe sie weiterredeten.

Ferdinand sandte einen Eilboten nach Spanien, um seinen Sohn Max zu seiner Unterstützung herbeizuholen; Karl holte von den Niederlanden seine Schwester Maria zur Hilfe herbei:

»Denn ich kann dir versichern, daß ich nichts mehr tun kann, ohne zusammenzubrechen. Und du kannst gewiß sein, daß ich nicht einmal durch all das, was der tote König von Frankreich mir antat oder antun wollte, so leide und litt wie durch die Art, in der der König, unser Bruder, gegen mich verfährt.«[199]

Maria stand natürlich sofort auf seiten ihres Bruders

Karl, dem die größte Zuneigung ihres Lebens gehörte. Obwohl eine Frau in mittleren Jahren, zögerte sie nicht, das Pferd zu besteigen und, nur von drei furchtlosen Damen ihres Gefolges begleitet und mit dem Bischof von Cambrai als männlichem Schutz, die Reise über die winterlichen, schneebedeckten Straßen von den Niederlanden bis nach Augsburg zu unternehmen, wo sie nach 12 Tagen einlangte – eine Reise, zu der ein ausdauernder Reiter gewöhnlich 18 Tage brauchte.

Sie kam am Neujahrstag 1551 an und platzte sogleich mitten in die hochgehenden Wogen des Zwistes hinein. Der junge Max war mittlerweile eingetroffen und hatte den Platz an seines Vaters Seite eingenommen. Stunde um Stunde, Tag für Tag ging die heiße Debatte hinter verschlossenen Türen weiter. Die beiden Vettern, Philipp und Max, starrten einander finster an, die Väter, Karl und Ferdinand, wollten nicht und nicht nachgeben. Gerüchte von einem Bruch unter den Habsburgern verbreiteten sich in der Stadt, obwohl die Familie es sich angelegen sein ließ, am Dreikönigsabend gemeinsam in der Öffentlichkeit zu speisen und ein Konzert von Ferdinands berühmtem Chor zu hören.

Die Verschiedenheit der Vettern Philipp und Maximilian löste scharfe Kommentare der Beschauer aus, die alle zugunsten Maximilians ausfielen.

Trotz der beharrlichen Versöhnungsversuche Marias dauerte der Streit der Brüder den ganzen Januar und Februar über an. Karl war so zornig, daß er erklärte, er werde bald vor Wut bersten. Er wurde krank und fieberte. Er konnte nicht einmal mehr den bloßen Anblick seines Neffen Max ertragen. Maria mußte ihr ganzes Taktgefühl und alle ihre Überredungsgabe einsetzen, um die Familienharmonie wiederherzustellen.

Endlich, im März 1551, gab Ferdinand nach und

unterzeichnete ein Abkommen, laut welchem er sich verpflichtete, Philipp bei der Erringung der Kaiserkrone zu unterstützen. Philipp wiederum verpflichtete sich, alles darauf anzulegen und so zu ordnen, daß Maximilian nach ihm Kaiser werde – ein sehr unwahrscheinlicher Fall, da beide Prinzen gleich alt waren. Die Krone sollte dann zwischen den beiden Häusern Habsburg abwechselnd hin und her gehen.[200]

Karl verließ Augsburg gegen Ende des Sommers 1551, von der Gicht geplagt und immer noch mit dem bitteren Nachgeschmack der Auseinandersetzung im Mund. Der französische Gesandte hatte ihn nicht lange vorher beschrieben:

»... er kroch durch den Raum, auf einen Stock gestützt, der sich unter seiner Last bog, mit schneeweißem Haar, totenbleich und mit bartlosen Lippen.«[201]

Nun lag er in tiefe Melancholie versunken und von Schmerzen heimgesucht im Innsbrucker Schloß. Irgendwann in jenem Winter begannen ihn unangenehme Gerüchte vom Verrat seiner Verbündeten zu erreichen. Aus den Niederlanden schrieb ihm seine Schwester warnend, ihre Spione hätten verdächtige Truppenbewegungen entlang der französischen Grenze beobachtet, und sie habe auch gehört, daß Moritz von Sachsen zum Verräter geworden sei, sich mit den Franzosen verbündet habe und alle Anstalten treffe, um gegen Karl zu marschieren.

Durch seine Niedergeschlagenheit und durch den Schmerz war Karl in einen solchen Zustand der Schlaffheit und Untätigkeit verfallen, daß er es einfach ablehnte, derlei Meldungen zu glauben.

Plötzlich kam die Nachricht, die Gerüchte seien wahr, Moritz von Sachsen habe eben mit seiner Armee Augsburg besetzt und sei dabei, über Karl herzufallen.

All seine Kraft zusammennehmend, brach der Kaiser

mit einer Handvoll Gefolgsleute nach den Niederlanden auf, um dort eine Armee um sein Banner zu versammeln. Zu spät! Ein Kurier meldete, daß der Feind direkt vor ihm stehe, und Karl mußte in aller Eile nach Innsbruck zurückkehren.

In der Nacht des 19. Mai, bei wildem Sturm und Regen, war Karl gezwungen, vor dem herannahenden protestantischen Heer zu fliehen. Vor Schmerzen konnte er nicht mehr zu Pferde sitzen; nur von zwei Kämmerern, zwei Dienern und seinem Friseur begleitet, trug man ihn in einer Sänfte über den verschneiten Brennerpaß. Er erinnerte sich später, daß er, als er über das Gebirge flüchtete, zwei Sendlinge der Protestanten traf, die ihm versprachen, daß ihm, wenn er ihrem Angebot Beachtung schenken wolle, sämtliche Protestanten Deutschlands so lange gegen die Türken beistehen würden, bis er als Sieger in Konstantinopel einzöge. Er antwortete, daß er, wenn er von dieser verlokkenden Möglichkeit früher gewußt hätte, ihrem Angebot gerne lauschen würde. So aber, da er keine weiteren Gebiete mehr gewinnen, sondern nur noch dem Gekreuzigten dienen wolle, hätte das keinen Sinn mehr. Hierauf wandte er sich ab, und seine Sänfte entschwand den beiden im Dunkel der Nacht.[202]

Etwa einen Tag später marschierte Moritz mit den Franzosen in Innsbruck ein und plünderte den kaiserlichen Palast. »Ich habe keinen Käfig, der groß genug wäre für so einen Vogel«, sagte Moritz achselzuckend, als er sah, daß der Kaiser fort war.[203] Etwas später unterzeichnete Karls Bruder Ferdinand in Passau einen schmählichen Frieden.

Noch ein letztes Mal marschierte Karl in den Krieg. Die Franzosen hatten Metz besetzt, die kaiserliche Festung, die seit dem Mittelalter zusammen mit Toul und Verdun die Westgrenze des Heiligen Römischen

Reiches geschützt hatte. Mit enormer Willensanstrengung stellte sich Karl an die Spitze einer Armee, um Metz zurückzuerobern. Vergeblich. Besiegt und innerlich gebrochen kehrte er im Januar nach den Niederlanden zurück. Er überließ es seinem Bruder, sich mit den sich ergebenden Problemen, so gut dieser konnte, auseinanderzusetzen. Auf dem Reichstag zu Augsburg 1555 wurde dann ein Religionsfriede geschlossen, der jedem Fürsten das Recht zuerkannte, auf seinem Territorium die Religion seiner Wahl durchzusetzen.

Aber auch noch zu einem letzten politischen und ehelichen Coup raffte Karl sich auf. In England war die älteste Tochter Heinrichs VIII., Mary Tudor, Königin geworden, und es war nun Karls Plan, seinen Sohn mit ihr zu verheiraten und ihn auf diese Weise auch noch zum König von England zu machen. In alter, galanter Manier schrieb Karl für Philipp an die unhübsche, ältliche Jungfer Liebesbriefe; seine Schwester mußte dem Gichtkranken die Feder führen.

Philipp stimmte der Heirat zu, aber kaum mit sonderlicher Begeisterung: »Als ein stets gehorsamer Sohn ist es nicht an mir, in dieser Sache einen anderen Willen zu haben«, schrieb er dem Vater.[204] Um die Partie für die Engländer zu versüßen, wurde er mit einem Heiratsgut von 60 000 Pfund versehen. Die Hochzeit fand im Juli 1554 in London statt.

Nicht lange danach kündigte Mary Tudor aller Welt an, daß sie ein Kind erwarte, einen wundersamen Thronerben, der England den katholischen Glauben erhalten werde. Das Kind jedoch weigerte sich, auf die Welt zu kommen, und bald wurde klar, daß Mary keinen habsburgischen Thronerben, sondern eine Saat des Todes im Leibe trug.

9. Exil

Das schreckliche Gefühl der Müdigkeit, der Schwäche und des Versagens nahm von Karl Besitz. Das Heilige Reich, für dessen Erhaltung er sich vor Gott verantwortlich wußte, war zerschmettert. Zwei riesige feindliche Lager standen sich in einer zweigeteilten christlichen Welt gegenüber, während die Türken weiterhin gegen das Herz Europas vorrückten.

Mit fünfundfünfzig war Karl ein alter Mann, verbraucht und von Schmerzen so geplagt, daß er kaum noch einen Brief öffnen oder seinen Namen schreiben konnte. In diesen letzten Jahren pflegte er oft stundenlang in einem schwarz verhängten Raum zu knien, oder er saß allein, still vor sich hinbrütend und manchmal in Tränen ausbrechend, ohne dabei ein Wort zu sprechen.

Im Mai 1555 erreichte ihn in den Niederlanden die Nachricht, daß seine Mutter, die arme, verlorene Seele von Tordesillas, endlich in Spanien gestorben sei. Karl erzählte Freunden, daß er in ihrer Todesstunde ihre Stimme nach ihm rufen gehört habe. Das seltsame Band, das Mutter und Sohn miteinander verbunden hatte, war durchtrennt.

Nun beschloß er, die Krone niederzulegen.

Im Oktober versammelte sich in Brüssel eine ehrerbietige Menge im Saal der Herzöge von Brabant, in derselben Halle, wo Karl als Knabe von 15 Jahren voll Stolz und Hoffnung gekniet hatte, um sein erstes hohes Amt zu übernehmen. Es waren versammelt die Ritter des Goldenen Vlieses, die Adeligen des Landes, seine treuen Höflinge und Diener, sein Sohn Philipp und seine Schwestern Eleonore und Maria, die verwitweten Königinnen. Sein Bruder Ferdinand fehlte.

Karl betrat den Saal, gestützt auf den Arm eines jungen Freundes, des Prinzen Wilhelm von Oranien. Sein Gesicht war tief zerfurcht, das Haar völlig ergraut. Seine Stimme zitterte, als er denen, die sich versammelt hatten, um ihn zu hören, sagte: Er sei gekommen, um auf den Thron zu verzichten und alle seine Königreiche, die er durch so lange Zeit regiert habe, abzugeben. Er sprach von seiner Müdigkeit, von den unermeßlich weiten Reisen, die er zu Lande und zu Wasser unternommen hatte, und sagte dann:

»Die Häresie Luthers und seiner Anhänger, die Machtansprüche einiger christlicher Fürsten haben mir schwer zu schaffen gemacht, doch hab' ich keine Mühe gescheut, mich ihrer zu erwehren. In dieser Aufgabe zog ich neunmal nach Deutschland, sechsmal nach Spanien, siebenmal nach Italien, zehnmal bin ich hierhergekommen; in Frankreich war ich viermal, im Krieg wie im Frieden, zweimal in England und zweimal in Afrika; das sind zusammen vierzig Reisen . . .«[205]

Kein anderer Souverän vor ihm war so oft und so weit gereist.

Er erklärte, er habe nie willentlich einem Menschen Unrecht getan, und wenn er es unwissentlich getan habe, so erbitte er Vergebung. Er habe sein ganzes Leben lang gekämpft, sagte er, »nicht aus Ehrgeiz, noch mehr Länder zu besitzen«, sondern für das Wohl seiner Staaten.

»Ich gebe meinen Tränen freien Lauf, edle Herren, und glaubt nicht, es sei wegen der Herrschaft, deren ich mich in diesem Augenblick begebe. Es ist, weil ich das Land meiner Geburt verlassen und solchen Vasallen, wie ich sie hier hatte, Lebewohl sagen muß.«[206]

Wie der Wind durch einen Konvoi großer Segelschiffe, so ging ein Seufzer von Zuhörer zu Zuhörer, als er diese Worte gesprochen hatte; kein Kaiser vor ihm hatte jemals ähnliche gesprochen. Als Karl zu Ende war, wurde die auf seine Rede folgende tiefe Stille von Zeit zu Zeit durch ein unterdrücktes Schluchzen unterbrochen.

Karl bat, man möge die kaiserlichen Insignien von den Wänden seines Zimmers entfernen. »Der Name Karl ist genug für mich«, sagte er.[207]

Und doch mußte die letzte Reise, die er jetzt so heiß herbeisehnte, verschoben werden – weil nicht genug Geld da war, um die Diener zu bezahlen und den Haushalt aufzulösen. Erst im August 1556 bestieg er mit seinen beiden Schwestern Eleonore und Maria das Schiff nach Spanien.

Von einem Leben steter Pflichterfüllung endlich befreit, wollte er versuchen, ob nicht doch auch ein Tropfen Süßigkeit auf dem Boden des Gefäßes zu finden sei. Er hatte sich in der Nähe des Klosters von San Jerónimo de Yuste in Zentralspanien ein Haus bauen lassen. Es war schwer, dort hinzukommen. Der alte Mann mußte in einem Sessel über die Gebirgspässe getragen werden:

»Ich werde in meinem Leben keinen anderen Weg mehr betreten als den Weg des Todes, und es ist nicht zuviel, daß ein Platz, so gut wie Yuste, nur um einen solchen Preis zu erreichen ist.«[208]

Das Leben, das er gewählt hatte, war nicht streng asketisch. Es war das ersehnte Exil eines kontemplativen, hochgeistigen Menschen, aber auch das eines Fürsten, der lange genug in der Welt der Renaissance gelebt hatte. Wertvolle flämische Tapeten bekleideten die Wände seines hübschen Hauses, dicke persische Teppiche dämpften den Schritt. Karls Schrankinventar zählte 16 gefütterte seidene Nachthemden. Maulesel brachten in Nesseln verpackte frische Austern vom Atlantik bis an seine Inlandstafel, und die Niederlande schickten Leberpasteten, Geflügel und geräucherten Lachs.

Karl hatte seine Uhren und seine astronomischen Instrumente mitgenommen, desgleichen seine Lieblingsbücher, in roten Samt gebunden und mit versilberten Ecken versehen: Augustinus, Caesar, Machiavelli und den bezaubernden Roman »Le chevalier delibéré« von Olivier de La Marche.

Sein streng bemessener männlicher Hofstaat von 50 Personen umfaßte unter anderen seinen Leibarzt, seinen Sekretär William van Male, der ihm vorlas, wenn er speiste, seinen Hofnarren Perico und den Uhrmacher Juanello, der ihn jeden Morgen als erster besuchte. Nach dem Morgengebet und dem Frühstück pflegte Karl über seinen hundert Uhren zu sitzen. Obwohl er viele Stunden an ihnen arbeitete, konnte er nie auch nur zwei dazu bringen, längere Zeit ganz gleich zu gehen. »Uhren sind wie Menschen«, flüsterte er einmal Juanello zu.[209]

Im letzten Sommer seines Lebens kam ein bemerkenswertes Kind nach Yuste, um bei Karl Pagendienste zu versehen, ein lebhafter Knabe von 13 Jahren mit strahlend blauen Augen und von einnehmender Art. Sein Name war Jeronimo – in der Geschichte lebt er als Don Juan d'Austria. Er war das Kind Karls aus seinen mittleren Jahren, aus einer Liaison stammend, die Karl 1546 in Regensburg mit einem Mädchen namens Barbara Blomberg hatte. Es mag dem alten Habsburger rätselhaft erschienen sein, daß dieser Bastard, nur zur Hälfte von königlichem Blut, soviel Anmut, Klugheit und Geist zeigte – mehr, weit mehr als sein einziger Enkel und legitimer Erbe Don Carlos, das Kind Philipps II. und dessen erster Frau, den er in Madrid einmal kurz gesehen hatte.

Am letzten Tag im August des Jahres 1558 wohnte

Karl einer Totenmesse für seine Frau bei. Er bat, man solle ihm ihr Porträt bringen, dasjenige, das sein Freund Tizian gemalt hatte, und er starrte lange auf das heiter-gelassene Gesicht mit den graugrünen Augen und dem blonden Haar. Danach verlangte er seinen liebsten Tizian zu sehen, das »Gloria«, auf welchem er selbst mit Gattin und Kindern auf Wolken vor der Heiligen Dreifaltigkeit kniete. Gleich darauf wandte er sich an seinen Arzt und sagte zitternd: »Malo me siento . . . Ich fühle mich schlecht.«

Er verließ das Bett nicht mehr. Sein letztes Wort war ein Seufzer auf spanisch: »Ay, Jesús!«

IV

ÖSTERREICHISCHE UND SPANISCHE GESCHWISTERKINDER

Erstlich volget ain ware vnd gerechte Conterfectung des Fürstlichen Geschloss Habspurg, welches durch den Edlen vnd weitberüembten Herrn Rapotum Grauen zu Habspurg, vnnd Fraw Itham, welche ain gebohrne Herzogin von Lothringen gewesen, seinem Gemahel vngeuahrlich Anno 989 erstlichen erbauen, vnnd von dem Fürstlichen Habspurgischen Stamen, durch 426 Jahr lang bewohnet: vnnd aber Anno 1415 demselben entzogen worden, auch biss anher also, wie hie vor Augen gesehen, zergangen ist.

Das Schloss Habspurg ligt gleich ob der Statt Prugkh, an der

Die Habsburg im Aargau, der Stammsitz der Familie. Aus dem „Ehrenspiegel des Hauses Österreich" von Johann Jakob Fugger (1590 – 1598).

Rudolf I., Römischer König. Idealisierender Stich von Giacomo Piccini (1669).

Die Krone des Heiligen Römischen Reiches, eine der größten Kostbarkeiten der Weltlichen Schatzkammer in der Wiener Hofburg.

Die Krone des hl. Stephan, das Symbol des Königreichs Ungarn.

FRIDER
ANNO

Abb. links: Friedrich III., Römischer Kaiser, gemalt in seinem dreiundfünfzigsten Lebensjahr (1468).

Abb. oben: Maximilian I. mit Familie, gemalt um die Zeit der Wiener Doppelhochzeit 1515 von Bernhard Strigel. Links der Kaiser, rechts von ihm sein Sohn Philipp und dessen Mutter, Marie von Burgund, vorne die Erzherzoge Ferdinand und Karl sowie Prinz Lajos von Ungarn. Strigel hat weder Marie noch Philipp noch Ferdinand je gesehen, er malte sie nach vorhandenen Porträts.

Karl V., Römisch-Deutscher Kaiser, gemalt von Tizian während des Reichstages in Augsburg 1548.

Maximilian II., Römisch-Deutscher Kaiser samt Familie, gemalt von Giuseppe Arcimboldo (um 1553). Die Kinder sind Anna, die spätere Gattin Philipps II., Erzherzog Rudolf, der spätere Kaiser, und, in der Wiege, Erzherzog Ernst.

Philipp II., König von Spanien, der Vater des Don Carlos, gemalt von Tizian im Jahre 1549.

Don Carlos, der unglückliche Infant von Spanien, gemalt von Claudio Coëllo (1564).

1. *Ferdinands Familie*

Vier Monat vor Karls Tod in Yuste bestieg sein Bruder Ferdinand den kaiserlichen Thron.

Bei der Abdankung in Brüssel glänzte Ferdinand durch Abwesenheit, die Kluft zwischen den Brüdern hatte sich niemals völlig geschlossen. Um so überraschender war deshalb der überaus liebevolle Brief, den Karl eine Woche nach seiner Abdankung an den Bruder schrieb. Er betonte darin, wie schmerzlich es für ihn gewesen sei, seine letzte große Reise ohne ein trostspendendes Wiedersehen antreten zu müssen:

»Wo immer ich auch sein möge, stets werdet Ihr in mir dieselbe brüderliche und herzliche Zuneigung finden, die ich Euch entgegengebracht habe, gesellt mit dem sehr innigen Wunsche, daß jene Freundschaft, die uns immer verbunden hat, auch zwischen unseren Kindern fortbestehe, wozu ich beitragen will, soviel in meinen Kräften steht, und ich bin überzeugt, daß Ihr das nämliche tun werdet, nicht bloß, weil es die Pflicht der Blutsverwandtschaft erheischt, sondern weil es auch unser aller gemeinsame Interessen erfordern.«[210]

Die köstlich praktische Note seines letzten Satzes erwies sich eineinhalb Jahrhunderte hindurch als Schlüssel der Habsburgerpolitik; diese »gemeinsamen Interessen« sollten die Geschichte Europas weitestgehend beeinflussen. Die beiden Zweige des Hauses Habsburg – die von Karl und seinem Sohn Philipp gegründete spanische Linie und die österreichische Linie Ferdinands und seiner Söhne – würden als dynamischer Koloß über Europa stehen, mit dem linken Fuß in Madrid und mit dem rechten in Wien.

So hatte es Karl verstanden, in diesen letzten Tagen von Brüssel – am Ende seiner Herrschaft – schlau und geschickt die lange, schlanke Hand auszustrecken und damit die Zukunft seines Stammes weitestgehend zu beeinflussen. Er befahl seiner Tochter Maria und seinem Neffen Erzherzog Maximilian, im Mai 1556 von Wien nach Brüssel zu reisen, um dort Ehepläne zu schmieden für die älteste Tochter des Paares, das siebenjährige Kind Erzherzogin Anna, die mit Philipps Sohn Don Carlos vermählt werden sollte. Der gegenseitige Haß der beiden Väter spielte dabei keine Rolle. Karl war der Überzeugung, daß in Zukunft beide Habsburgerlinien ihre Eifersucht, ihr Mißtrauen und ihre Abneigung gegeneinander um einer engen Verbundenheit willen zurückstellen und so oft durcheinander heiraten würden, daß nur mehr eine Stammbaumübersicht über die verwirrten Verwandtschaftsverhältnisse Klarheit schaffen konnte.

Der bittere Nachfolgestreit in Augsburg erwies sich, wie das so häufig bei Familienauseinandersetzungen der Fall ist, als nutzlos – sobald die Zeit reif geworden war, würden die Kurfürsten ohnehin ihre eigene Wahl treffen.

Ferdinand I., der nun als Kaiser den Platz Karls V. einnahm, hatte ein völlig anderes Naturell als sein älterer Bruder. Obwohl seine Kindheit von dem tragischen Schicksal seiner Eltern überschattet war, zeigte er keinerlei sichtbare Nachwirkungen in seinem Wesen. Er war 1503 in Spanien geboren worden, das Kind einer verzweifelten Mutter, die immer mehr in geistige Umnachtung versank. Als Johanna in die Niederlande heimkehrte, ließ sie ihn in Spanien zurück, und bis kurz vor dem Tode seines jungen Vaters hatte er keines seiner Eltern gesehen. Als kleiner Junge von vier Jahren mußte er dem Sarg seines Vaters folgen und mit dem trostlosen Begräbniszug quer durch Spanien reisen. Danach lebte Ferdinand einige Zeit mit seiner Mutter in dem gefängnisartigen Schloß Tordesillas, bis es dem König – seinem Großvater väterlicherseits – gelang, ihn wegzulocken.

Trotz aller düsteren Kindheitserlebnisse wuchs Ferdinand als froher, lebhafter Knabe auf, ohne Anzeichen von Trübsinn oder Schwermut in seinem Charakter. Mit ausdrucksvollen dunklen Augen, rötlichem Haar und Bart war er eine weitaus stattlichere Erscheinung als sein Bruder Karl. An der kräftigen Unterlippe und dem vorspringenden Kinn war er jedoch sogleich als echter Habsburger zu erkennen. Wie alle Angehörigen seiner Familie liebte er Musik und war ein eifriger Jäger und Sportsmann, dazu ein liebenswerter, wissensdurstiger Menschenfreund von überschäumendem Temperament, ähnlich seinem Großvater Maximilian I. Karls Geduld und kühle Verschlossenheit waren ihm fremd, Ferdinand erwies sich als Hitzkopf, und ein Zeitgenosse nannte ihn »ein Pulverfaß, das jeden Augenblick explodieren konnte«.[211]

Als Karl 1517 in Spanien erschien, gab sich Ferdinand bedenkenlos mit der Rolle des jüngeren Bruders zufrieden und reiste nach den Niederlanden, um dort seine Bildung zu vervollständigen. Die Spanier aber waren weniger tolerant, und einige Rebellen verlangten 1521 die Rückkehr Ferdinands, von dem sie als ihrem »eingeborenen Prinzen« regiert werden wollten.[212]

Im April 1521, nachdem Karl in den letzten Wochen der Religionskrise von Worms das Erbe mit seinem jüngeren Bruder geteilt hatte, machte sich Ferdinand unverzüglich auf den Weg nach Linz an der Donau, um sich dort mit Anna von Ungarn zu vermählen. Obwohl die Länder, mit denen Karl ihn belohnt hatte, viel weniger ausgedehnt waren, als ihm versprochen worden war, nahm sie Ferdinand dankbar entgegen. Er bezeugte sogar seine Begeisterung dafür in einem Brief vom 17. April – dem denkwürdigen Tag in der Geschichte des Protestantismus – an seine Tante, die Statthalterin Margarete. Am Tag vorher war Luther vor den Reichstag getreten; das schien aber Ferdinand wenig zu kümmern, denn er schwärmte nur von den Ländereien, die jetzt ihm gehörten, die er regieren werde, und daß er bald Hochzeit halten wolle.[213]

Wir müssen uns den achtzehnjährigen Ferdinand vorstellen, wie er damals war: glücklich und frohgemut auf seinem Ritt durch das blühende Donautal im Mai, unterwegs zu seiner Braut, die er niemals vorher gesehen hatte. Die beiden Prinzessinnen, Anna von Ungarn und Ferdinands jüngere Schwester Marie, die als Kinder bei der berühmten Wiener Hochzeit des Jahres 1515 vermählt worden waren, hatten in Innsbruck sechs Jahre warten müssen, bis sie erwachsen genug schienen, um ihren Ehemännern zugeführt werden zu können. Bis zum Dezember 1520 hatte Anna nicht einmal gewußt, mit *wem* sie eigentlich verheiratet war, als Ferdinands Abgeordnete erschienen und in seinem Namen, gemeinsam mit den Vertretern des Königs Lajos von Ungarn, die Ehezeremonien erledigten. Die zwei Prinzessinnen in ihren juwelengeschmückten Gewändern knieten folgsam in der Hofkirche von Innsbruck, um den Segen zu empfangen, und legten sich dann auf die goldenen Seidenbezüge der zeremoniellen Betten im Prunksaal des Palastes, worauf die Vertreter ihrer beider Gatten, in Samt und Seide, jeder mit einem entblößten Bein sich ihnen zur Seite legten. In dieser etwas ungewöhnlichen, aber immerhin belustigenden Weise wurde der Eheakt symbolisch vollzogen.[214]

Endlich, zu Pfingsten 1521, konnten Anna und Marie nach Linz reisen, um Ferdinand zu treffen, und nun fand die wirkliche Hochzeit statt. Ferdinand hatte sich vorgenommen, seine Schwester bis zur ungarischen Grenze zu begleiten, um sie dort ihrem Gatten Lajos zu übergeben, aber Staatsgeschäfte riefen ihn nach den Niederlanden zurück; also schickte er Marie allein nach Ofen weiter.

Ferdinands Hofhaltung in Innsbruck – später verbrachte die Familie auch längere Zeit in Prag und Wien – war turbulent und fröhlich; die äußerst eigenartige, riskante Eheschließung, die sein Großvater aus politischen Interessen eingefädelt hatte, erwies sich also doch als erfolgreich. Anna wurde von Ferdinand »nach Gott mein größter und teuerster Schatz« genannt, und seine eheliche Treue wurde im Europa eines Heinrich VIII. und Franz I. zum höfischen Tagesgespräch. Häufig nahm er seine Frau auf Reisen mit, und als seine Ratgeber über die dadurch entstehenden Mehrausgaben jammerten – denn Ferdinand war, genau wie Karl, immer knapp bei Kasse –, soll er geantwortet haben: »Einem frommen Herrn gebührt, seinen Ehebund zu halten; es ist besser, einige Unkosten auf seine Gattin zu wenden als auf Buhlerei.«[215]

Als Anna 1526 in Linz ihr erstes Kind erwartete, befand sich Ferdinand auf dem Reichstag zu Speyer. In ihren Briefen an ihn schrieb sie von der großen Einsamkeit und Sehnsucht, die sie bedrücken, und betont, wie sehr sie die große Vorfreude genieße, ihm nachreisen zu dürfen, sobald sie nach der Niederkunft genesen war.[216]

Fünfzehn Kinder wurden Ferdinand und Anna geschenkt, davon blieben zwölf – neun Töchter und drei Söhne – am Leben: ein kostbares politisches Kapital, das von keinem anderen Herrscherhaus Europas überboten wurde. Das kosmopolitische Erbe der Habsburger erhielt noch eine internationale Würze, da

Annas Mutter eine französische Prinzessin war und ihr Vater ein polnischer Jagellone.

Unter der wachsamen Aufsicht ihrer Eltern wurden die Kinder streng und sorgfältig erzogen. Der Kardinallegat Aleander nannte sie »den Engelschor« und stellte mit Überzeugung fest, daß alle schön, klug und manierlich geraten seien.[217] Bei den Knaben bestand Ferdinand – der 1531 zum Römischen König gekrönt wurde – auf Einhaltung gewisser Förmlichkeiten, um in ihnen das Gefühl der Ehrfurcht und Obedienz zu erwecken. In seiner Gegenwart hatten sie unbedeckten Hauptes, das Barett in der Hand, zu stehen und sich erst dann zu setzen, wenn ein Wink es ihnen gestattete. Es existiert noch eine Notiz in Annas Handschrift, die an eine Erzieherin ihrer Töchter gerichtet war:

»Gebet ihnen ein schwarze Partecken (= Stück Brot) oder vier und lassends aufschroten, und wenn sie dürstet, so gebet ihnen ein sauren Wein oder dünn Bier; wollen sie es nit trinken, so bringet ihnen den Wasserkrug, alsdann wird ihnen besser.«[218]

Ferdinand hatte eine humanistische Erziehung genossen, in Spanien unterrichtete ihn Kardinal Jiménez de Cisneros, in den Niederlanden war Erasmus sein Lehrer gewesen. Er nahm sich daher auch bei seinen eigenen Kindern die größte Mühe, eine umfassende Bildung zu erreichen. Es war sein Wille, daß sowohl seine Töchter als auch seine Söhne die Klassiker lasen und jedes seiner Kinder mehrerer Sprachen mächtig sei. Der Thronfolger, der Jüngling Erzherzog Max, zeigte sich besonders begabt, er erlernte und beherrschte mühelos sieben Sprachen.

Die Familie erfreute sich gemeinsam an Musik, und die Kinder wurden in Gesang und im Spiel verschiedener Instrumente unterrichtet. Ferdinands vorzüglich geschulter Chor und sein Orchester begleiteten den

Kaiser auf allen offiziellen Reisen. So knapp er auch zeit seines Lebens an Geld war, niemals geizte er bei der Entlohnung seiner »Cantoreyknaben«, wie wir aus der Buchführung des Hofes entnehmen können.[219] Einige Familieninstrumente – eine wundervoll geschnitzte Laute und eine Reihe von eigenartigen, drachenförmigen Schalmeien, die wahrscheinlich bei Kostümfesten verwendet wurden – sind bis heute erhalten und befinden sich in Wiener Museen.

Töchter, mit ihrer teuren Mitgift, waren eine kostspielige »Einrichtung« für jeden Haushalt des 16. Jahrhunderts, aber Ferdinand nahm seine neun Mädchen jederzeit in Schutz:

»Die Töchter«, so schrieb er einmal, »müssen von den Fürsten dankbarer begrüßt werden als die Söhne; denn diese zerreißen die Staaten, jene aber schaffen Verschwägerungen und Freundschaften.«[220]

Schon als seine Töchter noch in den Kinderschuhen steckten, scheute Ferdinand keine Mühe, die richtigen Verbindungen anzuknüpfen, um sie dorthin zu verheiraten, wo Freundschaften wünschenswert erschienen: nach Italien, Deutschland und Polen. Das Regensburger Interim des Jahres 1546, das ganz Deutschland erschütterte und beinahe an den Rand eines Religionskrieges gebracht hätte, war zweifellos eine harte und ernste Auseinandersetzung gewesen; für die Familie Ferdinands hingegen brachte diese Zeit eine endlose Reihe von Festlichkeiten, denn in diesem Sommer hatte er gleich vier seiner Töchter unter die Haube gebracht.

2. *Der siegreiche Krummsäbel*

Sobald Ferdinand sein Erbe angetreten hatte, ergaben sich für ihn dieselben vielfältigen und quälenden Probleme, mit denen schon sein Bruder Karl zu kämpfen gehabt hatte. Er war nach Österreich gekommen als ein spanischer Prinz mit einer fremdländischen Gemahlin, er sprach nur gebrochen Deutsch, und seine spanischen Ratgeber hatten nicht gezögert, ihre Taschen mit österreichischem Geld zu füllen, genau wie es Karls burgundischer Stab in Spanien praktiziert hatte.

Mit zwei Dingen war Ferdinand peinlich knapp versehen: Geld und Erfahrung. Sein Großvater, der Kaiser Maximilian, hatte die österreichischen Lande verschuldet zurückgelassen; sogar seine sieben Bastarde erschienen an Ferdinands Tor und erwarteten, versorgt zu werden.[221] Die soziale und wirtschaftliche Unruhe, die in Spanien Revolten ausgelöst hatte, machte sich 1520 auch in Österreich bemerkbar in Form der Stände- und Bauernkriege.

Alle diese Probleme verloren jedoch an Wichtigkeit neben einer weit größeren Sorge – der Gefahr einer türkischen Invasion.

Sofort nach seiner Machtübernahme erklärte Sultan Soliman 1520 an Ungarn den Krieg. Als unglaubwürdiger Grund wurde der Kurier vorgeschoben, der die Botschaft von Solimans Thronbesteigung an den ungarischen Hof gebracht hatte und dort angeblich feindselig behandelt worden sei. Als Ferdinand im Sommer 1521 Hochzeit feierte, waren die Türken schon über den Balkan vorgedrungen und belagerten Belgrad. Mit der Einnahme dieser Stadt war für die Angreifer der Weg nach Ungarn, ja sogar nach Wien offen.

In dieser kritischen Situation versuchte Ferdinand

wiederholt, seinen Bruder vor der Türkengefahr zu warnen, und bat um Geld für die Aufstellung einer Armee. Karl war aber selbst gerade in seinen ersten Krieg mit Frankreich verwickelt und brauchte dafür nicht nur alle eigenen Mittel, sondern beschwor auch noch Ferdinand, Truppen zum Entsatz der kaiserlichen Armee in Italien zu entsenden. Alle Warnsignale überhörte er.

Inzwischen hatten die Türken Rhodos erobert und bereiteten sich darauf vor, Europa anzugreifen. Von Konstantinopel aus entsandte Sultan Soliman ein Heer von über hunderttausend Mann, »ausreichend, um die ganze Welt auszurotten«, schrieb damals ein venezianischer Kaufmann aus Ofen.[222] Im Juli 1526 stürmten die Türken die ungarische Grenzfestung Peterwardein, und ihr Großwesir prahlte: »Es war nur ein Happen zum Frühstück.«[223]

Als Vorhut der Armee überrannte eine Meute bärenstarker, grimmiger, wilder Reiter das Land, breitete sich wie ein Heuschreckenschwarm aus und ließ eine ausgeraubte, brennende Öde hinter sich zurück. Tausende Christen wurden von ihnen gefangengenommen und auf den Sklavenmärkten Asiens und Afrikas verkauft. Wieder und wieder stürmten diese Tataren über Österreichs Grenzen und brachten Zerstörung und Verzweiflung. 1524 schrieb Ferdinand an seine Tante Margarete, daß die Türken soeben 4000 Menschen aus seinem Lande verschleppt hätten.[224] Das Rückgrat der türkischen Armee waren die »Spahi«, eine Reitertruppe, und die »Janitscharen«, ein zähes, beinhart gedrilltes Fußvolk, das sich aus Jünglingen zusammensetzte, die wegen ihrer Kraft und Klugheit in eroberten Christensiedlungen ausgesucht und zu Muselmanen erzogen worden waren. Ein Augenzeuge, Bischof Paolo Giovio von Nocera, betonte in einem Schreiben an Kaiser Karl, wie sehr die türkischen Soldaten die europäischen überträfen. Jeder Mann übte absoluten Gehorsam, da er keine Todesangst kannte durch den Glauben, daß der Tod für jeden bereits vorbestimmt sei, nicht zuletzt aber, weil sie, wie der Bischof sagte, »ohne Brot und Wein lebten, meist zufriedengestellt mit Reis und Wasser«.[225]

Ungarn war reif für eine Katastrophe. Schon nach dem Tode Matthias Corvinus', als die ungarischen Magnaten in König Wladislaw einen Schwächling gewählt hatten – »den König, dessen Bart man in der Faust hielt« –, war das Land in eine tragische, gefährliche Uneinigkeit hineingeraten. Der Geiz und der Egoismus der Adelsklasse waren derart groß, daß nach Einlangen einer Geldspende Papst Clemens' VII. für die Verteidigung Ungarns der päpstliche Abgeordnete folgende Zeilen nach Rom schrieb:

»Wenn Ungarn mit drei Gulden zu retten wäre, so ließen sich dennoch keine drei Mann auftreiben, die gewillt wären, ihrem Lande einen solchen Dienst zu erweisen.«[226]

Im Gegensatz zu den mächtigen Magnaten, die den größten Teil der ungarischen Ländereien besaßen, war der junge König Lajos so arm, daß nach den Worten des venezianischen Gesandten, »manchmal keine Lebensmittel in den Küchen waren und der Hof einen Diener ausschicken mußte, um 14 Dukaten zu borgen . . .«[227] Seine habsburgische Braut Maria hatte ihn aus eigener Tasche mit einer standesgemäßen Garderobe ausgestattet.

Als die Türken an den Grenzen Ungarns standen, gab es hier keine Generale, keine Truppen und kein Geld, um dem Feind erfolgversprechend entgegenzutreten, und die einflußreichsten Magnaten, wie János Zápolya, der Wojwode von Transsylvanien (Siebenbürgen), die sich als Rivalen des Königs erklärten, stellten ihre eigenen, privaten Heere auf.

Immer wieder sandte Lajos verzweifelte Bittgesuche an seinen Schwager Ferdinand. Am 15. Juli 1526 schrieb er abermals und warnte den König, daß auch die österreichischen Kronländer verloren wären, sollte Ungarn fallen.

Im August, gerade als Ferdinand vor den Reichstag zu Speyer trat, um Beistand zu erbitten, erschien ein letzter Bote seines Schwagers Lajos mit der Nachricht, daß sein Königreich bereits in höchster Gefahr stehe. Ferdinand aber sandte den Kurier zu Karl nach Spanien weiter, und da Frankreichs Straßen gesperrt waren, mußte der Bote auch noch einen Umweg über die Niederlande machen. Ferdinand gab dem Boten ein Schreiben an seine Tante mit, in dem er diese bat, den Reiter so schnell wie möglich nach Spanien einzuschiffen; »damit würden Sie dem König von Ungarn, der Königin und mir selbst den größten Dienst erweisen«, fügte er hinzu.[228]

Lajos hatte inzwischen in Ungarn eine behelfsmäßige Kampftruppe aufgestellt, höchstens 20 000 Mann, mit denen er nach Süden marschierte, den Türken entgegen. In seiner Ratlosigkeit hatte er den prominenten ungarischen Geistlichen Erzbischof Tomory zum Truppenführer ernannt, obwohl dieser ihn unter Tränen verzweifelt gebeten hatte, ihm eine so schreckliche Verantwortung nicht aufzubürden.

Am 29. August, einem wolkenlosen Sommertag, war für die Ungarn der denkwürdige, schreckliche Augenblick gekommen. In ihren Reihen träumten junge, unerfahrene Edelleute von unsterblichem Ruhm und Taten, während sie für die große Schlacht in der Ebene von Mohács Aufstellung nahmen.

Totenblaß stand Lajos in seinem Zelt und ließ sich

von Leibknechten den vergoldeten Helm aufsetzen und sich in die schwere Rüstung helfen. In sehr schütterer Kampflinie warteten die ungarischen Reiter unter der glühenden Augustsonne. Um drei Uhr nachmittags zeigten sich die ersten Türken. Die ungarischen Trompeten riefen zum Kampf, und mit dem Ausruf: »Jesus! Jesus!« stürmte die Truppe vor.

Mutig, mit vorgestreckten Lanzen, ritten die Ungarn auf den Feind zu und geradewegs in eine Kette von 300 Kanonen hinein, die sie mit tödlicher Wucht empfingen. Hinter den Kanonen erhob sich, wie eine Wand aus Stahl, die türkische Armee; zahlenmäßig entsetzlich überlegen, rückte sie unaufhaltsam näher.

In dem nun folgenden Gemetzel wurden Lajos' Truppen fast völlig aufgerieben. Nichts als blutige Leiber von toten Kriegern blieben auf dem Felde von Mohács zurück. Am nächsten Tag gab es in Ungarn 20 000 Witwen – unter ihnen auch die junge Königin Marie, Ferdinands Schwester.

Lajos war es nicht einmal vergönnt gewesen, den Heldentod zu sterben. Während ein heftiger Wolkenbruch über das blutgetränkte Schlachtfeld niederprasselte, ließ er sich überreden, im Schutze des Regens zu fliehen. Sein Kammerherr hatte sich bereits über einen Fluß in Sicherheit gebracht, aber als Lajos ihm folgen wollte, stolperte sein verwundetes Pferd, bäumte sich auf und fiel nach hinten, den König samt seiner schweren Rüstung im Schlamm des Flußbettes begrabend.

In wildem Siegestaumel stürmten nun die Türken über Ungarn, steckten die Dörfer in Brand, zwangen die Männer zu den Waffen und schickten die Frauen in die Sklaverei. Ungerührt und kalt notierte Soliman über die Schlacht von Mohács in sein Tagebuch: »2000 Gefangene niedergemetzelt!«[229]

Königin Marie floh aus Ofen und schrieb noch eine hastige Nachricht an einen Minister ihres Bruders:

»Das Unglück hat es gewollt, daß mein Herr und Gebieter von den Türken besiegt wurde und zahllose Menschen in der Schlacht gefallen sind. Über seine Person wurde nur berichtet, daß seine Flucht gelang – Gott gebe, daß es wahr wäre . . .«[230]

Nur allzubald erhielt sie in Preßburg die Kunde von Lajos' Tod. Voll Anteilnahme schrieb ihr Ferdinand aus Innsbruck:

»Und ich beschwöre Sie, Madame, als hochherzige Dame, mögen Sie Trost und Fassung finden, denn erst im Unglück zeigt sich die wahre Größe eines Menschen . . .«[231]

Er versäumte auch nicht, sie gleichzeitig an ihre Pflichten zu erinnern. Nach den Ehegesetzen des berühmten Vertrages, den ihr Großvater festgelegt und mit zwei Eheringen besiegelt hatte, fielen Ungarn und Böhmen an ihn, sollte Lajos erbenlos sterben. Aber Ferdinand versprach seiner Schwester auch jeden gewünschten Beistand, wenn sie ihm helfen wollte, in Ungarn zu retten, was noch zu retten war. Beide Länder – Ungarn und Böhmen – standen ihm gesetzlich zu, er konnte sie aber nur besitzen, wenn er sie an sich zu reißen und zu halten vermochte. Die böhmischen Länder, so besagte ein altes Recht, durften ihren eigenen König wählen, und so fand sich denn Ferdinand sogleich mächtigen Rivalen gegenüber, die ebenfalls die Krone des heiligen Wenzel besitzen wollten – dem König von Frankreich, der sich erst kürzlich mit den Türken verbündet hatte und, um ein Anwachsen der habsburgischen Macht zu verhindern, zu allem fähig war, und dem Herzog von Bayern. Trotzdem gelang es Ferdinand, gewählt zu werden, und im Februar 1527 wurde er in Prag gekrönt.

Die Geschäfte in Ungarn waren allerdings mühevoller. János Zápolya, der es verstanden hatte, seine Truppen unversehrt von der Katastrophe in Mohács fernzuhalten, berief einen ungarischen Reichstag ein und konnte es mit Hilfe des französischen Königs auch tatsächlich erreichen, daß man ihn wählte und krönte. Marie machte den zaghaften Versuch, ein Rumpfparlament zu gründen, das ihren Bruder Ferdinand wählte. Aber erst im Juli 1527, als er mit einem Heer nach Ofen marschierte, konnte Ferdinand den Adel und die Geistlichkeit für sich gewinnen – ohne daß ein Schuß fiel.

Obwohl er zum König von Ungarn gekrönt wurde, blieb es nur eine Würde ohne Macht, denn Jahre hindurch streckten seine Rivalen gierig ihre Hände aus, um ihm Ungarn wieder zu entreißen.

Im Mai 1529 begann Sultan Soliman in Konstantinopel wiederum für einen Feldzug nach Westeuropa zu rüsten. Er verbündete sich mit Zápolya, besetzte nochmals Buda und schlug wenige Tage später seine Zelte an den Stadtmauern von Wien auf.

Er drohte, daß er die Stadt in Schutt und Asche verwandeln würde, wenn sich die Wiener nicht ergäben. Ganz Europa wartete mit angehaltenem Atem: Fiel Wien, dann war nicht abzusehen, wo die Türken haltmachen würden.

Während der Belagerung jenes Sommers drangen die tatarischen Reiter – die Plünderungstruppe, wie sie in Österreich genannt wurden – auf ihren Raubzügen fast bis Regensburg vor.

Hinter den Stadtmauern Wiens aber kämpften verzweifelt kaum 16 000 Soldaten und Bürger gegen eine enorme Übermacht von schätzungsweise 250 000 Mann. Drei Wochen lang konnte sich die Stadt tapfer verteidigen, während die Türken immer versuchten, die Gräben zu überwinden und Minen unter die Stadtmauern zu legen. Unter den Kanonen, die gegen die Türken eingesetzt waren, gab es Exemplare, die schon Ferdinands Großvater Maximilian erworben hatte, »seine flotten Dirndeln« genannt; ihre Kosenamen waren »die teure Dido«, »die teure Helene« und »die teure Medea«.

Zu Beginn der Belagerung hatten sich die Türken mit der hochmütigen Botschaft gebrüstet: »Am dritten Tage werden wir hinter Euren Mauern frühstücken.« Aber als sich die Tage dahinzogen und ein Angriff nach dem anderen abgewehrt wurde, antwortete ihnen der Stadtkommandant von Wien, Graf Nikolaus Salm: »Euer Frühstück wird kalt!«[232]

Plötzlich, als ob ein Wunder geschähe, brachen die Türken ihre Zelte ab und zogen sich zurück: Am nächsten Tag, dem 17. Oktober, fiel nämlich der erste Schnee, und die Türken wollten nicht auf offenem Feld, 1500 Kilometer von Konstantinopel entfernt, vom Winter überrascht werden.

Drei Jahre später, 1532, war Soliman wieder gefährlich nahe daran, die habsburgischen Kronlande zu stürmen. Karl und Ferdinand trafen diesmal bessere Vorkehrungen und wollten mit einem internationalen Heer bereit sein. Unerwartet zogen sich die Türken abermals auf den Balkan zurück und ließen nur ihre Plünderungstrupps in jahrelangen zermürbenden Grenzkriegen ihr Unwesen treiben. Endlich erkaufte sich Ferdinand einen Waffenstillstand, indem er sich bereit erklärte, dem Sultan jährlich 30 000 Dukaten als Tribut zu zahlen.

3. Ketzerei im Familienkreis

Der Oktober 1538 brachte über den Hof Ferdinands in Linz Gewitterstimmung, und beinahe kam es zu einem kleinen Familiendrama. Diese Kunde wurde auch prompt vom päpstlichen Gesandten nach Rom weitergeleitet. Noch bevor der gesamte Hofstaat zusammengerufen war, um Mitteilung zu erhalten von den Neubesetzungen des offiziellen Personals, lieferte Ferdinand bereits einen Zornausbruch, der die gesamte Dienerschaft erbeben ließ. Sollte jemand es wagen, so drohte er, auch nur ein Wort über die lutherische Ketzerei vor einem seiner Kinder verlauten zu lassen oder gar zu versuchen, sie vom rechten katholischen Wege abzubringen, dann setze er damit sein Leben aufs Spiel. Ohne Gnade würden die Köpfe fallen. Dann richtete Ferdinand das Wort an seine ältesten Söhne – der Jüngling Max war elf, Ferdinand neun Jahre alt –, daß sie nun von ihrem königlichen Vater gewarnt wären, jede geringste derartige Übertretung sofort zu melden, oder sie könnten sich auf eine Tracht Prügel gefaßt machen. König Ferdinand war ein Mann, der Wort hielt, und das wußten alle.[233]

Aber das Unheil war anscheinend schon angerichtet. Kurz vor dem königlichen Donnerwetter war in Erfahrung gebracht worden, daß einer der Lehrer der Söhne Ferdinands, ein Deutscher namens Wolfgang Schieffer, nicht nur Protestant, sondern auch ein Schüler und persönlicher Freund Luthers war. Dieser Lehrer hatte es nicht verabsäumt, seine königlichen Schützlinge über die Ketzerei eingehendst zu informieren. Schieffer wurde sofort entlassen, aber in dem klugen, hellen Kopf des älteren Jungen war bereits ein Same haftengeblieben.

Die Mühen des problematischen Kampfes gegen die Ausbreitung des Protestantismus lagen hauptsächlich auf Ferdinands Schultern. Die neue Lehre hatte den deutschsprachigen Raum so unerhört schnell erobert, daß Ferdinand schon 1523 an seinen Bruder in Spanien schrieb: »Kaum jemand in meinem Reich ist davon unberührt geblieben«, und wie er dagegenarbeite: »Verhandlungen vom Morgengrauen bis in die späten Nachtstunden, um einen Weg zu finden, diese drohende Gefahr abzuwenden, die ich kommen sehe.«[234] Schon wenige Monate später mußte er Karl eingestehen, daß in vielen Teilen seines Landes zur Fastenzeit Fleisch gegessen wurde und daß es bereits Priester und Mönche gab, die geheiratet hatten.[235]

Dabei war Ferdinand in den Grundfragen der Religionslehre ohnehin weit toleranter als sein Bruder Karl. Er zeigte auch seine Bereitschaft, einen annehmbaren Kompromiß herbeizuführen, fürchtete aber die politischen Folgen besonders in den Ländern Österreich, Ungarn und Böhmen, die weder eine gemeinsame Sprache noch eine gemeinsame Tradition hatten, die sie einander näherbrächten. Er war davon überzeugt, daß die Lutheraner von den deutschen Fürsten als Werkzeug verwendet wurden, um die Reichsmacht zu untergraben. Schon in der Habsburgerfamilie selbst hatte er einen Vorgeschmack von Ketzerei bekommen, doch war er damit schnell fertig geworden. Er und sein Bruder Karl hatten damals die Wahrnehmung machen müssen, daß ihre jüngere Schwester Isabella 1522 in Nürnberg die Kommunion »in beiderlei Gestalt« zu empfangen pflegte. Das allein wäre schon erschütternd genug gewesen; aber als sich dann ihre Schwester Marie nicht nur für lutherische Diskussionen interessierte, sondern auch ein Buch in ihrem Besitz hatte, das ihr von Luther persönlich gewidmet worden war, sprach Ferdinand ein ernstes Wort mit ihr. Marie rechtfertigte sich, wandte sich aber folgsam wieder der Religion ihrer Väter zu, und als sie zur Regentin der Niederlande ernannt wurde, erklärte sie sich damit einverstanden, ihren gesamten Hofstaat in Österreich zurückzulassen – fast alle ihrer Leute wurden verdächtigt, Luther-Anhänger zu sein.

Weitaus schwieriger aber war die Situation mit Ferdinands ältestem Sohn, dem Thronfolger Maximilian. Der junge Max hatte einen hellen Geist, er war heiter, liebenswürdig, menschenfreundlich. Zeitweise konnte er aber auch ein rebellischer, zügelloser Jüngling sein, und seine Missetaten brachten seinen königlichen Vater oft an den Rand der Verzweiflung.

Nicht selten betrank er sich und strolchte dann mit einer Schar zweifelhafter Gesellen umher. Zuletzt fing er auch noch ein Verhältnis mit einer Hofdame seiner Mutter an, der Gräfin Anna von Ostfriesland, die ihm, der noch kaum den Kinderschuhen entwachsen war, eine Tochter schenkte.[236] Aber keine seiner Jugendsünden wurde so ernst genommen wie sein Interesse für die Lehre Martin Luthers. Er verschlang Luthers Bücher, hörte lutherische Prediger und umgab sich mit einem Kreis protestantischer Freunde. Als Max 16 Jahre alt wurde, schickte man ihn zusammen mit seinem Bruder, Erzherzog Ferdinand, an den Hof seines Onkels, des Kaisers Karl, um die beiden mit der Staatsführung vertraut zu machen und ihnen in einer kosmopolitischen Umgebung den letzten Schliff geben zu lassen. Und als zwischen den Kaiserlichen und den protestantischen Ständen der Schmalkaldische Krieg ausbrach, wurde dem jungen Max die Führung einer Reitereinheit übertragen.

Daß sich Max und sein Onkel nicht gerade glänzend verstehen würden, war zu erwarten gewesen. Kaiser

Karl, von Gicht gequält, launenhaft und voller Sorgen, konnte für die Irrwege seines Neffen nicht das geringste Verständnis aufbringen, um so mehr als sein eigener Sohn Philipp, weit entfernt von Spanien, ein Musterknabe zu sein schien. Wie ihm berichtet wurde, galt er als fügsam und freundlich und als ein frommer Katholik, der sich angeblich seine Keuschheit bis zum Hochzeitstag zu erhalten wußte.

Inzwischen hatte Maxens Mutter, die Königin Anna, im Januar 1547 ihr letztes Kind zur Welt gebracht, ein kleines Mädchen namens Johanna. Anna war aber keine junge Frau mehr, sie starb bei der Geburt. Der Krug war zu oft zum Brunnen gegangen, und nach 26 Jahren glücklicher Ehe blieb nun Ferdinand allein zurück, ein tief trauernder Witwer, auf dem auch noch die Bürde aller Familienprobleme lastete.

Das lockere Leben eines Militärlagers war nicht gerade nutzbringend für die Tugendhaftigkeit des jungen Max, und kaum einen Monat nach Annas Tod fühlte sich Ferdinand zu einem vorwurfsvollen Brief an den Sohn veranlaßt.

»Maximilian!« schrieb der Vater auf lateinisch, »ich höre mit größtem Schmerz, daß du dich nicht gut beträgst am Hof des Kaisers und wenig von dem gehalten hast, was du mir mit Handschlag, da wir uns versöhnten, versprachst, dich in Zukunft zu bessern. Und dem entgegen ist, was ich von dir höre, daß du starke Weine in größerem Maße trinkst und Spuren von Trunkenheit gezeigt hast und es das Ansehen hat, daß du, wenn du frei wirst, dich öfter betrinken würdest. Mein Sohn, du weißt, daß du von diesem Laster dich enthalten mögest und welche Übel dir daraus entstehen werden und daß es dir verderblich ist für Seele, Ehre und Leib, und so ist es die wahre Wahrheit – wenn du dich nicht enthalten wirst, was Gott abwenden wolle, so wirst du sehen, daß du dir in jenen drei Stücken Verderben zuziehen wirst. Zweitens höre ich, daß du leichtfertigen Menschen glaubst und diese und deine Bären und die Musik dein ganzer Umgang sind.«

Außerdem schalt ihn Ferdinand, daß er die Gesellschaft ehrbarer und angesehener Männer meide, deren guter Einfluß für ihn nutzbringend wäre, und er warnte ihn, Bücher zu lesen, die eine Gefahr bedeuteten. Der bittere Schmerz über das schlechte Betragen des Sohnes flammte in den letzten Zeilen seines Briefes nochmals auf:

»Ich fürchte, daß du nach meinem Tode liederlich und schamlos sein wirst, und ich warne dich – hüte dich vor dem moralischen Abgrund.«[237]

Es wären noch ganz andere Vorwürfe dazugekommen, wenn sein Vater hellsichtig gewesen wäre und gewußt hätte, was einige Tage zuvor geschehen war. Da hatte sich nämlich Max nach Erhalt der Nachricht vom Tode seiner Mutter mitten in der Nacht vom Lager weggeschlichen und sich auf den Weg in die Heimat gemacht. Doch wurde er verfolgt und von einem Kämmerer zu seinem Onkel zurückgebracht.

Unter diesen Umständen schien es unbedingt ratsam, die geplante Heirat des jungen Max mit seiner Cousine Maria zu beschleunigen. Bereits bei der Konferenz zu Augsburg im Fruhling 1548 wurde die Verlobung bekanntgegeben und Max zur Hochzeit nach Spanien geschickt. Sein Onkel, Kaiser Karl, hatte noch andere Gründe für die Verabschiedung seines Neffen: Er hatte für Maximilian und Maria Vorbereitungen getroffen, in Spanien als Regenten zu amtieren, um dann seinen eigenen Sohn Philipp nach Norden zu entsenden und ihn in seinem Imperium sowie in den Niederlanden als seinen Nachfolger vorzustellen. Der junge Max war weit davon entfernt, ein ungeduldiger

Bräutigam zu sein. Die Konferenz von 1548 erwies sich als eine der fröhlichsten ihres Jahrhunderts, wie der Notar Sastrow berichtet: Festgelage, Tanz und beschwingtes Getue in allen vornehmen Häusern bis in die frühen Morgenstunden. Die Prinzen verschwendeten ihr Geld an alle Arten von Vergnügen und erschienen dann bei den lokalen Banken, um Kredite zu erbitten.

Nur widerstrebend riß sich der junge Max von diesem turbulenten Treiben los und reiste über die Alpen nach Süden. Begleitet wurde er von einem besonders gewissenhaften Gefolge, das sein Onkel persönlich für ihn ausgewählt hatte und das dem Kaiser über Tun und Treiben des Neffen berichten sollte. Die Keuschheitspredigten seines Vaters brachten den gleichen Erfolg wie die meisten elterlichen Ratschläge. In der Stadt Mittenwald, am Wege nach Genua, wo die Einschiffung nach Spanien stattfinden sollte, machte Max eine kurze Zwischenstation, blieb aber doch lange genug, um sich »etliche Weiber zu fangen«, wie die etwas indiskreten Aufzeichnungen eines gewissenhaften Rechnungsbeamten bekundeten.[238]

An Bord des Schiffes erkrankte er, blieb leidend, schleppte sich fiebernd durch den Herbst, und krank erschien er auch bei seiner Hochzeit, die am Tage der Ankunft in Valladolid am 13. September stattfand.

Die Geschwisterkinder Max und Maria gaben ein seltsames Paar ab. Anfänglich schien es mit dieser Ehe nicht zum besten zu stehen, wie der Hofmarschall an den Kaiser berichtete, der immer auf dem laufenden gehalten werden wollte. Nicht zuletzt wurde ihm auch Mitteilung davon gemacht, daß sich anscheinend eine Verzögerung in der Konsumation der Ehe ergeben habe. Maria, wie die Töchter vieler großer Männer, hatte das Mißgeschick, ihres Vaters Aussehen geerbt zu haben. Sie war farblos, hatte ein langes Gesicht und ein allzu kräftiges Kinn. Dazu war sie noch grenzenlos fromm, ungemein ernst und bei Gott keine passende Gefährtin für Max. Sie war aber klug genug, Mittel und Wege zu finden, um ihrem Gatten zu gefallen. Schritt für Schritt besserte sich die Ehe. Im Frühling erreichte Karl die frohe Kunde, daß seine Tochter in Erwartung war.

Während Max in Spanien folgsam viermal wöchentlich die Messe besuchte und auch alle Fasttage einhielt, litt er unter fürchterlichem Heimweh und schrieb immer wieder an seinen Onkel, er möge ihm die Heimkehr erlauben.

In Augsburg waren inzwischen sein Vater und der Onkel in endlose Auseinandersetzungen verwickelt, und im Sommer 1550 erreichte das Gespräch den absoluten Tiefstand. Im September erhielt Max von seinem Vater die dringende Aufforderung, sofort ein Schiff zu besteigen und zurück nach Deutschland zu eilen, um bei der Familiendebatte mitzufechten, und im Dezember trat er im Fuggerpalast an die Seite seines Vaters.

Zwischen Karl V. und seinem Neffen Maximilian bestand niemals irgendwelche Zuneigung; von diesem Moment an aber haßten sie einander mit Inbrunst. Karl konnte es nicht einmal ertragen, den Neffen auch nur anzusehen, und später äußerte sich Max darüber: Die kaiserliche Majestät sei ihm spinnefeind, »könnte sie ihn im Löffel ertränken, sie täte es«.[239]

Verbittert schrieb Maximilian an seinen Schwager, Albrecht von Bayern:

»Gott gebe, daß Seine Majestät (Ferdinand) eines Tages Seiner Majestät (Karl) entgegentreten wird, ohne weichherzig nachzugeben wie bisher . . . Mein Vater will es nicht wahrhaben, daß wir von seiner Kayserlichen Hoheit unbrüderlich und unaufrichtig behandelt werden.«[240]

Tatsächlich war damals das Verhältnis der beiden Familien zueinander fast unerträglich gespannt.

Kochend vor Enttäuschung über das Ergebnis der Streitgespräche bestieg Max im Sommer 1551 ein Schiff nach Spanien, um seine Frau und die Kinder zu holen, er verlor keine Zeit, und binnen eines Monats befanden sie sich auf der Heimreise.

Die junge erzherzogliche Familie landete in Italien, als in Trient gerade das Konzil tagte, das die Religionsprobleme endlich lösen sollte. Nachdem Max und Maria in Trient prunkvoll empfangen und fürstlich bewirtet worden waren, überquerten sie die Alpen, erreichten Innsbruck und verbrachten den Silvesterabend in der Gesellschaft von Marias Vater, Kaiser Karl.

Wenige Tage später, während eines Jagdgelages in den Bergen mit seinem Schwager, Herzog Albrecht von Bayern, erkrankte Max schwer, und sein Zustand verschlechterte sich derart, daß er sich selbst an der Schwelle des Todes glaubte. »Maximilian behauptete allen Ernstes, es sei ihm in Trient von seiten der deutschen Katholiken ein Gift verabreicht worden. Er beschuldigte auch einen Mann ganz besonders: den Kardinal Christoph Madruzzo, seinen Gastgeber in der Konzilstadt. Um sich beim Infanten Philipp beliebt zu machen, habe sich der Kardinal zu dieser schwarzen Tat verleiten lassen. Und König Ferdinand schenkte dieser Angabe Glauben, denn er schickte ihm Arzneien, die gegen Gift zu wirken geeignet erschienen.«[241]

Erst im Spätfrühling hatte sich Max so weit erholt, daß er seine Reise fortsetzen konnte. Im April hielt er in Wien Einzug. Nun erwies es sich erst, daß der Aufenthalt in Spanien für ihn nicht nutzlos gewesen war, denn die ganze Stadt war auf den Beinen, um den beliebten jngen Prinzen, seine spanische Gemahlin und seine Kinder ehrenvoll zu empfangen. Große Begeisterung herrschte über die vielen mitgebrachten Tiere, rassige Vollblutpferde, Biber, Wölfe und farbenprächtige Papageien. Aber die Sensation dieses exotischen Zuges war ein Elefant, der erste, den Wien zu sehen bekam. Noch Monate später besangen heimische Dichter den Elefanten des Erzherzogs.

4. *Erzherzog Ferdinand und Philippine Welser*

Nachdem er nun seinen rebellischen älteren Sohn verheiratet hatte, war es für König Ferdinand höchste Zeit, sich nach einer passenden Partie für seinen Lieblingssohn, den charmanten, feschen Erzherzog Ferdinand, umzusehen. Sein erster Versuch war ein Mißerfolg. Er sandte 1553 eine Abordnung an den englischen Hof, um die Möglichkeit einer Verheiratung mit der englischen Königin Mary zu erkunden, mußte aber erfahren, daß ihm sein Bruder Karl zuvorgekommen und sie bereits dessen Sohn Philipp versprochen worden war.

Der junge Ferdinand zeigte sich von der eifrigen Brautschau seines Vaters nicht im geringsten begeistert und wurde mit jedem Gespräch über Prinzessinnen, Königinnen und Königreiche unruhiger und abweisender.

Er hatte auch allen Grund, ablehnend zu sein – sein Herz war bereits vergeben. Hals über Kopf hatte er sich in eine Bürgerliche verliebt, in Philippine Welser, die Tochter eines reichen Bankiers.

Er hatte sie 1548 während des Streitgespräches in Augsburg kennengelernt, und wie so manches Gerücht behauptete, wurden sie noch im selben Jahr heimlich getraut. Philippine gehörte zu den außergewöhnlichen Schönheiten ihrer Zeit, es hieß, »daß ihre Haut so zart sei, daß man einen Schluck Rotwein durch ihre Kehle fließen sehen könne«.[242] Sie soll von Wesen so bescheiden und schamhaft gewesen sein, daß sie viele Jahre später auf ihrem Totenbett »nicht die geringste Entblößung ihres Körpers erlaubte und keusch ihre Ärmel bis zum Handgelenk hinunterzog«.[243]

Aber keiner dieser Vorzüge konnte königliches Blut in ihre Adern zaubern, und somit kam sie für den Erzherzog einfach nicht in Frage. Trotzdem ist bekannt, daß 1557 eine private Zeremonie stattfand, die sogar von einem Hofkaplan König Ferdinands abgehalten wurde und bei der eine Tante, Katharina von Roxan, Trauzeugin war. Als dann Vater Ferdinand – damals schon Kaiser – von der Sache Wind bekam, war sein Wutausbruch unübertroffen. Er weigerte sich, diese Ehe anzuerkennen, und dachte nicht daran, Philippine zu empfangen.

»Sooft im Hause des Erzherzogs ein Kind zur Welt kam, nahm Tante Katharina von Roxan den neuen Ankömmling und legte ihn irgendwohin vor das Schloß, wo er dann von einem Diener gefunden und als angebliches Findelkind zur weiteren Erziehung aufgenommen wurde.«[244]

Einige Jahre später kam Philippine inkognito an den kaiserlichen Hof in Prag. Unter einem fingierten Namen erreichte sie eine Audienz bei Ferdinand, erzählte ihm ihr Mißgeschick und flehte ihn an, sich bei ihrem »unnachgiebigen und hartherzigen Schwiegervater« für sie einzusetzen. Gerührt von ihrer Schönheit und ihrem Tränenfluß, willigte Ferdinand ein, das ihr widerfahrene Unrecht gutzumachen – worauf sie sich als seine eigene Schwiegertochter zu erkennen gab. So war es ihr tatsächlich gelungen, die Anerkennung ihrer morganatischen Ehe zu erreichen.[245]

Der junge Ferdinand hielt immer treu zu seiner Philippine, ungeachtet der Ablehnung durch seine Familie. Ein Beweis dafür ergab sich im Türkenkrieg des Jahres 1566, als Ferdinand seine eigenen Truppen anführte, neben dem Heer seines Bruders Max. Sobald es aber Herbst wurde, das Wetter sich verschlechterte und die Pest ausbrach, brach Ferdinand kurzerhand sein Lager ab und machte sich mit seinen Leuten aus dem Staube. Seelenruhig ließ er seinen Bruder im Stich.

Max war darüber begreiflicherweise nicht wenig verärgert und schrieb an seinen Schwager, Herzog Albrecht von Bayern, daß Ferdinand einfach »verhext« gewesen sein müsse:

»In Summa, ich glauw gewiss, er sai verzaubert, dan ime etzlich Brieflen von der losen Brekin (das bedeutet soviel wie »Hündin«, und gemeint ist Ferdinands Gemahlin, die Philippine Welser) kumen saind; bald dernach hat er weder Tag noch Nacht kan Rue gehabt, sondern melankolisiert und gar in ain Fiewer geraten, glaichwol, wie ich hör, ist es besser geworden. Also gets, mier ist auch das daraus gefolgt, das die Übrigen, aus den Erblanden, so sie das gesehen, auch hinwek ziehen, und da ist kain Halt mehr. Ich wolt, das die Brekin in einen Sakh schteckt und was nit wo ware. Gott verzeihs mier.«[246]

Nach dem Testament seines Vaters erbte der junge Ferdinand Tirol und lebte dort auf Schloß Ambras bei Innsbruck mit seiner Philippine in Glück und Zufriedenheit. Er legte sich eine prachtvolle Sammlung alter Waffen und Rüstungen zu, die heute zu den wertvollsten Kollektionen dieser Art in der Welt gehört.[247] Als er in Vertretung des jungen Karl IX. von Frankreich seine Nichte Elisabeth zum Traualtar führte, erhielt er als Dankgeschenk eines der kostbarsten Kunstwerke der Renaissancezeit – das berühmte goldene Salzfaß Benvenuto Cellinis, heute im Kunsthistorischen Museum in Wien.

Auch Philippine hatte eine Leidenschaft – sie sammelte Kochrezepte. In der Österreichischen Nationalbibliothek finden sich zwei umfangreiche Folianten ihrer Lieblingsrezepte und medizinischen Hausmittel. Die Originale blieben großteils erhalten, und so kann man noch heute in ihrer eigenen zarten Handschrift lesen, wie man eine Nußtorte herstellt oder Magenkrämpfe und Kopfweh kuriert oder wie sich aus Maiblüten ein Öl brauen läßt, das die Entbindungswehen lindert.[248]

5. *Der junge Maximilian gibt nach*

Das Verhältnis zwischen Ferdinand und seinem ältesten Sohn war auch weiterhin alles eher als friedlich. Allerdings hatte sich Max mit der Rolle des vorbildlichen Gatten und Vaters abgefunden – jedes Jahr gab es in seinem Haus eine Taufe, so wie einst bei seinen Eltern. Maria gebar ihm 16 Kinder, von denen neun erwachsen wurden.

Der Grund der Spannungen war Maximilians religiöse Einstellung, die den Vater tief beunruhigte. Vater und Sohn waren beide jähzornig und unbeugsam; wie bei anderen Vätern und Söhnen wollte keiner nachgeben, und jeder hielt seine Meinung für die richtige.

Auch in anderen Ländern Europas wurde die allgemeine religiöse Stimmung immer unerträglicher. In der zweiten Hälfte des Jahrhunderts wuchs die bestehende Starrheit und Härte in beiden Lagern. 1545, ein Jahr vor seinem Tode, verweigerte Luther die Teilnahme am Konzil von Trient und schrieb »Das Papsttum in Rom, vom Teufel gestiftet«. Bis zum Jahre 1558 hatte Papst Paul IV. alle Werke des Erasmus auf die Liste der verbotenen Bücher gesetzt, die Calvinisten wünschten, daß der freidenkende Miguel Serveto »samt seinen Büchern zu Asche verbrannt werde«, und unter Mary Tudor starben in den fünfziger Jahren des 16. Jahrhunderts 300 protestantische Märtyrer.

Ferdinand war weder dogmatisch noch starr in seiner Haltung gegenüber der Religion, aber er war in erster Linie Politiker. Er hatte zwar den religiösen Kompromiß vorgeschlagen, der im Frieden von Augsburg festgelegt wurde, aber er zweifelte nicht daran, daß die Erhaltung des Heiligen Römischen Reiches von der

Erneuerung und Stärkung der katholischen Kirche abhing.

Als sein Bruder Karl 1556 zu seinen Gunsten die Kaiserkrone niedergelegt hatte, weigerte sich der Papst, Ferdinand anzuerkennen, und erklärte 1558, er könne keinen Kaiser dulden, der bei seinem eigenen Nachfolger Ketzerei erlaube.

Durch die Teilung des habsburgischen Erbes blieb die österreichische Linie, beinahe durch ein Jahrhundert, die ärmliche Verwandtschaft der spanischen. Um die Türken in Schach zu halten, die kaiserliche Macht zu stärken und die jährlichen Tribute zu zahlen, war der finanzielle und moralische Beistand des katholischen Spanien unentbehrlich, und Ferdinand konnte es nicht verstehen, warum sein Sohn Max die politischen Notwendigkeiten dieser Situation nicht erkannte.

1551 lud Ferdinand Priester des neuen Jesuitenordens nach Wien ein, wo die Protestanten schon so sehr Fuß gefaßt hatten, daß die meisten Kirchenstühle unbesetzt blieben. Diese gewiegten Geistlichen fanden bald Wege, um den theaterliebenden Wienern zu gefallen. Sie gründeten eine ausgezeichnete Schule und zur Aufführung religiöser und klassischer Dramen ein Theater, dessen Bühne so großartig angelegt war, daß sich elf schnelle Szenenveränderungen vornehmen ließen. Während der wiederholten Pestepidemien waren die Jesuiten meistens die einzigen Ärzte, die in der verseuchten Stadt zurückblieben. Sie brachten die Chinarinde aus Spanien, die als wirksamstes Heilmittel gegen die Seuche galt und von der Bevölkerung »Jesuitenpulver« genannt wurde.[249]

Alle Argumente Ferdinands stießen bei Max auf taube Ohren. Er empörte sogar den Beichtvater seines Vaters, einen Jesuiten namens Canisius, als er seinen eigenen protestantischen Prediger Sebastian Pfauser nach Wien holte, der mit seinen Predigten die kaiserliche Hofkapelle und die Augustinerkirche nahe der Hofburg »entweihte«. Pfausers Gottesdienste, sie dauerten oft zwei bis drei Stunden, zogen riesige Menschenmengen an. Das Gedränge in der Kirche wurde so arg, daß einmal mehrere Jungfrauen die Nerven verloren, zu schreien anfingen und in Ohnmacht fielen, und die königlichen Trabanten konnten ihnen in der überfüllten Kirche nicht einmal zu Hilfe eilen.[250]

Der junge Maximilian las weiterhin protestantische Bücher, setzte seinen Briefwechsel mit protestantischen Fürsten fort und wählte sogar Männer für die Erziehung seiner Kinder, die äußerst zweifelhafte Katholiken waren. Vater und Sohn standen miteinander fortwährend auf Kriegsfuß.

Am Fronleichnamstag 1558 weigerte sich Maximilian, an der Prozession teilzunehmen: er fühle sich nicht wohl und könne nicht gehen.

Da schlug ihm sein Vater vor, auf einem Pferd zu reiten.

»Ich kann nicht«, behauptete Max.

»Mach doch nur zwei oder drei Schritte, um die Form zu wahren«, entgegnete der Vater.

»Ich kann nicht«, erwiderte Max.

»Warum nicht?« fragte der Vater.

»Weil ich nicht will!«

»Warum willst du nicht?«

»Weil es gegen meine Überzeugung wäre, und weil ich in diesen Feierlichkeiten keine Huldigungen Gottes sehe.«[251]

Schließlich gingen weder Vater noch Sohn in der Prozession.

1555 machte Ferdinand einen bitteren Zusatz zu seinem Testament, der seinen älteren Sohn betraf:

»Ich möchte dich lieber tot sehen, als daß du der neuen Sekte beiträtest.«[252]

Sein Vetter Philipp, jetzt König von Spanien, machte die Situation noch schlimmer, nachdem er einen Franziskanermönch als Beichtvater seiner Schwester Maria an den Wiener Hof gesandt hatte, der ihm über alles berichten sollte.

Nicht ohne Grund beklagte sich Max, daß er vom spanischen Gefolge seiner Frau bespitzelt werde. Als es aber so weit kam, daß der spanische Gesandte von Maria verlangte, sie möge sich von ihrem ketzerischen Gatten trennen, weigerte sie sich energisch. Sie war allerdings eine überzeugte Katholikin und spanisch bis in die Seele – in all den Jahren in Österreich hatte sie niemals fließend Deutsch gelernt –, aber sie war ihrem Gatten herzlich ergeben und soeben zum neuntenmal Mutter geworden. Sie erklärte rasch gefaßt, »daß sie keine Ursache des Scheidens hätte, weil ihr Herr ihr in der Religion nicht Maß vorgeschrieben«.[253]

Schließlich warnte Ferdinand seinen Sohn, daß er nur als Katholik zum Kaiser des Römischen Reiches gewählt werden könne, und drohte, ihn von der Nachfolge auszuschließen zugunsten seines nächsten Sohnes Ferdinand.

Da beugte sich Max endlich der politischen Notwendigkeit. Der protestantische Pfarrer Pfauser wurde entlassen. Ferdinand drohte damals, »ihn in den tiefsten Brunnen von Wien werfen zu lassen«, sollte er hier nochmals aufkreuzen.[254] 1562 legte Max vor seinem Vater und seinen zwei Brüdern den feierlichen Eid ab, im katholischen Glauben zu leben und zu sterben. Nun war Friede eingetreten, und er wurde zum Nachfolger seines Vaters gewählt.

An einem Abend im November 1562 trafen Vater und Sohn zu den Krönungsfestlichkeiten in Frankfurt ein. Ein englischer Augenzeuge berichtete, daß die Feierlichkeiten mit einem Prunk und Aufwand abliefen, wie man es seit Karl dem Großen nicht mehr erlebt habe. Er beschrieb eine Prozession von 40 000 Menschen, die bei Fackelschein in die Stadt einzogen – Prinzen, Edelleute, Ritter in voller Rüstung, jeder von ihnen mit einem kleinen Jagdhorn um den Hals und einem Eichenzweig am Hut.

Nachher, bei dem großartigen Festgelage im Rathaus, saßen Ferdinand und Max an der Stirnseite der Tafel unter einem wertvollen Baldachin, denn »nur ihnen standen diese Ehren zu«, wie sich der Erzähler ausdrückte. Alle anderen Fürsten und Edelleute nahmen am unteren Ende des Tisches Platz, wie es ihrem Rang geziemte.

Für das Volk wurde draußen auf dem Marktplatz roter und weißer Wein ausgeschenkt und kostenlos verteilt. »Ein ganzer Mastochse wurde gebraten und bot eine Riesenauswahl von Delikatessen, mit denen sein Leib gefüllt war«: verschiedene Arten von Kleintieren, Geflügel, Hasen, Lämmer, Kälber, Schweine, Gänse, Rebhüner, Schnepfen, Tauben, Lerchen, Drosseln und so weiter.[255]

6. *Kaiser Ferdinands letzte Tage*

Schließlich war es Ferdinand doch gelungen, den Nachfolgestreit mit seinem verstorbenen älteren Bruder zu gewinnen. Sein rebellischer Sohn war endlich auch zu Kreuz gekrochen, Maximilian hatte ihm geschworen, als Katholik zu leben und zu sterben. In seine Burg in Wien zurückgekehrt, sollte er nun von seinem Reich friedlich Abschied nehmen können.

Hielt er in diesen letzten Monaten Rückschau auf sein Leben, so konnte er mit sich zufrieden sein. Eine schwierige Regierungszeit lag hinter ihm als Erzherzog, als Regent des Reiches, als König und als Kaiser; gequält von Sorgen und aufgerieben von schier unlösbaren Problemen. Seit er vor fast einem halben Jahrhundert von seiner Kindheit in Spanien Abschied nahm, um in Deutschland zu regieren, hatte er immerhin Beachtliches geleistet. Die größere und reichere Hälfte des Habsburgererbes lag zwar in Händen seines Neffen Philipp, aber Ferdinand besaß doch die österreichischen Kronlande sowie Böhmen und Ungarn, die er regierte, so gut es eben ging. Er hatte die Türken aus seinen Landen vertrieben, teils mit Waffen, teils mit Schmiergeldern. Seine Töchter waren in Polen, Bayern, Italien und den Niederlanden nutzbringend verheiratet; drei beteten in verschiedenen Klöstern für sein Seelenheil. In dem Palast, den er nahe der Hofburg für seinen Sohn erbauen ließ, wuchsen jetzt seine Enkel auf. Mit seinen Söhnen und den Söhnen seiner Söhne würde der österreichische Zweig der Habsburger in Mitteleuropa einen ziemlich festen Halt gewinnen.

Er hatte Wien zu seiner Stadt gemacht, ihm sein Siegel aufgeprägt, es würde den Habsburgern als gute Hauptstadt dienen. Die Türkengefahr schwebte wohl noch über der Stadt, beeinflußte ihr Denken, ihr Planen, ihr Geschick. Nach der Belagerung von 1529 hatten die Wiener ihre Stadt mühevoll wiederaufgebaut, die Stadtwälle ausgebessert und verstärkt, die sie nun wie eine eiserne Faust umgaben. Hinter diesen Mauern begann das dichtbesiedelte Wien nach oben zu wachsen, so hoch man damals eben zu bauen wagte, und nach unten, wo sich Keller an Keller reihte und raumsparend eine unterirdische Welt bildete.

In einen Ring von bewaldeten und weinbedeckten Hügeln eingebettet, die sich zur Donau hinabsenkten, würde sich diese Stadt ihren besonderen Zauber immer erhalten können. »Ein Rosengarten, Lust und Paradies«, besang es der Deutsche Wolfgang Schmelzl 1550, der gekommen war, um bei den Schotten Schulmeister zu werden.[256] Blumen blühten in allen Vorgärten, und in vielen Fenstern sah man bunte Singvögel in ihren Käfigen, so daß einmal ein italienischer Besucher, Antonio Bonfini, ausrief, es sei »wie ein Spaziergang in einem verzauberten Wald«.[257]

Auch Kaiser Ferdinand ließ vor seiner Burg einen Renaissancegarten anlegen, und im Sommer wurden ihm jeden Morgen frische Rosen ans Bett gebracht, damit er mit ihrem Duft erwachen konnte. Die Hofburg – mehr Festung als Palast –, ein rechteckiger Steinblock mit vier trotzenden Türmen dicht an der Stadtmauer, wurde nach der türkischen Belagerung ebenfalls aufgefrischt und auf Ferdinands Wunsch mit einem rot- und goldfarbenen Renaissancetor verschönert.

Wie Engel sangen Ferdinands Sängerknaben in der gotischen Schloßkapelle, ihr Chormeister, Christian Janssen Hollander, war nicht nur Dirigent, sondern auch ein begabter Komponist. »Kein Ende hier von Musikern und Instrumenten«, schrieb Schmelzl aus Wien.[258]

In demselben Saal der Hofburg, wo seine verstorbene Gemahlin Anna als zartes zwölfjähriges Mädchen vor ihrem zukünftigen Bräutigam den ersten Hofknicks machte, wo 1515 Kaiser Maximilians prunkvolle Hochzeit stattfand, empfing jetzt Ferdinand seine Gäste und führte geistvolle Wortgefechte mit seinem Hofnarren.

Und in den Schatzkammern erfreute ihn seine Sammlung schöner und kostbarer Dinge. Alles interessierte Ferdinand, alles mögliche erweckte seine Aufmerksamkeit: die Sterne, die Zahlen, die Falten im Gesicht eines Menschen, Versteinerungen, fremdartige Pflanzen und Tiere. Er sammelte Plastiken und Gemälde, seltene Juwelen, antike Münzen und alte Manuskripte. In der Schatzkammer gab es eine Achatschale, die an den heiligen Gral gemahnt und mit der Aussteuer seiner Urgroßmutter aus Burgund an den Hof kam, und er besaß auch das Schwert Karls des Kühnen. Unter den Aztekenschätzen, die Cortez aus Mexiko zur allgemeinen Begeisterung an den Hof sandte, lag der prachtvolle Federkopfschmuck des Montezuma, ein Geschenk seines älteren Bruders. Ferdinand befahl seinen Gesandten stets, in fremden Ländern nach Raritäten Ausschau zu halten. Der hochbegabte flämische Gelehrte Ogier Ghislain Busbeck, den er als Gesandten nach Konstantinopel schickte, erhielt sicherlich ein Extralob, als er eine geradezu fanatische Sammelwut entfaltete und »ganze Wagenzüge und Schiffsladungen griechischer Skripten« für die kaiserliche Bibliothek nach Wien sandte, auch einen zahmen Ichneumon (eine Schleichkatze, auch Pharaonsratte genannt), sechs weibliche Kamele und einige rassige Vollblutpferde mitbrachte sowie Tulpen und Flieder, der westlichen Welt noch unbekannt.[259]

Ferdinands drei Söhne teilten seine Sammelleidenschaft, ebenso seine Vorliebe für Wissenschaften und

Musik. Max kam mit einem regen Interesse für exotische Pflanzen und Tiere von seinem Aufenthalt in Spanien zurück. Er hatte dort auch seine Leidenschaft für schnelle spanische Pferde entdeckt, die in Andalusien gezüchtet und mit arabischen und maurischen Rassen gekreuzt wurden. Max brachte diese wundervollen Tiere nach Wien und gründete gemeinsam mit seinem Bruder Karl eine Pferdezucht in Kladrub (Böhmen) und Lipizza (Istrien). Etwas später ließ er auch nahe der Hofburg einen Reitplatz errichten, wo die Lipizzaner Hengste in den schwierigen Disziplinen ausgebildet wurden, die für die Schlachten der Kriege damaliger Zeiten nötig waren. Das Leben eines fürstlichen Reiters, ja sogar der Ausgang eines Kampfes konnte von der Geschicklichkeit des Pferdes abhängen, seinen Ritter aus dem Nahkampf unversehrt herauszutragen.

Wenige Monate nach der Krönung seines Sohnes wurde der alte Ferdinand von einem zehrenden Fieber befallen. Während seiner letzten Krankheit war ihm Maximilian ein wirklich aufopfernder Sohn. Er besuchte den Vater morgens und abends, und oftmals erschien er auch während des Tages, um von den Zusammenkünften mit seinen Räten Bericht zu geben. Regelmäßig ließ er seine Musiker in das Krankenzimmer des Vaters kommen, um ihn mit »süßer Kammermusik« zu erfreuen, die für den kranken Kaiser die beste Medizin zu sein schien.

Sein Leiden – es war Schwindsucht – blieb bis kurz vor seinem Tode von den Ärzten unerkannt. Sein Leibarzt, der allerdings von niemandem ernst genommen wurde, versicherte dem Kranken immer wieder, daß er schon bald aufstehen werde, um auf die Jagd zu reiten.

Täglich wurde Ferdinand schwächer. Am 25. Juli 1564, als ihn sein Sohn am Abend besuchen kam, fand er ihn so geschwächt, daß er nur mit Mühe und auf

Maximilians besonderes Zureden zwei Eier in der Suppe zu sich nehmen konnte. Max hatte seinen Vater noch kaum verlassen, als er von einem Diener eilig zurückgerufen wurde. Im Sterbezimmer fand er den Beichtiger über den alten Vater gebeugt und hörte ihn flüstern: »Ferdinand, mein Bruder, streit wie ein frommer Ritter Christi, sei Deinem Herrn bis in den Tod getreu.«

Ferdinand starb ruhig und ohne Todeskampf, so wie er es sich gewünscht hatte. Sein Rat Zasius schrieb an den Herzog von Bayern, daß das Leben des Kaisers zu Ende gegangen war »gleich wie ein Liechtl in ainer Amppel erloschen«.[260]

Wie er in seinem Testament angeordnet hatte, wurden die österreichischen Lande unter seinen drei Söhnen aufgeteilt, statt als Einheit an den ältesten Sohn zu fallen. Diese Teilung schwächte die Macht des Herrschers, der für sein Amt als Kaiser viel zuwenig Unterstützung fand.

Ferdinands wertvolle Sammlungen von Kunstwerken und Kuriosa hingegen blieben auf seinen Wunsch ungeteilt in der Schatzkammer der Hofburg und kamen in den alleinigen Besitz seines ältesten Sohnes.

7. Eine spanische Erziehung

Im Herbst vor Ferdinands Tod, dem Herbst 1563, waren Maximilians Söhne Rudolf und Ernst von Wien nach Spanien geschickt worden, um am Hofe ihres Onkels König Philipp II. ihre Bildung zu vervollständigen. Daß sie ihr Vater nur ungern ziehen ließ, bewies seine wiederholte Verzögerung ihrer Abreise. Er saß aber in der Klemme, da Philipp selbst sie eingeladen hatte und auf ihr Kommen drängte. Auch ihre Mutter, Maria, die bis zum Ende ihrer Tage eine spanische Prinzessin blieb, stellte sich auf die Seite ihres Bruders. Ihr war nicht nur daran gelegen, ihre Söhne mit der Atmosphäre und Kultur ihres Heimatlandes vertraut zu machen, sondern weit mehr noch war sie daran interessiert, die Knaben von den schädlichen Einflüssen protestantischer Ketzerei am Wiener Hof – denen sie vielleicht schon zu lange ausgesetzt gewesen waren – möglichst bald zu entfernen. In der streng katholischen Umgebung am Hof zu Madrid würden sie schnell »geheilt« werden. Und wahrscheinlich drängte auch ihr Großvater, Kaiser Ferdinand – wenn auch nicht aus religiösen, sondern mehr aus dynastischen Gründen. Philipp hatte nämlich nur einen Sohn, Carlos, und Gerüchte waren bereits bis nach Wien gedrungen, daß Carlos nicht gerade das Musterexemplar eines kraftvollen, aussichtsreichen Thronfolgers sei. Es schien daher nicht ausgeschlossen, daß die ausgedehnten Habsburgerlande eines Tages unter einem Sohn Maximilians wieder vereint sein würden wie zu Zeiten Karls V.

Als Begleiter gab Maximilian seinen beiden Söhnen den vertrauten Freund und Ratgeber Adam von Dietrichstein. Er war aber nicht nur beauftragt, über das leibliche Wohl und das Studium der beiden Knaben zu wachen, sondern sollte trachten, am spanischen Hof Verbindungen anzuknüpfen für die seit langem erhoffte Verheiratung von Philipps Sohn Don Carlos mit Maximilians ältester Tochter Anna.

Das Spanien, in dem die beiden österreichischen Königskinder die kritischen Jahre ihrer Jünglingszeit verbrachten, kam damals gerade in die großartige, aber ungesunde Glanzzeit des Goldenen Jahrhunderts. Spanien, das Weltreich, stand auf dem Gipfel seiner Macht zur Zeit eines Don Juan d'Austria und des Seesieges über die Türken in der Schlacht von Lepanto. Das Spanien der heiligen Theresia von Ávila und des heiligen Johannes vom Kreuz, eines Cervantes und El Greco. Entschlossen, die Ketzerei in seinem Königreich zu zermalmen, verschloß Philipp II. alle Tore seines Landes vor den gefährlichen Einflüssen der Außenwelt. So begann auf einem engen intellektuellen Raum ein Denken und Handeln zu glühen, das immer heißere Flammen entfachte, die mit derselben Hitze brannten wie damals das Inferno des Glaubensgerichtes von Sevilla und Valladolid, das so viele Ketzer vernichtet hatte.

Der junge Rudolf, Maximilians ältester Sohn, war ein ernster Jüngling, der schon damals zu Einbildungen und Schwermut neigte, und die Jahre in Spanien zeichneten ihn für sein ganzes Leben.

Als Maximilians Söhne in Barcelona an Land gingen, wurden sie von ihrem Onkel erwartet. Philipp führte seine Neffen zuerst auf den Berg Montserrat, zu jenem abgeschiedenen Kloster inmitten von wildzerrissenen Felsen, wo einst Ignatius von Loyola am Altar die Waffen niedergelegt und mit der Kutte vertauscht hatte.[261]

Ihren ersten Sommer in Spanien verbrachten die Knaben auf dem zauberhaften Sommersitz von Aranjuez, in Gesellschaft ihres Onkels und seiner schönen dritten Frau Elisabeth von Valois, einer französischen

Prinzessin. Nachdem Philipp an einem Fieber erkrankte, wurden die Jünglinge von Elisabeth und ihrer Tante Johanna zur Jagd begleitet. An den Abenden rief Philipp die Jünglinge an sein Krankenlager, wo sie für ihn Tänze aufführten oder ihre Fechtkunst zeigen mußten.

Ihr Vetter Don Carlos blieb mehrere Monate unsichtbar. Sooft Dietrichstein die Möglichkeit einer Heirat zwischen Carlos und der Erzherzogin Anna zu erkunden suchte, bekam er nur ausweichende Antworten. Einmal wagte ihm jemand zuzuflüstern: »Lieber abwarten, bis sie ihn gesehen haben.«[262]

Am Ende des Sommers aber, im August 1564, machte Philipp seine Neffen endlich mit Carlos bekannt. Gemeinsam ritten die drei jungen Habsburger durch die Tore von Madrid.

Welchen Eindruck Rudolf und Ernst von ihrem seltsamen Vetter erhielten, wurde nicht aufgezeichnet. Carlos war damals 19 Jahre alt, und sein Benehmen gegenüber den beiden österreichischen Cousins dürfte soweit freundlich gewesen sein. Die Berichte aber, die Dietrichstein über Carlos an den Hof nach Wien weitergab, verkündeten nichts Gutes. Philipps erste Frau, eine portugiesische Prinzessin, war bei der Geburt des Prinzen gestorben, und Carlos kam verunstaltet zur Welt. Er hatte einen Höcker, eine Hühnerbrust, seine rechte Körperseite war weniger entwickelt als die linke, und sein rechtes Bein war bedeutend kürzer. Er sprach mit schriller, mädchenhafter Stimme und stotterte fürchterlich. Wahrscheinlich litt er auch an einem Bandwurm, denn Dietrichstein schrieb: »Er hat keine anderen Wünsche oder Interessen, als fortwährend zu essen, und ißt so gierig, daß er, nachdem er alles verschlungen hat, am liebsten wieder von vorne begänne.«[263]

Obwohl sich Philipp mit großer Mühe und Aufmerksamkeit der Erziehung seines Sohnes annahm, hatte er damit wenig Erfolg, der Geist des Knaben schien ebenso verzerrt zu sein wie sein Körper.

Ein Jahr bevor die Söhne Maximilians in Spanien eintrafen, war Carlos in Alcalá nahe der großen Universität untergebracht worden in der Hoffnung, daß die hochgeistige Atmosphäre dieser Stadt auf ihn abfärben werde. In Alcalá geschah dann ein Unglück mit dem Jüngling. Er war im Dunkeln eine Treppe hinuntergestürzt – unterwegs zu einem Stelldichein mit der Gärtnerstochter, wie böse Zungen behaupteten – und hatte sich bei dem Fall eine offene Kopfverletzung zugezogen. Als Wundfieber seinen Zustand verschlechterte, wurde er wiederholt zur Ader gelassen, sein Kopf schwoll zu Riesengröße an, und er verlor das Sehvermögen.

Philipp eilte an das Krankenlager seines Sohnes in Alcalá und brachte den tüchtigen Arzt Vesalius mit, der dem Kranken aber nicht helfen konnte. Ein Chirurg nahm eine Öffnung der Schädelhöhle vor, und als auch dieser Eingriff erfolglos blieb, versuchte es Philipp mit Quacksalbern, unter denen sich auch ein gewisser Valencian Moor mit allerlei Zaubersalben befand. Carlos tobte aber weiterhin in seinen Fieberträumen. Zu guter Letzt schleppten die Franziskanermönche ihre kostbarste Reliquie herbei, den geschrumpften Körper des heiligen Diego, der etwa hundert Jahre vorher gestorben war. Noch eingehüllt in sein Grabtuch, legte man den Leichnam an die Seite des kranken Prinzen. Der Zustand des Heiligen wurde als »überraschend gut erhalten« bezeichnet, und ein »suavissimo odore« ging von ihm aus, ein köstlicher Duft, wie die Mönche behaupteten. In der folgenden Nacht träumte Carlos vom heiligen Diego, und von diesem Augenblick an wurde sein Puls ruhiger. Nun ging es von Tag zu Tag aufwärts.[264]

Als er nach Madrid zurückkehrte, wurde sein Benehmen ständig launenhafter. Neben einer geradezu tierischen Schlauheit besaß er ein wildes, unberechenbares Temperament, und die verschiedensten Gerüchte wurden laut über seinen Sadismus und seine zahllosen Wüstlingstaten. Grundlos bedrohte er die Höflinge mit seinem Dolch, und mit Vorliebe prügelte er Pferde und junge Mädchen. Über das Verhältnis zwischen ihm und seinem Vater äußerte sich der venezianische Gesandte, wenn auch vielleicht mit zweifelhafter Wahrheit: »Der Vater haßt den Sohn und der Sohn nicht minder den Vater.«[265]

In seinen Berichten an Maximilian vermied es Dietrichstein, Gerüchte zu wiederholen, und teilte nur seine eigenen Feststellungen mit und Tatsachen, die der Wahrheit entsprachen. Als der Hofmaler Coello beauftragt wurde, von Don Carlos für dessen zukünftige Braut in Wien ein Bild zu malen, machte Dietrichstein eine vorsichtige Erwähnung, sprach über »gewisse künstlerische Freiheiten«, die sich der Maler erlaubt habe. Das Gemälde zeigt den Jüngling in einer klug gewählten Stellung, den Höcker unter dem Samtumhang versteckt, und auch die Beine sehen nicht ungleich aus. Nur seine unheimlichen Wolfsaugen starren aus dem langen, blassen Gesicht mit einer beunruhigenden Hinterlist und Unverschämtheit auf den Beschauer.

Während sich Philipps österreichische Neffen im Palast zu Madrid über ihre Schulbücher beugten, Fechtunterricht nahmen und am Sonntag bei der Messe ministrierten, näherte sich das Drama des spanischen Thronerben seinem tragischen Ende.

Carlos' wahrscheinliche Impotenz wurde am spanischen Hof schon lange besprochen. Während Dietrichstein immer wieder auf eine endgültige Zusage der Heirat zwischen Carlos und Anna drängte, unterzog sich Carlos unter Aufsicht von Ärzten und Apothekern einer »Kur«, dann zum Abschluß einer »Untersuchung«, woraufhin er selbst zu Dietrichstein eilte, um mit seinem glänzenden Befund zu prahlen.[266]

Nun wurden die Vorkehrungen für die österreichisch-spanische Hochzeit getroffen. König Philipp und Kaiser Maximilian sollten sich mit ihren Kindern in Innsbruck zusammenfinden und gemeinsam die Reise zu den Hochzeitsfeierlichkeiten in Brüssel fortsetzen.

Da erschien abermals eine spanische Abordnung in Wien und brachte neue Ausreden und Verzögerungen. Empört verlor nun Maximilian endgültig die Fassung, erklärte, daß seine Tochter Anna »nicht jünger werde« und daß sie »vor Gram und Enttäuschung schon einen ganzen Tag nichts essen konnte«.[267]

Die letzten Ereignisse in Don Carlos' Leben waren eng verbunden mit den grimmigen Revolten, die in den sechziger Jahren in den Niederlanden tobten, wo der unnachgiebige Philipp es sich nicht nehmen ließ, die calvinistische Ketzerei unbarmherzig zu verfolgen. Don Carlos' Traum wäre die Regierung der Niederlande gewesen, und vielleicht hatte er sich deshalb Annäherungen an die Führer der Rebellen erlaubt.

Längere Zeit hindurch schien Philipp mit Don Carlos und seinen österreichischen Neffen eine Reise in die Niederlande zu planen. Schiffe wurden bestellt und reisefertig gemacht – aber der Frühling 1567 verging und ebenso der Sommer. Als dann endlich die Schiffe in See stachen, befanden sich statt einer Hochzeitsgesellschaft 20 000 Krieger an Bord unter der Führung des Herzogs von Alba. Sie reisten mit dem Befehl, die Aufständischen niederzuschlagen.

Don Carlos schmiedete tollkühne Pläne für eine

Flucht in die Niederlande. Offen versuchte er, große Geldsummen zu borgen und einige Freunde seines Vaters, darunter sogar den Halbbruder Philipps, Don Juan, für seine Pläne zu gewinnen.

Da machte Philipp noch einen letzten Versuch, den Jüngling zur Vernunft zu bringen. Er erlaubte ihm, bei einer Stadtversammlung im Dezember 1567 den Vorsitz zu führen – mit dem Ergebnis, daß Carlos das ganze Konzil in Aufruhr brachte. Als einer der Vertrauten Philipps Don Carlos am Schlüsselloch der Verhandlungsräume seines Vaters lauschend antraf, gab er ihm »eine Faust ins Gesicht«.[268]

Philipps Bedenken wegen des Geisteszustandes seines Sohnes veranlaßten ihn schließlich zu dem schwersten Entschluß seines Lebens, der wohl auch zu den düstersten Ereignissen der gesamten Geschichte zählt. Im Januar kehrte Philipp aus dem Escorial, wo er Weihnachten verbracht hatte, zurück und ließ sich von Don Carlos, seinem Halbbruder Don Juan und seinen beiden Neffen zur Kirche begleiten. Erst nachher erinnerte man sich, daß an diesem Sonntag zwischen Philipp und dem Großinquisitor Kardinal Espinosa Botschaften hin und her getragen worden waren.

In dieser Nacht, als Don Carlos kurz vor Mitternacht zur Ruhe gegangen war, wurde plötzlich die Tür zu seinem Gemach aufgerissen. Im flackernden Licht der brennenden Fackeln konnte er seinen Vater erkennen, ganz in Schwarz gekleidet, mit seinem vertrauten Ratgeber Ruy Gomez und seinem Beichtvater – alle drei tiefernst und leise. Carlos schrie verzweifelt auf: »Wollen mich Eure Majestät töten?« Da bemerkte er drei Diener, die damit beschäftigt waren, die Fenster zu vernageln. In seiner Angst fiel Carlos auf die Knie und flehte den Vater an, ihn gleich sterben zu lassen. Nur mit Gewalt konnte man ihn davon abhalten, sich in das

Feuer zu stürzen, das noch im Kamin brannte.

Von diesem Augenblick an war der spanische Thronerbe für die Welt gestorben. Seine jungen Vettern sahen ihn niemals wieder, und sie erwähnten auch seinen Namen in keinem ihrer Briefe. Durch alle Höfe Europas verbreiteten sich die unheimlichsten Gerüchte: daß Don Carlos seinen Vater habe ermorden wollen, daß er wegen Ketzerei in den Kerker geworfen worden sei und anderes. Philipp gab der Welt nur kurz bekannt, daß ihn sein Pflichtgefühl zu einem schmerzlichen Entschluß gezwungen habe. Seine Erklärung an den Papst schrieb er in einem persönlichen Brief:

»Da es Gottes Wille war, mich für meine Sünden zu strafen, sollte der Prinz mit so vielen und so schrecklichen Makeln, teils körperlich, teils geistig, belastet sein. Der absolute Mangel aller Fähigkeiten, zu regieren, ließ mich das ernste Wagnis eingehen, die Nachfolge in Frage zu stellen.«[269]

In Wien, wo die Nachricht von Carlos' Gefangenschaft den Hof in große Aufregung versetzte, betonte Maximilian immer wieder, »daß es ihm noch niemals in seinem Leben ein so ehrliches Bedürfnis gewesen sei, auf dem schnellsten Wege nach Spanien zu reisen, um den König zu besuchen und persönlich zu sprechen . . .« Er war überzeugt davon, so meinte er, daß Philipp seine Vorschläge nicht ablehnen würde.[270]

Sein Bruder, Erzherzog Karl, wurde nach Spanien geschickt, aber noch bevor er Madrid erreichte, war die Tragödie beendet.

In der unerträglichen Hitze des spanischen Sommers 1568 wurde Carlos von einem schrecklichen Fieber befallen. Er schüttete Eiswasser auf den Boden seines Gefängnisraumes, um nachts darinnen liegen zu können, und in großen Gefäßen wurde Eis herbeigeschafft, um sein Bett zu kühlen. Tage hindurch lebte er nur von

Früchten, die er mit Massen von Eiswasser hinunterschwemmte. Mitte Juli bat er um eine Fleischpastete. Man brachte ihm einen gigantischen Eierkuchen, der stark gewürzt und mit vier Rebhühnern gefüllt war. Carlos verschlang alles. Um hierauf seinen furchtbaren Durst zu löschen, trank er mehr als zehn Liter Wasser. Danach wurde ihm totenübel, und als man ihm die Sterbesakramente verabreichte, erbrach er die Hostie. Sein letzter Wunsch, den Vater noch einmal sehen zu dürfen, blieb, wie Dietrichstein berichtete, unerfüllt.

Am 24. Juli 1568 wurde kurz bekanntgegeben, daß der Erbe des spanischen Thrones, der Infant Don Carlos, »durch eigenes Übermaß« gestorben war.[271] Im Leichenzug schritten seine Cousins Rudolf und Ernst hinter dem Sarg, in welchem Don Carlos' Gebeine eingewickelt in den Franziskanerhabit seines Erlösers, des heiligen Diego, lagen.[272]

Das Raunen über eine Vergiftung – ein Raunen, das bei den königlichen Todesfällen des 16. und 17. Jahrhunderts nicht selten zu hören war – fand im Falle Don Carlos' reichlich Nahrung. Öffentlich wurde gesprochen, daß Philipp seinem Sohn zum Tode verholfen habe. Etwas vorsichtiger schrieb Maximilian an seinen Schwager Albrecht von Bayern, eines sei sicher, daß man bei dem gefangenen Prinzen den »Tod durch eigenes Übermaß« immerhin hätte verhindern können.[273]

In Madrid folgte eine Trauer der andern. Philipps junge Königin Elisabeth nahm sich den schrecklichen Tod ihres Stiefsohnes so sehr zu Herzen, daß ihr der König die Tränen verbieten mußte. Sie war seit mehreren Monaten in Erwartung, und Philipp hoffte, daß die ersehnte Ankunft eines Erben den toten Carlos ersetzen werde. Aber Anfang Oktober erlitt Elisabeth Ohnmachtsanfälle, wurde oftmals zur Ader gelassen und gebar vorzeitig einen Sohn. Mutter und Kind starben fast gleicheitig.

Als der Fugger-Berichterstatter in Madrid seine düsteren Nachrichten nach Augsburg weitergab, fügte er auch ein Gerücht hinzu, das eben die Runde machte: Philipp werde den Platz seines toten Sohnes einnehmen – als Bräutigam seiner jungen österreichischen Nichte Anna.[274]

Und so geschah es auch.

Zwei Jahre später heiratete Erzherzogin Anna, ein einundzwanzigjähriges Mädchen »wie Milch und Rosen«, ihren Onkel König Philipp, der zweimal so alt war wie sie.

Ihre beiden Brüder Albrecht und Wenzel sollten nun gegen ihre Brüder Rudolf und Ernst ausgetauscht werden, um ebenfalls eine Erziehung am Hof zu Madrid genießen zu können, und sie begleiteten die Schwester nach Spanien. In Valladolid erlebten Schwester und Brüder ein glückliches Wiedersehen mit Rudolf und Ernst, die sie sieben Jahre lang nicht gesehen hatten.

Bei dieser Gelegenheit wurde Rudolf gleich mit seiner winzigen, vier Jahre alten Cousine Isabella Clara Eugenia verlobt.

Im folgenden Frühling, als es zur Gewißheit wurde, daß ein Thronerbe unterwegs war, durften Rudolf und Ernst endlich nach Wien zurückkehren. Jahre später erinnerte sich Rudolf noch deutlich, wie glücklich er gewesen war, heimkehren zu dürfen: »Habe in der folgenden Nacht solche Freude empfunden, daß ich keinen Schlaf in die Augen bringen konnte.«[275]

Welche Wirkung die Tragödie des Don Carlos auf den 16 Jahre alten Rudolf hatte, wurde nirgends festgehalten; vielleicht erzählt es uns sein späteres Leben.

8. *Maximilian II. – eine »Via media«*

Nach ihrem langen Aufenthalt in Spanien fand Maximilian seine Söhne stark verändert. Mit Unbehagen bemerkte er ihren »spanischen Humor« und ihre hochmütige Arroganz, die sie von ihrem Onkel Philipp angenommen hatten. Der kühle, abweisende Stolz seines Sohnes Rudolf würde es diesem erschweren, sich bei den weitaus freundlicheren und ungezwungenen deutschen Edelleuten als Thronerbe beliebt zu machen. Der venezianische Gesandte am Kaiserhof, Giovanni Corraro, erzählte, daß Maximilian seinem Sohn eines Tages befahl »che mutassere stile«[276] – sein Verhalten zu ändern –, aber ein Neunzehnjähriger richtet sich nicht so leicht nach den Wünschen seines Vaters, und so blieb der »spanische Humor«. Ganz besonders beklagte sich der Kurfürst von Sachsen bei Maximilian, daß »König Philipp seinem Schüler (Rudolf) einen Eid abgenommen habe, immer ein guter Katholik zu bleiben und nach dem Tode seines Vaters jede Ketzerei rücksichtslos zu verfolgen«.[277] Ob Wahrheit oder Gerücht, mit einer solchen Einstellung ließ sich schwerlich die Gunst der protestantischen Fürsten Deutschlands gewinnen.

In den sechziger Jahren des 16. Jahrhunderts, während Maximilians ältere Söhne am Hof ihres Onkels weilten und die religiösen Fronten in ganz Europa sich immer mehr versteiften und die Fehden unerbittlicher wurden, verblieb das Religionsklima in Maximilians Landen – Österreich und Böhmen – überraschend ruhig und ausgeglichen. Die Protestanten erreichten sogar bedeutende Zugeständnisse von ihm, sehr zum Unwillen seines Vetters Philipp, der ausdrücklich betont hatte, »er würde lieber auf alle Länder verzichten, als Glaubensfreiheit zu gewähren«.[278]

Einmal erklärte Maximilian dem päpstlichen Abgeordneten – der über die Toleranz des jungen Habsburgers nicht im geringsten erfreut war –, daß er »weder Papist noch Evangelist sei, sondern ein Christ«.[279] Tatsächlich interessierte sich Maximilian für den Protestantismus bis zu seinem Tode. Beinahe wäre es ihm gelungen, in seinen Landen jene »Via media« zu erreichen, die einst seinem Onkel Karl V. vorgeschwebt war. Der venezianische Abgeordnete schrieb 1564:

»Hier (in Österreich) haben die Menschen gelernt, füreinander Verständnis zu zeigen; in gemischten Gemeinden wird selten die Frage gestellt, ob jemand Katholik oder Protestant ist . . . Protestanten und Katholiken heiraten untereinander ohne Aufsehen.«[280]

Im übrigen Europa aber gehörten Gewalttaten aus religiösem Zwist zur Tagesordnung. In den Niederlanden, die, hätte Karl V. sich anders besonnen, unter die milde, tolerante Herrschaft Maximilians gekommen wären anstatt unter die Philipps II., tobten jetzt, ausgelöst durch Philipps Calvinistenverfolgungen, die bittersten Bürgerkriege. Im Oktober 1568 knieten die beiden großen Patrioten Graf Egmont und Graf Hoorn, die kaum fünf Jahre vorher Gäste bei Maximilians Krönung in Frankfurt gewesen waren, auf schwarzen Kissen auf dem Marktplatz von Brüssel nieder und wurden enthauptet.

Auch in Paris, ein oder zwei Jahre nach der Hochzeit von Maximilians schöner junger Tochter Elisabeth mit dem französischen König Charles IX., floß in den Straßen das Blut von 2000 Protestanten im Gemetzel der Bartholomäusnacht.

Maximilian konnte die traurigen Botschaften, die ihn erreichten, kaum glauben. Fassungslos schrieb er an seinen Freund August von Sachsen:

»Es ist weder gerecht noch richtig; religiöse Streitigkeiten lassen sich nicht mit der Gewalt des Schwertes austragen, sondern nur mit Gottes Wort, christlichem Verständnis und Gerechtigkeit.«[281]

Er ließ seinen Sohn Rudolf zum König von Böhmen krönen und berief zur Klärung der Erbfolge einen Reichstag nach Regensburg ein. Aber seine Gesundheit war nicht die beste, und obwohl noch kein alter Mann, wollte er seinen Sohn so bald als möglich zum König des Römischen Reiches gekrönt sehen.

Lange schon litt er an der Gicht, an Herzanfällen und »Nierenkoliken« – wahrscheinlich war es Syphilis, die sich seit der Jahrhundertwende in ganz Europa ausbreitete. Seine Ärzte rieten ihm, die starken ungarischen Weine, die er regelmäßig trank, um seine fürchterlichen Gliederschmerzen zu lindern, mit Wasser zu verdünnen. »Und trotzdem wäre es noch erträglich«, schrieb er an einen Freund, »wenn es nicht noch schlimmer wird.«[282]

Im Sommer 1576 begab sich Maximilian mit seiner Frau und vier Kindern auf die Reise nach Regensburg. Unterwegs erkrankte er, und seine Ärzte glaubten, er habe sich an einem Fisch überessen – obwohl doch ohnehin ein halbes Dutzend Ärzte jeden Bissen überwachte, den er an seinen kaiserlichen Mund führte. In Regensburg wurde er neuerdings krank, und diesmal gaben die Ärzte dem Genuß unreifer Früchte die Schuld. Es gelang ihm noch, den Reichstag zu eröffnen und die wichtigsten Angelegenheiten vorzutragen, da wurde er plötzlich ohnmächtig – wegen des eiskalten Wassers, das er im August getrunken hatte, sagten die Ärzte überzeugt. Kaum hatte er sich etwas erholt, erkrankte er abermals – von den Birnen und Kirschen, die er gegessen hatte. Jetzt waren seine Ärzte vollkommen verwirrt und verschrieben Aloe.[283]

Als sich sein Zustand nicht besserte, wurde eine

berühmte Wunderärztin aus Ulm herbeigerufen, Magdalena Streicher hieß sie, die brachte ein Zauberelixier mit, das sie eigens für den Kaiser gebraut hatte. Welche Bestandteile dieses Wundermittel enthielt, blieb Magdalenas Geheimnis; wahrscheinlich hatte es Ähnlichkeit mit dem Universalheilmittel, das später der dänische Astronom Tycho Brahe für Maximilians Sohn Rudolf bereitete: Zu einem venezianischen Sirup mußten hinzugefügt werden »ein Skrupel Coraltinktur, Sapphir oder Hyazinthe, eine Lösung von Perlen oder trinkbarem Gold«. Dieses Gebräu mußte noch mit Antimon vermischt werden, um als Wundermittel für alle Krankheiten zu dienen, die durch Schwitzen heilbar sind.[284]

Zuerst schien es dem Kaiser besser zu gehen, dann trat plötzlich eine Verschlechterung ein. An seinem Sterbebett versammelte sich seine ganze Familie, und alle waren lautstark um sein Seelenheil bemüht. An seinem Bett kniend, beschwor ihn seine Gemahlin Maria, den Hofpriester kommen zu lassen – er aber antwortete, daß sein Priester »im Himmel sei«. Seine Schwester Anna von Bayern eilte gleichfalls nach Regensburg, um gemeinsam mit seiner Familie zu versuchen, ihren Bruder zur Einsicht zu bringen. Sein Sohn Matthias, der päpstliche Legat und der spanische Gesandte redeten abwechselnd auf den kranken Mann ein, er möge doch die Letzte Ölung der katholischen Kirche empfangen. Maximilian antwortete nur, er werde es sich überlegen. Der spanische Gesandte wurde sogar noch deutlicher: »Ich sehe an Ihrem Zustand, Majestät, daß es an der Zeit wäre . . .« Da unterbrach ihn Maximilian: »Ganz recht, Herr Marquis«, sagte er, »ich habe nicht gut geschlafen und möchte jetzt Ruhe haben.«[285]

Er war neunundvierzig, als er starb. Nach seinem

Tod machten die Ärzte eine Schädeluntersuchung und fanden die Gehirnschale »bemerkenswert trocken und warm«. Als Grund dafür wurden seine vielseitigen Fähigkeiten angesehen, die vielen Fremdsprachen, die er beherrschte, seine große Bildung und Klugheit, die so viele in Erstaunen versetzt hatten.[286] Andere Quellen behaupteten, daß »eine schwarze Substanz, so hart wie Stein, in seinem Herzen gefunden worden sei.«[287]

9. Interfamiliäre Ehen

Durch die Heirat von Maximilians Lieblingstochter Anna mit seinem Vetter Philipp von Spanien, den er verabscheute, war ein weiterer Knoten in den engverschlungenen Strang geknüpft worden, der die spanischen und österreichischen Habsburger für Generationen miteinander verband.

Als Vater und Tochter im Herbst 1570 voneinander Abschied nahmen, wußten sie in ihrem Innersten, daß sie sich niemals mehr wiedersehen würden. In Begleitung ihrer beiden Brüder und des begabten und frohgemuten Freundes ihres Vaters, Ogier Ghislain de Busbeck, reiste Anna in die Niederlande und von dort mit einer bewaffneten Eskorte weiter nach Spanien.

Die Hochzeit mit ihrem Onkel fand in Segovia statt. Zuerst schien es, als würde der frostige Rahmen spanischer Hofetikette durch das lebhafte, gutherzige Wesen der jungen österreichischen Braut zu schmelzen beginnen. Der französische Gesandte schrieb entrüstete Berichte über die informelle Art, mit der ihn die junge Königin empfangen habe. Nicht nur versäumte sie, ihm den gepolsterten Stuhl anzubieten, der seinem Rang zustand, und blieb auch selbst nicht würdevoll sitzen, sondern unterhielt sich mit ihm, lässig an die Wand gelehnt. Als dann die Töchter ihrer verstorbenen Vorgängerin gebracht wurden, um ihrer neuen Stiefmutter vorgestellt zu werden, sollten die beiden respektvoll auf die Königin zukommen, einen tiefen Hofknicks machen und ihr die Hände küssen, wie sie es gelernt hatten. Aber noch bevor sich diese Szene abspielen konnte, griff Anna, die selbst in einer Familie mit jüngeren Brüdern und Schwestern aufgewachsen war, nach den kleinen Mädchen und umarmte sie mit Küssen und Koseworten. Die beiden Prinzessinnen waren darüber so erstaunt, daß sie »gleichzeitig in Weinen und Lachen« ausbrachen.[288]

Noch einige Zeit nach Annas Ankunft am spanischen Hof gab es Frohsinn und Heiterkeit, die bis in die großartige Palastgruft von Philipps erneuertem Escorial vordrangen. Anna vergnügte sich mit den zwei Kindern in den Gärten oder saß plaudernd bei einer Handarbeit im Kreise ihrer Hofdamen. Zeitweise konnte es auch vorkommen, daß man sie neben ihrem schwarzgekleideten Gatten sah: Philipp über einen Berg von Schreibarbeiten gebeugt, mit Anna und den Kleinen an seiner Seite sitzend – bis er geendet hatte und sie den Sand über seine Unterschriften streuen durften.

Aber die düstere Umgebung des spanischen Hofes brachte auch das strahlende Licht junger Königinnen zum Erlöschen. Philipp, noch nicht 45, als er zum viertenmal heiratete, war bereits das düstere, gequälte Gespenst eines alternden Mannes, ein Opfer der Gicht und der schädlichen Nachwirkungen einer Kur, mit der er sein Leiden zu heilen versucht hatte.

Seine Lieblingsbeschäftigungen waren Frömmigkeitsakte, besonders das Beleuchten von Altären, wenn Hunderte, Tausende Kerzen und Fackeln gleichzeitig entzündet werden konnten, um das dämmrige Innere einer spanischen Kirche zum Erstrahlen zu bringen. Auch Anna begann sich frommen Beschäftigungen zu widmen, vor allem der Aufbewahrung und Verehrung aller Reliquien ihrer Lieblingsheiligen Leocadia von Oviedo. Am Gründonnerstag, kurz vor einer Niederkunft, »warf sie sich demütig den Armen zu Füßen«. Unverzüglich schrieb der französische Gesandte an Katharina von Medici, die Mutter der verstorbenen Königin, daß Anna »kaum ihre Wohngemächer verläßt, so daß ihr Hof einem Nonnenkloster gleicht«.[289]

Einmal – vielleicht in einem Anflug von Mitleid für das einsame Dasein seiner jungen Königin – ließ Philipp den großen Schauspieler Cisneros aus Toledo kommen, damit er für Anna und die Kinder spiele. Aber nicht einmal diese Aufführung konnte ein Lächeln über ihre Lippen bringen: Cisneros spielte weder eine Komödie noch eines der aufregenden Morddramen dieser Tage – er brachte Mysterienspiele über das Leben von Heiligen.

In den zehn Jahren ihrer Ehe gebar Anna fünf Kinder, von denen vier kurz hintereinander starben, so daß die junge Königin kaum in die Lage kam, ihre Trauerkleider wieder abzulegen.

Im Jahre 1580 geschah, was man vielleicht den Höhepunkt von Philipps Leben nennen könnte: Er kam in den Besitz von Portugal und vereinigte zum letztenmal die gesamte Iberische Halbinsel. Königin Anna, mit den beiden Stieftöchtern und ihrem eigenen Kind Don Diego, reiste mit Philipp an die portugiesische Grenze, wo die Verbrüderungsfeierlichkeiten stattfinden sollten. In Badajoz war gerade eine Epidemie ausgebrochen, und auch die königliche Familie erkrankte an »Grippe«. Anna, bereits hochschwanger mit ihrem sechsten Baby, wurde von den Ärzten erbarmungslos mit Aderlässen und starken Abführmitteln behandelt. Die ganze Familie erholte sich wieder – bis auf Anna. Ihr Leichnam wurde in den Escorial zurückgebracht, und Philipp reiste allein weiter.

In der langen Reihe zwischenfamiliärer Heiraten war Annas Ehe weder die erste gewesen, noch blieb sie die letzte dieser Art. Das engmaschige Netz in der Verwandtschaft zwischen österreichischen und spanischen Habsburgern wurde immer dichter. Der Bruder von Annas Großvater, Karl V., hatte seine Cousine ersten Grades geheiratet, Annas Vater, Maximilian II., hatte ebenfalls seine Cousine ersten Grades geheiratet. Die Inzucht hatte aber schon lange vorher begonnen, als auf der Iberischen Halbinsel die Königshäuser von Kastilien, Aragon und Portugal, Ahnen von Karls Mutter Johanna der Wahnsinnigen, untereinander geheiratet hatten, um ihre Interessen gegen den gemeinsamen Feind – die Mauren – zu wahren und eine verhältnismäßig friedliche Nachfolge zu sichern.

Nach Anna wurden im Zeitraum eines Jahrhunderts noch vier weitere Habsburgerprinzessinnen mit vier Habsburgerprinzen getraut. Das Gesicht dieser Ehen war fast immer dasselbe: der tränenreiche Abschied vom Elternhaus, die prächtige Reise durch Europa in einem Zug festlicher Kutschen, begleitet von bewaffneten Reitern und von Gepäckwagen, endlich die »Remise« beziehungsweise die Übergabe an die Gesandten des Bräutigams in einer Ortschaft an der Grenze. Es folgte noch ein letztes Lebewohl an Freunde und Heimat, dann eilte die Braut in die Arme eines Gatten, den sie noch nie zuvor gesehen hatte.

Einer der weisesten Männer Europas, Erasmus von Rotterdam, warnte damals in seinem Buch »Erziehung eines christlichen Prinzen« – das auch zur Schulung der jungen Habsburger benützt wurde – vor politischen Eheschließungen und nötigte seinen Prinzen, nur eine Frau zu wählen, die »Tugend, Bescheidenheit und Weisheit« besaß. Er wetterte gegen die »herzzerreißenden Folgen bei den Jungfrauen selbst, die manchmal in weiteste Fernen verschickt wurden zu Männern, die ihnen weder in der Sprache noch in Auftreten, Charakter oder Gewohnheiten glichen«. »Es wäre«, so sagte er, »als würde man sie im Exil aussetzen . . .«[290]

Das Leben am spanischen Hof – wie an jedem anderen fremden Hof – muß für eine verbannte Prinzessin grenzenlos einsam gewesen sein. Trotzdem war die

Tragödie ihres Lebens nicht ausschließlich in dieser fremdartigen Umgebung zu suchen, sondern in den Leiden aller Frauen dieser Zeit: ihre Kinder immer wieder eines frühen Todes sterben zu sehen, selbst zu unterliegen, und nicht zuletzt die Todesangst vor der Niederkunft. Von fünf Habsburgerbräuten, die Anna gefolgt waren, konnte nur eine alle ihre Schwangerschaften und Niederkünfte überleben.

Die Jungfrau, die Anna auf den Thron von Spanien folgte, war wieder ein Königskind aus Österreich: Margarete, die Tochter von Maximilians jüngerem Bruder, Erzherzog Karl von Steiermark. Margarete reiste 1599 durch Europa, um Philipp III., das einzige überlebende Kind von Anna und Philipp, zu heiraten. Allen Aufzeichnungen nach war Margarete ein ebenso schönes und lebhaftes Mädchen wie ihre Vorgängerin und paßte sich ihrem spanischen Gatten mühelos an. In 13 Ehejahren gebar sie ihm sieben Kindern. Vor der letzten Entbindung wurde sie von einer Vorahnung bedrängt, die ihr Gatte allerdings nicht ernst nahm. Sie überlebte zwar die Geburt, wurde aber nachher von einem Fieber befallen – dem gefährlichen Kindbettfieber wahrscheinlich –, und außer mit einem Aderlaß wußten ihr die Ärzte nicht zu helfen. Schnell verfielen ihre Kräfte, sie verlor das Bewußtsein und kam nur noch so lange zu sich, um die Beichte abzulegen und die Sterbesakramente zu empfangen. Verzweifelt kniete ihr Gemahl in seinem Gebetzimmer und rief weinend aus: »Mi santa muerta, Yo para qué vivo? – Meine teure Tote, was soll nun aus mir werden?«[291]

Von den sieben Kindern, die Margarete zurückließ, wurden nur zwei erwachsen, ein Knabe und ein Mädchen. Der Knabe war der spätere Philipp IV.; die Tochter, Maria Anna, durchquerte Europa von Madrid bis Wien, um ihren Vetter, den späteren Kaiser Ferdinand

III., zu heiraten. *Ihre* Tochter wieder reiste einige Jahre später, 1649, zur Eheschließung mit ihrem Onkel Philipp IV. nach Madrid zurück. Und endlich machte *deren* Kind, Margarita Teresa – die dunkeläugige, goldlockige Infantin, deren wundervolle Porträts aus der düsteren Ahnengalerie des Velasquez herausstrahlen – die letzte Brautreise von Madrid nach Wien, 1666, um ihren Onkel Leopold I. zu ehelichen.

Soviel sich aus dem Hoftratsch und den Berichten der Gesandten heraushören läßt, waren überraschend viele dieser Ehen glücklich. Die Habsburgerkinder wurden nämlich zu einem solchen Dasein erzogen, sie kannten kein anderes und fanden sich einfach damit ab.

Im Zusammenhang mit der Machtpolitik im 16. und 17. Jahrhundert waren die Heiraten der Habsburger untereinander eine logische und schlau ausgeheckte Form der Regierungskunst. Ihr Hauptgrund war natürlich, das mächtige Doppelreich in der Hand der Familie halten zu können; und in Ermangelung eines Nachkommens auf der einen Seite fiel eben die Erbfolge der anderen Linie zu. Damit war ihnen die Sicherheit gegeben – wie es Karl V. vorausgesehen hatte –, die engste Verbrüderung der beiden großen Gebiete Europas zu erreichen, die sonst keine gemeinsamen Interessen verbunden hätten, und zwar gegen die Türken und gegen die Ketzerei. Außerdem wurden sie auch weiterhin mit den beiden Hälften ihres habsburgischen Reiches eine riesige Zange darstellen, von der Habsburgs Erbfeind – Frankreich – umschlossen wurde.

Was die Inzucht betraf, so hatte damals die Wissenschaft noch keine abschreckenden Beweise für ihre möglichen Folgen. Die Kirche verbot wohl die Ehe bei bestimmten Verwandtschaftsverhältnissen, erteilte jedoch Prinzen mühelos und schnell die gewünschte

Sondererlaubnis. Der Glaube an die göttliche Macht königlichen Blutes – und von allen Adelsgeschlechtern waren die Habsburger von dieser Annahme besonders überzeugt – war mit der Vorstellung gekoppelt, daß interfamiliäre Ehen die Kraft dieses köstlichen Saftes nur noch verstärkten.

Es ist eigentlich erstaunlich, daß beide Zweige der Habsburger diese intensive Ballung ihrer Erbmassen so lange Zeit aushielten – zwei große Dynastien, die Tudor und die Valois, starben daran aus. Die Habsburger aber konnten sich behaupten und überlebten: in Spanien bis 1700, in Österreich noch Jahrhunderte länger.

10. *Am Hof Rudolfs II.*

Der »dunkle Humor«, den Rudolf aus Spanien mitgebracht hatte, wurde nach seiner Krönung noch »dunkler«. Die ganze Epoche stand unter keinem guten Stern, und die schweren Wolken, die den Himmel verdüsterten, schienen ebenso unheilverkündend zu sein wie der neue Kaiser.

Damals erlebte Wien ein mächtiges Erdbeben, »es erschütterte alle Häuser der Stadt, und Menschen wurden durch die Luft gewirbelt«. Eine Dame von hohem Rang, der von einem Priester in der Schottenkirche die bösen Geister ausgetrieben wurden, verkündete schreiend, daß sie Luther in den Flammen der Hölle gesehen habe. Und als nahe dem Schottentor ein Blutregen niederfiel, brach eine Panik aus. Dem Berichterstatter der Fugger zufolge stellte sich allerdings heraus, daß ein böswilliger Diener diesen Regen verursacht hatte, indem er einem Ochsen den Schwanz abschnitt, um ihm Beine zu machen. Und die Jesuiten wieder trieben einer bedauernswerten Magd, der Tochter einer »Hexe«, den Teufel aus, indem sie ihr Weihwasser zu trinken gaben. In der Ortschaft Dillingen gestand die Hebamme Walpurga Hausmännin unter Folterqualen, sie habe mit einem Teufel namens Federlin Unzucht getrieben und sich auch noch von ihm verleiten lassen, die Jungfrau Maria zu beleidigen, indem sie vor ihr ausspuckte und schrie: »Schande über dich, du ehrlose Dirne!« Sie beschuldigte sich auch, viele Neugeborene getötet und aus deren zarten Knochen – Hagelkörner verfertigt zu haben.[292]

Der Rauch zahlloser Hexen- und Ketzerverbrennungen verdunkelte ganz Europa.

Die Pest kam und ging, ebenso die Türken.

Tatenscheu zog sich Rudolf auf den Prager Hradschin zurück, wandte sich immer mehr von der Welt ab. In sich gekehrt und ungeheuer bewandert in Fragen der Kunst und Kultur und in mehreren Sprachen zu Hause, befaßte er sich mit dem Studium der Astronomie und Magie. Er geriet dabei in die Fußstapfen seines Ahnen Friedrichs III., und wie dieser sammelte auch er wertvolle Gemälde, Kupferstiche, Bücher und Manuskripte.

Er umgab sich mit einer Reihe seltsamer Gesellen: Astronomen, Alchimisten, Künstlern, Handwerkern, Altertumsforschern. In seinen Werkstätten entstanden aus Meisterhand Kunst- und Schmuckgegenstände von erlesenster Schönheit.

In den kaiserlichen Gärten konstruierte der dänische Astronom Tycho Brahe seine geheimnisvollen Geräte – die modernsten astronomischen Instrumente der damaligen Zeit – und beobachtete mit ihnen die Himmelskörper. Mit peinlicher Genauigkeit verzeichnete er seine Meßwerte über die planetarischen Bewegungen. Als der ketzerfeindliche Vetter des Kaisers, Ferdinand von Steiermark, Johannes Kepler aus seinem Land verjagte, nahm Rudolf ihn mit offenen Armen auf und ernannte ihn zu seinem kaiserlichen Hofmathematiker. Tycho Brahes Berechnungen, die nach ihrem Schutzherrn »Rudolfinische Tabellen« genannt wurden, dienten Kepler als Ausgangspunkt für seine Theorien über die elliptischen Bewegungen der Planeten – womit er den Grundstein zur Astronomie der Gegenwart legte.

Unheimliche Geschichten über den Hof zu Prag wurden laut und machten in ganz Europa die Runde. Man sprach von zahmen Löwen, Adlern und Leoparden, die sich frei in den Gärten der Prager Burg umhertrieben, von König Rudolfs Zauberspiegel, in welchem er die Zukunft sehen konnte, und von einem Zaubermagneten, mit dem er – auch auf größere Entfernungen – Gedanken zu lesen vermochte. Weiter glaubte man zu wissen, daß Kepler den Auftrag erhalten habe, ein Raumschiff zu bauen und Menschen zum Mond zu befördern.

Geisterbeschwörer und Alchimisten brauten rätselhafte Säfte in des Kaisers Zauberküche, versuchten sich an einem Lebenselixier und einem Weisheitstrank sowie an der Herstellung eines künstlichen Menschen und an der Wiederbelebung von Mumien. Der englische Astrologe Doktor John Dee, der den genauen Tag der Krönung Königin Elisabeths I. vorausgesagt hatte, kam nach Prag, ebenso der unheimliche Edward Kelley, dem man nachsagte, daß er Gold erzeugen könne »so schnell, wie eine Henne Nüsse (Körner) zu knacken vermochte«. Als es ihm dann doch nicht gelang, des Kaisers Goldreserven zu vergrößern – wurde er ins Gefängnis geworfen.

Gegen Ende des Jahrhunderts nahmen Rudolfs seltsame Launen und seine Anfälle von Schwermut und Verzweiflung immer mehr zu. Er fühlte sich verfolgt, glaubte, daß man ihm nach dem Leben trachte, und die Nahrung für diese Einbildung lieferte ihm sein Freund Tycho Brahe, der sich als Haus- und Hofgelehrter betätigte, sogar die Gicht der Majestät behandelte und eine Reihe von Horoskopen stellte, auf Grund derer er immer wieder behauptete, Rudolf würde von einem Mitglied seiner Familie getötet werden. Der Astronom war es auch, der dem Kaiser riet, unverheiratet zu bleiben.

Vor seiner Abreise aus Spanien war Rudolf mit dem Kind Isabella Clara Eugenia verlobt worden, aber er bemühte sich durch Jahre, die Hochzeit hinauszuschieben. Auch die dringlichen Briefe seiner Mutter vom spanischen Hof in Madrid, in denen sie ihn anflehte, doch endlich zu heiraten – der einzige Sohn ihres Bruders Philipp wurde zunehmend kränklicher, und es bestanden für die Infantin Isabella gute Aussichten, ihres Vaters Erbin zu werden –, blieben erfolglos. Rudolf fand immer wieder Ausreden, um einen Aufschub zu erreichen. In Prag nahm er sich eine Geliebte, die Tochter seines kaiserlichen Altertumsforschers, die ihm mehrere ganz eigenartige Kinder gebar. Die unglückliche Isabella hingegen wurde dreiunddreißigjährig mit Rudolfs jüngerem Bruder Albrecht vermählt, mit dem sie dann die Niederlande regierte.

Obwohl Rudolf 29 Jahre lang mit Isabella verlobt gewesen war und sie 18 Jahre lang, sozusagen auf den Kirchenstufen, hatte warten lassen, tobte er wie ein Wahnsinniger, als er erfuhr, daß sie seines Bruders Frau geworden war.

Als Rudolfs Bruder Ernst starb, wurde sein zweitjüngerer Bruder Matthias erbberechtigt, gegen welchen der Kaiser einen geradezu krankhaften Haß hegte.

Bald nachdem Rudolf zum Kaiser gekrönt wurde, geriet Matthias – zum Teil durch eigene Schuld – in eine äußerst peinliche Lage, die ihn weit über die Grenzen des Landes hinaus lächerlich machte. Ehrgeizig, aber völlig unbegabt, gelang es ihm immer wieder, alles zu verderben, was er in die Hand nahm. Die Niederlande waren in jenen Tagen ein Wespennest von Intrigen. 1577 stellten die katholischen niederländischen Stände Matthias die Statthalterschaft in Aussicht und baten ihn, persönlich zu erscheinen. Ohne Wissen des Kaisers stürzte sich der zwanzigjährige Erzherzog in das verlockende Abenteuer. Man erzählte, daß er sich im Nachtgewand aus einem Fenster im zweiten Stock der Hofburg abgeseilt habe, das Gesicht mit Ruß verschmiert, und in der Verkleidung eines Knechtes in die Niederlande geritten sei. Wilhelm von Oranien und dessen Anhänger hatten aber kein Interesse an Matthias, sondern wollten nur den Habsburgernamen in ihre Sache verwickeln. Der Welt bot sich somit das äußerst zweifelhafte Vergnügen, ein Ränkespiel mit anzusehen – zwischen einem österreichischen und einem spanischen Habsburger. Für Matthias endete das ganze Abenteuer mit einem grenzenlosen Hineinfall. Bloßgestellt und enttäuscht, ritt er mit leeren Taschen nach Wien zurück, einem Donnerwetter seines kaiserlichen Bruders entgegen.[293]

Von dieser Zeit an nahm Rudolf jede Gelegenheit wahr, um Matthias lächerlich zu machen. Während er seine anderen Brüder in verantwortliche Stellen einsetzte, erhielt Matthias weder Geld noch Rang und nicht einmal die Erlaubnis zu heiraten. Erbittert nahm sich der Erzherzog daraufhin eine Geliebte, wurde jedoch abermals von Rudolf verhöhnt, der ihm jetzt seine Impotenz vorwarf, weil keine Kinder zur Welt kamen.

Auf dem Hradschin verdichteten sich inzwischen die düsteren Schatten um Rudolfs Geist. Seine Schwermut und lebensfremde Haltung wurden immer unerträglicher – seine Welt war ein einziger Alptraum voller Angst und Mißtrauen. Gold und Silber hielt er ständig unter Schloß und Riegel, während es häufig im Palast keine Nahrungsmittel gab und die Dienerschaft hungern mußte.

Auch außerhalb des kaiserlichen Hofes zu Prag schien die Welt einer Katastrophe entgegenzueilen. Österreich wurde wieder einmal von den Türken überfallen, und 1605 erhoben sich in Transsylvanien (Siebenbürgen) die Ungarn und riefen unter Stefan Bocskay ihr eigenes Königreich aus. Die Kluft zwischen Protestanten und Katholiken vertiefte sich von neuem, und ganz Europa stand an der Schwelle eines Krieges.

Rudolf kümmerte sich wenig um die Ereignisse. Er vergeudete seine Zeit in Zauberküchen und widmete sich ganz seinen Liebhabereien. Er weigerte sich, auswärtige Gesandte zu empfangen, bedrohte einen Minister mit dem Dolch, entließ seinen getreuen Ratgeber Wolfgang Rumpf, der ihm seit der Schulzeit in allem treu und ehrlich beigestanden war, und ernannte einen Kammerdiener zu seinem obersten Berater. Selbst seinen Brüdern gelang es nur unter Schwierigkeiten, ihn zu sehen, und auch für dringlichste Staatsfragen war er nicht zu sprechen. Männer, die eine Audienz bei ihm suchten, mußten sich als Knechte verkleidet in den Stallungen verstecken – nur dort war Rudolf bereit, mit Fremden zu reden. Wagte es aber einer, ihn bei der Arbeit oder in seinen Grübeleien zu stören, so mußte er sich auf die schauerlichsten Zornesausbrüche gefaßt machen, während welcher er alles kurz und klein schlug, was ihm in die Hände geriet.

Einmal versuchte er sogar, sich mit der Scherbe einer zerbrochenen Fensterscheibe den Hals aufzuschlitzen.[294]

Indessen hatte Rudolfs Bruder Matthias in dem klugen und ehrgeizigen Priester Melchior Khlesl einen außergewöhnlichen Verbündeten gefunden, der für ihn zu denken und zu handeln verstand.

Auf Khlesls Rat versammelten sich die Brüder und Vettern des Kaisers in der Wiener Hofburg und verlangten Rudolfs Abdankung zugunsten von Matthias. Sodann erschien Matthias an der Spitze einer Armee vor den Toren Prags und zwang den Bruder, Ungarn, Mähren und zuletzt auch noch Böhmen an ihn abzutreten.

Zähneknirschend setzte Rudolf seinen Namen unter die Abdankung und schleuderte die Feder zu Boden. Es blieben ihm eine großzügige Abfindung und die Prager

Burg. Nicht zuletzt aber verblieb ihm noch ein Besitz, den ihm keine Macht der Welt rauben konnte – die Krone des Reiches.

Völlig unerwartet starb er 1612, gerade als ihm sein Kammerdiener ein frisches Hemd reichen wollte. Es wurde behauptet, daß er an einem gebrochenen Herzen zugrunde gegangen sei, nachdem am Vortag sein treuer alter Löwe und seine zwei Lieblingsadler, die er immer eigenhändig gefüttert hatte, eingegangen waren.[295]

Sein Bruder Matthias brachte einen Großteil von Rudolfs Schätzen an den Wiener Hof zurück, wo sie noch heute in den staatlichen Museen zu bewundern sind: das eigenartige, beinahe surrealistische Gemälde von Arcimboldo; die böhmischen Kronjuwelen, Wunder der Renaissance-Goldschmiedekunst; einzigartige Gegenstände aus Amethyst, Onyx, Chalzedon, Perlmutter und vergoldetem Silber; Becher aus Bleikristall, einer davon in Form eines schlanken, langbeinigen Kranichs; eine Schale, die aus einem riesigen, 2600karätigen Smaragd geschliffen ist.

Lange Zeit hindurch waren auch noch zwei von Rudolfs teuersten »Kuriositäten« in der Schatzkammer der Hofburg zu sehen – die Flosse einer Nixe und ein Flaschengeist.

11. Matthias – Monarch der sieben »M«

Endlich war es soweit. Im Jahre 1612 erreichte der gehaßte jüngere Bruder das Ziel seiner Wünsche, er war Kaiser des Heiligen Römischen Reiches, König von Böhmen, König von Ungarn – und war zugleich ein alternder Mann, ängstlich, unsicher, gichtisch, aber immerhin davon überzeugt, alles nachholen zu können, wovon er ein Leben lang geträumt hatte. Reichlich verspätet wurde es ihm vergönnt, aus der Schale der Macht und des Glückes zu trinken, doch es blieb ihm nur wenig Zeit, sich dieses Traumes zu erfreuen.

Sobald er es möglich machen konnte – unmittelbar nach Rudolfs Abdankung –, heiratete er. Matthias hatte niemals über genügend Geld verfügt – jetzt gab er es dafür mit beiden Händen aus. Er lud zu großartigen Festgelagen in der Hofburg, Musiker spielten, Weine flossen, und wenn es die Gicht ihm erlaubte, tanzte er auch. Matthias' Gemahlin – er hatte natürlich auch eine Cousine geheiratet, Anna von Tirol – war aber eine ernste, übertrieben fromme Frau in reiferen Jahren. Sie widmete sich mit Vorliebe karitativer Arbeit, brachte einen neuen Mönchsorden, die Kapuziner, nach Wien und schuf mit deren Hilfe eine prächtige Gruft für sich und den Gatten: die Familiengrabstätte in der Kapuzinerkirche, wo sich heute die sterblichen Überreste fast aller österreichischen Habsburger befinden. Sie besaß eine silberverzierte Peitsche, mit der sie sich selbst zu züchtigen pflegte, wann immer sie gesündigt hatte – was sicherlich nicht sehr oft der Fall war.[296]

Die kaiserliche Ehe blieb kinderlos, und da auch die anderen Brüder keine Kinder hatten, fiel die Nachfolge an einen Vetter, den Erzherzog Ferdinand, den Sohn Karls von Steiermark.

Einstweilen aber lag die kaiserliche Macht noch in den Händen von Matthias' Beichtvater und erstem Ratgeber, dem tüchtigen und fähigen Melchior Khlesl. Als die Feindschaft zwischen Protestanten und Katholiken immer erbitterter wurde, bildeten sich zwei Lager um den unentschlossenen alten Kaiser: eine Friedenspartei unter Khlesl, die Matthias empfahl, den Andersgläubigen in Böhmen mit Milde und Nachsicht entgegenzutreten, und eine Kriegspartei, die von Matthias' Vetter Ferdinand und dessen jüngerem Bruder Maximilian angeführt wurde. Als sich Khlesl gegen die Wahl Ferdinands als Anwärter auf die Kaiserkrone auflehnte, wurde der tüchtige Kardinal durch einen flinken Handstreich von Ferdinand überrumpelt. Auf den Stiegen der Hofburg nahm man ihn kurzerhand gefangen, schleppte ihn durch einen geheimen Gang zu einem Stadttor, zerrte ihn dort in eine geschlossene Kutsche und brachte ihn auf Schloß Ambras in Tirol.

Als der alte Matthias, bettlägrig und hilflos, vom Schicksal seines Getreuen erfuhr, preßte er nur das Bettuch an die Lippen und blieb stumm. Später soll er dann geflüstert haben: »Wieviel lieber wäre ich ein glücklicher Privatmann als ein so hintangesetzter Kaiser.«[297]

Aber schon zwei Wochen später gab er im Prater ein großartiges Familienfest und verkündete, daß alles vergeben und vergessen sei.

Der Sturm, der sich schon lange über Mitteleuropa zusammengeballt hatte, begann sich bereits damals zu entfesseln.

Einige Monate später, an einem Morgen im März des Jahres 1619, starb Matthias in seinem Bett in der Hofburg, gerade als er eine Tasse Hühnerbrühe zu den Lippen führen wollte. Seine Frau war schon vor ihm gestorben, und nur ein Kammerdiener betreute ihn in seiner letzten Stunde. Alle, die Rang und Namen besaßen, hatten sich bereits in den Gemächern seines Vetters Ferdinand eingefunden, um sich dessen Gunst zu sichern.

Die Bevölkerung aber war erstaunt und zufrieden, daß sich mit Matthias' Tod die astrologische Prophezeiung der sieben »M« erfüllt hatte, die für 1619 von Kepler aufgestellt worden war:

»Magnus Monarcha Mundi Medio Mense Martio Morietur.« (Ein großer Monarch der Welt wird Mitte des Monats März sterben.)[298]

IV

DIE HABSBURGER IN BEDRÄNGNIS: PROTESTANTEN UND TÜRKEN

1. Ferdinand II.

Wir sind doch nunmehr gantz,
ja mehr denn gantz verheeret!
Andreas Gryphius
»Thränen des Vaterlandes Anno 1636«

Es war eigntlich ein seltsamer Funke, der schließlich das religiöse Inferno entzündete und ganz Europa in einem Flammenmeer versinken ließ.

Nach einem besonders erbitterten Wortgefecht, das sie am 23. Mai 1618 mit böhmischen Protestantenführern in Kaiser Rudolfs alter Prager Burg ausgetragen hatten, erlebten die beiden katholischen Abgesandten Seiner Kaiserlichen Majestät einen alten böhmischen Brauch – den Fenstersturz – am eigenen Leib: Sie wurden durch ein Fenster fast 20 Meter tief in den ausgetrockneten Wassergraben geworfen.

Das eine Opfer, Baron Martinitz, schrie gellend: »Jesus, Maria, Hilfe!«, als er über die Brüstung gestoßen wurde. Der zweite Gesandte, Slavata, klammerte sich verzweifelt am Fensterbrett fest und flehte zur Heiligen Jungfrau, bis er, bewußtlos geschlagen, den Halt verlor.

Einer der protestantischen Übeltäter beugte sich aus dem Fenster und rief ihm nach: »Seht zu, daß Euch Eure Maria nun hilft!« Einen Augenblick später stotterte er verblüfft: »Bei Gott, seine Maria hat geholfen.«[299]

Wie durch ein Wunder war keiner der beiden ernstlich verletzt; ihre faltenreichen spanischen Mäntel hatten sich mit Luft gefüllt, und sie landeten verhältnismäßig sanft auf einem Misthaufen. Ihr Sekretär, ein ausnehmend höflicher Bursche namens Philipp Fabricius, war ihnen – zusammen mit ihren Federhüten – nachgeworfen worden und landete genau auf seinem Herrn, dem Baron Martinitz – ein arger Verstoß gegen die Etikette –, war aber geistesgegenwärtig genug, sich bei Seiner Exzellenz für diesen Fauxpas sofort zu entschuldigen und erst dann aufzustehen.

Philipp wurde später unter dem köstlichen Namen Baron von Hohenfall in den Adelsstand erhoben.[300]

Das also war die Opera-buffa-Szene, die einen der fürchterlichsten Kriege der Welt auslöste. Dreißig Jahre später, als er beendet war, glich Mitteleuropa einem pockennarbigen Friedhof – ein volles Drittel der Bevölkerung Deutschlands war umgekommen.

1618, zum Zeitpunkt des Prager Fenstersturzes, hätte dieser Krieg zwar nicht mehr verhindert, aber immerhin aufgeschoben werden können. Kaiser Matthias war zwar noch am Leben, aber bettlägerig und schwer leidend. Kardinal Khlesl riet ihm damals zu einer Politik der Milde und Nachgiebigkeit. Doch Ferdinand von Steiermark, Matthias' Vetter, mischte sich rücksichtslos ein, indem er den Kardinal entführen und in Tirol einkerkern ließ. Der Krieg begann.[301]

Ferdinand von Steiermark war absolut nicht der Fanatiker, zu dem ihn die Geschichte später gemacht hat. Ein dicklicher, freundlicher kleiner Mann mit rötlichblondem Haar und Sommersprossen, sah er mit seinen kurzsichtigen, wasserblauen Augen wohlwollend in die Welt. Vorsichtig und maßvoll in seinen Gewohnheiten, stand er täglich um sechs Uhr morgens auf und ging um zehn Uhr abends zu Bett. Seine Gutmütigkeit und Großzügigkeit waren sprichwörtlich, er hing an seiner Familie, und seine Kinder bewiesen eine sorgfältige Erziehung. Wie seine habsburgischen Ahnen liebte er Musik, Theater und die Jagd.

Er hatte keinerlei militärische Ambitionen. Mit 22 Jahren zog er in Richtung Ungarn zum Kampf gegen die Türken. Unterwegs, so erzählte man, bemerkte er eine Staubwolke in der Ferne, die entweder von einem Trupp türkischer Reiter oder aber von einer Ochsenherde verursacht wurde. Ohne zu zögern machte er kehrt und jagte, gefolgt vom ungeordneten Haufen seiner Krieger, über die Mur zurück und hielt erst an, als er in seiner eigenen steirischen Provinz wieder in Sicherheit war.[302]

In religiösen Dingen aber hatte Ferdinand ein Rückgrat aus Stahl. Er war die Seele der Gegenreformation in Mitteleuropa. An der Universität Ingolstadt von Jesuiten erzogen, war er, wie sein Pate und Vetter Philipp II. von Spanien, schon früh entschlossen, in seinen Landen die Ketzerei auszurotten. Er soll sogar gesagt haben, daß er lieber alle seine Besitztümer aufgeben und nur mit einem Hemd auf dem Leib auswandern wolle, als denjenigen, die der »wahren Religion« schadeten, auch nur einen Finger zu reichen.[303] »Lieber eine Wüste als ein Land voller Ketzer« war sein Wahlspruch.[304]

In dieser unbeugsamen Haltung in Sachen Religion dürfte Ferdinand kaum anders gewesen sein als viele – wenn nicht die meisten – seiner Zeitgenossen.

Calvinisten und Lutheraner verfluchten einander ebenso grimmig, wie sie gemeinsam die Papisten angriffen. Gewalttätigkeit, wenn auch nicht körperliche, so doch geistige, wurde beständig von den Kanzeln gepredigt. Zwang war bei allen drei Glaubensrichtungen schon lange zum Werkzeug der Bekehrung geworden.

Ferdinand war besonders starrköpfig; die verbissene Hartnäckigkeit vieler seiner habsburgischen Vorfahren war in ihm wiedergeboren. Als im nächsten Frühling der Krieg tatsächlich ausbrach, beschworen ihn seine Ratgeber und sein Beichtvater, aus Wien nach einem sicheren Aufenthaltsort in Tirol zu übersiedeln, aber er weigerte sich. Im Juni stand Graf Thurn mit seiner protestantischen Armee aus Böhmen vor den Toren Wiens. Bleigeschosse rasselten durch die Fenster der Hofburg direkt in die Gemächer der kaiserlichen Familie. Ohne Soldaten, ohne Geld und umgeben von einer Bürgerschaft, deren Treue mehr als zweifelhaft war, begab er sich in die Schloßkapelle, um zu beten. Nachher behauptete er, daß er, vor dem Kreuz kniend, deutlich die Worte gehört habe: »Ferdinande, non te deseram.« (Ferdinand, ich werde dich nicht verlassen.) Gott hatte zu ihm in fehlerfreiem Latein gesprochen, der Diplomatensprache der Hofburg.[305]

Wenige Tage später war Ferdinand sowohl außerhalb als auch innerhalb der Burg belagert. Eine Abordnung von österreichischen Protestantenführern erschien in der Hofburg und wollte ihn zwingen, Zugeständnisse zu unterschreiben. Aber obwohl die stundenlangen Debatten mit den Ketzern ihn völlig erschöpften, weigerte er sich standhaft. Einer dubiosen Anekdote zufolge soll einer der Protestanten den dickschädeligen Habsburger am Westenknopf gefaßt und ihm die allzu vertraulichen Worte zugerufen haben: »Ferdl, so unterschreib schon!« oder: »Nandl, gib dich!«

In diesem verzweifelten Augenblick hörte man plötzlich aus dem Burghof Trompetenblasen und Pferdegetrappel. Ein Reiterregiment von 500 Kürassieren, das von Ferdinands jüngerem Bruder, Erzherzog Leopold, zu seiner Hilfe entsandt worden war, sprengte durch die Tore und rettete den Kaiser in letzter Minute.[306]

Von diesem Augenblick an war Ferdinand das Glück wieder hold. Zu Ende des Sommers wurde er gekrönt, er ernannte die Heilige Jungfrau zum Oberbefehlshaber seiner Armee, und im November besiegten die verbündeten Truppen des Kaisers und des Herzogs von Bayern die böhmischen Protestanten in der Schlacht am Weißen Berge. Der »Winterkönig« von Böhmen, Friedrich, floh ins Exil.

Im Mai 1621 lagen die Todesurteile über die böhmischen Rebellen auf Ferdinands Schreibtisch zur Unterschrift. Es war seine Pflicht als Monarch, als unbeugsamer Monarch, die Rebellen zu bestrafen. Blut mußte fließen. Doch als er die Feder ergriff, konnte er es nicht übers Herz bringen, seinen Namen unter die Urteile zu setzen. Er stürzte aus dem Zimmer und wischte sich die Schweißperlen von der Stirn.[307] Erst am nächsten Tag, nachdem er eingehend mit seinem Beichtvater gesprochen hatte, war er dazu fähig, den Tod der Rebellen zu besiegeln. Gleich nachher begab er sich zur Mariazeller Gnadenmutter, um für die Erleuchtung der Hoffnungslosen noch vor ihrem Tod zu beten.

Am Tag ihrer Hinrichtung, die im folgenden Monat in Prag stattfand, lag Ferdinand abermals auf den Knien und betete in der Hofburgkapelle für das Seelenheil der Verurteilten. Die Köpfe dieser Unglücklichen wurden auf den Eisenstäben der Karlsbrücke in Prag aufgespießt als Warnung für alle.

Der »Majestätsbrief« – eine Urkunde, mit der Rudolf II. den Religionsfrieden in Böhmen festgelegt hatte – wurde nach Wien zurückgebracht und, wie man erzählte, von Ferdinand mit eigener Hand in Stücke gerissen.

Aber noch hatte Ferdinands Kreuzzug zur Vernichtung der Ketzerei und Wiederherstellung des Heiligen Römischen Reiches kaum begonnen. Auf beiden Seiten wurden riesige Armeen von Söldnern aufgestellt, meist Ausgestoßene der Gesellschaft, die nur für ihren Lohn und um der Chance willen kämpften, möglichst ausgiebig plündern zu können. Mit ihnen zog ein die Anzahl der Streiter um ein Vielfaches übersteigender Schwarm von »Begleitpersonen«, die dazu beitrugen, daß etwa in der Bucquoy-Armee pro Woche sechs bis sieben Babys das Licht der Welt erblickten.[308]

Kreuz und quer wälzte sich dieser Haufen durch Mitteleuropa – kämpfend, plündernd, zeugend –, bis sie das Land vollkommen vernichtet, in Not gebracht und ausgesogen hatten. Seuchen brachen aus: Pest, Pokken, Skorbut, Syphilis. Dazu kam noch eine Reihe von Mißernten, die in den zwanziger Jahren des 17. Jahrhunderts die Bevölkerung in totale Verzweiflung stürzten.

Zwei-, vielleicht dreimal wäre dieser schreckliche Krieg beinahe zum Stillstand gebracht worden; doch immer wieder fand sich ein neuer Grund, den grausigen Kampf wieder aufzunehmen.

Zum Schluß war der Dreißigjährige Krieg schon lange kein Religionskrieg mehr, sondern nichts als ein weiterer Abschnitt in der endlosen bitteren Fehde zwischen dem Hause Habsburg und Frankreich.

2. *Eine Braut in Kriegszeiten*

Wieder einmal, mitten im Dreißigjährigen Krieg, hing das Schicksal der Habsburger vom Zustandekommen einer einzigen Heirat ab. Wieder einmal stützte sich die Zukunft der Familie auf eine jener unsicheren Hochzeitsfahrten – diesmal quer über das vom Krieg zerrissene Antlitz Europas. Ob es überhaupt gelingen würde, die ganze Sache zustande zu bringen, blieb monatelang, sogar jahrelang, eine Hoffnung von Haaresbreite in den Händen eines einzigen entschlossenen Hofmannes.

Die alten Erzherzöge im Hause Österreich, die Onkel und Cousins des Kaisers, waren einer nach dem andern gestorben. Der jüngere der beiden Söhne Kaiser Ferdinands, Leopold Wilhelm, war schon als Kind von seinen frommen Eltern der Kirche geweiht worden, obwohl er nicht die Spur einer Neigung zum Priesterberuf zeigte.

So hing das Schicksal der Dynastie von der zarten Person des älteren Knaben, eines dritten Ferdinand, ab und von seiner Fähigkeit, Erben in die Welt zu setzen.

Niemand war 1626 erstaunt zu hören, daß der junge Ferdinand seine spanische Cousine, die Infantin Maria Anna, heiraten werde. Wenn die Wahl auch nicht gerade überraschte, so war sie doch nicht dazu angetan, den Wiener Hof in voreiliges Entzücken zu versetzen. Maria Anna war noch in Madrid, in Kriegszeiten eine Weltreise von Wien entfernt. Sie stand im Ruf, hübsch, reizend und klug zu sein, aber sie war zwei Jahre älter als Ferdinand und etwas kränklich; tatsächlich hatte sie während des ganzen Jahres, das ihrer Verlobung vorangegangen war, ihr Zimmer kaum verlassen. Man konnte bezüglich des raschen Erscheinens von Erben nicht allzu optimistisch sein.[309]

Die spanische Linie der Familie steckte in derselben Klemme wie die österreichische. Philipp II. hatte kurz vor seinem Tode gemurmelt: »Gott, der mir so viele Königreiche gegeben hat, hat mir keinen Sohn geschenkt, der fähig wäre zu regieren.« Und tatsächlich beschäftigte sich der faule, vergnügungssüchtige Philipp III. hauptsächlich mit Angelegenheiten der Etikette. Er hatte die österreichische Habsburgerin Erzherzogin Margarete geheiratet und starb im Jahre 1621; er hinterließ als Erben einen vierten Philipp und eine heiratsfähige Tochter, Maria Anna. (Nach der witzigen Bemerkung des französischen Gesandten war Philipp an der Hitze eines »Brasero« – eines Behälters voll heißer Holzkohle – gestorben, weil der Hofbeamte, der dazu bestimmt war, den Behälter zu entfernen, nicht erschien.)

Nachdem die Verlobung öffentlich bekanntgegeben worden war, zeigte der Madrider Hof wenig Eile, die Braut auf die Reise zu schicken. Die schwierige Aufgabe fiel dem spanischen Gesandten Ferdinands II., Graf Franz Christoph Khevenhüller, zu, einem hervorragenden Hofmann, der, ein Vorbild an Takt und Geduld, so lange plante, ausheckte, anspornte und herummanövrierte, bis die Sache durchgebracht war und die Hochzeitsfahrt endlich vonstatten ging.

Die Probleme, die im Wege standen, waren so vielfältig, daß sie das Hirn des klügsten Hofmannes auf eine harte Probe stellten. Es war nämlich so: Ende der zwanziger Jahre des 17. Jahrhunderts schien sich die ganze Welt verschworen zu haben, ein Treffen von Braut und Bräutigam zu verhindern. Der Krieg stand nicht besonders gut für die Habsburger. 1626, im Jahr der Verlobung, mußte ein Bauernaufstand in Oberösterreich unterdrückt werden. Während die kaiserliche Armee den König von Dänemark bekämpfte, drang ein protestantisches Heer in Schlesien ein. Während Spanier und Bayern das Rheinland besetzten, machte sich Frankreich im Valtellina breit, dem wichtigen Alpenpaß zwischen Österreich und Norditalien. Es war in der Tat keine sehr günstige Zeit für eine Brautfahrt.

Nach der Verlobung reiste Khevenhüller nach Wien zurück, um Bericht zu erstatten und die Weisungen des Kaisers entgegenzunehmen. Der Ehekontrakt wurde am 3. September 1628 unterschrieben. Er war nach dem Vorbild des Ehekontraktes von Maria Annas älterer Schwester, der Infantin Anna, nunmehriger Königin von Frankreich, abgefaßt – mit Ausnahme eines wesentlichen Details: Maria Anna verzichtete weder für sich noch für ihre Kinder auf ihre Ansprüche auf die spanische Erbfolge.

Nachdem der Kontrakt unterzeichnet war, schien ein fast unüberwindlicher Hemmschuh die Abreise der Hochzeitsgesellschaft zu verzögern. Böse Zungen am spanischen Hof hatten der Infantin zugetragen, daß ihr zukünftiger Gatte häßlich, mißgestalt und unsympathisch sei, so daß sie selbst kaum allzu begierig war, sich auf die Reise zu begeben.[310]

Ihr königlicher Bruder, der Monarch von Europas führender, wenn auch schwindender Macht, bestand darauf, seine Schwester in angemessenem Stil zu entsenden, wofür ein Gefolge von einigen hundert Personen nötig war. Aber die Spanier waren in Wien nicht sehr beliebt, und der kaiserliche Hof war nicht bereit, die Spesen und Komplikationen auf sich zu nehmen, die eine solche Reise mit sich bringen würde. Es war Khevenhüllers schwierige Aufgabe, die Größe der Hochzeitsgesellschaft der Infantin weitgehend herabzusetzen, ohne dabei irgend jemanden am empfindlichen spanischen Hof zu verletzen.

Der kaiserliche Gesandte gab sich die größte Mühe, das schreckliche Klima Wiens im Winter zu beschreiben, das für Südländer so schwer zu ertragen sei, dazu das bittere Heimweh, das die meisten Spanier in Wien befiele, und die Schwierigkeiten der Heimreise im Krieg. Er richtete es so ein, daß Maria Annas Tante, die Erzherzogin Isabella, Regentin der Niederlande (dieselbe Prinzessin, die eine so lange und vergebliche Verlobung mit Rudolf II. durchgemacht hatte), ihrer Nichte einen Brief schrieb, der von guten Ratschlägen für expatriierte Bräute überfloß. Unter anderem hob sie die Wichtigkeit hervor, in Begleitung einer möglichst kleinen Gesellschaft von eigenen Landsleuten zu reisen.

Schließlich stimmte Philipp zu, daß seine Schwester mit dem »bescheidenen« Gefolge von nur 200 Spaniern reisen sollte. Die Spitze dieser Gesellschaft würde – zu Khevenhüllers Mißvergnügen – der Herzog von Alba bilden, ein unangenehmer, arroganter, schwieriger und stets kränkelnder Mann; doch er war der erste Grande von Spanien und hätte es als unerträglichen Affront aufgefaßt, übergangen zu werden. Khevenhüller hatte keine andere Wahl, als zuzustimmen.

Sein nächstes Problem war die Bestellung des Beichtvaters der Braut, der in jenen Zeiten und in jenen Kreisen einem geheimen Ratgeber gleichkam. Die Jesuiten waren in Wien de rigueur, Kaiser Ferdinand hob kaum einen Finger, ohne *seinen* Jesuiten, Pater Lamormaini, zu befragen. In Madrid jedoch waren die Jesuiten in Ungnade gefallen, dort waren die mit ihnen rivalisierenden Kapuziner »obenauf«. Zu Khevenhüllers hilfloser Verzweiflung erwählte Maria Anna denn auch einen Kapuziner zum Beichtvater, Fra Diego Quiroga.

Das bei weitem schwerwiegendste Problem war

jedoch – der Geldmangel. Bei solchen transkontinentalen königlichen Hochzeiten war es Sache der Familie der Braut, die Kosten bis zum Zeitpunkt der »Remise«, der Übergabe des Mädchens, zu tragen, nach welcher dann die Familie des Bräutigams Verantwortung und Kosten zu übernehmen hatte. Die günstigsten Berechnungen schätzten die Ausgaben für die Brautreise von Barcelona nach Genua und von dort nach Trient in Norditalien, wo die Remise stattfinden sollte, auf mindestens 600 000 Dukaten – für eine Staatskasse, die sich innerhalb eines halben Jahrhunderts kaum von vier Bankrotten erholt hatte und gerade jetzt in den Niederlanden und im Rheinland ungeheure Armeen unterhalten mußte, eine umwerfende Summe.

Während der Hof in Madrid diese quälenden Probleme wälzte, machte sich der Wiener Hof wegen der langen Verzögerung Sorgen und wartete ungeduldig auf die Verständigung, zu welchem Datum die Braut endlich abreisen würde. Die postalische Verbindung dauerte natürlich so lange, wie ein Bote brauchte, um zu Schiff nach Genua und dann mit Pferd und Wagen über die Alpen zu gelangen.

Ein oder zwei Leckerbissen guter Nachrichten hatten jedoch die lange Wartezeit versüßt: Kardinal Richelieu mußte in der Heimat einen Hugenottenaufstand niederringen und daher die französischen Truppen aus dem Valtellin abziehen, was den Weg über die Alpen für die Brautgesellschaft öffnen würde – und die kaiserliche Armee hatte unter Wallenstein Schlesien zurückerobert und Dänemark besetzt. Außerdem war der wartende Bräutigam, der dritte Ferdinand, zum König von Ungarn und Böhmen gekrönt worden, was bedeutete, daß die Infantin bald Königin werden konnte; auch hatte er bei den begleitenden Festlichkeiten in Prag den ersten Preis im Lanzenstechen gewonnen.

Die stellvertretende Hochzeit in Madrid wurde für den Vorfrühling des Jahres 1629 festgesetzt. Als aber der bestimmte Tag herannahte, erkrankte König Philipp an einem Fieber, und die Hochzeit mußte verschoben werden. Es bedurfte zusätzlicher Anstrengungen und Überredungskünste von seiten Khevenhüllers, um der Verzögerung ein Ende zu bereiten und es so einzurichten, daß die stellvertretende Zeremonie am Krankenbett des Königs im April stattfinden sollte.

Nun hatte es den Anschein, als stünde die Abreise wirklich nahe bevor und als könnte nichts mehr die Reise verzögern – da wurde Khevenhüller daran erinnert, daß kein vernünftiger Mensch in Spanien in der Hitze des Sommers reist, daß die Reise erst bei kühlerem Wetter, aber vor dem Einsetzen der herbstlichen Regenfälle beginne könne.

Nun ereignete es sich aber, daß Philipps Königin schwanger wurde, und Maria Anna konnte nicht im Traum daran denken, vor der Niederkunft ihrer Schwägerin abzureisen, die Ankunft eines erhofften Erben für den spanischen Thron war ein Ereignis von welterschütternder Bedeutung.

Mit nicht geringer Verbitterung und Enttäuschung nahm Wien die Nachricht von der neuerlichen Verzögerung auf; die österreichische Linie sollte offenbar immerdar hinter der spanischen die zweite Geige spielen. Kaiser Ferdinand schickte einen Sonderdelegierten, Prinz Cesare von Guastalla, angeblich um ein Geschenk des Bräutigams zu überbringen, in Wirklichkeit aber, um zu sehen, was man tun könnte, um die Sache in Schwung zu bringen. Das Geschenk bestand in einem Diamantenschmuckstück mit einem Miniaturporträt des jungen Ferdinand; man hoffte, daß ein Blick auf den hübschen Prinzen mit seinen melancholischen dunklen Augen, seinem lockigen Haar und Schnurrbart die Infantin vielleicht dazu bewegen könnte, ihre Reise zu beschleunigen.

Im Oktober 1629 wurde unter großem Jubel der spanische Thronfolger, Balthasar Carlos, geboren. Als die Tauf- und sonstigen Feierlichkeiten vorüber waren, war bereits der Winter ins Land gezogen. Maria Anna, die seit der stellvertretenden Trauung ihren neuen Titel – Königin von Ungarn und Böhmen – angenommen hatte, stimmte unter dem Druck Khevenhüllers tapfer zu, sich am Tage nach Weihnachten endlich auf die Reise zu begeben.

Ihr Bruder, der König, wollte sie bis Saragossa begleiten. Die Geschwister waren einander zutiefst ergeben – ihre Liebe mag wohl auch einen Faktor in der langen Verzögerung der Abreise der Infantin gebildet haben –, und so verbrachten sie im Palast von Saragossa ein paar letzte, bittersüße Tage miteinander. Beide gaben sich keinen Illusionen hin: Ihre Trennung würde eine Trennung für immer sein. Eines Tages stand Philipp vor Tagesanbruch auf und stahl sich aus dem Palast – noch bevor seine Schwester erwacht war –, er wollte ihr den Schmerz des letzten Lebewohls ersparen.

Wenn sich aber Khevenhüller nun endlich zu einem raschen Abschluß seiner jahrelangen Arbeit beglückwünschte, so war das immer noch verfrüht. Denn als die Hochzeitsgesellschaft Barcelona erreichte, fand sie die lange vorher bestellten Schiffe dort nicht fahrbereit vor. Monatelang wartete man im Hafen, bevor die Segler versorgt waren und die Fahrt nach Italien angetreten werden konnte. Erst spät im Juni 1630 landeten Braut und Gefolge in Genua.

Hier aber stießen sie auf neue Komplikationen: Krieg war ausgebrochen zwischen den Franzosen und Spaniern, es ging um Mantua; und in der Lombardei wütete die Pest. Ob sie es wagen sollten, nordwärts über die italienischen Alpen vorzudringen? Der Herzog von Alba, der um seine eigene Gesundheit besorgt und für die sichere Ankunft der Braut verantwortlich war, lehnte ab und schlug statt dessen vor, sich südwärts nach Neapel zu wenden und von dort zu Schiff um die Spitze und den Absatz des italienischen Stiefels in die Adria und weiter nach Triest zu segeln. Aber die Wiener Mitglieder des Gefolges protestierten.

Alle warteten in Genua, während Boten über die Alpen zum Bruder des Kaisers, Erzherzog Leopold von Tirol, eilten, der die Braut in Trient in Empfang nehmen sollte. Als auch der das Problem nicht lösen konnte, jagten Kuriere zum Kaiser selbst, der beim Reichstag in Regensburg den Vorsitz führte.

Der Kaiser hatte damals gerade alle Hände voll zu tun. Die zum Reichstag versammelten deutschen Fürsten verlangten von ihm, daß er um Frieden bitten möge, daß er seinen tapferen Oberbefehlshaber, General Wallenstein, der für seine eigenen Stiefel zu groß geworden war, entlasse und daß er das erschreckend riesenhafte kaiserliche Heer vermindere.

Als ob das nicht schon genug der Schwierigkeiten wären, war auch noch gerade König Gustav Adolf von Schweden mit seinem ausgezeichneten Heer in Deutschland gelandet, um die Partei der Protestanten zu unterstützen.

Ferdinand sandte nach Genua die Entscheidung zurück: Die kostbare Prinzessin sei auf dem sichersten und schnellsten Wege nach Wien zu bringen, und zwar quer über die Apenninen nach Ferrara und von dort weiter nordwärts.

Die Hochzeitsgesellschaft machte sich also auf den Weg nach Neapel; dort verblieb sie aus unerfindlichen Gründen drei lange Monate. Es war kein friedliches

Intermezzo. Alba stritt mit dem Vizekönig von Neapel, dem Herzog von Alcalà; die spanischen Herren aus Maria Annas Gefolge stritten mit dem Neapolitaner Adel über Fragen des Protokolls und des Vorrangs und ob die Neapolitaner die gleichen Privilegien beanspruchen dürften wie die Spanier, insbesondere vor der Königin mit bedecktem Haupte zu erscheinen. Erzürnt blieben die Neapolitaner Edlen schließlich dem Hofe gänzlich fern.

Außer sich vor Ungeduld, gelang es Khevenhüller nicht, den Herzog von Alba zu überreden, die Reise befehlsgemäß über das Gebirge fortzusetzen und das schwere Gepäck auf dem Seeweg zu befördern. Schließlich sprachen er und Alba nicht mehr miteinander, sondern verkehrten nur noch über ihre Sekretäre oder schriftlich. Und nach einiger Zeit beantwortete Alba Khevenhüllers Botschaften überhaupt nicht mehr.

Der Sommer verging, der Sommer des Jahres 1630, und beinahe auch der ganze Herbst. Die eisigen Regenschauer des Winters setzten ein, und nur noch Tollkühne überquerten um diese Zeit den Apennin. Aber gerade jetzt – Mitte Dezember – setzte sich die Hochzeitsgesellschaft in Bewegung: die Damen in großen, plumpen Wagen, die nicht für solche Straßen geschaffen waren, dahinter die berittene Eskorte, die Maulesel und die Gepäckwagen. Kalter Regen goß herab, die Räder versanken im Schlamm, die Straße verwandelte sich oft in einen bloßen Eselsteig; manchmal mußte man in ganz primitiven Dörfern übernachten. Vier Wochen dauerte es, um von Neapel nach Ancona an der adriatischen Küste zu gelangen. Aber die zarte Braut, die man für eine Halbkranke gehalten hatte, überstand alles in bester Gesundheit und Laune. Dafür erklärte der Herzog von Alba, daß er keinen Schritt mehr weiter machen könne, der Onkel des Bräutigams müsse die Braut in Ancona abholen.

Wieder einmal wartete alles, während ein Bote in nördlicher Richtung über die Alpen nach Tirol ritt und mit der Antwort des Erzherzogs Leopold zurückkam – mit einem nachdrücklichen Nein. Der Erzherzog erklärte kurz und bündig, es wäre mit der Ehre seines Hauses unvereinbar, die Braut auch nur einen Schritt weiter als in Triest zu treffen.

Khevenhüller zerbrach sich den Kopf, um dieses neue Problem zu lösen. Aber der Herzog von Alba konnte nicht von der Stelle gebracht werden, und der österreichische Gesandte beschwor die junge Königin, ihre Gesellschaft mit oder ohne Alba zum Aufbruch zu bewegen. Schließlich willigte Maria Anna unter der Bedingung ein, daß der Erzbischof von Sevilla, der der Gesellschaft als geistlicher Betreuer zugeteilt war, die Rolle Albas als Reiseleiter übernähme und bei ihrer Remise den Vorsitz führen würde.

Wieder einmal schien alles in Ordnung, und die Gesellschaft traf Vorbereitungen, um sich in Bewegung zu setzen. Da starb plötzlich der Erzbischof von Sevilla. Khevenhüller war verzweifelt. Schließlich konnte der Herzog von Alba doch dazu bewogen werden, bis Triest weiterzureisen.

Die Remise fand am 26. Januar 1631 in Triest statt. Die Braut wurde zu diesem Zeitpunkt offiziell ein Mitglied der Familie ihres Gatten; die Schlußrunde der Reise konnte beginnen.

Kaiser Ferdinand hatte einen höflichen, aber strengen Befehl erteilt: Wegen der außerordentlichen Kosten und des Standes der Staatskasse sollten nur jene Personen die Hochzeitsgesellschaft weiter begleiten, die vom Wiener Hof offiziell genannt wurden, und Khevenhüller hatte nun die ihm nicht unerwünschte Aufgabe, die spanischen Mitglieder des Gefolges durch angemessen reiche Geschenke auszuzahlen und nach Madrid zurückzuschicken.

Auf dem Semmeringpaß wartete eine Eskorte von 30 Herren auf die Braut, um sie zu begrüßen, sie hinunter in die Ebene und weiter bis in die Hauptstadt Wien zu geleiten. Es war bekannt, daß ein königlicher Bräutigam irgendwo auf der Route verkleidet aufzutauchen pflegte, um einen Blick auf die Braut zu werfen, bevor das offizielle Treffen stattfand; also vermutete Maria Anna vielleicht, daß ihr Verlobter unter dem Trupp der Höflinge sein würde.

Sie erkannte ihn sofort, wie sie sagte, an der tiefen Verbeugung, die er machte, ehrerbietiger und höfischer als irgendeiner der andern, und sie erwiderte den Gruß mit einem überaus graziösen, feierlichen Hofknicks. Der junge Ferdinand bemerkte voll Entzücken, daß sie wirklich der blauäugigen Blondine des Porträts, das Velasquez von ihr gemalt hatte, glich, und Maria Anna war sehr erleichtert, weil sie sah, daß ihr Gatte weder häßlich noch mißgestalt noch schwachsinnig war, wie man ihr in Madrid erzählt hatte. Sie verliebte sich sofort in ihn. Er sprach mit ihr spanisch. Und weil das Protokoll es nicht gestattete, daß er schon am selben Abend mit ihr dinierte, suchte er immer wieder in ihre Nähe zu gelangen, ehe er nach Wien zurückreiten mußte, um sich für den offiziellen Empfang vorzubereiten.

Bei der vorletzten Station der Reise warteten die Stiefmutter des Bräutigams, Kaiserin Eleonore, und seine beiden Schwestern, um die Braut zu begrüßen. Bei der allerletzten Rast, im Sommerpalais von Ebersdorf, wartete der Kaiser selbst in einer herrlichen Prozession von 56 Kutschen, jede von sechs schneeweißen, prachtvoll geschirrten Pferden gezogen.

Ferdinand und Maria Anna wurden am selben Tag, als sie ien erreichten, getraut: am 26. Februar 1631. Es hatte fünfeinhalb Jahre gebraucht, um die Hochzeit zustande zu bringen, und niemand wagte es, noch irgendeine Verzögerung im Vollzug der Ehe aufkommen zu lassen.

Es war eine von jenen politischen Heiraten, die sich als erfreulich erwiesen. Während die Kriegsnachrichten immer unheilvoller wurden, während das schwedische Heer nach Süden marschierte und schließlich die Donau überschritt, schwatzte der Wiener Hof entzückt über die Verliebtheit der Neuvermählten, wie sie täglich das Abendessen miteinander einnahmen, wenn Ferdinand nicht gerade durch den Krieg abgehalten war. Maria Anna war eine ausgezeichnete Gattin, lernte fließend Deutsch und begleitete ihren Gatten auf allen Reisen, selbst wenn sie schwanger war oder ein Kind stillte.

Fünf kleine Habsburger erschienen in angemessener Zeit, darunter auch ein Kronprinz, der der vierte Ferdinand werden sollte. Die erste Tochter des Paares, nach der Mutter benannt, wurde sogleich auf lange Sicht mit ihrem Cousin, dem kleinen Thronerben von Spanien, Balthasar Carlos, verlobt, dessen Ankunft Maria Annas Abreise aus Spanien verzögert hatte. Der österreichische Gesandte in Madrid schrieb, daß der sechsjährige Balthasar, als ihn die Nachricht von der Geburt der kleinen Prinzessin erreichte, ziemlich altklug erklärt habe, er sei sehr glücklich, daß ihm die Königin von Ungarn eine Gattin geschenkt habe.[311]

Khevenhüller, der treueste der Höflinge, blieb Maria Annas aufrichtiger Freund. Er sorgte dafür, daß die kaiserlichen Kinder rasch aus Wien in Sicherheit gebracht wurden, als die Stadt ein paar Jahre später durch das schwedische Heer bedroht wurde. Und als die nach ihrer spanischen Familie heimwehkranke Maria Anna sich 1634 danach sehnte, nach Passau zu reisen, wo sich ihr Bruder, der Kardinal Infant, kurz aufhielt, griff Khevenhüller in seine eigene Börse, um die Reisekosten aufzubringen.

Maria Annas Schwiegervater, Kaiser Ferdinand II., erlebte zwar nicht das Ende des Dreißigjährigen Krieges, wohl aber, daß sein Sohn 1636 in Regensburg zum Römischen König gekrönt wurde. Sterbenskrank reiste er gegen Ende des Winters nach Wien zurück. Es existiert noch ein Brief, den er unterwegs seinem Beichtvater, Pater Lamormaini, schrieb, in welchem er diesen um einen Rat bat. Er sei gewohnt, schrieb er, jeden Morgen nach dem Aufstehen eine Stunde lang zu beten, aber auf der Reise sei das so schwierig, denn er stehe jeden Tag schon um vier Uhr früh auf, um weiterzureisen, wie sollte er da seine Gebete verrichten?[312] Eine Woche später starb er in Wien, mit der geweihten Kerze in der Hand, die ihm sein Beichtvater gereicht hatte, während er das »Nunc dimittis« murmelte.

An einem Maientag des Jahres 1646 erwartete Maria Anna bei blühender Gesundheit in der Burg zu Linz die Geburt ihres sechsten Kindes. Ganz unerwartet befielen sie plötzlich Wehen, und sie starb. Ihr ungeborenes Kind wurde chirurgisch zur Welt gebracht, damit es getauft werden könne. Der trauernde Gatte – nunmehr Kaiser Ferdinand III. – brachte die Leichname von Mutter und Kind zu Schiff auf der Donau nach Wien, wo sie gemeinsam – in ein und demselben Sarg – in der Habsburgergruft unter der Kapuzinerkirche bestattet wurden.

Als der Dreißigjährige Krieg – aus purer Erschöpfung und Vernichtung seiner Teilnehmer – zu Ende ging, hatte es in vieler Beziehung den Anschein, als ob die beiden Habsburgerlinien in Spanien und in Österreich das Ende ihrer Bahn erreicht hätten.

Die spanische Infanterie, einmal die beste Europas, war von den Franzosen in der Schlacht von Rocroy 1643 vernichtet worden. Die spanische Staatskasse war leer. Die Gattin Philipps IV. war tot, Philipps einziger Sohn, Balthasar Carlos, der präsumtive Bräutigam seiner Cousine, der ältesten Tochter Ferdinands, starb an den Pocken. Philipps einziger Erbe war, wie die Dinge nun standen, seine Tochter Maria Teresa.

Bei der österreichischen Linie des Hauses war die Lage kaum besser. Dem zweiten und dritten Ferdinand, Vater und Sohn, war es nicht gelungen, das Heilige Römische Reich wiederzubeleben und zu vereinigen, wie sie gehofft hatten; der nahtlose Rock war hundertfach zerschlissen: Dutzende von Fürsten, Herzögen, Erzbischöfen, Bischöfen und Städten in Deutschland proklamierten ihre Abtrennung vom Reich. Auch hatten sie dieses nicht von der Ketzerei gereinigt, wie sie doch geschworen hatten. Der mystischen Sieben hatte sich im Kurkolleg nolens volens ein achter Kurfürst hinzugesellt, durch den Beitritt Bayerns, dessen Herrscher als Belohnung für seine Kriegsdienste auf seiten des Kaisers ein Sitz gewährt wurde.

Auch Ferdinands Staatskasse war leer, die Kronjuwelen waren immer wieder belehnt worden, um die Kosten des Krieges zu decken. Als einer von Ferdinands Ministern die Lage mit einem Minister seines Cousins Philipp besprach, machte er aus der finanziellen Misere kein Hehl und erklärte, daß bisweilen nicht einmal genügend Geld vorhanden gewesen sei, um die Tafel des Kaisers zu decken.[313]

Noch dazu war der alte Feind der Habsburger,

Frankreich, im Aufstieg begriffen und entschlossen, seine Grenzen bis an den Rhein vorzuschieben; er nagte bereits an den Rändern des Reiches.

Trotzdem bewährte sich die Zähigkeit der Habsburger noch immer, denn sie vereinigten sich und stärkten ihre Donauländer und schufen aus Österreich eine absolute Monarchie. In ihren eigenen Ländern war der Katholizismus gerettet. Der protestantische Adel war geflüchtet oder übergetreten. Und wieder waren Heiratspläne in Sicht.

Die Glocken, die im Oktober 1648 den Westfälischen Frieden einläuteten, läuteten auch wieder einmal zu einer Hochzeit im Hause Habsburg. Die junge Tochter Ferdinands III., die Namensvetterin seiner Gattin Maria Anna, sollte ihren betagten Onkel Philipp IV. heiraten. In der Hochzeitsgesellschaft der jungen Erzherzogin befanden sich einige ältere spanische Damen, die mit ihrer Mutter vor Jahren auf jener schwierigen Reise im Krieg aus Spanien gekommen waren.

In ihrer Begleitung war auch ihr Bruder, der Thronerbe und vierte Ferdinand, ein vielversprechender Jüngling von 16 Jahren. Man hoffte, er würde sich in Spanien verloben und durch die Heirat mit seiner Cousine Maria Teresa, der spanischen Erbin, die spanische Erbfolge doppelt sichern für den Fall, daß die Ehe seiner Schwester kinderlos bleiben sollte.

Als aber die Hochzeitsgesellschaft die Alpen überquert hatte und bis Rovereto gekommen war, wo die Remise stattfinden sollte, traf ein Kurier aus Madrid ein, der diese Hoffnungen derb zunichte machte. Er brachte ausdrückliche Weisungen, daß Erzherzog Ferdinand unter keinen Umständen die Reise mit seiner Schwester fortsetzen solle und daß er in Spanien nicht empfangen werden würde.

Maria Teresa sollte nämlich – Ludwig XIV. heiraten!

Der spanische Hof hatte beschlossen, den Frieden mit Frankreich zu erkaufen.

Die österreichisch-spanische Verbindung wäre aber auf jeden Fall hinfällig gewesen, denn der junge Ferdinand starb nicht lange danach an den Pocken. Sein frühzeitiger Tod brach dem Vater das Herz, Ferdinand III. überlebte seinen Sohn nicht lange.

3. Leopold I. – ein Kaiser wider Willen

»Wahrlich,
ich würde lieber in einer Wüsteneinsamkeit leben
als in meiner Hofburg.
Aber da mir Gott diese Last
auf meine Schultern geladen hat,
so hoffe ich, er wird mir auch die Kraft geben,
sie zu tragen.«
Kaiser Leopold I. an seinen Beichtvater
Pater Marco d'Aviano, 1680[314]

Der jüngere Sohn, der nun die Thronfolge antrat, war fast seit seiner Geburt der Kirche geweiht gewesen, und seine Vorliebe und Befähigung für den Priesterberuf hatten seine Lehrer-Jesuiten in helles Entzücken versetzt. Schon als kleiner Knabe liebte er es, aus seinen Bausteinen Kapellen zu bauen, und sein Lieblingsspiel war es, Miniaturaltäre zu schmücken und das Lesen der Messe nachzuahmen.

Erst als der strahlende und vielversprechende ältere Bruder mit 21 Jahren starb, wurde der vierzehnjährige Leopold aus seinem halbklösterlichen Schulzimmer herausgeführt, um eilig zwei Kronen gerecht zu werden und blinzelnd und voll Unbehagen unter dem grellen Scheinwerferlicht der großen Welt zu stehen.

Was die große Welt zu Gesicht bekam, war durchaus nicht geschaffen, sie zu beeindrucken. Leopold war ein ungewöhnlich kleiner Jüngling, außerordentlich häßlich, außerordentlich scheu, seine Zähne waren durch einen Anfall von Skorbut, der ihn fast getötet hätte, ausgebrochen, und er war so kurzsichtig, daß er ein Glas brauchte, um Dinge zu sehen, die ganz nahe zur Hand waren. Er hatte die groteske Habsburgerlippe, und sein Kinn war durch die doppelte Dosis an Erbmasse seiner nahe verwandten Eltern von so übertriebener Form, daß er wie sein Vorfahre Karl V. den Mund nicht richtig schließen und mit ihm nicht deutlich sprechen konnte.

Der französische Witz setzte Leopold kurz und hart zu. Der Comte de Grammont, der ihn in Frankfurt zur Zeit der Kaiserwahl getroffen hatte, berichtete in seinen Memoiren:

»Er hat einen ungewöhnlich großen Mund, den er immer offenhält; als er eines Tages mit dem Prinzen Porcia Kegel spielte und es zu regnen begann, beklagte er sich, daß die Tropfen immer in seinen Mund fielen. Der Prinz Porcia, sein Günstling, strengte sein erfinderisches Hirn an und riet nach einigem Nachdenken, sein königlicher Herr möge doch den Mund zumachen. Das versuchte der König von Ungarn denn auch und fand dadurch eine beträchtliche Erleichterung.«[315]

Aber Leopold war, im Gegensatz zu seiner Erscheinung, nicht dumm. Er war nur ohne jeden persönlichen Charme und gequält von Gewissensbissen und Zweifeln an sich selbst. Die chronischen Magenschmerzen, an denen er sein Leben lang litt, hatten zweifellos in diesen Spannungen ihren Ursprung; ebenso sein Beharren auf strengster Hofetikette, die dazu dienen sollte, ihm die Welt vom Leibe zu halten.

Behaglich fühlte sich Leopold einzig nur im engsten Familienkreise. Das war auch in der Tat ein ganz besonderer Kreis, beherrscht von seiner klugen und weltaufgeschlossenen italienischen Stiefgroßmutter Eleonore von Gonzaga und seinem begabten Onkel, dem Kunstkenner Erzherzog Leopold Wilhelm, der aus seiner Regierungszeit in den Niederlanden eine Gemäldesammlung nach Wien gebracht hatte, die mit phantastischem Verständnis und Geschmack ausgewählt war.

Eine von Leopolds Lieblingsbeschäftigungen, wenn er nicht mit seinen Herrscherpflichten befaßt war, bestand darin, mit diesen beiden Verwandten italienische Sonette zu improvisieren, wobei immer einer von den dreien eine Strophe sprach, zu welcher dann der nächste die Fortsetzung finden mußte. Dann wieder konnte man den jungen Leopold mit seinem Hofbibliothekar Peter Lambeck in alten Manuskripten kramen sehen, oder er schnitzte verworrene zarte Linien in ein Stück Elfenbein oder beugte sich über Gefäße und Retorten in seinem alchimistischen Laboratorium, wo er versuchte, Silber in Gold zu verwandeln.

Die Leidenschaft seines Lebens aber war die Musik. Sie machte sein unbequemes Dasein erträglich. Er selbst spielte Flöte, komponierte in seiner freien Zeit recht hübsche Madrigale und dirigierte die Musiker und Sänger in der Hofburgkapelle und sein Hoforchester. Er lebte, atmete, aß, trank, spielte und jagte buchstäblich zur Musik, und sein musikalisches Verständnis war von höchstem Rang.

Hätte er nach seinen eigenen Neigungen leben dürfen, er wäre wahrscheinlich ein gelehrter, gewissenhafter, kunstliebender Kardinal geworden. Es war Leopolds Unglück, Monarch geworden zu sein, und ein noch größeres Unglück, gegen die zwei gefährlichsten Gegner seines Jahrhunderts kämpfen zu müssen: gegen Ludwig XIV. von Frankreich und gegen Kara Mustafa, den Großwesir der Türkei.

Von Natur ungeeignet und durch Erziehung völlig unvorbereitet, um diplomatische und militärische Bravourattacken zu reiten, wie seine Zeit es erforderte, bahnte sich Leopold mit seiner mangelhaften Ausrüstung dennoch seinen Weg. In einer der längsten

Regierungszeiten der österreichischen Geschichte und – was unfreundliche Geschichtsschreiber einem reinen Glücksfall zuschreiben – mit der genialen Feldherrnkunst eines Eugen von Savoyen an der Seite, verwandelte Leopold I. Österreich in eine europäische Macht ersten Ranges.

Sein erster Zusammenstoß mit Frankreich ereignete sich in Frankfurt, wohin er 1657 gekommen war, um dort an Stelle seines Bruders zum Kaiser gewählt und gekrönt zu werden. Wieder einmal waren die Franzosen unter Mazarins geschickter Führung zur Stelle, um die Kurfürsten gegen eine nochmalige Thronbesteigung eines Habsburgers aufzuwiegeln und zu bestechen. Achtzehn Monate dauerte der Tauschhandel, bis Leopold endlich, gelenkt von seinem Onkel Leopold Wilhelm, die erforderlichen Stimmen erhielt und niederkniete, um die Krone in Empfang zu nehmen. Es war ein mehr als knapper Sieg: Die Kapitulation, die er zu unterschreiben gezwungen war, enthielt die einschränkendsten Bedingungen, die jemals einem Kaiser von seinen Kurfürsten auferlegt worden waren.

Die nächste Runde, den Kampf um die Bräute, gewann Frankreich, als Ludwig XIV. die ältere und daher erstrebenswertere der spanischen Infantinnen, der Töchter Philipps IV., heimführte. Leopold mußte sich mit der jüngeren Prinzessin abfinden, mit seiner Nichte Margarita Teresa. Diese Niederlage in Heiratssachen erwies sich als die kostspieligste seiner Regierung.

Natürlich war es nicht die Heirat selbst, an der Leopold so viel gelegen war. Der venezianische Gesandte, Molin, erklärte 1661: »Er gibt sich keinen Exzessen hin, denn er kennt Leidenschaft überhaupt nicht; sie würde ihn aus der Bahn reißen.«[316] Und der höfliche Lebemann Grammont schrieb, daß Leopold bis zum Zeitpunkt seiner Wahl zum Kaiser noch nie zu irgendeiner Frau – mit Ausnahme der Kaiserin, seiner Stiefgroßmutter – ein Wort gesprochen habe . . .[317] Als Kind seiner Zeit und im Hinblick auf Leopolds Stellung fand Grammont solche Enthaltsamkeit für ein köstliches und belustigendes Wunder.

Aber Leopold mußte ohnehin warten, bis die jüngere Prinzessin heiratsfähig geworden war, und ergötzte sich inzwischen gemeinsam mit seinem kunstliebenden Onkel an den wundervollen Porträts, die Velasquez von Margarita Teresa malte und an den Wiener Hof schickte: die Infantin mit drei Jahren in einem rosa Kleid mit Silberspitzen, die Infantin mit sechs Jahren, goldgelockt und in einem weißen Brokatkleid, mit rosa Rosetten übersät; die Infantin mit acht Jahren in blauem Satin, einen riesigen Zobelmuff haltend, der für ihre kleine Person viel zu groß war.[318]

Im Jahre 1666 war sie fünfzehn, wurde für die Ehe tauglich erklärt und auf der vielbereisten Brautfahrtroute, auf der schon ihre Mutter und ihre Großmutter gefahren waren, quer durch Europa von Madrid nach Wien geschickt. Die Stadt und der Hof, des Krieges, der Steuern und Geldprobleme überdrüssig, warfen jede Vorsicht über Bord und scheuten keine Kosten für die Hochzeit.

Leopold baute an seine Burg ein herrliches Theater an, wo zur Feier seiner Hochzeit eine italienische Oper – die erste Oper nördlich der Alpen – aufgeführt wurde. »Il pomo d'oro« war so prunkvoll und aufwendig inszeniert, daß das Bühnenbild fünfundsechzigmal vollkommen umgebaut werden mußte. In die Handlung waren Schauschlachten eingefügt, bei welchen Dutzende von Teilnehmern aufregende Schwertkämpfe vollführten. Die Kosten der Aufführung beliefen sich auf 100 000 Gulden. Jahrelang bildete dieses künstlerische Ereignis in der gehobenen Gesellschaft Europas den Gesprächsstoff Nummer eins.

Die Hochzeitsfeierlichkeiten dauerten den ganzen Winter über bis zum Beginn der Fastenzeit. Die Wiener unterhielten sich köstlich, es gab für jeden etwas, sogar für Taschen- und andere Diebe; die Hofburgrechnungen führen sogar eine Spesenpost mit »9000 Gulden für gestohlene Teller« an.[319]

Die hübsche, dunkeläugige Braut sowie die Stiefmutter und die Schwestern des Bräutigams sahen den Balletten, Aufzügen und prächtigen Feuerwerken von den Burgfenstern aus zu, unter goldenen Baldachinen und gelehnt an goldstoffverkleidete Fensterbretter.

Leopold selbst spielte bei allen Darbietungen die Hauptrolle, mit Silberspitzen und Diamanten geschmückt, führte er die Edlen des Hofes bei einem kunstreichen Pferdeballett an.

Auf dem Höhepunkt eines mythologischen Schauspiels rollte eine ungeheure, sternenglitzernde Weltkugel unter einem Regenbogen quer über den Burghof, sie öffnete sich und gab den Blick auf den Tempel der Unsterblichkeit frei, aus dem feierlich die Gestalten von 15 habsburgischen Kaisern hervorritten. Am Ende, hingestreckt in einen Triumphwagen von der Form einer ungeheuren silbernen Muschel, erschien das plastische Porträt des Kaisers selbst und neben ihm eine riesige schimmernde Perle – ein feinsinniges Rätsel, leicht zu lösen für die Zuschauer, die wußten, daß der Name der Braut, Margarita, auf spanisch Perle bedeutet.

Für das Feuerwerk errichtete man auf dem unverbauten Gebiet in der Nähe der Stadtmauer zwei 20 Meter hohe künstliche Berge, Ätna und Parnaß darstellend. Zur Eröffnung des herrlichen, geräuschvollen pyrotechnischen Schauspiels lehnte sich Leopold aus einem Burgfenster und entzündete die symbolische Hochzeitsfackel des Merkur, worauf 500 Feuergarben in den nächtlichen Himmel aufstiegen, die »den ungeheuren Glanz des Triumphes der ganzen Welt« darstellen sollten.

Hierauf folgten allerlei erfinderische und ohrenbetäubende Scherze: Ein an Seilen gezogener Cupido flog durch die Luft zum Ätna, schmiedete dort den goldenen Ehering und flog damit zum Parnaß, dessen neun Musen liebliche Musik ertönen ließen. Von einem österreichischen Schloß fuhren 1000 Raketen knatternd in die Luft, von einem spanischen antworteten neue 1000. Auf dem grandiosen Höhepunkt des Feuerwerks erhoben sich aus Hymens Tempel 73 000 Glutbälle, von 300 Raketen gefolgt, weiter zehn große Mörserladungen, 30 Riesenraketen, manche davon mit 150 Pfund Pulver beladen. Trompeten schmetterten und Kesselpauken dröhnten, und über allem schwebte am Himmel das magische Akrostichon, das Leopolds Urahne geprägt hatte: A E I O U – Austria Erit In Orbe Ultima – das Haus Österreich wird immerdar bestehen.

Die Feinde dieses Hauses Österreich hielten freilich einige Jahre hindurch ihre heftigen Zweifel an dessen Ewigkeit für mehr als gerechtfertigt. Von den fünf Kindern, die Margarita ihrem Gatten Leopold gebar, blieb nur eine einzige Tochter am Leben, bei deren Geburt die junge Kaiserin – im Alter von 22 Jahren – starb. Sobald es nur irgendwie anging, heiratete Leopold wieder, und zwar noch eine jugendliche Cousine, Claudia von Tirol, die aber in genau demselben Alter wie Margarita und ebenfalls im Kindbett starb. Es gab noch immer keinen Erben.

Leopolds dritte und letzte Gattin, Eleonore von Pfalz-Neuburg, war eine strenge, fromme und düstere

Frau, die viel über das Wesen der Sünde nachgrübelte und mit nach innen gerichteten Spitzen besetzte Armbänder trug, die ihre Arme blutig stachen. Wenn sie mit dem Gatten in die Oper ging, hatte sie ein Psalmenbuch bei sich, das wie ein Textbuch gebunden war, und las darin, damit ihre Gedanken sich nicht allzusehr mit den Frivolitäten der Aufführung beschäftigten. Es wäre ihr viel lieber gewesen, in ein Kloster eintreten zu dürfen, anstatt zu heiraten, und man sagt, sie habe ihre Haut bearbeitet, um möglichst häßlich auszusehen, damit der Kaiser sie nicht nehme. Aber obwohl beide Ehepartner eine Vorliebe fürs Zölibat hatten, setzten sie nichtsdestoweniger zehn Kinder in die Welt, von denen zwei Kaiser wurden.

»Es wird vielleicht noch schlimmer werden, aber Gott wird schon helfen«, pflegte Leopold gerne zu sagen.[320] In jenen frühen Jahren seiner Regierungszeit wurde es tatsächlich ärger. Während er und seine Ratgeber aus dem Jesuitenorden eifrig ein Programm der Gegenreformation in Ungarn durchführen wollten, zettelte der protestantische Adel im Bunde mit den Türken eine Verschwörung an (1670), um das Regime der Habsburger zu stürzen. Das Komplott wurde rechtzeitig entdeckt, manche zum Tode verurteilt.

Was Leopold betrifft, so lebte er seit jener Zeit in Todesangst vor den Ungarn. Seine Ängste wurden um nichts geringer, als Versuche unternommen wurden, ihn zu vergiften, einmal mit einer Taubenpastete und einmal – wie sein kluger Alchimist Borri behauptete – durch den vergifteten Rauch einer Wachskerze, den nur Borri durch ein Gegengift unschädlich machen konnte.[321]

Eine Feuersbrunst zerstörte beinahe den neuesten und schönsten Flügel der Hofburg. 1679 brach in Wien die Pest aus und raffte Tausende dahin. Frankreich bereitete weiterhin Unannehmlichkeiten, Ludwig XIV. drang in den Niederlanden ein und versuchte die Ostgrenze Frankreichs bis an den Rhein vorzuschieben.

Alle diese Schicksalsschläge trug Leopold mit standhafter, phlegmatischer Geduld, hartnäckig entschlossen, das zu vollenden, was von ihm erwartet wurde.

Als 1682 der Halleysche Komet über den Himmel flitzte, schauderte Europa bei dem Gedanken, für welche neuen Prüfungen er wohl das Omen sein möge. Kaiser Leopold, der mit seinem Beichtvater stets Briefe wechselte, schrieb ihm damals:

»Gott möge wollen, daß ich nichts Schlechtes tue, denn ich kenne mich als großen Sünder, und gerade jetzt ist es höchste Zeit, die göttliche Majestät zu besänftigen, die uns zu zürnen scheint, da man einen Kometen sieht, der von allen Frommgesinnten offen als eine Warnung Gottes angesehen wird und der uns mahnt, Buße zu tun, bevor unsere neuen Sünden mit wohlverdienten Geißelhieben bestraft werden.«[322]

Die Züchtigung kam aus einer nicht unerwarteten Richtung.

4. Die große Belagerung Wiens

Ein halbes Jahrhundert lang, seit dem Frieden von 1606, hatten die Türken unter einer Reihe von trägen, unbedeutenden Sultanen dahingedämmert. Plötzlich, ungefähr zu selben Zeit, als Leopold zur Regierung kam, gelangte am Goldenen Horn eine ehrgeizige und energische Familie von Großwesiren an die Macht und ging sofort daran, die Türkei zum Handeln aufzustacheln. Wieder einmal ritten türkische Heere aus dem Osten heran, wieder einmal läutete in den Habsburgerlanden die Türkenglocke, und die Menschen fielen auf die Knie und beteten.

1664 besiegte die kaiserliche Armee die Türken bei Sankt Gotthard, in der Nähe von Mogersdorf im heutigen Burgenland, und Leopold erkaufte mit einem Geschenk von 200 000 Talern einen Waffenstillstand von 20 Jahren. Als das Ende dieser Frist herannahte, hoffte der Kaiser, dessen Aufmerksamkeit ganz und gar mit dem militärischen Vormarsch der Franzosen im Rheinland und in den Niederlanden beschäftigt war, er werde noch einmal 20 Jahre von den Türken erkaufen.

Aber im April 1683 beobachtete Leopolds Gesandter in Adrianopel voll Entsetzen, wie sich ein ungeheures türkisches Heer von etwa 250 000 Mann über den Balkan vorschob, und der Großwesir Kara Mustafa gab aller Welt bekannt, daß er nicht eher ruhen würde, bis er seine Pferde im Petersdom zu Rom eingestellt hätte.

Die nervösen Kardinäle begannen den Kopf zu verlieren und boten jedermann Geld, der die muselmanische Drohung bekämpfen würde. Der Papst versprach Ablässe und beschwor die christlichen Herrscher, sich zu einem neuen Kreuzzug zu verbünden, aber er hatte nur geringen Erfolg. Die langen, zermürbenden Religionskriege hatten Europa unbeschreiblich geschwächt, und die allgemeine Lage war sehr verwirrt. Seine Allerchristlichste Majestät, Ludwig XIV. von Frankreich, hatte am Hof des Sultans beständig um Krieg gegen den Habsburgerkaiser antichambriert, und eine ganze Schar ungarischer protestantischer Adeliger, die über die Gegenreformationspolitik Leopolds und der Jesuiten verbittert waren, schlugen sich auf die Seite der Türken.

Leopolds Minister erklärten optimistisch, die Muselmanen könnten Wien unmöglich noch im selben Jahr erreichen. Eine Kette von starken Festungen lag zwischen Belgrad und Wien, und es würde den ganzen Sommer brauchen, um eine nach der anderen zu nehmen. Aber die Türken umgingen die Festungen einfach und eilten die Donau aufwärts.

In den ersten Tagen des Juli 1683 geriet ganz Wien in Panik. Flüchtlinge aus dem Osten strömten in Scharen heran und berichteten von dem schnellen türkischen Vormarsch und den furchtbaren Grausamkeiten der Tataren. Aus den umliegenden Vororten und Dörfern ergoß sich eine wahre Völkerwanderung verschreckter Menschen in die Stadt, mit Kindern auf dem Arm und Bettzeug auf dem Rücken. Die Türkenglocke läutete früh und abends, und die Kirchen waren voll von Betenden.[323]

Am 3. Juli war die Kaiserinwitwe Eleonore, Leopolds Stiefgroßmutter, aus ihrem Sommerpalais außerhalb der Mauern, der »Favorita«, in die Stadt übersiedelt. Der Kaiser sprach noch immer beschwichtigende Worte zu jedermann: Das kaiserliche Heer würde alle beschützen, alles würde noch gut werden. Ruhig ging er noch am 3. und am 6. Juli auf die Jagd. Aber die Wiener sahen mit steigender Angst, daß der kaiserliche Staatsschatz weggeführt wurde und daß man bald hier, bald dort Wagen für den Hof requirierte. Der Preis für Pferde stieg ins Astronomische.

Am 7. Juli brach in der Stadt eine vollkommene Panik aus, nachdem ein Bote keuchend angeritten gekommen war und berichtet hatte, das kaiserliche Heer sei bei Petronell von den Türken geschlagen worden, und die ganze riesige Streitmacht des Sultans befinde sich nur noch ein paar Stunden von Wien entfernt. Die Menschen strömten zur Hofburg, wo eiligst Kisten verpackt wurden. Selbstverständlich mußte wie der Staatsschatz auch die geheiligte Person des Kaisers aus der Gefahrenzone gebracht werden; so meinten zumindest seine Minister.

Der Stadtrat eilte in die Hofburg, um den Kaiser zu bitten, die Stadt unter seinen Schutz zu nehmen, wo immer auch er sich aufhalten möge. Leopold weinte mit ihnen, versprach ihnen, Hilfe zu senden, und erlaubte ihnen, seine Hände zu küssen.

In dieser Nacht war die aus der Stadt nach Westen führende Straße von den Wagen des fliehenden Hofes verstopft. Das flackernde Licht der Fackeln der Kuriere fiel auf einen ungeheuren Zug von Fahrzeugen, Rad an Rad, bis oben vollgestopft mit Kindern, Dienerschaft, Juwelen, Teppichen.

In den Wagen an der Spitze fuhren Kaiser Leopold, seine hochschwangere Frau und deren Kinder. Die Menschen drängten sich um die Fenster der kaiserlichen Kutsche und schrien verzweifelt: »Ach, Majestät, bleiben Sie hier! Ach, Majestät, verlassen Sie uns nicht!« Nach Leopolds Wagen kamen die seiner Stiefmutter, der Kaiserinwitwe Eleonore, dann die Kutschen mit den verschreckten Damen des Hofes, die einander um einen Platz gestoßen und gekratzt hatten. Kutschen und Kaleschen von Adeligen und wohlhabenden Bürgern folgten; jede Art von Gefährt war vertreten, von der Nobelkarosse bis zum Leiterwagen, und alle Sorten Pferde. Was Räder finden und fliehen konnte, floh.

Die Straße war so verstopft, daß die Hartschiere Leopolds den Weg für die kaiserlichen Wagen mit Gewalt erzwingen mußten. Höflinge und Diener waren so überstürzt geflüchtet, daß sie in ihrer Hast die Tore der Hofburg hatten offenstehen lassen. Die ganze Nacht hindurch dauerte der Exodus, ratterten die Räder über die Pflastersteine durch das Rotenturmtor, polterten über die Donaubrücke. Die Anzahl der aus der Stadt Flüchtenden wird recht verschieden geschätzt: zwischen sechs- und sechzigtausend.

In Korneuburg, wo der Kaiser die erste Nacht seiner Flucht verbrachte, herrschte eine so völlige Verwirrung, daß der Verpflegswagen nicht gefunden werden konnte und das Abendessen für Leopold und seine Familie aus ein paar eilig besorgten Eiern bereitet werden mußte. Geschlafen wurde im Freien auf Stroh, über das die Pagen Mäntel gebreitet hatten. Am folgenden Tag setzte die kaiserliche Reisegesellschaft ihre Fahrt bis Linz fort, von dort sogar noch weiter bis in das sichere Passau, wo sich die Majestäten in der bischöflichen Residenz niederließen.

Die in Wien zurückgelassenen Massen starrten trübselig den entschwindenden Wagen nach. In den Kirchen beteten und weinten die Menschen: »Ach Gott! Ach Gott! Sei unseren armen Seelen gnädig!« In jeder Wohnung brannte das Licht die ganze Nacht; die Menschen, die nicht die Mittel zur Flucht hatten, liefen in den Straßen auf und ab und versuchten zu überlegen, was sie tun sollten. Sie erzählten einander über die Türken immer wieder neue Greuelgeschichten, die von aus Ungarn eintreffenden Flüchtlingen immer wieder mit neuen Einzelheiten lebhaft ausgeschmückt wurden.

Aber während man von diesen längst vergangenen noch berichtete, spielten sich bereits neue Greueltaten in einer Entfernung von nur wenigen Kilometern ab. Beim Herannahen der Türken hatte die Bevölkerung des Dorfes Perchtoldsdorf in der Kirche Zuflucht gesucht und den Kirchturm und den durch eine Mauer umgebenen Friedhof in eine kleine Festung verwandelt. Die Türken brannten den Ort nieder und schickten einen Abgesandten in die Kirche, der den Bürgern Sicherheit versprach, wenn sie sich ergäben. Ein Pascha kam, setzte sich auf einen roten Teppich, der auf dem einstigen Hauptplatz des Ortes ausgebreitet war, nieder und befahl, daß ihm der Schlüssel der Kirche von einer Jungfrau mit langem, blondem, blumenbekränztem Haar übergeben werde; auch sollte sie eine Gabe von 6000 Gulden überreichen. Die Tochter des Amtmannes, ein Mädchen von 17 Jahren, wurde erwählt, um die Prozession aus der Kirche anzuführen. Die Männer wurden auf den Marktplatz geführt und entwaffnet. Dann erhob sich der Pascha und erschlug das zitternde Mädchen; die Männer, 3500 an der Zahl, wurden sämtlich getötet, die Frauen, die Kinder und der Pfarrer auf den Sklavenmarkt nach Konstantinopel gebracht. Nach Lokalberichten soll eine der verschleppten Frauen 15 Jahre später ohne Zunge und Ohren heimgekehrt sein. Die Überlieferung all der furchtbaren Ereignisse jenes sonnigen Julinachmittags soll einem einzigen Überlebenden zu danken sein, der sich im Brunnen des Kirchhofs versteckt hatte.[324]

Nachdem der letzte Wagen aus Wien verschwunden und der letzte Flüchtling eingelassen war, wurden die Stadttore geschlossen und verbarrikadiert. Niemand sollte von nun an die Stadt verlassen, bis – ja, bis was? Niemand wußte es.

Nicht jeder, der konnte, war geflüchtet. Es gab Ausländer, die es vorzogen, aus Liebe zu der Stadt in ihr zu verbleiben, wie etwa der alte französische Gesandte Vignancour. Es gab Adelige, die die Möglichkeit gehabt hätten wegzufahren und die dennoch blieben, um eine Tat der Tapferkeit zu setzen. Die meisten aber hatten Wien den Rücken gekehrt.

Innerhalb der Stadt aber schmiedete – nach den ersten Stunden der schrecklichen Panik – die vollkommene Ruhe der Not und des Erduldens, die besondere Kameradschaftlichkeit der ärgsten Gefahr die Belagerten zusammen. Sie waren von der Welt völlig abgeschnitten. Sie würden keine Lebensmittel mehr bekommen, keine Munition, keine Berichte von der Außenwelt, keine Nachricht, ob etwa Hilfe unterwegs sei.

Als Ernst Rüdiger Graf Starhemberg, der Stadtkommandant, den Stephansturm erklomm, konnte er über den Ebenen im Osten einen Halbkreis aus Rauch und Flammen sehen: die von den vorrückenden Tataren in Brand gesteckten Dörfer. Und ein oder zwei Tage später konnte er von seinem Turmfenster bereits die Zelte der Türken unterhalb der Stadtmauern von Wien zählen.

So weit das Auge reichte, lag da eine ungeheure, farbige Zeltstadt von orientalischer Pracht, wie ein Europäer sie nie wieder sehen würde. Das Trompeten der Elefanten, das Wiehern der Pferde und Schreien der Kamele vermischte sich mit dem Ruf des Muezzins, der, nur wenige Meter vom äußeren Graben der Stadtmauer entfernt, zum Gebet rief. Nicht weit von den Hauptbastionen standen die Zelte der führenden Paschas; das des Großwesirs war aus grüner, gold- und silberdurchwirkter und mit Perlen und Edelsteinen übersäter Seide. Um dieses Zelt waren nach einiger Zeit Gärten mit Bädern und Brunnen angelegt, und sogar eine Menagerie gab es zur Unterhaltung des Großwesirs; sie war noch stolz vermehrt worden durch einen herrlichen Vogel Strauß, den man im Vorbeiziehen aus Kaiser Leopolds Sommerpalais, der »Favorita«, mitgenommen hatte.

Den Haupttoren der Stadt zunächst standen die Zelte der Janitscharen. Die tödlichste Gefahr aber drohte den Belagerten durch die türkischen Pioniere, die Nacht für Nacht ihre Gräben vortrieben, die sie mit Holz und Rasenstücken überdachten, um direkt unter den Stadtmauern Minen zu legen, die Bastionen zu erklettern und in die Stadt zu gelangen.

Die Frage war, ob die Mauern standhalten würden. Sie waren im Mittelalter errichtet worden, der Überlieferung nach von dem Lösegeld, das die Engländer für ihren gefangenen König Richard Löwenherz bezahlt hatten. Es waren mehrere Meter dicke und über haushohe Ziegel- und Erdbastionen, die einen Dreiviertelkreis rund um die Stadt bildeten; das letzte Viertel bildete ein Arm der Donau. Jenseits der Mauern lief ein breiter, tiefer, teilweise mit Wasser gefüllter Graben hin, auf dessen anderer Seite sich eine zweite Befestigungslinie erhob, die äußere Grabenböschung. Und jenseits der Contreescarpe lag eine freie Fläche, das Glacis, das in Friedenszeiten als Paradegelände für die kaiserlichen Truppen diente.

Innerhalb der Stadt hatten sich die Belagerten wie toll an die Arbeit gemacht, um die teilweise verfallenen Mauern wieder instand zu setzen. Sie errichteten Palisaden auf der Contreescarpe, entfernten die Schindeln von den Dächern, um Feuersbrünste zu verhindern, und lagerten Pulver in den Gewölben der Kirchen. In den Kellern in der Nähe der Stadtmauern wurden Gefäße mit Wasser und Trommeln mit getrockneten Erbsen aufgestellt, um das Herannahen der fast unhörbar arbeitenden türkischen Pioniere vernehmbar zu machen.

Zur Ergänzung der Besatzung wurden eilig aus allen kampffähigen Männern – aus Fleischern und Bierbrauern, aus Bäckern und Schustern – Schutztruppen aufgestellt. Drei Kompanien von Studenten der Universität unter dem Kommando ihres Rektors vollbrachten Taten von großem Mut: Sie machten nachts Ausfälle und brachten türkische Gefangene in die Stadt. Einmal stahlen sie sogar den Türken unter der Nase weg mehrere Stück Vieh, die in der hungernden Stadt hochwillkommen waren. Die Schmiede schmiedeten eine ungeheure und schreckliche Waffe: eine sechs Fuß lange Sichel, sehr brauchbar gegen türkische Krummsäbel.

Alle Glocken der Stadt schwiegen, mit Ausnahme der großen Glocke von Sankt Stephan, die Angriffe auf die Stadt mit ihrem Geläute anzeigte, worauf jeder auf seinen Posten zu eilen hatte.

Der Bischof von Wien war mit dem Kaiser geflohen, aber Kollonitsch, der Bischof von Wiener Neustadt, der als Jüngling die Belagerung Maltas durch die Türken miterlebt hatte, kümmerte sich um das Wohlergehen der Belagerten, sammelte und verteilte Speise und Trank an die Soldaten, besuchte Spitäler, pflegte Verwundete, trug Sorge dafür, daß Senkgruben ausgehoben und Vorkehrungen gegen den Schleichhandel getroffen wurden.

Die Türken hielten die Mauern Tag für Tag unter Kanonenbeschuß. Im Laufe des Sommers verstärkte sich die Wut ihrer Angriffe. Die Pioniere schoben ihre überdachten Schützengräben gefährlich dicht an die Mauern heran, warfen Feuerbälle und brennende Pfeile in die Stadt und legten überall Minen, um Breschen in die Mauern zu sprengen. Die erbittertsten Kämpfe entbrannten entlang dem an die Hofburg angrenzenden Teil der Stadtmauer; immer wieder durchbrach der Feind an dieser Stelle die Contreescarpe und begann den Graben aufzufüllen, um so die inneren Mauern erklettern zu können. Sie konnten immer nur durch wütende Mann-gegen-Mann-Kämpfe zurückgetrieben werden.

Die Brücke über den Donaustrom zunächst der Stadt war zerstört worden; doch jetzt sammelten die Türken alle erreichbaren Schiffe und bildeten aus ihnen eine neue Brücke, um die Stadt von dieser Seite her einzunehmen. Aber die Wiener Schiffer drangen unter schwerem Beschuß an die Donau vor und zerstörten das Werk der Belagerer.

Inzwischen hatte der Kommandant des kaiserlichen Heeres, Leopolds Schwager Herzog Karl von Lothringen, die Streitkräfte nördlich der Donau gesammelt und wartete dort, bis Sukkurs käme. Die Abgesandten des Kaisers flehten an jedem europäischen Hof Europas – mit Ausnahme des französischen – um Hilfe. Leopold selbst bat den Reichstag zu Regensburg um Truppen.

Im vorhergegangenen März hatte der Kaiser mit König Johann Sobieski von Polen ein Bündnis geschlossen, in welchem sich jeder der beiden Partner verpflichtete, dem anderen zu helfen, falls die Türken ihn angreifen sollten. Nun antwortete der polnische König dem Botschafter des Kaisers, er wünsche nichts sehnlicher, als sich um Gott und Menschen verdient zu machen, und er werde sein Wort halten.

Mitte August ritt Sobieski an der Spitze des polnischen Heeres aus Krakau hinaus, und die Königin und ihre Hofdamen ritten mit ihm bis zur Grenze.

Als er noch Oberbefehlshaber von Polen war, hatte Sobieski schon bedeutende Schlachten gewonnen, so zehn Jahre zuvor die Schlacht von Hotin gegen die

Türken. Schließlich wurde er zum König gewählt. Man konnte sich kaum einen dem habsburgischen Kaiser entgegengesetzteren Mann vorstellen als ihn. Als geborener Menschenführer besaß Sobieski die drei Eigenschaften, die den erfolgreichen Soldaten ausmachen: Vertrauen, Mut und Glück. Er war leidenschaftlich, stolz und egoistisch, sowohl Held als auch Kind.[325]

Zu dem Zeitpunkt, als er zur Belagerung von Wien ritt, war Johann Sobieski kein junger Mann mehr; mit seinen 55 Jahren war er so schwer, daß man ihm aufs Pferd helfen mußte. Aber er hatte seine jugendliche Durchschlagskraft und seinen Abenteuergeist nicht verloren; er war so fröhlich und gelassen, als ginge es zur Jagd. Neben ihm ritt sein junger Sohn Jakob, genannt Fanfan. Und um ihn herum schwärmte sein sonderbares Heer wie ein ungeheurer Haufen Zigeuner, schlecht gekleidet und mit den unbeschreiblichsten Waffen ausgerüstet – Musketen, Halbpiken, Keulen und Schwertern.

Wenn jemand auf die Lumpen seiner Männer anspielte, antwortete König Johann: »Sie gehören einem unbesiegbaren Regiment an, das geschworen hat, nichts als die Uniformen seiner Feinde zu tragen.«[326]

Inzwischen, während Herzog Karl von Lothringen nördlich der Donau mit dem kaiserlichen Heer auf Verstärkung wartete und während Sobieski und seine Polen von Krakau südwärts zogen, litt die belagerte Stadt Wien in der Augusthitze unter den unvermeidlichen Begleiterscheinungen jeder Belagerung: unter Krankheit und Hunger. Es waren nicht genug Lebensmittel gelagert worden, und trotz der Maßnahmen des Bischofs stieg der Preis für Mehl innerhalb zweier Monate auf das Vierfache; lange Schlangen von Frauen standen vor den leeren Fleischerläden. Trotzdem verstanden die Wiener noch einen Spaß; kleine Buben jagten Katzen und brachten sie ihren Müttern zum Kochen nach Hause – es gab »gedünsteten Dachhasen«. Soldaten und Bürger wurden vom Genuß verdorbenen Fleisches und schlecht gebrauten Biers krank. Die Ruhr war eine schwere Geißel. Klöster und Kirchen waren von Kranken und Verwundeten voll. Der mutige Bürgermeister Andreas Liebenberg war am Fieber gestorben, der Rektor der Universität und der oberste Ingenieur der Stadt waren tot, mit ihnen Hunderte andere. Graf Starhemberg, der Kommandant, der zweimal verwundet wurde und an Ruhr erkrankt war, ließ sich in einer Sänfte auf die Stadtmauern tragen, um die Verteidigung zu lenken.

In den frühen Septembertagen des Jahres 1683 konnte die Stadt kaum noch standhalten. Die Menschen waren durch die unsagbare Anspannung und Angst völlig erschöpft. Die türkische Artillerie hatte riesige klaffende Löcher in die Mauern gerissen. Die äußeren Verteidigungsanlagen waren nichts mehr anderes als ein Schutthaufen. Es mangelte an Munition; Granaten gab es überhaupt keine mehr, und die Kugeln, die in die Straßen fielen, mußten rasch eingesammelt und wieder verwendet werden.

Tagtäglich erstieg Graf Starhemberg den Stephansturm und spähte von dort sorgenvoll gegen Norden. Als er eines Tages Freiwillige suchte, die die türkischen Linien überschreiten und dem kaiserlichen Heer Nachricht von der verzweifelten Lage der Stadt überbringen sollten, meldete sich ein Mann namens Kolschitzky, der bei der Levante-Gesellschaft angestellt gewesen war und fließend Türkisch sprach.

Als Türke verkleidet wurde Kolschitzky bei Einbruch der Nacht aus dem Ausfallstor geführt. Kühn singend, spazierte er zwischen den türkischen Zelten umher. Ein

Aga rief ihn an und lud ihn auf eine Tasse Kaffee in sein Zelt ein. Kolschitzky unterhielt sich kaltblütig mit dem Aga, schlüpfte dann durch das türkische Zeltlager weiter und durchschwamm einige Donauarme. Um Haaresbreite hätte er sein Leben verloren, denn seine Landsleute am Strom bei Nußdorf hielten ihn natürlich für einen Türken und nahmen ihn unter Beschuß. Es gelang Kolschitzky jedoch, bis zum Herzog Karl von Lothringen durchzudringen und ihm den letzten, verzweifelten Hilferuf Wiens zu überbringen: »Plus de temps à perdre, Monseigneur, plus de temps à perdre . . .« (Keine Zeit zu verlieren, mein Herr, keine Zeit mehr zu verlieren.)[327]

Bei Tagesanbruch des 4. September erschütterte eine ungeheure Explosion die ganze Stadt und zerstörte einen Teil der inneren Befestigung nächst der Hofburg. Mehrere tausend Türken, die sich zum Schutz Wollsäcke vorhielten, erkletterten mit dem Ruf »Allah! Allah!« die Mauer und pflanzten zwei Standarten auf. Sie wurden zurückgetrieben, und die verbitterten Wiener schleppten Matratzen, Weinpressen und sogar Haustüren herbei, um das Loch zuzustopfen.

Die Schmiede hatten für Straßenkämpfe bereits ungeheure Ketten angefertigt. Die Verteidiger rissen ihre Fenstergitter heraus, um sie als Barrikaden aufzutürmen. Es konnte nur noch ein paar Tage, vielleicht sogar nur noch ein paar Stunden dauern, bis die Stadt in die Hände des Feindes fiel, und vielleicht verhinderte wirklich nur die Habgier des Großwesirs, der darauf bestand, bis zur totalen Kapitulation abzuwarten, um die gesamte Beute für sich allein zu haben, anstatt sie mit seinem Heer teilen zu müssen, den Sieg der Türken.

Aber die befreienden Streitkräfte hatten sich bereits getroffen – nicht nur das polnische Heer, sondern auch

Sachsen, Schwaben, Bayern und Böhmen. In der Nacht des 10. September sahen die Belagerten mit Freuden zehn Raketen vom Kahlenberg in den Himmel steigen, und sie sahen den Rauch der mehr als tausend Lagerfeuer ihrer Retter.

Die Schlacht um Wien fand am 12. September statt. König Johann Sobieski und sein Sohn hatten im Freien unter einer Eiche auf dem Kahlenberg geschlafen. Am Morgen hörten die Kommandanten der Befreiungsarmee die Messe und schwärmten dann über die steilen Hänge des Kahlenbergs auf die Türken herab. Das Gefecht kam plötzlich und verlief rasch; am frühen Nachmittag war bereits alles entschieden. Herzog Karl von Lothringen hatte den schwachen rechten Flügel der Türken durchstoßen, König Johann und seine polnischen Husaren schlugen Spahis und Janitscharen in einer herrlichen Kavallerieattacke in die Flucht. Das ganze türkische Heer brach zusammen, zog sich in wildem Durcheinander jenseits der Donau zurück und legte dieselbe Strecke, für die es beim Vormarsch acht Tage gebraucht hatte, in 24 Stunden zurück.

Bei Einbruch der Dunkelheit betrat König Johann das Zelt des Großwesirs, wo er den berühmten Brief an seine hübsche französische Frau, die Königin Marie Kasimira, schrieb, der wie alle seine Briefe an sie mit »Seule joie de mon âme, charmante et bien aimée Mariette« begann (Einzige Lust meiner Seele, reizende und vielgeliebte Mariette) und in welchem er versprach, ihr den goldenen Steigbügel mitzubringen, den er im Zelt des Großwesirs gefunden hatte.[328]

Am folgenden Tag, dem 13. September, hielten Sobieski und die anderen Kommandanten einen triumphalen Einzug in die Stadt. Die ausgemergelten, aber glücklichen Menschen drängten sich heran, küßten des Polen Füße, berührten seine Kleider, sein Pferd. Er sagte hernach, es sei der glücklichste Tag seines Lebens gewesen. In der Augustinerkirche wurde zu Ehren des großen Sieges eine Messe gelesen, und es war typisch für König Johann, daß er mit großen Schritten bis zum Hochaltar ging und dort mit seinem schönen, tiefen Bariton das Tedeum anstimmte. Alle Kirchenglocken, all die süßen, vertrauten Stimmen, die so lange geschwiegen hatten, läuteten wieder, und im Palais des Kommandaten Graf Starhemberg wurde ein Festmahl eingenommen.

Während des letzten Stadiums der Belagerung war die kaiserliche Familie von Passau nach Linz übersiedelt, wo die Kaiserin einem Kind das Leben schenkte. Leopold befand sich gerade zwischen Krems und Tulln an Bord eines Schiffes, als ihm ein Bote einen Brief seines Beichtvaters Marco d'Aviano überbrachte, der die Nachricht von der Befreiung Wiens am Vortage enthielt.

Leopold schrieb sofort zurück, daß mit der Siegesfeier bis zu seiner Rückkehr gewartet werden möge:

»Es ist wahr, daß ich befohlen habe, ich müßte als erster in die Stadt einziehen, denn mir dünkt, daß sich anderenfalls die Liebe meiner Untertanen zu mir verringern würde und ihre Anhänglichkeit an andere größer werden könnte.«[329]

Am 14. September hielt der Kaiser unter Kanonendonner und feierlichen Begrüßungsworten des Stadtrates seinen Einzug in Wien. Aber die Creme des Feierns war bereits abgeschöpft, und es kam nicht mehr ganz dieselbe Stimmung auf wie tags zuvor. Es gab wieder ein Tedeum in Sankt Stephan, es gab formelle Reden der Begrüßung, des Willkommens und des Danks, doch bestand zwischen Österreichern und Polen eine deutliche Kühle nicht zuletzt deshalb, weil die Polen den Hauptanteil an der Beute bereits davongetragen hatten.

Auch das feierliche Treffen zwischen Leopold und Sobieski trug nicht gerade dazu bei, die Stimmung zu verbessern.

Dieses Treffen fand am 15. September in der Nähe des polnischen Lagers bei Schwechat statt, wohin sich der König Sobieski zurückgezogen hatte, um dem Gestank der verwesenden Menschenleiber, der Pferde- und Kamelkadaver, der die unmittelbare Umgebung Wiens verpestete, auszuweichen.

Kaiser und König trafen sich einander zu Pferde auf halbem Weg zwischen den österreichischen und polnischen Heeren. Leopold hatte sich offenbar erkundigt, wie ein gewählter König wie Sobieski nach dem Hofprotokoll von einem Kaiser empfangen werden solle. Als er dem Herzog von Lothringen die Frage stellte, rief dieser nur: »Mit offenen Armen!«[330]

Leopold drückte seinen Dank an Sobieski in einer kurzen lateinischen Rede aus, hielt sich aber im übrigen genau an die Regeln des Protokolls und führte, als ihm der Sohn des polnischen Königs vorgestellt wurde, nicht einmal seine Hand an den Hut.

Johann Sobieski antwortete gleichfalls auf lateinisch, aber sehr eindrucksvoll: »Ich freue mich, Sire, Ihnen diesen kleinen Dienst erwiesen zu haben.«[331]

Bald nach diesem Treffen verließ Johann Sobieski Wien. Er und der Herzog von Lothringen verfolgten die fliehenden Türken bis weit hinunter in den Balkan und fügten ihnen noch eine vernichtende Niederlage zu. Mitte Dezember kehrten die Polen dann in ihre Heimat zurück; von dem Befreiungsheer, das im August Wien zu Hilfe kam, war weniger als die Hälfte übriggeblieben.

Der Großwesir erhielt am Weihnachtstag auf ungarischem Boden durch eine Abordnung aus Konstantinopel die grüne Seidenschnur des Sultans, mit der er sich eigenhändig zu erwürgen hatte, was er denn auch tat. Sein Kopf wurde seinem Herrscher auf einer silbernen Schüssel überbracht.

Den Siegern erging es besser, fast jeder erhielt seinen Lohn. Die ausgehungerten Wiener fielen über die Lebensmittelbestände des Türkenlagers her, und der Bote Kolschitzky brachte bekanntlich die vielen Säcke mit den sonderbaren Bohnen an sich, die in einem der Zelte gefunden wurden. Die Wiener hatten keine Ahnung, ob man sie backen, kochen oder braten mußte – aber Kolschitzky, der sich da auskannte, eröffnete mit seinen köstlich duftenden Schätzen am 27. Februar 1684 im Schlossergaßl (heute Stock-im-Eisen-Platz 8) das erste Wiener Kaffeehaus. Es erhielt ab 1700 das Schild »Zur blauen Flasche«.

VI

IN EINER BAROCKWELT

Die Nachricht von dem großen Sieg über die Türken war Musik für die Ohren von ganz Europa. Es war seit Jahren die erste Nachricht, über die der ganze Erdteil gemeinsam frohlocken konnte, es war eher ein kontinentaler denn ein nationaler Sieg.

In dem fluktuierenden Schicksal des Hauses Habsburg bedeutete der Sieg endlich eine Wende nach oben. Als die kaiserliche Armee die Türken aus Ungarn verjagt und weit hinunter in den Balkan getrieben hatte, umgab die Habsburger wieder die Aura einer göttlich gesegneten Dynastie. Es machte nichts aus, daß das Schwert, das Leopold zur Seite hing, niemals gezogen worden war – er wurde trotzdem »der Türkenpoldl« und »Leopoldus Magnus«.

Er soll geweint haben, als er zum erstenmal die Zerstörungen in seiner Stadt sah. Es gab nicht einmal ein brauchbares Zimmer in der Hofburg, wo er die erste Nacht hätte verbringen können. Er mußte in der Stallburg schlafen, wo erst kürzlich seine Pferde untergebracht worden waren. Und dann kehrte er nach Linz zurück, um abzuwarten, bis seine Burg wieder in Ordnung gebracht war.

Für diese Aufgabe berief er einen jungen österreichischen Architekten, Bernhard Fischer von Erlach, der soeben aus der schwebenden Poesie von Berninis Rom in die Heimat zurückgekehrt war. Fischer von Erlach brachte die divergierenden Trakte und Stücke, die im Laufe der Jahrhunderte an den mittelalterlichen Kern der Hofburg angebaut worden waren, miteinander in Einklang und verschmolz sie zu einer Komposition, der Harmonie und Größe innewohnte. Fischer von Erlach schuf, ein Gelübde des Kaisers zu erfüllen, 1679 die Pestsäule auf dem Graben, ein unglaubliches Stück luftiger Phantasie aus Stein, in deren unterem Teil man Leopold I. knien sieht, und zwei Engel halten ihm seine beiden Kronen entgegen. Für Josef I. schuf Fischer die Entwürfe für Schloß Schönbrunn, das zum neuesten Sommersitz der Kaiser werden und in seiner wahrhaft imperialen Anlage Versailles Konkurrenz machen sollte. Und für Karl VI., der für die Erlösung von der Pestepidemie von 1713 ein Gotteshaus gelobt hatte, schuf Fischer von Erlach den genialen, majestätischen Bau der Karlskirche.

Wien war nun nicht mehr nur eine Grenzstadt, ein östlicher Vorposten, sondern die blühende Metropole Mitteleuropas. In dem halben Jahrhundert, das der Türkenbelagerung folgte, verwandelte sich ihr Antlitz völlig: Aus der Asche und den Ruinen einer gedrängten mittelalterlichen Stadt erhob sich eine graziöse Barockmetropole, die nicht nur von österreichischen und welschen Künstlern aus heimischem Stein und italienischem Marmor erbaut war, sondern auch aus der Freude, Erleichterung und Überschwenglichkeit eines Volkes, das durch eineinhalb Jahrhunderte unter türkischer Bedrohung gelebt hatte und nun endlich aufatmen durfte.

Die neue Residenzstadt stellte eine Verbindung italienischer Kultur mit einem kräftigeren nördlichen Geschmack dar, es wimmelte bald von Palästen und Kirchen, und auch die neuen Gotteshäuser waren von einer Flut zartgetönten Prunks überschwemmt, der ihnen den gleichen verschwenderischen Glanz verlieh, den die Ballsäle im Inneren der Schlösser und Paläste ausstrahlten.

Weiß und funkelnagelneu wuchsen die Palais des Hochadels aus dem Boden, wuchtiger als die meisten ihrer Geschwister in Paris und Rom und so hoch, daß man sich in den noch immer engen Straßen der Innenstadt den Hals verrenken mußte, um zu sehen, wo die Engel und irdischen Geschöpfe die Dachlinien ganz in italienischer Manier verzierten. Außerhalb der Stadtmauern erhob sich über dem Schutt und der Asche der Vororte, wo sich das Lager der Türken ausgebreitet hatte, eine lange Zeile von Sommerpalästen, in herrliche Gartenanlagen eingebettet und wiederum erfüllt von italienischem Geist, mit dem Spiel von Licht und Schatten, Luft und funkelndem Wasser, mit mauerartig geschnittenen Hecken aus dunkelgrünen Eiben und Hornbuchen, gegen welche sich Kieswege und Sandsteinfiguren hell abhoben.

Es war das letzte große Zeitalter der Könige, die letzte Apotheose der Monarchie vor dem Einsetzen der Aufklärung. Und auf dem höchsten Gipfel der europäischen höfischen Welt stand der Kaiser des Heiligen Römischen Reiches. In einer Gesellschaft, in welcher die Hierarchie das leidenschaftliche Anliegen jedes einzelnen war, hatte der Kaiser vor allen anderen Monarchen Vorrang. Egal, wie weit der König von Frankreich seine Heere ausschickte, egal, was für einen prunkvollen Palast er erbaute und was für eine Verschwendung an seinem Hof herrschte – seine Gesandten mußten allemal denen des Kaisers den Vortritt lassen.

Buchstäblich von Kindheit an wurden sämtliche Mitglieder des Hauses Habsburg sorgfältig für die erhabenen Rollen, die sie einmal spielen würden, geschult. Der Thronerbe Leopolds I., Erzherzog Josef, war erst zweieinhalb Jahre alt, als er am 5. Januar 1681 zum erstenmal öffentlich bei Hofe erschien und das Volk zugelassen wurde, um ihm die Hände zu küssen.[332]

Leopold und seine Söhne nahmen die Regeln der Etikette und des Protokolls peinlich genau. Daß Leopold sich weigerte, den Hut vor Sobieskis Sohn zu ziehen, hat nichts mit Verachtung oder Unart zu tun, sondern entsprach vollkommen dem Diktat eben jener Etikette. Als Erzherzog Josef – als Josef I. – Kaiser wurde, weigerte er sich, mit einem bloßen Fürsten zu Tisch zu sitzen, selbst dann nicht, als er durch jenes Fürsten Land reiste und in dessen Schloß zu Gast war.[333] Leopolds jüngerer Sohn, der spätere Kaiser Karl VI., wollte dem neu geschaffenen »König in Preußen« nicht die Hand schütteln, weil dieser vorher nur Kurfürst gewesen war.[334] Und als Leopold einmal krank zu Bette lag und ihn sein Leibarzt untersuchte, hörte man ihn ausrufen: »Eheu! hoc est nostrum membrum imperiale sacrum-caesareum!« (Halt! Das ist Unser geheiligter kaiserlicher Körperteil!)[335]

Niemand näherte sich dem Kaiser, ohne die »Spanische Reverenz« zu erweisen, die darin bestand, sich dreimal tief zu verbeugen und auf ein Knie zu fallen. Verließ man den hohen Herrn, so mußten wieder drei Verbeugungen ausgeführt werden, diesmal im Rückwärtsgehen. Es bestand auch die Verordnung, eine »Spanische Reverenz« zu erweisen, wenn der Name des Kaisers öffentlich erwähnt wurde. Der russische Botschafter hatte 1687 gewissermaßen ein diplomatisches Problem verursacht, als er sich weigerte, dem Kaiser die »Spanische Reverenz« zu erweisen, mit der Begründung, daß drei Verbeugungen einzig und allein der Heiligen Dreifaltigkeit vorbehalten wären.[336]

Geringeren Mitgliedern der kaiserlichen Familie und den höheren Kreisen des Adels durfte die »Französische Reverenz« erwiesen werden, eine halbe Verbeugung.

Auch wie viele Stufen auf einer der großen barocken Treppen der Kaiser zum Empfang eines zu Besuch kommenden Herrschers hinuntersteigen, ob er dabei seinen Kopf bedeckt oder unbedeckt lassen und welche Begrüßungsworte er gewähren solle, alles und jedes war in den Regeln des Protokolls vorgeschrieben.

Als 1695 der Kurfürst August von Sachsen Wien

besuchte, fuhren Leopold und sein Sohn Josef zur Begrüßung an die Donaubrücke, entstiegen ihrer Kutsche, schritten genau abgezählte zehn Schritte vor und blieben dann stehen. Es stand beim Kurfürsten, die für das Zusammentreffen noch fehlenden 30 Schritte zurückzulegen.[337]

Die Etikette war auch ein gutes Verständigungsmittel, um auszudrücken, was nicht in Worte gefaßt werden konnte. 1655, zur Zeit seiner Wahl zum Römischen König, wartete Leopold oben an der Treppe, um die Kurfürsten zu empfangen. Als diese nun begannen, die Stufen hinanzusteigen, sollte Leopold drei Stufen zur Begrüßung hinuntersteigen, um dann – zu ihrer Rechten – beim Hinaufsteigen wieder den Vortritt zu haben. Doch als der Kurfürst von Mainz erschien, dessen Stimme dem französischen Kandidaten zugefallen war, stieg Leopold (vielleicht aus Zerstreutheit, aber doch wohl eher mit Absicht) nur zwei Stufen hinunter und wartete dort, worauf der Mainzer Prälat unten auf der Treppe stocksteif stehenblieb und sich weigerte, sich von der Stelle zu rühren – bis ein Hofbeamter Leopold daran erinnerte, daß er dem Kurfürsten noch eine Stufe schulde.[338]

Vor dem prunkvollen Hintergrund der Stadt gaben der Kaiser und sein Hof täglich eine Art Schauspiel in Fortsetzungen. Ein kunstvolles, der Tages- und Jahreszeit angepaßtes Ritual drehte sich unaufhörlich um den Kaiser. Es fußte in seinem Grundbestand auf den Zeremonien der Herzöge von Burgund, war dann ausgebildet worden und eingefroren im Spanien Philipps II. und wurde schließlich weiter ausgeschmückt durch die katholische Gegenreformation in Österreich.

Gelenkt wurde dieses komplizierte Ritual durch Hunderte von Höflingen, die den Hofstaat, den kaiserlichen Haushalt bildeten. Neben der großen Besetzung durch Beamte stellte ein Heer von Handwerkern und Dienern den Chor dieses Schauspiels dar: Goldschmiede und Barbiere, Waffen- und Wagenschmiede, Trompeter, Perückenmacher, Knopfgießer, Heizer, Mehlspeisköche und verschiedene andere in der Burg notwendige Handwerker.[339] Die Hofburg bot nicht genug Wohnraum, um den ganzen Schwarm von Höflingen und Dienern unterzubringen; die meisten wurden in Häusern der Stadt einquartiert, die sie als eine Art Lehen bekamen. Dieser Umstand, im Verein mit der Enge, die in der von Mauern umgebenen Innenstadt herrschte, brachte den Hof zum alltäglichen Leben der Stadt in ein viel näheres Verhältnis, als es anderswo für gewöhnlich der Fall war. Tatsächlich lebte fast jeder in der Stadt irgendwie vom Hof, und die ganze gewichtige Scharade des Hoflebens spielte sich gewissermaßen vor den Augen der Nachbarschaft ab.

Obwohl diese vertrauliche Tuchfühlung die Grenzen einer streng geschichteten Gesellschaftsordnung keineswegs verwischte, beeinflußte sie dennoch zutiefst den allgemeinen Geschmack und die Umgangsformen. Jedermann ahmte die Mode, die Gewohnheiten und den Zeitvertreib bei Hofe nach. Auf dem großen Theater, das die Barockstadt war, durften sogar die Zuschauer von Zeit zu Zeit eine Rolle auf der zentralen Bühne spielen.

Die Mitglieder des kaiserlichen Hofstaates wurden beim Dienstantritt alle durch einen feierlichen Eid gebunden, »treu, gehorsam und aufmerksam« zu sein und den Kaiser vor jeder möglichen Gefahr zu warnen; sie blieben gewöhnlich bis zu ihrem Tode bei ihm.[340] Der Kaiserkult, der bis zum Ende des Habsburgerregimes anhielt, hatte in diesen Familien mit ihrer Hofdiensttradition gleichsam seinen Kern, seinen Schwerpunkt, und diese Kaisertreue war ein sehr wesentlicher

Faktor, um die Donaumonarchie – gegen die Zentrifugalkräfte der Nationalismen – zusammenzuhalten.[341]

Der Ablauf des Lebens eines Kaisers konnte genau nach der Ordnung und Regel vorausgesagt werden. Er stand tagtäglich zur selben Stunde auf und wurde zuerst von seinen Leibdienern, den Herren des Schwarzen Schlüssels, und dann von seinen Kämmerern, den Herren des Goldenen Schlüssels, bedient. Er hörte drei Messen hintereinander, wobei er auf den Steinen der Kapelle kniete und die Bücher der Liturgie vor sich ausgebreitet hatte. Dann hielt er Audienzen ab, wobei die Menschen genau nach ihrem Rang vorgelassen wurden; Arme und niedrige Geistliche bekamen ein Papiersäckchen mit Golddukaten.[342]

Trotz seiner zwergenhaften Gestalt unter der riesigen Lockenperücke und obwohl er jeden kurzsichtig anblinzelte und sich, wenn er ihn genauer sehen wollte, seines Augenglases bedienen mußte, gelang es Leopold doch, einen Nimbus von ungeheurer Majestät auszustrahlen. Er trug nur spanische Kleidung, ganz schwarz mit roten Strümpfen und Schuhen und einem federgeschmückten Hut. Auch die Höflinge erschienen in der Burg ausschließlich in spanischer Kleidung.

Um ein Uhr nahm er gewöhnlich allein, aber in großem Staat, im neu ausgestatteten, reich vergoldeten Leopoldinischen Trakt das Mittagsmahl ein; jeder, der es wünschte, konnte zugelassen werden, um den Kaiser beim Essen zu beobachten. Er saß auf einem erhöhten Prunksessel unter einem rotgoldenen Baldachin, unterhielt sich mit seinen Pagen und Spaßmachern oder lauschte der Musik. Der italienische Architekt Burnacini, der die prachtvolle Ausstattung für Leopolds Hochzeitsoper entworfen hatte, war auch der Schöpfer des glitzernden Saales, in dem der Kaiser nicht anders speiste, als ob es sich um eine große Szene fürs Theater handelte.

Trabanten und Hellebardiere standen mit unbedeckten Köpfen Wache, der päpstliche Nuntius und die ausländischen Gesandten waren anwesend, verneigten sich und zogen sich zurück, sobald der Kaiser den ersten Schluck Wein nippte, der von Mundschenken kniend eingegossen wurde. Der Kaiser selbst behielt beim Essen den Hut auf und nahm ihn nur während des Tischgebetes ab, das der Kaplan sprach, oder wenn die Kaiserin mit ihm speiste und ihr Glas erhob, um auf seine Gesundheit zu trinken. Die Speisen, die er aß, wurden aus den Küchen im Innersten der Burg gebracht und gingen durch 24 Händepaare, ehe sie ihn erreichten.[343]

Niemand außer der Kaiserin setzte sich mit dem Kaiser zu Tisch – »zu Seiten des Kaisers« –, wenn er in Gala zu Mittag aß. Nach dem Mahl blieb Seine Majestät sitzen, bis alles, sogar das Tischtuch, abgeräumt und ein frisches aufgelegt wurde. Dann erschien der erste Kammerdiener der kaiserlichen Tafel mit einem vergoldeten Silberbecken voll duftenden Wassers zum Händewaschen, und der Obersthofmeister reichte die Serviette.

Das Abendessen, ein weniger formelles Mahl, wurde für gewöhnlich in den Zimmern der Kaiserin serviert, »zu Seiten der Kaiserin«. Da konnten auch Gäste eingeladen werden, und es gab Heiterkeit, Konversation und Musik. Die Hofdamen der Kaiserin, zwölf junge Frauen aus adeligen Familien, die in der Hofburg wohnten, bedienten beim Abendessen und reichten das Waschbecken. Obwohl der Kurfürst August von Sachsen 1696 vier Wochen lang Gast in der Hofburg war, ohne jemals »zu Seiten des Kaisers« das Mittagsmahl einzunehmen, war er doch zu Gast am Tisch der Kaiserin und durfte dem Kaiser, zum Zeichen besonderer Wertschätzung, die Serviette reichen.[344]

Nach der Stunde des Mittagsmahles kam es an schönen Frühlingstagen vor, daß der Kaiser und die Kaiserin langsam und gravitätisch in einer mit rotem Leder gepolsterten Staatskarosse in die Stadt fuhren, begleitet von einer Leibgarde aus 300 Mann zu Fuß und zu Pferd und gefolgt von einem Zug von schwarzen Karossen. Der Kaiser nahm allein den Hauptsitz der Karosse ein; die Kaiserin saß ihm gegenüber, mit dem Rücken zu den Pferden. Auf dem Lande, wo die Regeln der Etikette gelockert waren, durfte sie neben ihm sitzen. Manchmal fuhr das kaiserliche Paar nachmittags auf die Jagd oder zu einem Schützenwettbewerb. Oder aber die Kaiserin zog sich nach dem Mittagsmahl in ihr Spiegelkabinett zurück, um mit ihren Damen Karten zu spielen.

Abends gab es meist ein Konzert, eine Oper oder ein Ballett, wieder unter Einhaltung der strengsten Etikette im Hoftheater aufgeführt. Kaiser und Kaiserin saßen auf einem erhöhten Podium unmittelbar vor der Bühne in mit rotem Samt gepolsterten Lehnstühlen – ganz so, als gehörten sie gleich den Hauptdarstellern zur Aufführung. Zwei Pagen fächelten kniend den Majestäten Kühlung zu – während Kurfürst August, der auf einem gewöhnlichen Sessel in einiger Entfernung dahinter saß, einen Fächer in die Hand gedrückt bekam, mit dem er sich, falls er es wünschte, selber abkühlen konnte.

Ebenso wie für den Tagesablauf hatte das Hofleben auch für den Ablauf der Jahreszeiten einen festgesetzten Plan. Feierlichkeiten und Festtage wurden lange im vorhinein auf dem Kalender vermerkt. An den Geburts- und Namenstagen des Kaisers und der Kaiserin erschienen der Hof und das Diplomatische Corps in der Hofburg, um die allerhöchsten Hände zu küssen und dem Kaiser beim Mittagsmahl zuzusehen.

An »Toisontagen« – den festlichen Gedenktagen

des Ordens vom Goldenen Vlies – hörten die Ritter des Ordens in ihren hochroten, goldbetreßten Samtornaten die Messe und den Abendgottesdienst in der Hofburgkapelle und nahmen das Mittagsmahl mit dem Kaiser in der Hofburg ein, eine unerhört seltene Ehre.[345]

Nicht alle Ereignisse, denen der Kaiser den Glanz seiner Gegenwart schenkte, bewahrten in ihrem Verlauf das geziemende Dekorum. An den Festtagen der verschiedenen Schutzheiligen, an denen der Kaiser die jeweilige Kirche besuchte und nachher im Refektorium des angrenzenden Klosters das Mittagessen einnahm, war oft die ganze Umgebung in Aufruhr. Eine ungeheure Menschenmenge drängte sich unter Schreien, Stoßen, Ziehen und Treten um einen Platz mit guter Sicht. Verwandte und Freunde der Mönche oder Nonnen bahnten sich ihren Weg durch die Leibgarde, um vom Kaiser eine Gunst zu erbitten. Oft gebärdete sich die Menge so wild und ungebührlich, daß die kaiserliche Garde hilflos war und der Pöbel die Hofbeamten kaum durchließ, wenn diese das Essen Seiner Majestät brachten, das immer nur in den Küchen der Burg hergestellt und von dort herbeigeholt wurde.[346]

Aber so formell das Leben das ganze übrige Jahr hindurch war, im Fasching fielen alle Schranken, und »lèse-majesté« (wörtlich »Majestätsverbrechen«) war das Gebot des Tages.

Vom Neujahr bis zum Faschingsdienstag unterhielt ein ununterbrochener Reigen der Ausgelassenheit – Maskenbälle, »ridotti« (Redouten), Komödien, Opern, Schlittenfahrten, Feuerwerke, Konzerte und Roßballette – die Hofgesellschaft.

Bei Hofbällen wurde das Abendessen um zwei Uhr früh serviert, und man tanzte bis Tagesanbruch. Für die Schlittenfahrten brachten, wenn nötig, Hunderte von

Fuhrwerken frischen Schnee aus den Bergen und bestreuten damit ie Straßen und Plätze der Innenstadt. Die Herren der Gesellschaft losten die Damen aus, die mit ihnen fahren und soupieren sollten. In schön geschnitzten Schlitten, in der Form von Drachen, Pfauen und Schwänen, sauste die Gesellschaft durch die Straßen, wobei Musik gespielt wurde und der Schein der Fackeln die Juwelen der Damen und Herren funkeln machte.

Besonders beliebt bei den habsburgischen Kaisern der Barockzeit war ein Maskenfest der Hofburg, das »Wirtschaft« oder »Schenke« genannt wurde. Die Burg wurde in ein Landwirtshaus verwandelt, den »Schwarzen Adler«, der Kaiser und die Kaiserin verkleideten sich als bäuerliche Wirtsleute, der Hof kam kostümiert als Milchmädchen, Barbiere, Perückenmacher und Hirten, es gab viel Heiterkeit, und jedes Zeremoniell fiel. Bei einer berühmten »Wirtschaft« in der Hofburg während eines Besuches von Peter dem Großen 1698 erschien der Zar als friesischer Bauer verkleidet, trank eine erstaunliche Menge Wein und wirbelte seine hübsche Partnerin bis zum Morgengrauen im Kosakentanz herum.[347]

In diesem der Bühne und dem Theaterspielen leidenschaftlich ergebenen Volk bot die Maskenfreiheit des Faschings wenigstens einmal im Jahr jedem die Chance, die Rolle seiner Wahl zu spielen. Sogar die Habsburger stiegen vom Olymp herab, um einen Tag lang Amphitryon zu sein.

Der britische Gesandte, Sir Robert Keith, verglich den Wiener Karneval einmal mit einem »sechs Wochen langen Leben in einer Kesselpauke«.[348]

Aber wenn es am Faschingsdienstag Mitternacht schlug, hörte die Musik auf, die tanzenden Füße blieben stehen, die Bühnen verdunkelten sich, die Feste brachen ab, der Aschermittwoch hatte begonnen. Der französische Gesandte, der Herzog von Richelieu, beklagte sich in einem Schreiben in seine Heimat, daß er und der Hof den Andachtsübungen des Kaisers »wie ein Pack von Lakaien« folgen müßten und daß er zwischen Palmsonntag und Ostern »hundert Stunden auf den Knien« verbracht habe, was wahrscheinlich keine Übertreibung war, denn das Amt eines Staatsministers legte diesem während der Fastenzeit nicht weniger als 80 öffentliche Andachtsübungen auf.[349]

Doch auch die Bräuche der Fastenzeit hatten in Wien den Charakter eines großen Schauspiels auf dem Theater. Glitzernde Prozessionen spulten sich wie eine Lichterschnur durch die engen Straßen der Innenstadt ab, sprühend von Musik und Farbenpracht, wobei der Kaiser und die Kaiserin des öfteren zu Fuß an der Spitze einherschritten. An den Straßenecken führten Jesuitenschüler auf improvisierten Bühnen fromme Stücke auf, und die »Prozessionsspiele« der Fastenzeit – die Palmsonntagsprozession, der Abstieg vom Ölberg, die Karfreitagsprozession – stellten mit Kostümen und Musik und Hunderten von Mitwirkenden die Leidensgeschichte Christi dar.[350] Für die »Hernalser Prozession« legten der Kaiser, die Kaiserin und der ganze Hof Masken und Kostüme biblischen Charakters an und führten, auf Eseln reitend, die Bevölkerung vom Stephansdom bis hinaus auf den Kalvarienberg im Vorort Hernals, eine Strecke, die genau der »via dolorosa« in Jerusalem entsprach. Dies sollte ein Akt der Sühne für die erste und einzige protestantische Predigt sein, die in Wien zu Sankt Stephan gehalten worden war.

Wenn man nach zeitgenössischen Berichten urteilen darf, war die »Hernalser Prozession« allerdings mehr dem Geist des Faschings als dem der Fastenzeit verpflichtet, denn das Dickicht und die Hecken entlang ihres Weges waren häufig der Schauplatz höchst weltlicher Amüsements zwischen den Teilnehmern.[351]

Am Gründonnerstag knieten der Kaiser und die Kaiserin vor dem versammelten Hof im großen Saal der Burg, um zwölf armen Greisen die Füße zu waschen. Am Karfreitag machten der Kaiser, der Hof und die Stadtbevölkerung einen Pilgerzug von Kirche zu Kirche, um in jeder das Heilige Grab zu besuchen, das wie die Krippenszenen für den Advent nicht selten von großen Künstlern der Zeit geschaffen war. In einer berühmten, vielbewunderten Karfreitagsszenerie in der neben der Hofburg gelegenen Augustinerkirche wurde das Grab inmitten einer österreichischen Berglandschaft mit echten Bäumen dargestellt, in denen lebende und künstliche Vögel saßen; für die künstlichen imitierte im Hintergrund ein kleiner Knabe den Gesang.[352]

Unmittelbar nach Ostern übersiedelten der Kaiser und sein Haushalt aufs Land hinaus, gewöhnlich zur Falkenbeize, zur Hirschhatz und Eberjagd nach Laxenburg. Im Hochsommer, gleich nach Johanni, brachte eine lange Wagenkolonne den Hof wieder näher an Wien heran, in ein anderes Sommerpalais, die neue Favorita. Im Oktober zog die kaiserliche Familie in die Hofburg ein, der Hochadel kehrte von seinen Schlössern und Landgütern in seine Stadtpaläste zurück, und der Reigentanz des Hoflebens begann von vorn.

Die großen Zyklen des Zeremoniells bestimmten im Dasein des Kaisers nicht nur den Ablauf des Tages und des Jahres, sondern Flut und Ebbe seines ganzen Lebens. Taufen, Hochzeiten, Krönungen, Begräbnisse: sie alle gaben Gelegenheit für das große Schauspiel, die feierliche Geste, das Schaugepräge, in welchem Theater und wirkliches Leben unentwirrbar miteinander verschmolzen. Der Hof war zugleich Zuschauer und Darsteller, die großen Komponisten der Zeit schufen die jeweils passende Musik, die großen Baukünstler entwarfen die Bühnenbilder für die Oper, die Ausstattungen für die Taufen, Hochzeitsfeiern und Krönungen und schließlich die Katafalke, auf denen die Leichen der Kaiser aufgebahrt wurden.

Wie es fürs Leben eines gab, so gab es auch ein Protokoll für das Sterben. Die Habsburger starben gewöhnlich in eindrucksvollen Totenbettszenen, umgeben von ihrer Familie, dem Klerus und den höchsten Beamten des Hofes. Die letzten Worte wurden für die Geschichte stets sorgfältig niedergeschrieben. Leopold verschied unter den süßen, zarten Klängen der Barockmusik, die er so leidenschaftlich liebte. Sein Sohn aber, Karl VI., bis zu seinem letzten Atemzug ein fanatischer Verfechter der Etikette, soll sich von seinem Sterbebett noch einmal aufgerichtet haben, um zu fragen, warum denn nur vier Kerzen am Fußende des Bettes brannten, wo ihm als Römischem Kaiser laut Protokoll doch sechs zustünden.

Von allen Schauspielen des Hoflebens war ein kaiserliches Leichenbegräbnis vielleicht das eindrucksvollste. Wenn ein Kaiser starb, wurde sein Leichnam geöffnet und sorgfältig einbalsamiert; das Herz wurde herausgenommen, in eine goldene Urne gefaßt und in die Herzgruft der Augustinerkirche gebracht. Die Eingeweide wurden, nachdem sie vom Burgkaplan eingesegnet worden waren, in einer kupfernen Urne mittels einer Kutsche in den Stephansdom gefahren, wo der Erzbischof von Wien sie ein zweites Mal einsegnete und dann in den Katakomben unterhalb der Kirche bestattete.

Während die beiden kleinen Begräbnisse des Herzens und der Eingeweide stattfanden, wurde der Leichnam des toten Monarchen in spanischer Tracht – sogar der federgeschmückte Hut auf dem Kopf fehlte nicht – auf einem hohen, verzierten Katafalk im Rittersaal der Hofburg aufgebahrt.

Eine solche Aufbahrung war ein ehrfurchterregender Anblick. Sämtliche Zimmer der Burg waren schwarz ausgeschlagen. Im düsteren Rittersaal kam das einzige Licht von den flackernden schwarzen Wachskerzen, die am Kopf- und Fußende des Katafalks brannten und die Edelsteine der Kronen, des Zepters, des Reichsapfels und des Goldenen Vlieses mystisch erstrahlen ließen. Hofkämmerer in langen schwarzen Umhängen bildeten die Dauerwache, Augustiner oder Kapuziner lasen Messen, und zwischendurch erschienen die Sängerknaben der Hofburgkapelle, um das Miserere oder das De profundis zu singen. Über der trauernden Stadt läuteten Tag und Nacht gedämpfte Kirchenglocken.

Das Leichenbegängnis fand nachts statt. Beim Schein der Fackeln und Kerzen machte sich eine lange Prozession auf den Weg. Voran gingen alle Armen aus den Spitälern der Stadt, mit Kerzen in den Händen, dann kamen die Mönche der verschiedenen Orden, die Dienerschaft des Hofes, die Beamten, Stadträte, der Klerus und die Ritter vom Goldenen Vlies. 24 Herren des Goldenen Schlüssels trugen den Sarg, dem die kaiserliche Familie in tiefster Trauer folgte.[353]

Nach den Gebeten in der Kapuzinerkirche wurde der Sarg über eine Wendeltreppe in die Krypta hinuntergetragen, wo Seiner Majestät Haushofmeister seinem Herrn den letzten Dienst erwies. Er klopfte dreimal an das verschlossene Tor der Krypta, aus derem Inneren eine Stimme fragte:

»Wer ist draußen?«

»Kaiser Leopold«, antwortete der Haushofmeister.

»Den kenn' ich nicht«, sagte die Stimme im Inneren. Die Krypta blieb verschlossen.

Wieder klopfte der Haushofmeister dreimal an das eisenbeschlagene Tor, und wieder fragte es aus der Krypta:

»Wer ist draußen?«

»Ich, Leopold – ein armer Sünder.«

Darauf wurde das Tor vom Kapuzinerprior aufgemacht und der Sarg ein letztes Mal geöffnet, damit der Prior die Person, die er da in seine Obhut nahm, identifizieren konnte. Dann wurde der Sarkophag für immer mit doppelten Schlüsseln versperrt.[354]

VII

PROBLEME DER ERBFOLGE

1. Ein neuer König für Spanien

Es war gut, daß der Tod die ganze höfische Förmlichkeit, die die strenge Etikette erforderte, aufhob, denn er war in jenen Jahren ein häufiger Besucher in der Hofburg. Immer wieder erlosch der Glanz des Hoflebens in der tiefen Trauer eines neuerlichen Todesfalls. Bärte blieben unrasiert, Oper und Komödie wurden in die Acht erklärt, Zwerge und Spaßmacher auf Urlaub geschickt, und die Damen der kaiserlichen Familie trugen die spanische Trauerkleidung der Nonnen.

Der neue Feind waren die Pocken. Immer wieder veränderten sie den Lauf der europäischen Geschichte. Die Königin von England starb an ihnen, den spanischen Thronfolger Balthasar Carlos hatten sie schon hinweggerafft, Leopold verdankte ihnen seinen Thron. Im Gegensatz zur Pest, vor der sich die Reichen durch Flucht in Sicherheit bringen konnten, schien es bei den Pocken keinerlei Entrinnen zu geben. Kinder erkrankten und starben innerhalb weniger Stunden; Frauen gingen mit Engelangesichtern zu Bett und erwachten als schwärenbedeckte Hexen.

»Alle meine Söhne und Töchter, außer dem Römischen König«, schrieb Leopold 1691 an seinen Beichtvater, »sind von den Blattern befallen worden, zuletzt meine jüngste Tochter, die im vorigen Jahr geboren wurde. Dieser Engel befand sich wohl, bis ganz plötzlich das Übel begann. Beinahe drei Tage war sie krank, und gerade heute früh wurde sie von Krämpfen befallen, die so heftig waren, daß ihre unschuldige Seele sich zum Himmel schwang. Einerseits empfand ich als Mensch diesen Verlust, da die Kleine doch meine Tochter war, anderseits aber getröste ich mich, weil ich doch jemanden habe, der für mich bei Gott bitten wird . . .

und ich empfinde es als höchste Gnade Gottes, daß er, wenn er schon ein Kind mir nehmen wollte, es genommen hat, als es noch so klein war.«[355]

Ein paar Jahre später wandte er sich erneut um Trost an seinen Freund und geistigen Berater, den Pater Marco d'Aviano:

»Ich muß Euch einen Trauerfall mitteilen, und zwar, daß meine Tochter Maria Theresia vor acht Tagen an den Blattern erkrankte. Es schien nicht schlimm zu sein, als sich plötzlich die Dinge wandelten, und Gott berief sie zu sich. Euer Hochwürden können ermessen, wie sehr ich als Mensch diesen schweren Schlag empfunden habe, da meine Tochter so gut und klug war. Anderseits getröste ich mich aber in der Hoffnung, daß Gott es geschehen ließ, um sie von den Gefahren dieser Welt zu befreien. Und dies um so mehr, als sie sogleich, nachdem sie erkannte, daß sie an den Blattern erkrankt sei, eine Generalbeichte ablegen wollte, und war doch noch nicht zwölf Jahre alt.«[356]

Durch einen Glücksfall entrann der Sohn und Erbe Leopolds, der spätere Kaiser Joseph I. – vorläufig – den Pocken, und sein jüngerer Bruder, Karl, erkrankte nur so leicht, daß er sein Leben lang gegen Pocken immun war.

Von Leopolds 16 Kindern überlebten ihn nur fünf. Doch war er da noch glücklicher dran als sein Neffe, Carlos II., König von Spanien. Carlos, das einzige überlebende Kind jener interfamiliären Ehe zwischen Leopolds Schwester Maria Anna und dem ältlichen Philipp IV., war von Geburt an kränklich, und es hatte den Anschein, als ob jener letzte, schwache Trieb der spanischen Linie kinderlos verkümmern würde. Zeitgenossen schrieben Carlos' Krankheit und Impotenz einem bösen Zauber zu, die Geschichtsschreiber des 19. Jahrhunderts aber habsburgischer Inzucht. Aber wie immer sich diese Inzucht auf Carlos' Körperbau ausgewirkt haben mag, die Schilderungen der mannigfaltigen Leiden, die ihn seit seiner Geburt quälten – eiternde Geschwüre, kranke Knochen und Zähne, nervöse Beschwerden –, lassen eher eine angeborene Syphilis vermuten, die höchstwahrscheinlich das Ergebnis der häufigen Überfälle seines Vaters auf die Madrider Bordelle war.

Fast ein Vierteljahrhundert lang, seit Carlos' erster Ehe mit einer französischen Prinzessin, waren die Großmächte Europas mit Schlafzimmerspionage befaßt, um herauszubekommen, wann und ob ein Thronerbe in die Welt gesetzt wurde. Die Spanier hatten schließlich die königliche Kinderlosigkeit mit ironischem Fatalismus hingenommen und in einem populären Vierzeiler belacht:

Drei Jungfrauen gibt es in Madrid:
die Bibliothek des Kardinals,
des Herzogs von Medina Schwert
und unsere Frau Königin.[357]

In den Jahren, die Carlos' Tod vorangingen, teilten die Großmächte Spanien in einer Reihe von Geheimverträgen wie einen Apfel auf. Die französischen Ansprüche basierten auf der Ehe Ludwigs XIV. mit Maria Teresa, der älteren Tochter Philipps IV., jener Infantin, die der österreichische Hof zuerst für Leopolds älteren Bruder Ferdinand und dann für Leopold selbst gewinnen wollte. Maria Teresa hatte aber zur Zeit ihrer Eheschließung bereits eindeutig allen Erbrechten auf den spanischen Thron entsagt. Die französischen Rechtsexperten mußten daher schon sehr tief in ihrem Sack voll juristischer Finten graben, um eine entsprechende Ausrede zu finden, und sie argumentierten: Da die Mitgift der Infantin nicht voll ausbezahlt wurde, war ihr Verzicht ungültig.

Der Anspruch Leopolds basierte natürlich auf den alten engen Familienbanden, die die beiden Linien des Hauses miteinander verknüpften: Seine Mutter war eine Tochter Philipps III., seine erste Gattin eine Tochter Philipps IV.

Es gab noch einen dritten, der Anspruch auf den Thron Spaniens erhob: den siebenjährigen Sohn des Kurfürsten von Bayern, dessen Mutter Leopolds Tochter aus dessen erster Ehe mit der Infantin Margarita Teresa war. Eine Zeitlang hatte es den Anschein, als ob das bayrische Kind von Carlos und seinen Ministern als Kompromißlösung begünstigt würde; der kleine Prinz wartete bereits in den Niederlanden, um von dort nach Spanien zu segeln. Aber er bekam die Pocken und starb.

Hinter der schwachen Figur des Königs wurde von den spanischen Ministern und den französischen und österreichischen Diplomaten eine verworrene und verzweifelte Intrige um die höchsten Trümpfe der Welt gespielt. Die Franzosen sandten ihren faszinierendsten Gesandten nach Madrid, der verschwenderische Gesellschaften gab, um bei der präsumtiven Witwe des Königs die Hoffnung auf eine Wiederverehelichung zu erwecken, und zwar mit dem Dauphin von Frankreich.

Carlos wurde nach und nach immer elender. Seine Haare waren ausgefallen, seine Zähne fehlten fast ganz, und seine Augen versagten ihm den Dienst. Er war von »paralytischen Erscheinungen« befallen. Bei der Fronleichnamsprozession 1699 ging er »mit schwankendem Schritt« mit und fiel mehrmals hin.[358]

Im Oktober des Jahres 1700 verfaßten seine Minister ein neues Testament und brachten es an sein Sterbebett zur Unterschrift. Am 1. November hauchte Carlos sein armes Leben aus.

Fast im selben Augenblick versammelte sich eine ungeheure Menschenmenge in den Vorräumen außerhalb des Sitzungssaales des Schlosses, wo sein Testament eröffnet und gelesen werden sollte.

Einem französischen Bericht zufolge[359] stand der österreichische Botschafter, Graf Harrach, »mit triumphierendem Blick« und ganz überzeugt, daß einer von Leopolds Söhnen als Erbe genannt werden würde, neben dem französischen Botschafter Blécourt.

Die Menge wurde unruhig; das Gedränge in den Vorräumen war so arg, daß für einige buchstäblich die Gefahr bestand, zu ersticken. Doch blieb die innere Tür des Saales, wo die Minister Carlos' Testament überprüften, noch geschlossen.

Plötzlich flog die Tür auf, und der Herzog von Abrantès, einer der Minister des verstorbenen Königs, »dessen Witz angenehm, aber sehr gefährlich« war, bahnte sich einen Weg durch die Menge. Im Nu war er umringt und wurde bedrängt, den Inhalt des königlichen Testaments zu verraten.

Der französische Botschafter trat hoffnungsvoll einen Schritt vor. Der Herzog sah ihn an, wandte sich dann ab und bemerkte plötzlich in dem Meer von Gesichtern den österreichischen Botschafter. Ein Ausdruck der Freude kam über sein Gesicht. Er schlang seine Arme um (Harrachs) Hals und rief laut auf spanisch: »Monsieur, es ist mir das größte Vergnügen . . .« Er machte eine Pause und umarmte ihn wieder: »Ja, Monsieur, es ist mir die größte Freude . . .« (wieder eine Pause für Umarmungen) » . . . und Genugtuung, mich von Ihnen für den Rest meines Lebens zu verabschieden und dem Hause Österreich Lebewohl zu sagen.«

Damit wandte er sich um und enteilte durch die Menge, den österreichischen Botschafter sprachlos zurücklassend, während die anderen ihm nachjagten wie eine Meute Hunde auf der Fährte, um endlich zu erfahren, daß Frankreich der Erbe sei.

Als Blécourts Nachricht Paris erreichte, wurde sie dort mit ebensoviel Staunen aufgenommen, wie sie in Wien Mißbilligung auslöste: Ein Bourbone, nicht ein Habsburger sollte ganz Spanien erben?

An einem schönen Septembertag des Jahres 1703 fuhr Kaiser Leopold in Wien mit seinen beiden Söhnen Josef und Karl in sein Sommerpalais, die Favorita. Dort wurde in Gegenwart des Hofstaats und der Familiendienerschaft der siebzehnjährige Erzherzog Karl für großjährig erklärt und zum rechtmäßigen König von Spanien ernannt. Es war ganz einfach: Leopold und sein älterer Bruder Josef übertrugen Karl ihre Rechte auf Spanien. In Geheimklauseln wurde ein ganzer Erbfolgeplan – einschließlich der Erbfolge durch die weibliche Linie – entworfen.

Ein paar Tage später, am 19. September, nahm Karl tränenreichen Abschied von seiner Familie. Seine Mutter, die Kaiserin Eleonore, trennte sich sehr widerstrebend von ihm und nannte es »ein Opfer im Dienst am Volk«. Karls ältere Schwester Maria Anna, die ihm besonders zugetan war, rief ihren Lieblingszwerg beiseite, gab ihm eine goldene Uhr, die die Stunden schlug, und bat ihn, wann immer er sie schlagen höre und er bei ihrem Bruder wäre, ihn an sie zu erinnern.[360]

Der junge Karl machte sich auf den Weg durch Europa. Es war eine große Kavalkade und ein stattlicher Zug von prächtigen neuen Kutschen, alle in den spanischen Farben Gelb und Weiß bemalt, mit Kämmerern, Sekretären, Ärzten, Apothekern, Zahlmeistern, Perückenmachern, Ofenheizern, Köchen, Hilfsköchen, Kellermeistern, Lakaien, Jägern, dem Beichtvater und – natürlich – Musikanten.

Fast drei Jahre waren seit jener denkwürdigen Verlesung von Carlos' Testament vergangen. Ludwig XIV. hatte nicht gezögert, sondern unverzüglich seinen Enkel, Philipp von Anjou, mit der berühmten, aber wahrscheinlich apokryphen Bemerkung: »Es gibt keine Pyrenäen mehr!« nach Spanien geschickt. Und in diesen drei Jahren hatte Philipp reichlich Zeit gehabt, sich in Madrid fest zu verschanzen.

Die maritimen Mächte hatten sich inzwischen mit den Habsburgern verbündet, die Unterstützung des Kurfürsten von Brandenburg erkaufte Leopold durch dessen Ernennung zum »König in Preußen« und die Unterstützung des Herzogs von Hannover durch dessen Ernennung zum Kurfürsten.

Während Eugen von Savoyen gemeinsam mit dem Herzog von Marlborough Frankreich wegen des Besitzes von Spanien bekämpfte, nahmen zwei Könige den geteilten Thron in Spanien ein – Philipp von Anjou in Madrid und der habsburgische Karl in Barcelona. Während sich die Stellung Karls in Spanien besserte, verschlechterte und von neuem besserte, ging der Hof in Wien daran, eine Frau für ihn zu finden. Dies war von doppelter Bedeutung, da sein älterer Bruder, Josef, keine Söhne hatte.

Auf seiner Reise nach Spanien hatte Karl den Umweg über Weißenfels in Deutschland gemacht, um dort eine besonders anziehende Möglichkeit, nämlich Karoline von Ansbach, ins Auge zu fassen. Die schöne und intelligente Karoline nahm Karl ganz für sich ein; sie hatte nur einen Nachteil – sie war Protestantin.

Karolines ehrgeizige Familie, der an einer Verbindung mit einem Habsburger sehr gelegen war, nahm die Jesuiten, die zu Karolines Bekehrung geschickt wurden, mit Freuden auf. Karoline aber saß mit der aufgeschlagenen Bibel im Schoß da und erörterte unter bitteren Tränen theologische Fragen. Schließlich mußte der ganze Plan fallengelassen werden, Karoline heiratete den Prinzen Georg von Hannover – und wurde später Königin von England.

Karl war tief enttäuscht. Seinem alten Freund, dem Grafen Wratislaw, klagte er über seine beabsichtigte Eheschließung: »... es gelang ihnen, die beste Suppe zu verschütten. Gott verzeih ihnen, doch so war es.«[361]

Bald tauchte eine neue Möglichkeit auf, und wieder war es eine deutsche Prinzessin: Elisabeth Christine von Braunschweig-Wolfenbüttel. Aber ach, es war schon wieder eine Protestantin. Karl rief seinen Beichtvater aus Spanien zu Hilfe, der sollte sie aufsuchen und sehen, was sich machen ließ. Pater Tönneman kehrte alsbald mit einem reizenden Porträt der Prinzessin und mit dem Versprechen einer baldigen Konvertierung zurück.

Am Wiener Hof tuschelten die Feinde der beabsichtigten Eheschließung, die Braut sei kränklich und könne kaum die entsprechende Anzahl von Kindern zur Welt bringen.[362] Also schickte man den Leibarzt des Kaisers nach Wolfenbüttel. Er sollte in der Nähe des Schlosses Quartier nehmen, die Prinzessin bei ihren Spaziergängen beobachten und, hinter einem Wandschirm verborgen, zusehen, wie sie bei Tische saß und speiste. Sowohl ihre Gesundheit als auch ihre Tischmanieren bestanden offenbar die Prüfung – ihre Konvertierung war weit schwieriger. Sie ging nicht ohne Tränen und Seufzer ab, und es vergingen Monate, ehe ihre Familie die schriftliche Bürgschaft geben konnte.[363]

Im Frühling 1708 reiste Elisabeth Christine zu einer Heirat in Vertretung nach Wien und von dort über die vielbereiste Brautroute nach Spanien.

Karl erwartete seine Zukünftige im Seehafen von Matarò. Nach ihren ersten gemeinsam verbrachten Stunden notierte der phlegmatische Karl in sein Tagebuch:

»Ritt nach Matarò. Königin sehr schön. Ganz zufrieden.«

Zwei Tage später findet sich eine noch kürzere Eintragung:

»Königin Nacht sehr lieb.«[364]

Schlank und aschblond, mit strahlenden blauen Augen und milchweißer Haut, war Elisabeth Christine sicherlich die hübscheste Habsburgerbraut seit Jahren. Karl nannte sie zärtlich seine »schneeweiße Liesl«.

Leopold erlebte das Ende des Erbfolgekrieges nicht, er starb im Frühling 1705, nicht lange nach dem Sieg von Höchstädt, an einer »Wassersucht der Brust«. Der Krieg zog sich weiter in die Länge, fast ganz Europa wurde in ihn hineingerissen, durch rund zwölf Jahre schwankte das Kriegsglück hin und her.

Schließlich beendete ein menschliches Ereignis sowohl den blutigen Zwist als auch Karls spanisches Königtum. Als sein Bruder, jetzt Kaiser Josef I., in der Hofburg bei Tische saß, erkrankte er plötzlich. Es waren die Pocken, die furchtbare Krankheit, der er als Kind entronnen war. Trotz aller Heilmittel, die seine Ärzte versuchten – einschließlich des allerneuesten, nämlich den Patienten in zwanzig Meter englisches Wolltuch einzuwickeln –, starb Josef.

Er hinterließ zwei Töchter, aber keinen Sohn. Sein einziger männlicher Sproß war als Wickelkind gestorben, angeblich, weil seine Mutter es sich nicht nehmen ließ, ihn zu jeder Tages- und Nachtzeit stolz herumzuzeigen, und da habe der Rauch der qualmenden Burgfackeln das zarte Knäblein erstickt.

Karl wurde eilig nach Wien berufen. In Frankfurt

hielt er sich gerade nur so lange auf, um rasch zum Kaiser – Karl VI. – gekrönt zu werden, und weiter ging's.

Nun stimmten Karls Verbündete mit seinen Gegnern darin überein, daß ein doppeltes Reich für einen einzigen Habsburger zuviel wäre, und als 1713 der Friede von Utrecht unterzeichnet wurde, behielt Philipp von Anjou Spanien. Karl bekam die spanischen Niederlande und einen ansehnlichen Teil Italiens: Mailand, Neapel, Sardinien.

2. *Sorgen und Freuden Karls VI.*

Das Leben Karls in der Hofburg war, wie das seines Vaters, ein wahres Vorbild an Regelmäßigkeit und Ordnung. Er stand jeden Morgen zur selben Stunde auf, saß im Kronrat, hielt Audienzen ab, speiste zu Mittag öffentlich mit seiner schönen Gattin und beobachtete peinlich alle Regeln der Hofetikette. Er war durch und durch Methodiker und sehr darauf bedacht, die Ereignisse jeden Tages in sein Tagebuch einzutragen.

Das Temperament seiner phlegmatischeren Vorfahren unter den Habsburgern schien in Karl wieder zum Vorschein zu kommen. In der Öffentlichkeit war er von statuenhafter Majestät. Trotzdem hatte er einen gemütlichen, drolligen, sehr trockenen Humor und sprach mit Begeisterung breitesten Wiener Dialekt, vielleicht als Gegengewicht zu dem formellen Spanisch und Latein des Hofes.

Er führte seine Frau gern in das einen Steinwurf von der Hofburg entfernte Kärntnertortheater, um Josef Stranitzky in dessen unverschämt komischen, originellen und oft sehr derben Hanswurst-Komödien spielen zu sehen. Auch kam es vor, daß er von einer Reise durch die Provinzen unerwartet zurückeilte und, in einen großen Radmantel gehüllt, so daß ihn nicht einmal die Burgwache erkannte, ganz unverhofft in die Gemächer seiner Frau stürzte und sie rundweg abbusselte, was sie, wie treulich notiert wurde, »in außerordentliche Freude versetzte«.[365]

Um sie nach einer Geburt zu überraschen, dirigierte er einmal ihr zu Ehren persönlich im Hoftheater eine Oper und rief ihre kleine sechsjährige Tochter Maria Theresia auf die Bühne hinauf, um das Publikum durch den Gesang des Mädchens zu entzücken.

Musik war seine große Leidenschaft, wie es die seines Vaters gewesen. In Wien machten alle und alles Musik. Man konstruierte Sessel, die ein Flötensolo spielten, sobald man sich daraufsetzte, und Spieluhren ließen lange Melodien erklingen, sooft die volle Stunde schlug. Im Hoftheater und im Garten der kaiserlichen Sommerresidenz wurden prunkvolle Opern aufgeführt. Karls Musikanten waren besser bezahlt als die Obersten des kaiserlichen Heeres.

Bevor Elisabeth Christine in Spanien angekommen war, hatte Karl so manche angenehme Stunde mit einer besonders schönen Gräfin italienischer Abstammung, Marianna Pignatelli, verbracht. Nach seiner Hochzeit trug er dann Sorge, daß Marianna rasch mit einem seiner Höflinge, dem Grafen Michael Althan, vermählt wurde; das war einer jener kleinen Dienste, die der allerhöchste Herr von einem wahrhaft treuen Hofmann verlangen konnte. Althan wurde dafür mit einem der obersten Ämter des kaiserlichen Haushaltes, nämlich mit dem des Oberstallmeisters, belohnt; die Althans waren mit Karl aus Spanien nach Wien zurückgekehrt und wohnten in der Hofburg.

Eine jahrzehntelange schreckliche Angst verfolgte Karl. Sie saß mit ihm wie ein Gespenst an jedem Beratungstisch, sie starrte ihm über die Schulter, wenn er im Thronsaal den Vorsitz führte, und warf einen immer größeren, immer dunkleren Schatten auf seine ganze Regierungszeit. Es war die Angst, daß er, wie sein spanischer Vetter Carlos, keinen männlichen Erben bekommen könnte; daß das Haus Habsburg aussterben könnte, wie es in Spanien ausgestorben war, und daß seine Länder nach seinem Tod in einen neuen furchtbaren Erbfolgekrieg gestürzt werden würden.

Die ersten acht Jahre seiner Ehe blieben überhaupt kinderlos. Endlich – 1716 – gebar Elisabeth Christine zur jubelnden Freude des Hofes und des Landes einen Sohn, den Erzherzog Leopold. Unglücklicherweise lebte dieser kostbare Habsburgersproß nur sechs Monate lang und ließ dann ein untröstliches Elternpaar zurück. Er starb entweder – laut Hoftratsch – weil seine Kinderfrau die Amme durch beleidigende Bemerkungen derart in Wut versetzt hatte, daß ihre Milch verdarb, oder aber – wie Lady Mary Wortley Montagu von Wien heim nach England schrieb – weil ihn die Kinderfrauen unklugerweise mitten im Winter entwöhnen wollten.[366]

Die Geburt der beiden kleinen Töchter, Maria Theresia und Maria Anna, in den folgenden Jahren vermochte den Kummer des Kaisers nicht zu lindern, seine Angst nicht zu verscheuchen.

Alle Arten von Rezepten leiblicher wie geistiger Natur wurden angewendet in der Hoffnung, doch noch einen männlichen Erben zu bekommen. Die Leibärzte verschrieben der Kaiserin schwere Weine und Schnäpse, nach deren Genuß ihre blassen Wangen hochrot wurden; man unternahm Pilgerfahrten nach Mariazell zur Stärkung ihrer Seele und nach Karlsbad zur Stärkung ihres Körpers. Alles vergebens.

Nach einem böhmischen Aberglauben, der möglicherweise Karl zu Ohren gekommen war, konnte nur ein gekrönter und gesalbter König einen männlichen Erben bekommen.[367] Karl hätte sich wahrscheinlich auf jeden Fall krönen lassen, aber vielleicht erhöhte diese Legende die Dringlichkeit seiner diesbezüglichen Pläne. Jedenfalls machte sich 1723 die ganze kaiserliche Familie für die Reise nach Prag bereit.

Die ungeheuren Vorbereitungen, die eine solche Reise mit sich brachte, nahmen Monate in Anspruch; als Karl und die Seinen am 19. Juni Wien endlich verließen, war es ein Zug von mehr als 400 Wagen – einschließlich einer kleinen, niedrigen, besonders gebauten Kutsche für die sechsjährige Erzherzogin und Erbin Maria Theresia, damit die gaffende Menge an den Straßen sie bequem sehen möge.[368]

Die Krönung war für den 5. September angesetzt; der Sommer sollte in Prag verbracht werden, und zwar mit einer Reihe von öffentlichen Repräsentationen, Prozessionen, Opern, Empfängen, Jagden und Bällen, mit denen man den Böhmen den bitteren Geschmack versüßen wollte, den sie seit ihrer Niederlage in der Schlacht am Weißen Berge fast hundert Jahre vorher und der darauffolgenden harten Behandlung noch immer gegen die Habsburger verspürten.

Alles ging glatt vonstatten. Sogar die heikle Frage, welche Bürger den »Himmel«, den Baldachin über dem Kaiser bei dessen Einzug in Prag, tragen sollten – eine Frage, über die ein kleiner Kampf entbrannt war –, wurde glücklich gelöst, weil schließlich ein Wolkenbruch kam und es notwendig machte, daß Karl in einem Wagen in die Stadt einfuhr.[369] Einen Monat vor der Krönung, am 7. August, machte Karl eine bedeutsame Eintragung in sein Tagebuch: Seine Frau hatte ihm mitgeteilt, daß sie seit vier Wochen schwanger war.

Die flüchtige Notiz liefert uns keinen Schlüssel für Karls Gefühle; Jubel und Bestürzung müssen in diesem Augenblick wohl einander die Waage gehalten haben. Es war ihre erste Schwangerschaft seit sechs Jahren, und die freudige Hoffnung auf einen männlichen Erben lebte wieder auf. Das Problem aber, wie man die Kaiserin durch die erschöpfenden Krönungszeremonien und hernach ohne Unfall zurück nach Wien bringen sollte, war ganz dazu angetan, dem Kaiser und seinen Räten eine lange Reihe schlafloser Nächte zu verursachen.

Die Krönung verlief ohne Unfall, aber in den ihr folgenden Tagen vertraute Karl dem Tagebuch seine Sorgen an.[370]

Als erstes war zu entscheiden, wann von Prag abgereist werden sollte. Er rief seine Minister zu sich und fragte sie um ihren Rat; alle drängten ihn, sogleich nach Abschluß der formellen Zeremonien nach Wien zurückzueilen. Aber Karl wollte das Risiko einer Fehlgeburt in den frühen Wochen der Schwangerschaft seiner Frau nicht auf sich nehmen und entschloß sich für Anfang November, sobald die Gattin die Bewegungen des Kindes bereits spüren würde.

Nun trat die schwierige Frage der Art des Fahrzeuges auf, dem man die Kaiserin in ihrem heiklen Zustand anvertrauen konnte. Wien war von Prag auch bei bestem Wetter elf Tage entfernt, die Straßen Mitteleuropas waren dazumal unglaublich schlecht. Sogar die siebzehn Kilometer lange Fahrt zwischen der Hofburg und der kaiserlichen Sommerresidenz Laxenburg konnte manchmal ausgesprochen gefährlich sein; mehr als einmal kam es vor, daß Achsen brachen, Wagen sich überschlugen und Mitglieder des Kaiserhauses ganz zerschunden und zerschlagen – »ganz krank und hinkend«[371] aus der Sommerfrische zurückkamen. – Obwohl die Landstraße zwischen Wien und Prag eigens für die Krönungsreise instand gesetzt worden war, hatten die Hunderte von schweren Karossen und beladenen Gepäckfuhrwerke sowie die Regengüsse des Herbstes sie wieder in ihren primitiven Zustand versetzt. Man entschied, daß nicht einmal eine von Mauleseln getragene Sänfte ruhig genug wäre, um ihr die schwangere Kaiserin anzuvertrauen. Schließlich wurde eine besondere Sänfte aus Wien angefordert und dazu zwölf der geschicktesten Träger, von denen immer sechs tragen und sechs im nachfolgenden Wagen ausruhen sollten.[372]

Die Nähe des Winters brachte noch andere, nicht unerhebliche Reisegefahren mit sich. Die Stunden des Tageslichtes waren geringer, nur wenige Gasthöfe oder Schlösser konnten gut geheizte Schlafzimmer bieten, und selbst die Pferde konnte man über Nacht nicht mehr im Freien lassen wie im Sommer.

Am meisten bangte Karl um seine kleinen Töchter, deren »zarte Jugend«, wie er seinem Tagebuch anvertraute, sie für Erkältungen besonders empfänglich machte, und aus solchen Erkältungen, meinte er, könnten sich die gefürchteten Pocken entwickeln.[373]

In die Gasthöfe und Schlösser, wo die Gesellschaft die Nacht verbringen sollte, wurden Anordnungen vorausgeschickt, daß die Zimmer für die Kaiserin und die kleinen Mädchen gut zu lüften und zu heizen seien, »um schlechten Geruch und Feuchtigkeit zu bannen«.[374]

Schließlich machte sich die riesige Gesellschaft am 7. November von Prag aus auf den Weg. Jeden Tag wurde um drei Uhr aufgestanden, um vier fuhr man ab, um neun wurde unterwegs eine Frühstückspause gemacht, und am frühen Nachmittag vor Einbruch der Dämmerung mußte das Tagesziel erreicht sein. Aber auch diese Heimreise war begleitet und unterbrochen von offiziellen Feierlichkeiten, Serenaden, Illuminationen und ermüdenden Zeremonien. »Weib so grandig . . .« trug Karl einmal in sein Tagebuch ein.[375] Am nächsten Morgen aber war Elisabeth Christine wieder ganz gut beisammen und nahm am Scheibenschießen teil, bei dem sie sich so großartig zeigte, daß sie den Siegeskranz gewann.

Alles in allem hatten sie Glück. Die siebzehntägige Fahrt ging gut zu Ende, am 23. November erreichten sie Wien, und Karl konnte seiner Erleichterung und Freude durch jene zwei Dinge Ausdruck verleihen, die er am meisten liebte: durch die Jagd und durch eine Serenade des Chors seiner Burgkapelle.

Voll Hoffnung hatte er Elisabeth Christines Gemächer in der Burg mit robusten männlichen Figuren ausgeschmückt im Glauben, ihr Anblick könne das Geschlecht des erwarteten Kindes beeinflussen. Aber im April 1724 kam die Kaiserin nach all den Monaten des Planens und Sorgens wiederum mit einem Mädchen ins Wochenbett. Die jüngste Erzherzogin, Maria Amalia, teilte mit ihren Schwestern das Kinderzimmer. Doch nicht für lange: Mit fünf Jahren starb das kleine Mädchen.

Schon vor der Geburt seiner Töchter hatte Karl damit begonnen, die Frage der Erbfolge zu regeln für den Fall, daß er keine Söhne haben sollte. Die Pragmatische Sanktion von 1713 hatte festgesetzt, daß beim Fehlen männlicher Erben seine älteste lebende Tochter die Thronfolge in den habsburgischen Erbländern antreten sollte. Falls er ohne lebende Söhne und Töchter hinscheiden müßte, würden die Töchter seines verstorbenen Bruders Josef I. den Thron besteigen.

Aber die Thronfolge einer Frau war in den habsburgischen Erbländern ohne Präzedenzfall und wurde in deutschen Landen unter dem Salischen Gesetz als unmöglich angesehen. Als es nach und nach klar wurde, daß es tatsächlich keine männlichen Erben geben würde, suchte Karl bei den bedeutenden europaischen Mächten Anerkennung für die Thronfolge seiner Tochter zu erlangen. Eine Anzahl anderer Monarchen hatte nämlich durch Ehe oder uralte Rechte selbst dürftige Ansprüche auf das Erbe der Habsburger, falls die Thronfolge einer Tochter bestritten werden sollte. Karl zahlte einen schweren Preis für die Anerkennung der Pragmatischen Sanktion. Er gab seinen großen Plan der Teilnahme Österreichs am Seehandel auf – das war der

Preis für Englands Anerkennung – und nahm an zwei unglücklichen Kriegen teil, bei denen er im Süden, Westen und Osten Gebiete verlor.

Niemand gab die Hoffnung auf einen Erben je auf. Noch 1732 reiste die Kaiserin wieder zur Kur nach Karlsbad und auch noch einmal nach Mariazell, hoffend, die wundertätige Jungfrau dort werde den Habsburgern ihre besondere Gunst erweisen, wie sie es in der Vergangenheit des öfteren getan.

Inzwischen wuchsen die beiden Erzherzoginnen in der Hofburg zu wohlerzogenen kleinen Mädchen mit reizendem Benehmen heran; sie sangen hübsch, spielten auf dem Spinett, tanzten voll Anmut, lachten gerne über die Possen des Hofnarren ihres Vaters, Baron Klein, der mit Kappe und Glöckchen agierte, und kicherten über die schlimme Kühnheit, wenn ihnen ihre Zofe den verbotenen Kaffee in einer Tasche mit ihren Gebetbüchern ins Zimmer hereinschmuggelte. Ihre strenge, kluge Erzieherin, die Gräfin Fuchs, die sie despektierlich »die Füchsin« nannten, legte viel mehr Gewicht auf Manieren als auf Geschichtskenntnisse. Selbst die Thronerbin, Maria Theresia, zerbrach sich über Politik und Historie wenig den Kopf, schrieb bis an ihr Lebensende eine abscheuliche Orthographie und las nur sehr selten ein Buch.

Während des glanzvollen Krönungsaufenthaltes in Prag hatte ein kleines Ereignis stattgefunden, das von den eifrigen und neugierigen ausländischen Abgesandten ganz übersehen worden war. Als Karl eines Tages dem geliebten Weidwerk frönte, hatte sich der Jagdgesellschaft ganz zufällig ein hübscher vierzehnjähriger Knabe angeschlossen; kurz darauf kündigte der kaiserliche Kanzler die Ankunft Franz Stephans, Erbe des Herzogtums Lothringen, in Prag an.

Engste Bande der Verwandtschaft und Freundschaft

verknüpften die Familie des Herzogs von Lothringen mit den Habsburgern. Franz Stefans Großvater, der mit einer Halbschwester Kaiser Leopolds verheiratete Herzog Karl, hatte das kaiserliche Heer bei dem glorreichen Sieg über die Türken 1683 angeführt. Franz Stefans Vater war während Karls Kinderzeit dessen intimster Freund gewesen. Trotzdem oder gerade deshalb erregte das Erscheinen des Knaben in Prag nur geringes Aufsehen.

Aber als im folgenden Frühling der erhoffte Thronerbe wieder nicht erschien, wohl aber bald darauf der junge, fröhliche Prinz von Lothringen, der unter der Obhut sorgfältig ausgewählter Erzieher in einem Trakt der Hofburg untergebracht wurde und bald täglich mit dem Kaiser auf die Jagd ging, spann sich plötzlich von einer Hauptstadt Europas zur andern die Vermutung, daß da in der Wiener Hofburg ein Bräutigam für die habsburgische Thronerbin ausgebildet würde.

Die Verlobung der beiden ging aber nicht ohne monate- und jahrelange politische Taschenspielereien vor sich. Andere Bewerber wetteiferten miteinander um die Hand der Erbin. Prinz Eugen, der das Wachsen der militärischen Macht Preußens beobachtete, dachte, daß eine Ehe mit dem preußischen Kronprinzen Friedrich eine viel sicherere Gewähr für Österreichs Zukunft wäre, andere drängten zu einer Ehe mit dem spanischen Prinzen von Bourbon.

Was Maria Theresia selbst betraf, so hatte sie sich bereits fest für den fröhlichen, hübschen Burschen entschlossen, den sie zum erstenmal in Prag gesehen hatte. Als sie fünfzehn war, wußte ein jeder, daß sie in Franz verliebt sei. Der englische Gesandte, Sir Thomas Robinson, schrieb nach Hause:

»... trotz ihres stolzen Gemütes bei Tag seufzt und schmachtet sie die ganze Nacht über nach ihrem Herzog von Lothringen. Wenn sie einschläft, träumt sie nur von ihm, und wacht sie, so nur, um von ihm zu ihrer Ehrendame zu sprechen.«[376]

Während Karl und seine Minister noch über ihre Verehelichung stritten, während sich Franz Stefan an den Höfen Frankreichs und Englands unterhielt, drängte Maria Theresia ihren Vater unentwegt, doch nachzugeben, das heißt, in eine Verehelichung mit dem Herzog einzuwilligen.

Aber da war noch ein gefährliches Moment: »Der französische König verlangte für die französische Anerkennung der Pragmatischen Sanktion, daß Franz Stefan sein Herzogtum Lothringen an Frankreich abtrete. Er sollte zwar dafür das Herzogtum Toscana bekommen, doch war das eine schwere Entscheidung, und der junge Herzog schreckte vor ihr zurück. Als ihm schließlich das Dokument zur Unterschrift vorgelegt wurde, durch das er die Länder seines Hauses an Frankreich verlieren sollte, nahm er dreimal die Feder zur Hand und warf sie dreimal voll Abscheu von sich. Bis einer von Karls Ministern ihn barsch erinnerte: »Point de renonciation, point d'archeduchesse – Keine Abdankung, keine Erzherzogin.«[377]

Franz unterschrieb.

Das bemerkenswert hübsche Paar, Franz und Maria Theresia, wurde im darauffolgenden Februar des Jahres 1736 in der Augustinerkirche zunächst der Wiener Hofburg getraut. Aber auch da gab es ganz zum Schluß noch eine kleine Verzögerung. Der päpstliche Nuntius, der die Zeremonie durchführte, erklärte, es wäre sein Recht, während des Gottesdienstes sitzen zu bleiben. Worauf Karl VI. rasch eine Anordnung erließ, die diesen wichtigen Punkt des Protokolls klarstellte – und der Nuntius stand vor der Habsburgerthronerbin.[378]

Karls letzte Lebensjahre waren erfüllt von Sorgen

und Enttäuschungen. Prinz Eugen starb; es gab keine fähigen Generäle, die seinen Platz hätten einnehmen können; Karl wurde in einen sinnlosen Kampf mit den Türken verwickelt, der mit einer demütigenden Niederlage und dem Verlust von Serbien und Belgrad endete. Es gab quälende Geldsorgen; die Kriege hatten den ganzen finanziellen Bau des Staates erschüttert, die Staatskasse war fast leer.

Das unheilvolle Gespenst seines Lebens – das Fehlen männlicher Erben – verfolgte ihn weiter bis ans Ende. Während der ersten vier Jahre ihrer Ehe gebar seine Tochter, Maria Theresia, drei Kinder – lauter Mädchen. Von Sorgen zerrüttet, fragte sich Karl: Würde es denn nie mehr einen männlichen Habsburger in der Familie geben?

Er selbst war nicht mehr gesund. Er war sehr dick geworden, sein Magen machte ihm Beschwerden, er litt fürchterlich unter der Gicht.

Seine Musik und seine Jagd aber konnte er immer noch genießen. Im Herbst 1740 ritt er wie gewöhnlich in sein Jagdhaus an den sumpfigen Ufern des Neusiedler Sees. Eines Tages kehrte er in einem eisigen Wolkenbruch von der Jagd zurück, wurde schwerkrank nach Wien zurückgebracht und starb ein paar Tage später.

Sein Humor verließ ihn bis zuletzt nicht. Eine Anekdote erzählt, daß er seinen Ärzten, die sorgenvoll an seinem Bett ihr Konzilium abhielten, vorschlug, einer von ihnen möge sich nach der Leichenöffnung doch selbst ins Jenseits befördern und ihm im Himmel sagen, was ihm eigentlich gefehlt habe.[379]

VIII

DIE GROSSE KAISERIN

1. Krönung in Preßburg

Der eisige Wind, der in jenem Herbst des Jahres 1740 über Mitteleuropa fegte, die Weinstöcke im Frost erstarren ließ, die Traubenernte verdarb und dem Kaiser Erkältung und Tod brachte, blieb den Österreichern noch lange in Erinnerung; es war der bitterste Herbst in Maria Theresias Leben.

Sie war dreiundzwanzig und mit ihrem vierten Kind schwanger, als ihr Vater auf dem Totenbett lag. Die Ärzte erlaubten ihr nicht, ihm Lebewohl zu sagen. Also wandte sich der sterbende Kaiser in den letzten Stunden seines Lebens in die Richtung, wo das Zimmer seiner Tochter lag, und erhob die Arme in der Gebärde des Segnens.

Sie bedurfte dieses Segens. Trotz allem, was ihr Vater getan hatte, um das Recht der Erbfolge für sie zu erkaufen, war sein Tod das Signal zum Beginn eines ganz Europa umfassenden Erbfolgekrieges. Friedrich von Preußen – noch nicht »der Große« – schnappte Schlesien, bevor die junge, unerfahrene Königin ihre Krone noch richtig aufgesetzt hatte. Im Dezember okkupierte er Schlesien, wofür sie ihn ihr Leben lang hassen sollte.

In ihrem eigenen Land ging indessen alles drunter und drüber. Das durch Kälte und Not gereizte Volk von Wien rottete sich einen Monat nach Karls Tod zu Aufständen zusammen. Es gab kein Heer, um das Land zu verteidigen, kein Geld, um eines aufzustellen. Die Moral war auf einem bedrohlichen Tiefpunkt angelangt. Die eigenen Minister – alte, uralte Männer, alle, außer einem, hoch in den Siebzig – schenkten der jungen, hübschen Frau in Regierungsgeschäften nicht das geringste Vertrauen. Die Gesichter rund um ihren Ratstisch waren lang und kummervoll, und der englische Gesandte Robinson berichtete nach Hause: »Oh!« rief der Kanzler mir zu, »wäre sie doch nur ein Mann mit denselben Gaben, die sie hat!«[380]

In der angstvollen Verzweiflung dieses Winters schrieb Maria Theresia an ihre Schwiegermutter, die Herzoginwitwe von Lothringen, sie wisse nicht, wohin sie gehen sollte, um die Geburt ihres Kindes in Frieden abzuwarten.[381]

Schrecklicher persönlicher Schmerz ergriff sie. Erst im vorhergegangenen Juni war ihr ältestes Kind, ein munteres, hübsches Mädchen von drei Jahren, innerhalb weniger Stunden an einer mysteriösen Krankheit gestorben. »Sie ist untröstlich«, hatte Robinson nach London geschrieben.[382]

Maria Theresia mußte damals, im Dezember 1740 und Januar 1741, das Gefühl gehabt haben, ihre ganze sichere und vertraute Welt breche in Stücke und sie selbst sei machtlos, es zu verhindern.

Zum zweitenmal im Lauf der Jahrhunderte entglitt die Krone des Heiligen Römischen Reiches den Händen der Habsburger. Eine Frau konnte diese Krone nie und nimmer tragen, also nährte Maria Theresia den verzweifelten Wunsch, daß die Krone ihrem Gatten Franz Stephan von Lothringen verliehen werde. Und wieder einmal griff Frankreich ein, um den Gegenkandidaten zu unterstützen, und statt Franz Stephan wurde der Kurfürst von Bayern gewählt, der Anspruch auf die habsburgischen Erblande erhob.

Die Vertragsmächte, deren Unterschrift ihr Vater so teuer erkauft hatte, verließen sie jetzt, eine nach der andern. Die Preußen besiegten die österreichischen Streitkräfte bei Mollwitz, Frankreich und Bayern trafen Vorbereitungen, das Habsburgerreich zu zerstückeln.

In Paris erklärte Kardinal Fleury der Welt: »Es gibt kein Haus Habsburg mehr!«[383]

Aber die Feinde rechneten nicht mit dem außerordentlichen Mut und der Energie Maria Theresias; sie mußte rasch lernen, wie man befiehlt. Sie war der geborene Arbeitsmensch und saß von Tagesanbruch bis spät in die Nacht in ihrem Kabinett oder am Ratstisch und verhandelte, plante, diktierte, manövrierte und hielt das auseinanderfallende Paket buchstäblich durch die bloße Kraft ihres Willens zusammen.

Im März kam sie ins Kindbett, und das ganze Land faßte plötzlich neue Hoffnung. Ein Knabe wurde geboren – seit einem Vierteljahrhundert das erste männliche Kind in der Familie. Und es war nicht etwa nur ein gewöhnliches männliches Baby, sondern ein wahrer Riese und Herkules: siebeneinhalb Kilogramm soll es bei der Geburt gewogen haben.[384] Trotzdem war die Entbindung so leicht, daß die Mutter ein paar Stunden später fröhlich erklärte, sie hätte nicht das geringste dagegen, gleich wieder im sechsten Monat einer neuen Schwangerschaft zu sein.[385] Mit Stolz und Freude legte der Vater dem kleinen Erzherzog den Orden des Goldenen Vlieses in die Wiege.

Im Juni 1741 wurde Maria Theresia zur Königin von Ungarn gekrönt. Nach der Zeremonie im Dom zu Preßburg ritt sie auf einem schneeweißen Schlachtroß den »Krönungsberg« hinauf, den verblaßten Ornat des heiligen Stefan um die Schultern. (Der Krönungsberg bestand aus Erde, die man aus allen Teilen des Landes zusammentrug, und war nur eine sanfte Erhebung.) Mit dem Säbel des heiligen Stefan vollführte sie in alle vier Windrichtungen je einen Hieb, um damit anzudeuten, daß sie bereit war, das Land gegen jeden Feind, aus welcher Himmelsgegend auch immer, zu beschützen.

In diesem Sommer ließ sich der bayrische Kurfürst

Albert in dem von ihm besetzten Linz zum Erzherzog von Österreich ausrufen. Als der Feind schon in Sankt Pölten stand, faßte Maria Theresia den Entschluß, sich, »von allen verlassen, zur Treue und zu den Waffen der Stände und Abgeordneten und zur altehrwürdigen Tugend der Ungarn« zu flüchten. Von den 63 Titeln, die ihr Vater Karl VI. insgesamt hatte, blieb ihr in diesem Sommer nur ein einziger, den ihr keiner ihrer Feinde bestritt, je bestreiten konnte: der des »rex Hungariae«.

Also erschien sie am 11. September vor den ungarischen Ständen zu Preßburg. Sie trug noch immer tiefe Trauer um den Vater: ihr schwarzes Gewand brachte ihre helle Haut und ihre hübschen Schultern wunderbar zur Geltung. Als sie sich erhob, um zu sprechen, brach ihr die Stimme vor Erregung: »Es geht um Unser ungarisches Königreich, es geht um Unsere Person!«

Am Ende ihrer erschütternden Bitte um Hilfe, als sie in echte Tränen ausbrach, konnten die Magnaten nicht mehr länger an sich halten – Maria Theresias alter Freund, Graf János Palffy, beschrieb die Szene später –, sie stürzten ihr zu Füßen: » . . . wie von einer gemeinsamen Seele erfüllt, zogen wir unsere Säbel und schrien: ›Vitam et sanguinem pro majestate vostra! – Unser Leben und Blut für Eure Majestät!‹ Wir weinten gemeinsam mit der Königin Tränen der Treue, der Liebe und der Entrüstung.«[386]

Sie weinten aber nicht nur, die Magnaten, sondern beschlossen die nationale (adelige) Insurrektion auszurufen; heute würden wir sagen: die Mobilmachung.

Die Bayern wurden aus Österreich vertrieben, die Franzosen machten Frieden, und am Ende fiel die Krone des Heiligen Reiches an Maria Theresias Gatten Franz Stephan.

Nun konnte sich Maria Theresia den zwei großen

Zielen ihrer Regierung zuwenden: der Vereinigung ihrer vielsprachigen Länder – wirklich das Ziel der gesamten Geschichte der Habsburger – und der Umkehr der bisherigen europäischen Diplomatie, deren Ergebnis eine habsburgisch-französische Allianz sein sollte.

Für Friedrich, der sich bereits »König *von* Preußen« nannte, war sie eine schwierige Rivalin, denn es gelang ihr, durch ihr ganzes Leben stets den Eindruck zu erwecken, als wäre sie die Siegerin, obwohl sie doch sehr Ansehnliches an ihn verlor.

2. *Die Landesmutter*

Die Kinderzimmer der Hofburg gingen förmlich über. Alles in allem waren es 16 Söhne und Töchter. Während der ersten Hälfte ihrer Regierungszeit, als Maria Theresia in jene lange Reihe von Kriegen und schwierigen diplomatischen Schachzügen verwickelt war, als sie mit der Reorganisation ihrer Armee und der Finanzen und mit der Verwaltung des schwierigsten Gebietes in ganz Europa fertig werden mußte, war sie immer schwanger oder stillte gerade ein Kind.

Es war zum Verrücktwerden, daß ihr Erzfeind, König Friedrich von Preußen, an der Spitze seiner Truppen reiten und diese mit Blitzesschnelle lenken konnte, während sie alles von zu Hause aus dirigieren mußte. »Niemand«, erklärte sie einmal, während sie an ihre langweiligen österreichischen Generäle dachte, »hätte mich daran hindern können, selbst an die Spitze meiner Armeen zu treten, wenn ich nicht dauernd schwanger gewesen wäre.«[387]

Und dabei war sie eine durchaus weibliche Frau, die daran glaubte, daß der Platz aller Frauen an der Wiege und an der Seite ihrer Männer sei, wie sie es immer wieder ihren eigenen Töchtern sagte; sie selbst regierte ja nur, weil es der Wille Gottes und weil es ihre Pflicht war.

Es waren lauter weibliche Tugenden, die sie für ihre Aufgabe als Königin mitbrachte: Takt, Mitgefühl, menschliches Verständnis.

Die alten, uralten Männer verschwanden von ihrem Verhandlungstisch. Sie hatte ein Auge für den richtigen Menschen in der richtigen Stellung, und im Gegensatz zu ihrem Vater und Großvater erkannte und belohnte sie Talente rasch.

Zum Kanzler gewann sie den schlauesten Staatsmann auf dem europäischen Kontinent, Graf Wenzel Kaunitz; ein Schlesier, Graf Friedrich Wilhelm Haugwitz, führte die Verwaltungsreform durch; ein Böhme, Graf Rudolf Chotek, reorganisierte das Steuerwesen. Einen General, der dem Prinzen Eugen, der drei Monate nach ihrer Hochzeit gestorben war, gleichgekommen wäre, fand sie freilich nie, aber sie sicherte sich die besten, die sie finden konnte – einen Livländer, Baron Laudon, und einen Iren, Graf Lacy. Und sie kümmerte sich persönlich darum, daß ihre Soldaten entsprechend ernährt, gekleidet und gebettet waren.

Ihre Minister und Generäle waren ihr in unwandelbarer Treue ergeben. Maria Theresia war wie eine jener schlauen, tüchtigen österreichischen Hausfrauen, deren Hausgehilfinnen bis an ihr Lebensende bei ihnen bleiben.

Sie hatte nicht die Spur einer glanzvollen Intellektualität; die Aufklärung war für sie ein Schreckgespenst, vor welchem sie das Tor ihres Landes fest verrammelte. Aber sie verfügte über drei Dinge, die für einen Regenten noch wichtiger sind: gesunden Menschenverstand, Großzügigkeit und enorme körperliche und geistige Ausdauer.

Sie arbeitete unermüdlich, und sie tanzte, ohne zu ermatten. Sie konnte es nicht ertragen, Zeit zu vergeuden. Sie pflegte sehr rasch aus der Stadt in ihre Sommerresidenz Schönbrunn zu fahren; die Wagenfenster waren im Winter wie im Sommer offen, ebenso die Fenster ihrer Wohnräume, so daß die Hofdamen oft vor Kälte zitterten und ihr selbst das Haar ums Gesicht flog. Wenn sie durch die großen Gittertore Schönbrunns zwischen den schlanken Obelisken hindurchfuhr, warf sie den Wachen großzügig eine Handvoll Goldstücke zu und fuhr dann über den weiten Schloßhof, der von

Kutschen, Marktfrauen, Soldaten auf Schildwache und barfüßigen Bettelmönchen nur so wimmelte; der Venezianer Bernardo Bellotto, genannt Canaletto, hat uns ein lebhaftes Gemälde von dieser Szene hinterlassen. Leichtfüßig sprang sie beim großen Eingangstor vom Trittbrett, eilte ins Schloß und saß schon ein paar Minuten später über ihr Pult gebeugt, um endlose Memoranden, Befehle, Briefe an Botschafter und Instruktionen für die Lehrer ihrer Kinder zu schreiben, alles in schnellem Gekritzel hingefetzt, ohne Orthographie und Grammatik die geringste Beachtung zu schenken.

Obwohl sie ihr Oberkammerherr, Graf Silva-Tarouca, höflich tadelte ob der geringen Sorgfalt, mit der sie sich kleidete, war sie doch immer eine schöne, stattliche Frau, die es sehr wohl verstand, als Kaiserin aufzutreten. Wenn sie im Thronsaal herrlich gekleidet erschien und das Geschenk ihres Gemahls, der riesige Diamant, genannt »der Florentiner«, den er ihr aus der Schatzkammer seines verlorenen Lothringen mitgebracht hatte, auf ihrer Stirn funkelte, oder wenn sie in ihrer Karussellkutsche, die wie eine offene Muschel geformt und mit frischen Blumen gefüllt war, durch die Straßen Wiens rollte, war sie das Bild einer jugendlichen Venus Anadyomene. Solange ihr Gatte lebte, konnte sie den Eindruck von Schönheit erwecken, auch das ist eine bedeutende Gabe. Sogar Graf Podewils, der Botschafter ihres Erzfeindes, des Königs von Preußen, mußte zugeben, daß Maria Theresia »eine ganz reizende und entzückende Frau« war.[388]

Was aber ihre Bewunderer vielleicht am meisten für sie einnahm, waren ihre Wärme und Natürlichkeit und die ungeheure Fähigkeit, sich zu unterhalten: bei Galaabenden in der Burg, beim Reiten im Wienerwald an der Seite ihres Gatten und in dem wundervollen Himmelbett in der Hofburg, wo ihre feierliche eheliche

Pflicht gegenüber dem Kaiser mit ihren eigenen Neigungen so vollkommen zusammenfiel. Aus zeitgenössischen Berichten ist eindeutig zu entnehmen, daß sie sehr viel lachte. Bis zum Jahre 1765 verkleidete sie sich im Fasching, tanzte und trieb Schabernack. Ihren Humor verlor sie bis an ihr Lebensende nicht.

Als ihr Mentor, Graf Silva-Tarouca, fand, sie treibe es im Fasching zu bunt, und ihr ein diesbezügliches Memorandum sandte, in welchem er sie ernstlich an ihre Pflichten als Monarchin erinnerte, schickte sie es ihm mit der Randbemerkung zurück: »Erinnern Sie mich wieder, wenn die Fastenzeit beginnt.«[389]

Goethe schildert in »Dichtung und Wahrheit«, wie Maria Theresia 1745 in Frankfurt auf einem Balkon stand und dem Krönungszug ihres Gatten zusah, der sich aus der Kirche ins Freie bewegte. Als Franz die Hände hob und zu ihr hinaufgestikulierte, um ihr die alten rotgoldenen Handschuhe, den Reichsapfel und das Zepter zu zeigen, lachte sie laut und klatschte vor Freude in die Hände, wie sie es einmal vor langer Zeit als kleines Mädchen getan hatte, als sie ihren Vater zum erstenmal in seinem kaiserlichen Ornat in der Fronleichnamsprozession vorbeischreiten sah.[390]

Was die formelle spanische Hofetikette betraf, die so lange Zeit die Hofburg beherrscht hatte, so fegte Maria Theresia sie mit einem Wink ihres Fächers und einem herzhaften Lachen ihres guten Humors kurzerhand hinweg. Ihr Vater und ihr Großvater, beides scheue Menschen, die es nicht vertragen konnten, daß die Welt an ihre Ellbogen stieß, benützten die Etikette, um sich die Menge vom Leib zu halten. Maria Theresia brauchte das nicht und wollte es nicht. Sie machte es ihren Untertanen wahrhaft leicht, sie zu sehen. Bei ihren Audienzen allmorgendlich um zehn konnte jeder, der es wünschte, völlig frei mit ihr reden, ja ihr sogar ganz private Angelegenheiten – ins Ohr flüstern.

Als die Familie Mozart zum erstenmal in Wien auftrat, ließ Maria Theresia sie hinaus nach Schönbrunn kommen, wo die beiden Kinder, der kleine Wolfgang und seine Schwester Nannerl, für die kaiserliche Familie musizierten. Vater Leopold Mozart schrieb darüber an seine Frau:

». . . Nun laßt die zeit mehr nicht zu in Eyl zu sagen, als daß wir von den Majestäten so außerordentlich gnädig sind aufgenommen worden, daß, wenn ich es erzehlen werde, man es für eine fabel halten wird. Genug! Der Wolferl ist der Kayserin auf die schooß gesprungen, sie um den Hals bekommen und rechtschaffen abgeküßt.«[391]

Als der englische Philosoph David Hume, der im Alter sehr dick war, der Kaiserin vorgestellt wurde und sich mit seinen Begleitern in dem langen Empfangssaal der Hofburg den Weg zu ihr bahnte, rief Maria Theresia fröhlich aus: »Allez, allez, messieurs, sans cérémonie! Sie sind daran nicht gewöhnt, und der Boden ist schlüpfrig!« Wie Hume nachher sagte, waren sie ihr alle sehr dankbar dafür, besonders seine Begleiter, die sich wahnsinnig davor gefürchtet hatten, er könnte ausrutschen und auf sie stürzen. Denn es war – trotz der schon ziemlich gelockerten Etikette – noch immer Vorschrift, rückwärts schreitend, unter ständigem Knicksen den Audienzsaal zu verlassen.[392]

Und als in späteren Jahren ihrer Regierungszeit – es war im Februar 1768 – der erste Enkel ankam, dieser kostbare, enorm wichtige Thronerbe der Habsburger, brachte ihr eines Abends ein Bote aus Florenz die Nachricht in ihr Kabinett, wo sie noch arbeitete. Sie ließ die Papiere fallen, lief im Negligé, wie sie war, durch die Gänge der Burg schnurstracks in die Kaiserloge des

Hoftheaters, wo die Menge gerade einer Oper lauschte, lehnte sich über die Brüstung und rief: »Kinder! Kinder! Mein Poldl hat einen Buben kriegt! Und an meinem Hochzeitstag!« Das Parterre war wie elektrisiert und brach in donnernden Beifall aus.[393] Der »Poldl« war der Großherzog Leopold von Toskana, der spätere Kaiser, der »Bub« sein Nachfolger Franz II.

Eine der Legenden über Maria Theresia, die wie die meisten apokryphen Geschichten von großen Menschen zweifellos ein Körnchen Wahrheit enthält, erzählt, daß die Kaiserin auf einem Spaziergang im Park von Schönbrunn mit ihrem kleinen Sohn Josef, dem späteren Kaiser, und dessen Kinderfrau einer Bettlerin begegnete, die ihr schreiendes Baby an die leere Brust hielt. Die Kaiserin blieb sofort stehen und öffnete ihre Börse. Doch die Bettlerin wandte sich mit zorniger Gebärde ab und höhnte verbittert, daß ein Goldstück ihr hungriges Kind kaum stillen werde. Da hob die Kaiserin den schreienden Säugling auf und legte ihn an die eigene, volle Brust.

3. *Die Keuschheitskommission*

Daß Maria Theresias Ehe, bei all ihrer politischen Bedeutung, eine reine Liebesehe war, daran hatte es nie den geringsten Zweifel gegeben.

Als sie zweiunddreißig und genau 13 Jahre verheiratet war, bestellte sie ihren Sarkophag für die Kapuzinergruft. Auf dem Deckel dieses meisterhaften Grabdenkmals neigt sich das kaiserliche Paar, am Tag des Jüngsten Gerichtes erwachend, anmutig einander zu, wie sie sich im Leben an einem Hügelabhang in Schönbrunn niedergelassen haben mochten, jugendlich, feurig, bereit, sich in die Arme zu sinken. Es war durchaus nicht das gewohnte Königsgrabporträt. Das tief ausgeschnittene Hofkleid der Kaiserin zeigt ihre hübschen Schultern und Brüste, und, wie ein zeitgenössischer englischer Besucher in einem Schreiben nach Hause zart andeutete, »die Haltung des Kaisers, man muß es zugeben, ist etwas zweideutig«.[395] Während ein Engel einen Kranz über die Köpfe der Majestäten hält, blicken sie einander für alle Ewigkeit in die Augen.

Aber der Herr Gemahl entsprach diesem Bilde nicht ganz, er war auf Abwege geraten. Franz Stefan von Lothringen war ein hinreißender Mann, gütig, schön, kultiviert, charmant. Er war ein guter Jäger, ein anmutiger Tänzer und ein ausgezeichneter Liebhaber – schließlich hatte er seine Lehrjahre am französischen Hof verbracht. Seine Frau verschaffte ihm die Krone des Heiligen Römischen Reiches, jene einzige, die eine Frau nicht tragen konnte, und sie hatte gehofft, er werde sich als militärisches oder zumindest diplomatisches Genie erweisen. Franz war aber keines von beiden, und mit der Zeit gab es die Kaiserin auf, ihn in Kriegs- oder Staatsangelegenheiten um Rat zu fragen.

Schließlich hatte er überhaupt nichts anderes mehr zu tun, als seine Funktionen als Gatte zu erfüllen.

Dieses wollüstige gemeinsame Schlafzimmer in der Hofburg muß ihm allmählich zur Qual geworden sein. Jahrelang war seine Frau fast immer schwanger. Außerdem hatte sie eine gräßliche Zeiteinteilung, stand im Sommer um vier, im Winter um fünf Uhr auf, arbeitete unermüdlich den ganzen Tag und ging früh zu Bett, um bei Tagesanbruch wieder fit zu sein und arbeiten zu können.

Es dauerte nicht lange, da verbreitete sich der Klatsch, daß Kaiser Franz eine Liebelei habe und sehr amüsante, private Soupers mit einer hübschen Tänzerin verbringe. Der preußische Botschafter schrieb mit unverhohlener Bosheit nach Hause, daß die Kaiserin gerne ein »ménage bourgeois«, ein bürgerliches Familienleben, führen würde, der Kaiser aber nicht recht mitspielen wolle.[396]

Es war ein lockeres Zeitalter und die Moral in Wien genausowenig einwandfrei wie anderswo. Liebeleien und Buhlereien begleiteten alle Unterhaltungen der Hofgesellschaft. Ein paar Jahre vorher hatte Lady Mary Wortley Montagu über die Situation in Wien geschrieben:

»Die Männer betrachten die Liebhaber ihrer Frauen mit so freundlichen Augen, als wären sie Stellvertreter, die ihnen den lästigen Teil ihres Geschäftes aus den Händen genommen haben; obwohl sie dadurch nicht weniger zu tun haben, denn sie sind gewöhnlich andernorts selber Stellvertreter; kurz gesagt, es ist die übliche Gewohnheit jeder Dame, zwei Ehemänner zu haben, einen, der den Namen trägt, und einen, der die Pflichten erfüllt (pour les fonctions).«[397]

Die Komödien auf der Bühne und außerhalb dieser wurden derber, unzüchtiger, sowohl in England als auch in Frankreich. Lady Mary gestand sich selbst ein, daß sie über eine Aufführung des Amphitryon schokkiert gewesen sei. Ein Ereignis etwa wie die Geburt eines Thronfolgers konnte in der Öffentlichkeit durch unerhört vulgäre Äußerungen begrüßt werden. Manche von Mozarts Liedern, die zur Unterhaltung seiner Freunde an lustigen Abenden geschrieben wurden, sind, wie auch manche seiner Briefe an sein »Bäsle« in Augsburg, kaum geeignet, veröffentlicht zu werden, waren aber durchaus zeit- und ortsüblich.

Als Maria Theresia entdeckte, daß ihr Gatte anderswo sein Vergnügen fand, hatte die Vielbeschäftigte auf einmal die nötige Zeit, um böse und eifersüchtig zu sein und die Sache abzustellen. Ihre Entscheidung war von imperialem Zuschnitt: Sie wollte in ihrem ganzen Reich das Laster einfach abschaffen und war vollkommen davon überzeugt, die Sitten ebenso wirksam beherrschen zu können wie das Steuerwesen oder die Heeresverwaltung.

Im Jahre 1747 setzte sie ihre berühmte »Keuschheitskommission« ein, deren Ziel es war, die Tugend öffentlich und privat zu erzwingen. Zum Leiter der ganzen Aktion machte sie ihren vertrauten Staatskanzler Kaunitz, und dieser mußte seine Zunge sehr im Zaum halten, denn er selbst lebte entschieden nach französischem Geschmack, und sein Ruf als Lebemann am Wiener Hof war kein geringer. Nun aber war unter seinem Kommando eine durch eine Anzahl Geheimagenten verstärkte Truppe regulärer Staatspolizei tätig, um das geheime Laster allenthalben aufzustöbern.

Die Keuschheitspolizei postierte sich in Theatern und Ballsälen und patrouillierte mit dem Auftrag durch die Straßen, alleingehende Mädchen festzunehmen. An den österreichischen Grenzen durchstöberten sie das Gepäck der Reisenden und sogar die Postsachen der Diplomaten nach obszönen Büchern – oder den Werken der französischen Philosophen.[398]

Prostituierte wurden nach Südungarn verfrachtet, wo angeblich ein ganzes Dorf fast zur Gänze von den verbannten Damen bevölkert wurde, in seiner Art ein Unikum. Aber die Straßenmädchen lernten bald, sich der Festnahme durch sittsames Schreiten mit gesenktem Kopf, das Gebetbuch unterm Arm und einen Rosenkranz fingernd, zu entziehen.[399]

Eifrig ging die Keuschheitskommission den Anzeigen eifersüchtiger Frauen oder den Gegenanzeigen eifersüchtiger Männer nach. Das gemütliche Wien schrie auf – zuerst vor Entrüstung, dann vor Belustigung. Die Sünde erhielt neue Anregungen, Reize und Spielarten. Eine Gruppe flotter junger Lebemänner gründete einen raffinierten Geheimbund, den »Feigenblatt-Orden«, dessen erklärtes Ziel es war, den Keuschheitskommissionären einen Strich durch die Rechnung zu machen. Ihr weibliches Gegenstück, der »Orden der freien Damen«, traf mit ihnen bei lustigen Gesellschaften zusammen, wo sich fast alles maskiert und unter Decknamen einfand.

Als einmal bei einer Polizeirazzia eine Gesellschaft von Feigenblatt-Brüdern festgenommen und dazu verurteilt wurde, in Fesseln an den Stadttoren die Vorbeigehenden um Speise und Trank anzubetteln, mußte keiner von ihnen betteln, denn die Bürger strömten zu den Toren, um ihnen Leckerbissen zu bringen und ihnen ihre Sympathie auszudrücken.[400]

Gerade damals besuchte Casanova Wien mit einer Geliebten, der er den Ehrentitel einer Gräfin verliehen hatte. Sie wurden am Morgen nach ihrer Ankunft beim Frühstück durch einen Besuch der Keuschheitspolizei überrascht und beide sofort gezwungen, in getrennte Quartiere zu übersiedeln, nachdem Casanova zugegeben hatte, daß er Junggeselle war. Bedauernd schrieb er dann, daß zwar Geld und Luxus in Wien im Übermaß vorhanden wären, daß aber »die Bigotterie der Kaiserin kythereische Vergnügungen außerordentlich schwierig mache«.[401]

Dies war aber wirklich nur deshalb der Fall, weil Casanova in Wien fremd war. Die großen Herren und Kavaliere der Stadt, die früher ihren hübschen Geliebten ein Häuschen auf dem Lande zur Verfügung gestellt hatten – was jetzt viel zu gefährlich gewesen wäre –, pflegten es jetzt so einzurichten, daß die Dämchen von irgendeiner älteren, respektablen Gräfin oder Baronin ihres Bekanntenkreises, die ihre eigene Jugend noch nicht ganz vergessen hatte, als Extrakammermädchen aufgenommen wurden. So konnte die Kutsche des Herrn die halbe Nacht vor dem Tor eines Gutshofes stehen, ohne daß sich jemand etwas dabei dachte, am wenigsten die Keuschheitspolizei. Wenn freilich ein solches »Kammermädchen« entdeckt und aufgegriffen wurde, rasierte man ihr das Haar und stellte sie an den Pranger. Im großen und ganzen aber war auf dem Kammermädchenmarkt ein riesiges Angebot.[402]

Den Kaiser allerdings schreckte die Keuschheitskommission nicht im mindesten ab. Im Fasching 1756 nahm sich Franz eine grauäugige Schönheit des Hofes, die Prinzessin Wilhelmina Auersperg, zur Mätresse. Es war eine Verbindung, die bis zu seinem Tode andauerte.

Die Prinzessin war keine gewöhnliche Rivalin. Als Tochter eines Feldmarschalls des Kaiserreiches gehörte sie einer der vornehmsten Familien des Hofes an und hatte in eine andere Familie des Hochadels hineingeheiratet; außerdem war sie bildschön. Franz schenkte ihr ein Landhaus in der Nähe des Laxenburger Schlosses und begann, immer mehr Zeit der Jagd in Laxenburg zu widmen. Die Prinzessin gab dort lebhafte kleine Abendgesellschaften, bei denen das Souper für zehn bis zwölf Personen gedeckt und jede Zeremonie verbannt war. Wie Franz liebte auch sie den Spieltisch, und ihr kaiserlicher Liebhaber ließ es sich angelegen sein, ihre enormen Spielschulden zu bezahlen.

Im August 1765 machte sich das Kaiserpaar in seiner Karosse von Schönbrunn nach Innsbruck auf, um dort der Hochzeit ihres zweitältesten Sohnes, des drittgeborenen Erzherzogs Leopold, mit einer spanischen Prinzessin beizuwohnen. Die Kaiserin war unerklärlich nervös, die Abreise hatte sich verzögert, und der Kaiser machte die Gattin auch noch sehr zornig, weil er den Wagen nach einer Strecke umkehren und ins Schloß zurückfahren ließ, nur um seiner kleinen Lieblingstochter Maria Antonia, die damals neun Jahre alt war, noch einen Abschiedskuß zu geben. In der folgenden Woche in Innsbruck brach Franz, nachdem er einer Ballettvorstellung beigewohnt hatte, plötzlich zusammen und starb binnen weniger Minuten.

Obwohl Maria Theresia erst 48 Jahre alt und noch voll strahlender Jugendkraft war, legte sie die Trauerkleidung nie mehr ab. Die goldblonden Locken, die in Preßburg die ungarischen Adeligen in Entzücken versetzt hatten und jetzt mit grauen Fäden durchzogen waren, wurden abgeschnitten und glatt unter eine schwarze Witwenhaube gekämmt. Sie übersiedelte aus den heiteren Rokokozimmern der Hofburg, die noch heute von irdischer Liebe zeugen, in eine schwarz ausgeschlagene Wohnung im dritten Stock, wo sie durch eine jeweils geöffnete Falltür die Messe aus der darunter befindlichen Schloßkapelle hören konnte. Niemals mehr trug sie ihren Schmuck, nie mehr ein Maskenkostüm. Sie tanzte nicht mehr und hatte auch niemals einen Geliebten, und den Damen des Hofstaats verbot sie, sich während der Dauer der Hoftrauer zu schminken.

Ein paar Tage nach dem Tod des Kaisers überbrachte der Schatzkanzler Maria Theresia eine Notiz betreffend eine Spielschuld der Prinzessin Auersperg von 200 000 Gulden; man hatte die Notiz unter den nachgelassenen Papieren des Kaisers gefunden. Die Kaiserin gab den Auftrag, die Schuld zu bezahlen.[403]

Die Prinzessin Auersperg war über das Schminkverbot besonders verbittert und erklärte: »Ja, ist es denn möglich, daß man nicht einmal mehr Herrin über seine Gesichtszüge sein darf!?«[404]

4. *Absolutismus im Kinderzimmer*

»Und so lieb ich auch meine Familie und Kinder habe,
dergestalten dass keinen Fleiß, Kummer, Sorgen
noch Arbeit vor selbe spare, so hätte jedoch
deren Länder allgemeines Beste
denen allezeit vorgezogen,
wann in meinem Gewissen überzeuget gewesen wäre,
dass solches tun könne oder
dass dererselben Wohlstand dieses erheischte,
indeme sothaner Länder allgemeine
und erste Mutter bin.«

Maria Theresia[405]

Sie waren eine oft gemalte Familie. Mit Schönbrunn und anderen Gegenden als Hintergrund strahlen 13 Stück blonder, blauäugiger Knaben und Mädchen fröhlich und hoffnungsvoll aus den diversen Porträts, als ob die Zukunft für ein Habsburgerkind nichts anderes bringen könnte als das sonnigste Schönbrunner Sommerwetter. Und von einem Gruppenbild mit der Szenerie Schönbrunns im vollen Licht lächeln uns mit Vater und Mutter dieselben acht hübschen Mädchen – in herrlichen Gewändern ganz aus Spitze, Brokat und Seidenschleifchen – und die fünf schönen Knaben in Perücken und samtenen Knichosen entgegen, bis herab zu den zwei kleinen Hündchen, die im Vordergrund umherspringen, das Urbild der idealen Herrscherfamilie.

Es war kein Wunder, daß sie das Gespräch von ganz Europa bildeten. Kein anderer Hof des 18. Jahrhunderts hatte ihresgleichen. In Potsdam hielt der verhaßte Friedrich einen streng männlichen Haushalt und verkehrte mit seiner Frau nur brieflich. In Sankt Petersburg engagierte die kinderlose Zarin Elisabeth Liebhaber, damit sie ihr Gesellschaft leisteten. In Versailles gab es die Dubarry, die sich bemühte, den alternden Ludwig XV. aufzuheitern, und eine ganze Schar unhübscher, unverheirateter Töchter.

Auf den Familienporträts in Wien sitzt Kaiser Franz mit mildem Ausdruck seiner sonst unsteten Augen anmutig und gelassen neben einem Tisch, auf dem die Krone des Heiligen Römischen Reiches liegt, zu seinen Füßen auf einem winzigen Thron die kleine Maria Antonia, die eines Tages als Marie Antoinette Königin von Frankreich werden sollte. Maria Theresia sitzt ihm gegenüber, jetzt schon ein wenig korpulent, ein wenig herausgeputzt, aber ganz Majestät. Sie bemüht sich nicht, durch ein Lächeln oder eine Pose Eindruck zu machen, sie ist die selbstbewußteste Frau in Europa.

Für ihre Kinder blieb ihr nicht viel Zeit übrig. Sie durften ihr zu bestimmten Stunden des Tages die Hand küssen; manchmal eilte sie hinunter in das Schulzimmer, um nachzusehen, wie das eine oder andere ihrer Kinder seine Lektion konnte. Eltern und Kinder sprachen einander natürlich mit »Sie« an. Meistens teilte Maria Theresia ihre Wünsche bezüglich der Erziehung schriftlich mit. Es waren genaue Instruktionen für jeden Lehrer, jede Gouvernante; sogar, welche Gebete die Kinder morgens und abends zu beten hatten, war darin festgelegt.

Jahrelang war der Kindertrakt erfüllt von Tätigkeit, vom Leiern der Kinder, die ihre Lektionen hersagten, vom Klingen des Spinetts und der Gesangsübungen und vom Klirren der Fechtlektionen der kleinen Erzherzöge.

Die Kinderfrauen, Gouvernanten und »Ajos« (Lehrer) waren gewöhnlich verwitwete Gräfinnen oder pensionierte Hofbeamte, die weniger wegen ihrer Bildung oder ihrer Erfahrung mit Kindern als wegen ihrer einwandfreien Frömmigkeit und der Kenntnis des Hofprotokolls ausgewählt wurden. Zu den Haupterziehern und Gouvernanten – eine oder zwei für jedes Kind – kam noch ein ganzes Regiment von Fachlehrern, um Tanzen, Musik, fremde Sprachen und Schreiben zu unterrichten.

Die Disziplin war streng, im kaiserlichen Kinderzimmer gab es keine Nachsicht. Auch gab es für die Kinder keinerlei Privatsphäre: ein Erzieher, eine Gouvernante oder ein Kämmerer waren zu jeder Tageszeit anwesend. Das Tagespensum war so sorgfältig wie das der Frau Mutter. Die zarte, nervöse Josefa zum Beispiel, die so leicht in Tränen ausbrach, hatte täglich Unterrichtsstunden in Deutsch, Latein, Spanisch, Italienisch, Geschichte, Grammatik, Religion und Schreiben. Um vier Uhr kam ihr Tanzlehrer, dann betete sie »sehr laut« ihren Rosenkranz und aß ein einfaches Nachtmahl: »Suppe und noch ein anderes Gericht«, wie die genauen Instruktionen ihrer Mutter lauteten. Sie sah ihre Familie nur an Sonntagen, wenn sie miteinander zur Kirche gingen und »mittagmahlten«. Josefas Gouvernante bekam von der kaiserlichen Mutter eine streng formulierte Botschaft, wonach die schlechten Gewohnheiten des Mädchens

» . . . sofort und gründlich ausgemerzt werden müssen . . . Ich kann mir nicht schmeicheln, mit ihr fertig zu werden, solange die Quelle ihres Übels, ihr heftiges Temperament und ihre Selbstsucht, nicht beseitigt ist. Wenn man sie nur anspricht, gerät sie so außer sich, daß sie vor Zorn in Tränen ausbrechen möchte.«[406]

Der älteste Sohn, Josef, zeigte große Begabung. Er lernte zwar nicht so rasch wie sein charmanter, lebhafter Bruder Karl Josef, aber er hatte ein hartnäckiges Wesen, das niemals losließ, was es einmal erfaßt hatte.

»Starrkopf« nannte ihn die Mutter und unterwies seinen Hofmeister wie folgt:

»Am Abend sollen Sie den Erzherzog sich selbst überlassen; wenn nötig, soll einer der Kammerherren zu ihm gehen. Aber Sie sollen doch im Zimmer bleiben, um sein Benehmen, seine Haltung usw. aus der Ferne zu beobachten. Sie können dann sein Betragen beurteilen und korrigieren.«[407]

Einmal befahl Maria Theresia, daß Josef durch Peitschenhiebe bestraft werden sollte. Als seine Kammerherren dagegen protestierten und erklärten, daß kein Erzherzog jemals ausgepeitscht worden sei, erwiderte die Kaiserin: »Das ist ihren Manieren auch deutlich anzumerken« – hob aber den Befehl doch auf.[408]

Maria Theresia machte sich, wie die meisten Mütter, Sorgen über die Tischmanieren ihrer Kinder. Streng wies sie die Gouvernanten an:

». . . (Meine Kinder) sollen alles essen, was ihnen vorgesetzt wird, ohne Einwände zu machen. Sie sollen keine Bemerkungen machen, daß sie dies oder jenes vorziehen würden, oder über das Essen sprechen. An jedem Freitag und Samstag und an jedem Fasttag sollen sie Fisch essen. Obwohl Johanna eine Abneigung gegen Fisch hat, soll ihr niemand nachgeben . . . Alle meine Kinder scheinen eine Aversion gegen Fisch zu haben, aber sie müssen das überwinden.«[409]

Sie schrieb zeitweise lange, ausführliche Briefe an ihre Töchter, in denen sie ihre Manieren und ihr Verhalten kritisierte. Der vierzehnjährigen Karoline, die gebeten hatte, ihre Erzieherinnen auszuwechseln, erlaubte sie diesen Wechsel zwar, tadelte sie aber in ihrem Brief ernstlich, daß sie ihre Gebete teilnahmslos hersage und gegen ihre Kammerfrauen beim Ankleiden ungezogen und gereizt sei:

»Ich kann diese Ungezogenheit von Dir nicht vergessen, und ich werde sie Dir nie verzeihen. Deine Stimme und Deine Sprache sind ohnedies schon unangenehm genug; Du mußt Dich deshalb besonders bemühen, Dich in dieser Hinsicht zu bessern; Du darfst Deine Stimme niemals erheben.«

Sie erläuterte genau, wie man sich darauf vorbereitet, einmal Königin zu sein:

»Du mußt Deine Übungen in Musik, Malen, Geschichte, Geographie und Latein gewissenhaft fortsetzen. Du darfst niemals faul sein, denn die Trägheit ist für jeden gefährlich, besonders aber für Dich. Du mußt Deinen Geist beschäftigen, denn das wird Dich davon abhalten, an kindische Streiche zu denken, unpassende Bemerkungen zu machen und Verlangen nach dummen Vergnügungen zu haben.«[410]

Als die Kinder älter wurden, begannen sie bei Hof in Gesellschaft zu erscheinen. Man drängte sich in Scharen, um sie mit ihren Eltern im goldenen Spiegelsaal unter einem goldbestickten Baldachin beim öffentlichen Mittagessen zu sehen. An Geburtstagen, Namenstagen und bei anderen Feierlichkeiten traten sie im Hoftheater in Liebhaberstücken und Balletten auf, und die ausländischen Gesandten tauschten ein boshaftes Lächeln aus, wenn der arme schüchterne Josef linkisch herumtappte und die Worte verschluckte beim Aufsagen eines Gedichtes, das eine der Hofdamen zu Ehren des Geburtstages seiner Mutter fabriziert hatte.

Kaum sind die Kinder dem Kinderzimmer entwachsen, da beginnt ihre Mutter schon, mit Heiratsplänen zu jonglieren. Diese 13 Kinder (drei von den 16 waren in den ersten Lebensjahren gestorben, der zweitgeborene Erzherzog Karl Josef mit 16 Jahren) stellten ein unschätzbares politisches Kapital dar. Durch zwanzig Jahre füllten ihre Hochzeiten einen Großteil der Zeit und der Pläne der Kaiserin aus. In diese Heiraten verwob sie ihr großes politisches Regierungskonzept – die Allianz mit Österreichs Erzfeind Frankreich gegen den neuen Feind, Preußen; durch Heiraten gewann sie geschickt italienische Staaten zurück, die durch die unkluge Politik ihres Vaters verlorengegangen waren.

Die Sache der Thronerben hatte Vorrang. Kronprinz Josef wurde zuerst verheiratet, und zwar mit Prinzessin Isabella von Parma, einer Enkelin des Königs von Frankreich.

Josef war gegenüber Frauen gehemmt; er besaß nicht die charakterliche Leichtigkeit für Galanterie und belanglose Konversation. Aber er hatte das seltenste Glück eines Kronprinzen – er verliebte sich zutiefst in die Frau, die seine Eltern ihm ausgesucht hatten.

Isabella von Parma war auch wirklich ein bemerkenswertes Mädchen, hübsch, klug, gefühlvoll und für ihre Rolle als Gattin eines Königs vollkommen ausgebildet. Statt sentimentaler Romane las sie Bossuet und John Law; ihre Schriften zeigen ein erstaunlich scharfes Verständnis für die politische Situation ihrer Zeit.[411] Sie gab sich unendliche Mühe, ihren linkischen jungen Gatten zu bezaubern, ihn aus sich herauszulocken und ihn mit ihrer Gesellschaft zu erfreuen. »Man muß ihm immer die Wahrheit sagen«, schrieb sie einmal, »und ihm immer sanft und zärtlich begegnen.«[412] Die kaiserliche Familie war von Isabella entzückt; Josef aber, ein ernster junger Mann, der sich ganz in die französischen Philosophen vertieft hatte, erlag ihr völlig.

Aber wenn sie auch die fast vollkommene Gattin für Josef war, so war doch nicht er es, der ihre tiefste Neigung gewann, sondern seine Schwester Marie Christine, von der Familie Mimi genannt. Die beiden gleichaltrigen Prinzessinen – beide waren achtzehn –, die dunkle Italienerin und die blonde Österreicherin, machten gemeinsame Spaziergänge im Park von

Schönbrunn, vertrauten einander endlose Geheimnisse an, sangen und musizierten miteinander, malten Porträts voneinander und tauschten lange, intime Liebesbriefe, obwohl sie einander täglich trafen. Wenn die Kaiserin mit Mimi über Isabella sprach, nannte sie sie »vôtre chère moitié« (Ihre liebe andere Hälfte).

Isabella an Mimi:

»Ich schreibe Ihnen wieder, grausame Schwester, obwohl ich Sie eben erst verlassen habe. Ich kann es nicht ertragen, noch länger zu warten, um mein Schicksal zu erfahren und zu hören, ob Sie mich für einen Menschen halten, der Ihrer Liebe wert ist, oder ob Sie mich in den Fluß schleudern wollen ... Ich kann an nichts anderes denken, als daß ich Sie zutiefst liebe. Wenn ich nur wüßte, warum dies so ist, denn Sie sind so ohne Gnade für mich, daß man Sie eigentlich nicht lieben sollte, aber ich kann mir nicht anders helfen.«[413]

Und kurz darauf:

»Man sagt mir, daß der Tag mit Gott beginnt. Ich aber beginne den Tag mit dem Gedanken an den Gegenstand meiner Liebe, denn ich denke ununterbrochen an Sie.«[414]

Zugleich mit dieser leidenschaftlichen Freundschaft befiel Josefs hübsche junge Frau eine tiefe Melancholie; Isabellas Briefe enthüllen eine wachsende Todessehnsucht. Es gibt keinen Beweis dafür, daß Josef etwas Ungewöhnliches an ihr bemerkte, aber Freunden und ihrer Kammerfrau gegenüber erklärte sie, daß sie bald sterben würde, und fügte hinzu, daß auch ihre kleine Tochter Maria Theresia, die sie Josef geboren hatte, nicht mehr lange auf Erden weilen werde:

»Der Tod ist gut«, schrieb sie. »Niemals habe ich mehr an ihn gedacht als jetzt. Alles erweckt in mir den Wunsch, bald zu sterben. Gott kennt meinen Wunsch, ein Leben zu verlassen, das Ihn täglich beleidigt. Wenn es erlaubt wäre, sich selbst zu töten, hätte ich es schon getan.«[415]

Und wieder:

»Ich kann sagen, daß der Tod mit deutlicher, geheimer Stimme zu mir spricht. Seit drei Tagen höre ich schon diese Stimme.«[416]

Es war gewiß nicht nötig, den Tod zu suchen: in einem Haushalt des 18. Jahrhunderts ließ er nie lange auf sich warten. Als Isabella gerade drei Jahre verheiratet und mit ihrem zweiten Kind schwanger war, erkrankte sie an Pocken. Josef war durch seine Erkrankung als Kind gegen die Pocken immun und wachte nun voller Verzweiflung am Bett der geliebten Frau, deren Zustand von Tag zu Tag schlimmer wurde. Sie starb im November 1763, einundzwanzig Jahre alt.

Josef an Isabellas Vater:

»Ich habe alles verloren . . . Aufs tiefste betrübt und darniedergedrückt, weiß ich kaum, ob ich noch lebe. Welch schreckliche Trennung; werde ich sie überdauern? Ja gewiß, nur um mein ganzes Leben hindurch unglücklich zu sein.«[417]

Im folgenden Frühling, als er nach Frankfurt reiste, um zum Römischen König gekrönt zu werden, war er wahrscheinlich der unglücklichste junge König, der je zum Empfang einer Krone niederkniete.

Die offizielle Hoftrauer war noch nicht ganz vorüber, als seine Mutter schon neue Hochzeitspläne schmiedete: ein gesalbter Thronfolger mußte unbedingt Erben in die Welt setzen.

Von seinem Gram erfüllt, weigerte sich der junge Witwer zuerst, gab aber schließlich nach und sah sich teilnahmslos die wenigen, durchweg häßlichen katholischen Prinzessinnen an, die für ihn in Frage kamen.

Seine zweite Vermählung, mit Josefa, der Schwester des Bayernkönigs, fand 1765 in Schönbrunn statt. Es war alles andere als eine fröhliche Hochzeit, obwohl die Kaiserin ihr möglichstes tat. Sogar die bei derlei Anlässen sonst immer munteren Wiener konnten keine festliche Stimmung aufbringen. Die Braut war um zwei Jahre älter als der Bräutigam. Zyniker spöttelten, der bayerische König habe die Habsburger beschwindelt und ihnen statt seiner Schwester seine Tante geschickt. Josefa war nicht nur unbeholfen und unintelligent, sie war auch bar jeder Schönheit; ihr ganzes Gesicht und ihr Körper waren mit Skorbutpusteln bedeckt. Die Familie ignorierte sie, mit Ausnahme des Kaisers, der zu jedermann freundlich war.

Was Josef betraf, so konnte er seine Angetraute einfach nicht ausstehen. Er ließ den Balkon, der ihre beiden Wohnungen verband, beseitigen und verbrachte im übrigen so viel Zeit wie möglich auf Reisen.

Josef an seine Mutter:

«»Entschuldigen Sie, daß ich nicht an meine Frau schreibe. Es gibt nichts, was ich ihr zu sagen hätte; Wind und Regen füllen keine Seite.«[418]

Und weiter unten:

»Man will, daß ich Kinder habe. Wie können wir welche haben? Wenn ich den winzigsten Teil ihres Körpers mit meiner Fingerspitze berühren könnte, der nicht mit Pusteln bedeckt wäre, würde ich versuchen, Kinder zu haben.«[419]

Melancholisch und dauernd kränkelnd, verbrachte die unglückliche Josefa ihre Tage damit, Kuren im nahe gelegenen Bad zu nehmen. Während der schrecklichen Pockenepidemie des Jahres 1767 bekam Josefa die Krankheit in ihrer bösartigsten Form und starb innerhalb weniger Tage. Voll Mitleid saß Maria Theresia während der letzten Stunden der jungen Frau an ihrem Bett, zog sich dabei selbst die Pocken zu und war dem Tode so nahe, daß man ihr bereits die Sterbesakramente verabreichte. Sie erholte sich aber wieder; bei ihr war mehr als die Pocken nötig, um sie zu töten.

Dieses Jahrzehnt zwischen 1760 und 1770 war für die Kaiserin grauenvoll. Ihr Lieblingssohn Karl, ein reizender Junge von 16 Jahren, starb an den Pocken, ebenso die zarte zwölfjährige Johanna. Beide Frauen Josefs waren an den Pocken gestorben, und in der Mitte des Jahrzehnts wurde Maria Theresia selbst Witwe.

Trotzdem beschäftigte sie sich mitten in all dem unendlichen Kummer mit ihren Heiratsplänen.

Die älteste Tochter, Maria Anna, die schon von Geburt an verkrüppelt war, wurde von ihrer Mutter fürs Kloster bestimmt.

Die zweite Tochter, Elisabeth, war die große Schönheit der Familie und eine geborene Kokette. »Du bist eine Kokette des Geistes ... ungefähr so wie Deine Schwester Elisabeth mit ihrer Schönheit. Sie mag nun dem Schweizer oder dem Fürsten gefallen, sie ist damit zufrieden und hegt kein anderes Verlangen«, schrieb die Mutter einmal an Josef.[420] Jeder bei Hofe war überzeugt, daß für Elisabeth eine glänzende Partie, wahrscheinlich mit einem herrschenden Monarchen, bereitstand. Die Kaiserin lehnte einen Antrag des Exkönigs von Polen, Stanislaus, in der sicheren Annahme ab, daß sich etwas Besseres für Elisabeth finden würde. Als König Ludwig XV. von Frankreich seine Frau verlor, schien es im Bereich der Möglichkeit zu liegen, daß die gerade von Kaunitz geschlossene französisch-österreichische Allianz auch noch durch eine Ehe zwischen der blühenden jungen Elisabeth und dem ältlichen Monarchen gefestigt werden könnte. Elisabeth tanzte auf einem Hofball bereits in einem mit Lilien bestickten Domino.

Im Herbst 1767 nun wurde auch Elisabeth von den Pocken befallen. Man erzählte sich, daß das Mädchen, als sie krank wurde, um einen Spiegel bat, um noch ein letztes Mal ihr hübsches Gesicht sehen zu können.[421] Elisabeth starb zwar nicht, aber als sie sich den Spiegel wieder vorhielt, war ihr Gesicht so furchtbar verunstaltet, daß jede Spur seiner einstigen Schönheit zerstört war. Ihre Bewerber verliefen sich. Der wollüstige König von Frankreich schickte listig einen Hofmaler, der ihr Porträt malen sollte; die Vorbereitungen zur Hochzeit wurden abgeblasen.[422]

Halb toll vor Gram rief Elisabeth nach Ärzten und Quacksalbern und versuchte Medizinen und Salben. Als es ihr schließlich klar wurde, daß sie zu lebenslanger Ehelosigkeit verdammt war, bestimmte ihr Maria Theresia das einzige Leben, das für »geschädigte« Prinzessinnen oder jüngste Söhne in Frage kam – die Kirche. Als Titularoberin eines Ordens für alte Damen in Innsbruck wohnte Elisabeth weiterhin in der Hofburg, eine verbitterte alte Jungfer, böse und mit der Welt und ihrem Schicksal zerfallen.

Die lebhafte, anziehende Marie Christine, genannt Mimi, die dritte Tochter, war der Liebling ihrer Mutter; sie brachte es immer fertig, die Kaiserin um den Finger zu wickeln. Ihre Eltern wollten Mimi mit dem französischen Herzog von Chablais verloben, aber Mimi trat energisch für die eigene Wahl ihres Herzens ein – für Herzog Albert von Sachsen, einen jungen Mann, der weder Vermögen noch Aussicht auf einen Thron hatte. Sie setzte ihren Willen durch, und es wurde eine sehr glückliche Ehe. Ihr Gatte, ein Mann von kultiviertem Geschmack, war der liebevollste Ehemann und Schwiegersohn.

Inzwischen wurden bereits Pläne für die jüngeren Kinder gemacht. Die kleine Johanna, die mit zwölf Jahren starb, war schon mit Ferdinand, dem Kind auf dem Königsthron von Neapel und jüngerem Sohn des Bourbonenkönigs von Spanien, verlobt gewesen. Maria Theresia, die sich das zentrale italienische Königreich nicht entgleiten lassen wollte, beeilte sich, eine andere Tochter, die zarte, reizende Josefa, an Stelle von deren Schwester mit Ferdinand zu verloben.

Über den Knaben-Monarchen von Neapel hatten den Wiener Hof bereits höchst beunruhigende Gerüchte erreicht. Ferdinands älterer Bruder war ein Schwachkopf und Ferdinand selbst von so hoffnungslos geringen geistigen Fähigkeiten, daß sein Vater beschloß, ihn erst gar nicht den Härten einer Erziehung auszusetzen. Er konnte kaum lesen, sprach nur neapolitanischen Dialekt und kümmerte sich um nichts als um die Jagd und Spiele im Freien.

Josefa schmollte über die in Aussicht genommene Heirat, aber die Mutter sah ihre eigene Verpflichtung vollkommen klar. Streng schrieb sie an Josefas Erzieherin:

»Ich betrachte Josefa als ein Opfer der Politik, und wenn sie gegenüber ihrem Gatten und ihrem Gott ihre Pflicht erfüllt, so werde ich zufrieden sein . . . Ich hoffe, meine Tochter wird nicht selbstsüchtig sein, sie hat eine Neigung dazu.«[423]

Im Oktober 1767 wurden die Vorbereitungen für Josefas Abreise getroffen. Ihre Ausstattung – mit hundert Kleidern aus Paris – war bereit, und in Wien drängten sich die Hochzeitsgäste. Josefa war am Namenstag ihres Bruders Josef geboren und dessen kleine Lieblingsschwester. Er hatte versprochen, sie auf ihrer Brautfahrt bis nach Florenz zu begleiten. Unter den Besuchern, die zur Hochzeit nach Wien gekommen waren, befand sich auch Leopold Mozart und sein kleiner Sohn Wolfgang, die ein musikalisches Chorwerk aufführen sollten.

Einige Tage vor der Hochzeit führte die Kaiserin

Josefa in die Kapuzinergruft, damit sie den toten Habsburgern noch einen Abschiedsbesuch abstatte. Josefa hatte gefleht, nicht hingehen zu müssen, und die Hofdamen berichteten später, sie habe im Wagen, der sie zum Kloster fuhr, heftig geweint. Als sie in der kalten Krypta kniete und betete, zitterte sie und lag innerhalb weniger Stunden todkrank darnieder. Am selben Tag, an welchem sie ihre Reise hätte antreten sollen, um Königin von Neapel zu werden, starb sie. Der ganze Hof flüsterte, sie habe die Krankheit in der Kapuzinergruft bekommen, wo die nicht einbalsamierte Leiche ihrer Schwägerin, der unglücklichen bayerischen Prinzessin Josefa, seit dem vorhergegangenen Mai verweste.[424]

Maria Theresia gab ihre Pläne bezüglich des Throns von Neapel nicht auf. Sobald es nur schicklich war, verlobte sie ihre zweitjüngste Tochter, die fünfzehnjährige Karoline, mit Ferdinand. Karoline war weder so hübsch noch so fügsam wie ihre Schwestern, aber sie war drall, rotwangig, mit Grübchen in Wange und Kinn und hatte viel von der robusten Art ihrer Mutter.

Karoline wollte den Knaben Ferdinand durchaus nicht heiraten. Wahrscheinlich hatte man in Wien schon erfahren, wie sich dieser König benahm, als man ihn – im Herbst des Vorjahres – vom Tode seiner zweiten Braut in Kenntnis setzte. Gelangweilt und trotzig, weil er an diesem Tag nicht jagen gehen durfte, machte er seinen Hofmeistern das Leben sauer, bis endlich etwas ersonnen wurde, um ihn zu unterhalten. Als der englische Botschafter in Neapel in das Schloß kam, um seinen Kondolenzbesuch zu machen, fand er Ferdinand und dessen Gefolge damit beschäftigt, ein Leichenbegängnis zu spielen, wobei ein junger Hofmann die Erzherzogin Josefa im Aufbahrungskleid darstellte, das Gesicht ganz mit Schokolade bekleckst, um die

Pocken zu markieren, was große Heiterkeit hervorrief.[425]

Trotz ihrer Proteste wurde Karoline in Wien per procurationem getraut. Man berichtete, sie habe geweint, als der Brautzug in prunkvoller Prozession über die Alpen und schließlich über die Grenze des ziemlich ausgedehnten Königreiches von Neapel fuhr. Ihr älterer Bruder Leopold, der Großherzog von Toskana, traf sie in Bologna und übergab sie den Abgesandten Ferdinands bei der formellen Remise. Obwohl Leopold seiner Mutter beschwichtigend schrieb, daß Karoline »eine überaus liebenswürdige kleine Königin« war, fügte er doch hinzu, daß sie während der Zeremonie von einem heftigen Zittern befallen wurde und er »nicht für ein ganzes Königreich eine solche Szene noch einmal erleben möchte«.[426]

Zuerst war die sechzehnjährige Karoline, die am Wiener Hof so sorgfältig erzogen worden war, um eine Prinzessin von kultiviertem Geschmack und tadellosen Manieren zu sein, im Schloß zu Neapel von bitterem Heimweh geplagt. Nach einigen Monaten ihrer Ehe schrieb sie, daß ihr Leben ein »Martyrium« sei:

»Ich weiß jetzt, was Ehe ist, und habe tiefes Mitleid mit Antoinette, der die Ehe noch bevorsteht. Ich gebe offen zu, daß ich lieber sterben würde, als alles das, was ich durchgemacht habe, noch einmal erleben zu müssen. Wenn ich nicht durch meine Religion gelernt hätte, an Gott zu denken, hätte ich mich umgebracht, denn es war die Hölle, wochenlang so zu leben. Ich werde bitterlich weinen, wenn meine Schwester je in eine solche Lage kommen sollte.«[427]

Aber Karoline nahm sich trotz allem die Worte ihrer Mutter zu Herzen, fügte sich in ihr Schicksal, bemühte sich sogar mit einigem Erfolg, ihrem Gatten ein besseres Benehmen beizubringen, lernte es zu erreichen, was sie wollte, und wurde schließlich selbst Mutter und Großmutter von Königen, Königinnen und Kaiserinnen.

Als ihr Bruder Josef sie zwei oder drei Jahre später in Neapel besuchte, war alles schon besser, und er versicherte seiner Mutter, das Paar käme ganz gut miteinander aus. Der König wolle, daß Karoline mehr Busen zeige, aber dazu sei sie nicht bereit.[428]

Ferdinands Unterhaltungen blieben weiterhin entschieden unköniglich:

»Fünf oder sechs Hofdamen, meine Schwester, der König und ich«, schrieb Josef, »begannen Blinde Kuh und andere Spiele zu spielen, wobei der König ohne Unterschied Püffe und Klapse auf die Hinterteile der Damen austeilte.«[429]

Auf der Fahrt zur Oper nahm der König einen von Karolines Handschuhen, tat so, als wollte er ihn verstecken, und warf ihn schließlich zum Fenster hinaus.

»Meine Schwester benahm sich mit großer Zurückhaltung, wenn man bedenkt, daß Ferdinand erst vor ein paar Tagen ihren besten Muff ins Feuer geworfen hatte.«[430]

Nach dem Mittagessen, während Karoline sang und auf dem Spinett spielte, lud Ferdinand seine Ehrengäste ein, ihm auf dem Nachtstuhl Gesellschaft zu leisten. – Josef fragte seine Schwester, ob »an den Geschichten, die man ihm erzählt habe, etwas Wahres sei, nämlich daß der König sie stieße und schlüge. Sie gab zu, daß sie einige Püffe und vielleicht auch ein paar Schläge erhalten habe, die der König ihr halb im Spaß, halb im Zorn, manchmal auch im Bett versetzte, doch sei er nie wirklich gewalttätig gewesen«.[431] – »Er ist ein recht guter Narr«, bemerkte Karoline philosophisch.[432]

Was den König selbst betraf, so versicherte er Josef immer wieder, daß er mit seiner Frau nicht zufriedener sein könnte.

Jetzt waren in der Hofburg noch zwei heiratsfähige Töchter übrig: Amalia und die jüngste Schwester, Maria Antonia – Antoinette. Die hübsche zweiundzwanzigjährige Amalia war jahrelang die Zierde der Hofgesellschaft gewesen. Sie verfügte über eine schöne Koloraturstimme, tanzte mit Anmut und hatte schon ein Auge auf einen künftigen Gatten geworfen, auf den bayerischen Prinzen Karl von Zweibrücken, eine ungemein günstige Partie.

Damals teilte Josef bereits den Thron mit seiner Mutter; er hatte mit Bayern bestimmte Absichten und hielt die Ehe für politisch unvorteilhaft. Vielleicht hatte er auch persönliche Gründe, seine Schwester lieber mit dem Herzog von Parma, dem Bruder seiner geliebten ersten Frau, verheiratet zu sehen; jedenfalls kam dadurch noch eine Habsburgerin auf einen italienischen Thron. Amalia hatte nicht die Willenskraft und Überredungskunst ihrer Schwester Mimi und fügte sich in die für sie bestimmte Ehe. Unglücklicherweise stellte sich heraus, daß der Bräutigam ein unreifer Knabe von 17 Jahren war, in der Entwicklung zurückgeblieben, ein klinisch klarer Fall, so daß die Ehe noch viel katastrophaler wurde als die von Karoline. Innerhalb eines Jahres war Amalias Verhalten das Klatschgespräch an jedem Hof Europas; sie stürzte sich in Liebesaffären und politische Intrigen; die ermahnenden Briefe ihrer Mutter hatten nicht die geringste Wirkung auf sie. Wenige Jahre später fand sie ihr Schwager, Herzog Albert, bei einem Besuch in Parma so verändert, daß er sie kaum wiedererkannte. Er schrieb: »Keine Spur verbleibt von dem Glanz ihrer Schönheit, der uns immer in Erstaunen versetzt hatte.«[433]

Bald darauf wurde die Kaiserin vollkommen in den Bann des großartigen Höhepunktes all ihrer Heiratspläne gerissen: der Vermählung ihrer jüngsten Tochter

Maria Antonia, genannt Antoinette, mit dem Dauphin von Frankreich.

Zur Zeit als die kleine Antoinette in die riesige Familie, in der es schon erwachsene Kinder gab, hineingeboren wurde, war die strenge Disziplin im Kinderzimmer bereits beträchtlich gelockert, und, wie es in solchen Familien oft vorkommt, jeder verwöhnte das Kind. Antoinette und ihre fast gleichaltrige Schwester Karoline hatten gemeinsame Unterrichtsstunden und eine gemeinsame Erzieherin. Die Mädchen liefen miteinander im Park von Schönbrunn umher, schwänzten ihre Lektionen, sooft sie nur konnten, und unterhielten sich großartig.

Antoinette war elf, als ihre Verlobung mit dem Dauphin offiziell bekanntgegeben wurde. Man begann vor ihr zu buckeln und zu dienern, sie mit »Madame Antoine« anzusprechen, und ihre Mutter zermarterte sich das Hirn, wie sie nur in diesen hübschen kleinen Mädchenkopf all das Wissen, gesunden Menschenverstand und Urteilskraft hineinpressen sollte, die nötig waren, um sich in der Welt der Versuchungen und Intrigen des französischen Hofes zurechtzufinden und zu behaupten.

Antoinette bekam einen ganz neuen Stab von Lehrern, damit sie ihre französische Ausdrucksweise und ihre Kenntnisse in französischer Geschichte vervollkommne. Es waren aber ihre früheren Lehrer, die den tiefsten Eindruck in ihr hinterlassen haben, vor allem Christoph Willibald Gluck, ihr Musiklehrer, und dann ihr Ballettmeister Noverre. Unter Noverres Leitung hatte sie in Balletten im Hoftheater getanzt, und ihm verdankte sie sicherlich einen Teil der wundervollen Grazie ihrer Bewegungen, durch die sie am französischen Hof weit schönere Frauen als sie in den Schatten stellen konnte.

Die Hochzeit war die wahrscheinlich glanzvollste eines ohnehin glanzvollen Jahrhunderts. Französische und österreichische Beamte plagten sich ein volles Jahr, um die verwickelten Bestimmungen der wechselseitigen Protokolle miteinander in Einklang zu bringen, und gaben es endlich verzweifelt auf. Schließlich blieb der französische Botschafter, Marquis de Durfort, dem Hochzeitssouper fern, weil dem Schwager der Braut, Herzog Albert, bei der Tafel der Vorrang erteilt worden war.

Im großen und ganzen aber ging alles glatt. Zuerst kamen die Einleitungszeremonien – die feierliche Audienz in der Hofburg am 16. April 1770 in Anwesenheit des Hofes in vollem Staat, bei welcher der französische Botschafter um die Hand der Madame Antoine als Gemahlin für Monseigneur le Dauphin anhielt; dann folgte am Hoftheater die Galaaufführung einer neuen Komödie von Marivaux und eines neuen Balletts von Noverre; sodann kam der feierliche Akt der Verzichtserklärung in der Hofburg, bei welchem die Erzherzogin allen ihren Rechten nach der habsburgischen Erbfolge entsagte; dann der große Hochzeitsball im Schloß Belvedere, wo 6000 Gäste in Maskenkostümen die ganze Nacht durchtanzten.

Schließlich folgte die Hochzeit selbst. Sie fand in der Augustinerkirche statt, wo die Eltern der Braut und die meisten ihrer Schwestern geheiratet hatten. Ferdinand, der Bruder der Braut, fungierte in Vertretung als Bräutigam.

Zwei Tage später verabschiedete sich Marie Antoinette »in Tränen gebadet« von ihrer Mutter und machte sich in einer prunkvollen Prozession von Karossen auf den Weg nach Versailles. Ihr war gewiß leichter ums Herz als Karoline oder Amalia. Ihre Mutter gab ihr noch letzte Anweisungen mit – mehrere engbeschriebene Seiten jenes berühmten »Règlements« –, um ihre ersten Schritte in Frankreich zu lenken.[434]

Von ihrem Bräutigam wußte Marie Antoinette noch viel weniger, als Karoline von dem ihrigen gewußt hatte. Sicherlich hatte sie das Urteil des österreichischen Botschafters in Frankreich, Graf Mercy, über den künftigen Ludwig XVI. nicht gehört: »Die Natur scheint Monsieur le Dauphin alles vorenthalten zu haben«, denn er scheine »nur ein beschränktes Maß an Verstand« zu besitzen.[435]

Ihre Ehe und die zu erwartenden kleinen Habsburg-Bourbon-Sprößlinge sollten erst richtig den Schlußstein der großen österreichisch-französischen Allianz bilden, die glückliche Beendigung einer jahrhundertelangen Fehde. Nachdem sie von ihrer Mutter in jenen geheimen Sitzungen im kaiserlichen Schlafzimmer der Hofburg so gut über die wahre Bedeutung der Ehe vorbereitet worden war, konnte die hübsche kleine Braut kaum vermuten, daß sie etwa sieben Jahre lang nur dem Namen nach eine Ehefrau sein würde.

5. *Der letzte Brief an die Königin von Frankreich*

Das goldene Schloß Schönbrunn war leer geworden. Die allerletzte Hochzeit war die des Erzherzogs Ferdinand mit Beatrix, der Erbin von Modena – womit noch ein wertvoller italienischer Thron der Familie einverleibt wurde. Der jüngste Sohn, Maximilian, nahm die Weihen und wurde Erzbischof von Köln, einer der reichsten und dicksten Prälaten Europas und natürlich – hochwillkommen für künftige Habsburger – Mitglied der Kurie.

Ein letzter, bitterer Kummer erfüllte die alternde Kaiserin. Ihre erste Enkelin, Maria Theresia, das Kind von Josef und Isabella, starb knapp vor Antoinettes Hochzeit. Man sagte boshaft, das Kind habe sich die verhängnisvolle Lungenentzündung beim Herumlaufen in den kalten Zimmern ihrer Großmutter zugezogen. Sie war ein besonders lustiges und reizendes Kind gewesen, »so vielversprechend und lieblich«, wie Maria Theresia ihrer Schwiegertochter schrieb, »der Liebling ihres Vaters und seine einzige Quelle der Entspannung . . .«[436]

Josef, der nun zu einer einsamen, kinderlosen Witwerschaft verdammt war, schrieb an die Erzieherin des kleinen Mädchens:

»Nicht mehr länger Vater zu sein scheint mir mehr, als ich ertragen kann . . . Meine Tochter wird mir alle restlichen Tage meines Lebens fehlen . . . Um eines möchte ich Sie bitten, lassen Sie mich das kleine weiße Wollkleid mit der Blumenstickerei haben, das sie immer zu Hause getragen hat, und auch ihre ersten Schreibversuche, die ich mit den Briefen ihrer Mutter aufheben will.«[437]

Es muß ein öder Haushalt gewesen sein, plötzlich so

ganz ohne junge Stimmen und mit nicht viel, worüber man lachen konnte.

Die Erzherzoginnen Marianna und Elisabeth, die beiden alten Jungfern, stritten unausgesetzt und speisten an getrennten Tischen, an denen jede von ihrem eigenen Personal bedient wurde. Elisabeth mit ihrem verwüsteten, pockennarbigen Gesicht war zeitweise so böse auf die Welt, daß sie tagelang mit niemandem ein Wort sprach. Als sie einmal ein Abszeß auf der Wange hatte und der britische Botschafter ihr einen Besuch abstattete, um ihr sein Bedauern darüber auszudrükken, lachte sie ihn aus und sagte: »Glauben Sie mir, für eine vierzigjährige, unverheiratete Erzherzogin ist sogar ein Loch in der Wange eine Unterhaltung. Kein Ereignis, das die Langeweile meines Lebens unterbricht, ist ein Unglück.«[438]

Seit dem Tode seines Vaters hatte Josef den Thron als Mitregent mit seiner Mutter geteilt. Es war eine stürmische Teilhaberschaft. Alle beide waren eigensinnige, starke Persönlichkeiten und außerdem durch eine Generation voneinander getrennt, innerhalb welcher sich eine der größten geistigen Umwälzungen der Menschheitsgeschichte vollzog. Maria Theresia, ein Kind der Barockzeit und fromme Katholikin, verkörperte das Beste einer sterbenden Weltordnung – die alte, konservative, patriarchalische Monarchie. Josef, der seinen Geist an den französischen Philosophen geschärft hatte, sehnte sich danach, sein ganzes feudales Reich über Nacht aufzuklären und umzugestalten. »Woher kommt es denn«, schrieb ihm die Mutter, »daß trotz unserer wahrhaften und sich gleichbleibenden Absichten die Dinge einen ganz anderen Ausgang nehmen, daß wir oft in unseren Meinungen voneinander abweichen, daß wir uns streiten, daß sogar Unzufriedenheit hieraus hervorgeht?«[439] Sie stießen immer aneinander, wenn sie gemeinsam in der Hofburg waren.

Um diesen Streitigkeiten zu entgehen, reiste Josef, so viel und so weit er nur konnte: nach Frankreich, nach Italien, nach Böhmen und Ungarn, nach Polen, nach Rußland. Er hielt seinem Schwager Ferdinand von Neapel Vorlesungen aus den französischen Philosophen und überredete seinen anderen Schwager, den französischen König, sich der kleinen Operation zu unterziehen, die ihm die Möglichkeit geben würde, seinen ehelichen Verpflichtungen endlich nachzukommen. Er ärgerte seine Mutter durch seine Besuche bei radikalen Franzosen, etwa bei Jean-Jacques Rousseau in dessen Pariser Dachkammer, oder bei dem Naturforscher Buffon. Und er dinierte mit ihrem erbittertsten Feind, mit Friedrich dem Großen.

Maria Theresia wurde indessen korpulent und wassersüchtig. Sie trug Gamaschen um ihre Beine und mußte, wenn sie Leute, die nur ein paar Schritte von ihr entfernt waren, genauer sehen wollte, ein Augenglas benützen. Ihre Schönheit war total verschwunden, und die Pocken, die sie am Sterbebett ihrer Schwiegertochter bekommen hatte, hatten tiefe Narben hinterlassen. Auf einer Reise nach Preßburg, bei welcher sie in ihrer gewohnten halsbrecherischen Geschwindigkeit fuhr, überschlug sich der Wagen, und die Kaiserin wurde mit dem Gesicht auf den losen Kies geschleudert, was sie um die letzten Spuren ihrer Anmut und beinahe um ihr Augenlicht brachte.

Ihr Profil auf den Silbertalern der letzten Jahre ihrer Regierung gleicht dem eines alten, harten römischen Senators.

Sie war immer noch sehr rot im Gesicht und litt dermaßen unter Hitze, daß sie kaum je ihren Fächer sinken und ihre Fenster Tag und Nacht offenließ. Josef mußte jedesmal einen Pelzmantel anziehen, wenn er die Zimmer seiner Mutter betrat.

Doch verlor sie niemals ihren Humor. Als sie eines Tages mit ihrem Kammerherrn, dem Grafen Sinzendorff, der in ihrem Alter, aber dünn wie eine Latte und sehr rheumatisch war, beisammenstand und plauderte, ließ sie ein Bittgesuch fallen, das sie ihm zeigen wollte, und bat ihn, es aufzuheben.

»Hélas, Madame«, erwiderte er betrübt, »il y a vingt années que je ne suis courbé. – O weh, Madame, ich habe mich schon seit vollen zwanzig Jahren nicht mehr gebückt.«[440]

Da brach die Kaiserin in ein Lachen über sie beide aus, weil der eine so dick und der andere so dünn war, daß sich keiner von ihnen bücken konnte, und läutete einen Lakaien herbei, damit er ihr das Blatt aufhöbe.

Maria Theresia liebte Schönbrunn noch immer; sobald der Frühling kam, übersiedelte sie hinaus in die Gartenzimmer im ersten Stock, die mit exotischen Landschaften in der Manier des 18. Jahrhunderts bemalt waren. Sie brauchte nur die Tür zu öffnen und konnte über einen Kiesweg zur Gloriette hinaufgehen, die den Hügel hinter den Gartenanlagen krönt. Die Reiseschreibmappe hatte sie dabei um ihre Mitte geschnallt, denn sie arbeitete immer.

Am Achtzehnten jedes Monats, dem Todestag ihres Gatten, besuchte sie regelmäßig die Kapuzinergruft, um bei ihren Toten zu beten, deren Gesellschaft bereits so gewachsen war, daß sie schon den ganzen majestätischen Grabraum ausfüllte, den die Kaiserin hatte erbauen lassen. Am 3. November 1780 schrieb sie ihren letzten Brief an Marie Antoinette:

»In meinem Alter brauche ich Unterstützung und Trost, und ich verliere alles, was ich liebe, eins nach dem andern. Ich bin dadurch ganz entmutigt.«[441]

Im Herbst 1780 blieb sie, solange sie nur konnte, in Schönbrunn; und diesmal erkältete auch sie sich in den riesigen kalten Räumen. Als sie Anfang November in die Hofburg zurückkehrte, war sie krank und atmete schon schwer.

Aber sie legte sich nicht zu Bett, sondern saß gestützt in einem Lehnstuhl, in einen alten Schlafrock ihres Mannes gehüllt, und gab ihrem Sohn Josef letzte Anweisungen, als ob er immer noch ein kleiner Junge wäre.

IX

JOSEF II. – DER KAISER DES KLEINEN MANNES

1. *Neigungen eines einfachen Menschen*

»Er besaß tausend hervorragende Eigenschaften, die für einen Herrscher ungeeignet sind . . .«
Unbekannter französischer Höfling

Das erste, was Josef nach dem Tod seiner Mutter unternahm, war, sich von der, wie er es nannte, »Weiberrepublik« zu befreien, die so lange in der Hofburg regiert hatte. Er befahl kurzerhand, daß mit Ausnahme der ältesten, denen eine Übersiedlung nicht mehr zugemutet werden konnte, alle Frauen, die seine Mutter um sich hatte – ältere Witwen des Hofstaats, Verwandte, ehemalige Erzieherinnen –, die Hofburg noch während des Sommers, auf jeden Fall aber bis Michaeli des Jahres 1781 zu verlassen hätten, und er fügte in einem Brief an seinen Bruder Leopold hinzu: »On crie beaucoup, mais je ne m'en soucie point.«[442] (Sie machen ein großes Geschrei, aber ich kümmere mich nicht im geringsten darum.)

Seine älteste Schwester, Marianna, wurde in ihr Lieblingskloster nach Klagenfurt verfrachtet, die verbitterte Schwester Elisabeth in ihr Damenstift nach Innsbruck (bei ihrer Abreise, bemerkte Josef, lachte und weinte sie zugleich). Marie Christine und deren Gatte wurden als Regenten der Niederlande nach Brüssel geschickt; womit er eine ausdrückliche Anweisung seiner Mutter befolgte – denn Josef selbst hatte zu den Herrscherfähigkeiten der beiden kein Vertrauen. Josef machte sich überhaupt nicht viel aus seinen Schwestern; vielleicht hatte er zu lange unter der Herrschaft von Frauen gestanden.

Er behielt dieselbe Wohnung – im Leopoldinischen Trakt der Hofburg – bei, in der er schon seit Jahren gewohnt hatte. Es waren drei einfach möblierte Zimmer mit einer Falltür in das darunter befindliche Kanzleramt und einer Aufzugsmaschine, durch die Akten zu seinem Schreibtisch hinauf und von diesem hinab befördert werden konnten. Als besonderen Zufluchtsort ließ er sich einen Teil des alten Familienschlosses im Augarten umgestalten und verbrachte dort soviel Zeit wie möglich. »Ich diniere mit großem Vergnügen allein in meinem Garten«, schrieb er an Leopold. »Die Stille regiert.«[443]

Die Verschwendung und Leichtfertigkeit am Hof seiner Mutter hatten Josef abgestoßen. Der Krieg hatte bedenkliche Summen verschlungen, und die Regierung steckte bis zum Hals in Schulden. Josef erwies sich als Liberaler des Geldbeutels sowie des Geistes – zwei unermeßlich verschiedene Dinge! – und vermachte das gesamte Vermögen, das er von seinem Vater geerbt hatte – über 22 Millionen Gulden –, dem Staat.[444]

Um »Vernunft« im Hofleben walten zu lassen, vereinfachte er die Etikette. Er verbot den Kniefall und erlaubte niemandem, seine Hand zu küssen. Mit allen prächtig begangenen Festtagen, mit denen früher der Hofkalender übersät war, wurde aufgeräumt. Josef ließ nur einen einzigen Galatag, den Neujahrstag, bestehen und räumte auch mit der alten, formellen spanischen Hoftracht auf, die in den Tagen Karls V. und des ersten Ferdinand in Wien eingeführt worden war. »Mein Obersthofmeister wird in Ohnmacht fallen, wenn er das sieht«, bemerkte Josef, als er selbst zum erstenmal für eine Hofzeremonie – eine militärische Uniform anlegte.[445]

Er schuf dutzendweise neue Adelige, denn das war eine bequeme Art, die Staatskasse aufzufüllen. Für bloße 6000 Gulden konnte man Baron werden, für

20 000 Graf, und 500 000 Gulden konnten einen in einen Fürsten verwandeln. Die ältere Aristokratie betrachtete die neuen Adeligen mit ausgesprochener Verachtung, nannte sie »Bagetelladel« und zeigte ihnen die kalte Schulter. Mit wachsendem Unwillen sahen die Aristokraten, wie ihre alten Privilegien abbröckelten und der Glanz des Hoflebens verblaßte.

Der Kaiser schaffte die Spieltische ab, die die Einnahmequelle des französischen Theaters waren, und verursachte dadurch dessen Bankrott. Worauf er es in ein deutsches Nationaltheater verwandelte.[446]

Er setzte dem alten Brauch des obersten Kriegsrates des Reiches, Bestechungsgelder anzunehmen, ein Ende. Er gab den Bauern das Recht, wilde Eber, die ihre Ernte zerstörten, zu erschießen, was der Hofgesellschaft die Eberjagd beinahe ganz verleidete. Adelige durften in den niedrigeren Gesellschaftsschichten keine Bastarde mehr in die Welt setzen, ohne die Haftung für deren Unterhalt zu übernehmen – es war tatsächlich so, wie der witzige Fürst von Ligne es ausdrückte: »Josef verlangte von seinen Adeligen eine adelige Gesinnung.«[447]

Sein eigener Haushalt in der Hofburg war, wie es einem Philosophen-König geziemte, sehr bescheiden. Er trug einen einfachen Gehrock, schlief auf einem mit Hirschdecken belegten Bett und aß und trank sparsam. Gewöhnlich wurden fünf Gerichte aus den Küchen der Hofburg für sein Mittagsmahl heraufgebracht und auf dem Kachelofen in seinem Studierzimmer übereinander aufgestellt, um sie warmzuhalten. Er aß gewöhnlich allein, wobei er sich mit dem einzigen Diener, der ihm servierte, unterhielt, und er aß möglichst schnell, damit er seine Arbeit bald fortsetzen konnte.

Als er begann, allein zu regieren, war er ein Witwer von 39 Jahren und wurde allmählich dick und vollkommen kahlköpfig. Als geringste Konzession an die Eitelkeit trug er ein rundes Toupet auf dem Scheitel; der dünne, unordentliche Zopf, der ihm hinten herunterhing, war sein eigener. Er hatte ein aus Wachstuch gemachtes Käppchen, das er sogar im Theater trug. Besucher bemerkten mit Staunen, daß die Ellbogen seines Rocks geflickt waren.[448]

Josef machte sich dem Volk leicht zugänglich, indem er jedermann den Zutritt zum Korridor vor seinen Zimmern gestattete, und der sogenannte »Kontrollorgang« im Leopoldinischen Trakt war dann auch jeden Morgen von Bittstellern überfüllt.

Die kaiserlichen Jagdgründe im Prater und im Augarten gab er den Wienern als öffentliche Parkanlagen frei. Als einer der hochadeligen Herren dagegen Einspruch erhob, weil es ja dann gar keinen Ort mehr gäbe, wo man sich ungestört unter seinesgleichen bewegen könne, erhielt er die berühmte Antwort: »Wenn ich desselben Sinnes wäre und mich nur unter meinesgleichen bewegen wollte, gäbe es für mich in Wien keinen anderen Aufenthaltsort als die Kaisergruft bei den Kapuzinern.«[449] Er ging gerne ohne Begleitung in den öffentlichen Parks spazieren und verbot der Bevölkerung, ihn zu grüßen oder überhaupt von ihm Notiz zu nehmen, um die Menschen durch seine Gegenwart nicht zu stören.

Sein Großvater, Karl VI., hatte Europa durchfahren mit mehr als zweihundert Pferden, mit Priestern, Ärzten, Sekretären, Zahlmeistern, Kürschnern, Perückenmachern, Heizern, Kellermeistern, Köchen, Küchengehilfen, Kammerdienern, Lakaien und Mundschenken. Josef fuhr am liebsten inkognito als Graf Falkenstein in öffentlichen Postkutschen mit einem Gefolge von etwa sechs Personen. Wenn er seine Schwester, die Königin von Frankreich, besuchte, weigerte er sich, in Versailles zu wohnen, sondern mietete sich statt dessen in zwei Zimmern eines Gasthofes im Dorf ein.

Sein trockener, geistreicher Witz erregte das Entzükken der Pariser Salons. Im Jahre 1776, als ganz Paris in Aufruhr über die amerikanische Revolution war, wurde Josef gefragt, was er davon hielte. Er antwortete: »Monsieur, ich bin Royalist von Beruf.«[450]

In Reims kam er einmal einen Tag vor seinem Gefolge an und wurde für einen Diener gehalten. Als ihn der Wirt fragte, was für Pflichten er denn im Haushalt des Kaisers erfülle, erwiderte Josef mit einem Anflug von Lächeln: »Ich rasiere ihn manchmal.«[451]

In seiner Jugend hatte er Ansätze zur Fröhlichkeit gezeigt, hatte sich im Fasching kostümiert und sogar Schminke aufgelegt, wenn er in Hofballetten mit seinen Schwestern tanzte. Jetzt war die einzige Verkleidung, die ihm Freude bereitete, die eines Königs in einen Bürgerlichen.

Einmal kam Josef auf einer Poststation in Frankreich gerade an, als der Postmeister dabei war, ein Kind taufen zu lassen. Der Mann, der den Kaiser nicht erkannte, bat Josef, als Taufpate zu fungieren, und als der Priester den Monarchen um seinen Namen fragte, antwortete dieser ruhig: »Josef.«

»Zuname?«

»Der Zweite.«

»Beruf?«

»Kaiser.«[152]

Ein anderes Mal stieß er auf eine Kutsche, die sich auf der Straße überschlagen hatte, und bot dem Reisenden einen Platz in seiner eigenen an. Als sie so dahinrumpelten, animierte der Fremde – um Konversation zu machen –, den Kaiser, zu raten, was er zu Mittag gegessen habe.

»Hühnerfricassée«, riet Josef.

»Nein.«

»Hammelkeule?«

»Nein.«

»Eine Omelette?«

»Nein«, sagte der Mann und schlug ihm in der freundschaftlichsten Weise auf den Schenkel. »Kalbsbraten!«

»Wir kennen einander nicht«, bemerkte Josef dann, »und jetzt komme ich an die Reihe, Sie raten zu lassen. Wer bin ich?«

»Ein Soldat?« fragte der Fremde.

»Vielleicht«, antwortete Josef, »aber ich kann auch etwas anderes sein.«

»Für einen Offizier sehen Sie zu jung aus«, sagte der Fremde, »aber sind Sie vielleicht ein Oberst?«

»Nein.«

»Ein Major?«

»Nein.«

»Ein Befehlshaber?«

»Nein.«

»Doch nicht ein Gouverneur?«

»Nein.«

»Was sind Sie denn nur?« Der Fremde grinste über sein ganzes Gesicht und fragte im Spaß: »Sie werden doch nicht der Kaiser sein?«

Josef klopfte dem Mann auf den Schenkel: »Sie haben es erraten.«

Niedergeschlagen und verlegen über die Freiheiten, die er sich gegenüber dem Herrscher herausgenommen hatte, wollte der Fremde den Wagen verlassen.

»Aber nein«, sagte Josef, »ich wußte, wer ich war, als ich Sie einsteigen ließ, und wußte nur nicht, wer *Sie* waren. Es hat sich nichts geändert, fahren wir weiter.«[453]

Abgesehen vom Reisen waren Josefs Unterhaltungen bescheiden. Er ging ins Theater, in die Oper und zu Konzerten. Manchmal machte er nachher einen kurzen Besuch im Liechtensteinpalais, um mit drei oder vier älteren Damen des Hofes Karten zu spielen. Er war fast immer um elf zu Hause und arbeitete meistens noch länger an seinem lederüberzogenen Schreibpult, das nur von einer einzigen Kerze in einem Zinnleuchter erhellt war. Dann ging er zu Bett und war früh wieder auf, im Sommer um fünf, im Winter um sechs – genau wie seine Mutter.

Er liebte Musik, obwohl er nicht sonderlich musikalisch war. Doch er spielte Klavier und Cello und versuchte sich sogar in der Komposition. Er ernannte Mozart nach Gluck, der gestorben war, zum »kaiserlichen Kammerkompositeur«, gab ihm aber eine viel geringere Besoldung als dem Vorgänger. Auch Mozart war also ein Opfer von Josefs Sparmaßnahmen.

2. *Der Weltverbesserer*

Josef glich einer fanatisch ordnungsliebenden Hausfrau, die in das Heim ihrer Vorfahren kommt, wo hundert Jahre lang nicht abgestaubt wurde. Er konnte kaum rasch genug arbeiten, um alles in Ordnung zu bringen.

Wie toll schuftete Josef von Sonnenaufgang bis Mitternacht, verbrauchte pro Tag sieben bis acht Sekretäre und schrieb Dutzende und Dutzende von neuen Erlässen und neuen Fassungen alter Gesetze.

Er ging daran, die Leibeigenschaft auf den großen Grundbesitzen in Böhmen und Ungarn abzuschaffen und führte eine einzige allgemeine Grundsteuer ein. Das bedeutete, daß der ungarische Adel zum erstenmal in der Geschichte Steuern zahlen mußte! Besteuerung war bis dahin ausschließlich für den Bauernstand reserviert. Das Strafgesetzbuch wurde revidiert, die Folter abgeschafft. Es gäbe keine brutalere Strafe, sagte Josef, als die Züchtigung auf dem nackten Hinterteil.

Als nächstes schaffte er auch noch die Todesstrafe vollkommen ab und erklärte das Duell für strafbar.

Er erlaubte den Juden, die gelben Streifen und gelben Ärmel abzulegen, die sie bis dahin hatten tragen müssen, er schenkte ihnen die freie Religionsausübung und erhob sogar einzelne Juden in den Adelsstand.

Alles mußte überprüft werden. Dutzende von Kommissaren, Hunderte von Inspektoren fuhren aus der Hauptstadt in alle Richtungen des Reiches, um alles nur Denkbare zu kontrollieren: ob die Straßen gesäubert und die Häuser numeriert waren, ob das Heer sich richtig verhielt, ob die Prediger etwa unbesonnene Predigten hielten, ob der Verkauf von Empfängnisverhütungsmitteln untersagt war – wie befohlen –, ob sich auch jemand um blinde, taube und verkrüppelte Kinder kümmerte, und so weiter.

Er führte die Schulpflicht ein, sogar für weibliche Wesen, und sein Land war für einige Zeit das einzige in Europa, das vollkommene Freiheit hatte.

In den Kaffeehäusern Wiens wimmelte es von Schmieranten, die Traktate und Schmähschriften verfaßten, die meisten gegen den Kaiser gerichtet. Die Menge aber, statt hinzueilen und sich die Werke der französischen Philosophen und Aufklärer zu kaufen, wie Josef gehofft hatte, drängte sich, um von Druckerschwärze noch feuchte Leckerbissen zu erwerben und zu lesen wie »Briefe einer Nonne«, »Über die Wiener Dienstmädchen« oder »Eine wunderbare Geschichte einer alten Jungfrau, die dreißig Jahre lang unberührt blieb« oder »Bordelle sind notwendig in Wien« und was dergleichen noch mehr auf den Markt kam.[454]

Hatte sich Josef den Adel entfremdet, weil er das Vergnügen des Hoflebens zunichte gemacht hatte und die Aristokraten außerdem zwang, Steuern zu zahlen, so verärgerte er den Klerus noch viel mehr. Er proklamierte die religiöse Duldung Andersgläubiger, schloß alle Klöster – mit Ausnahme jener Orden, die sich mit Unterricht oder Krankenpflege befaßten –, konfiszierte deren Vermögen und verwendete es für Schulen, Pensionen und zu Fürsorgezwecken.

Der Papst – es war der schöne Pius VI. – packte sich in seiner Verzweiflung zusammen und reiste nach Wien, um mit Europas führendem katholischen Monarchen zu rechten. Es war die erste Reise, die je ein Papst innerhalb von dreieinhalb Jahrhunderten in ein deutschsprachiges Land unternahm.

Der Besuch verlief im großen und ganzen nach Wunsch. Der Kaiser fuhr Seiner Heiligkeit vier Poststationen weit aus der Stadt entgegen, bis Gloggnitz am Fuß des Semmering, und begleitete ihn von dort bis zu seinen Gemächern in der Hofburg. Wo immer der Papst erschien, strömte die Menge der Gläubigen zusammen, kniete nieder, um den apostolischen Segen zu empfangen. Sein Schuh wurde von einem adeligen Salon zum anderen getragen, um geküßt zu werden.

Als Seine Heiligkeit abreiste, gab ihm Josef das Geleit bis in den Wallfahrtsort Maria Brunn im Wiental und überreichte ihm dort als Abschiedsgeschenk ein diamantenes Kruzifix; auch einen Reisewagen schenkte er ihm. Unmittelbar danach verfügte Josef die Aufhebung des Augustinerklosters Maria Brunn und setzte seine antiklerikalen Maßnahmen unbeirrt fort.

Nichts war zu belanglos, als daß der »Volkskaiser« ihm seine Beachtung nicht geschenkt hätte. Mädchen, die Schulen besuchten, durften keine Mieder tragen, Hausfrauen durften keinen Lebkuchen mehr backen, weil der Kaiser fand, daß er der Verdauung schade. Särge durften, um Holz zu sparen, nur mit flachem Deckel hergestellt werden; »Nasenquetscher« nannten die Wiener sie.

Bald ging Josef noch weiter und gab einen Erlaß heraus, daß überhaupt keine Särge mehr zu verwenden seien. Die Toten sollten nur mehr in einem einfachen Leintuch oder in einem Leinensack begraben werden.

Die Protestschreie gegen diese Maßnahme waren so ohrenbetäubend, daß Josef sie, wenn auch sehr verärgert, widerrufen mußte. Man sieht förmlich die Funken aus seinem Gänsekiel sprühen, wenn er schreibt:

«»Da sehr viele Untertanen die Gründe für die Vorschriften betreffend der Leichensäcke nicht verstehen wollen, die doch nur in Anbetracht der raschen Verwesung mit Rücksicht auf die Gesundheit der Bevölkerung erlassen wurden, und da die Wiener eine so große Sorgfalt für ihre Leiber auch noch nach ihrem Tode äußern, ohne zu bedenken, daß sie alsdann nichts als stinkende Kadaver wären, so ist mir nichts weiter daran gelegen, auf was für eine Art sie künftig begraben sein wollen.«[455]

Es ist unbestreitbar wahr, daß zu seiner Zeit fast niemand verstand, was Josef eigentlich wollte. Wie schon seine Mutter bemerkt hatte, war Josef eine schwierige Persönlichkeit, taktlos und eigensinnig und mit noch geringerer Anpassungsfähigkeit begabt, als es sonst bei den Habsburgern der Fall war. Außerdem versuchte er Unmögliches. Doch hatte kein Monarch in Europa je ein so leidenschaftliches Interesse für die Rechtlosen und Besitzlosen. Einmal, als ein Bauer ihm klagte, daß der Steuereinheber seinen letzten Groschen davongetragen habe, untersuchte Josef den Fall und gab dem Bauern – die Stelle des Steuereinhebers. Seine erbosten Adeligen gaben ihm den Spitznamen »der Bauerngott«.[456]

Er gründete ein Waisenhaus, ein Ausbildungsseminar für Militärärzte, eine Schule für Taubstumme und das damals größte Spital der Welt, das »Allgemeine Krankenhaus«, das eineinhalb Jahrhunderte lang ein Weltwunder der Medizin bleiben sollte. Trotzdem nörgelte ein unbekannter Kritiker zu Josefs Zeit:

»Das größte Vergnügen des Kaisers war es, den Frauen im großen Spital in Wien bei der Arbeit zuzuschauen oder Stunden auf einem Turm zu verbringen, von dem er in einen Hof voll schreiender Narren blikken konnte.«[457]

Josef hätte das Echo seiner Freundin, Katharina der

Großen, sein können, die klagte, daß sie, während Diderot seine herrlichen Entwürfe bereits zu Papier bringen konnte, die ihren noch auf Menschenhaut schreiben müsse, »die ein viel weniger gefügiges Material ist . . .«

3. *Ein Thronerbe wird bestimmt*

Nach dem Tod seiner zweiten Frau, der unglücklichen Josefa, weigerte sich Josef rundweg, noch einmal zu heiraten. Der Kanzler Kaunitz bedrängte ihn unausgesetzt, doch eine Frau zu nehmen, vor allem die französische Prinzessin Elisabeth. Josef prüfte die Gerüchte über die Gestalt und den Appetit des Mädchens (sie soll im Jahr Fleisch und Fisch im Wert von 100 Millionen Francs verzehrt haben) und schrieb abschließend an Kaunitz bei einem persönlichen Besuch in Versailles: »... sie ist zu einer Fülle angewachsen, die Sie sich einfach nicht vorstellen können.«[458]

Fleischliche Begierden machten Josef nicht sonderlich zu schaffen. Der französische Gesandte in Wien schrieb nach Hause, daß sich Josef regelmäßig eine halbe Stunde am Tag bei einer Gärtnerstochter aufhalte, und fügte – typisches Urteil eines Franzosen – hinzu, daß »der Kaiser durch die Kürze dieses Besuches bewies, daß er nur einen Zweck zu erfüllen habe«.[459]

Die Ehelosigkeit spielte für Josef auch gar keine Rolle, solange nur sein Bruder Leopold, der Großherzog von Toskana, Habsburgererben in die Welt setzte, eine Aufgabe, die dieser in bewunderungswürdiger Weise erfüllte: Er war Vater von insgesamt sechzehn Kindern.

Hie und da warf Josef auf seinen Reisen einen Blick in die großherzoglichen Kinderzimmer zu Florenz, machte die Bekanntschaft seiner Neffen und lehrte sie das »Wolfsspiel« und das »Schau-in-die-Suppe-Spiel«, während er sie in Wirklichkeit nur genau beobachten wollte. Nachher pflegte er dann in seiner sachlichen

Art Briefe an seinen Bruder zu schreiben, in denen er ihm Ratschläge erteilte und genau sagte, wie er seine Kinder zu erziehen habe.[460]

Besonderes Interesse nahm er an seinem ältesten Neffen, dem Erzherzog Franz, der eines Tages den Thron erben sollte. Leopold war wie Josef ein Sohn der Aufklärung und begann seine Kinder streng nach den Grundsätzen Rousseaus zu erziehen. Er fand aber, daß sich diese in der Praxis nicht so gut auswirkten, denn bald steckte jeder seine Nase in die Edukation des Thronerben: die kaiserliche Großmutter Maria Theresia, der Onkel Josef, verschiedene andere Tanten und Onkel, Minister, Erzieher und Hofmeister. Über den Thronerben Franz wurden zwischen der Hofburg und dem Palazzo Pitti in Florenz lange Briefe gewechselt. Zeitweise wurde das Erziehungssystem revidiert, und dann kam noch ein neuer Hofmeister dazu – ein Priester oder ein Bischof oder ein Offizier, je nachdem, ob gerade die geistige, die körperliche oder die moralische Entwicklung des Erzherzogs die ärgeren Mißstände aufwies.

Als Josef 1784 Florenz besuchte und sich Franz wieder einmal ansah, fand er ihn viel zu mager und vermutete, daß er wahrscheinlich nicht genug Suppe und Brot aß. Er schrieb daraufhin eines der für ihn so typischen langen und kritischen Dokumente mit dem Titel »Überlegungen über den Gegenstand des Erzherzogs Franz« und überreichte es den Eltern.

Wie seine Mutter es für ihn getan hatte, so suchte jetzt Josef in Europa herum und fand eine passende Frau für Franz, eine gesunde, junge deutsche Prinzessin, Elisabeth von Württemberg, die er nach Wien brachte. Er veranlaßte ihren Übertritt zum Katholizismus, ließ ihre Zähne sanieren, brachte ihr ein wenig mehr Bildung bei und beobachtete mit onkelhaftem

Wohlwollen ihre »hübsch gewölbte Brust«, wie er an Leopold schrieb.[461] Er gewann das Mädchen wirklich sehr lieb, denn Josef – der geborene Drahtzieher – liebte die Rolle des Pygmalion.

Sodann ließ er den sechzehnjährigen Franz nach Wien bringen, stattete ihn in der Hofburg mit neuen Hofmeistern aus und machte sich daran, aus dem Knaben einen künftigen Kaiser zu formen. Aber Franz machte nur mühselige Fortschritte, und Josef scheute sich nicht, seine tiefe Enttäuschung zu zeigen. Statt eines strahlenden, klugen, reizenden und ansprechenden Burschen fand der Kaiser einen timiden, unbeholfenen Jüngling, mager, klein, ruhig, in sportlichen Dingen gar nicht geschickt, der wohl die richtigen Antworten hersagen konnte, die ihm eingedrillt worden waren, aber kaum fähig schien, einen einzigen selbständigen Gedanken zu fassen.

In der ihm eigenen kompromißlosen Art unternahm Josef energische Schritte. Nachdem Franz zwei Monate lang in der Burg gewohnt hatte, rief ihn sein Onkel an einem Sonntagmorgen nach der Messe zu sich in sein Kabinett und händigte ihm ein eng beschriebenes Schriftstück ein, das den Titel »Beobachtungen betreffend die weitere Erziehung des Erzherzogs Franz« trug.

Mit Tränen in den Augen stand der Knabe vor dem Oheim und las über sich selbst in der dritten Person:

»Er ist an Wuchs und Stärke zurückgeblieben und in körperlicher Geschicklichkeit und Haltung unterentwickelt . . . Er verkörpert, kurz gesagt, einen Weichling, einen Schwächling ohne Fähigkeiten, gewöhnt, geführt zu werden, für einen Staatsmann ungeeignet . . . Er spricht undeutlich, verwendet derbe Ausdrücke, hat eine bellende Stimme und verschluckt seine Worte, teils aus Faulheit, teils aus Unachtsamkeit, teils aus unangebrachter Schüchternheit.«[462]

Es stand noch mehr, noch viel mehr der gleichen Art in dem Schriftstück. Franz schluckte die Tränen hinunter, verneigte sich und dankte dem Kaiser für die Mühe, die er sich genommen hatte.

Der Neffe versuchte verzweifelt, seinen Onkel zufriedenzustellen, aber er konnte dessen Erwartungen einfach nicht entsprechen. Josef schrie ihn in aller Öffentlichkeit an, weil er zu Pferde so ängstlich war. Seine Haltung war zu steif; Josef verlangte von ihm mehr Fröhlichkeit. »Er muß sich entspannen, mehr plaudern, mehr lachen«, versuchte Josef dem Hofmeister beizubringen.[463] Franz tanzte sehr gern, aber sein Onkel bemerkte spitz: »Rhythmus und Leichtigkeit sind nicht gerade Franzens Stärke.«[464]

Ein paar Monate später, mitten im Fasching 1785, eilte Franz (beinahe fröhlich) gerade von einem Ball im Ballhaus zu einem anderen Ball im Redoutensaal der Hofburg, als ihn Josef wieder in sein Arbeitszimmer rief, um seine Fehler noch einmal zu analysieren. Seine geistige Entwicklung, sagte der Onkel, entspreche der eines Zwölfjährigen, und wegen dieser Zurückgebliebenheit müsse seine Hochzeit mit Elisabeth noch um einige Jahre aufgeschoben werden.

Kein Schlag hätte den Getadelten bitterer treffen können, denn Franz hatte im Gegensatz zu seinem Onkel durchaus keine Neigung für das Zölibat. Von der Stunde an, da er im vorangegangenen Sommer im Laxenburger Park die reizende, rotbäckige, blühende Elisabeth zum erstenmal getroffen hatte, liebte er sie von ganzem Herzen. Sie hatten einander bei streng beaufsichtigten Anlässen und Ausfahrten oft gesehen, und ihre Liebe zueinander war immer inniger geworden.

Nun verdoppelte Franz seine Anstrengungen, um den Onkel nur ja zufriedenzustellen. Zum Glück kam gerade zu diesem Zeitpunkt Josefs Schwester Marie Christine nach Wien zu Besuch. Selbst kinderlos, war Christine für alle ihre toskanischen Neffen und Nichten die vergötterte »Tante Mimi« und hatte bei so manchem Besuch in Florenz Kinderfrauen und Gouvernanten in Bestürzung versetzt, wenn sie mit den großherzoglichen Kindern wild herumtollte. Nun gab sie Josef den Rat, mit Franz nicht so streng zu sein, und nach ihrem Besuch wurde das Verhältnis zwischen Onkel und Neffen auch wirklich ein wenig wärmer. Manchmal sagte Josef zu Franz sogar, daß er mit ihm etwas zufriedener sei.

Im Januar 1788 gab er Franz und Elisabeth die Erlaubnis, zu heiraten, und die beiden einsamen jungen Menschen, die so viele Jahre von ihren ängstlichen Angehörigen hin und her gestoßen worden waren, fielen einander nun buchstäblich in die Arme.

Zwei Monate nach der Hochzeit nahm Josef den Neffen auf einen Feldzug gegen die Türken mit, so daß die Neuvermählten nur eine kurze, kostbare Zeit miteinander hatten verbringen können.

Während der Abwesenheit ihres Mannes schrieb ihm Elisabeth jeden Tag, bat ihn, doch zu ihr zurückzueilen und sagte ihm, wie gern sie ihm nachfahren würde, wenn sie nicht Angst hätte, daß ihr Onkel, der Kaiser, sie ausschelten würde.[465] Und zärtlich schrieb sie weiter:

»Dein Vogel sitzt jeden Tag auf meiner Schulter. Ich pflege ihn, so gut ich nur kann, denn ich weiß, wie lieb Du ihn hast. Ich habe meine eigenen Lieblingsvögel weggeschickt, damit Deine nicht verlernen, weil sie durch ihren Gesang gestört werden, ihre eigenen, besonderen Lieder zu singen . . . Ich könnte Dich nicht inniger lieben, mein Engel, als ich es tue, und ich kann keinerlei Trost finden, solange wir getrennt sind.« (16. März 1789).[466]

4. *Epitaph*

In Josefs Reich war die Lage indessen nicht so gut, wie man es vermutet hätte. Es hatte den Anschein, als ob sich die Menschen einfach nicht reformieren und aufklären lassen wollten.

Während Josefs Mutter ihre Politik der Vereinheitlichung und Zentralisierung mit großem Takt und Feingefühl durchführte und den verschiedenen Teilen des Reiches erlaubte, ihre Sprache und Tracht beizubehalten, wollte Josef sofort alles zentralisieren und – aus praktischen Erwägungen – Deutsch zur Sprache aller machen.

Zuerst hatte er den Plan, die geographisch entfernten und politisch schwierigen österreichischen Niederlande gegen ein näher gelegenes Land, besonders gegen seinen Nachbarn Bayern, auszutauschen. Eine Zeitlang sah es sogar so aus, als ob Josef dieser Tausch glücken würde; dann aber erwies sich ein neuer bayerischer Erbe als widerspenstig, und Friedrich der Große schritt ein, um ihn zu verteidigen.

Dann wieder plante Josef, gemeinsam mit Katharina von Rußland, den Rest der europäischen Türkei zu erobern und aufzuteilen, und fuhr selbst in den Balkan hinunter, um seine Armee zum Sieg zu führen. Aber Hitze und ein viertägiges Fieber legten ein Drittel seiner Armee lahm, und der Eroberungskrieg endete mit Panik und Rückzug.

Nichts macht zu Hause eine so schlechte Presse wie ein verlorener Krieg. Nach dem Türkenfeldzug sagte man verbittert, Josef habe seinen Offizieren das »Kleine Kreuz« (Orden) gegeben, seinem Volk aber das große. Die Lombarden sagten kurz und bündig: »Er ist nur gut mit dem Knüppel.«[467]

Seiner Schwester Marie Antoinette in Paris machte Josef Vorwürfe über ihr leichtfertiges Benehmen und erteilte ihr den Rat, sich nicht in die Politik einzumischen – bat sie aber später in einem Brief, auf ihren Gatten in gewissen entscheidenden Angelegenheiten der Niederlande Einfluß zu nehmen.

Unklugerweise ließ er die uralte ungarische Stephanskrone in die Schatzkammer nach Wien bringen – ein furchtbarer Schlag für das Gefühl der Ungarn, die erklärten, daß aus wolkenlosem Himmel Blitze gezuckt hätten und Donner erschollen sei, als das nationale Heiligtum über die Grenze getragen wurde. Erzürnt vor allem über Josefs Steuerprogramm, erhob sich der magyarische Adel gegen den Kaiser.

Josef fand die erforderlichen Spione und erweiterte die Keuschheitspolizei seiner Mutter zu einer internationalen Sicherheitspolizei. Es hatte den Anschein, daß jeder im ganzen Reich, von einem Ende zum anderen, einen Grund fand, um unglücklich zu sein.

Josef fehlte nicht nur die Geschicklichkeit seiner Mutter im Umgang mit Menschen, es fehlte ihm auch ihre robuste Konstitution. Die Briefe aus seinen letzten Lebensjahren sind voll von Klagen über seinen Gesundheitszustand: über das Fieber, das er sich an der türkischen Front geholt hatte, über Rotlauf, über eine Augeninfektion, die er sich, weiß Gott wo, zugezogen hatte, eine Leberobstruktion, Depressionen und einen beharrlichen Husten, gegen den er sich als sein eigener Arzt Rindentee und Eselsmilch verordnete. Auch plagten ihn Hämorrhoiden und eine Fistel, die seine Ärzte nicht schneiden konnten, weil – wie er seinem Bruder schrieb – diese Körperteile allzu verhärtet waren durch die Jahre, die er im Sattel verbracht habe.[468]

Schließlich lag Josef sterbend in der Hofburg, und das ganze Reich kochte vor Aufruhr.

Es gab fast nichts, worin er Trost fand, außer daß die Zukunft seiner Dynastie gesichert war: Elisabeth, die Frau seines Neffen, erwartete die Geburt ihres ersten Kindes. Zu Beginn des Februar kam die junge Frau zu ihm, um ihm einen Abschiedsbesuch zu machen. Der Anblick von Josefs eingefallenem Schädel auf dem Polster im Licht der einzigen flackernden Kerze entsetzte sie so, daß sie ohnmächtig wurde und hinausgetragen werden mußte. Am folgenden Tag wurde sie von langen, heftigen Wehen befallen, von denen sie schließlich durch die damals gerade erfundene Zange befreit wurde. Im Delirium fragte sie die Umstehenden, ob sie nicht tapfer gewesen wäre und ob Onkel Josef wohl mit ihr zufrieden sein werde. Zuletzt bekam sie einen Blutsturz nebst Konvulsionen und starb. Die Tochter, die sie zur Welt gebracht hatte, war – wahrscheinlich durch eine Gehirnverletzung während der schweren Entbindung – geistesgestört und lebte nur sechs Monate.

»Werft mich auf sie drauf!« schrie Josef in seinem Schmerz, als ihm die schreckliche Nachricht mitgeteilt wurde.[469] Zwei Tage darauf, am frühen Morgen des 20. Februar, sah der junge Franz, der völlig verwirrt und erstarrt war, seinen Onkel sterben und folgte am selben Abend dem Leichnam seiner Frau, als man diesen in der Kapuzinergruft beisetzte.

Josef hatte gebeten, in seinen Sarg den traurigsten aller königlichen Epitaphe eingravieren zu lassen:

»Hier ruht Josef II., der in allem versagte, was er unternahm.«[470]

X

KRIEGE UND WALZER: DIE ZEIT NAPOLEONS

1. Die kurze Regierung Leopolds II.

In den letzten Wochen seines Lebens hatte Josef seinem Bruder Leopold von Toskana geschrieben und ihn gebeten, nach Wien zu kommen, denn er wollte ihn vor seinem Tod unbedingt sehen. Er schrieb verzweifelt noch ein zweites Mal und flehte seinen Bruder an, sich zu beeilen, da die Zeit kurz werde.

Leopold schrieb zurück, daß die unerwartete Nachricht von Josefs Erkrankung ein Schock für seine »sehr empfindsamen Nerven« gewesen sei und ihn ganz krank gemacht habe.[471] Seinen Schwestern schrieb er dann geheime Briefe mit Zitronensaft, in denen er behauptete, Josef habe Spione zu seiner Beobachtung eingesetzt. Seinem Sohn Franz in Wien gab er schriftliche Anordnungen, was er im Augenblick, da Josef starb, zu tun habe: Er solle sämtliche Büros in der Burg versperren und versiegeln, die Schlüssel einstecken und der Regierung genaue Beschreibungen des gesamten Personals schicken. Als Leopold dann die Nachricht von Josefs Tod erhielt, sandte er an Franz einen Kurier mit der Bitte, die Anordnungen für das Leichenbegängnis zu treffen, »damit alle diese traurigen Zeremonien noch vor meiner Ankunft beendet sein mögen, denn ich habe nicht die Kraft, daran teilzunehmen«.[472]

Die folgenden Wochen müssen die längsten und einsamsten im Leben des jungen Franz gewesen sein. Er hörte den eintönigen Reden bei den Beratungen der Minister seines Onkels zu; jeden Tag um elf und um sechs saß er am Pult seines Onkels und setzte seine Unterschrift auf Hunderte von Staatspapieren und fügte seinem Namen hinzu: »In Abwesenheit meines Herrn Vaters.« Zwischendurch wanderte er durch seine

Zimmer in der Burg, die ohne seine fröhliche junge Frau entsetzlich leer waren.

Endlich im März kam Leopold aus Florenz. Franz und sein Hofmeister reisten ihm bis Klagenfurt entgegen, um dann mit ihm in die Hauptstadt einzufahren. Bald kamen auch die Mutter und die 13 Geschwister nach und füllten die freudlosen Gänge der Burg mit lang entbehrten Klägen: mit lautem Kinderlachen, mit dem Kommen und Gehen von Hofmeistern, Erzieherinnen und Kinderfrauen, mit Tanz und Musik und dem Klirren der Fechtstunden.

Unter dieser großen Kinderschar waren einige, die in die Geschichte eingehen sollten: Erzherzog Karl, der erste Besieger Napoleons, Erzherzog Johann, der warmherzige, naturliebende, kluge und liberale Förderer der Wissenschaften und Künste, und Erzherzog Rudolf, der musikliebende Freund und Gönner Beethovens.

Kaiser Leopold II. ließ es sich zunächst einmal angelegen sein, für Franz eine neue, passende Frau zu finden. Er wählte Marie Therese, die älteste Tochter seiner Schwester, der Königin Karoline von Neapel, und bereits im September 1790, kaum sieben Monate nach Elisabeths Tod, fand in der Augustinerkirche Franz' zweite Hochzeit statt. Aber nicht nur sie allein! Der habsburgische Genius des Ehestiftens übertraf sich diesmal selbst. Denn außer Franz, der seine lebhafte junge Cousine heiratete, wurden gleichzeitig auch noch sein nächstjüngerer Bruder und seine Schwester mit einer anderen Tochter beziehungsweise einem Sohn der neapolitanischen Verwandtschaft vermählt. Die drei Brautpaare waren alle Cousins und Cousinen »ersten Grades« im doppelten Sinn, denn sie waren nicht nur durch Leopold und Karoline miteinander blutsverwandt, sondern auch durch Leopolds Frau,

Maria Louisa, die ja eine Schwester Ferdinands, des Königs von Neapel, war. Es war die traulichste Familienpaarung, die eine päpstliche Dispens nur zulassen konnte.[473]

Alle drei Hochzeitspaare machten sich in einem großen Zug von Karossen fröhlich auf die Reise, um mit Eltern, Hofstaat und Dienerschaft der Krönung Vater Leopolds zum Römisch-Deutschen Kaiser in Frankfurt beizuwohnen.

Leopold II. war in der Toskana ein liberaler, aufgeklärter Herrscher gewesen und hatte sogar erwogen, seinem Volk eine Verfassung zu geben, was in den achtziger Jahren des 18. Jahrhunderts für einen Monarchen ein ungewöhnlicher Gedanke war. Aber jetzt, im Kielwasser von Josefs radikalen Reformen, fand Leopold das Reich im Zustand entsetzlichster Verwirrung, und es wurde ihm klar, was Josef wohl nie klargeworden war: daß man dem Kranken nicht die ganze Medizinflasche auf einmal in die Kehle gießen darf.

So schnell ihn Roß und Wagen nur befördern konnten, eilte Leopold von einem Ende des Landes zum anderen, um aufgebrachte Untertanen zu beschwichtigen, Aufruhr zu unterdrücken und die unpopulärsten Maßnahmen seines Bruders aufzuheben. Als schlauer und geschickter Diplomat, der er war, wäre Leopold – hätte er länger gelebt – wahrscheinlich ein ausgezeichneter Kaiser gewesen.

Inzwischen war die Französische Revolution ausgebrochen. Seine jüngste Schwester, Marie Antoinette, flehte ihn um Hilfe an, um den Thron ihres Gatten wiederaufzurichten. Anfangs sympathisierte Leopold im Grunde mit den Zielen der Revolution und erklärte, der König von Frankreich könne nicht erwarten, daß seine Monarchie unter den alten Bedingungen wiederhergestellt werde, und er beeilte sich keineswegs, der

Familie seiner Schwester zu helfen, sondern schrieb ihr streng:

»Ich habe eine Schwester, die Königin von Frankreich. Aber das Heilige Reich hat keine Schwester, und Österreich hat keine Schwester. Ich darf einzig handeln, wie es das Wohl der Völker gebietet und nicht nach Familieninteressen.«[474]

Im Sommer 1791 aber, als die französische Königsfamilie versuchte, nach Montmédy zu flüchten, dort gefangengenommen und zurück nach Paris ins Gefängnis gebracht wurde, begann Leopold um ihre Sicherheit zu bangen und unternahm Schritte, um gemeinsam mit anderen europäischen Herrschern in Frankreich die Ordnung wiederherzustellen.

Doch im März 1792, noch ehe er der Familie Hilfe bringen konnte, erkrankte er plötzlich und verstarb, vermutlich an einem Blinddarmdurchbruch. Seine Ärzte hatten eine »Magenkolik« diagnostiziert und in den zwei Tagen, während welcher er krank lag, vier Aderlässe und 18 Einläufe verordnet.

In den Tuilerien erhielt Marie Antoinette verzweifelt die Nachricht vom Tode Leopolds und war überzeugt, daß ihr Bruder von Agenten der Revolution vergiftet worden war. Bis knapp vor ihrem Ende hoffte sie noch, daß ihre Verwandten und Freunde sie retten würden. Bei ihrer Verhaftung zeigte sie mehr Klugheit und Mut, als je eine Königin von Frankreich gezeigt hatte, und erwies sich beim Sterben ganz besonders als Tochter ihrer Mutter.

Im Oktober 1793 bestieg sie als Witwe Capet mit kurzgeschnittenem schneeweißem Haar und dem erstarrten Gesicht einer alten Frau, das David skizzierte, nachdem es in den Karren gekollert war, die Guillotine. Von ihrer Schönheit und hohen Geburt war nichts Sichtbares geblieben; im letzten Gefängnis hatte man ihr sogar die kleine goldene Uhr abgenommen, die ihr Maria Theresia geschenkt hatte, als sie, ein fünfzehnjähriges Kind, Wien verließ. Zeugen ihrer Hinrichtung erinnerten sich später, daß ihre zarten Füße in den purpurfarbenen Schuhen die Leiter des Schafotts so leichtfüßig hinaufgelaufen waren wie die eines jungen Mädchens; nur oben strauchelte sie und trat dem Scharfrichter auf den Fuß. Ihre letzten Worte waren: »Monsieur, entschuldigen Sie, es geschah nicht absichtlich.«[475]

2. Franz II. und Napoleon

Das liebe Heil'ge Röm'sche Reich,
Wie hält's nur noch zusammen?
Goethe, Faust I

Frankreich hatte inzwischen Österreich bereits den Krieg erklärt. Wie zwei feindselige Hunde hatten sie in Wahrheit eigentlich nie miteinander Frieden geschlossen. Dieser Krieg nun sollte sich 22 lange, ermüdende Jahre hinschleppen, ganz Europa hineinziehen und österreichischen Boden immer wieder mit feindlichen Armeen überfluten.

Auf dem Kaiserthron und endlich befreit von aller Bevormundung, saß der junge Franz: Kaiser Franz II., später – von Österreich – Franz I., ein schmächtiger Jüngling mit hellblauen Augen und vorstehender Unterlippe. Sein Auftreten in der Öffentlichkeit war vorsichtig, ruhig und melancholisch; auf seinen Bildnissen ist nie die Spur eines Lächelns zu finden. In Franz schien der Familiencharakter des geduldigen, ausdauernden Phlegmas wiedergeboren zu sein, diese Fähigkeit, Schicksalsschläge, Demütigungen und Niederlagen gefaßt hinzunehmen, Verluste zu überwinden und auf eine Wendung des Schicksals zu warten.

Sein Selbstvertrauen hatte unter dem qualvollen Verlauf seiner Erziehung sicherlich schwer gelitten, und es nimmt kaum wunder, daß der junge Monarch seinem eigenen Urteil mißtraute und die Last der Entscheidungen lieber anderen überließ. Die Erziehung, die sein Vater und Onkel ihm hatten angedeihen lassen, war im Sinne der Aufklärung sicherlich vollkommen, und unter seinen Lieblingsbüchern, die er nach Wien mitgenommen hatte, befand sich ein Band Montesquieu. Er hatte aber auch gelernt, daß eine patriarchalische Monarchie die beste Regierungsform sei und daß ihn eine weise Vorsehung für die Rolle eines guten Vaters seines Volkes bestimmt hatte. Als er das Chaos miterlebte, das die gutgemeinten Reformen seines Onkels Josefs hervorgerufen hatten, als er schauderte über die Hinrichtung seiner Tante und die darauffolgende Gewaltherrschaft in Frankreich, faßte er den Entschluß, die Tür seines Landes vor dem gefährlichen Atem der Revolution ein für allemal zu verriegeln.

Sich selbst teilte er den Part eines höchsten Beamten in Staatsgeschäften zu. Er hatte eine Vorliebe für Details und verfaßte höchst eigenhändig Hunderte von Schriftstücken, die etwa Dinge behandelten wie das Essen, das seinen Kindern serviert wurde, oder die Moral seiner Kammerdiener.[476] Als er die Polizei und die Spionageabteilung erweiterte, nahm er sich die Mühe, täglich ihre langen, eingehenden Berichte zu lesen und manche Spitzel sogar zu einer persönlichen Unterredung vorzuladen.[477]

Als sich Napoleon der Revolution in Frankreich bemächtigte, folgte eines der kuriosesten Duelle der Weltgeschichte: das zwischen dem strahlenden, energischen, entschlossenen jungen General und dem vorsichtigen, ausweichenden, lethargischen Kaiser.

Der Altersunterschied der beiden betrug kaum ein Jahr. Beide wurden in Ländern von italienischem Charakter geboren, Napoleon in Korsika, Franz in der Toskana. Doch trafen sie einander an den unwahrscheinlichsten Orten und sollten ihr Verhältnis zueinander in der unglaublichsten Art beenden.

Als Bonaparte durch Italien fegte, ließ er einen Herrscher nach dem anderen vom Thron purzeln und sandte die Habsburgerflüchtlinge eilends nach Wien. Am Ende dieses ersten Blitzfeldzuges war Franz von

Italien nichts mehr übriggeblieben als die Provinz Venetien, die ihm die Franzosen als Ersatz für die verlorenen Niederlande gegeben hatten und die er dann in der nächsten Runde auch noch verlieren sollte.

Nach der Schlacht von Ulm im Oktober 1805 besetzten die Franzosen Wien, und die kaiserliche Familie nahm, nachdem sie in aller Eile Staatskasse, Archive und Kunstsammlungen in Wagen verpackt hatten, Zuflucht in der Festung Olmütz.

Im Dezember wurden die vereinigten Armeen Österreichs und Rußlands bei Austerlitz geschlagen, und Franz teilte seiner Frau die niederschmetternde Nachricht in einem Brief mit, der ein Wunder an »*understatement*« ist.

»Heute wurde eine Schlacht ausgetragen, die nicht gut ausging. Ich bitte Dich daher, Dich mit allem, was uns gehört, von Olmütz nach Teschen zurückzuziehen. Mir geht es gut.

Dein zärtlichster Franz.«[478]

In einer Windmühle bei Austerlitz trafen einander der korsische Emporkömmling und der Sproß der ältesten regierenden Familie Europas zum erstenmal. Napoleon war in bester Laune. Er verneigte sich sehr tief und sagte: »Ich bedaure, Sir, daß ich Sie hier, in dem einzigen Schloß, das ich seit zwei Monaten betreten habe, empfangen muß.«

Franz erwiderte trocken: »Wie ein Schneider ist dieser Mann, jetzt entschuldigt er sich bei mir gar wegen der kriegsmäßigen Notbehelfe in seinem Quartier.«[479]

Durch den Frieden von Preßburg verlor Franz nicht nur Venetien, sondern einen besonders kostbaren Teil der alten Erblande, das Kronland Tirol. Auf Maria Theresias Schreibtisch in Schönbrunn kritzelte Napoleon flüchtig die Order, die ihre Tochter, die Königin Karoline, aus Neapel vertrieb. Bald darauf erschien Franz' geschäftige, geschwätzige und hemmungslose Tante und Schwiegermutter in Wien, um sich dem wachsenden Gedränge französischer Flüchtlinge und vertriebener Monarchen anzuschließen.

Als sich Napoleon zum Kaiser der Franzosen krönen ließ und eine Gruppe von deutschen Fürsten sich vom Reich lossagte, um als Vasallen Napoleons den Rheinbund zu gründen, legte Franz die deutsche Kaiserkrone nieder und verkündete das Ende des Heiligen Römischen Reiches.

Im August 1806 ließ Franz von der Balustrade der Kirche »Zu den neun Chören der Engel« Am Hof in Wien herab öffentlich seine Abdankung bekanntgeben. Die glitzernde Krone des Heiligen Römischen Reiches, belastet mit dem düsteren Zauber einer tausendjährigen Tradition, wanderte samt den mittelalterlichen Reichsinsignien und Gewändern in die Schatzkammer der Hofburg und wurde dort eingeschlossen. Sie sollten nie wieder getragen werden.

Für die Welt war Kaiser Franz II. zu Kaiser Franz I. von Österreich geworden.

3. Häusliches Leben in Kriegszeiten

Trotz seiner Niederlagen und katastrophalen Verluste stieg Kaiser Franz' Popularität während der Kriegsjahre; jedesmal bei seiner Heimkehr nach einer verlorenen Schlacht oder einem verlustreichen Friedensschluß wurde er von den Wienern nur um so wärmer begrüßt. Die Flut des Nationalbewußtseins war im Steigen. In den ersten Jahren der Napoleon-Kriege komponierte Joseph Haydn die österreichische Nationalhymne »Gott erhalte Franz, den Kaiser, unsern guten Kaiser Franz«. Sie wurde zu Ehren von dessen Geburtstag am 12. Februar 1797 in allen Theatern Wiens gesungen.

Franz hätte es, wenn er gekonnt hätte, sicherlich lieber vermieden, selbst Geschichte zu machen, und hätte viel lieber seinen eigenen herrlichen Garten bebaut.

Gegen den Hintergrund der stürmischen Zeiten war der kaiserliche Haushalt ein Bild liebenswürdiger Häuslichkeit. Sooft Franz es nur einrichten konnte, verbrachte er Stunden damit, seine Büchersammlung zu ordnen und wieder umzuordnen oder in seiner Werkstatt zu basteln, wo er Lackschachteln oder Käfige für seine exotischen Vögel machte, die er unter seinen tropischen Gewächsen in den Palmenhäusern neben der Hofburg züchtete.

Seine zweite Frau, Marie Therese von Neapel, war ein leichtfertiges kleines Geschöpf, das nichts lieber tat, als sich Zerstreuungen für ihren Gatten und ihre Freunde auszudenken. Ihre Mutter, die Königin Karoline, hatte Wiener Manieren und Vergnügen nach Neapel eingeführt – ihre Tochter importierte sie wieder zurück nach Wien, mit einem Anstrich von italienischem Geschmack und Erfindungsgeist. Da gab es nun

Schauspiele und Burlesken, Zauberspiele, chinesische Schattenspiele und »Camera-obskura«-Vorführungen.

Feuerwerke im Laxenburger Park wetteiferten fast mit den Feuern der Schlachtfelder. In einem »Haus der Überraschungen« läuteten plötzlich ganz unerwartete Glöckchen, farbige Lichter blitzten auf und erloschen wieder, und Wasserstrahlen bespritzten die Besucher. Inmitten des kleinen Laxenburger Teichs ließ Franz ein mittelalterliches Wasserschloß errichten, das mit echten gotischen Möbeln ausgestattet wurde, die größtenteils aus den von seinem Onkel Josef aufgehobenen Klöstern stammten. In dem romantischen Burgverlies schmachtete ein mechanischer Gefangener, der zum gruseligen Entzücken der Besucherinnen die Arme bewegen und mit den Ketten rasseln konnte.

Manchmal wurden zum Spaß lustige Überraschungen in den Karpfenteich versenkt, nach denen dann die Familie und Besucher ihre Angeln auswerfen und einen erstaunlichen Fang herausziehen konnten. Einmal fischte der griesgrämige alte Hofarzt Dr. Stifft zur allgemeinen Belustigung eine Puppe im Wickelpolster.[480]

Die ganze kaiserliche Familie tanzte in Laxenburg – der Kaiser, die Kaiserin, die Adjutanten, Gouvernanten und die Kinder. Das Menuett war tot und abgetan, die schnellere, lebhaftere Polka, der Schottische und vor allem der Zweischrittwalzer hatten die Ballsale erobert. Ganz Wien war von einer ausgesprochenen Tanzwut befallen. Die Wiener walzten blindlings durch die Revolution der neunziger Jahre in die durch Krieg zerrütteten ersten Jahre des neuen Jahrhunderts hinein. Tausende und Abertausende wirbelten durch die riesigen öffentlichen Tanzsäle, von denen einer, der »Apollosaal«, buchstäblich aus den »Kriegsverlusten« erbaut worden war.[481]

Die Wiener fanden in ihrer Vorliebe für Lustbarkeiten nichts daran, daß ihre Kaiserin Marie Therese, obwohl sie während ihrer sechzehnjährigen Ehe zwölfmal schwanger war, an jeder Faschingssaison teilnahm. Die Wiener trafen sogar vorsorglich Vorkehrungen für schwangere Frauen, von denen man nicht gut verlangen konnte, daß sie während des Faschings zu Hause blieben, und richteten Zimmer ein »mit allen Bequemlichkeiten; Zimmer, in denen ein Kind zur Welt gebracht werden konnte, falls sich dies unglücklicherweise als notwendig erweisen sollte«.[482]

Marie Therese liebte die Maskeraden so sehr, daß sie bisweilen während einer einzigen Faschingsnacht mehrmals das Kostüm wechselte, um sich einmal als Zuckerbäcker, einmal als Brezelverkäufer, dann wieder als Harlekin oder als Königin der Nacht unter das Volk auf der Straße zu mischen. Auch Franz, der kein Kostüm, sondern nur sein ernstes Gesicht zur Schau trug, nahm am Faschingstreiben der Menge teil. Hin und wieder erkannte einer den Kaiser und rief ihm zu: »Franzl, wie geht's?« Einmal drückte ihn einer versehentlich sehr grob gegen eine Mauer, so daß sein erschrockener Kammerherr ausrief: »Bitte! Macht Platz für Seine Majestät!« Aber Franz murmelte nur: »Es macht nichts, stören Sie die Leute nur nicht.«[483]

Für die Habsburger und für Wien waren es auch Jahre reich an Musik. Im Mai 1801 wurden die beiden großen Oratorien von Haydn, »Die Schöpfung« und »Die Jahreszeiten«, bei Hof aufgeführt, wobei die Kaiserin den Sopranpart sang. Haydn bemerkte taktvoll, daß sie »mit viel Geschmack und Ausdruck, aber mit einer kleinen Stimme« sang.[484] Als 1799 »Die Jahreszeiten« ihre Erstaufführung im Burgtheater erlebten, zog diese die größte Publikumsmenge in der Geschichte dieses Theaters an und erregte so viel Aufsehen, daß die Wiener beinahe den Durchmarsch der russischen Truppen unter Suworow auf dem Weg zur Schlacht mit Napoleon versäumten.

Die kaiserliche Familie musizierte gemeinsam: Franz spielte Geige, seine Frau – Baßgeige, die älteste Tochter, Marie Luise, Harfe. Man erzählte, es sei öfter als einmal vorgekommen, daß ein Höfling seinen Aufstieg zum Minister seiner Fähigkeit verdankte, bei der Kammermusik im Kaiserhaus mitzuwirken; Metternich steuerte später ein erstklassiges Cellospiel bei.

Franz war der geborene Familienvater und verwandelte im Privatleben den ernsten in einen hingebenden und sogar lebhaften Gatten und Vater. Oft konnte man ihn unter den alten Buchen im Laxenburger Park einen Schubkarren schieben sehen, in dem sein epileptischer, erschütternd zurückgebliebener kleiner Sohn, der Kronprinz Ferdinand, saß.

War Franz von zu Hause fort, dann schrieb ihm die ganze Familie liebevolle, fröhliche Briefe, beginnend mit »Liebster Papa« und »Liebster, bester Mann!« Wie jede Bürgersfrau es tun würde, bat ihn Marie Therese in ihren Briefen, ihr doch in Prag, wo er gerade weilte, ein Kleid und einen Hut machen zu lassen, und legte ihm ihre Maße bei.[485]

Wenn seine Frau krank war und der Arzt ihn nicht zu ihr lassen wollte, fand Franz das Leben absolut unerträglich. 1797 schrieb er ihr voll Kummer:

»Liebste Frau!

Ich schreibe Dir zwei Zeilen, um Dir zu sagen, wie glücklich ich war, von deiner Besserung zu hören . . . Ich war vor Aufregung und Hitze nicht imstande zu schlafen, und nun habe ich Halsschmerzen. Dieses Alleinsein ist meine ärgste Krankheit, so daß mein ganzes Streben darauf gerichtet ist, zu Dir zu kommen . . . Versuche herauszufinden, wie lange es voraussichtlich dauern wird, und schreib mir darüber, denn wenn es zu lange ist, werde ich einfach zu Dir kommen . . . Leb wohl und glaube mir, ich bin immerdar

Dein Dich liebender Franz

Wenn möglich richte es irgendwie ein, daß ich Dich bald sehen kann.«[486]

Im Mai 1807, als sie ihr zwölftes Kind erwartete, erkrankte Marie Therese, wahrscheinlich an Lungenentzündung, bekam schwere Aderlässe und starb nach einer Frühgeburt. Schluchzend klammerte sich Franz an den Leichnam seiner Frau und mußte von seinem Bruder mit Gewalt weggezogen werden.

Im Januar 1808, kaum acht Monate später, heiratete er ein drittes Mal. Die Braut, seine schöne junge Cousine Maria Ludovica von Modena, war nur um vier Jahre älter als seine älteste Tochter Marie Louise. Franz hätte sagen können, was Mozart wenige Jahre vorher zu seinem Vater sagte: »Ein lediger Mensch lebt in meinen Augen nur halb.«[487]

Zu Ehren der dritten Hochzeit des Kaisers wurde in Wien jener ungeheuer große Apollosaal eröffnet, genannt der »Feenpalast vom Brillantengrund«. Der folgende Fasching war einer der glanzvollsten, den Wien je erlebt hatte.

Die Ehe aber, die beim Klang von tausend Geigen und hundert bezaubernden Walzern begonnen hatte, war fast von Anfang an von einer tiefen Tragik überschattet. Die Ärzte erkannten bald, daß die schöne blasse Kaiserin schwindsüchtig war. Sie durfte nicht reiten und auch nicht an der Seite ihres Gatten in Laxenburg jagen, was sie allerdings manchmal trotzdem tat. Sie konnte ihn bei seinen tagelangen Wanderungen in den Bergen nicht begleiten, und sie durfte ihm keine Kinder gebären. Sie »sollte überhaupt sehr geschont werden« . . . und Franz ließ sich »von Zeit zu

Zeit durch die ängstlichen Ärzte zu einer ihm vorsorglich ausgesuchten Geliebten führen – er, Franz, dieser eher prüde Mensch, der durch moralische und seelische Hemmungen allen Sinnesfreuden so kühl gegenüberstand«.[488]

Maria Ludovicas Liebe zu Franz und ihr hohes Verantwortungsbewußtsein kamen mit ihrem schwachen Gesundheitszustand dauernd in Konflikt; das im Staatsarchiv aufbewahrte Bündel Briefe enthüllt dieses bittersüße Verhältnis der beiden. Aus einem Kurort, wo sie voll Hoffnung Bäder nahm, schrieb Maria Ludovica an den Gemahl 1810:

»Ich würde Dich doppelt und dreifach voll Zärtlichkeit küssen, wenn ich es könnte, doch ich darf den Trost, Dich zu sehen, nicht so bald erhoffen: Einerseits ist es aber ganz gut so, denn wenn Du sehen könntest, wie ich jetzt aussehe, würdest Du Dich vielleicht dazu entschließen, mich auf dem Altwarenmarkt zu verkaufen und statt meiner die Spintin in Deine Gunst aufzunehmen.«

Und ein wenig später in einem anderen Brief:

»Ich werde versuchen, Dir zuliebe sehr dick zu werden, um die Reize der mageren Spintin zu verdunkeln. Hast Du sie wieder aufsuchen müssen, Du Lump?«[489]

1809 marschierte Österreich, durch französische Schwierigkeiten in Spanien ermutigt, im Alleingang gegen Napoleon. Wieder einmal jagte die französische Armee durch Österreich und wurde bei Aspern geschlagen, in jenem einzigen, kurzen, süßen Sieg, den der Bruder des Kaisers, Erzherzog Karl, gegen Napoleon errang.

Unmittelbar darauf kam die Niederlage bei Wagram; Franz hatte von einem in der Nähe gelegenen Hügel zugesehen. Er sagte nur: »Jetzt können wir halt nach Hause gehen.«[490]

Der neue Friede zwischen Österreich und Frankreich wurde imgOktober 1809 geschlossen. Sofort wurde im Apollosaal ein glanzvolles Ballfest veranstaltet, und zwei Tage später brannte der berühmte Pyrotechniker Stuwer im Prater ein sensationelles Feuerwerk ab.

Inzwischen hatte Kaiser Franz einen der gewiegtesten Diplomaten Europas, den Grafen – später Fürsten – Clemens Wenzel Lothar Metternich, zum Außenminister berufen. Metternich ging sofort ans Werk, um Frieden zu erkaufen – keinen Dauerfrieden natürlich, aber Frieden bis zum Tage der Abrechnung. Er erkaufte ihn durch die Hand von Franz' ältester Tochter Marie Louise, die den geschiedenen Napoleon heiraten und dem korsischen Emporkömmling einen rechtmäßigen Erben schenken sollte.

Die Töchter der Habsburger waren schon immer für politische Heiraten erzogen worden, aber Marie Louise war eigentlich schon vergeben; sie war ein wenig verliebt in den jüngeren Bruder ihrer Stiefmutter Maria Ludovica. Ihr Vater versicherte ihr, daß er sie nicht zur Ehe mit Napoleon zwingen würde, aber dieser selbst machte nicht viel Federlesens: »Dürfen sich Prinzessinnen denn verlieben? Sie sind doch nur politische Ware.«[491]

Marie Louise fügte sich pflichtgetreu. Die Trauung per procurationem fand an einem Regentag im März 1810 statt und war kein freudiges Ereignis, denn die Wiener, die die Straßen säumten, um die Abfahrt des Brautzuges zu sehen, waren wenig erfreut, eine Habsburger-Erzherzogin an einen Mann ausgeliefert zu sehen, der noch vor kurzem »das korsische Ungeheuer« genannt wurde.

Während Metternich seiner Frau selbstgefällig schrieb: »Dafür werde ich das Vlies bekommen!«, schrie die Großmutter des Mädchens, die alte Königin von

Neapel: »Alles, was mir in meinem Unglück noch gefehlt hat, war, des Teufels Großmutter zu werden!«[492]

Als Napoleon, ein Bräutigam von 40 Jahren, dessen Haar dünner und dessen Taille bereits dicker wurde, wieder in Paris war, ließ er sich von seiner Schwester den Wiener Walzer beibringen.

Die zweite Begegnung zwischen Kaiser Franz und Napoleon – die einzige nach Austerlitz – fand im Mai 1812 im königlichen Schloß zu Dresden statt, als der Korse mit seiner Riesenarmee nach Rußland zog. Der Kaiser der Franzosen war besonders galant zu seiner zarten jungen Schwiegermutter, während er neben Maria Ludovicas Sänfte schritt, in der sie durch die langen Gänge des Schlosses getragen wurde. Aber zum erstenmal in der Geschichte hatte ein anderer Monarch den Vortritt vor einem habsburgischen Kaiser: Napoleon betrat als erster den Bankettsaal, hatte den Ehrenplatz an der Tafel und behielt den Hut auf. Franz rief – wütend oder beeindruckt – aus: »Das ist ein ganzer Kerl!«[493]

4. Ein Familientreffen

Das vorletzte Schauspiel der Napoleonischen Epoche in Wien war ein prächtiges »tableau vivant« im Park von Schönbrunn im Sommer 1814.

Die Schlacht von Leipzig war gewonnen. Kaiser Franz war wie ein Held nach Österreich zurückgekehrt, ein etwas dürftiger Ritter Georg, der den korsischen Drachen besiegt hatte. Wo immer er vorbeikam, wurde sein Weg mit Blumen bestreut, Fahnen flatterten und Musikkapellen spielten »Gott erhalte Franz, den Kaiser«. Der Drache selbst war mit gestutzten Krallen nach Elba ins Exil geschickt worden.

In Schönbrunn waren die Habsburger wieder vereinigt: Brüder, Schwestern, Söhne, Töchter – und das einzige, höchst erstaunliche Enkelkind.

Der älteste Sohn des Kaisers Franz, der zweiundzwanzigjährige Ferdinand, war nicht sehr vielversprechend. Ein ganzes Heer von Hofmeistern kam und ging und versuchte, etwas Wissen in den riesigen, leeren Kopf zu pferchen. Auch der zweite Sohn, der zwanzigjährige Franz Karl, war, wenn auch nicht epileptisch und zurückgeblieben wie der Kronprinz, so doch nicht besonders klug.

Auch Franz' älteste Tochter, Marie Louise, war wieder in Wien. Sie trug noch immer den Titel »Kaiserin der Franzosen« und führte Napoleons Wappenschild an ihrer Karosse ...

Ein höchst lebhaftes Andenken an ihren verflossenen Glanz war ihr kleiner Sohn, den sie Napoleon geboren und dem sein Vater wie einem Thronfolger des alten Heiligen Römischen Reiches den Titel »König von Rom« verliehen hatte. Die ganze Familie bewunderte das hübsche blondhaarige Kind, das äußerlich ein typischer Habsburger war, aber Napoleons lebendigen Geist und herrisches Temperament geerbt hatte, und die Wiener kamen scharenweise in den Park von Schönbrunn geströmt, um die Saat des Drachens zu erspähen.

Der Knabe sprach noch immer nur Französisch – mit Ausnahme von einem oder zwei ordinären Wörtern, die ihm sein junger Onkel Franz Karl beigebracht hatte, damit er sie seinen Hofmeistern an den Kopf werfen sollte, wenn sie mit ihm böse waren, zum Beispiel: »Scheißen!«[494]

Die älteste Persönlichkeit bei dem Familientreffen in diesem Sommer war die Urgroßmutter des kleinen Jungen, Karoline, Exkönigin von Neapel und Sizilien. Diese letzte noch lebende Tochter Maria Theresias wurde stets mit ungeheurem Applaus begrüßt, wenn sie in der Kaiserloge des Burgtheaters erschien. Die Baronin du Montet, die sich noch erinnerte, was für ein schönes junges Mädchen Karoline vor langer Zeit, noch vor ihrer Hochzeit mit dem König von Neapel, gewesen war, schrieb über deren Erscheinung:

»Wie alt sie geworden ist! Wie gebeugt und gekrümmt durch die Schläge des Kummers! Ihr Kopf, fast weiß, schien kaum das Gewicht der Krone zu ertragen ... Sie schien ein zärtliches Interesse an den jungen Erzherzoginnen, ihren Enkelkindern, zu nehmen, und an Erzherzog Ferdinand, dem Sohn des Kaisers; von Zeit zu Zeit nötigte sie ihn, die Besucher zu grüßen, drückte ihn gegen die Balustrade und drehte ihn nach rechts und nach links.«[495]

Trotz ihres Hasses gegen Napoleon hielt es die tapfere alte Königin, die in ihrer eigenen Ehe wahrlich nicht auf Rosen gebettet war, nicht für richtig, daß ihre Enkelin den Gatten, nun, da er geschlagen und verbannt war, im Stich lassen sollte. Sie gab Marie Louise den Rat, sich an zusammengeknüpften Leintüchern aus ihrem Fenster hinunterzulassen und verkleidet nach Elba zu flüchten. »Das würde *ich* an ihrer Stelle tun, denn wenn man verheiratet ist, dann ist es fürs Leben.«[496]

Sie nannte Napoleons kleinen Sohn »mon petit Monsieur«, spielte mit ihm und brachte ihm Spielzeug und Süßigkeiten. Eines Abends im September klopfte sie an das Kinderzimmerfenster in Schönbrunn und sagte zur Kinderfrau des Kleinen: »Bringen Sie mir morgen früh meinen Urenkel, ich habe etwas, das ihn unterhalten wird.«[497]

In der Frühe aber, als die Diener sie wecken wollten, war die alte Königin tot.

So geschah es, daß der Wiener Kongreß, der an einem strahlenden Septembertag des Jahres 1814 eröffnet wurde, um die Beute der Napoleonischen Kriege aufzuteilen, mit einem Leichenbegängnis begann. Und mit den sterblichen Resten dieses letzten Kindes der Maria Theresia wurde wirklich das 18. Jahrhundert zu Grabe getragen.

XI

KÖNIGE AUF URLAUB: DER KONGRESS TANZT

1. *Die Eröffnung des Wiener Kongresses*

Der Wiener Herbst von 1814 war besonders lang, mild und schön. Die Habsburger, die spät im Jahr im Park von Schönbrunn spazierengingen, sahen mit Staunen die üppige Fülle junger Blätter und Knospen, die die Rosenstöcke allenthalben ansetzten. An einem goldenen Septembertag kamen die ersten vornehmen Gäste zu der, wie es sich herausstellte, berühmtesten Einladung der Geschichte. Während die Menschen in Mengen die Straßen säumten und sich aus allen Fenstern lehnten, um einen Blick auf die hohen Herrschaften zu erhaschen, fuhren die drei führenden Monarchen des europäischen Kontinents in den Inneren Burghof ein: Kaiser Franz von Österreich, Zar Alexander von Rußland und König Friedrich Wilhelm von Preußen.

In den folgenden Wochen strömten aus allen Ecken und Enden Europas rund hunderttausend Besucher in Wien zusammen. Nicht weniger als 250 Angehörige fürstlicher Familien mit ihren Verwandten und Dienern kamen an, dazu ihre jeweiligen Minister, Diplomaten, Sekretäre und Hilfskräfte, im ganzen etwa hundert an der Zahl. Außerdem wimmelte Wien von Agenten, Spekulanten, Künstlern, Schriftstellern, Erfindern, Philosophen, Schauspielern, Tänzern, Akrobaten, Prostituierten, Taschendieben, Gaunern, Reformatoren mit brennendem Konzept und politischen Träumern mit herrlichen Verfassungen in der Tasche – alle wollten sehen und gesehen werden, bestechen oder Geld verdienen, ein altes Königreich zurückgewinnen oder ein neues erwerben, kurz, jeder hoffte, eine Rosine aus dem reichen Kuchen Europas, der da aufgeteilt werden sollte, zu erwischen.

Kein Wunder, daß in der Stadt eine Atmosphäre wie im Fasching herrschte. Noch viele Jahre später setzten sich Besucher des Kongresses, grauhaarige Männer und Frauen, hin, um ihre Memoiren zu schreiben, und erinnerten sich an Wien als an einen einzigen glitzernden, wirbelnden, musikerfüllten Ballsaal, dem nichts in der Welt gleichkam.

Die Luft selbst war die berauschende Luft des Sieges und des Friedens, des ersten wirklichen Friedens, den Europa seit 25 Jahren erlebte. Eine ganze Generation war herangewachsen, die sich kaum an etwas anderes erinnern konnte als an Krieg, Invasion, Besetzung und neue Kriegsdrohung.

Bei Tag prangten jetzt die Straßen vom Leben und von den Farben der wimmelnden Menge, von Uniformen aller Armeen Europas, von den modernsten Kleidern und Hüten, von Pferden und Sänften, von Kutschen und Fahrzeugen jeder Art und Farbe, denen oft die elegante Gestalt eines Höflings in türkischem Kostüm rufend den Weg bahnte – einem Kostüm, das nur noch in Wien getragen wurde –, einen Stab mit silbernem Knauf schwang und, wie ein Augenzeuge es beschrieb, gleich einem tropischen Vogel vor den Pferden herumzuflattern schien.[498]

Und bei Nacht erglühte die ganze Stadt in einem Lichterglanz, der eine Welt überwältigen mußte, die sonst bei Nacht jahraus, jahrein nur die rabenschwarze Finsternis der meisten Städte jener Zeit gewohnt war, die das Gaslicht noch nicht kannten. Eine Million Kerzen erleuchteten die Fenster der Innenstadt, 8000 brannten allein auf den Kristallüstern der Spanischen Hofreitschule, wenn der Kaiser dort einen Ball gab. Über tausend Fackeln beleuchteten die engen Straßen, in denen sich die Kutschen auf ihrer Fahrt zu den großen Gesellschaftsabenden stauten, und in festlichen Nächten erstrahlte der Himmel vom blendenden Licht der Raketen und sprühenden Sterne. Manchmal malte die Kunst der Feuerwerker die Fahnen der Monarchen, die auf Besuch waren, in den Himmel von Wien, oder berühmte Gebäude Berlins, Mailands oder Sankt Petersburgs erschienen als Feuerwerksillusion über der Stadt.

Überall war Musik – in den Straßen, in den Palästen, im Prater und in den überfüllten Tanzsälen. Im Palais des Fürsten Rasumofsky, des Ministers des Zaren, wurden Beethovens neue Quartette zum erstenmal gespielt. In der Spanischen Hofreitschule sangen 500 Stimmen Händels »Samson«, und der Komponist Salieri dirigierte ein Konzert von 100 Klavieren. Die Zuhörer waren allerdings erstaunt, daß die Musik von 100 Klavieren nicht auch hundertmal schöner klang als die eines einzigen.

Mit dem Funkeln von Licht, Farbe und Musik wetteiferte das Funkeln der Juwelen und des Witzes. Halsbänder, Diademe und Ohrgehänge erschienen da wieder, die seit der Französischen Revolution nicht mehr getragen und vorsichtig in Sicherheit gebracht worden waren, oft versteckt in Kutschen von Familien, die ins Exil flohen. In jenen Tagen gab es keine Hemmung, sich in vollem Schmuck zu zeigen; Männer und Frauen glitzerten von Kopf bis Fuß. Der Fürst Esterházy blendete förmlich die Zuschauer am Eröffnungstag des Kongresses, als er an der Spitze der Königlich-Ungarischen Garde in seiner mit Perlen und Diamanten übersäten Magnatenuniform erschien; auf seiner Mütze wippte eine Edelsteinaigrette, und ungeheure Perlengehänge baumelten von seinen Stiefeln. Der prächtige britische Admiral Sir Sidney Smith konnte es nicht ertragen, auch nur eine einzige Auszeichnung wegzulassen, und erschien mit einer von Orden vollkommen bedeckten Brust.

In einem der Gasthöfe der Stadt konnte man jeden Abend einen erstaunlichen Fleischkoloß sehen: die alte russische Gräfin Protassow. Sie war eine Vertraute der Kaiserin Katharina von Rußland gewesen und hatte für ihre Herrscherin die delikate Aufgabe der »éprouveuse« übernommen, das heißt, sie mußte die Liebhaber der Zarin vor Beginn jeder Liaison ausprobieren, damit diese sicher sein konnte, daß sie nicht krank waren. Jetzt hielt die Gräfin auf ihre Weise selbst Hof in Wien; auf einem Sofa lag sie da, Kopf, Hals, Arme und den ungeheuren Busen über und über beladen mit Juwelen: Diadem, Kolliers, Armbänder, Schnallen, Porträtbrosche, in den Ohren Gehänge, die ihr bis auf die Schultern herabbaumelten.

Zarin Elisabeth, die Gattin des nunmehrigen Herrschers in Rußland, trug ihre berühmten Perlen und Diamanten weniger auffällig. Als eines Abends bei einer Vorstellung im Burgtheater gerade der Vorhang aufging, riß ihr Perlenkollier, und die Perlen rollten nach allen Richtungen. Als die Herren um sie herum sich rasch niederknieten, um sie einzusammeln, bedeutete ihnen die Zarin lächelnd und mit einer hinreißenden, kaiserlichen Geste, sie möchten sich doch nicht bemühen, es stünde ja kaum dafür.

Was den Geist betrifft, so war die erlesenste Konversation wohl nicht im Bankettsaal der Hofburg zu hören. Die geistreichsten und amüsantesten Männer Europas versammelten sich vielmehr um den großen, runden Abendtisch im Gasthof »Zur Kaiserin von Österreich«, um Wein zu trinken, zu spaßen, politisch zu philosophieren und über alle Persönlichkeiten und Ereignisse des Wiener Kongresses ihr Urteil zu fällen.

Der berühmteste und witzigste Geist des Kongresses war der hervorragende belgische Flüchtling Fürst Karl

Josef de Ligne, der seit einigen Jahren in Wien lebte und nun das oft – und meist nur halb – zitierte und falsch verstandene Bonmot prägte: »Le Congrès ne marche pas; il danse.« (Der Kongreß kommt nicht vom Fleck; er tanzt.)

De Ligne wohnte in einem kleinen Haus, das in der Nähe von Beethovens Wohnhaus an der Stadtmauer klebte, und so schmal war, daß jedes Stockwerk nur aus einem Zimmer bestand. Er führte eine höchst fadenscheinige Existenz, schlief in seiner Bibliothek, fuhr in einer arg mitgenommenen, alten, schäbigen Kutsche mit gebrochenen Federn, die von zwei abgezehrten Pferden gezogen wurde, in Wien umher und wurde von einem wild dreinschauenden Türken bedient, der ihm einmal bei der Belagerung von Ismail vom Fürsten Potemkin überlassen worden war.

Er wurde überall eingeladen, denn er war ein köstlicher alter Mann, ein charmanter Erzähler, der noch alle abhandengekommenen Künste des Salons beherrschte und außerdem nicht nur Geist, sondern auch Herz besaß.

Er stammte aus einer der angesehensten Familien Belgiens, hatte in den Kriegen gegen die Preußen und Türken gekämpft und sich dabei ausgezeichnet.

Er hatte jeden, der im Europa des 18. Jahrhunderts jemand war, persönlich gekannt – Voltaire, Rousseau, Goethe, Friedrich den Großen, Katharina von Rußland –, und in jenen Tagen, wo man mit den Namen von Persönlichkeiten wie mit Juwelen protzte, war die Konversation von de Ligne mit Berühmtheiten nur so gespickt. Alle seine Geschichten begannen etwa mit: »Ich erinnere mich, einmal an Jean-Jacques Rousseau geschrieben zu haben . . .« Oder: »Da fällt mir ein Nachmittag ein, den ich auf der Jacht der Zarin Katharina verbrachte . . .«

Der Fürst de Ligne stand im achtzigsten Lebensjahr, als der Wiener Kongreß eröffnet wurde; in den ersten Monaten versäumte er kaum einen Ball, ein Fest oder eine Maskerade. Er fand sogar Zeit, nach Schönbrunn hinauszufahren, um den kleinen blondgelockten Sohn Napoleons zu besuchen, der noch immer nur Französisch sprach. Ein junger Freund, der de Ligne dorthin begleitete, beschreibt in seinen Memoiren, wie der kleine »König von Rom« von seinem Sessel sprang und sich seinem alten Freund in die Arme warf. Später ließen sie gemeinsam auf dem Fußboden ein Regiment von Zinnsoldaten in Schlachtordnung aufmarschieren. Während der alte de Ligne als österreichischer Feldmarschall die Schlachtbefehle erteilte, führte der Knabe die Bewegungen mit viel Anmut und Eifer aus.

In einer windigen Herbstnacht verkühlte sich der alte Fürst, als er auf der Bastei auf eine Dame wartete, die ihr Rendezvous nicht einhielt. (Zu einem vorbeikommenden Freund bemerkte er traurig: »In Ihrem Alter ließ ich *sie* warten; in meinem Alter lassen sie *mich* warten, oder, was noch ärger ist, sie kommen gar nicht.«)[499] Seine Erkältung verschlimmerte sich, als er in der darauffolgenden Nacht nach einem Ball einige Damen zu ihrem Wagen begleitete, ohne sich einen Mantel anzuziehen. Er wurde sehr krank und konnte das Bett nicht mehr verlassen; zu einem Besucher machte er die Bemerkung, er könnte zur Unterhaltung des Kongresses noch etwas beisteuern, nämlich ein Feldmarschallsbegräbnis. Und das war dann auch an einem Dezembertag des Jahres 1814 wirklich der Fall. So manche Dame, die sich an jenem Abend gerade für einen Ball anzog, konnte ihre Tränen nicht unterdrükken, als unter ihrem Fenster der Leichenzug vorbeikam und sie auf dem Sarg den alten, zerschlissenen, mit

Federn geschmückten Hut sah, der in den Vorräumen so vieler Salons zwischen Paris und Sankt Petersburg gelegen war.[500]

2. *Gäste in der Hofburg*

Alle regierenden Herrscher, die zum Kongreß gekommen waren, logierten mit ihren Familienangehörigen und Dienern in der Hofburg. Es war ein Leben und Treiben, das dem kaiserlichen Haushalt das Äußerste abverlangte. Jeden Abend wurden in der Hofburg vierzig Bankettafeln gedeckt, jeden Morgen Hunderte von Öfen geheizt, heißes und kaltes Wasser in die Zimmer getragen, Nachttöpfe ausgeleert, Mahlzeiten aufgetragen und Berge von Wäsche gewaschen.

Alle königlichen Gäste hatten ihre besonderen Bedürfnisse und Gewohnheiten. Zar Alexander, der blonde, schöne, liebenswürdige Traumkavalier seiner Zeit, nahm die eleganteste Gästesuite im Amalientrakt ein, die noch immer nach ihm genannt wird. Er verlangte, daß ihm täglich ein Eisblock für seine Morgentoilette gebracht werde; unter den Treppen flüsterte man sich zu, daß manche seiner Diener nicht einmal stubenrein seien. – Der König von Württemberg war so ungeheuer dick, daß aus seinem Eßtisch ein Halbrund herausgeschnitten werden mußte, damit er seinen Bauch unterbringen konnte; und für seine Ausfahrten wurde ihm eine eigens angefertigte, besonders weite und niedrige Kutsche zur Verfügung gestellt.

1400 Pferde und mehrere hundert funkelnagelneue Karossen warteten in der Stallburg, um die Gäste des Kaisers zu jeder Tages- und Nachtzeit überallhin, wohin sie nur wollten, zu bringen.

Da die Herrscher an der eigentlichen Arbeit des Kongresses – am Argumentieren und Debattieren und an dem regen Kuhhandel am Konferenztisch im Palais am Ballhausplatz – nicht teilnahmen, hatten sie viel Zeit für Unterhaltungen. Franz I. und Maria Ludovica ließen für sie ein phantastisches Zerstreuungsprogramm ablaufen; Tag für Tag, Nacht für Nacht veranstalteten sie Feste, Jagden, Bälle, Theateraufführungen und Konzerte. Und in dieser Szenerie einer komischen Oper, die der Kongreß selbst bot, enthüllte sich die häusliche Tragödie des ungleichen Kaiserpaares. Aus all ihren Kraftreserven schöpfend, verausgabte sich die junge, todgeweihte Kaiserin, um Feste zu planen und täglich vor ihren Gästen mit strahlenden Augen, blaß, aber in tadelloser Haltung zu erscheinen.

Der französische Botschafter hatte über sie bei ihrer Hochzeit die Bemerkung gemacht: »Sie war schon im Mutterschoß eine Kaiserin.«[501] Nun spielte Maria Ludovica als Sterbenskranke die Rolle, die sie so emsig studiert hatte, bis zur Erschöpfung. Sie machte mit ihren Gästen bei großen Jagdgesellschaften in Laxenburg mit, wo Falkenjagden im mittelalterlichen Stil oder großartige Treibjagden veranstaltet wurden, bei denen die Treiber ganze Rudel von Wild auf eine Lichtung trieben und jeder Monarch nach Herzenslust töten konnte; vier Pagen waren jedem zugewiesen, die seine Gewehre dauernd luden. Nachher folgten Besichtigungen im gotischen Wasserschloß im Teich und schließlich ein großartiger Jagdball mit Souper, bei welchem mittelalterlich gekleidete Sänger die Gäste unterhielten.

Bei Festlichkeiten in den öffentlichen Parkanlagen konnten sich die Monarchen an dem neuen Gefühl der unmittelbaren Berührung mit dem gewöhnlichen Volk ergötzen. Im Prater wurde ein großes Fest zur Feier des Jahrestags der Schlacht bei Leipzig abgehalten; das Gedränge war so arg, daß den Damen ihr Schmuck gestohlen und Ärmel und Röcke abgerissen wurden. Im Augarten wurde ein Fest zu Ehren der Veteranen früherer Kriege gefeiert: die Soldaten Seiner Majestät bekamen ein freies Mittagessen an großen Tischen im

Grünen serviert, und Akrobaten, Tänzer, Pferderennen und Spiele unterhielten das Volk. Als großartiger Höhepunkt stieg der berühmte Luftschiffer Kraskowitz mit seinem Ballon auf, erhob sich majestätisch in die Luft und ließ die Flaggen aller Nationen über die Stadt flattern.

Als der wundervolle Herbst zu Ende ging und der Winter ins Land zog, lud der Kaiser zu einer Schlittenfahrt ein; 32 vergoldete Schlitten mit smaragdgrüner und saphirblauer Samtpolsterung, mit Pferdedecken aus Tigerfellen und mit Silberglöckchen an den Geschirren führten die Gäste eine Stunde lang nach Schönbrunn hinaus. Dort bildeten die Schlitten einen Halbkreis um den zugefrorenen Teich, auf dem zwei hübsche holländische Eisläuferinnen als Milchmädchen kostümiert tanzten. Dann führte ein junger Eisschuhläufer, ein Attaché der britischen Botschaft, komplizierte Zeichnungen auf dem Eis aus, um schließlich mit seinen Schlittschuhen die Monogramme aller anwesenden Kaiserinnen und Königinnen in die spiegelnde Fläche zu ritzen. Aus kleinen bunten Zelten servierten Diener auf Schlittschuhen den Zuschauern heiße Getränke. Schließlich ging alles in das Innere des Schlosses, um eine Vorstellung von »Aschenputtel« zu sehen, zu tanzen und zu soupieren und dann in dichtem Schneegestöber in die Stadt zurückzufahren. Am nächsten Tag machte Franz dem Zaren den vergoldeten Schlitten, in dem er gefahren war, zum Präsent.

Jedermann wurde ein Opfer der Wiener Walzerleidenschaft. Nacht für Nacht wirbelten die Paare in Massen in den Ballsälen der großen Paläste und in den öffentlichen Tanzsälen. Sogar der strenge Lord Castlereagh und seine exzentrische Frau engagierten einen Tanzlehrer, der ihnen jeden Vormittag eine Stunde gab.

Einmal gaben Franz und Maria Ludovica einen herrlichen Ball paré in der Spanischen Hofreitschule. Die Gäste traten durch eine duftende Allee blühender Orangenbäume ein. Der ganze herrliche Raum der Reitschule erglänzte in Schneeweiß und Silber. In den Kristallüstern und Spiegeln strahlten Tausende von Kerzen. An einem anderen Abend luden sie die Gäste zu einem Karussell im alten Stil ein. Junge, als Ritter verkleidete Höflinge stießen mit ihren Lanzen nach Türkenköpfen und zeigten wundervolle Reitkünste. Nachher tanzten die königlichen Gäste im Redoutensaal der Hofburg Walzer und soupierten auf dem goldenen Service der Kaiserin Maria Theresia.

»Man sieht überall nichts als Kaiser und Könige, Kaiserinnen und Königinnen, Erbprinzen, regierende Fürsten und dergleichen«, schrieb Talleyrand an König Ludwig XVIII. und fügte etwas verächtlich hinzu: »Bei diesen Gesellschaften verliert das Königtum zweifellos etwas an Größe, die dazu gehört; die Gegenwart von drei oder vier Königen bei Bällen oder Teegesellschaften des einfachen Volks von Wien erscheinen mir höchst unpassend.«[502]

Die Intimsphäre der Majestäten hat schon immer das große Publikum außerordentlich unterhalten, und der Klatsch vom Wiener Kongreß machte brieflich wie mündlich seine Runde durch ganz Europa:

Wie der Zar und der König von Preußen Kaiser Franz an seinem Geburtstag überraschten, als dieser sich gerade anzog, und wie sie ihm einen zobelgefütterten Schlafrock und eine silberne Schüssel und Kanne aus Berlin überbrachten.

Wie der schwerfällige König von Preußen (de Ligne bezeichnete ihn als »une figure d'arsenal«) stundenlang im Salon der schönsten Frau von Wien, der Gräfin Julia Zichy, saß und sie mit der Beschreibung der letzten

Änderungen der preußischen Armeeuniformen langweilte.

Wie die Frau des britischen Delegierten, die berüchtigt schlampige Lady Castlereagh, ihr Kostüm für einen der Maskenbälle selbst zusammenstichelte und dann als groteske vestalische Jungfrau erschien, den Hosenbandorden ihres Gatten in die zerzauste Frisur gewunden.

Wie der Zar mit der hübschen Gräfin Wrbna eine Wette abschloß, daß er sich schneller ankleiden könne als sie. Sie trafen sich in Straßenkleidung bei der Gräfin Zichy und wurden mit Zeugen in separate Zimmer eingeschlossen. Nach fünf Minuten erschien der Zar vor der Gesellschaft, bis zu den seidenbestrumpften Waden und Schnallenschuhen in voller Uniform und mit jedem Orden an seinem Platz. Aber die Gräfin – wartete bereits auf ihn in einem französischen Ballkleid, mit gepuderten Haaren, Stöckelschuhen, Schönheitspflästerchen und Fächer. Der Zar mußte seine Niederlage zugeben und schenkte der Gräfin dafür als Preis eine reichhaltige, herrlich gebundene Bibliothek.

Eine andere Geschichte erzählte, wie Lord Stewart, der unerträglich arrogante Halbbruder Castlereaghs, der englischer Botschafter in Wien war, eine Überraschung erlebte. Als er eines Abends im Theater hinter einer hübschen jungen Gräfin über eine von Menschen überfüllte Treppe ging, glaubte Lord Stewart, er könne sich mit ihr ungestraft gewisse Freiheiten erlauben. Die junge Dame aber wendete sich blitzschnell um und versetzte Seiner Lordschaft eine so schallende Ohrfeige, daß sie von allen im Umkreis mit spontanem Applaus quittiert wurde.

Und während der Kongreß selbst über dem brennenden Problem der Sachsen und Polen fast abgebrochen wurde, war die Hofgesellschaft einzig von dem Problem erfüllt, ob sich der schöne junge Graf Wrbna dazu entschließen würde, seinen sorgfältig gepflegten Husarenschnurrbart wegzurasieren, damit er auf einer Liebhaberbühne die Rolle des Apollo spielen könne. Schließlich mußte sich die Kaiserin selbst einschalten und ihre Überredungskünste spielen lassen; abends posierte Graf Wrbna dann wirklich in dem »tableau vivant« als Apollo – mit einer so glatten Oberlippe wie der eines Mädchens.

Von all den zahllosen Liebesgeschichten und Romanzen, die sich in diesem Winter abspielten, sprach man am meisten von der zwischen der Schwester des Zaren, der Großherzogin Katharina, und dem Kronprinzen von Württemberg. Sie standen beide keineswegs in ihrer ersten Jugendblüte. Die exzentrische, verwitwete Katharina segelte mit ihren scharfen Augen und ihrer Stupsnase wie ein gebieterisches kleines Schlachtschiff durchs Leben. Der Prinz hatte sie schon vor Jahren gekannt und verehrt, war aber aus rein politischen Gründen mit der Prinzessin Charlotte von Bayern vermählt worden. Als er nun Katharina in Wien wiedersah, verlor er sein Herz völlig an sie und appellierte an den Papst um Erlaubnis zur Scheidung seiner Ehe, mit der Begründung, daß diese nie konsumiert worden sei. Mitten in den Schwelgereien des Kongresses konnte man das Liebespaar tief in ein Gespräch versunken in der Ecke eines Salons oder miteinander in einem Schlitten oder einer Kutsche im Prater antreffen. Der Prinz erreichte tatsächlich seine Scheidung, und die beiden heirateten, kurz nachdem der Kongreß vertagt worden war.

Was die jungfräuliche Strohwitwe anlangt, die der Prinz im Stich ließ, so erwartete sie ein noch glücklicheres Schicksal: sie sollte eines Tages – in der Wiener Hofburg residieren.

3. Zwistigkeiten und Duelle

In der der Hofburg benachbarten barocken Staatskanzlei am Ballhausplatz – der ehemaligen »Geheimben Hofkanzlei« – hielt der Rat der Vier – Österreich, England, Preußen und Rußland – seine Konferenzen ab und vollbrachte die eigentliche Arbeit des Kongresses. Die heikle Frage des Vortritts – wer den Konferenzsaal als erster betreten und verlassen sollte – wurde dadurch gelöst, daß man vier Türen machen ließ, so daß die Delegierten aller vier Länder gleichzeitig eintreten und weggehen konnten. Bald nach Beginn der Verhandlungen war es der einschmeichelnden Stimme des alten Fuchses Talleyrand gelungen, sein besiegtes Land in eine führende Position am Konferenztisch zu manövrieren, so daß aus dem Rat der Vier ein Rat der Fünf wurde.

Die Vollversammlung aller Kongreßdelegierten wurde jedoch immer wieder verschoben; tatsächlich fand die erste und einzige Vollversammlung im Juni 1815 anläßlich des Vertragsabschlusses statt. Wie Gentz bemerkte, gab es eigentlich gar keinen Wiener Kongreß.[503]

Die Staatsoberhäupter nahmen nicht in eigener Person an den Sitzungen teil, sie trafen jedoch gewöhnlich am späten Nachmittag, kurz vor dem Diner, in der Hofburg zusammen, um die Ergebnisse, die ihre Minister in den Morgensitzungen erzielt hatten, noch einmal gemeinsam durchzugehen. Sehr häufig erging es dem Werk der Minister dabei nicht anders als Penelopes Weben – die Arbeit des Morgens wurde von den gekrönten Häuptern abends wieder zunichte gemacht, besonders oft von dem wankelmütigen Zaren, so daß den bedrängten Ministern nichts anderes übrigblieb, als am nächsten Morgen wieder von vorne zu beginnen.

Das salbungsvolle Lächeln, mit dem der Maler Isabey die Delegierten auf seinen süßlichen Darstellungen des Kongresses ausgestattet hat, kann uns nicht darüber hinwegtäuschen, daß es eine der mühsamsten Gipfelkonferenzen der Weltgeschichte gewesen sein muß. Talleyrand ritt nicht nur beharrlich auf Verfahrensfragen herum, mit erstaunlichem Raffinement gelang es ihm sogar, einen Keil zwischen die Alliierten zu treiben. (Bekanntlich verfolgte er dieses Ziel mit so viel Geschick, daß es zum Abschluß des berühmten Geheimvertrages zwischen Österreich, Großbritannien und Frankreich kam.) Durch die unmäßigen und häufig wechselnden Forderungen des Zaren erschwerte auch die russische Delegation die Arbeit des Kongresses. Der gefinkelte Preuße Karl August von Hardenberg, der beinahe stocktaub war, wußte es so einzurichten, daß ihn sein Gehör immer genau im richtigen Moment im Stich ließ. Den Vorsitz führte der ebenso eitle wie elegante Fürst Metternich, geschmückt mit dem Orden des Goldenen Vlieses. Das Raffinement seiner diplomatischen Winkelzüge war ebenso erstaunlich wie die Lässigkeit, mit der er seinen verschiedenartigen Interessen mehr oder minder gleichzeitig nachging. Nicht genug, daß er bei den Kongreßberatungen den Vorsitz führte, fand er außerdem noch Zeit, Feste bei Hof zu arrangieren, den Damen beim Schminken für ein »tableau vivant« zu helfen, im privaten Quartett des Kaisers als Cellist mitzuwirken und mehr oder weniger befriedigende Beziehungen zu seinen verschiedenen Mätressen zu unterhalten – ein reichhaltiges Programm, das zur Folge hatte, daß er mehr als einmal bei wichtigen Ratssitzungen zu spät eintraf. Seine Taktik der Verwirrung und Mystifikation war von erstaunlichem Erfolg begleitet, er erreichte fast alle seine Ziele.

Es galt, über das Schicksal Polens und Sachsens zu entscheiden; Rußland machte Ansprüche auf Polen, Preußen Ansprüche auf Sachsen geltend, da der Sachsenkönig den Fehler begangen hatte, gegenüber Napoleon bis zum Ende loyal zu bleiben, während die anderen Fürsten genug Weitblick besessen hatten, ihm die Treue rechtzeitig aufzukündigen. (Wie Talleyrand zynisch bemerkte, war alles eine Frage des Zeitpunkts.)[504] Und obwohl zum Schluß Millionen Polen und Millionen Sachsen am Konferenztisch so kaltschnäuzig gegeneinander abgetauscht wurden wie zwei juwelenbesetzte Schnupftabakdosen, so wurde dieses abschließende Ergebnis dennoch teuer erkauft: Delegationen stürmten wütend aus dem Verhandlungssaal, es gab Zornesausbrüche, verbrauchte Nerven und mindestens ebenso heftige Szenen wie bei den bekanntesten Zwischenfällen, die sich seither bei internationalen Begegnungen ereigneten. Die Lage war einmal so gespannt, daß die Biertischpolitiker im Gasthaus »Zur Kaiserin von Österreich« bereits hohe Wetten abschlossen, weil es aussah, als ob der Kongreß abgebrochen und der Krieg am nächsten Morgen fortgesetzt werden würde.

Drei Monate lang wechselten der Zar und Metternich kein Wort miteinander. Der Zar weigerte sich, an einem Ball im Hause Metternich teilzunehmen, und erklärte, daß er ein Pistolenduell mit dem Kanzler vorzöge.[505]

Das einzige Duell, das von Kongreßteilnehmern ausgefochten wurde, fand zwischen zwei Preußen statt: dem Kriegsminister Hermann von Boyen und dem Delegierten Wilhelm von Humboldt.[506] Boyen fühlte sich zutiefst beleidigt, als ihn Humboldt vor Beginn einer streng geheimen Konferenz eilig aus dem Saal hinauskomplimentierte. Sofort übersandte er Humboldt seine Forderung, Sekundanten wurden bestellt, und die Stunde festgesetzt. In der überfüllten Stadt erwies es sich als schwierig, einen ungestörten Platz für den Zweikampf zu finden. Im Prater spazierten Liebespärchen, am Kahlenberg lagerten »jausende« Familien. Schließlich fanden die beiden an der Donau eine einsam gelegene Wiese und nahmen in der vereinbarten Distanz Aufstellung. Als Herausforderer gebührte Boyen der erste Schuß; er verfehlte sein Ziel – sei es durch Zufall oder Absicht – um einige Meter. Humboldt, dem die ganze Affäre widerwärtig war und dessen Knie vor Angst schlotterten, versuchte abzudrükken, jedoch der Abzug klemmte. Er drückte und drückte, aber die Pistole ging nicht los.

Nachdem die beiden Preußen solcherart ihrem Ehrgefühl Genüge getan hatten, setzten sie sich einträchtig ans Donauufer, unterhielten sich über das Leben im allgemeinen und ihr Land und den Kongreß im besonderen. Schließlich fuhren sie im selben Fiaker in die Stadt zurück und schieden als die besten Freunde.

Die großzügige Gastfreundschaft, die man Kaiser Franz nachrühmte, hatte einen Fehler, der das gute Einvernehmen mit den Kongreßteilnehmern beeinträchtigte: die Spionagetätigkeit der Geheimpolizei. Die prominentesten Gäste – und auch die weniger prominenten – wurden Tag und Nacht von der Polizei beschattet. Briefe wurden abgefangen, Konversationen weitergemeldet, Papierkörbe durchstöbert, Boudoirintrigen durchs Schlüsselloch belauscht, und man bestach Dienstmänner, Kutscher, Kammerzofen und Kuriere. Einzig und allein ihre Schlamperei bewahrte die österreichische Polizei davor, völlig unerträglich zu werden. Obzwar Kaiser Franz ihre Geheimberichte höchst unterhaltend finden mochte, gelang es ihr doch niemals, Vorkommnisse von politischer Tragweite aufzudecken. Bestechung und Korruption florierten auf allen Gebieten, ein Großteil unter dem gleichen Deckmantel wie die politische Protektionswirtschaft und die Bestechungsgeschenke von heute. Die Lobbyisten zögerten nicht, die verschiedensten Interessen in Europa (und einige davon auch in Asien) durch Zahlung hoher Schmiergelder zu fördern – von den Bürgerrechten der Juden bis zum deutschen Verlagswesen und der Erwerbung eines italienischen Herzogtums.

Der König von Sachsen zahlte Talleyrand angeblich eine riesige Summe, damit er seine Grenzen verteidige; von dem Generalsekretär des Kongresses, Friedrich von Gentz, hieß es dagegen, er habe sich die Taschen gefüllt, indem er von beiden Seiten in allen Angelegenheiten Schmiergelder nahm; Baron von Humboldt, der preußische Delegierte, rühmte sich seiner Unbestechlichkeit und lehnte einige verführerische Angebote ab. Er überschlug jedoch schon im voraus händereibend die Zahl der juwelenbesetzten Schnupftabakdosen, die ihm von verschiedenen Botschaften mit Sicherheit überreicht werden würden, und schrieb seiner Frau, daß er vorhabe, die Juwelen herauszulösen und daraus ein exquisites Schmuckstück für sie machen zu lassen. Doch vernünftig, wie sie war, antwortete sie ihm etwas schroff, daß alle Edelsteine, die er in seinen Besitz brächte, zur Bezahlung der Familienschulden verwendet werden müßten.[507]

4. *Der Tanz geht zu Ende*

Lord Castlereagh und Fürst Metternich waren der Meinung gewesen, der Friedensvertrag könne in vier Wochen abgefaßt werden. Wie sich jedoch herausstellte, sollten neun Monate vergehen, bevor das letzte Dokument des Wiener Kongresses verfaßt und unterzeichnet war und die letzten Gäste ihren Abschied genommen hatten. Wenn man sich die Zahl der regierenden Fürsten vor Augen hält, die Gefahr liefen, einander in der Hofburg auf die Zehen zu treten, so ist es weiter nicht verwunderlich, daß die anheimelnde Atmosphäre einer immerwährenden Hausparty nicht bis zum Ende des Kongresses anhielt. Man kann sich ausmalen, welche Szenen sich erst in den Kellergeschossen abgespielt haben müssen, wo die regulären Bediensteten der Hofburg tagtäglich in enge Tuchfühlung mit den Köchen, Kammerzofen, Kutschern und Kammerdienern der preußischen, russischen, dänischen und anderen Majestäten kamen, von denen jeder einzelne auf Protokoll und Privilegien ebenso erpicht war wie seine Herrschaft.

Der Besuch der allabendlichen kaiserlichen Diners begann nachzulassen; die königlichen Gäste zogen es allmählich vor, allein in ihren eigenen Suiten zu speisen. Der preußische König erklärte verdrießlich, nur noch Gerichte essen zu wollen, die sein eigener Koch zubereitet hatte, denn – so berichtete Humboldt seiner Frau – die kaiserliche Küche und die Weine der Hofburg seien fürchterlich.[508] Doch hatte die Distanzierung des preußischen Königs wahrscheinlich mehr politische als gastronomische Ursachen, denn sie trat während der Auseinandersetzung über die sächsisch-polnische Frage ein.

Der König von Württemberg kehrte kurz nach Weihnachten verschnupft nach Hause zurück. Er hatte einer Konferenz beigewohnt, bei der die heikle Frage der Rechte des Adels im Gegensatz zu den Privilegien der Monarchen zur Diskussion stand. In einem kritischen Augenblick der Debatte sprang der beleibte König plötzlich auf, um das Wort zu ergreifen; sein Embonpoint stieß an den Konferenztisch (der nicht, wie der Bankettisch in der Hofburg, konkav ausgeschnitten war, um seiner Leibesfülle Platz zu bieten), und der Tisch stürzte mit schrecklichem Gepolter um, wobei Papiere, Bücher und Tintenfässer nach allen Seiten auseinanderflogen. Der König zog sich hierauf eilig in seine Gemächer zurück, befahl seinem Gefolge, die Koffer zu packen, und reiste noch am selben Abend nach Stuttgart ab.

Auch das Wiener Publikum begann allmählich an Übersättigung zu leiden. Talleyrand hatte recht gehabt. Jeden Tag Kaiser, Könige und Fürsten vorgesetzt zu bekommen, das war, als nähre man sich während der zwölf Weihnachtstage ausschließlich von Zuckerplätzchen. Die Preise in der überfüllten Hauptstadt waren katastrophal gestiegen; die Mieten sowie die Preise für Lebensmittel und Brennholz hatten astronomische Höhen erreicht. Jedermann fragte sich, welche neuen Steuern eingeführt werden würden, um die riesigen Repräsentationskosten des Hofes zu decken, die annähernd auf eine halbe Million Gulden pro Tag geschätzt wurden.[509]

Ein Witz, der damals die Runde in den Gasthäusern machte, lautete: »Der russische Zar liebt für alle, der dänische König spricht für alle, der preußische denkt für alle, der württembergische ißt für alle, der bayrische trinkt für alle, und der österreichische Kaiser zahlt für alle.«[510]

Am 15. März 1815 gab Kaiserin Maria Ludovica eine Abendgesellschaft in ihren Gemächern in der Hofburg, bei der ein »tableau vivant« aus dem »Barbier von Sevilla« gezeigt werden sollte. Diese erstarrten Szenen aus der Mythologie und dem Leben königlicher Hoheiten, die weder Schauspielkunst noch Gesangstalent erforderten und es den hübschen jungen Damen der Hofgesellschaft erlaubten, ihre Reize zur Schau zu stellen, müssen das Publikum, das beinahe jeden Abend aus denselben Personen bestand, in diesem Winter schrecklich gelangweilt haben. An jenem Abend hatte das Orchester eben das Vorspiel beendet, der Vorhang sollte sich gerade öffnen, als plötzlich eine erstaunliche Neuigkeit im Saal kursierte (und vielleicht sogar mit freudiger Erregung aufgenommen wurde): Napoleon sei von Elba entflohen und gerade damit beschäftigt, seine alte Armee um sich zu sammeln und mit ihr nach Paris zu marschieren.

Der Kongreß wurde jedoch nicht sofort mit großem Säbelgerassel, Trompetengeschmetter und dem Ruf »Zu den Waffen!« abgebrochen. Bei den Konzerten sang man patriotische Lieder, der Herzog von Wellington reiste ab, Napoleons Briefe an seine Frau wurden am Konferenztisch herumgereicht, und sein kleiner Sohn, der »König von Rom«, wurde sicherheitshalber von Schönbrunn in die Hofburg gebracht, seine französische Gouvernante entlassen.

Wenige Tage nach Eintreffen der Nachricht spielte Metternich dem Generalsekretär Gentz, der eine panische Angst vor Bonaparte hatte, einen köstlichen Streich. Er ließ ein Manifest drucken, das angeblich aus Napoleons Hauptquartier stammte und fettgedruckt ankündigte, der Kaiser der Franzosen werde demjenigen 100 000 Dukaten zahlen, der ihm seinen Todfeind

Friedrich von Gentz tot oder lebendig brächte oder auch nur einen Beweis für seine Ermordung vorzeigen könne. Metternich wußte es so einzurichten, daß das Flugblatt Gentz zusammen mit seinem Frühstück überbracht wurde. Der arme Mann starb beinahe vor Schreck und war nicht imstande, die drei Pasteten zu essen, die er täglich zum Frühstück zu verzehren pflegte.[511]

Die meisten der Monarchen blieben bis Ende Mai in Wien. Das milde Frühlingswetter lud zu »barouchades« ein: Mit verliebten Pärchen besetzte Landauer rumpelten in langen Reihen durch die Straßen in Richtung Wienerwald und abends durch schummrige Gäßchen und verschwiegene Seitenwege zu Diners und Tanzunterhaltungen in die Stadt zurück.

Neun Tage vor der Schlacht bei Waterloo, am 9. Juni 1815, wurde der endgültige Vertrag des Kongresses abgefaßt und unterzeichnet. Allmählich fand Wien wieder zum Alltagsleben zurück. Fast alle Besucher brachten irgendein kleines Andenken vom Wiener Kongreß mit. Die bezaubernde französische Tänzerin Mademoiselle Bigottini, die in dem Ballett »Nina« einen triumphalen Erfolg errungen hatte, verließ Wien als eine der letzten. Sie kehrte reicher als sie gekommen und mit einem illegitimen Kind, das Graf Palffy als das seine anerkannte, nach Frankreich zurück. Palffy, der als Direktor des Theaters an der Wien dazu neigte, Geschäft und Privatleben unbesonnen miteinander zu verbinden, sorgte für Mutter und Kind mit einer reichlich bemessenen Apanage.[512] Dieses Baby war ohne Zweifel der bemerkenswerteste Sprößling, der dem Kongreß sein Leben verdankte: Man erzählte sich, daß die talentierte Bigottini es fertiggebracht hatte, gleich drei vornehme Aristokraten zur Anerkennung der Vaterschaft zu bewegen, und sich von allen dreien diskrete Zahlungen nach Paris überweisen ließ.

Auch für gewisse Wiener hatte sich die ausgedehnte »Festivität«, die sich Kongreß nannte, als einträglich erwiesen: Die Bediensteten der Hofburg erhielten von den scheidenden Monarchen fürstliche Trinkgelder, und manche Geschäftsleute waren so reich geworden, daß sie daran denken konnten, sich zur Ruhe zu setzen, wie zum Beispiel ein Zuckerbäcker namens Johann Baptist Höfelmayr, der so viele duftige Kompositionen aus Schlagobers und Marzipan verkauft hatte, daß er es sich leisten konnte, 1819 den Tanzpalast »Apollosaal« zu kaufen

Kaiser Franz, der von seinem Triumph in Paris mit Zar Alexanders Heiliger Allianz in der Tasche nach Hause zurückkehrte, konnte mit den Ergebnissen des Kongresses ebenfalls zufrieden sein: Er hatte Tirol und Salzburg für Österreich gerettet und die schönen italienischen Provinzen Lombardei und Venetien neu hinzuerworben. Darüber hinaus hatte er seinen Seelenfrieden wiedergefunden und erfreute sich der Stille in seinem Schloß. Wenn es ihn danach verlangte, konnte er sich in seine Glashäuser zurückziehen und sich mit seinen Vögeln und tropischen Pflanzen beschäftigen.

Im Herbst des Jahres 1815 reiste Franz nach dem Süden, um seinen neuerworbenen italienischen Provinzen einen Besuch abzustatten. Seine junge Gattin Maria Ludovica begleitete ihn entgegen dem Rat ihrer Ärzte.[513] Nie zuvor war sie schöner gewesen als auf den Empfängen und Bällen, die ihnen zu Ehren in Venedig gegeben wurden. In kostbare Brokatroben gehüllt, die mit Perlen und Diamanten reich geschmückt waren, und mit geröteten Wangen erschien sie auf den Festen, den Kopf mit dem dunklen Haar hoch erhoben vor Stolz über den errungenen Sieg.

Aber nächtelang hinderte der Husten sie am Schlafen.

Sie reisten weiter nach Modena, wo ihre Familie wieder den Thron bestieg. Marias Gesundheitszustand besserte sich nicht. Man hoffte, daß der warme italienische Frühling ihre Kräfte wiederherstellen werde, aber als er kam – sie waren inzwischen in den Palast von Verona übersiedelt –, verschlimmerte sich ihr Zustand. Die Ärzte ließen sie immer wieder zur Ader, bis sie plötzlich, im April 1816, starb. Sie war neunundzwanzig Jahre alt.

Ihr Leichnam wurde in die Kapuzinergruft in Wien überführt, und wieder irrte Franz einsam und verlassen durch die riesigen hohen Säle der Hofburg.

Eines Tages fiel ihm ein, daß die Verstorbene sich gewünscht hatte, mit einem bestimmten Ring, den sie liebte, begraben zu werden. Der Ring war nicht zu finden. Schließlich entdeckte man ihn im Besitz einer Hofdame, die ihn als Erinnerungsgabe erhalten hatte. Sogleich befahl Kaiser Franz dem Hofmarschall Trauttmannsdorff, in die Gruft hinabzusteigen und den Ring seiner toten Gemahlin an den Finger zu stecken. Ohne Zweifel stellte dieser Auftrag die Ergebenheit des gehorsamsten Dieners Seiner Majestät auf eine harte Probe. Von mürrischen Mönchen begleitet, die ihm mit Fackeln vorangingen, stieg Trauttmannsdorff in die finstere, kalte Gruft hinab. Zuerst wurde der Steinsarkophag, dann die drei inneren Sargdeckel geöffnet. Die letzten Scharniere, die durch die Feuchtigkeit der Katakomben bereits angerostet waren, ließen sich nur schwer bewegen. Zuletzt fiel der Fackelschein auf die entstellten Züge der toten Kaiserin. Trauttmannsdorff versuchte, ihre Hand zu heben, um den Ring anzustekken, aber die Balsamierer hatten sie fest an den Leib gebunden. Verwesungsgestank vermischt mit dem Geruch der Balsamierungsmittel erfüllte die Krypta. Hastig warf er den Ring in den Sarg und wies die Mönche an, die Sargdeckel rasch wieder zu schließen und zu versiegeln.[514]

XII

HERR BIEDERMEIER UND SEINE ZEIT

1. *Franz der Gute – Ferdinand der Gütige*

Nicht ganz sechs Monate nach dem Tode Maria Ludovicas heiratete Kaiser Franz zum vierten Male, und zwar die um 24 Jahre jüngere Charlotte von Bayern, die, noch unberührt, erst kurz zuvor vom Kronprinzen von Württemberg geschieden worden war.

Charlotte war keine Schönheit, aber doch anziehend; ihr blühendes, vor Gesundheit strotzendes Aussehen beeindruckte Franz, so daß er seinem Adjutanten zuflüsterte: »Wenigstens hab' ich dann nicht in ein paar Jahren gleich wieder eine Leich'.«[515] Die dankbare Charlotte, die als Kaiserin den Namen Karoline führte, gab sich große Mühe, ihren neuen Gemahl zufriedenzustellen, und die Ehe verlief harmonisch.

Oft sah man den Kaiser im schlichten braunen Gehrock mit seiner Frau in einem schmucklosen Landauer durch den Prater kutschieren. Als echter »Herr Biedermeier«[516] kultivierte er einen Stil sparsamer Einfachheit in der Bekleidung und in seinen übrigen Lebensgewohnheiten. Er widmete sich mit Feuereifer seinen Hobbys, wünschte sich eine große Schar von Enkelkindern und unterwarf sich in politischen Fragen stets Metternich, den er seinen »getreuesten Diener und sehr guten Freund« nannte.

Der vierten Ehe entsprossen keine Kinder mehr: die sieben noch lebenden Söhne und Töchter aus des Kaisers zweiter Ehe mit Marie Therese von Neapel bildeten die jüngste Generation des Hauses Habsburg-Lothringen.

Der ältesten Tochter, Marie Louise, deren Anwesenheit peinlich an die Befriedungspolitik gegenüber Napoleon erinnerte, war vom Kongreß das Herzogtum Parma verliehen worden. Dieses kleine Operettenland war ihr wie auf den Leib geschnitten. Sie begab sich schnurstracks dorthin, begleitet von ihrem Gefolge, dem auch Graf Neipperg angehörte, den Metternich höchstpersönlich zu ihrem Adjutanten erkoren hatte. Neipperg, der in seiner Husarenuniform eine schneidige Figur machte, hatte durch einen Säbelhieb ein Auge verloren und trug eine schwarze Binde. Mit dem linken Auge, das ihm verblieben war, konnte er Frauen unerhört teuflisch anblicken. Er machte mit der empfänglichen, sanften Exkaiserin nicht viel Federlesens, und sie gebar ihm, fast zu rasch – denn Napoleon, im Exil auf Sankt Helena, lebte noch – zwei Kinder. Die sinnliche und indolente Marie Louise fand es gleich ihrem Vater unerträglich, allein zu leben. Die Sachlage wurde durch den Wiener Klerus noch weiter kompliziert, der unmittelbar nach der Schlacht von Waterloo ein Dokument in Umlauf setzte, aus dem hervorging, daß Napoleons Scheidung ungültig und die Tochter des Kaisers demnach überhaupt nicht rechtskräftig verheiratet sei.

Die Geburt der zwei dubiosen Sprößlinge in Parma wurde vor ihrem Vater, dem Kaiser, sorgsam geheimgehalten. Sofort nach Napoleons Tod im Jahre 1821 beeilte sich Marie Louise, ihre Liaison mit Neipperg zu legalisieren. Erst als Neipperg 1829 starb, wurde die morganatische Ehe publik gemacht, und Marie Louise schrieb ihrem Vater einen Brief, der mit den Worten begann: »Es ist Zeit für mich, ein Geständnis abzulegen.«

Die Antwort des Kaisers ist freundlich zu nennen, wenn man die prekäre Lage bedenkt, in die er sich versetzt sah:

»Ich kann Dir nicht den tiefen Kummer verhehlen, den mir diese Situation verursacht, eine Situation, an der sich jetzt nichts mehr ändern läßt, die es aber vor

Gott und den Menschen nie geben hätte sollen ... Im Herzen der Eltern ist freilich immer mehr Verständnis für die Verfehlungen ihrer Kinder, als die Kinder gegenüber den Fehlern ihrer Eltern beweisen ... Zum Schluß muß ich sagen, daß du mich tief verletzt hast. Aber ich bin Dein Vater, und meine Liebe zu Dir spricht Dich frei von allem, was ich Dir verzeihen kann.«[517]

Ihre Stiefmutter, die vernünftige Kaiserin Karoline, gab Marie Louise brieflich den Rat, die Kinder erst dann in der Öffentlichkeit zu zeigen, wenn sie nicht mehr befürchten mußte, zu »peinlichen Berechnungen Anlaß zu geben«.[518]

Marie Louises kleiner Sohn, den sie von Napoleon hatte, ging nicht mit seiner Mutter nach Parma. Metternich und die wieder zur Herrschaft gelangten Bourbonen in Frankreich fürchteten, daß sich die Anhänger Bonapartes in Italien und Frankreich um das Kind sammeln könnten, und zogen es vor, ihn unter sicherer Bewachung in Wien zu behalten. Der hübsche, intelligente, stets zu Streichen aufgelegte kleine Franzi – der inzwischen den Titel »Herzog von Reichstadt« erhalten hatte – war das einzige Enkelkind der Familie. Seine zahllosen erzherzoglichen Tanten und Onkel in der Hofburg waren in ihn vernarrt. Marie Louises jüngere Schwester Leopoldine nahm ihn unter ihre Fittiche. Sie nannte ihn zärtlich »Papas Liebling und meiner auch«. Sein Hauslehrer berichtete an Marie Louise:

»Nichts ist komischer und entzückender, als ihn inmitten seiner Onkeln und Tanten zu sehen – einmal stolziert er würdevoll umher, dann flitzt er zwischen ihnen durch, weil er gerade dabei ist, irgendeinen Streich auszuhecken.«[519]

Sein Onkel Erzherzog Rainer schenkte ihm einen Dackel, und sein Großvater, der kinderliebende Kaiser Franz, ließ ihm eine kleine (natürlich österreichische)

Uniform anmessen und gab ihm Bleisoldaten, mit denen er in einer Ecke seines Arbeitszimmers spielen durfte, während der Kaiser am Schreibtisch an den Akten arbeitete, die nie ein Ende zu nehmen schienen.

Metternich, der die Verbindung zwischen Marie Louise und Napoleon in die Wege geleitet hatte, betätigte sich auch später als königlicher Heiratsvermittler. Ein Jahr nach Marie Louises Abreise nach Parma verlobte man Leopoldine mit dem portugiesischen Kronprinzen Dom Pedro, dessen Familie vor Napoleon in ihre südamerikanische Kolonie Brasilien geflohen war.

Leopoldine war ein richtiger Wildfang, nicht gerade hübsch, mit farblosem Haar und blasser Haut und der vorspringenden Unterlippe der Habsburger, aber ihre Augen strahlten in reinstem, tiefem Blau, und sie war ein aufrichtiger, warmherziger Mensch, der nicht die geringste Lust verspürte, sich nach Brasilien ins Exil zu begeben. Kurz vor ihrer Abreise schrieb sie ihrer Schwester:

»Mir bleibt nichts anderes übrig, als mit Euch zu weinen und die Weltpolitik zu verfluchen, die mir soviel Leid zufügt; Fürst Metternich begleitet mich bis Lignano als mein offizieller Reisemarschall, Ihr könnt Euch vorstellen, wie begeistert ich bin!?!? . . . Wir armen Prinzessinnen sind wie Pfänder in einem Würfelspiel, deren Glück oder Unglück vom nächsten Wurf abhängt.«[520]

Als Leopoldine nach einer Seereise von drei Monaten Brasilien erreichte, war sie zunächst von ihrer neuen Heimat begeistert und schrieb nach Hause, daß ihre neue Familie »engelsgut« zu ihr sei, »besonders mein lieber Pedro«, den sie anfangs bezaubernd fand.

»Die letzten Tage waren sehr anstrengend«, schrieb sie an den »liebsten Papa«, »denn ich mußte von sieben Uhr früh bis zwei Uhr nachts volle Galakleidung tragen, und danach ließ mich mein geliebter Mann nicht schlafen, so daß ich, ehrlich gesagt, ziemlich blaß bin und seit zwei Tagen Bauchschmerzen habe.«

Als Gattin des »lieben Pedro« führte Leopoldine ein Leben, das alles andere als ruhig zu nennen war. Es kamen Kinder – das war zu erwarten; Pedro berichtete seinem Schwiegervater über die Ankunft des ersten:

»Meine vielgeliebte Gemahlin begann um fünf Uhr morgens die Wehen zu verspüren, indem sie durch das Haus ging; sie klammerte sich an meinen Hals, und es war so, stehend, daß sie das Kind gebar, und um halb sechs war alles vorbei, mit der Riesenfreude, einer Tochter das Leben geschenkt zu haben.«

Aber bald warfen politische Ereignisse ihre Schatten auf den Palast in Rio. Nachdem Pedros Vater auf seinen Thron in Portugal zurückgekehrt war, schloß sich Pedro einer Gruppe von Revolutionären an, die Brasiliens Unabhängigkeit verkündeten und ihn zum Kaiser ausriefen. Leopoldines Freude an ihrer neuen Rolle war von kurzer Dauer: Ihr Mann richtete seiner Geliebten im Palast eine Wohnung ein und verlieh ihr zuerst den Titel einer Gräfin, dann den einer Marquise und verlangte von Leopoldine, daß sie das Kind aus dieser Liaison zusammen mit ihren eigenen in der königlichen Kinderstube aufzog.

Gedemütigt und verzweifelt, zuletzt sogar des Einkommens beraubt, das ihr nach dem Ehevertrag zustand, stellte Leopoldine Dom Pedro schließlich ein Ultimatum:

»Senhor! Da Sie seit einem Monat nicht mehr zu Hause schlafen, wünsche ich, daß Sie eine von uns beiden anerkennen lassen oder mir die Erlaubnis geben, mich zu meinem Vater zurückzuziehen.

Maria Leopoldine, Erzherzogin von Österreich.«

Es folgte eine fürchterliche Szene. Dann stürmte Dom Pedro aus dem Palast, schwang sich aufs Pferd und ritt nach Uruguay, wo es galt, Aufständische niederzuwerfen. Leopoldine brach zusammen, erlitt eine Fehlgeburt und ging bald darauf dem Tod entgegen.

Im Dezember des Jahres 1826 empfing sie die Sterbesakramente, verabschiedete sich liebevoll von ihren Kindern, wobei sie den kleinen Sohn ihrer Rivalin genauso küßte wie ihre eigenen, und diktierte ihrer Vertrauten den letzten Brief an ihre Schwester in Parma:

»Meine geliebte Schwester! In den kläglichsten Gesundheitszustand versetzt und am Endpunkt meines Lebens angelangt, werde ich inmitten der größten Leiden auch noch das Unglück haben, Euch nicht persönlich alle Leiden zu erklären, die seit so langer Zeit meine Seele bedrücken. Meine Schwester! Ich werde Euch nicht wiedersehen! Ich werde Euch nicht mehr sagen können, wie sehr ich Euch liebe!«

Sie bat ihre Schwester »nicht um Rache«, sondern darum, daß sie sich in schwesterlicher Liebe ihrer unschuldigen Kinder annehmen möge, die entweder zu Waisen werden oder in die Hände jener Frau fallen würden, die die Ursache all ihrer Leiden gewesen sei.

Die Habsburgertochter Leopoldine starb, allein und ohne irgendwelchen Trost, 7000 Meilen von der Heimat entfernt.

Obwohl einige Töchter geheiratet und das Vaterhaus verlassen hatten, herrschte in der Hofburg nach wie vor reges Familienleben: Equipagen fuhren vor, gekrönte Häupter machten ihre Aufwartung, Verwandte erschienen überfallsartig zu Besuch, der ganze Clan versammelte sich zu großen Familiendiners, an denen auch die zahlreichen Brüder und Schwestern des Kai-

Karl VI., Römisch-Deutscher Kaiser, Vater Maria Theresias; mit ihm erlosch der Mannesstamm der Habsburger. Unbekannter österreichischer Meister um 1720.

Maria Theresia, wie sie der französische Maler Jean-Étienne Liotard zwischen 1743 und 1745 porträtierte.

Die späteren Kaiser Josef II. (rechts) und Leopold II. als junge Männer. Gemälde von Pompeo Batoni (1769).

Die Krone Kaiser Rudolfs II., die Hauskrone der Habsburger und spätere Krone des Kaisertums Österreich (ab 1804). Die Szene auf der rechten Seite stellt die Krönung Rudolfs II. zum Römisch-Deutschen Kaiser dar.

Kaiser Franz (1792 bis 1835) im Krönungsornat. Unter ihm endete 1806 das Heilige Römische Reich. Als deutscher Kaiser war er Franz II., als erster Herrscher des Kaisertums Österreich Franz I. Postumes Gemälde von Leopold Kupelwieser (1837).

Kaiser Franz Josef I. und Kaiserin Elisabeth, gemalt von F. X. Winterhalter (1865).

Kaiser Franz Josef in Jägerkleidung, Schönbrunn 1910.

Kaiser Karl mit Kaiserin Zita, dem vierjährigen Kronprinzen Otto und den Kindern Adelheid und Robert im Spätherbst 1916.

sers teilnahmen. Gelegentlich wurde ein Künstler beauftragt, aus einem dieser Anlässe ein Familienbild zu malen. Peter Fendi führte 1834 einen solchen Auftrag aus: Er vereinigte 37 Habsburger, darunter 21 Kinder, von denen manche noch in den Windeln steckten, auf einem einzigen Gemälde, einem rechten »Familienfoto«. »Es war ein saures Stück Arbeit«, urteilte Erzherzogin Sofie anerkennend.[521]

Kaiser Franz war in jenen Jahren von einer steten Sorge erfüllt: dem Thronfolger war noch kein männlicher Nachkomme beschieden.

Der älteste Sohn des Kaisers, Ferdinand, hatte im Laufe der Jahre weder körperliche noch geistige Fortschritte gemacht. Dutzende Hauslehrer waren gekommen und gegangen und hatten sich vergeblich bemüht, diesem großen, leeren Kopf ein Minimum an Wissen einzutrichtern. Sein Lieblingsvergnügen bestand darin, sich in einen Papierkorb zu zwängen und so im Zimmer umherzurollen. Auch liebte er es, stundenlang am Fenster zu stehen und die Passanten zu beobachten. Seine Konversation bestand aus gestammelten Wiederholungen. Seine häufigen epileptischen Anfälle waren schrecklich anzusehen; er war von Angst gepeinigt, daß der Kaiser Zeuge eines solchen Anfalls werden könnte. Trotz all seiner Schwächen war Ferdinand jedoch gutartig, sanft und keiner Arglist fähig.

Die Ärzte erklärten, daß er keinen Nachwuchs haben könne, und er wollte auch gar nicht heiraten. Bei einem Jagdunfall, der beinahe tragisch geendet hätte, wurde er – anscheinend von seinem aufgeweckten jungen Neffen, Napoleons Sohn, dem Herzog von Reichstadt – an der Hand verletzt. Der begabte Neffe, der von der Thronfolge ausgeschlossen war, hatte damit vielleicht einem unbewußten Tötungswunsch nachgegeben; noch viele Jahre später sprach er auf seinem Totenbett bedrückt von dem »Verbrechen«, das er begangen hatte.[522]

Also fiel Ferdinands jüngerem Bruder Franz Karl die Aufgabe zu, das Stammhaus mit Nachwuchs zu versorgen. Er war zwar weder Epileptiker noch debil, aber doch auch keinesfalls besonders intelligent zu nennen. Zum Glück wurde eine gescheite Frau für ihn gefunden: die attraktive bayerische Prinzessin Sofie, die jüngere Halbschwester der Kaiserin Karoline. Die verwikkelten Verwandtschaftsverhältnisse des Kaiserhauses brachten es mit sich, daß die zwei Halbschwestern schließlich als Stiefschwiegermutter und Schwiegertochter in der Hofburg residierten.

Es war keine Liebesheirat, ja, es gab kaum etwas, das die beiden Partner innerlich miteinander verband. Sofies Gemahl war unerträglich langweilig; das einzige, was einer solchen Ehe einen gewissen Inhalt verleihen konnte – nämlich Nachwuchs –, stellte sich lange Zeit nicht ein. Selbst die Aussicht auf Kinder wurde durch die unausgesprochene Angst vor Epilepsie verdunkelt. Sofie schrieb ihrer Mutter einen entsetzten Brief, nachdem sie einen Anfall ihres Schwagers Ferdinand miterlebt hatte.

Aber Sofie war intelligent, begabt, mit einem starken Willen und mit der Fähigkeit, klar zu denken. Sie war entschlossen, aus ihrer Lage das Beste zu machen. Sie setzte es durch, daß ihr untüchtiger Gemahl, der nicht wußte, womit er die Zeit totschlagen sollte, wenigstens an den Sitzungen des Ministerrats teilnehmen durfte. Aber sie fürchtete sich davor, ihn immer wieder von Mißerfolgen berichten zu hören und hielt sich deshalb heimlich die Ohren zu, wenn er ihr abends von den Ereignissen des Tages erzählte – so schrieb sie ihrer Mutter –, »denn ich fürchtete, etwas Unangenehmes zu hören«.[523]

Sofie wußte sich zu beschäftigen: Sie studierte das höfische Zeremoniell und beherrschte die Regeln der Etikette bald besser als ihre habsburgischen Verwandten. Sie frönte ihrer Leidenschaft für das Theater, das ihr die Möglichkeit bot, einen Teil ihrer unbefriedigten romantischen Gefühle abzureagieren. Und schließlich befreundete sie sich mit zwei jungen Männern, die beide weitaus attraktiver und amüsanter waren als ihr langweiliger Gemahl. Der im Exil lebende schwedische Prinz Gustaf Wasa besuchte Sofie täglich, bis die Klatschmäuler des Hofes zu tuscheln begannen.

Die zweite Freundschaft galt ihrem angeheirateten Neffen, dem Herzog von Reichstadt, der sechs Jahre jünger war als sie und der sich zu einem charmanten, lebhaften, vielversprechenden jungen Mann entwikkelt hatte, mit dem allerdings niemand etwas Rechtes anzufangen wußte. Die Bourbonen in Frankreich drangen in den Kaiser, den Jungen Geistlicher werden zu lassen, da sie ihn dadurch am sichersten von der Politik fernzuhalten glaubten. Seine Tante Leopoldine, die ihn immer »mein Schatz« genannt hatte, schrieb aus dem fernen Brasilien einen Brief an ihren Vater, worin sie gegen dieses Vorhaben protestierte. Sein Onkel, der gütige, liberale Erzherzog Johann, drängte den Kaiser, dem Jungen doch völlige Freiheit zu gewähren.

Während all dies hinter seinem Rücken vor sich ging, genoß der junge Herzog von Reichstadt sein Leben in vollen Zügen – er lachte und scherzte, fuhr mit Sofie ins Theater und flirtete heftig mit ihr, wofür sie ihn ausschalt. Manchmal hatte er unerklärliche Anfälle von hohem Fieber; Sofie besuchte ihn und sorgte dafür, daß er seine Medizin einnahm.

Bei all ihren Unternehmungen war Sofie stets auf ihren persönlichen Vorteil bedacht. So verstand sie es ausgezeichnet, ihren Schwiegervater Kaiser Franz durch jene liebenswürdigen kleinen Aufmerksamkeiten für sich eizunehmen, die einem alternden Mann so schmeicheln, wenn sie von einer hübschen jungen Frau kommen. Sie fiel ihm um den Hals und küßte und drückte ihn »dermaßen, daß es zu verwundern ist, wie der gute Kaiser noch ganz bleiben konnte«, schrieb sie ihrer Mutter.[524]

Der »gute Kaiser« ersehnte mit Ungeduld die Nachricht, daß ein Thronerbe unterwegs sei, und Tränen stiegen ihm in die Augen, wenn er seinen unansehnlichen Sohn Ferdinand durch die Gänge der Hofburg oder des Schlosses Schönbrunn schlurfen sah, von Adjutanten gestützt und geschoben, oder wenn er den von epileptischen Anfällen verzerrten Mund ein paar unbeholfene Worte stammeln hörte.

Auch Sofie wünschte sich um alles in der Welt ein Kind; aber erst nach sechsjähriger Ehe, im Jahre 1830, gebar sie ihren ersten Sohn, Franz Josef.

Diese Geburt in Schönbrunn war ein weltbewegendes Ereignis. Die Wehen dauerten zwei Tage und zwei Nächte, und während dieser ganzen Zeit drängten sich in den Vorzimmern und im Schlafgemach Scharen von Verwandten und Höflingen. In der Kapelle war das Allerheiligste ausgesetzt, Tag und Nacht wurde davor gebetet. Zwei Tage und zwei Nächte lang gönnte sich niemand am Hofe Schlaf, höchstens eine kurze Ruhepause auf einem Sofa in einem der vielen Vorzimmer des Kreißsaales, aus dem man die Schreie der Gebärenden und die besorgten Ausrufe der Hebamme hören konnte. Endlich, am 18. August, erschien der Erbe; die Menge zerstreute sich, und Sofies Schwester schrieb nach Hause:

»Großer Gott, es waren dreiundvierzig schreckliche, in Todesangst verbrachte Stunden, und wir sind alle wie gebrochen. Die Taufe wird heute um sechs Uhr stattfinden, und wir werden alle wie Gespenster in Gala aussehen.«[525]

Einundzwanzig Kanonenschüsse donnerten über die Stadt und verkündeten die frohe Nachricht. Feierlich proklamierte der Kaiser, daß der Wagen des Kindes bei keiner Ausfahrt mit weniger als sechs Pferden bespannt sein sollte. Vom Tag seiner Geburt an zogen endlose Prozessionen von Verwandten und Höflingen durch das Kinderzimmer, um den Säugling zu bestaunen, so daß seine Nurse, eine österreichische Adelige, sich schließlich hinter einem Paravent an- und auskleiden mußte. Nur an Regentagen ließ der Besucherstrom etwas nach.

2. Biedermeierromanzen

Eine Anekdote berichtet, daß der Hofarzt, Dr. Stifft, einige Jahre nach dem Kongreß Kaiser Franz untersuchte, der eine starke Erkältung hatte.

»Diese Erkältung, Eure Majestät, macht mir keine ernsten Sorgen, obwohl sie recht unangenehm ist«, sagte der alte Arzt und fügte hinzu: »Es geht eben nichts über eine gute Konstitution.«

»Was?« schrie der Kaiser. »Wir kennen einander schon sehr lange, Stifft, aber lassen Sie mich dieses Wort nie wieder hören! Ich habe keine Konstitution und werde nie eine haben!«[526]

Metternich stieß in dasselbe Horn. Obwohl die Königreiche Bayern und Württemberg konstitutionelle Verfassungen erhalten hatten und in ganz Europa ein neuer Wind wehte, war Österreich wie durch einen geblumten Chintzvorhang vor gefährlichen Windstößen geschützt.

Wenn auch Österreich keine Konstitution hatte und wenn es auch unter dem Metternichschen System nicht möglich war, zu sagen und zu schreiben, was man dachte, so holten die umgänglichen Österreicher doch einige Jahre lang aus ihrer Lage das Beste heraus. In dem engen geistigen Raum, der ihnen verblieb, schufen sie eine Atmosphäre der Gemütlichkeit, des Behagens und der Lebenskunst. Auch war dem Kaiserreich der Frieden vergönnt – ein Umstand, den die Bewohner, die fast ein Vierteljahrhundert unter dem Krieg gelitten hatten, wohl zu schätzen wußten.

Leise Wehmut und elegische Romantik erfüllten die drei Jahrzehnte, die dem Kongreß folgten – jene Zeit, die die Bezeichnung »Biedermeier« trägt.

Es war eine Epoche, in der man die kleinen Dinge zu

schätzen wußte – das Singspiel, die Sonate, das Lied, den Walzer, das lyrische Gedicht, die Komödie, die Miniatur; Schokoladetäßchen aus zerbrechlichem Wiener Porzellan, bemalt mit winzigen Landschaften, vergoldete Putten, Stickereien, plissierte Fächer und fest gewickelte kleine Buketts aus pastellfarbenen Blumen am Spitzenkrägelchen.

Jedes Haus hatte seinen Garten, Blumen zierten Stoffe und Tapeten. In den Vorstädten Wiens entstanden kleine Gartenhäuschen mit Spalierobst an den Wänden und schummerigen Weinlauben. Die Wiener liebten ihre Spaziergänge auf den Wällen oder durch den Graben, die häufig durch den Genuß einer »Mehlspeise« oder eines »Gefrorenen« noch angenehmer gestaltet wurden. Beim Eis hatte man die Qual der Wahl zwischen Veilchen, Zimtrose, Quitten, Obers, Punsch und vielen anderen nicht minder verlockenden Sorten. Die Wiener Kaffeehäuser hatten ihren Siegeszug angetreten: Sie waren Inseln des Friedens, wo man in Ruhe seine Pfeife rauchen, die (wenn auch zensurierte) Zeitung lesen, von Gott und der Welt reden, dichten und komponieren und nicht zuletzt Kaffee trinken konnte, der auf vierzehnerlei Arten zubereitet wurde.

Nun war es nicht mehr die Aristokratie, sondern der Mittelstand, der die Gesellschaft prägte und den Geschmack beeinflußte. Das bürgerliche Zeitalter war angebrochen.

Das erste Dampfschiff befuhr die Donau, die ersten Gaslaternen erhellten die Straßen Wiens. Das Gaswerk machte das großzügige Angebot, die Habsburgergruft in der Kapuzinerkirche kostenlos mit dem neumodischen Licht zu versehen, was Kaiser Franz jedoch entschieden ablehnte. Die Gespenster seiner erlauchten Ahnen mochten sich ruhig mit dem flackernden Schein der Wachsstöcke begnügen.

Wenn auch die Theaterstücke – sogar Shakespeare – von den Zensoren peinlich genau nach politischen Anspielungen durchgekämmt wurden, so konnten diese Herren doch wenigstens der Musik nichts anhaben. In den Schenken an der Prater Hauptallee wurde Beethovens Musik ausgezeichnet gespielt; bei den sogenannten »Würstlbällen« – volkstümlichen Festen, bei denen, an Stelle von Champagner und Fasan, Bier getrunken und »heiße Würstl« gegessen wurden – erklangen manche der schönsten Schubert-Lieder zum erstenmal. Etwas später wurden dann die Hausmusikabende immer beliebter; man traf sich im Freundeskreis, um Improvisationen zu spielen, zu singen und sich ausgelassen zu unterhalten, wie es auch Franz Schubert mit seinen Freunden bei den »Schubertiaden« getan hatte. Wien hatte damals nur 200 000 Einwohner, aber nicht weniger als 65 Klavierfabriken.

Die Tanzleidenschaft war zur Manie geworden. In den zwanziger und dreißiger Jahren des 19. Jahrhunderts war Wien in zwei Walzerlager geteilt: hier die begeisterten Verehrer des geschniegelten, süßlichen, romantischen Josef Lanner, der bei den Bällen in der Hofburg dirigierte, dort die leidenschaftlichen Anhänger des mitreißenden, feurigen, etwas zigeunerhaften Johann Strauß Vater, der das Orchester in dem riesigen Tanzsaal »Zum Sperl« dirigierte.

In der milden Luft des biedermeierlichen Wien florierten die Liebschaften. Sie nahmen die verschiedensten Formen an und gediehen an den unerwartetsten Orten. Aufsehenerregende Mesalliancen zwischen den höchsten Gesellschaftskreisen und der Mittelschicht wurden in wachsender Zahl geschlossen, das starre soziale Gefüge begann sich zu lockern, die alten Trennungslinien verblaßten allmählich.

Der beliebteste Bruder des Kaisers, Erzherzog Johann, ein überzeugter Liberaler und lebenslänglicher Feind Metternichs, stieß die Hofgesellschaft vor den Kopf, als er in morganatischer Ehe Anna Plochl heiratete, die hübsche Tochter des Postmeisters von Bad Aussee. Die Geschichte endete damit, daß Kaiser Franz, der dieser Verbindung natürlich niemals offiziell zustimmte, Anna den Titel einer Gräfin von Meran verlieh. Zu ihrem unendlichen Entzücken hatte Annas erster Sohn die unverwechselbare Habsburgerlippe geerbt, die sie stolz jedem zeigte. »Ich bin froh, daß er etwas vom Erzherzog hat«, sagte sie. [527]

Aber die Mesalliance, die den Hof am meisten in Aufruhr versetzte, war die Heirat des Fürsten Metternich selbst. Dieser Erzsnob und öffentliche Verfechter des Kastengeistes und der Legitimität heiratete ein süßes kleines Fräulein Niemand namens Antonia Leykam, deren Mutter Tänzerin an der Oper gewesen war. Metternich war ein vierundfünfzigjähriger Witwer, als er Antonia 1827 zur Frau nahm. Man erinnerte sich noch sehr gut, daß seine erste Frau, die einflußreiche Enkelin des großen Fürsten Kaunitz, seiner Karriere sehr förderlich gewesen war.

Metternichs Liebesidyll dauerte 15 Monate; Antonia starb bei ihrer ersten Entbindung, obwohl Metternich den Ärzten angeblich alle Schätze der Monarchie versprochen hatte, wenn sie ihr Leben retteten.

Er heiratete schließlich ein drittes Mal, diesmal Gräfin Melanie Zichy, eine Dame mit entsprechenden Verbindungen. Aber Antonias Porträt, das sie in einem weißen Kleid mit einem Veilchenstrauß in der Hand zeigte, hing weiterhin in seinem Arbeitszimmer über seinem Schreibtisch. Die neue Fürstin Metternich ließ sich in einem Ballkleid, angetan mit ihrem ganzen Schmuck, porträtieren und hängte das Bild an die gegenüberliegende Wand. Als er einmal verreist war, vertauschte sie die beiden Porträts. Kaum war er wieder zurkgekehrt, ließ er sie wieder an den alten Platz hängen.[528]

Eines Tages kündigte Metternich eine Heirat in der kaiserlichen Familie an, die den ganzen Hof überraschte, ja schockierte.

Im Frühling des Jahres 1831, wenige Monate nach der Geburt Franz Josefs, ließ Metternich die Bombe platzen, indem er harmlos erklärte, es gäbe doch eigentlich keinen Grund, warum Kronprinz Ferdinand nicht heiraten sollte; man habe auch schon eine Frau für ihn gefunden. Sofie, die bei diesen Worten über die Wiege ihres kleinen zukünftigen Kaisers gebeugt stand, schrieb einen entsetzten Brief nach Hause an ihre Mutter.[529]

Es war ein schlauer Plan. Kaiser Franz, der immer schwächer wurde, hatte wahrscheinlich nicht mehr viele Jahre zu leben. Metternich sagte sich, daß es durchaus nicht ausgeschlossen sei, daß seine geschworenen Feinde, die Erzherzoge Karl und Johann, des Kaisers fähigste Brüder, als Regenten an die Macht kommen könnten, falls der offensichtlich untaugliche Ferdinand und der nicht viel tüchtigere Franz Karl von der Thronfolge ausgeschlossen blieben. Dies aber wollte Metternich um jeden Preis verhindern. Also mußte für Ferdinand eine passende Partie gefunden werden, denn als verheirateter Mann bot er der Welt das Bild eines wenigstens halbwegs normalen Menschen, der imstande war, eine Krone zu tragen.

Die Braut, die man für den bedauernswerten Epileptiker ausgewählt hatte, war die Prinzessin Maria Anna von Savoyen, ein ausgesprochen unhübsches Mädchen, sehr tugendsam und bescheiden – so bescheiden, erklärte ihre hübsche verheiratete Schwester mit verblüffender Offenheit, daß sie daran zweifelt, ob sie einem ausgezeichneten Mann genügen könnte.

Es ist zweifelhaft, ob sich das Mädchen über die näheren Umstände dieser Heirat im klaren war. Sie hatte den Bräutigam noch nie gesehen; man ließ ein schmeichelhaftes Miniaturporträt Ferdinands für sie anfertigen, um es ihr zu senden. Bei einer Familienfeier am Silvesterabend wurde die Brosche herumgereicht und löste so viel Heiterkeit und abfällige Bemerkungen aus, daß Sofie bis unter die Haarwurzeln errötete.[531]

In Hofkreisen sah man Maria Annas Ankunft mit einiger Besorgnis entgegen. Die beiden Brautleute begegneten einander zum erstenmal in einem Gasthof außerhalb Wiens. Eine Hofdame berichtete Sofie, daß sich »das erste Sehen besser abgespielt habe, als sie sich erhofft hätte«.[532] Als sich die Familie nachher in Schönbrunn versammelte, bemerkte die aufmerksame Sofie, daß die Braut »weiß wie Linnen« war, daß sie zitterte, daß ihre Stimme bebte und daß sich ihre Augen jedesmal mit Tränen füllten, wenn sie auf ihrem Bräutigam ruhten. Sogar Kaiser Franz murmelte bei der Hochzeit: »Daß Gott erbarme.«[533]

Die Ehe war von Anfang an schwer belastet. Das Brautpaar lebte in einer Suite der Hofburg wie Patient und Pflegerin. Am Weihnachtsabend des Jahres 1832 erlitt Ferdinand gleich 20 epileptische Anfälle von solcher Heftigkeit, daß die Ärzte alle Hoffnung aufgaben. Maria erschien am nächsten Tag »blaß wie ein Gespenst«[534] in der Kirche.

Aber wie durch ein Wunder erholte sich Ferdinand wieder, der scheinbar so dünne Lebensfaden hielt und ließ ihn Jahr um Jahr weiterleben, während um ihn herum seine Verwandten starben.

Im Sommer 1832, als Sofie gerade ihr zweites Kind erwartete, verschlechterte sich plötzlich die labile Gesundheit des Herzogs von Reichstadt. Während der unfähige Hofarzt Dr. Malfatti ein vermeintliches Leberleiden behandelte, starb der Korsensohn – an Tuberkulose. Als das Ende herannahte, setzte Malfatti ihm noch schnell Blutegel an den Hals und experimentierte mit »tierischem Magnetismus«, der eben in Mode gekommen war. Kurz nach seinem 21. Geburtstag verschied Napoleons einziger Sohn in Schönbrunn – in demselben Zimmer, in welchem sein Vater nach den Siegen von Austerlitz und Wagram geschlafen hatte.

Gegen Ende des langen, harten Winters von 1835 erlag der alte Kaiser Franz einer Lungenentzündung. Bei der Testamentsverlesung stellte sich heraus, daß er drei Männer als Regenten für Ferdinand ernannt hatte: Fürst Metternich, Graf Kolowrat und seinen jüngsten, untauglichsten Bruder, Ludwig. Dem Metternich-System war eine neue Frist gegönnt.

3. *Revolution und Abdankung*

Der Hof Kaiser Ferdinands – des »Gütigen« – war äußerst seltsam zu nennen. Die ausländischen Diplomaten machten sich unbarmherzig über den bedauernswerten Monarchen lustig. »Was ist das Tier implumis bipes, das sich Kaiser nennt?« fragte Lord Palmerston seinen Gesandten in Wien und beantwortete die eigene Frage: »Eine vollkommene Null, beinahe ein Idiot.«[535]

Ferdinands Erscheinen in der Öffentlichkeit mußte jedesmal sorgfältig inszeniert werden. Zwei oder drei Bedienstete schoben und zogen seinen unbeholfenen Körper durch Korridore und über Treppen in den Bankettsaal. Hofbällen wohnte er nicht bei, aber seine Frau Maria tanzte pflichtschuldig an seiner Stelle. Sofie schrieb ihrer Mutter, daß die Heilige Jungfrau, sollte sie je im Leben getanzt haben, wohl dabei wie Maria ausgesehen haben müsse – leichte, schwebende Schritte, gesenkte Augen, ernste Demut und die Sorge, sie könnte sich den weltlichen Freuden zu sehr hingeben.[536] Der Vergleich traf auch in anderer Hinsicht zu.

Sofies Kinder, deren ältestes Franzi (Franz Josef), der nächste Anwärter auf den Thron war, wuchsen in der Welt des Biedermeier – in den dreißiger und vierziger Jahren des vorigen Jahrhunderts – in einer Atmosphäre fröhlicher Sorglosigkeit heran. Wenn auch der Vater Franz Karl, weder auf die Führung seines Haushaltes noch auf die des Staates viel Einfluß hatte, so fügte er sich doch gutmütig in seine Rolle und fand großes Vergnügen daran, mit dem kleinen Franzi auf dem Rücken auf allen vieren durch die Kinderstube zu galoppieren, im Prater mit ihm die Rehe zu füttern oder ihm dabei zu helfen, Tauben auf das Fensterbrett ihrer Wohnung in der Hofburg zu locken. Am Abend spielte Franzi mit seinen Brüdern »Schnipp-Schnapp-Schnurr« und »Schwarzer Peter«, oder sie saßen zu Füßen ihrer Mutter, die ihnen aus »Gullivers Reisen« vorlas.

An Geburts- und Namenstagen versammelte sich der ganze Habsburgerclan in der Hofburg zu Familienfeiern und zum Austausch von Geschenken, und die jüngeren Familienmitglieder produzierten sich in sorgfältig einstudierten Balletten, Theaterstücken und Rezitationen. Franz Josefs nächstjüngerer Bruder Maxi (Maximilian) war auf Grund seines Imitationstalentes, seiner angenehmen Stimme und seines charmanten Wesens meistens der Star dieser Aufführungen.

Am Heiligen Abend versammelte sich die ganze Familie vor den verschlossenen Türen der kaiserlichen Gemächer, wobei die Kinder versuchten, das Christkind durch das Schlüsselloch zu erspähen. Sobald die Weihnachtsglocken läuteten, öffneten sich die Türen und gaben den Blick auf den riesigen, im Lichterglanz erstrahlenden Baum frei. Ringsherum türmten sich die wahrhaft fürstlichen Geschenke – einmal stand da eine Kinderkarosse, groß genug, um ein Pony vorzuspannen, ein andermal eine Palastwache en miniature mit Schilderhäuschen, Trommeln und Spielzeugkanonen. Den ganzen Abend exerzierte Franz Josef mit seinen erzherzoglichen Onkeln.

Nach Weihnachten, im Fasching, gab es Kinderbälle, mit Süßigkeiten beladene Tische und die fröhlichsten Walzer und Polkas. Gegen Ende des Festes begannen die Erwachsenen mitzutanzen. Sogar den etwas zugeknöpften, gravitätischen Onkel Ludwig schleifte man aufs Tanzparkett, obwohl er, wie Erzherzogin Sofie bemerkte, ohnehin vorgehabt haben muß, zu tanzen, da er in der Rocktasche ein frisches Paar buttergelber Handschuhe mitgebracht hatte.

Nach Ostern, in der warmen Jahreszeit, verbrachten die Kinder lange Sonnentage im Garten von Schönbrunn, sie ließen sich in einem Wagen von einem Esel herumkutschieren, planschten im Schwimmbad, spielten in dem Indianerwigwam, den einer der Gärtner für sie gemacht hatte, oder sie beobachteten die exotischen Tiere, die ihr Onkel, Kaiser Ferdinand, von einem Zirkus gekauft hatte.

Auch die Erwachsenen waren gelegentlich zu einem Schabernack aufgelegt. Als Franz Karl und der sonst so würdevolle alte Onkel Ludwig spätabends in die Hofburg zurückkehrten, bemerkten sie das Glockenseil, das vom Turm der Kapelle herabbaumelte. Sie zogen mit aller Kraft daran und verschwanden dann schnell in ihre Zimmer. Die Glocke begann ein mörderisches Gebimmel, das sämtliche Bewohner der Hofburg aus dem Schlaf schreckte. Die Wachen stürmten zu den Toren, um sie zu verteidigen, die Dienerschaft sprang aus den Betten, um ein Feuer zu löschen, und Onkel und Tanten, Kammerherren und Zofen rannten kopflos umher und fragten sich, was denn wohl geschehen sei. Das geheimnisvolle Ereignis wurde schließlich der »Weißen Dame«, dem Schloßgespenst der Hofburg, zugeschrieben, das sich gewöhnlich vor dem Tod eines Familienmitglieds bemerkbar machte oder gar sichtbar umging.

Erzherzogin Sofie hatte in jenen Jahren nur einen Kummer: Ihr einziges Töchterchen, Anna, litt an Epilepsie, von der ihre älteren Brüder verschont geblieben waren. Als Anna vier Jahre alt war, verschlimmerte sich die Krankheit so sehr, daß man ihr die Haare abschneiden und Blutegel an die Stirn setzen mußte. Sie weinte und schrie vor Schreck. Die Behandlung war erfolglos, das Kind, das Sofie ihre kleine Maus, ihren einzigen Schatz, den Liebling der ganzen Welt nannte, starb noch vor seinem fünften Geburtstag.

Sofie, für gewöhnlich die eifrigste Hüterin und Verfechterin der Gebräuche und Traditionen der Habsburger, weigerte sich dieses Mal strikt, das übliche Bestattungszeremoniell zu befolgen:

»Wir haben die Leiche nicht öffnen lassen«, schrieb sie ihrer Mutter, »weil es mir so sehr widerstrebte, meines Kindes Eingeweide in der Stephanskirche und sein Herz bei den Augustinern, also so zerstückelt in der Stadt zu sehen.«[537]

Erzherzogin Sofie war eine strenge und vernünftige Mutter, die sich jahrelang mit besonderer Aufmerksamkeit und Sorgfalt der Erziehung ihres Erstgeborenen, Franz Josef, widmete. Wie es im Hause Habsburg üblich war, wurde er mit sechs Jahren in die Obhut eines Erziehers und mehrerer Hauslehrer gegeben und begann ab diesem Zeitpunkt, ein anstrengendes Tagespensum zu absolvieren. Sofie überwachte weiterhin die Erziehung ihres Sohnes, sie wohnte häufig den Unterrichtsstunden bei, regelte jede Einzelheit seines Lebens, sah ihm zu, wie er in der Reitschule lernte, mit Lanzen auf Attrappen von Türkenköpfen einzustechen. Sie hörte zu, wenn er Französisch, Italienisch, Tschechisch oder Ungarisch rezitierte, und saß oft an seiner Seite, wenn Metternich ihn mit den Methoden der Staatsführung vertraut machte.

Seine Mutter war es schließlich, die Franz Josef an seinem 13. Geburtstag bei der Hand nahm und in den Salon führte, wo er unter den aufgestapelten Geschenken die funkelnagelneue Uniform eines Obersten und ein Offizierspatent vorfand, das ihn zum Befehlshaber eines Kavallerieregiments ernannte. Am Abend dieses Tages schrieb er mit kindlichem Ernst in sein Tagebuch, daß er sich geschworen habe, nie mehr zu lügen oder Angst zu zeigen.

Die sorgfältige Erziehung, die ihm seine Mutter hatte angedeihen lassen, wirkte bei Franz Josef bis an sein Lebensende nach: immer blieb er der brave Junge, ordnungsliebend, pünktlich, fromm und ritterlich.

Außerhalb des Klassenzimmers nahmen die Ereignisse einen weniger ruhigen Verlauf. Die Wiener waren ihrem sanften, gütigen, nicht sehr intelligenten Herrscher von Herzen zugetan. Aber das Metternich-Regime mit seiner strengen Polizeiherrschaft, mit der Zwangsjacke der Zensur und seinen allgegenwärtigen Spionen war allmählich unerträglich geworden.

Als sich schließlich, angespornt von der Revolution in Paris, die duldsamen Wiener im März 1848 gegen das System Metternichs erhoben, ging die Revolution zunächst vom Mittelstand aus. Ihre Anführer waren Studenten, die gebildet genug waren, um den korrekten lateinischen Konjunktiv »Pereat Metternich« zu rufen. Die österreichische Revolution war zu diesem Zeitpunkt nicht gegen die Habsburger gerichtet, und das Plakat, das am Stephansdom angeschlagen wurde, lautete:

»Wiener! Befreit Euren guten Kaiser Ferdinand aus den Händen seiner Feinde!«[538]

Fürst und Fürstin Metternich packten die Koffer und flohen überstürzt nach England, wo sie mit grimmiger Entschlossenheit dem elenden Wetter des Seebades Brighton trotzten.

Nach ihrer Abreise fuhren Ferdinand, Franz Karl und dessen junger Sohn Franz Josef durch jubelnde Menschenmengen, die die Straßen Wiens säumten. Ferdinand, der von den Demonstranten zu Tränen gerührt wurde, versprach ihnen alles, sogar eine Verfassung. Die begeisterte Menge spannte die Pferde aus und zog die kaiserliche Equipage bis in die Hofburg zurück, wobei sie die Haydn-Hymne »Gott erhalte« sang.

Aber die Lage hatte sich nur oberflächlich beruhigt. Im Mai wurde dem Ministerrat die Forderung vorgelegt, allgemeine Wahlen für einen verfassunggebenden Reichstag abzuhalten. Die kaiserliche Familie bekam es daraufhin mit der Angst zu tun und floh nach Innsbruck. Die Wiener baten Ferdinand in einer Petition, die von 80 000 Einwohnern unterschrieben war, in die Hauptstadt zurückzukehren.[539]

Inzwischen führte der immer stärker um sich greifende Nationalismus zu Aufständen gegen die Herrschaft der Habsburger in den unruhigen italienischen Provinzen sowie in Ungarn und Böhmen. Ein Triumvirat von Generalen schlug alle drei Revolten gewaltsam nieder: Radetzky in Italien, Windischgraetz in Böhmen und der Kroate Jellăcić in Ungarn.

Die kaiserliche Familie kehrte nach Wien zurück, floh aber bereits im Herbst, als in Wien neuerlich Unruhen aufflackerten, ein zweites Mal, diesmal in die Festung Olmütz. Als der verhaßte Kriegsminister, Graf Latour, ein österreichisches Regiment zur Niederwerfung des Aufstands nach Ungarn entsandte, lynchte ihn die aufgebrachte Menge; man riß ihm die Kleider vom Leib und hängte ihn in der Bognergasse an einem Laternenpfahl auf.

Damit war das Schicksal der Revolution besiegelt. Die gemäßigten Liberalen waren so schockiert, daß sie ihre Unterstützung zurückzogen. Die Armee unter Fürst Windischgraetz besetzte Wien und errichtete eine erbarmungslose Militärherrschaft.

Erzherzogin Sofie hatte die politischen Ereignisse aufmerksam verfolgt und die weitere Entwicklung richtig eingeschätzt. Es war offensichtlich, daß der sanfte, schwache Ferdinand der Lage nicht Herr werden konnte und zurücktreten mußte. Ebenso klar war ihr von Anfang an gewesen, daß ihr Mann zur Herrschaft beinahe ebenso ungeeignet war wie Ferdinand. Aber ihr Sohn war gerade 18 Jahre alt geworden. Der Tag, auf den Sofie seit seiner Geburt an jenem Augustmorgen des Jahres 1830 gewartet hatte, war gekommen.

Alle Familienmitglieder, der Hof und die Dienerschaft waren aufgefordert worden, sich am frühen Morgen des 2. Dezember 1848 in Ferdinands Suite im erzbischöflichen Palais in Olmütz zu versammeln; man hatte sie gebeten, in Galakleidung zu erscheinen. Sofies Söhne trugen ihre Uniformen, sie selbst eine Robe aus weißem Moiré, ihr Haar schmückte eine juwelenbesetzte Rose, ihren Hals das Kollier aus Diamanten und Türkisen, das sie von ihrem Gatten bei der Geburt Franz Josefs als Morgengabe erhalten hatte.

Es war totenstill im Raum, als Ferdinand den Versammelten gegenüberstand und mit versagender Stimme sein Abdankungsdekret vorlas. Franz Josef kniete vor seinem Onkel nieder und erhob sich als der neue Kaiser, Dankesworte stammelnd.

Ferdinand segnete den Jüngling und murmelte: »Ist gern g'schehn. Sei gut. Gott wird dich schützen.« Mühsam kritzelte Ferdinand seinen Namen unter das Abdankungsschreiben; er hatte einmal die Bemerkung gemacht: »Regieren ist leicht, nur das Unterschreiben ist schwer.«[540]

Am Abend des Abdankungstages schrieb Ferdinand in sein Tagebuch:

»Die Funktion endete damit, daß der neue Kaiser vor seinem alten Kaiser und Herrn, nämlich vor mir, kniend um den Segen bat, welchen ich auch unter Auflegung der Hände auf seinen Kopf und Bezeichnung mit dem heiligen Kreuz gab, ich ihn dann umarmte, und er mir die Hand küßte. Und auch meine liebe Frau umarmte und küßte unseren neuen Herrn, dann entfernten wir uns in unsere Zimmer. Bald darauf hörten ich und meine liebe Frau in der Kapelle der erzbischöflichen Residenz die heilige Messe . . . Nachher packten ich und meine liebe Frau unsere Effekten zusammen . . .«[541]

XIII

FRANZ JOSEF – BEGINN EINER LANGEN HERRSCHAFT

1. Der junge Monarch

Sofort nach der Rückkehr der kaiserlichen Familie nach Wien (1849) nahm Erzherzogin Sofie die Zügel fest in ihre Hand, und bald lief in der Hofburg alles wieder wie am Schnürchen.

Da der arme Ferdinand nicht imstande gewesen war, nach dem Rechten zu sehen, war die kaiserliche Residenz während seiner Herrschaft verlottert und verfallen – nun wurde alles von Grund auf renoviert. Die kaiserlichen Gemächer wurden mit Seide tapeziert, frisch vergoldet und mit neuen Teppichen ausgestattet.

Sofie machte ihre Nachmittagsbesuche in einer besonders schmucken Equipage, die von einem jungen Kutscher in gelbem Spenzer und schwarzer Samtkappe gelenkt wurde; seine Peitsche steckte in einem silbernen Griff.

Sofie sorgte auch dafür, daß ihre Söhne genügend Unterhaltung hatten und sich austoben konnten, wie es ihrem Alter entsprach. Der junge Maxi machte im Burggarten aus Schnee eine Rutschbahn, und alle vier Brüder und deren junge Adjutanten hatten ihren Spaß daran. Sogar der Kaiser rutschte mit seinem jüngsten Bruder »Bubi« auf dem Schoß die Bahn hinunter.

Spiritistische Séancen waren damals in Europa gerade große Mode, und man unterhielt sich auch in der Hofburg mit »Tischerlrücken«. Der Bankettisch, an dem die älteren Herrschaften saßen, rührte sich nicht vom Fleck, aber der lange Tisch, um den sich die Jugend versammelt hatte, galoppierte nur so durch den Raum.

Im Ballsaal der Hofburg und in der Großen Galerie von Schönbrunn veranstaltete Sofie glänzende Hofbälle, bei denen Johann Strauß dirigierte und die hübschesten Komtessen tanzten. Bei »thés dansants« und Festen in kleinerem Rahmen hatten Franz Josef und seine Brüder Gelegenheit, sich zu vergnügen, ohne auf das Hofzeremoniell Rücksicht nehmen zu müssen. Bei einem ausgelassenen Faschingsball explodierten plötzlich auf dem Parkett kleine Knallfrösche, worauf die Tanzpaare zum Gaudium aller in wilden Sprüngen umherjagten.

Ganz Wien schwärmte noch lange von dem Ball, mit dem der Fasching des Jahres 1851 in Schönbrunn seinen glanzvollen Abschluß fand. Beim Eröffnungskotillon bildeten Husarenoffiziere in scharlachroten Uniformen einen Kreis, Mädchen in weißen Ballkleidern stellten sich in einem größeren Kreis rings um sie auf, Ulanenoffiziere gefolgt von Mädchen in Rosa schlossen sich an, den äußersten Kreis bildeten die Kürassiere in weiß-goldenen Uniformen, und dann tanzten alle einen Walzer mit schwierigen Figuren. Kurz vor Mitternacht intonierte das Orchester die letzte Polka, die alt und jung unwiderstehlich aufs Parkett lockte. Zuletzt wurde die Musik immer leiser und verstummte beim Klang der Mitternachtsglocken, die den Beginn der Fastenzeit ankündigten. Die Tanzenden sagten einander Lebewohl, der Fasching war zu Ende.

Zugleich mit der Generalreinigung der Hofburg wurden auch die letzten Reste der Revolution von 1848 hinweggefegt.

Das Ende der Revolution war jedoch nicht ganz schmerzlos gewesen. In Ungarn waren die Habsburger abgesetzt und eine Republik unter dem feurigen Rebellen Kossuth errichtet worden. Die Ungarn hatten einen nahezu vollständigen Sieg errungen; man mußte sich entscheiden, ob man von Italien Truppen abziehen und damit kleine Gebietsverluste riskieren oder ob man den

Zaren um Hilfe bitten sollte, der an der Niederschlagung dieser Revolution nicht uninteressiert war. Man beschritt den zweiten Weg, und zaristische Truppen halfen, die Monarchie in Ungarn wiederherzustellen. Die Rebellen wurden entweder hingerichtet oder verbannt.

Aus den ultrakonservativen Hofkreisen wählte Erzherzogin Sofie persönlich die Minister und Berater ihres Sohnes aus. Fürst Felix von Schwarzenberg, ein überzeugter Befürworter des Absolutismus und der Gewalt, wurde Ministerpräsident.

Im August 1851 schrieb der junge Kaiser an seine Mutter nach Bad Ischl, wo sie auf Sommerfrische weilte:

»Ein großer Schritt weiter ist geschehen, wir haben das Konstitutionelle über Bord geworfen, und Österreich hat nur mehr *einen* Herrn. Jetzt muß aber noch fleißig gearbeitet werden.«

An den Rand dieses Briefes schrieb Sofie in ihrer klaren, kräftigen Schrift: »Gott sei gelobt.«[542]

Mit Beginn des Jahres 1852 war in Österreich die Pressefreiheit wieder dahingeschwunden. Die ganze Konterrevolution war mit einer Geschicklichkeit und Raschheit durchgeführt worden, die selbst den aus seinem Exil zurückgekehrten Metternich in Erstaunen setzte. Der alte Fürst wurde in Wien wie ein siegreicher Feldherr empfangen. Als er in Schönbrunn eintraf, um der kaiserlichen Familie seine Aufwartung zu machen, standen Franz Josef und dessen jüngster Bruder »Bubi« am Fenster und schüttelten sich vor Lachen. Einer der Störche war aus dem Schönbrunner Tiergarten entkommen und hatte den vor sich hindösenden Wachtposten mit dem Schnabel angestupst, worauf der erschreckte Mann die Hacken zusammenknallte und das Gewehr präsentierte.

Erzherzogin Sofie und ihrem Sohn schien es, als sei eine aus den Fugen geratene, chaotische Welt wieder ins Lot gekommen. Mit verständlichem Mutterstolz registrierte Sofie die Selbstsicherheit und Gelassenheit, mit der ihr Sohn seine Aufgaben erfüllte. Sein Auftreten und seine Manieren waren vorbildlich. Mit vollendeter Eleganz absolvierte er die Entrées bei Empfängen und offiziellen Anlässen und die noch schwierigeren »sorties de chambre«. Er war taktvoll gegen jedermann und äußerst diskret; mit 19 Jahren besorgte er die Regierungsgeschäfte schon so gut, als wüßte er alles, was man wissen muß, um über ein Reich zu herrschen. Man hatte Grund zur Annahme, daß er dem Beispiel seines Großvaters, des alten Kaisers Franz, folgen würde, der väterlich über ein Volk ergebener Untertanen regiert hatte.

Am 13. Februar 1853 verließ Franz Josef die Hofburg, um mit seinem Freund und Adjutanten Max O'Donnell einen Spaziergang über die Stadtwälle zu machen. Als sich der Kaiser in der Nähe des Kärntner Tores über die Brüstung der Bastei beugte, um den exerzierenden Soldaten auf dem Truppenübungsplatz zuzusehen, erhob sich plötzlich ein Mann von der nächsten Bank, stürzte sich mit einem Dolch auf den Kaiser und fügte ihm am Hals zwei Stichwunden zu.

Der Attentäter, ein kleiner ungarischer Schneider, wurde von O'Donnell und einem kräftigen Wiener Fleischhauer, der sich zufällig in der Nähe befand, niedergeschlagen und entwaffnet. Er hatte seit zwei Wochen täglich an dieser Stelle auf den Kaiser gewartet, um ihn zu ermorden. Die sonst allgegenwärtige, dabei schwerfällige und völlig desorganisierte Geheimpolizei war, wie üblich, wenn sie gebraucht wurde, nicht in der Nähe.

Der steife Uniformkragen des Kaisers hatte den Stich abgefangen, die Wunden waren nicht tief, und schon nach wenigen Tagen konnte der junge Monarch seinen Pflichten wieder nachgehen.

Aber seine innere Ruhe und Selbstsicherheit hat er möglicherweise doch nie mehr ganz zurückgewonnen. In der langen Familiengeschichte war noch nie ein Attentat auf einen Habsburger verübt worden. Mit Ausnahme von gelegentlichen Vergiftungen (die allerdings nie mit Sicherheit bewiesen wurden), war noch nie ein Mitglied der Familie tätlich angegriffen worden. Die einzige Ausnahme bildete Marie Antoinette, aber die war dem französischen Mob zum Opfer gefallen, von dem so etwas zu erwarten gewesen war. Habsburgerkaiser und -kaiserinnen hatten sich immer völlig frei und ohne Leibwache in den Straßen ihrer Hauptstadt bewegt, eine Tatsache, die ausländische Besucher stets in Erstaunen versetzte.

Erzherzogin Sofie hegte schon lange ein Vorurteil gegen die Ungarn – nun würde sie ihnen nie mehr verzeihen.

Franz Josef schenkte seiner Mutter, um sie über den erlittenen Schock hinwegzutrösten, ein Diamantenarmband, das mit einem großen Rubin geziert war. Unter diesem Rubin bewahrte Sofie eine Strähne des blutgetränkten Haares ihres Sohnes auf. Der päpstliche Nuntius überbrachte Franz von Pius IX. als Talisman einen Zahn des heiligen Petrus, den der Heilige Vater eigenhändig aus dem Schädel des Apostels gebrochen hatte.

Erzherzog Max aber, der Bruder des Kaisers, veranstaltete unter den Bewohnern der Stadt eine Sammlung, um in der Nähe des Tatorts eine Votivkirche zu erbauen. Der Erlös einer Benefizvorstellung von Wagners neuer Oper »Tannhäuser« sollte ebenfalls dem

Baufonds zufließen, doch wurde die Vorstellung im letzten Augenblick abgesagt, als aus der Hofburg verlautete, das Werk sei lasziv und irreligiös und daher zu diesem Zweck nicht geeignet.

2. *Kaiserin Elisabeth*

Ein Jahr nach dem Mordanschlag trat noch ein Ereignis im Leben ihres Sohnes ein, auf das Erzherzogin Sofie nicht den gewünschten Einfluß hatte: seine Heirat.

Sofie und eine ihrer bayerischen Schwestern, Ludovica, waren übereingekommen, daß Ludovicas ältere Tochter Helene, ein ernstes, gefügiges Mädchen, sich ausgezeichnet als Gattin für Franz Josef eignen würde. Die beiden Damen arrangierten deshalb im Sommer 1853 einen gemeinsamen Landaufenthalt in Bad Ischl, bei dem Cousin und Cousine einander kennenlernen sollten. Aber die Dinge verliefen nicht ganz so, wie die Mütter es geplant hatten, denn Franz Josef verliebte sich Hals über Kopf in Helenes hübschere jüngere Schwester Elisabeth, die von der Familie Sisi genannt wurde.

Die reizvolle Elisabeth war 15 Jahre alt, sie war keineswegs erwachsen und nach Sofies Meinung noch völlig unreif. Sie war sehr scheu und noch nicht einmal in die Gesellschaft eingeführt. Franz Josef ließ sich aber nicht davon abbringen, sie heiraten zu wollen, und seine Mutter mußte schließlich nachgeben. Als man Elisabeth fragte, ob sie ihn haben wolle, antwortete sie: »Ja, ich habe den Kaiser schon lieb. Wenn er nur kein Kaiser wäre!«[543]

Im April 1854 fuhr Elisabeth mit cinem blumengeschmückten Schiff von Linz nach Wien dic Donau hinab. Noch bevor das Schiff – außerhalb Wiens – ganz angelegt hatte, sprang der ungeduldige Bräutigam an Bord und küßte seine Frau zum Entzücken aller Zuschauer. Elisabeth hielt ihren Einzug in Wien, wie es der Habsburgertradition entsprach: In der Staatskarosse aus Gold und Glas, gezogen von acht schneeweißen Lippizanern, deren Mähnen und Schweife von Silberbändern durchflochten waren, fuhr sie vom Theresianum her in die Stadt, durch Straßen, die von weißgekleideten Mädchen mit Rosen bestreut wurden. In ihrem Kleid aus rosarotem, silberdurchwirktem Atlas, im dunklen Haar ein Diamantendiadem, bezauberte die ernste Prinzessin die empfänglichen Wiener durch ihre außergewöhnliche Schönheit. Sie war aber so sensibel, daß sie beim Anblick der Menschenmengen, die sich in den Straßen drängten, um sie zu sehen, kaum die Tränen zurückhalten konnte.

Von der Familie ihres Mannes wurde sie mit Geschenken überschüttet. Onkel Ferdinand und Tante Maria Anna – der alte Exkaiser und seine Gattin – schickten ihr Schmuck. Franz Josefs Stiefgroßmutter, Kaiserin Karoline Augusta, verlieh ihr den diamantenbesetzten Sternkreuzorden, von ihrer Schwiegermutter erhielt Elisabeth eine Tiara und ein Halsband aus Opalen und Diamanten, und ihr Bräutigam schenkte ihr eine prachtvolle Diamantkrone, die sie zur Hochzeit tragen sollte.

Dieser Krone stieß ein kleiner Unfall zu. Als die Kaiserinwitwe Karoline Augusta die in Schönbrunn ausgestellten Hochzeitsgeschenke besichtigte, verfing sich ihre Mantille in den Zacken der Krone, und diese fiel zu Boden. Zwei Steine brachen heraus, mehrere Zacken waren verbogen. Ein Kämmerer brachte sie sofort zum Hofjuwelier, um sie reparieren zu lassen. Erzherzogin Sofie schüttelte bedenklich den Kopf; sie fragte sich, ob dieses Mißgeschick etwa ein böses Omen gewesen sei.

Am Abend des 24. April 1854 stand das Paar im Licht Tausender Kerzen in der Augustinerkirche, um das Ehegelübde abzulegen. Franz Josefs Jawort schallte laut durch den Raum, während die sechzehnjährige

Elisabeth ihr »Ja« kaum hörbar flüsterte. Kardinal Rauscher, ein guter Freund Erzherzogin Sofies, hielt die etwas strenge Predigt, die sich mit den Pflichten des Ehelebens befaßte, und die so lange dauerte, daß die Wiener ihn »Erzbischof Plauscher« nannten.[544]

Nachher bestieg das Brautpaar den Thron im Zeremoniensaal der Burg, um den Hof und das Diplomatische Korps zu empfangen. Dann folgte eine Rundfahrt mit der Familie durch die Straßen Wiens im offenen Wagen. Die Stadt hatte Festschmuck angelegt. Von allen Plätzen erklangen Ständchen, die Palais der hohen Familien waren mit beleuchteten Transparenten geschmückt, im Liechtensteingarten hingen bunte Lampions wie Früchte in den Zweigen hoher silberner Palmen.

Das Paar soupierte in der Hofburg – natürlich nicht allein, sondern »en famille«. Dann führte Elisabeths Mutter die Braut in die kaiserlichen Gemächer, um sie für die Nacht vorzubereiten. Als sie endlich in dem großen Bett lag, führte Erzherzogin Sofie ihren Sohn herein, und beide Mütter wünschten dem jungen Paar wohlwollend lächelnd eine gute Nacht.

Wahrscheinlich hat niemand die Hochzeitsfeierlichkeiten mehr genossen als die zwei Mütter, Sofie und ihre Schwester, die beide äußerst unglücklich verheiratet waren.

Erzherzogin Sofie hatte höchstselbst für alles gesorgt. Sie hatte die Appartements, die das junge Paar in der Hofburg bewohnen sollte, eingerichtet. Sie hatte geeignete Hochzeitsgeschenke ausgewählt. Sie suchte auch die dauernden Begleiterinnen für Elisabeth aus, ältere Damen ihres eigenen Kreises, von denen zu erwarten war, daß sie ein strenges Auge auf die junge Kaiserin haben würden.

Erzherzogin Sofie hatte aus ihrem Sohn einen Kaiser

gemacht, nun war sie entschlossen, auch ihre Schwiegertochter zu formen, bis sie ihren Vorstellungen von einer Kaiserin entsprach. Schon vor Elisabeths Eheschließung hatte sie damit begonnen, indem sie sie auf die Mängel in ihrem Auftreten und auf Etikettefehler aufmerksam machte.

Es konnte nicht der geringste Zweifel darüber bestehen, wer in der Hofburg den Ton angab. Die gesamte Familie hatte pünktlich zur festgesetzten Stunde zum Frühstück, zum Tee, zum Diner und zur Messe zu erscheinen; nur wenn Erzherzogin Sofie abwesend war, wagten es die übrigen Familienmitglieder, sich bei den Mahlzeiten zu verspäten oder ihnen ganz fernzubleiben. Sogar am Morgen nach der Hochzeit erwartete man von den Neuvermählten, daß sie am Familienfrühstück teilnahmen. Jahre später erzählte Elisabeth einer Vertrauten, daß sie in Tränen aufgelöst vom Tisch weggelaufen sei, weil sie die prüfenden Blicke und anzüglichen Fragen ihrer Schwiegermutter nicht ertragen konnte.[545]

Statt allein auf Hochzeitsreise zu gehen, lebten Franz Josef und Elisabeth im Kreise aller ihrer Verwandten und hatten ein ermüdendes Programm von öffentlichen Veranstaltungen, Empfängen, Bällen, Paraden und Ausstellungen zu absolvieren. Nach zwei anstrengenden Wochen fuhr Franz Josef auf einige Tage in die Berge, um sich bei der Auerhahnjagd zu erholen.

Elisabeth befand sich in diesem Sommer in der gleichen Lage wie die meisten jungvermählten Prinzessinnen: in einem fremden Land, von vielen Menschen umgeben und dabei dennoch einsam, ohne Freund oder Freundin aus der Heimat, aus den früheren Jahren, und mit einem Gatten, der noch ein Fremder für sie war. Jetzt, da sie Kaiserin war, mußte sie zu jeder Tagesstunde untadelig gekleidet sein. Ihr Leben gehörte nicht mehr ihr – daran wurde sie von ihrer Schwiegermutter ständig erinnert.

Elisabeth wartete sehnlichst auf die Rückkehr ihres Mannes aus der Stadt. Sie lief ihm über den Rasen von Laxenburg entgegen und warf sich in seine Arme – worauf ihre Schwiegermutter sie scharf zurechtwies: Eine Kaiserin habe sich immer als solche zu benehmen.

Im Schloß ihrer Familie in Bayern war Elisabeth inmitten ihrer Brüder und Schwestern in uneingeschränkter Freiheit herangewachsen – eine Landprinzessin, die das Landleben liebte. Also ging sie gerne zu Fuß und unternahm zum Entsetzen ihrer Hofdamen bei jedem Wetter stundenlange Spaziergänge. Sie war eine ausgezeichnete und mutige Reiterin und ging mit Pferden geschickt und liebevoll um. Sie hatte immer Tiere um sich, Vögel und riesige Hunde – je größer, je lieber. Ihre Liebe zu Tieren, besonders zu den Hunden, hatte sie von ihrer Mutter geerbt, über welche sich die Landgräfin Fürstenberg, eine ältere Hofdame der Herzogin in Bayern, einmal in einem Brief nach Hause beschwerte: »Sie lebt nur ihren Hunden, sie hat stets welche auf dem Schoß, neben sich oder unterm Arm, sie knackt Flöhe selbst bei Tisch und auf den Eßtellern.«[546] Aber so arg war das mütterliche Erbe in Elisabeth nun doch wieder nicht.

Zum Unterschied von Franz Josef, der mit Ausnahme von »Danzer's Armeezeitung« und ähnlicher Literatur fast nichts las, war Elisabeth sehr belesen und schrieb abends in ihrem Zimmer Gedichte – empfindsame Verse über die Freiheit und das Meer. Sie war unheilbar romantisch und verträumt, dabei natürlich und unaffektiert. Das Nachspionieren, die Heuchelei und das Strebertum der Hofschranzen widerten sie an, und die endlosen Zeremonien langweilten sie grenzenlos. Ihre Menschenscheu wurde gegen Ende ihres Lebens so ausgeprägt, daß große Menschenansammlungen sie physisch krank machten.

In Wahrheit war Elisabeth trotz ihrer Schönheit und Anmut, trotz ihrer Sensibilität und ihres scharfen Verstandes für das im Blickfeld der Öffentlichkeit stehende Amt einer Kaiserin wenig geeignet. Weder ihrer Veranlagung noch ihrer Ausbildung nach war sie dafür prädestiniert. Während Franz Josef von frühester Kindheit an im Hinblick auf die ihm bevorstehenden Aufgaben mit Pflichtgefühl und Verantwortungsbewußtsein durchtränkt worden war, hatte Elisabeth keinen Begriff von ihren Pflichten als Gattin und Kaiserin; nur zu oft benahm sie sich wie ein hübsches, eigensinniges, verwöhntes Kind.

Der Konflikt mit ihrer Schwiegermutter war in der Hofburg bald ein offenes Geheimnis. Der Kampf zwischen den beiden, obwohl in einem Palast und mit der Wohlerzogenheit von Fürstinnen ausgetragen, war deshalb nicht weniger erbittert. Elisabeth sprach ihre Schwiegermutter mit »Madame Mère« an, aber hinter ihrem Rücken nannte sie sie »die böse Frau«.[547]

Als Elisabeth ein Kind erwartete, wurden ihr die dauernden Ratschläge und Einmischung ihrer Schwiegermutter bald unerträglich. Erzherzogin Sofie betrat unaufgefordert Elisabeths Appartement, »um nachzusehen, was sie macht«. Sofie schrieb an ihren Sohn:

»Auch glaube ich, daß Sisi sich nicht zu sehr mit ihren Papageien abgeben sollte, da zumal in den ersten Monaten man sich so leicht an den Tieren verschaut, die Kinder Ähnlichkeit mit ihnen erhalten.«[548]

Sie drängte Elisabeth, ihren Zustand öffentlich zu zeigen, damit die Leute sehen konnten, daß sie in der ersten Pflicht einer Kaiserin nicht versagt habe. Aber

Elisabeth, im Geist des 19. Jahrhunderts erzogen, schreckte vor solchem Sich-zur-Schaustellen zurück.

Als ihr erstes Kind geboren war, eine Tochter, die man nach Franz Josefs Mutter Sofie taufte, wurde das Kind ziemlich weit von der Wohnung der Eltern untergebracht. Sofie wählte die Kinderfrauen, Gouvernanten und den Arzt für die Kleine aus, und täglich erschienen Sofies Freundinnen in Scharen zu Besuch im Kinderzimmer, genau wie bei Sofies Erstgeborenem. Es war fast, als hätte Elisabeth gar kein Kind zur Welt gebracht, wenigstens erschien es *ihr* so. Als ein zweites kleines Mädchen geboren wurde, nahm man es ihr ebenfalls weg, um es unter den wachsamen Augen der Großmutter aufzuziehen.

Vergeblich protestierte Elisabeth, sie wolle ihre Kinder selbst erziehen. Franz Josef befand sich in einer unangenehmen Position zwischen den beiden Frauen. Dabei wünschte er nichts sehnlicher als den häuslichen Frieden. Aber er war hin und her gerissen zwischen seiner jungen schönen Frau, die er sehr liebte, und seiner tüchtigen, herrschsüchtigen Mutter, die stets alle Entscheidungen für ihn getroffen, ja, die ihn zum Kaiser gemacht hatte.

Einmal setzte Elisabeth ihren Willen durch – mit tragischen Folgen. Gegen den Rat ihrer Schwiegermutter nahm sie ihre zwei Töchterchen zu einem Staatsbesuch nach Ungarn mit. In Budapest erkrankte die zweijährige Sofie und starb, wahrscheinlich an Typhus. Zu dem schrecklichen Leid der jungen Mutter kamen noch die unausgesprochenen Vorwürfe der Schwiegermutter. Vergeblich sagte sich Elisabeth, daß der von Sofie ausgesuchte unfähige Kinderarzt, wenn überhaupt jemand, am Tode des Kindes schuldig sei.

Als das kaiserliche Paar 1858 endlich einen Thronerben, Kronprinz Rudolf, erhielt und sein Vater stolz die

Kette des Goldenen Vlieses in die Wiege des Knaben legen konnte, wurde auch dieser bald der Obhut seiner Großmutter anvertraut.

Um diese Zeit flüsterte man bereits, daß die Dinge im kaiserlichen Haushalt nicht zum besten stünden. Bald nach Rudolfs Geburt bezogen die Eltern die Appartements in der Hofburg, die man heute noch sieht: Franz Josefs schlichte, wohlgeordnete Zimmer mit den Familienbildern, dem großen, komfortablen Schreibtisch, dem eisernen Bett und dem einfachen Waschtisch, und Elisabeths kühle helle Räume in Weiß und Gold, die jetzt nicht mehr viele Spuren ihrer Persönlichkeit aufweisen – nur die Bilder ihrer Lieblingspferde im kleinen Salon, im Ankleidezimmer die Turngeräte, mit deren Hilfe sie ihre anmutige Figur schlank erhielt, und das schmale, nonnenhafte Bett, verloren inmitten des großen Schlafzimmers mit seinem blankpolierten Boden, gemahnen noch eindringlich an sie.

Als Rudolf zwei Jahre alt war, im Herbst 1860, wurde Elisabeth zum erstenmal von einer halb wirklichen, halb eingebildeten Krankheit befallen, die sie später in endloser Folge heimsuchen sollten und sie zu Reisen veranlaßten, die sie möglichst weit von Wien wegführten. Zynische Wiener nannten es das »Kaiserinnenweh«; von den Reisen kehrte sie stets erholt, frisch und blühend nach Hause zurück.

Jahre später sagte Elisabeth einmal zu ihrer jüngeren Tochter: »Die Ehe ist eine widersinnige Einrichtung. Als fünfzehnjähriges Kind wird man verkauft und tut einen Schwur, den man nicht versteht und nie mehr lösen kann.«[549]

3. *Lehrjahre Franz Josefs*

Das Jahr 1859 war sicher ines der einsamsten und bittersten im Leben Franz Josefs. Er mußte sich zunächst mit dem Verlust eines Teiles der italienischen Provinzen abfinden.

Im Frühling dieses Jahres besuchte er häufig in den frühen Morgenstunden, als die Stadt noch schlief, Metternich in dessen Haus am Rennweg. Die beiden spazierten bei ihren Gesprächen im Garten auf und ab; der alte Fürst mit seinen 86 Jahren wirkte wie ein Überbleibsel aus einer längst versunkenen Welt, ein gebeugtes, fleischloses Skelett. Die Hand, die er auf des Kaisers Arm legte, war so leicht wie Staub. »Ich bin schon zu den Toten zu rechnen«, sagte er, »aber meine Nerven zittern noch nach . . .«[550] Seine Nerven müssen gezittert haben, als er hörte, in welchen Schwierigkeiten sich die Monarchie jetzt befand, nach einem Jahrzehnt inkompetenter Staatsführung und ungeschickter Diplomatie. Österreich war ebenso isoliert wie sein junger Herrscher; sein Prestige war sowohl innerhalb wie auch außerhalb seiner Grenzen auf einen Tiefpunkt gesunken.

»Gott hat gewollt, daß ich noch am Ende meiner Tage Ordnung in die hiesige Regierung bringe . . . Ich bin ein Fels der Ordnung. Je suis un rocher«, murmelte Metternich einmal.[551] Wenn Franz Josef gegangen war, saß er den ganzen Tag an seinem Schreibtisch und mühte sein altes Gehirn ab, um all die Ratschläge zu Papier zu bringen, die zur Rettung des Reiches führen sollten.

Während der italienischen Krise riet er zu Geduld und Vorsicht. »Um Gottes willen, Majestät, kein Ultimatum . . .«

»Es ist gestern abend abgegangen«, antwortete Franz Josef. [552]

Zu diesem Zeitpunkt war der Krieg bereits ausgebrochen, die Lombardei stand in Flammen; Franz Josef begab sich zu seinen Truppen, die gegen die Franzosen unter Napoleon III. kämpften. Als er im August nach den Niederlagen bei Magenta und Solferino und dem Verlust der Lombardei nach Wien zurückkehrte, weilte Metternich schon unter den Toten.

Die Niederlage in Italien bedeutete nicht allein für die Nation einen Prestigeverlust, sondern auch für Franz Josef persönlich, da er selbst an der Schlacht von Solferino teilgenommen hatte. Die österreichische Armee war schlecht organisiert und unzulänglich geführt. »Löwen, angeführt von Eseln«, kommentierte das preußische Armeehauptquartier lakonisch.

Aber eine noch größere Demütigung erwartete Österreich, das seine mit der Krone des Heiligen Römischen Reiches verlorengegangene Vormachtstellung im deutschen Sprachraum wiedergewinnen wollte. Franz Josef war dem nüchternen, entschlossenen preußischen Staatsmann Bismarck nicht gewachsen; er ließ sich 1866 von ihm in einen Krieg gegen die Preußen hineinziehen und wurde bei Königgrätz schnell und vernichtend geschlagen. Das neue preußische Zündnadelgewehr bewies seine Überlegenheit über den altmodischen, schwerfälligen österreichischen Vorderlader.

In den angsterfüllten Tagen, die auf Königgrätz folgten, näherten sich die Preußen Wien, wie zwei Jahrhunderte vor ihnen die Türken. In der Stadt herrschte Panikstimmung. Die kaiserliche Bibliothek und der Inhalt der Schatzkammern wurden eiligst verpackt und in Sicherheit gebracht, die Kaiserin und ihre Kinder suchten Zuflucht in Budapest. In den Straßen Wiens hörte Franz Josef die Leute »Es lebe Kaiser Maximilian!«

rufen – eine Aufforderung an ihn, zugunsten seines jüngeren Bruders abzudanken.

Die Preußen waren jedoch darauf bedacht, in ihrem Triumph über Österreich nicht zu weit zu gehen. Die preußische Armee zog wieder ab, und ein Friedensvertrag wurde unterzeichnet. Österreich verlor seine letzte Bastion in Italien, die Provinz Venetien. Noch schwerer wog der Verlust der Vorherrschaft in Deutschland. Der unwirksame Deutsche Bund, den Metternich Jahre zuvor zustande gebracht hatte, wurde aufgelöst, und Preußen hatte freie Hand, um Deutschland zu einen und zu beherrschen.

Als Franz Josef den Thron bestieg, war er völlig unvorbereitet auf die revolutionäre Welt, der er sich bald gegenübersehen sollte. Erst allmählich begann er zu lernen und versuchte, die Struktur des Reiches zu ändern.

Die Frage, mit der er sich nie zuvor befaßt hatte, und die ihn nun ein halbes Jahrhundert lang beschäftigen sollte, war die, ob das schützende Dach, das die Monarchie für ein Dutzend Völker Mitteleuropas darstellte, den zentrifugalen Kräften des Nationalismus standhalten konnte. In homogenen Ländern war dieser Nationalismus eine Quelle der Kraft; in dem heterogenen Komplex der Habsburgermonarchie mußte er zur Zerstückelung führen.

Die Monarchie war nicht nur das komplizierteste Staatsgebilde in Europa, es war selbst ein kleines Europa, Mikrokosmos eines Kontinents, mit einem Gemisch von Völkern, Sprachen und Traditionen; seine Probleme waren die gleichen wie jene, vor die sich später ganz Europa gestellt sah. Von seiner Bevölkerung von 50 Millionen waren etwa ein Fünftel Deutsche, ein weiteres Fünftel Ungarn. Tschechen und Slowaken stellten ebenfalls größere Minderheiten, der Rest verteilte sich auf Polen, Serben, Kroaten, Ruthenen (Ukrainer), Rumänen, Slowenen und Italiener.[554] Keine dieser Gruppen war ausschließlich auf ein einziges geographisches Gebiet beschränkt, aber alle hielten hartnäkkig an ihrer eigenen Sprache, ihren nationalen Traditionen fest.

Was für die Erhaltung der Monarchie sprach, war die unübersehbare Tatsache, daß der Donauraum eine lebensfähige, ja prosperierende wirtschaftliche Einheit bildete. Die Habsburgermonarchie mit ihrem in der Hauptstadt zusammenlaufenden Netz von Straßen und Eisenbahnlinien war damals, neben dem zaristischen Rußland, die größte Freihandelszone Europas. Welche Kraft, welche Idee war imstande, dieses Imperium zusammenzuhalten, jetzt, da die Macht des Absolutismus gebrochen war? Diese Frage beschäftigte den Kaiser und seine Minister.

Schon nach dem Verlust der italienischen Provinzen hatte Franz Josefs Regierung die ersten zögernden, unenthusiastischen Schritte in Richtung auf eine konstitutionelle Regierungsform unternommen. 1860 schrieb er seiner Mutter: »Wir werden zwar etwas parlamentarisches Leben bekommen, allein die Gewalt bleibt in meinen Händen.«[555]

In den düsteren Tagen nach Königgrätz berief Franz Josef einen der gewandtesten Diplomaten Europas als Außenminister und ersten Berater an seine Seite: Graf Ferdinand von Beust. Obwohl diese Wahl in mancher Hinsicht ungewöhnlich war – Beust war nicht einmal Staatsbürger des Habsburgerreiches, sondern der ehemalige sächsische Ministerpräsident –, entsprach sie doch dem kosmopolitischen österreichischen Wesen. Beust selbst kommentierte mit charmanter Ironie, er sei »eine Art Staatswaschfrau«, die man herbeigerufen habe, damit sie die Schmutzwäsche Österreichs wasche.[556]

Beust war auch an der ersten Maßnahme zur Reorganisation des Reiches maßgeblich beteiligt: am ungarischen »Ausgleich«.

Ungarische Freiheitsführer sahen nach Königgrätz den geeigneten psychologischen Moment gekommen, um die ungarische Autonomie durchzusetzen, und die junge schöne Kaiserin Elisabeth hatte ihre Forderungen nachdrücklich unterstützt. Sie selbst fühlte sich mehr und mehr zu Ungarn hingezogen, sie lernte fließend Ungarisch, ersetzte ihre österreichischen Begleiterinnen, die Erzherzogin Sofie für sie bestimmt hatte, nach und nach durch Ungarinnen und verbrachte einen immer größeren Teil ihrer Zeit in Ungarn.

Durch den »Ausgleich« erhielt Ungarn ein eigenes Parlament und fast völlige Autonomie; mit Österreich teilte es nur noch Armee, Außenpolitik, Finanzen und die Loyalität gegenüber dem einen Herrscher.

Im Juni 1867 trat der »Ausgleich« in Kraft. Franz Josef und Elisabeth knieten gemeinsam in der Kathedrale von Ofen nieder, um gekrönt zu werden.

Der »Ausgleich« schien das Nationalitätenproblem einen Schritt näher an dessen Lösung heranzubringen. Wie sich jedoch bald herausstellte, schuf er fast ebenso viele Probleme, als er löste. Die herrschende ungarische Aristokratie setzte einerseits jeder weiteren Föderalisierung des Reiches erbitterten Widerstand entgegen, da sie anderen nationalen Gruppen, wie zum Beispiel den Tschechen, einen größeren Einfluß auf die Regierung gebracht hätte, andererseits lehnte sie es ab, den in Ungarn lebenden Minoritäten ein Mitspracherecht bei der Regierung Ungarns zu gewähren. Der nach 1867 existierende Dualismus glich in vieler Hinsicht der Situation der Vereinigten Staaten nach dem

Bürgerkrieg: ein großer Teil des Landes mit halbfeudaler Struktur hatte einen vergeblichen Versuch gemacht, sich loszulösen. Nun ging die herrschende Oligarchie in diesem Land systematisch daran, ihren eigenen Minoritäten das Wahlrecht zu entziehen und alle liberalen Bestrebungen im gesamten Reich mit Erfolg im Keim zu ersticken.

Mit zunehmenden Jahren eignete sich Franz Josef eine so genaue Kenntnis des Reiches an, daß er imstande war, beinahe intuitiv auf die sich ergebenden Spannungen und Probleme einzelner Gebiete zu reagieren. Distanziert, stoisch, chevaleresk und von unglaublichem Pflichtgefühl beherrscht, besaß er vielleicht die einzige Kombination von Eigenschaften, die es ermöglichte, das Reich beisammenzuhalten. Ein Mann wie Josef II. wäre an dieser Aufgabe zerbrochen.

4. *Kaiserstadt Wien*

Wien, eine Stadt voll Zauber und Schönheit, erlebte in der zweiten Hälfte des 19. Jahrhunderts eine Blütezeit. Johann Strauß Sohn regierte in den Ballsälen. Nicht lange – ein Jahr – nach Königgrätz erklang zum erstenmal der Walzer »An der schönen blauen Donau« bei einem Abend des Wiener Männergesangvereins im Dianabad, dessen Schwimmhalle zu einem Ball- und Konzertsaal adaptiert werden konnte.

Das Wien, das Franz Josef in seiner Kindheit gekannt hatte, war mit ihm gewachsen: nun begann es aus den Nähten zu platzen. 1857 hatte der Kaiser seine Einwilligung zum Abbruch der Stadtmauern gegeben, was Johann Strauß sogleich veranlaßte, eine »Demolierer-Polka« zu komponieren. Diese Basteien hatten der Türkenbelagerung von 1529, zur Zeit Ferdinands I., getrutzt und die große Türkenbelagerung von 1683 und das Bombardement durch napoleonische Truppen überdauert.

Die Bodenpreise waren so stark gestiegen, daß der die Stadtmauern umgebende Landstreifen, das sogenannte Glacis, in heutigem Gelde ausgedrückt, um insgesamt 50 Millionen Dollar losgeschlagen werden konnte; der Grund kostete 500 Gulden pro Quadratklafter (der dem Erzherzog Albrecht gehörende sogar noch um 250 Gulden mehr). Der Erlös wurde zum Bau eines der prächtigsten Boulevards Europas, der Wiener Ringstraße, aufgewendet.

Die Ringstraße umschloß all die barocken Paläste und Kirchen, die uralten Häuser und die mit Kopfsteinen gepflasterten engen Gäßchen der Inneren Stadt. Obwohl die Bevölkerung rapide zunahm und sich die Stadt weit über die früheren Vororte hinaus ausdehnte, verlor sie ihren landlichen Einschlag nie ganz, und man erhaschte vom Stadtzentrum aus immer noch gelegentlich einen Blick auf die Silhouette der grünen Hügel des Wienerwaldes.

Hinter breiten Rasenstreifen und einer doppelten Reihe von noch sehr mageren Lindenbäumen erhoben sich im Lauf der Jahre die prunkvollen öffentlichen Bauten der Ringstraße: die prächtig ausgestattete Oper, das Burgtheater, die beiden Museen, das Parlament, das Rathaus. Die Hofburg, die früher an die Stadtmauer angegrenzt und mehr einer Festung als einem Palast geglichen hatte, erstand nun in ihrer endgültigen Form. Ein neuer Flügel wurde angebaut, und eine neue Straße verband sie über einen gepflegten Park mit dem neuen Ring.

Über die Ringstraße kutschierten die elegantesten Wagen mit den schönsten Gespannen, und die Kinder, die da am Sonntag mit Vater oder Mutter einen Spaziergang machten, konnten auf den ersten Blick erkennen, ob sich in einem aus der Hofburg kommenden Wagen der Kaiser oder die Kaiserin befand – diese hatten ganz vergoldete Wagenräder – oder nur der Kronprinz, dessen Kutsche halb vergoldete Räder hatte, oder gar nur ein gewöhnlicher Erzherzog mit Viertelvergoldung, von den lieben Wienern ziemlich respektlos die »Schäbigen« genannt.

Auf dem Ring sah man auch die prächtigsten, malerischsten Uniformen Europas: die bunten Attilas der Husaren, die dunkelblauen Röcke und hellblauen Hosen der Infanterie, die ungarische Leibgarde in scharlachroten, mit Silberschnüren besetzten Jacken und zitronengelben Stiefeln.

Die kaiserliche Armee war die eine der beiden großen Kräfte, die das Reich vor dem Zerfall bewahrten. Ihre Soldaten sprachen ungarisch, tschechisch, kroatisch, serbisch, polnisch und ruthenisch, aber die Befehle wurden auf deutsch erteilt, und die Truppen schworen alle den gleichen Loyalitätseid auf das Schwert und die Person des Kaisers.

Die schneidigste und auch arroganteste Truppe war die Kavallerie; ihre Offiziere ritten die schnellsten Pferde, schlossen die verrücktesten Wetten ab, fochten die kühnsten Duelle aus und eroberten die hübschesten Mädchen. Sowohl in den Kasernen wie auch in den Salons waren Pferde und Reitkunst ein Hauptgesprächsthema. Man redete von den »Bravourstückeln« des tollkühnen Grafen Zdenko Kinsky, der sich schon alle Knochen im Leib, außer dem Genick, gebrochen hatte, und seinem noch waghalsigeren Onkel, der einmal mit einem Vierspänner über die Freitreppe und in den Bankettsaal eines Palais' geprescht war.

Generalmajor Adam von Berzeviczy schloß seine berühmt gewordene Wette ab; er wettete mit seinen Offizierskameraden, er könne, verkehrt auf seinem erst halb zugerittenen Pferd sitzend, alle acht Hindernisse der Reitschule nehmen. Man gestand ihm einen Fehler zu – aber selbst das erwies sich als unnötig.

Diese Heldentat trug ihm die Bewunderung der Kaiserin Elisabeth ein, die selbst eine unerschrockene Reiterin war. Sie ernannte ihn zu ihrem Haushofmeister, und er blieb bis an ihr Lebensende in ihren Diensten.

5. Maximilian in Mexiko

Wenige Tage nach der Krönung in Ungarn traf die Nachricht von der ersten jener Bluttaten ein, die der Familie Habsburg beinahe das Ende bereiten und dem letzten Akt der Herrschaft dieser Dynastie die Atmosphäre einer griechischen Tragödie verliehen. Am 19. Juni 1867 wurde der jüngere Bruder Franz Josefs, der sympathische, liebenswürdige, aber unpraktische Maximilian auf einem sonnigen Hügel in der Nähe von Querétaro im Mexiko als Verräter erschossen. Er hatte nur drei Jahre als Kaiser von Mexiko regiert.

Die beiden Brüder Franz Josef und Maxi, im Abstand von nur zwei Jahren geboren, rivalisierten von der Wiege an um die Liebe ihrer Mutter. Während der ältere alle die nüchternen Tugenden Sofies geerbt hatte – Selbstdisziplin, Fleiß und Pflichtbewußtsein –, waren Maximilians Frohnatur immer alle Herzen zugeflogen. Er war poetisch veranlagt, ließ sich leicht von seinen Gefühlen leiten, hatte eine angenehme Baritonstimme und liebte die Musik wie die meisten Habsburger, mit Ausnahme Franz Josefs. Auch spielte er leidenschaftlich gern Theater und neigte zu großen Gesten; so sandte er einmal seiner Mutter zu Weihnachten ein Blumenbukett von zweieinhalb Meter Umfang.

Er heiratete die attraktive und ehrgeizige Prinzessin Charlotte von Belgien, eine Verbindung, die mit Ausnahme zweier Umstände sehr glücklich war: sie hatten weder Kinder noch einen Beruf.

Wie so viele jüngere Geschwister von Monarchen hatte Maximilian nichts weiter zu tun, als seinen Bruder bei offiziellen Anlässen zu vertreten. Als die Italiener für ihre Freiheit agitierten, war er als Generalgouverneur nach Mailand entsandt worden, aber er verfügte über zu wenig Autorität, und es war außerdem viel zu spät, um nationalistische Gefühle einfach durch die Anwesenheit eines Bruders des Kaisers beschwichtigen zu können. Er liebte alles, was mit Schiffen und Seefahrt zu tun hatte, und war zum Kommandanten der bescheidenen österreichischen Flotte ernannt worden, doch machte er sich im Kriegsministerium Feinde, als er eine Vergrößerung der Flotte und ein eigenes Marineministerium forderte. Franz Josefs Berater ließen durchblicken, daß es unklug von ihm wäre, gerade jene Waffengattung zu vergrößern, die seinem beliebten Bruder so offensichtlich ergeben war.

Maximilian und Charlotte erbauten für sich das bezaubernde Schloß Miramar mit einem Blick auf den Hafen von Triest und warteten auf eine günstige Gelegenheit zur Verwirklichung ihrer ehrgeizigen Pläne.

Zu Beginn der sechziger Jahre traf eine Gruppe reicher mexikanischer Emigranten in Europa ein, die vor der Juarez-Revolution geflüchtet waren. Katholisch und konservativ eingestellt, suchten sie in Europa Unterstützung für ihren Plan, in Mexiko eine Monarchie einzurichten. Sie brauchten Geld, Truppen und einen echten europäischen Fürstensohn. Napoleon III. von Frankreich zeigte Interesse für ihre Absichten und gab ihnen Truppen; französische Finanzkreise sagten ebenfalls ihre Hilfe zu.

Alle ihre Hoffnungen wurden jedoch übertroffen, als es ihnen gelang, als Kronprätendenten einen echten Habsburger zu gewinnen. Maximilian willigte ein, die Krone anzunehmen, die sie ihm verlockend in Aussicht stellten.

Die Rolle, die Franz Josef in der Affäre Maximilian spielte, ist nicht ganz eindeutig. Die Brüder waren oft uneinig gewesen, hatten in Angelegenheiten der Monarchie selten den gleichen Standpunkt vertreten. Der österreichische Außenminister Graf Rechberg stand dem mexikanischen Abenteuer ablehnend gegenüber, ebenso Erzherzogin Sofie und viele andere bei Hof. Franz Josef scheint den Ereignissen freien Lauf gelassen zu haben. Er sagte keine militärische Unterstützung von seiten Österreichs zu und bestand darauf, daß Maximilian, bevor er die mexikanische Krone akzeptierte, auf sein Thronfolgerecht in Österreich verzichtete. Die Brüder hatten eine erbitterte Auseinandersetzung über die Frage der Verzichtleistung; zuletzt mußte Franz Josef selbst nach Triest fahren, um seinen Bruder zur Unterschrift zu bewegen.

Einige Tage später stachen Maximilian und Charlotte mit der Fregatte »Novara« in See. Die sonnigen Tage der Überfahrt nutzten sie dazu, ein Hofzeremoniell zu entwerfen.

Das ganze Unternehmen war von Anfang bis zum Ende absurd. Das Plebiszit, das man Maximilian als Beweis dafür gezeigt hatte, daß sich das Volk einen hochgesinnten und edlen Fürsten als Herrscher wünschte, war eine Farce. In dem primitiven, halbtropischen Land fanden sie außer dem von Napoleon III. gesandten Armeekorps nur eine Handvoll Anhänger und eine völlig verschuldete, beinahe bankrotte Regierung vor.

Maximilian machte verzweifelte Anstrengungen, das mexikanische Volk für sich zu gewinnen. Er bereiste das Land mit einem Sombrero auf dem Kopf und sprach in schlechtem Spanisch zu den Leuten. Charlotte und er gaben glänzende Staatsbankette in ihrem Palast zu Chapultepec, hefteten ihren Getreuen funkelnde Orden an die Brust und adoptierten einen kleinen mexikanischen Jungen an Sohnes Statt; seine Mutter forderte ihn später wieder zurück.

Das Abenteuer näherte sich schnell dem katastrophalen Ende. Politische Schwierigkeiten in Frankreich, besonders die wachsende Angst vor Preußen, zwangen Napoleon III., seine Truppen aus Mexiko zurückzurufen. Maximilian, der weder Bargeld noch die Möglichkeit hatte, solches zu beschaffen, ersuchte den französischen Kaiser um einen Kredit, stieß aber auf taube Ohren. Inzwischen sammelte Juarez im Norden des Landes seine revolutionären Truppen und wartete auf den Moment zum Losschlagen. Während dieser ganzen Zeit klangen die Briefe, die Maximilian nach Hause in die Hofburg schrieb, so vergnügt und zuversichtlich wie die Schilderungen eines Jungen aus dem Ferienlager.

Im Sommer 1866 war die Lage so verzweifelt, daß Charlotte nach Europa segelte, um für ihren Mann Hilfe zu holen. Da sie in Paris von Napoleon III. brüsk abgewiesen wurde, fuhr sie nach Rom weiter, um das kaiserliche Anliegen beim Papst zu vertreten. Im Vatikan brach Charlotte zusammen und versank in der Schattenwelt der Schizophrenie. Maximilian erhielt die Nachricht von der geistigen Umnachtung seiner Frau, gerade als die französischen Truppen Mexico City verließen. Er sandte daraufhin eine Depesche an seine Familie nach Wien, mit welcher er mitteilte, daß er noch vor Weihnachten zu Hause eintreffen werde.

Die Niederlage von Königgrätz hatte ganz Österreich und insbesondere die Regierungskreise fast völlig entmutigt. Franz Josefs Popularität hatte den tiefsten Punkt seiner fast achtundsechzigjährigen Regierungszeit erreicht. Gerüchte gingen um, daß gewisse Kreise planten, Franz Josef zur Abdankung zu zwingen und Maximilian aus Mexiko zurückzuholen, um ihn als Regenten während der Minderjährigkeit des Kronprinzen Rudolf einzusetzen. Franz Josef dürfte also über die bevorstehende Rückkehr seines Bruders nicht sonderlich erfreut gewesen sein. In Wien vermutete jedoch niemand, daß der sympathische, joviale »Maxi« sich in ernster Gefahr befand. Erzherzogin Sofie schrieb ihm ausdrücklich, so sehr sie sich nach seiner Rückkehr sehne, so müsse sie doch jetzt wünschen, daß er so lange in Mexiko ausharre, als möglich sei und mit Ehren geschehen könne.[557]

Maximilian hatte seine Heimreise bereits angetreten und war auf dem Weg nach Vera Cruz, als ihn seine belgischen und österreichischen Berater umstimmten und dazu überredeten, den Thron nicht aufzugeben. In seinem Gefolge befand sich auch der schurkische Priester Pater Fischer, der sich ihm kurz zuvor angeschlossen hatte. Zu seinem Verderben entschloß sich Maximilian umzukehren. Mit seinen lächerlich geringen Streitkräften stieß er auf Juarez, wurde rasch besiegt, gefangengenommen, vor ein Kriegsgericht gestellt und zum Tode verurteilt.

Diese Nachricht versetzte seine Freunde in Europa in Schrecken und Aufruhr. Niemand hatte auch nur im entferntesten daran gedacht, daß dieses romantische Abenteuer tragisch enden könnte. Alle Hebel wurden in Bewegung gesetzt, um Maximilian zu retten – Gnadengesuche wurden abgesandt, Minister wurden vorstellig. Franz Josef bat den amerikanischen Staatssekretär Seward um Intervention und versprach, Maximilian wieder in sein Thronfolgerecht einzusetzen. Umsonst, alle Bemühungen kamen zu spät. Am strahlenden Morgen des 19. Juni 1867 wurden Maximilian und seine zwei mexikanischen Generale zur Erschießung auf einen Hügel in der Nähe von Querétaro geführt. »Ich hätte mir keinen besseren Tag zum Sterben aussuchen können«, bemerkte er. Er gab jedem Soldaten des Exekutionskommandos ein Goldstück und bat sie, genau auf das Herz zu zielen. Seine letzten Worte waren:

»Möge mein Blut, das jetzt vergossen wird, diesem Lande Segen bringen.«[558]

Es war nicht sein allerletztes Wort. Die erste Salve tötete ihn nicht, und eine der Kugeln zerriß sein Gesicht. Sein letztes Wort – auf spanisch – war ein überraschter, schmerzlicher Schrei: »Hombre!« Erst die zweite Salve, die auf den sich im Staube Windenden abgegeben wurde, machte seinem Leben ein Ende.[559]

Am 30. Juni, kurz nach der Krönung Franz Josefs und Elisabeths in Ungarn, erreichte die schreckliche Nachricht Maximilians Familie. Tagelang hörte man die Erzherzogin Sofie in ihrem Zimmer in der Hofburg auf und ab gehen und schluchzen: »Mein lieber, guter Sohn! Erschossen wie ein Verbrecher!« [560]

Maximilians letzte Briefe trafen erst mehrere Wochen später in der Hofburg ein, als wären sie aus dem Grab abgesandt worden. An Franz Josef hatte Maximilian geschrieben:

»Lieber Bruder, durch die Fügung des Schicksals gezwungen, schuldlosen und unverdienten Tod zu erleiden, sende ich Dir noch diese Zeilen, um für Deine brüderliche Liebe und Freundschaft aus vollem Herzen zu danken. Möge Gott sie Dir durch Glück, Freude und Segen für Dich, die Kaiserin und die lieben Kinder reichlich vergelten. Für Fehler, die ich begangen, für Kummer und Verdruß, die ich Dir im Leben bereitet, bitte ich Dich aus ganzem Herzen um Verzeihung. Eine einzige Bitte richte ich noch an Dich: daß Du der treuen belgischen und österreichischen Militärs, die mit Anhänglichkeit und Aufopferung bis zum Schlusse meiner Laufbahn gedient haben, in Liebe gedenken mögest.

Maximilian.

Querétaro, im Gefängnis de las Capuchinas, Juni 1867.«[561]

Nacheinander trafen Augenzeugen des letzten Aktes der mexikanischen Tragödie in der Hofburg ein: der österreichische Konsul von Tavera erschien mit Maximilians Testament, Maximilians alte ungarische Köchin überbrachte seinen Hut und sein blutgetränktes Taschentuch, und zuletzt trafen seine Adjutanten und Soldaten – in der Hoffnung auf kaiserliche Almosen – einzeln in Wien ein.

Im September dieses Jahres erschienen schließlich drei eigentümliche Individuen in der Hofburg, die sich als Anhänger Maximilians ausgaben und sich Pater Roccatani, Antonio de la Rosa und Don José Maroto nannten. Sie baten um eine Audienz bei Franz Josef, da sie, wie sie sagten, im Besitz eines unbezahlbaren Geheimnisses seien, das sie nur ihm persönlich mitteilen könnten. Ihr unglaubliches Anerbieten war dies: Sie wollten Franz Josef und dem Hause Habsburg, »dieser letzten Festung der Legitimität und wahren Religion«, eine geheime Formel zur Verwandlung von Silber in Gold verraten. Um ihr Experiment durchzuführen, würden sie insgesamt fünf Millionen Silbergulden aus dem Münzamt benötigen. Franz Josef berief einen Chemieprofessor des Politechnikums, der ihren Versuchen beiwohnen sollte. Immerhin gelang es dem Trio, die kaiserliche Schatulle um 90 000 Gulden zu erleichtern, bevor ihr Schwindel entlarvt wurde.[562]

6. Familienleben in den siebziger Jahren

Die Jahre nach ihrer Krönung in Ungarn waren vielleicht die harmonischsten im Leben Franz Josefs und Elisabeths. Im nächsten Jahr (1868) wurde ihr letztes Kind, ein Mädchen namens Valerie, geboren. Elisabeth hatte sich endlich von der Einmischung ihrer Schwiegermutter befreit und ließ sich nicht mehr von ihr beherrschen. Sie behielt dieses letzte Kind bei sich und überschüttete es mit der leidenschaftlichen Liebe, die sie den anderen hatte vorenthalten müssen. Sie hatte es so eingerichtet, daß dieses Kind in Ungarn zur Welt kam, im Schloß von Gödöllö, wo die kaiserliche Familie nun jedes Jahr einen längeren Aufenthalt nahm.

Auch in der Hofburg führten Kaiser und Kaiserin eine Zeitlang ein einigermaßen normales Familienleben. Elisabeth floh seltener von zu Hause, sie begleitete ihren Mann bei der Inspektion von Garnisonen, auf Besuchen in Landeshauptstädten, bei der Eröffnung von Ausstellungen, kurz, bei all jenen offiziellen Anlässen, die ihr so unangenehm waren. Am Gründonnerstag wusch sie, in eine lange schwarze Robe gekleidet, die Füße der Armen, und bei der Fronleichnamsprozession ging sie mit und trug eine brennende Kerze.

Zu Weihnachten 1866 hatte Erzherzogin Sofie an Maximilian in Mexiko geschrieben:

»Am 26. Dezember kamen unsere vier Enkel und ihre Eltern zu Papa und mir, um den Baum anzuschauen. Gisela und Rudolf freuen sich sehr darüber, Weihnachten mit ihren kleinen Cousins (den Kindern von Franz Josefs jüngerem Bruder Karl Ludwig, Anm. d. Autorin) verbringen zu können, die sie sehr gern haben; sie waren alle sehr lieb und zeigten einander ihre Spielsachen, die sie von der Bescherung mitgebracht hatten.

Der Kaiser, der so reizend zu kleinen Kindern sein kann, packte den kleinen dicken Otto in einen Schlitten und zog ihn überall herum, dann machte Rudolf dasselbe mit den anderen. Aber Franzi (der dreijährige Erzherzog Franz Ferdinand) wußte sich etwas Besseres: er kletterte aufs Sofa und setzte sich neben Deine Schwägerin Sisi, mit der er lange plauderte.«[563]

Mit ihrer hinreißenden Schönheit konnte Elisabeth bezaubern und gefangennehmen, wann immer sie wollte. Diese Macht über die Menschen behielt sie bis an ihr Lebensende.

Der amerikanische Botschafter John Lothrop Motley, der der Kaiserin 1863 vorgestellt wurde, schrieb:

»Sie ist ein wundervolles Geschöpf, bewegt sich mit Anmut und Würde ... Sie ist viel schöner als auf den Photographien, die natürlich nicht den Eindruck blühender Jugend vermitteln können, den sie erweckt. Sie hat eine schöne Gestalt, und ihr Teint schimmert in jenem matten Weiß, das am Abend so effektvoll ist. Sie hat dunkle Augen, und der Ausdruck ihres Gesichts ist unglaublich sanft, sogar etwas schüchtern. Sie sprach mit leiser Stimme englisch mit uns, das sie sehr gut beherrscht.«[564]

Als der Schah von Persien zum Besuch der Weltausstellung von 1873 nach Wien kam, lag ihm vor allem daran, Kaiserin Elisabeth kennenzulernen, von deren großer Schönheit er gehört hatte. Als er ihr in der Hofburg vor dem Diner vorgestellt wurde, setzte er seine Brille auf und ging im Kreis um sie herum, um sie von allen Seiten zu betrachten, wobei er zu ihrer großen Erheiterung immer wieder murmelte: »Mon Dieu! Qu'elle est belle!«[565]

Sogar Erzherzogin Sofie war von Elisabeths Liebreiz angetan. Als die Kaiserin an einem Weihnachtsabend in einer Robe aus antikem Moiré in der Farbe reifer Erdbeeren erschien, erklärte die Erzherzogin, sie sähe aus wie ein Bonbon; bei einem Faschingsball trug sie ein weißes Kleid, das so duftig war »wie eine Wolke«; ihr Haar schmückten Kamelien, und Diamanten und Saphire funkelten an ihrem Hals, sie war »zauberhaft«, schrieb Sofie.[566]

Obwohl sie sich den höfischen Gepflogenheiten nun doch wenigstens zum Schein unterwarf, führte Elisabeth weiterhin ein Leben nach ihrem Geschmack. Die älteren Damen des Hofes klatschten über die exzentrischen Gewohnheiten der Kaiserin, über ihre strenge Diät aus Bouillon und Fruchteis, ihre anstrengenden gymnastischen Übungen, mit denen sie ihre schlanke Figur und ihre aufrechte Haltung bewahrte, und sie tuschelten darüber, daß sie aus einem Raum ihrer Wohnung in der Hofburg einen Turnsaal gemacht habe, wo sie an ihren Geräten übte und in einem kurzen Kettenhemd Fechtstunden nahm.

Sie ritt ständig. In Gödöllö in Ungarn nahm sie mit dem Kaiser an der Jagd teil. Bei ihren jährlichen Besuchen in England und Irland fehlte sie nie bei der Parforcejagd. Immer trug sie hübsche Reitkleider mit bauschigen Röcken und zierliche Hütchen, die sie jedoch nicht an wilden Querfeldeinritten hinderten. In der Hofreitschule in Wien nahm sie bei einem Zirkusreiter Unterricht – bei Hof munkelte man sogar, daß sie mit ihrem Pferd durch Reifen springe!

Sie hatte stets Tiere um sich, immer ihre riesigen Hunde; einmal, in Meran, sogar einen dressierten Bären. In Gödöllö erlaubte sie einer Schar Zigeuner, vor der Tür ihres Schlosses zu kampieren, und zum Entsetzen sämtlicher Hofdamen brachte sie einen kleinen Negerjungen als Spielgefährten für Valerie in die Hofburg.

Elisabeth war und blieb eine Romantikerin. Im Fasching 1874, als Franz Josef gerade auf einer Rußlandreise war, setzte sie eines Abends eine große rotblonde Perücke und eine Maske auf und kleidete sich in einen langen gelben Domino aus schwerem Brokat. So kostümiert, begab sie sich in Begleitung ihrer Freundin und Vorleserin Ida Ferenczy heimlich in den Großen Musikvereinssaal, wo gerade die berühmte Faschingsdienstagsredoute stattfand.[567]

Eine Zeitlang saßen die beiden Damen unbemerkt auf der Galerie und schauten dem Treiben im unter ihnen liegenden Ballsaal zu. Um ihr Abenteuer noch pikanter zu machen, mischte sich Ida Ferenczy schließlich unter die Menge – sie war, wie die Kaiserin, maskiert und trug einen roten Domino – und kam bald darauf mit einem gut aussehenden, fremden jungen Mann am Arm zurück.

Elisabeth, die von Ida als »meine Freundin Gabriele« vorgestellt wurde, unterhielt sich einige Minuten mit dem jungen Mann, dann fragte sie ihn: »Weißt du, ich bin hier ganz fremd . . . Was spricht man so im Volk vom Kaiser? Ist man mit seiner Regierung zufrieden? Sind die Folgen der Kriege schon ganz vernarbt?«

Der Fremde, ein junger Ministerialbeamter namens Fritz Pacher, war von dem Auftreten und der Stimme der Dame im gelben Domino fasziniert und zerbrach sich den Kopf, wer sie wohl sein könnte. Seine Antworten waren höflich und zurückhaltend.

»Kennst du die Kaiserin? Wie gefällt sie dir, und was spricht und denkt man über sie?« fragte sie ihn.

Er zögerte einen Augenblick, dann sagte er: »Die Kaiserin, die kenne ich natürlich nur vom Sehen, wenn sie in den Prater fährt, um dort zu reiten. Ich kann nur sagen, sie ist eine wunderbare, herrlich schöne Frau . . .« Er fügte hinzu, man bemängele in der Öffentlichkeit, daß sie sich so ungern sehen ließe und sich allzuviel mit ihren Pferden und Hunden beschäftige. »Man tut ihr da ganz gewiß unrecht«, sagte er, »aber ich weiß es, die Liebhaberei für Pferde und Hunde liegt in der Familie, und von ihrem Vater, dem Herzog Max, erzählt man, er habe einmal gesagt: ›Wenn mer nit Prinzen wär'n, wär'n mer Kunstreiter wor'n!‹«

Elisabeth lachte über die Anekdote und fragte dann: »Sag mir, für wie alt hältst du mich eigentlich?«

»Du? Du bist sechsunddreißig Jahre alt.« Unwillkürlich ging ein Ruck durch Elisabeths Gestalt: er hatte das genaue Alter der Kaiserin genannt. Zuerst wollte sie den jungen Mann impulsiv fortschicken, dann besann sie sich anders und erlaubte ihm, sie in den Saal hinunterzuführen, wo sie bis spät nach Mitternacht auf und ab spazierten und über Gott und die Welt, über Österreich und die Dichtkunst redeten. Fritz Pacher bemerkte, wie ungewohnt es der maskierten Dame war, im Gedränge geschoben und gestoßen zu werden; sie bebte am ganzen Körper, wenn man ihr nicht Platz machte. Einige Leute drehten sich nach ihr um und starrten sie an, aber nur einer schien zu ahnen, wer sie war, Graf Nikolaus Esterházy, der »Master« bei den Gödöllöer Fuchsjagden.

Als der Ball zu Ende ging, bat Elisabeth den Fremden, sie an den Wagen zu begleiten. Er mußte ihr versprechen, nicht mehr in den Saal zurückzukehren: »Hand darauf!«

Im letzten Augenblick bückte er sich nieder und versuchte, die Spitzen der Maske wegzuschieben, um ihr Gesicht zu sehen. Aber die Gefährtin im roten Domino stieß einen Schrei aus und stürzte sich dazwischen. Im nächsten Moment hatten die Damen den Wagen bestiegen und entschwanden in der Finsternis.

Der jugendliche Held des Faschingsabenteuers konnte diesen Abend nicht vergessen. Tagelang wanderte er in der Umgebung der Hofburg und im Prater umher, in der Hoffnung, die Kaiserin beim Reiten zu sehen. Einmal fuhr ihr aus der Hofburg kommender Wagen ganz nahe an ihm vorbei, ihr Blick fiel auf ihn, und sie schien ihn wiederzuerkennen. Als der Wagen vorüber war, sah er, wie sich die Klappe am hinteren Guckloch hob und dann wieder zufiel.

Einige Tage später erhielt Fritz Pacher einen mit »Gabriele« unterzeichneten Brief aus München, in dem sie ihn aufforderte, ihr »poste restante« zu antworten. Sie wechselten mehrere Briefe, aber das Rendezvous, das ihm die maskierte Dame versprochen hatte, fand nie statt. Im nächsten Jahr suchte er auf der Faschingsdienstagsredoute vergeblich nach dem Domino im gelben Brokat.

Franz Josef liebte seine bezaubernde Frau über alles. War sie verreist, so schrieb er ihr Briefe, die immer mit den Worten »Meine liebe himmlische Sisi« oder »Mein geliebter Engel« begannen und mit »Dein einsamer Kleiner« oder »Dein treuer Kleiner« unterschrieben waren.

Ungeheuer gewissenhaft in der Erfüllung seiner Pflichten, war Franz Josef täglich schon um fünf Uhr früh an seinem Schreibtisch, gab zweimal wöchentlich öffentliche Audienzen und nahm an allen höfischen Zeremonien teil.

Sein persönlicher Geschmack war einfach, und er gab für eigene Bedürfnisse wenig Geld aus. Ein neuer Kammerdiener, der die Pflege der kaiserlichen Garderobe übernahm, stellte mit Staunen fest, daß der Kaiser außer seinen Uniformen »kaum zwei brauchbare Tagesanzüge, einen Jagdanzug und einen einzigen altmodischen Abendanzug« besaß und daß die Unterwäsche Seiner Majestät in einem schauderhaften Zustand war; sie war nicht einmal aus Leinen, sondern aus Baumwolle und keineswegs so gut wie die des Kammerdieners.[568]

Franz Josef war sicherlich ein einsamer Mann. In seinem ganzen Leben scheint er nur einen einzigen Freund gehabt zu haben, seinen Großcousin Erzherzog Albrecht. Sooft sich der Kaiser eine kleine Atempause gönnen konnte, schrieb er ein paar Zeilen an Albrecht, in denen er ihn bat, ihn irgendwo in den Bergen zur Jagd zu treffen. »Ich sehne mich nach guter Bergluft«, schrieb er ihm, oder: »Ich habe Hunger und Durst nach den Bergen.« Er führte über seine Jagderfolge sorgfältig Buch und brachte es zwischen dem 2. Dezember 1848 – dem Tag seiner Thronbesteigung – und Juli 1861 auf 28 876 Abschüsse.

Immer noch fand sich die Familie Habsburg zu großen Familiendiners in der Hofburg ein, aber die ältere Generation schwand allmählich dahin: Die uralten erzherzoglichen Onkel, die sich noch an Napoleon erinnerten, oder der alte Onkel Ludwig, der letzte Enkel Maria Theresias, der 1865, oder die Kaiserinwitwe Karolina Augusta, die letzte Gattin Franz' I., die 1873 starb. Das abgedankte Herrscherpaar, Ferdinand und Maria Anna, verschied kurz danach.

Franz Josefs Vater, der alte Erzherzog Franz Karl, machte immer noch die tägliche Ausfahrt in seinem sechsspännigen Wagen mit Lakai und Vorreitern, und die Wiener, die schon immer an allem Altbekannten hingen, stellten sich am Straßenrand auf und jubelten und winkten, so daß er während der ganzen Fahrt kaum dazu kam, seinen hohen, altmodischen Zylinder aufzusetzen, wie er nachher seiner Frau erzählte.

Erzherzogin Sofie erholte sich nie mehr ganz von

dem Kummer uber Maximilians Tod in Mexiko. 1873 kehrte sie eines Nachts aus der Oper nach Hause zurück und setzte sich auf ihren Balkon, um noch etwas Luft zu schnappen. Sie schlief ein und wurde erst am nächsten Morgen halb erfroren aufgefunden. Eine Lungenentzündung war die Folge; ihr Zustand verschlimmerte sich rasch. Ihr Tod vollzog sich mit all der Würde und dem Anstand, den sie sich nur wünschen konnte. Verwandte und Höflinge waren in ihrer Suite versammelt, als sie, das uralte Habsburgerkreuz auf der Brust, ihr Leben aushauchte.

XIV

DIE TRAGÖDIE VON MAYERLING

1. *Ein neuer Thronfolger: Rudolf*

Die Regierung hat sich geändert
und ist der Republik einen Schritt nähergekommen.
Die Monarchie hat ihre alte Macht verloren
und klammert sich an das Vertrauen und die Liebe
des Volkes ... Die Monarchie ist eine mächtige Ruine,
die sich vielleicht von heute auf morgen halten kann,
die aber zuletzt doch fallen wird ...
Aus dem Notizheft des vierzehnjährigen
Kronprinzen Rudolf[569]

Im Unterrichtszimmer der Hofburg eignete sich inzwischen der Erbe des Hauses Habsburg, der aufgeweckte, frühreife Rudolf, erstaunliche Kenntnisse an. Im Lauf der Jahre kamen und gingen in der Burg 50 Hauslehrer, die seinen Kopf mit Geschichte, Sprachen und einem Dutzend anderer Dinge vollstopften. Außer Latein und Griechisch lernte er fließend Französisch, Ungarisch, Tschechisch und Kroatisch. Seine Erziehung war eine Staatsaffäre: In regelmäßigen Intervallen wurde er im Beisein seines Vaters und höfischer Würdenträger von einem Komitee von Professoren geprüft. Rudolf, der vielleicht mit einem schärferen Verstand begabt war als sämtliche Habsburger seit Josef II., rannte nach solch einer schweren Prüfung freudestrahlend zu seiner Großmutter und rief: »Der Papa war ungeheuer zufrieden!«[570] Tatsächlich bemerkte sein Vater einmal mit verzeihlichem Stolz, daß sein Sohn »wirklich gut, nicht nur kronprinzlich gut« lerne.[571]

Ein zartes, sensibles Kind, nervös und leicht entflammbar, glich Rudolf mit seinen adeligen Zügen der Mutter weit mehr als dem Vater.

Seine ersten Lebensjahre waren nicht glücklich: Die

Fotografien aus dieser Zeit zeigen ein ernstes kleines Gesichtchen mit zwei dunklen, sorgenvollen Augen, die manchmal ausgesprochen finster blicken. Die ungute häusliche Atmosphäre, der Konflikt zwischen der Mutter und der Großmutter, die langen Abwesenheiten seiner Mutter von zu Hause und das völlige Aufgehen des Vaters in den Regierungsgeschäften trugen ohne Zweifel – zusammen mit der von Natur aus zarten Gesundheit des Kindes – zu dessen nervöser Unsicherheit und innerer Angst bei.

Im Alter von sechs Jahren war er, wie dies bei den Habsburgersöhnen üblich war, in die Obhut seines ersten Erziehers gegeben worden, mit dem man eine ausgesprochen schlechte Wahl getroffen hatte. General Gondrecourt, ein eingefleischter Militarist, war von Erzherzogin Sofie wegen seiner außergewöhnlichen Frömmigkeit ausgewählt worden; er hatte kein Talent zur Kindererziehung und wenig Geduld mit dem nervösen kleinen Jungen, der leicht weinte und sich im Dunkeln fürchtete. Gondrecourts erste Instruktion lautete, den Buben so viel wie möglich »abzuhärten«.

An einem Wintermorgen hörte Kaiser Franz Josef Exerzierbefehle im Hof unter seinem Fenster; als er hinaussah, erblickte er seinen kleinen Sohn, der im tiefen Schnee wie ein Soldat exerzieren mußte. Gondrecourts übrige Methoden waren womöglich noch drastischer. Kaiserin Elisabeth sagte später einmal zu ihrer Vertrauten: »Es ist Wahnsinn, ein Kind von sechs Jahren mit Wasserkuren zu erschrecken und zum Helden machen zu wollen.«[572]

Im nächsten Sommer sperrte Gondrecourt Rudolf in den Lainzer Tiergarten, angeblich um ihm Mut beizubringen. Er selbst stand außerhalb der Mauer und rief dem Jungen zu, ein wilder Eber laufe drinnen frei herum. Erschrocken begann Rudolf zu schreien, aber der

Lehrer brüllte noch lauter auf ihn ein, bis das Kind vor hysterischer Angst ganz außer sich geriet.

Elisabeth war eben von einer ihrer langen Reisen zurückgekehrt. Sie und ihr Mann lebten jeder sein eigenes Leben in getrennten Appartements, ihr Dasein verlief in vorgezeichneten, parallelen Bahnen. Nach diesem Vorfall setzte sich Elisabeth hin und stellte dem Kaiser ein schriftliches Ultimatum: Entweder Gondrecourt ginge, oder sie selbst würde gehen. Gondrecourt wurde entlassen. An seiner Stelle wurde Graf Latour von Thurnburg aufgenommen, ein fähiger, überaus gebildeter Mann mit ausgesprochen liberalen Ansichten. Er leitete Rudolfs Erziehung während seiner ganzen Jugend und war gleichzeitig sein bester Freund.

Seiner Mentalität und seinem Temperament nach war Rudolf das genaue Gegenteil des gleichaltrigen Prinzen Wilhelm von Preußen, des Thronerben des neu gegründeten Deutschen Reiches. Während sich Rudolf zu einem geistig regen, aufgeschlossenen und toleranten Jüngling entwickelte, war Prinz Wilhelm ein engstirniger und frivoler Geck. Wien war in den siebziger Jahren von liberalem Geist erfüllt, und die liberalen Ideen, die in den Kaffeehäusern, in der Presse und im Parlament zur Debatte standen, fanden auch Eingang in Rudolfs Schulzimmer, zum Entsetzen solcher Erzkonservativer wie des alten Großcousins seines Vaters, Erzherzog Albrecht.

Mit neunzehn wurde Rudolf für volljährig erklärt; er erhielt seinen eigenen Hofstaat und dieselben Räume, die seinem Urgroßvater Franz I. vor fast hundert Jahren von dessen Onkel Josef II. übergeben worden waren. Wenn es möglich gewesen wäre, so hätte Rudolf vorgezogen, sein Studium an der Universität fortzusetzen, aber die Tradition ordnete für den Habsburgererben als nächste Schritte Ausbildung in der kaiserlichen Armee und Heirat einer passenden katholischen Prinzessin an.

Infolge seiner Stellung und seines Privatunterrichts war Rudolf völlig isoliert aufgewachsen. Er hatte keine gleichaltrigen Freunde, selbst innerhalb der Familie gab es niemanden, dem er sich ganz anvertraute. Die Beziehung zu seinem Vater war formell; und obwohl er seinem Temperament und seinen Neigungen nach seiner Mutter ähnlich war – wie sie war er schriftstellerisch begabt, liebte Reisen und Tiere –, so waren sie doch während seiner Kindheit zu lange voneinander getrennt gewesen, als daß sich ein engerer Kontakt hätte ergeben können. Sein Erzieher, Graf Latour, hatte lange Zeit in seinem Leben die Vaterstelle eingenommen. Nun wurde er auch von diesem getrennt. Ein paar Tage nach Latours Abschied schrieb Rudolfs neuer Hofmarschall, Graf Bombelles, an den Vorgänger:

»Ich sah, wie er mit den Tränen kämpfte und sagte zu ihm: ›Weinen Sie ruhig, Sie brauchen sich dieser Tränen nicht zu schämen.‹ Er weinte, und wir sprachen von Ihnen. Sein Herz öffnete sich mir . . . Er sehnt sich sehr nach Ihnen.«[573]

Die Aristokratensöhne dienten traditionsgemäß in der Kavallerie. Rudolf ging, wahrscheinlich aus freier Wahl, zur Infanterie, deren Offiziere fast alle aus dem Mittelstand kamen. Er machte kein Hehl aus seiner Verachtung für das Lotterleben, das die meisten jungen österreichischen Adeligen, einschließlich seiner Verwandten, führten. 1879 publizierte er gemeinsam mit einem seiner Lehrer, dem Wirtschaftswissenschaftler Karl Menger, ein anonym erschienenes Pamphlet, in dem er die österreichische Aristokratie aufforderte, eine verantwortungsbewußte Stellung in der Öffentlichkeit einzunehmen oder darauf gefaßt zu sein, ihren privilegierten Status einzubüßen.

Seine Familie drängte ihn bereits, eine Frau zu wählen. Von den wenigen in Frage kommenden katholischen Prinzessinnen schien die Verbindung mit der belgischen Prinzessin Stefanie die meisten Vorteile zu bieten. Sie war ein blasses, farbloses Kind von 15 Jahren, das noch nicht einmal die Pubertät erreicht hatte.

Die Hochzeit, die auf Verlangen Kaiserin Elisabeths verschoben worden war, fand schließlich im Mai 1881 statt. Stefanies Memoiren, die sie als alte und verbitterte Frau schrieb, enthalten kein freundliches Wort über Rudolf und ihre Ehe mit ihm, sie geben jedoch einen unbeabsichtigten Aufschluß über ihren eigenen Charakter. Sie war ein fürchterlicher Snob, egoistisch, und sie besaß keinen Funken Wärme oder Humor. Die Ehe war nicht glücklich. »Meine Illusionen wurden durch das schreckliche Erlebnis der Hochzeitsnacht zerstört«, schrieb Stefanie lakonisch.[574] Die beiden hatten noch weniger gemeinsam als die meisten Paare der Hocharistokratie. Rudolf nahm seine Frau zum »Heurigen« mit, in eine der kleinen Weinschenken am Stadtrand von Wien, wo er gerne hinging, um Wienerlieder zu hören, aber sie fand daran keinen Gefallen:

»Ich zog mich wie ein Mädchen des Mittelstandes an ... Die Luft war zum Ersticken. Es stank nach Knoblauch, verbranntem Fett, Wein und Tabak. Die Leute tanzten, Mädchen sprangen auf Tische und Bänke und sangen immer wieder dieselben banalen Schmachtfetzen.«[575]

Nach der Geburt einer Tochter, die den Namen Elisabeth erhielt, äußerten die Ärzte Zweifel, ob Stefanie noch weitere Kinder haben könne.

Rudolf litt unter der erzwungenen Untätigkeit, die so oft das Schicksal der Söhne regierender Fürsten war. »Ich bin zum Müßiggang verdammt«, schrieb er.[576]

Man gab ihm keine Gelegenheit, an den Regierungsgeschäften teilzunehmen, wie er sich sehnlich wünschte. Nach einem kurzen Flirt mit dem Liberalismus in den siebziger Jahren war Franz Josefs Regierung unter Führung des abgefeimten Konservativen Graf Eduard Taaffe immer weiter nach rechts gerückt. Rudolf blieb jedoch ein überzeugter Liberaler. 1881 schrieb er ein an seinen Vater gerichtetes »Memorandum über die politische Situation«, ähnlich dem Memorandum, das der junge Josef II. hundert Jahre vorher an seine Mutter adressiert hatte. Rudolf sprach sich darin für eine durchgreifende Bodenreform, für erhöhte Besteuerung des Großgrundbesitzes und für bürgerrechtliche Zugeständnisse an die slawischen Minderheiten aus. Während sich die österreichische Außenpolitik zu dem Berliner Kongreß von 1878 an Deutschland annäherte, plädierte Rudolf für engere Beziehungen nach Frankreich. »Was ist Deutschland im Vergleich zu Frankreich?« fragte er in seinem Memorandum. »Nichts als ein aufgeblähter Militärstaat . . .«[577]

Höflingen der alten Schule wie Graf Taaffe und dem Erzherzog Albrecht, der den Oberbefehl über die kaiserliche Armee hatte, erschienen solche Ansichten nicht nur arrogant, sondern auch gefährlich radikal. Über eine Antwort seines Vaters ist nichts bekannt.

Da ihm jede Teilnahme an der Regierung verweigert wurde, begann Rudolf ein geheimes Doppelleben zu führen. Er war mit mehreren prominenten liberalen Journalisten eng befreundet, insbesondere mit dem klugen Moritz Szeps, dem Chefredakteur des »Neuen Wiener Tagblatts«. Rudolf schrieb regelmäßig Beiträge für Szeps' liberale Zeitung, die natürlich anonym erschienen. Szeps besuchte Rudolf häufig nach Mitternacht in der Hofburg. Er wurde durch ein Seitentor eingelassen und gelangte über die Dienstbotentreppe in Rudolfs Appartement, wo die beiden dann stundenlang bei einer Flasche Wein beisammensaßen und sich über politische Probleme unterhielten.

In den achtziger Jahren trat in Österreich – wie auch in anderen europäischen Ländern – zum erstenmal eine rechtsradikale Gruppe an die Öffentlichkeit, die ausgesprochen antisemitisch und deutschfreundlich eingestellt war. Von ihrem Anführer, Georg von Schönerer, bezog Hitler später seine Anregungen. Im Herbst 1888, weniger als zwei Monate vor seinem Tod, wurde Rudolf gleichzeitig in Deutschland von der rechtsstehenden Presse, in Frankreich von dem Antisemiten Edouard Drumont und in Österreich von Schönerer angegriffen. Schönerer freilich wagte den Prinzen nicht öffentlich anzuklagen, sondern tat es auf indirekte Weise.[578]

Die genauen Lebensumstände Rudolfs während seiner letzten Monate sind nicht bekannt. Sein Familienleben litt unter zunehmenden Spannungen. Schon zu Lebzeiten hatte man ihn eines ausschweifenden Lebenswandels bezichtigt und versucht, ihn als adeligen Playboy darzustellen. Diese Flüsterkampagne verstärkte sich noch nach seinem Tod. Es ist nicht mehr festzustellen, wieviel Wahrheit gewisse skandalöse Gerüchte über ihn enthielten; sicherlich wurde er häufig mit seinem berüchtigten Cousin Erzherzog Otto verwechselt. Man hegt heute den dringenden Verdacht, daß viele der Klatschgeschichten über Rudolf bewußt in Umlauf gesetzt wurden, um seine politischen Ansichten in Mißkredit zu bringen.

Der junge Kronprinz war ohne Zweifel ein frustrierter Mensch; er urteilte pessimistisch über die Zukunft Europas und melancholisch über seine eigene. Polizeispitzel waren beauftragt worden, jeden seiner Schritte zu überwachen und darüber zu berichten, offenbar auf Befehl Taaffes. Rudolf schrieb an Szeps, man begänne ihm zu mißtrauen und ihn zu überwachen, und er sehe täglich klarer, welcher Ring der Spionage, Denunzierung und Überwachung ihn umgäbe.[579]

Stefanie erklärte später in ihren Memoiren, daß sie in seinen letzten Lebensmonaten eine tiefgreifende Veränderung an Rudolf bemerkt habe, die so auffallend war, daß sie mit seinem Vater darüber sprach. Franz Josef maß ihren Beobachtungen keine Bedeutung bei. Anscheinend begann Rudolf unmäßig zu trinken; dafür, daß er langfristige Selbstmordabsichten hegte, gibt es keine zuverlässigen Beweise.

An seinem 30. Geburtstag, am 21. August 1888, schrieb er an Szeps: Man müsse an die Zukunft glauben, und er hoffe und zähle auf die nächsten Jahre.[580]

2. *Mary Vetsera*

Und fragt ihr sonst noch etwas ihn – er schweigt.
Denn Schweigen ist das große Recht der Toten.
Robert Hamerling

Einen Monat nach Weihnachten, am Sonntag, den 27. Januar 1889, nahm Kaiser Franz Josef mit seinem Sohn Rudolf und seiner Schwiegertochter an einem Empfang in der Deutschen Botschaft aus Anlaß des 30. Geburtstages des Deutschen Kaisers teil. Kaiserin Elisabeth, deren Abneigung gegen das deutsche Kaiserhaus bekannt war und die derartige Gesellschaften ohnehin langweilten, war dem Empfang ferngeblieben.

Rudolf wurde an diesem Tag in demütigender Weise an Dinge erinnert, deren er sich ungern bewußt wurde: daß er selbst nicht die kleinste Rolle bei der Führung des Staates spielte, obwohl er schon im vergangenen August 30 Jahre alt geworden war; daß hingegen der frühere deutsche Kronprinz Wilhelm, den er verabscheute, nun das Deutsche Reich regierte.

Bei dem Empfang war auch eine gewisse Baronin Vetsera und deren beide Töchter anwesend. Mary, die jüngere, zog an diesem Abend viele Blicke auf sich, und ihre Mutter, der zu Ohren gekommen war, daß der Kronprinz sich für das Mädchen interessiere, bemerkte mit Besorgnis, daß die beiden bedeutungsvolle Blicke wechselten. Obwohl seine Frau zugegen war, hielt sich der Kronprinz während des ganzen Abends in Marys Nähe auf.

Mary Vetsera war siebzehn, ein betörend hübsches kleines Ding mit jenem Liebreiz, der die Blicke der Männer unwiderstehlich anzog. Ihr Gesicht und ihre Figur waren sanft gerundet, ihre blauen Augen mit den weißen sinnlichen Lidern waren von dunklen Wimpern überschattet. Der Prinz of Wales, der spätere Eduard VII., ohne Zweifel ein Kenner von weiblicher Schönheit, hatte Wien zwei Monate vorher besucht und Rudolf in einer Burgtheaterloge auf sie aufmerksam gemacht. Er beschrieb Mary später seiner Mutter, der Königin Viktoria, als »eines der hübschesten und am meisten bewunderten Mädchen von Wien«.[581]

Mary Vetseras Mutter, die verwitwete Baronin Helene, war eine halbe Griechin; die Familie war neu in der Wiener Gesellschaft und noch nie bei Hof empfangen worden. Der versnobte ältere Adel tat die Vetsera als Parvenüs ab, aber niemand konnte leugnen, daß sie eine anregende, sympathische und amüsante Familie war, die mit Geld großzügig umging und glänzende Gesellschaften gab. Marys Onkel waren Männer von Welt, die über Pferde, Frauen und Rennen bestens Bescheid wußten. Bei all ihrer lässigen Mondänität hatten Familien wie die Vetsera ein äußerst wachsames Auge auf ihre hübschen unverheirateten Töchter; Mary stand unter ständiger Aufsicht – sie verließ das Haus nur in Begleitung ihrer Zofe oder einer fallweise aufgenommenen »promeneuse«. War eine Frau einmal verheiratet, so war dies eine andere Sache.

Die Familie Vetsera rechnete damit, daß Mary früher oder später eine günstige Partie machen würde; ihr verliebtes Gerede über den Kronprinzen wurde nachsichtig als Schwärmerei belächelt, da schließlich die Hälfte aller Backfische Wiens in den gutaussehenden Kronprinzen verliebt war.

Wie Mary den Kronprinzen näher kennenlernte, steht nicht fest. Vielleicht durch einen Brief, den sie ihm indiskreterweise schrieb, wahrscheinlich jedoch durch die Vermittlung einer Cousine Rudolfs, der Gräfin Marie Larisch, die in der ganzen Affäre eine bedeutsame und recht zweifelhafte Rolle spielte. Sie war die Tochter eines Bruders der Kaiserin Elisabeth aus einer morganatischen Ehe mit einer Schauspielerin. Außerdem war sie mit Mary Vetseras Mutter befreundet. Unter dem Vorwand, Mary auf eine Ausfahrt oder zum Einkaufen mitzunehmen oder sie zum Tee einzuladen, arrangierte sie Rendezvous mit Rudolf, die entweder in ihrer Wohnung im Grand Hotel, auf einsamen Praterwegen oder in Rudolfs Appartement in der Hofburg stattfanden. Mit Hilfe ihrer Zofe gelang es Mary manchmal, abends aus dem Haus zu schlüpfen und schnell in Rudolfs Fiaker zu steigen, der sie auf der Straße erwartete.[582]

Es war eine sehr kurze, traurige kleine Affäre, die erst im November 1888 begonnen hatte – ein paar heimliche Rendezvous, einige Briefe, von denen niemals eine Spur gefunden wurde. Von Mary sind jedoch Briefe an ihre ehemalige Gouvernante erhalten, in denen sie ihr alles anvertraute. Diese Briefe wurden später in der von ihrer Mutter verfaßten Darstellung der Affäre zitiert:

»Ich kann nicht leben, ohne ihn gesehen oder gesprochen zu haben. Geben Sie sich, liebe Hermine, keine Mühe mit mir, ich weiß, daß alles, was Sie sagen, recht ist, allein ich kann nichts ändern. Ich habe zwei Freundinnen: Sie und Marie Larisch. Sie arbeiten für mein seelisches Glück und Marie für mein moralisches Unglück.«[583]

Etwas später schrieb sie an ihre Freundin:

»Heute bekommen Sie einen glückseligen Brief; denn ich war bei ihm. Marie Larisch nahm mich mit, Kommissionen zu besorgen; dann gingen wir zu Adele, um uns photographieren zu lassen, für ihn natürlich; und dann gingen wir wieder hinter das Grand Hotel, wo uns Bratfisch (Fiaker) erwartete. Wir hüllten unsere

Gesichter fest in die Boas, und fort ging es im sausenden Galopp – in die Burg. An einer kleinen eisernen Tür erwartete uns ein alter Diener, der uns über mehrere finstere Treppen und Zimmer führte und endlich vor einer Tür haltmachte und uns eintreten ließ. Beim Eintritt flog mir ein schwarzer Vogel, eine Art Rabe, an den Kopf, und eine Stimme im Nebenzimmer rief: ›Bitte, meine Damen, weiterzukommen, ich bin hier.‹ Wir gingen hinein, Marie stellte mich vor, und wir waren gleich in ein wienerisches Gespräch vertieft. Endlich sagte er: ›Ich habe mit der Gräfin allein zu sprechen‹ und ging mit Marie in ein anderes Zimmer. Ich untersuchte einstweilen alles. Auf seinem Schreibtisch lagen ein Revolver und ein Totenkopf. Ich nahm letzteren in die Hand und besah ihn von allen Seiten. Plötzlich kam er herein und nahm ihn mir ganz erschrocken aus der Hand. Als ich ihm sagte, daß ich mich gar nicht fürchtete, lächelte er.«[584]

Am 13. Januar 1889 schrieb die siebzehnjährige Mary ihrer alten Gouvernante:

»Ich war gestern von 7 bis 9 Uhr bei ihm. Wir haben beide den Kopf verloren. Jetzt gehören wir uns mit Leib und Seele an.«[585]

Rudolf gab dem Mädchen einen eisernen Ring und ein Medaillon, das die geheimnisvollen Lettern ILVBIDT trug. Als sie ihn fragte, was sie bedeuteten, erklärte er: »In Liebe vereint bis in den Tod.« Mit Hilfe der Gräfin Larisch hatte Mary ein goldenes Zigarettenetui für Rudolf gekauft, auf das sie gravieren ließ: »Dank dem glücklichen Geschicke – 13. Jänner 1889.«[586]

Am Tag nach dem Empfang in der Deutschen Botschaft, einem düsteren Montag im Januar, fuhr Gräfin Larisch beim Hause Vetsera vor, um Mary zu einem Einkaufsbummel abzuholen. Baronin Vetsera gab ihrer

Tochter einen Abschiedskuß – und sah sie nie mehr wieder, weder tot noch lebendig.

Viele Jahre später schrieb Marie Larisch, um sich gegen Angriffe zu verteidigen, eine Darstellung der traurigen Ereignisse dieses Tages. Nach ihrem Bericht fuhr Marie Larisch in ihrem gemieteten Fiaker sofort in die Augustinerstraße zu dem kleinen Seiteneingang der Burg. Dort erwartete Rudolfs Kammerdiener Loschek die Damen; er führte sie über Hintertreppen und Korridore und über ein Dach in das Appartement des Kronprinzen. Mary blieb dort zurück, während Marie zu dem Juwelierladen fuhr, wo die goldene Zigarettendose gekauft worden war, und dann zum Hause Vetsera zurückkehrte, wo sie aufgeregt meldete, daß Mary verschwunden sei, während sie sich im Geschäft aufgehalten habe.[587]

Mary Vetsera war inzwischen mit einem Wagen in einen Gasthof gebracht worden, der an der Straße nach Mayerling lag, wo sich das Jagdhaus des Kronprinzen befand.

Rudolf ging ruhelos in seiner Wohnung in der Burg auf und ab. Er hatte vorgehabt, erst am kommenden Tag, für den er Freunde zur Jagd eingeladen hatte, nach Mayerling hinauszufahren. Jedoch bestellte er jetzt einen Wagen für mittags, der ihn ins Jagdhaus bringen sollte, und sagte einem Diener, daß er abfahren würde, sobald ein Brief und ein Telegramm eingetroffen seien. Als der Diener den Brief und etwas später das Telegramm überbrachte, sah er den Kronprinzen in tiefe Gedanken versunken beim Fenster stehen und in den Hof hinunterstarren. In der Hand hielt er seine Uhr. »Er öffnete hastig das Telegramm, las es schnell, faltete es wieder zusammen, und gerade als ich aus dem Zimmer ging, warf er es auf den Tisch, wobei er ausrief, ›Ja, es muß geschehen . . .‹«[588]

Einige Minuten später verabschiedete er sich hastig von Stefanie und seiner kleinen Tochter und fuhr nach Mayerling ab. Der Polizeioffizier, der den Kronprinzen zu überwachen hatte, depeschierte an seinen Vorgesetzten, daß der Kronprinz ihn um 11.50 Uhr in Richtung Schönbrunn passiert habe.[589] Rudolf holte dann Mary aus dem Gasthof ab, wo sie auf ihn wartete, und sie fuhren miteinander zum Jagdhaus.

In der tiefen Stille des verschneiten Waldes verbrachten sie gemeinsam den Montagnachmittag und den Abend. Ein alter Diener Rudolfs war vorausgefahren, um für ihn zu kochen. Mary und der Kronprinz aßen ihr Abendbrot allein beim Schein eines Holzfeuers, sie tranken Champagner, während Rudolfs treuer Kutscher Bratfisch ihnen Wienerlieder vorsang.

Am Morgen des nächsten Tages – Dienstag, den 29. Januar – kamen Rudolfs Jagdgäste Graf Hoyos und der Schwager Stefanies, Prinz Philipp von Coburg, mit dem Frühzug an. Rudolf empfing sie sogleich, und die drei Herren frühstückten gemeinsam. Aber Rudolf ging nicht auf die Jagd und entschuldigte sich damit, daß er sich am Vortag verkühlt hätte. Er und Prinz Philipp wurden am Dienstag abend bei einem Familiendiner in der Hofburg erwartet, und Rudolf ersuchte Philipp später, ihn beim Kaiser und der Kaiserin damit zu entschuldigen, daß ihn seine Erkältung daran hindere, in die Stadt zu fahren.

Am Dienstag aß Graf Hoyos mit Rudolf zu Abend; weder Gäste noch Bedienstete – mit Ausnahme von Rudolfs Kammerdiener Loschek, dessen Zimmer neben Rudolfs Schlafzimmer lag – schliefen im Jagdhaus, sie waren einige Minuten davon entfernt untergebracht. Hoyos und Rudolf aßen an diesem Abend im Billardzimmer Jägerkost: Gänseleberpastete, Roastbeef, Rehbraten und Blätterteiggebäck. Hoyos erklärte nachher, daß er keine Ahnung von der Anwesenheit Mary Vetseras in dem eine Treppe höher gelegenen Raum hatte.

Beim Abendessen sprach Rudolf mit seinem Freund über eine politische Angelegenheit Ungarns, in welcher er im Lauf des Tages drei Telegramme erhalten hatte. Im ungarischen Parlament debattierte man eben über ein Verteidigungsgesetz, das die Wiener Regierung vorgeschlagen hatte; der Entwurf sah eine gemeinsame österreichisch-ungarische Armee vor, auf die Deutschland als Vertragspartner Österreichs bedeutenden Einfluß hätte ausüben können. Die ungarischen Nationalisten, die völlige Loslösung von Österreich anstrebten, lehnten den Plan ab. Ein Besuch, den sein Freund Pista Károlyi wenige Tage zuvor bei Rudolf gemacht hatte, gab zu Gerüchten Anlaß, daß Rudolf in Opposition zu seinem Vater und Taaffe die Nationalisten unterstützte. Rudolf schien von dieser Sache nicht übermäßig beunruhigt zu sein; er aß und trank herzhaft und, wie Hoyos sich ausdrückte, »übte den ganzen Zauber seiner Persönlichkeit aus«.[590] Um neun Uhr wünschte Hoyos dem Kronprinzen eine gute Nacht und begab sich in sein Schlafquartier. Rudolf erinnerte ihn daran, daß sie am nächsten Morgen zeitig ihr Frühstück einnehmen würden, da Prinz Philipp wieder mit dem ersten Zug eintreffen würde und sie dann alle drei auf die Jagd gehen wollten.

Am selben Tag (Dienstag, den 29. Januar) hatte Mary Vetseras Familie, durch die zweitägige Abwesenheit des Mädchens von zu Hause aufs äußerste beunruhigt, den Polizeichef Baron Kraus aufgesucht. In einer Eisenkassette, in der ihre Tochter ihre teuersten Schätze aufbewahrte, hatte Marys Mutter eine Fotografie des Kronprinzen und eine Art Letzten Willen und Testament in der Handschrift des Mädchens entdeckt. Baron

Kraus, der nicht das geringste Verlangen hatte, sich in einer so heiklen Angelegenheit wie die Amouren des Kronprinzen die Finger zu verbrennen, wies die Baronin darauf hin, daß die Polizei keine Jurisdiktion über kaiserliche Residenzen habe. Er riet ihr von übereilten Schritten ab, die höchstens dem guten Ruf ihrer Tochter schaden würden. In ihrer Verzweiflung und Angst wandte sich die Baronin Vetsera direkt an den Ministerpräsidenten Graf Taaffe und bat diesen um seine Hilfe bei der Suche nach ihrer Tochter. Der zynische alte Taaffe aber wies der Baronin ziemlich unhöflich die Tür.

An dem Abend, an welchem Rudolf mit Hoyos in Mayerling dinierte, wurde im Parlament ein Empfang gegeben. Anlaß dazu war die Einführung des elektrischen Lichts, das ab nun die Gaslaternen ersetzte. Während sie darauf warteten, daß um sieben Uhr die neumodischen Lichter zum erstenmal aufflammten, unterhielten sich Graf Taaffe und Polizeichef Kraus über die saftige Neuigkeit, die ihnen beiden an diesem Tag zu Ohren gekommen war – über Mary Vetseras Verschwinden und ihren vermutlichen Aufenthaltsort, über Baronin Helenes früheren Ruf und über die Reize ihrer jungen Tochter.[591]

Zur gleichen Stunde versammelten sich am Dienstag abend im Bankettsaal der Hofburg alle Habsburger. Prinz Philipp traf ziemlich spät ein und überbrachte Rudolfs Entschuldigung. Dann begann das Diner.

Am nächsten Morgen, Mittwoch, den 30. Januar, wollte Graf Hoyos eben sein Quartier verlassen, um sich zum Frühstück ins Jagdhaus des Kronprinzen zu begeben, als der Gendarm von Mayerling die Nachricht von Rudolfs Kammerdiener überbrachte, daß es ihm nicht gelungen sei, seinen Herrn aufzuwecken. Der Beamte fügte hinzu, der Kronprinz sei bereits um

6.30 Uhr aufgewesen, er sei komplett angekleidet im Vorraum erschienen und habe seinem Diener aufgetragen, ihn um 7.30 Uhr nochmals zu wecken und sein Frühstück sowie den Kutscher mit dem Wagen für dieselbe Zeit zu bestellen. Vor sich hinpfeifend, war Rudolf in sein Schlafzimmer zurückgekehrt. Um halb acht wollte Loschek ihn wieder wecken und hatte seither ohne Erfolg geklopft, zuerst mit den Knöcheln, dann mit einem Stück Holz, »ohne ein Lebenszeichen hervorzurufen«.[592]

Hoyos, der zur Jagdhütte eilte, fand beide Türen von Rudolfs Schlafzimmer versperrt. Nach einer späteren Aussage hörte er zu diesem Zeitpunkt zum erstenmal, daß Mary Vetsera sich beim Kronprinzen aufhielt.

Totenstille lastete über dem ganzen Haus. Statt die Tür gewaltsam aufzubrechen, begab sich Hoyos in das im Erdgeschoß gelegene Billardzimmer, um dort auf Prinz Philipp zu warten. Erst als dieser eintraf, befahl man Loschek, eine Türfüllung mit der Axt einzuschlagen. »Loschek schaute in das Zimmer und rief uns zu, daß beide tot im Bett lägen . . . Unsere Bestürzung und unser Schmerz waren unbeschreiblich.«[593]

Loschek griff mit der Hand durch die eingeschlagene Türfüllung und sperrte die Tür von innen auf. Nach Hoyos' Aussage betraten weder er noch Prinz Philipp das Schlafzimmer, aber Hoyos schickte den Kammerdiener hinein, der feststellen sollte, ob eins der beiden noch am Leben sei – für einen nahen Freund und Verwandten gewiß ein eigenartiges Verhalten. Loschek berichtete, daß »der Kronprinz über den Bettrand gebeugt dalag, vor ihm eine große Blutlache, und der Tod vermutlich durch Blausäure verursacht wurde, worauf der Blutsturz schließen lasse«.[594]

Hoyos ließ Prinz Philipp zur Bewachung der Toten zurück, er selbst eilte hinunter, sprang in den Wagen, der auf Rudolfs Befehl vor der Tür wartete, und fuhr zur Bahnstation Baden, wo er den Stationsvorstand beschwor, den Triest-Wien-Expreß, der in Kürze fällig wurde, aufzuhalten.

Ungefähr eine Stunde später eilte er in die Hofburg und überbrachte die schreckliche Nachricht zuerst dem Adjutanten des Kronprinzen, Graf Bombelles, dann Kaiserin Elisabeth.

Die Kaiserin hatte gerade ihre Griechischstunde – sie hatte seit einiger Zeit große Liebe zur Welt Homers gefaßt – und las mit ihrem kleinen buckligen Griechischlehrer die Odyssee im Original. Als ihre Hofdame anklopfte und ihr mitteilte, daß der Haushofmeister, Baron Nopcsa, sie zu sprechen wünsche, antwortete Elisabeth ungeduldig, er möge warten, bis ihre Stunde vorbei sei.

»Aber er bringt schlechte, wichtige Nachricht von Seiner kaiserlichen Hoheit, dem Kronprinzen, Eure Majestät!«[595]

Elisabeth erhob sich hastig und entließ den Lehrer. Dann vernahm sie, was Nopcsa ihr mitzuteilen hatte. Sie war außerstande, die erschütternde Nachricht vom Tod ihres Sohnes zu fassen. Gerade in diesem Augenblick hörte man rasche Schritte vor der Tür, es war der Kaiser, der sie besuchen kam. »Komm noch nicht herein!« rief Elisabeth. Sie trocknete ihre Tränen und rang um Fassung. Wenige Augenblicke später trat Franz Josef mit seinem schnellen, elastischen Schritt ein. Die Zeugen dieser Szene sagten, er habe den Raum wie ein Jüngling betreten und ihn als alter Mann verlassen.

Zur selben Stunde, als Kaiserin Elisabeth Franz Josef die Schreckensbotschaft vom Tod ihres einzigen Sohnes mitteilte, war Baronin Helene Vetsera auf der verzweifelten Suche nach ihrer vermißten Tochter in die Hofburg gekommen: dies war ihre letzte Hoffnung. Sie wartete in der Wohnung Ida Ferenczys, der Vorleserin Elisabeths, auf eine Audienz bei der Kaiserin.

Elisabeth ging zu ihr und überbrachte ihr die Nachricht in gefaßter Haltung. »Baronin, nehmen Sie allen Ihren Mut zusammen, Ihre Tochter ist tot!«

»Mein Kind!« rief die Baronin, »mein schönes, liebes Kind!«

»Aber wissen Sie«, fuhr die Kaiserin fort, »daß auch mein Rudolf tot ist?«

Sie entließ die Baronin mit den Worten: »Und jetzt merken Sie sich, daß Rudolf an Herzschlag gestorben ist!«[596]

Die schreckliche Nachricht hatte sich wie Lauffeuer durch die Gänge der Burg verbreitet und war bereits auf die Straße hinausgedrungen. Auch in der Umgebung von Mayerling und Baden war das Unglück bekanntgeworden. Am späten Nachmittag stand bereits ganz Wien im Bann des Ereignisses. An jeder Straßenecke sammelten sich Menschen an und sprachen gedämpft miteinander. Das »Neue Wiener Tagblatt«, für das Rudolf selbst geschrieben hatte, verkündete die Katastrophe in einem schwarzgerandeten Artikel: »Kronprinz Rudolf, die Hoffnung des Reiches, der Liebling aller Völker der Monarchie, ist tot! Ein Jagdunfall hat Österreich seines begabten, idealistischen Thronerben beraubt!«[597]

Noch am Morgen war der Hofarzt Dr. Widerhofer nach Mayerling hinausgeeilt. Am Nachmittag war eine offizielle Hofkommission entsandt worden. Sie hatten die beiden Leichname anscheinend unberührt vorgefunden: Mary, sorgsam auf das Bett gelegt, mit einem Einschußloch im Kopf, Rudolf in halb sitzender Stellung auf dem Bettrand, eine Seite des Schädels zerschmettert. Man hatte dem Kaiser sowohl Abschiedsbriefe von Rudolf als auch von Mary überbracht, aber keiner war an ihn gerichtet. Nach Einbruch der Dunkelheit wurde Rudolfs Leiche von Mayerling nach Wien überführt und auf seinem Bett in seinen Räumen in der Hofburg aufgebahrt.

Am Tag nach dem Selbstmord teilte die amtliche »Wiener Zeitung« in einem kurzen Artikel mit, daß Seine kaiserliche Hoheit, Kronprinz Rudolf, am vergangenen Tag in Mayerling plötzlich einem Herzschlag erlegen sei. Telegramme gleichen Inhalts gingen an alle bedeutenden Regierungschefs Europas ab. Mary Vetsera wurde nirgends öffentlich erwähnt.

Die wildesten Gerüchte machten in Wien die Runde. Die Hofkommission war aufgefordert worden, einen offiziellen Bericht zu verfassen, der als Todesursache Herzschlag angab; aber die Ärzte taten nicht mit. Am 2. Februar erschien in der »Wiener Zeitung« ein korrigiertes Kommuniqué, aus dem hervorging, daß der Kronprinz in einem Zustand schwerer Sinnesverwirrung Selbstmord begangen habe. Der Obduktionsbefund, der von angeblichen pathologischen Symptomen im Gehirn sprach, gestattete es, den Kronprinzen nach katholischem Ritus zu beerdigen, was sonst nicht möglich gewesen wäre. Der Vatikan zögerte dennoch, seine Erlaubnis zu erteilen.

In den düsteren Tagen zwischen dem 30. Januar und dem 5. Februar, dem Tag von Rudolfs Begräbnis, wurde der Name Mary Vetseras öffentlich nicht genannt. Bis zum Ende der Monarchie hielt das offizielle Österreich daran fest, daß Rudolf in Mayerling allein gestorben war. Graf Taaffe und Baron Kraus vertuschten gemeinsam den Doppelselbstmord, ohne Zweifel mit Billigung Franz Josefs und der Familie Habsburg. Dies geschah, teils um Rudolf ein christliches Begräbnis geben zu können, teils um das Ansehen der Monarchie soweit wie möglich zu wahren.

Ein Polizeikordon hielt die Neugierigen vom Jagdhaus in Mayerling fern. Mary Vetseras Familie, der man zwar mitgeteilt hatte, daß Mary tot sei, die aber noch keine Ahnung hatte, unter welchen Umständen sie gestorben war, wurde zunächst informiert, daß sie den Kronprinzen vergiftet und dann selbst Gift genommen habe. Ihre Mutter forderte man auf, Wien zu verlassen; sie begab sich tatsächlich auf eine Reise nach Venedig, verließ aber unterwegs, von Unruhe und Ungewißheit gepeinigt, den Zug und kehrte nach Wien zurück.

Am Tag nach dem Selbstmord wurden Marys Abschiedsbriefe ihrer Mutter überbracht unter der Bedingung, daß sie sie an den Kaiser zurückstelle. Mary hatte an ihre Mutter geschrieben:

»Liebe Mutter, verzeih mir, was ich getan. Ich konnte der Liebe nicht widerstehen. In Übereinstimmung mit ihm will ich neben ihm am Friedhof von Alland begraben sein. Ich bin glücklicher im Tode als im Leben.

Deine Mary.«[598]

Mary bat ihre Schwester, jedes Jahr am 13. Januar und an ihrem Todestag eine Kamelie auf ihr Grab zu legen. An ihren kleinen Bruder schrieb sie:

»Lebe wohl! Ich werde über Dich wachen von der anderen Welt, da ich Dich so liebe.

Deine treue Schwester.«[599]

Am selben Tag, dem Tag nach ihrem Tod, begaben sich die beiden Onkel Marys nach Mayerling, um den Leichnam zu identifizieren und in das Stift Heiligenkreuz zur Bestattung zu überführen. Sie wurden nach Einbruch der Dunkelheit in das Haus eingelassen. In einem im Obergeschoß gelegenen Wirtschaftsraum fanden sie die fast unbekleidete Leiche ihrer Nichte in einem Korb. Ihre Kleider hatte man in einem losen Haufen auf sie draufgeworfen. Das Blut an ihrer Stirnwunde war gestockt. Ihre Augen waren noch offen, die steifen Finger umklammerten ein kleines Spitzentaschentuch. Ihre Onkel mußten sie persönlich waschen und ihr die Kleider anziehen, die sie auf ihrer Fahrt nach Mayerling getragen hatte: ein dunkelgrünes Kostüm, ein Pelzmantel, ein kleiner Hut mit Federn.

Sie setzten die Leiche aufrecht, als ob sie lebte, in den wartenden Wagen und brachten sie so, zwischen sich eingeklemmt, in das Stift; ein Polizeibeamter saß neben dem Kutscher auf dem Bock. Die vereiste Bergstraße war äußerst rutschig, und der Wagen schlitterte von einer Seite auf die andere. Der makabre Zug – zwei Mitglieder der Hofkommission folgten in einem zweiten Wagen – erreichte erst kurz vor Mitternacht den Friedhof von Heiligenkreuz. Die Grube war noch nicht tief genug, und obwohl der Polizist den Totengräber anfeuerte, die gefrorene Erde schneller aufzugraben, dämmerte doch schon der Freitagmorgen, als die Einsegnung endlich vollzogen und der einfache Bleisarg hinuntergelassen werden konnte.[600]

Auch Rudolf hatte Abschiedsbriefe hinterlassen – einen für seine Mutter und einen für seine Schwester Marie Valerie. Seinen Kammerdiener bat er in einem Brief, einen Priester zu holen, der für ihn und Mary beten sollte. Er fügte hinzu, daß sie nebeneinander beerdigt werden wollten.

Die Leiche Rudolfs, deren zerschmetterter Schädel mit Wachs ausgefüllt und bandagiert worden war, blieb jedoch bis zum Begräbnis am 5. Februar in der Hofburg aufgebahrt. Er fand bei seinen Ahnen in der Kapuzinergruft die letzte Ruhestätte.

Für Franz Josef hatte Rudolf keinen Abschiedsbrief hinterlassen. Der gebrochene Vater ertrug stoisch die schweren Tage, die nun für ihn folgten. Er mußte die Besuche ausländischer Würdenträger empfangen, in Rom ein katholisches Begräbnis durchsetzen, und er ging allein hinter dem Sarg auf dem Weg in die Kirche, während die Kaiserin und ihre Tochter Marie Valerie in der Kapelle der Hofburg beteten.

Erst gegen Ende des Begräbnisses brach er zusammen. Er sagte zu Elisabeth: »Ich hab' mich gut gehalten. Nur in der Gruft, da ging's nicht mehr. Aber so wie heute ist es noch bei keinem Begräbnis zugegangen.«[601]

Die schwarze Marmorplatte über Rudolfs Grab trägt nur die sechs Buchstaben seines Namens: »Rudolf«. Aber Marys Grab auf dem sonnigen Hügel oberhalb des Stiftes von Heiligenkreuz, wo sie neben den vielen im Lauf der Jahrhunderte dahingeschiedenen Mönchen ruht, trägt ein Kreuz und einen Stein mit der Aufschrift:

Mary
Freiin Vetsera
geb. 19. März 1871
gest. 30. Januar 1889
Wie eine Blume sproßt der Mensch
auf und wird gebrochen.
Hiob 14,2

3. *Das Komplott des Schweigens*

Trotz des eisernen Zugriffs der kaiserlichen Zensur wurde die Tatsache der Anwesenheit Mary Vetseras im Sterbezimmer bald in der ganzen Welt bekannt. Der österreichischen Presse waren die Hände gebunden, aber ausländische Zeitungen, die Gerüchte über den Doppelselbstmord veröffentlichten, wurden nach Österreich geschmuggelt. Kaum einen Monat nach der Tragödie wurden von der Wiener Polizei an einem einzigen Tag 5000 ausländische Zeitungen beschlagnahmt. Für 40 Kreuzer verliehen die Wiener Fiaker zehn Minuten lang eine verbotene Zeitung, die sie unter dem Sitz versteckt hatten, und in den Kaffeehäusern konnte man um den Preis von einem Viertel Wein einen Blick in die Zeitung werfen, die hinter dem Schanktisch verborgen war.[602]

Die ausländischen Botschafter in Wien steckten ihre Nasen in die Affäre und schrieben ellenlange Berichte nach Hause, die zum größten Teil aus aufgeschnappten Gerüchten bestanden. Königin Viktoria bat ihren Gesandten in Wien, sie über alle Einzelheiten zu informieren, deren er habhaft werden konnte, wie schrecklich sie auch sein mochten.[603] Der päpstliche Nuntius verschaffte sich unter dem Vorwand, dort beten zu wollen, in Mayerling Zutritt ins Jagdhaus und durchstöberte das ganze Gebäude von oben bis unten, in der Hoffnung, der Wahrheit auf die Spur zu kommen.[604]

Die Regierung Seiner Majestät blieb unerbittlich. Alle, die etwas mit den letzten Tagen in Mayerling zu tun hatten, mußten strengstes Stillschweigen geloben, und fast alle Zeugen hielten Wort. Die Revolverkugeln, der Bericht der ärztlichen Hofkommission, die sofort entsandt worden war, um die Hintergründe der Tragödie zu untersuchen, die Berichte von Rudolfs Dienerschaft, die Abschiedsbriefe, sogar die persönliche Habe der beiden Toten – fast alles verschwand von der Bildfläche. Sogar das goldene Zigarettenetui, das Mary für Rudolf gekauft hatte und das seine Freunde noch kurz vor seinem Tod auf dem Schreibtisch gesehen hatten, war plötzlich unauffindbar.

Die offizielle Akte aller Mayerling-Dokumente, die wahrscheinlich von Graf Taaffe aufbewahrt wurde, verschwand ebenfalls, möglicherweise ist sie bei dem Feuer, das einige Jahre später in seinem Schloß in Böhmen ausbrach, zugrunde gegangen.

Es fehlt auch jede Spur von Hinweisen, die über Rudolfs Privatleben und seine politische Tätigkeit während der letzten Monate Aufschluß geben könnten. Sogar das Dossier Nr. 25, das Dokumente enthielt, die mit dem ungarischen Verteidigungsgesetz und mit Graf Pista Károlyis letztem Besuch beim Kronprinzen im Januar 1889 zusammenhängen, wurde vier Monate nach dem Tod des Kronprinzen aus dem Archiv des Außenministeriums entfernt und ist nie mehr dahin zurückgekehrt.

So gründlich, so sorgfältig wurde jedes Restchen Wahrheit, jedes Beweisstück vor den Augen der Öffentlichkeit verborgen, daß sogar heute, fast achtzig Jahre später, die volle Wahrheit sich allen Nachforschungen entzieht.

Und dennoch hätte die Wahrheit dem Kaiserhaus nicht größeren Schaden zufügen können als die Flut von Klatsch, Vermutungen, reinen Phantasiegebilden und Gerüchten, die sich in den folgenden Monaten über Europa ergoß. Die Tratschgeschichten über Rudolfs ausschweifenden Lebenswandel wurden wieder aufgewärmt und ausgeschmückt. Man sagte, er habe ein Mädchen aus Adelskreisen, die Prinzessin Aglaia

Auersperg, kompromittiert und sei von deren Bruder zu einem »amerikanischen Duell« aufgefordert worden, bei dem der Verlierer, der die schwarze Kugel zieht, sich selbst das Leben nehmen muß. Anderen Gerüchten zufolge wurde er von Marys Onkel erschossen, von Graf Hoyos im Duell getötet oder von maskierten Meuchelmördern, die sein Vater gedungen hatte, umgebracht, weil Franz Josef seinen verräterischen politischen Umtrieben ein Ende setzen wollte.[605]

Das Gerücht, daß Mary ihren Geliebten vergiftet habe, hielt sich hartnäckig, und die Familie Vetsera wurde von der Wiener Gesellschaft gemieden. Baronin Vetsera verteidigte sich, indem sie alles, was ihr über die Tragödie bekannt war, niederschrieb – damit hoffte sie auch, dem Andenken ihrer Tochter zu dienen. Sie ließ im Juni 1889 eine kleine Schrift drucken, die Marys Briefe an ihre Gouvernante und ihre Abschiedsbriefe enthielt. Das Büchlein wurde von der Polizei konfisziert und erst 1919 neu aufgelegt.

Rudolfs nächste Bekannte und seine späteren Biographen waren sich jedoch in einem Punkt einig: Nicht aus unglücklicher Liebe nahm sich der Kronprinz das Leben, wiewohl Mary von ihrer romantischen Leidenschaft in den Tod getrieben wurde, sondern aller Wahrscheinlichkeit nach aus politischen Gründen, die noch in Dunkel gehüllt sind.

Es wurde damals und auch später darüber gesprochen, daß Rudolf beim Papst um Scheidung seiner Ehe angesucht habe, und daß der Papst Rudolfs Vater davon informierte, was eine bittere Szene zwischen Vater und Sohn kurz vor den tragischen Ereignissen in Mayerling heraufbeschworen habe. Es gibt jedoch keinerlei Beweise für diese Theorie.

Wenn es tatsächlich zu einem offenen Streit gekommen sein sollte, so ist es wahrscheinlicher, daß er von politischen Ereignissen ausgelöst wurde; es ist bedeutsam, daß Rudolf für den Vater keinen Abschiedsbrief hinterließ.

Von seinen Abschiedsbriefen wurde nur der an seine Frau gerichtete veröffentlicht; anscheinend stand in allen Briefen dasselbe: daß nur der Tod seine Ehre retten könne. Kronprinzessin Stefanie publizierte in ihren Memoiren den letzten Brief ihres Mannes an sie:

»Liebe Stefanie!

Du bist von meiner Gegenwart und Plage befreit; werde glücklich auf Deine Art. Sei gut für die arme Kleine, die das einzige ist, was von mir übrig bleibt ... Ich gehe ruhig in den Tod, der allein meinen guten Namen retten kann.

Dich herzlichst umarmend, Dein Dich liebender Rudolf.«[606]

Seiner Schwester schrieb Rudolf: »Ich sterbe nicht gerne«, und seiner Mutter: »Ich weiß sehr gut, daß ich nicht würdig war, sein Sohn zu sein.«[607]

Welche politische Krise mochte zu Rudolfs Selbstmord geführt haben? Vielleicht eine Affäre, die mit den ungarischen Nationalisten zusammenhing. Vielleicht ging es um die Führung der österreichischen Armee. Fest steht, daß Erzherzog Albrecht, der Oberkommandierende der Armee, und Rudolf erbitterte Feinde waren.

Auf jeden Fall wurde die Geheimhaltung der Mayerling-Affäre durch die kaiserliche Zensur um einen enorm hohen Preis erkauft: der Name Habsburg wurde durch sie schwer kompromittiert und die Monarchie bis in ihre Grundfesten erschüttert.

In gewissem Sinn war die Nacht vom 30. Januar 1889 der Anfang vom Ende des Imperiums.

XV

FINALE IN DER HOFBURG

1. Elisabeth in Trauer

Der Tod ihres Sohnes war für Elisabeth ein unüberwindbarer Schlag. Sie glitt in ein Schattenreich der Melancholie und Einsamkeit, aus dem sie nie mehr zurückfand. Sie hatte es nicht über sich gebracht, Rudolfs Begräbnis beizuwohnen. Einige Tage danach, am 9. Februar, entläßt sie abends ihre Hofdamen und Zofen und geht wie sonst zu Bett. Kurz darauf erhebt sie sich wieder, kleidet sich an und verläßt die Burg unbemerkt durch ein Seitentor. Draußen winkt sie einem Fiaker und läßt sich von ihm zur Kapuzinergruft am Neuen Markt bringen. Sie weckt den Pater Guardian und läßt sich von ihm bis zu dem großen eisernen Tor der Gruft geleiten, will aber in der düsteren, eiskalten Totenhalle allein gelassen werden. Sie will »mit ihrem toten Sohn irgendwie in Verbindung treten«, und sie glaubt, »nur in der Geisterwelt wäre dies möglich, wenn es eine solche gäbe«. Am Sarg ihres Sohnes ruft sie dessen Namen: »Rudolf! Rudolf!« Ihre Stimme hallt in der Krypta wider, aber keine Antwort erfolgt, nur die welken Blätter der Kränze rascheln in der Zugluft.[608]

Sie schwor sich, bis an ihr Lebensende Trauer zu tragen. Zwar erschien sie, um ihrer Tochter Valerie eine Freude zu machen, am Weihnachtsabend in einem hellgrauen Kleid, aber in der Öffentlichkeit zeigte sie sich nur noch in schmucklosem Schwarz. Ihren Trauring trug sie an einer dünnen Kette um den Hals, zusammen mit zwei kleinen Medaillons. Das eine enthielt eine Haarsträhne ihres Sohnes, auf dem anderen waren die Verse des Psalmisten eingraviert: »Fürchte nicht die Schrecken der Nacht noch den Pfeil, der am Tage fliegt.«

Ein Jahr nach der Tragödie heiratete Elisabeths Lieblingstochter, ihre Jüngste, und verließ das Elternhaus. Nun gab es nichts mehr, was die Kaiserin zu Hause gehalten hätte. Sie nahm ihr Wanderleben wieder auf, von einer einzigen Vertrauten begleitet; stolz, einsam und ruhelos suchte sie das Geheimnis des Lebens und des Todes zu ergründen, ohne im mindesten zu ahnen, wo die Antwort zu finden sei.

Wenn sie zu Besuch in einem der europäischen Badeorte weilte, in Nauheim oder Karlsbad, oder auf einer Mittelmeerinsel, konnte man nicht mehr als einen kurzen Blick auf ihr schönes Gesicht erhaschen, das jetzt die ersten Spuren des Alters trug und das sie vor den Augen der Öffentlichkeit hinter einem weißen Sonnenschirm oder hinter einem Fächer verbarg. Das Achilleion, das zauberhafte Schloß, das sie sich auf Korfu erbauen ließ, wurde 1891 fertig; sie hielt sich kurze Zeit darin auf, fand aber auch dort keine Ruhe, und zwei Jahre später suchte sie es schon wieder zu verkaufen.

Um ihre aufrechte Gestalt schlank zu erhalten, fastete sie und lebte oft tagelang nur von Rindsuppe, Orangensaft und Veilcheneis. Das Reiten hatte sie aufgeben müssen; der Kaiser tauschte ein schönes Lipizzanerpaar gegen zwei englische Kühe ein, die die Kaiserin häufig auf ihren Reisen mitnahm. Als der Kaiser sie einmal fragte, was sie sich als Weihnachtsgeschenk wünsche, schrieb sie ihm, »einen jungen Königstiger, ein Medaillon oder ein vollständig eingerichtetes Narrenhaus«.[609]

Nicht lange nach Mayerling begannen die Zeitungen Gerüchte zu bringen, daß sie wahnsinnig geworden sei. Durch diese Meldungen verärgert, zeigte sie sich manchmal kurz an der Seite ihres Mannes in der Öffentlichkeit, um dann wieder auf Wochen, Monate oder Jahre zu ihrem abgeschiedenen Dasein zurückzukehren.

2. *Franz Josefs Freundin*

Gegen Ende der achtziger Jahre, einige Zeit vor Rudolfs Tod, hatte Elisabeth ihrem Gemahl eine besondere Freundlichkeit erwiesen: sie fand eine unterhaltsame Freundin für ihn, die junge hübsche Burgschauspielerin Katharina Schratt.

Franz Josef hatte Katharina Schratt schon auf der Bühne bewundert, und sie war ihm vorgestellt worden. Elisabeth förderte den Kontakt, indem sie einen Maler engagierte, der ein Porträt Katharinas malen sollte, und dann den Kaiser zu einer Porträtsitzung mitnahm. Drei Tage später schrieb Franz Josef an Frau Schratt; er dankte ihr, daß sie sich für das Bild zur Verfügung stellte, und bat sie, ein kleines Zeichen seiner Wertschätzung anzunehmen: einen Smaragdring.[610]

Frau Schratt war ein wirklich liebenswerter Mensch, sehr anziehend, wenn auch keine blendende Schönheit, fröhlich, warmherzig und ungezwungen, begabt mit der Fähigkeit, Trost zu spenden: kurz, eine reizende Person, die herzlich und gewinnend lachen konnte. Sie war keine besonders gute Schauspielerin, denn sie spielte immer für sich selbst, aber es war eine hübsche Rolle, und sie hatte einen großen Schwarm von Bewunderern. Franz Josef war 55 Jahre alt, als er sie kennenlernte. Ihre sehr wienerische Liebschaft – maßvoll, herbstlich und diskret – dauerte 30 Jahre, bis zum Tag seines Todes. In jener Zeit war das Telefon noch nicht an die Stelle des Briefes getreten, und die beiden schrieben sich fast täglich, wenn sie sich nicht sahen. Obwohl ihr Franz Josef in seinen Briefen gestand, daß er sie »furchtbar, ewig lieb« habe, und daß er sich ungeheuer nach ihr sehne, sprach er sie doch stets mit »Sie« an und unterschrieb sich »Ihr getreuester Franz Joseph« oder einfach »Ihr Franz Joseph«.

Katharina besuchte manchmal die Frühmesse in der Burgkapelle, wo sie einander sehen konnten. An einem frühen Morgen im Februar wurde sie in der Kapelle vor den Augen des Kaisers ohnmächtig, der ihr jedoch an diesem öffentlichen Ort nicht spontan zu Hilfe eilen konnte wie ein gewöhnlicher Liebhaber:

»Wie konnten Sie«, schrieb er ihr am nächsten Tag, »zu dieser frühen Stunde und bei dem kalten Wetter doch in die Kirche kommen. Sie muten sich überhaupt zu viel zu . . . Sie sollten wirklich in dieser Jahreszeit nicht so früh in die Kirche kommen und so glücklich ich immer bin, Sie dort zu wissen, denn sehen kann man es bei der herrschenden Finsternis nicht nennen, so liegt mir doch viel mehr an Ihrer Gesundheit, die Sie schonen sollten.«[611]

Der Kaiser wagte es auch nicht, sich ihr bei einem Ball im Redoutensaal der Hofburg zu nähern:

»Allein ich hätte müssen die Sie umringenden Leute durchbrechen, während man von allen Seiten mit und ohne Operngucker beobachtet wird und überall Pressehyänen, die jedes Wort aufschnappen, das man spricht . . . Übrigens, was hätten wir dort sprechen können . . .! Ich fürchtete, Sie könnten mir zürnen, daß ich mich Ihnen nicht genähert habe, und erst Ihr Brief beruhigt mich, es fiel mir ein Stein vom Herzen . . .«[612]

Bald besuchte die Schauspielerin den Kaiser zwei- oder dreimal wöchentlich in der Hofburg, oft kam sie nach der Probe auf eine kleine »Jause« zu ihm, oder sie leistete ihm einfach Gesellschaft, saß an seinem Schreibtisch und plauderte drauflos, während er seine bescheidene Mahlzeit einnahm. Um zu demonstrieren, daß ihre Besuche von der Kaiserin gebilligt wurden, machte sie gewöhnlich vorher eine kurze Visite bei deren Hofdame.

Franz Josefs Tochter, Erzherzogin Marie Valerie, die damals noch nicht verheiratet war, schrieb in ihr Tagebuch, daß sie oft zu viert dinierten: der Vater, die Mutter, Frau Schratt und sie. Valerie berührte dieses Arrangement peinlich; ihre Mutter fand es »gemütlich«.

Ohne Zweifel war diese »menage à trois« eine der ungewöhnlichsten in der Geschichte der Fürstenhäuser. Die beiden Frauen – die Kaiserin und die Schauspielerin – empfanden echte Sympathie füreinander. Beinahe schien es, als hätten sie die Rollen, die sie im Leben des Kaisers spielten, getauscht: Franz Josef brachte seiner Gemahlin weiterhin jene heftige Zuneigung entgegen, die ein Mann für eine trügerische Geliebte empfindet, die sich ihm immer wieder entzieht, während er Frau Schratt mit jener innigen Zärtlichkeit liebte, die ein Mann für seine brave und liebenswerte Ehefrau fühlt.

Katharina Schratt sorgte in bewundernswerter Weise für ihn und überschüttete ihn mit reizenden kleinen Aufmerksamkeiten. War er niedergeschlagen, so brachte sie ihm ein Stöckchen vierblättrigen Klee; an einem frostigen Märztag erfreute sie ihn mit einem frischen Veilchenstrauß; vor dem Ausgehen rückte sie seinen Hut zurecht, und sie vergaß nicht, ihn mit seinen geliebten Havannazigarren zu versorgen, die er aus Sparsamkeit ungern für sich selbst kaufte. Sie veranlaßte, daß eine Flasche Champagner und ein kleiner Imbiß in seinem Schlafzimmer für ihn bereitgehalten wurden, wenn er spät von einer offiziellen Veranstaltung zurückkehrte. Sie ließ einen warmen Umhang für ihn anfertigen, der in der Nähe der Eingangstür des Appartements der Kaiserin für ihn aufgehängt wurde, denn Elisabeth hielt sommers und winters die Fenster geöffnet, und ihr Mann fröstelte immer, sooft er ihre Räume betrat.

Nicht zuletzt war Katharina eine gute Zuhörerin, und Franz Josefs Geheimnisse waren bei ihr sicher aufgehoben.

Er dankte ihr in fürstlicher Weise. In materieller Hinsicht sorgte er diskret und betont väterlich für sie; zu ihrem Geburts- und Namenstag gab er ihr Geldgeschenke wie seinen eigenen Kindern auch.

Im Fasching des Jahres 1887 schrieb er ihr:

»Der Fasching naht seinem Ende, derselbe erfordert schöne Kleider, diese sind theuer, Sie sollen und dürfen keine Schulden machen, und so wäre ich Ihnen zu innigstem Danke verpflichtet, wenn Sie beiliegenden kleinen Beitrag zu den Kosten Ihrer Toilette in Freundschaft annehmen wollten. Ich halte Sie für eine ausgezeichnete und talentvolle Frau, aber von Ihren finanziellen Talenten bin ich noch nicht ganz überzeugt ...«[613]

Es dauerte nicht lange, bis er Katharina in einer hübschen kleinen Villa in der Nähe von Schönbrunn unterbrachte. Wenn er in Schönbrunn residierte, pflegte er sehr früh aufzustehen und gelangte dann durch eine kleine Seitenpforte in die Gloriettegasse, wo Katharina Schratt wohnte. Für gewöhnlich holte er sie zu einem Morgenspaziergang im Park ab, oder er frühstückte in ihrer Villa mit ihr. Manchmal erschien er auch zur Teestunde, wenn sie ihre amüsanten Freunde aus den Theaterkreisen zu Besuch hatte, oder er kam abends, um ein Schrammelquartett Wienerlieder spielen zu hören. Die Sommerferien verbrachte der Kaiser gewöhnlich in Bad Ischl. Katharina besaß auch dort eine Villa in der Nähe der kaiserlichen Sommerresidenz; ihr Haus trug den passenden Namen »Felicitas«.

Auch in dem Augenblick, als Franz Josef die schreckliche Nachricht vom Tod seines Sohnes erfuhr, wartete Katharina Schratt in einem Raum der Hofburg auf ihn. Obwohl sie alle seine Briefe sorgfältig aufbewahrte, sind zwei Briefe, die er ihr Anfang März 1889 schrieb und die sich offenbar auf das Unglück beziehen, in der Mitte durchgerissen und einige Teile davon vernichtet worden.

Während der langen Abwesenheiten seiner Frau ging Franz Josef manchmal durch ihre Räume und berührte die mit weißen Tüchern bedeckten Möbel:

»Die Augenblicke bei Deinem Frühstück und die gemeinsamen Abende gehen mir sehr ab, und schon zweimal war ich auf meinem Weg zur Bellaria in Deinen Zimmern, wo zwar alle Möbel verhängt sind, wo mich aber alles so wehmütig an Dich erinnert.«[614]

Zuerst bemühte sich Elisabeth, wenigstens die Weihnachtsfeiertage zu Hause zu verbringen, aber nach und nach begann sie, auch über Weihnachten fortzubleiben. Franz Josef schrieb ihr am 25. Dezember 1891:

»Heute will ich meine innigsten Glückwünsche mit der schönen Bitte darbringen, daß Du auch in der vielleicht kurzen Zukunft, die uns noch bemessen ist, ebenso gut und lieb für mich seist, wie Du es in immer zunehmendem Maße für mich warst. Aussprechen möchte ich es doch auch, da ich es nicht genug zu zeigen weiß, es Dich auch langweilen würde, wenn ich es immer zeigen würde, wie unbändig lieb ich dich habe. Gott segne, beschütze Dich und gebe uns ein gemütliches Wiedersehen, mehr haben wir nicht zu wünschen und zu hoffen.«[615]

Im September 1898 befand sich Elisabeth nach einer Kur in Bad Kissingen auf der Heimreise nach Wien. Sie wollte einige Tage in der Schweiz verbringen und trug sich unter dem Namen Gräfin Hohenems in das Register eines kleinen Hotels in Genf ein. Dennoch wußte jedermann Bescheid, um wen es sich da handelte, und die Genfer Zeitungen berichteten über das Eintreffen der österreichischen Kaiserin.

Am Morgen des 10. September machte Elisabeth in Begleitung einer einzigen Hofdame, der Gräfin Sztáray, in der Stadt Besorgungen. Sie kaufte für ihre Enkelkinder eine Musikschatulle. Zu Mittag verließen die beiden Damen das Hotel, um sich an Bord eines Ausflugsdampfers zu begeben, der sie in die am See gelegene Ortschaft Caux bringen sollte.

Auf ihrem Weg zur Lände hinunter prallte ein junger Mann, der herbeigelaufen kam, grob gegen Elisabeth und stieß sie nieder. Passanten halfen ihr auf die Füße, sie taumelte ein wenig, raffte sich aber zusammen und legte die hundert Schritte zu dem Dampfer zu Fuß zurück. Erst auf Deck brach sie zusammen und war binnen einer Stunde tot; eine dreikantige Feile war ihr ins Herz gestoßen worden.

Der Mord hatte nicht ihr persönlich gegolten. Der junge italienische Anarchist namens Lucheni, der sie ermordete, hatte nur im Sinn gehabt, das erstbeste Mitglied einer europäischen Herrscherfamilie, das sich ihm als Opfer bot, zu beseitigen.

Als man Franz Josef den Mord an seiner Frau telegraphisch meldete, war er in der Hofburg, Frau Schratt aber zur Erholung in den Bergen. Sie eilte nach Wien, um ihm beizustehen.

3. *Onkel und Neffe*

Oberflächlich änderte sich in der Hofburg nach Elisabeths Tod nur wenig. Sie war Wien durch viele Jahre hindurch ferngeblieben, Franz Josef mochte das Gefühl behalten, eines Tages würde ihm ein anderes Telegramm – aus Bad Kissingen, aus Genf oder Korfù – eingehändigt werden, das meldete, Elisabeth wäre wieder einmal auf dem Weg nach Wien.

Er wohnte weiter in seinen nüchternen Zimmern in der Hofburg, ein adretter, eleganter alter Herr mit hellen blauen Augen unter buschigen weißen Brauen, mit sorgfältig gebürstetem Backenbart. Ein Porträt Elisabeths stand in der Nähe seines Schreibtisches auf einer Staffelei, das Winterhalter-Porträt im Negligé, mit über die Schultern herabfallendem dunklem Haar. Sein Kammerdiener traf ihn oft dabei an, wie er das Bildnis der liebreizenden Frau betrachtete, die ihm ihr ganzes Leben lang ausgewichen war.

Auch mit Frau Schratt sprach er über Elisabeth, nannte sie seine Verklärte, seine Unvergeßliche. Er schrieb an seine Freundin:

»Neulich, als ich die Mondsichel bei der Rückfahrt von einer Schweineschütte zum erstenmal begrüßte, eilten meine Gedanken zu Ihnen und über das abendliche Himmelsgewölbe zu der teuren Verklärten, die niemals versäumte, den jungen Mond dreimal zu begrüßen.«[616]

Er fuhr fort, seine Pflichten mit peinlicher Genauigkeit zu erfüllen, stand stundenlang stramm aufgerichtet in Uniform am Ring, um Paraden abzunehmen, ritt bei Manövern mit, schritt barhäuptig, eine brennende Kerze in der Hand, in der Fronleichnamsprozession. Im

Mai führte seine Equipage die Prozession der Wagen an, die sich zwischen rosa blühenden Kastanienbaumen die Hauptallee im Prater hinunterschob.

Bei den Hofbällen im Fasching stieß der Hofmarschall, sobald die Gäste sich im Ballsaal der Hofburg versammelt hatten, dreimal mit seinem goldenen Stab auf den Boden, worauf ein Augenblick ehrfurchtsvoller Stille folgte. Dann stimmte das Orchester Haydns Hymne »Gott erhalte« an, die Flügeltüren flogen auf, und der Kaiser erschien, gefolgt von den Mitgliedern der Familie und seinem Adjutanten. Langsam schritt er den Kreis im Ballsaal aus, verhielt nur, um bald diesen, bald jenen zu begrüßen, während die Damen im tiefsten Hofknicks verharrten. Wenn er ans Ende gelangt war, wählte er die ranghöchste Dame und leitete wohlgemessenen Schrittes den Ball ein.

Am Gründonnerstag in der Karwoche reichte er, in Galauniform mit scharlachroten Hosen und weißem Rock, zwölf alten Männern die Holzschale voll Suppe und wusch ihnen dann eigenhändig die Füße.

Das Zeremoniell wurde rasch und präzise ausgeführt. Die Suppe wurde gereicht, doch noch bevor die Gäste aus dem Armenhaus mehr als einen Löffel davon gekostet hatten, nahmen ihnen die zum Dienst befohlenen Erzherzoge die Schüsseln schon wieder ab und trugen den Tisch davon, während Bedienstete bereits jedem der alten Männer den rechten Schuh und Socken abstreiften.

Der Kaiser zog seine weißen Handschuhe aus, kniete nieder und rückte schnell die Reihe der Stühle entlang; er goß Wasser aus einem gravierten Zinngefäß über die vorgestreckten Füße, während ein Priester das Wasser wieder in einem Silberbecken auffing. Am Ende der Reihe erhob sich der Kaiser. Der diensttuende Kämmerer schüttete frisches Wasser über seine Hände und reichte ihm auf einem silbernen Tablett ein Linnenhandtuch. Schließlich hängte der Kaiser jedem der alten Männer ein weißes Seidensäckchen um den Hals, das dreißig Silberkronen enthielt, und die zwölf wurden hinausgeleitet.

Es war ein überalterter Hof, der den ergreisenden Kaiser umgab. Gegen das Jahr 1900 waren die Menschen seiner Generation rings um ihn meist alle gestorben. Sein Bruder Karl Ludwig, ein Mann von frommem Übereifer, starb an Ruhr, nachdem er auf einer Pilgerfahrt ins Heilige Land aus dem Jordan getrunken hatte. Franz Josefs jüngerer Bruder Ludwig Viktor, der nicht geheiratet hatte, zog sich skandalumwölkt auf Schloß Kleßheim bei Salzburg zurück. Franz Josef sah ihn fast nie.

Ein tiefer Pessimismus bezüglich der Zukunft seines Reiches überschattete Franz Josef in den letzten Jahren. Er hatte das Gefühl, jene Eigenschaften, die sein Haus zur Macht geführt und jahrhundertelang an der Macht erhalten hatten – dieses Gefühl, von Gott bestellt zu sein, das Bewußtsein der Vorrechte und der Pflichten solcher Erwähltheit –, seien erloschen. Er hoffte nur noch, das Reich zusammenzuhalten und ungemindert seinen Erben zu übergeben. Was nach seinem Tod geschah, wer sollte das wissen?

In der jüngeren Generation gab es zahlreiche Rebellen, doch war keiner so durch und durch Frondeur wie Johann Salvator, Sohn des letzten Großherzogs von Toskana. Erzherzog Johann Salvator hatte aus den Ranglisten der Armee gelöscht werden müssen, weil er 1874 einen sehr kritischen Aufsatz über die Artillerie veröffentlichte. Immer wieder hatte er die Geduld des Kaisers angespannt, einmal hatte er danach gestrebt, die Krone Bulgariens zu erlangen, und in neuerer Zeit hatte er sich mit ungarischen Nationalisten auf eine Verschwörung eingelassen, wie es wohl auch Kronprinz Rudolf getan haben mochte.

Im Jahr der Tragödie von Mayerling hatte Johann ohne Erlaubnis des Kaisers (die für jeden Habsburger unerläßlich war) das Land verlassen und aus der Schweiz geschrieben, daß er für immer dem Erzherzogstitel entsage und den schlichten Namen Johann Orth annehme. Vergeblich versuchte er, erst der bulgarischen, dann der türkischen Armee beizutreten. Er nahm Hypotheken auf sein Schloß, erwarb in England ein Segelschiff, die »Santa Margherita«, und nahm Kurs auf Südamerika. Im Juli 1890 sank die »Santa Margherita« bei Kap Hoorn in einem Sturm, und 1911 verkündete der Hofmarschall offiziell die Todeserklärung für Johann Salvator.

Seit Rudolfs Tod in Mayerling war Franz Josefs Erbe der Sohn seines Bruders Karl Ludwig, Erzherzog Franz Ferdinand, ein moroser, cholerischer, humorloser Mann von ungebändigtem Temperament und leicht verletzbarem Stolz. Zwischen Onkel und Neffen bestand kein herzliches Verhältnis, es fehlte Franz Ferdinand völlig an Charme; er war, kurz gesagt, nicht, was die Österreicher sympathisch finden. Doch gab es in seinem Denken und Charakter gewisse Züge, die dem Lande eines Tages nützlich werden konnten; er war nicht unintelligent, und er konnte, wo es galt, seinen Willen durchzusetzen, unbeirrbar hartnäckig sein.

Diese Hartnäckigkeit trat auch in der Frage seiner Heirat zutage. Während die Familie glaubte, daß er sich um eine Cousine, die Tochter des reichen Erzherzogs Friedrich in Preßburg, bewerbe, galten seine Bemühungen in Wirklichkeit einer Hofdame des erzherzoglichen Haushalts, der Gräfin Sofie Chotek. Obwohl Sofie aus einer alten böhmischen Adelsfamilie stammte, wurde sie doch nicht für ebenbürtig erachtet und kam nach dem habsburgischen Familiengesetz für eine Ehe nicht in Frage.

Eines Tages vergaß Franz Ferdinand in Preßburg nach einer Tennispartie seine Taschenuhr, man öffnete sie und fand darin ein Bildnis der hübschen Sofie. Die Familie erbebte unter der Wucht dieser Nachricht. Sofie wurde unverzüglich aus dem Dienst der herzoglichen Familie entlassen. Doch Franz Ferdinand war nicht gesonnen, nachzugeben; er bestand darauf, Sofie zu heiraten.

Franz Josef war weder hartherzig noch völlig unerbittlich, doch waren Tradition und Gesetz der eigentliche Schlüssel zum System der Monarchie, und der Thronerbe war der Letzte, der es sich leisten konnte, das Hausgesetz zu mißachten. Franz Josef war dazu erzogen worden, die Pflicht höher zu veranschlagen als persönliches Glück; er hatte in seiner Familie die Tragödie derer, die sich nicht an diese Regel hielten, vor Augen gehabt. So verweigerte er dem Neffen die Heiratserlaubnis.

Auch daß Minister und ein Erzbischof ihre Überredungskunst aufboten, machte Franz Ferdinand nicht im geringsten nachgiebig. »Eure Exzellenz«, schrieb er dem Premierminister Ernst von Koerber, »ist von der Unerschütterlichkeit meines Entschlusses in Kenntnis gesetzt; es ist für mich eine Frage meines Lebens, meiner Existenz und meiner Zukunft.«[617] Schließlich gelang es ihm, dem Kaiser die Einwilligung zu einer morganatischen Ehe abzuringen.

Am 28. Juni 1900 mußte Franz Ferdinand vor einer Versammlung seiner Verwandten, der Minister seines Onkels und des Hofes schwören, daß seine Frau für immer vom kaiserlichen Rang ausgeschlossen bleiben und daß Kinder, die dieser Ehe entsprossen, von der Thronfolge ausgeschlossen sein sollten. Drei Tage später heiratete er seine Sofie.

Im Sommer dieses Jahres beging Franz Josef im Jagdschloß von Ischl seinen 70. Geburtstag. Es waren sorgenbeschwerte Ferien. Katharina Schratt hatte den Entschluß gefaßt, ihre Freundschaft zu dem Kaiser zu beenden, und die beiden sagten einander für immer Lebewohl. Seit dem Tod der Kaiserin waren die Zungen nicht zur Ruhe gekommen. Damit hatte man rechnen müssen. Doch Katharina fühlte sich verletzt durch Zurücksetzungen, die sie von seiten der Familie des Kaisers erfahren hatte, und durch eingebildete Kränkungen von ihm selbst. So entschloß sie sich, die Beziehungen zu lösen und Österreich zu verlassen.

Sie gingen ohne Bitterkeit auseinander, doch beide in Tränen; am nächsten Tag schrieb ihr Franz Josef:

»Vor vierundzwanzig Stunden verließ ich mein Zimmer zum letzten Gange zu Ihnen, mein heißgeliebter Engel! Nachdem Sie gestern meinen Blicken entschwunden waren, begegnete ich einem Rauchfangkehrer, der bei der Schmiede stand. Sie halten so etwas für ein Glückszeichen; vielleicht bringt mir diese Begegnung Glück, und Glück heißt für mich: Wiedersehen.«[618]

Er fühlte sich jämmerlich einsam. Ungefähr einen Monat später schrieb sein Hofmarschall, Fürst Liechtenstein, an Frau Ferenczy:

»Seine Majestät ist desperat und wird den Mangel an Erheiterung schwer ertragen . . . Die Gesundheit Seiner Majestät ist jedoch ausgezeichnet. In Galizien soll er vor seiner Kavallerie wie der Teufel geritten sein.«[619]

Diese Trennung von Frau Schratt währte ein volles Jahr. Im Mai 1901 schrieb er ihr aus Ungarn:

»Meine Stimmung ist unendlich traurig in meiner

trostlosen Einsamkeit, das Alter macht sich besonders in letzter Zeit immer fühlbarer, und ich bin sehr müde. Ich war so naiv, zu hoffen, daß Sie mir beim Tode meiner armen kleinen Urenkelin in Erinnerung an fünfzehnjährige treue Freundschaft ein Zeichen von Teilnahme geben würden. Auch darin habe ich mich getäuscht, und das hat mir sehr weh getan. Nun, etwas mehr oder weniger Kummer ändert nichts an der Sache, und man muß es eben tragen.«[620]

Schließlich brachte ihm im August 1901, als der Kaiser wieder in Bad Ischl zur Erholung weilte, Frau Schratts alte Köchin eine Botschaft zu seinem 71. Geburtstag. Ob er tags darauf in der Villa Felicitas vorsprechen wolle? Würde er es tun? Wirklich? Er gab Bescheid, er würde um 7.15 Uhr morgens vorsprechen, denn um 8.30 Uhr müsse er in der kaiserlichen Villa sein, um die förmlichen Geburtstagsglückwünsche seiner Familie entgegenzunehmen.

Für den Rest seines Lebens blieb die Schauspielerin der Mensch, der ihm am nächsten stand, vielleicht überhaupt der einzige in seinem ganzen Leben, der ihm wirklich nahestand.

4. *Wien um die Jahrhundertwende*

Sigmund Freuds Sohn Martin schildert die ersten Jahre nach der Jahrhundertwende in Österreich als ein »Goldenes Zeitalter, als eine Zeit, in der man in Ruhe und Frieden leben konnte. Nichts, was diesen Jahren gliche, ist uns je wieder gegeben worden.«[621]

Stefan Zweig sagt in einem sehnsüchtigen Blick auf das Wien jener Tage, es sei wundervoll gewesen, hier zu leben, in einer Atmosphäre geistiger Versöhnlichkeit, wo unterbewußt jedermann übernational, Kosmopolit und Weltbürger wurde.[622]

Es mag sein, daß Wien gerade infolge dieses kosmopolitischen Wesenszuges, infolge der außerordentlichen Rassenmischung im ersten Jahrzehnt des 20. Jahrhunderts zur Geburtsstätte des Neuen wurde, des Wunderbaren wie des Schrecklichen.

Brahms war noch nicht lange tot. In dem neuen Opernhaus am Ring dirigierte Gustav Mahler; er verlangte sowohl von den Künstlern als auch von der Zuhörerschaft Vollendung. Arnold Schönberg zerbrach die Musik und setzte sie neu zusammen. Während Gustav Klimt und andere im Jugendstilkreis ornamental langgliedrige Schönheiten in einer farbensatten Traumwelt malten, wanderte ein schlaksiger Junge aus der Provinz, der auf den Namen Oskar Kokoschka hörte, an Sonntagvormittagen durch die Gemäldegalerien. Und mitten in den traditionellen Marmor- und Goldprunk der neuen Ringstraßenbauten setzte Otto Wagner sein nacktes, eigenwilliges Postsparkassengebäude und erklärte dezidiert, nichts, was nicht auch praktisch sei, könne schön sein. Josef Hoffmann und Adolf Loos entwarfen Bauten von verblüffend klarer Linienführung, von strenger, zweckbetonter Struktur.

Und in diesen Jahren öffnete Sigmund Freud die dunkleren Gelasse des menschlichen Bewußtseins. An den Samstagabenden hielt er in der Psychiatrischen Klinik des Allgemeinen Krankenhauses Vorträge, unweit des alten Narrenturms, den Josef II. errichtet hatte auf der Suche nach Möglichkeiten, den Geistesgestörten zu helfen. An den Freitagabenden versammelte Freud seine Schüler um den langen Tisch im Warteraum seiner Praxis in der Berggasse, man trank schwarzen Kaffee, rauchte und focht doktrinäre Differenzen in der neuen Religion der Psychoanalyse aus.

Franz Josefs und Sigmund Freuds Pfade haben sich nur einmal gekreuzt. Nach dem Ringtheaterbrand stifteten die Habsburger das sogenannte Sühnhaus, und Freuds Tochter Anna gewann ein Geschenk des Kaisers, weil sie das erste Kind war, das dort geboren wurde.

Es waren die Cafés, in denen die neuen Ideen keimten, zwischen Journalisten, Intellektuellen und Künstlern, die hier beisammensaßen, Texte und Skizzen aufs Papier warfen und diskutierten. Im Café Griensteidl hatte eine junge Wiener Schriftstellergruppe – Hermann Bahr, Arthur Schnitzler, Hugo von Hofmannsthal – ihr Hauptquartier aufgeschlagen. Eine glanzvolle Gruppe von Journalisten, die für die Wiener Zeitungen schrieb, übte nachhaltigen Einfluß auf ganz Mitteleuropa aus. An der Spitze rangierte die »Neue Freie Presse«, eines der Weltblätter jener Tage, über deren Herausgeber scherzhaft gesagt wurde: »Nach ihm ist der Kaiser der wichtigste Mann im Land.«

Schon um 1900 war Wien von den sozialen Problemen beschwert, die seither alle Großstädte des 20. Jahrhunderts bedrückten. In den 40 Jahren vor 1900 war Wiens Bevölkerung um nicht weniger als 259 Prozent gestiegen – das war mehr als in jeder anderen Stadt Europas, außer Berlin.

Es herrschte arge Wohnungsnot. Obdachlose Arme drängten im Winter in die Wärmestuben, wo sie auf den dichtbesetzten Bänken sitzend schlafen konnten. Andere suchten vor Kälte, Wind und Regen Zuflucht in den Kanalisationsanlagen längs des Donaukanals und des Wienflusses, deren Eisentore man aufdrücken konnte.

Fast die Hälfte der Bevölkerung waren Zuwanderer, darunter Tausende und Abertausende von Juden, die vor den Pogromen im zaristischen Rußland geflüchtet waren. Der große Zustrom von Ostjuden schürte die bestehenden antisemitischen Vorurteile und verschaffte den Politikern der äußersten Rechten Gehör. Theodor Herzl, der hochbegabte Feuilletonredakteur der »Neuen Freien Presse«, sah wohl, wie das Gift des Judenhasses allmählich in die Adern Europas einsikkerte. Zuerst träumte er davon, seine Glaubensgenossen in einer gewaltigen Taufaktion zu den Stufen von Sankt Stephan zu führen, doch gab er diesen Plan als undurchführbar wieder auf und konzentrierte seine Kräfte auf die Idee einer nationalen Heimstätte für die Juden. Darauf war seine Schrift »Der Judenstaat« gegründet – die Keimzelle des modernen Israel.

Im Herbst 1906 – und dann wieder 1908 – trieb sich ein abgerissener junger Mensch aus Oberösterreich, den die Akademie der bildenden Künste als zu talentlos zurückgewiesen hatte, in den Straßen Wiens umher. Er schlief in Obdachlosenquartieren, aß in Suppenküchen und lauschte den Reden der Demagogen der äußersten Rechten. Er verfluchte diese Stadt um eben jenes Wesenszugs willen, in welchem Zweig den spezifischen Geist Wiens sah:

»Widerwärtig war mir das Rassenkonglomerat, das

die Reichshauptstadt zeigte, widerwärtig dieses ganze Völkergemisch von Tschechen, Polen, Ungarn, Ruthenen, Serben und Kroaten usw., zwischen allem aber als ewiger Spaltpilz der Menschheit – Juden und wieder Juden.«[623]

Hitler nannte Wien »die personifizierte Blutschande«, verdammte die Habsburger als »kosmopolitisch«, charakterisierte sie als »die degenerierteste, schuldbeladenste Dynastie, die das deutsche Volk jemals zu erdulden hatte«.[624]

Während, hauptsächlich außerhalb der Grenzen des Reiches, der Zusammenbruch des habsburgischen Vielvölkerstaats unaufhörlich vorausgesagt wurde, bezeichneten zivilisierte Österreicher die Situation ironisch als »verzweifelt, aber nicht ernst«.

Es stimmt, daß ein Ausländer, der einer Sitzung des Parlaments beiwohnte, sich in den Turm von Babel versetzt geglaubt hätte. An einem einzigen Tag konnte man leidenschaftliche Reden in einem Dutzend Sprachen hören, von denen die meisten Delegierten höchstens eine oder zwei verstanden.

Bei gewissen Gelegenheiten ließ sich das Parlament zu Gewalttätigkeiten fortreißen, wie es 1897 geschehen war, als Badenis Sprachendekret anordnete, alle Zivilbediensteten in Böhmen und Mähren, bis hinunter zu den Briefträgern und Straßenkehrern, müßten sowohl Tschechisch als auch Deutsch in Wort und Schrift beherrschen. Nationale Gefühle explodierten überall im Kaiserreich. Das Parlament glich bisweilen einem Irrenhaus. Tintenfässer flogen durch die Luft. Obstruktionsredner verlängerten künstlich die Sitzungen bis tief in die Nacht, Mitglieder des Hohen Hauses verprügelten einander, Tische wurden umgestürzt, Pfeifen schrillten, ein angesehener Professor des Römischen Rechtes blies schmetternd auf einem Feuerwehrhorn.

Die Sprachenerlasse wurden zurückgezogen, die Ordnung noch einmal hergestellt. Als die Sozialdemokraten einen großen Aufmarsch ankündigten, mit dem sie am 1. Mai für das allgemeine Wahlrecht demonstrieren wollten, schlotterten allen braven Konservativen die Knie. Aber die Kundgebung verlief ohne Zwischenfälle. Eine Viertelmillion Arbeiter marschierte über den Ring, sie schwangen Fahnen und Spruchbänder in einem Dutzend Sprachen, doch bedurfte es keines Schutzmannes, um die Ordnung aufrechtzuerhalten. Allmählich gewannen die Sozialdemokraten Einfluß in der Regierung, und im Jahre 1906 gab Franz Josef dem beharrlichen Verlangen nach einem allgemeinen Wahlrecht nach.

Die meisten Bürger in allen Kronländern des Reiches hielten dem Kaiser auch weiterhin die Treue. Behutsam, konservativ, langsam im Handeln, allem Neuen gegenüber mißtrauisch, dabei aber doch gerecht und fair, hielt Franz Josef eine sorglich gewahrte Linie zwischen Heiß und Kalt, Links und Rechts.

Schwierige Probleme blieben zu lösen, besonders was die Mitwirkung der Minderheiten im Staat betraf. Doch gab man sich in Österreich einem heiteren Optimismus hin, daß auch diese Probleme schließlich alle gelöst werden würden, vermutlich auf die spezifisch österreichische Manier, die man hier Fortwursteln nennt.

5. *Götterdämmerung*

Als Franz Josef 1910 sein 80. Lebensjahr vollendete, war er für sein Volk weniger ein Monarch als eine bestehende Einrichtung. Es gab Wiener, die ihn als Kinder an jenem fernen Maitag des Jahres 1849 in die Stadt hatten einreiten sehen, ein blonder hübscher junger Mensch in einer Uniform, die sich ihm wie Seide an den Leib schmiegte; sie hatten miterlebt, wie er sich in einen ernsten, gewichtigen Mann in mittleren Jahren verwandelte, einen Monarchen, der pünktlich jede seiner Pflichten erfüllte, nur selten laut lachte, öffentlich keine Träne vergoß oder sich auf irgendeine andere Weise die schweren Schläge anmerken ließ, die das Schicksal ihm, dem Mann wie dem Monarchen, zuteilte. Und jetzt sahen sie ihn in den ersten Jahren des 20. Jahrhunderts, einen vorbildlichen alten Gentleman mit silbrigem Haar und weißem Backenbart, einen grandiosen Anachronismus in einer Zeit, der er nicht mehr angehörte. Den Herzen seiner Österreicher war er nähergekommen, als er älter wurde, vielleicht weil seine guten Eigenschaften immer die guten Eigenschaften eines alten Mannes gewesen waren: Würde, Haltung, Gelassenheit, Abneigung gegen allen Wechsel.

Jahrelang waren im Ausland Gerüchte umgegangen, der österreichische Kaiser sei in Wirklichkeit schon lange tot und es bestehe in Wien eine Art Schauspielschule, die ältere Männer dazu ausbilde, vor der Öffentlichkeit seine Rolle zu spielen.

Franz Josef war indessen sehr lebendig und keineswegs gewillt, die Macht aus den Händen zu geben. Jeden Morgen pünktlich um halb vier Uhr weckte ihn sein Kammerdiener mit den Worten: »Ich bin zu Füßen Eurer Majestät. Guten Morgen.«[625]

Sein Badediener ging ihm zur Hand, während der Kaiser in dem Holzschaff, das in sein Schlafzimmer getragen wurde, badete. Der Kaiser kniete nieder, um sein Gebet zu sprechen, und saß dann bis zum Frühstück über seinen Akten. Das Frühstück bestand immer aus Kaffee, Buttersemmeln und – außer an Fasttagen – Schinken. Er war in der Wahl dessen, was er aß, nicht heikel. Einmal fand er beim Frühstück in seiner Semmel eine Küchenschabe eingebacken und befahl, dem Hofbäcker aufzusagen. Später jedoch, als er erfuhr, daß der Mann dadurch fast ruiniert sei, nahm er seine Dienste wieder an.

Auch sein Badediener bereitete ihm Ärger. Das Prestige und die Besoldung eines Bediensteten, der der Person der Allerhöchsten Majestät so nahe kam, waren beträchtlich, nur die Dienststunden – allmorgendlich im Winter wie im Sommer um drei Uhr früh – waren lästig. So fand der Badediener es bequemer, die Nacht über in einer Gastwirtschaft nahe der Hofburg zu sitzen und zum Dienst zu erscheinen, ohne zu Bett gegangen zu sein. Unglücklicherweise machte sich der Wein, den er dabei trank, um sich wach zu halten, immer mehr bemerkbar, und als der Diener eines Tages beinahe samt der allerhöchsten Person in den Badezuber fiel, mußte er entlassen werden.

In der Tat hat Franz Josef seine Tage vom Morgengrauen bis zur Abenddämmerung in seinem Arbeitszimmer an seinem mit Akten bedeckten Schreibtisch verbracht. Pedantisch hielt er ihn in Ordnung. Hinter dem umfänglichen Stehkalender hatte er eine kleine Bürste und einen Federwisch in Reichweite, um Asche oder Sand stets wegwischen zu können, wenn derlei mit der Tinte seiner Unterschrift eintrocknen wollte.

In dem kleinen Vorraum wurde auf einem Öfchen Wasser für das kaiserliche Waschbecken warm gehalten, auf einem Spiritusbrenner wurde der kaiserliche Frühstückskaffee gekocht. Die Hofküche lag so weit entfernt, daß das Mittagessen in zwei Zinnbehältern, die von glimmenden Kohlen warmgehalten wurden, herübergetragen werden mußte.

Der Kaiser ließ sich in seinem Arbeitszimmer rasieren; und hatte er einmal einen schmerzenden Zahn, dann riß ihn der Zahnarzt heraus, während der alte Mann aufrecht und ohne mit der Wimper zu zucken in seinem Stuhl saß.

Täglich zu Mittag erhob er sich von seinem Tisch, trat ans Fenster und beobachtete die Wachablöse im Burghof. Kamen seine Enkelkinder zu Besuch, so durften sie in das Arbeitszimmer hineinstürmen, er gab ihnen gebrauchte Briefumschläge zum Spielen und behielt sie zum Mittagessen bei sich.

In dem Arbeitszimmer nahmen der Kaiser und Frau Schratt gemütliche Mahlzeiten à deux ein, an einem Tisch, den sein Kammerdiener in die Mitte des Raumes schob. Erwartete er die Freundin zum Abendessen, so bestellte der Kaiser ihre Lieblingsgerichte, und sein Kammerdiener bemerkte, wie er immer wieder vom Schreibtisch aufsprang, in das anstoßende Schlafzimmer ging und sich Haar und Bart bürstete.

Katharina Schratt kümmerte sich auf bewundernswürdige Weise um den alten Herrn. Sie kaufte ihm einen warmen Schal, eine Keksdose und eine mechanische Nachtigall, die aus einer kleinen Schatulle sprang und bezaubernd sang, wenn man die Feder aufzog. Auf seinem Schreibtisch lag immer ein Taschenspiegel, auf dessen Rahmen von ihrer Hand geschrieben stand: »Portrait de la personne que j'aime.«

Sie erwies sich des Vertrauens, das er in sie setzte, als würdig und bewahrte die kleinen Geheimnisse ihrer

Liebe bis zu ihrem Tod. Und obwohl sie Franz Josef um viele Jahre überlebte – sie starb erst 1940 – schrieb sie niemals Memoiren und lehnte es ab, sich von der Presse interviewen oder fotografieren zu lassen. Die wenigen Zeitungsbilder, die in ihren letzten Jahren ohne ihr Wissen aufgenommen wurden, lassen ein freundliches, rosiges, großmütterliches Gesicht unter einem runden schwarzen Hut erkennen.

Die neu heraufkommenden Kräfte draußen in der Welt schockierten und verletzten Franz Josef ebenso wie die Königin Viktoria, die Jahre vor ihm gestorben war. Lange Zeit hindurch hatte er sich geweigert, in seinem Arbeitszimmer ein Telefon anbringen zu lassen, hatte keine Schreibmaschine um sich geduldet. Für die Telegraphie aber hatte er etwas übrig, das war eine Erfindung aus seiner Jugendzeit, sie hatte bereits eine gewisse Ehrwürdigkeit erlangt.

Keinesfalls wollte er einen Lift oder ein Auto benützen, und 1907 schrieb er an Frau Schratt:

»Daß Sie ein Automobil gemietet haben, freut mich weniger, da man sich ständig ängstigen muß.«[626]

Doch allmählich schickte er sich darein:

»Sie scheinen Ihr Automobil in großem Styl und auf weite Distanzen zu benützen, und wenn es, wie ich innigst hoffe, kein Malheur gibt, will ich nichts sagen, heimlich ist die Sache doch nicht.«[627]

Im selben Jahr kam König Edward VII. zu Besuch nach Bad Ischl und überredete Franz Josef, mit ihm in seinem Auto einen Ausflug zu machen. Die beiden Monarchen wurden auf dem Rücksitz des altmodischen Touringwagens fotografiert. König Edward sieht auf dem Bild recht wohlgelaunt aus, Franz Josef dagegen wirkt sehr skeptisch.

1908 feierte das Kaiserreich das 60. Regierungsjubiläum Franz Josefs, und ganz Habsburg versammelte sich in Schönbrunn, um den Patriarchen zu ehren.

Am Nachmittag des 1. Dezember, unmittelbar vor der feierlichen Illuminierung der Stadt, führten die Kinder der Familie Habsburg im Schönbrunner Schloßtheater ein Ballett auf. Vorher sammelte die älteste Tochter Marie Valerie ihre Kinder um sich, um ihnen das Märchen vom König, der eine Dornenkrone trägt, zu erzählen. »Stark wie ein Held, standhaft wie ein Dulder und gütig wie ein Weiser trägt er viele Kronen. Aber die eine, die niemand sieht, drückt, je länger er lebt, desto mehr sein Haupt: die Dornenkrone.«[628]

Das Kinderballett, das Franz Josefs Neffe Ferdinand Karl, ein leidenschaftlicher Theaterfreund, entworfen hatte, zeigte die altmodischen Tänze aus Franz Josefs Jugendzeit im Biedermeierkostüm. Der alte Kaiser war entzückt und weniger kritisch als der Ballettmeister, der, als er sich mit den Proben abplagte, ausgerufen hatte: »Meine Herrschaften, Sie tanzen wie die Kamele!«[629]

Zuletzt reihten sich die Kinder vor der Kaiserloge auf, um dem Kaiser, dessen Augen feucht geworden waren, Blumenbuketts darzubieten und ihm die Hand zu küssen.

Am nächsten Tag hielt der Thronerbe Franz Ferdinand vor der ganzen Familie, die sich in den Alexanderappartements der Hofburg versammelt hatte (in denen zur Zeit des Wiener Kongresses Zar Alexander I. logierte), die festliche Ansprache. In der Oper gab es eine Galavorstellung, das gesamte Publikum erhob sich, um das »Gott erhalte« zu singen – in Prag aber gab es in dieser Nacht Prügeleien zwischen Tschechen und Deutschen, die kaiserliche Flagge wurde heruntergerissen und in den Kot getreten, und ein tschechischer

Patriot donnerte: »Was ist die schwarzgelbe Fahne? Ein Anachronismus und nichts anderes.«[630]

Zwischen dem Kaiser und seinen Thronerben blieben die Beziehungen weiterhin gespannt, und es war einer von Franz Josefs schwersten Fehlern, erst seinem Sohn und nun wieder seinem Neffen gegenüber, daß er Franz Ferdinand nicht zu einer echten Teilnahme an den Regierungsgeschäften heranzog. Natürlich war es äußerst lästig, ein so greifbares Memento mori vor Augen zu haben wie einen Thronfolger, der ungeduldig vor der Tür stand und wartete, daß man starb. Franz Ferdinand nannte sich selbst »Sr. Majestät allergetreueste Opposition«. Im Belvedere sammelte er seinen eigenen kleinen Hofstaat und einen Kreis von Beratern um sich und bereitete sich ganz offenkundig auf den Tag der Machtübernahme vor.

Franz Ferdinands Ehe hatte sich als harmonisch und glücklich erwiesen; Sofie war eine liebevolle, tüchtige Frau und vorzügliche Mutter. Es war eine jener Ehen, die einen recht durchschnittlichen Mann auf eine beträchtlich höhere Stufe heben können. »Sofie ist ein wahrer Schatz, ich bin unbeschreiblich glücklich«, schrieb er seiner Stiefmutter.[631]

Franz Josef hatte Sofie zur Fürstin, danach zur Herzogin erhoben, doch das höfische Protokoll verwies sie weiterhin bei allen offiziellen Anlässen auf einen Platz weit unter ihren Gatten, und Franz Ferdinand litt grausam unter den Zurücksetzungen, denen seine Frau ausgesetzt war. In der Oper saß sie weit hinter der Kaiserloge statt an Franz Ferdinands Seite; an der Hoftafel war sie hinter allen Habsburgern placiert, mußte bei dem feierlichen Einzug in den Ballsaal hinter der jüngsten Erzherzogin zurücktreten. Leute, die dem Paar nahestanden, hielten es für sehr wahrscheinlich, daß Franz Ferdinand, war er erst Kaiser, seinen Verzicht widerrufen und seine Frau zur Kaiserin erheben werde.

In die Zeit vorausblickend, da er die Krone tragen würde, entwarf Franz Ferdinand freiheitliche Pläne für ein erneuertes und verbessertes Reich. Er war entschlossen, die Halsstarrigkeit, mit der die Magyaren am Prinzip der Doppelmonarchie festhielten, zu brechen. Den Slawen zugeneigt, gedachte Franz Ferdinand offenbar, aus den südslawischen Ländern einen dritten Staat zu bilden, die Monarchie trialistisch zu gestalten. Später dann, so schien es, wollte er einen föderalistischen Bund mehrerer Staaten im Rahmen des Kaiserreiches bilden, nach dem Modell der Schweiz und der Vereinigten Staaten.[632]

Eine ernste Krise, die den Staat an den Rand des Abgrundes führte, entstand 1908, als Franz Josefs Minister die Welt vor die Tatsache stellten, Bosnien und die Herzegowina würden kurzerhand annektiert. Der größte Teil der Balkanhalbinsel hatte 1877 mit Hilfe Rußlands seine Unabhängigkeit erlangt, doch waren die Großmächte eingeschritten, um einer vollständigen Vormacht des Zaren auf dem Balkan entgegenzuwirken. Die beiden Provinzen Bosnien und Herzegowina waren auf dem Berliner Kongreß 1878 Österreich-Ungarn zur Verwaltung übergeben worden.

Unter österreichischem Mandat waren die Provinzen, verglichen mit anderen Kolonien jener Zeit, tatsächlich gut verwaltet gewesen. Straßen, Schulen und Bahnen waren gebaut worden. Die Verbrecherstatistik wies in Bosnien und der Herzegowina niedrigere Quoten auf als in den übrigen Balkanländern. Bevölkerungsmäßig dominierten die Serben, doch gab es ansehnliche kroatische und türkische Minderheiten.

Der unmittelbare Anlaß, Bosnien und die Herzegowina zu annektieren, war der Staatsstreich der Jungtürken in Konstantinopel (1908), der, wie man befürchtete, die türkischen Ansprüche auf Rückgabe der beiden Provinzen neu beleben mochte. Ernster zu nehmen war indessen die Bedrohung durch das benachbarte Königreich Serbien, das sich die beiden Provinzen eines Tages einzuverleiben hoffte. Franz Josefs Regierung gab sich der Hoffnung hin, durch die Annexion den Druck der nationalistischen serbischen Agitatoren zu entkräften. Den Provinzen wurde eine Verfassung und, in naher Zukunft, die Autonomie versprochen. Dieser Schritt erwies sich jedoch als voreilig und unbedacht.

Die Annexion verursachte einen höllischen Lärm, der ganz Europa beunruhigte. Serbien drohte offen mit Krieg. Der österreichisch-ungarische Generalstabschef Franz Graf Conrad von Hötzendorf, der – wie die meisten über die Offizierslaufbahn zu politischem Einfluß gelangten Heerführer – Staatsprobleme gewaltsam lösen zu können glaubte, drängte zu einem unverzüglichen Präventivkrieg gegen Serbien. Erzherzog Franz Ferdinand hatte gegen die Annexion opponiert, jetzt ließ er Conrad nachdrücklich bestellen, er möge nicht weiter mit dem Säbel rasseln. »Krieg mit zwei Fronten, das wird das Ende vom Lied sein.«[633]

Die Krise wurde dem Anschein nach überwunden, doch fuhr Serbien fort, in den beiden Provinzen nationalistische Agitation zu betreiben, und die Spannungen wurden eher verschärft als gemildert.

1910 feierte der alte Kaiser seinen 80. Geburtstag, und 72 Mitglieder des Hauses Habsburg kamen nach Bad Ischl, um ihn zu ehren.

Es war ein arbeitsreicher Sommer gewesen; der Kaiser hatte eine Staatsvisite in Bosnien absolviert, die ohne Zwischenfall verlaufen war, obwohl Franz Josef seine Adjutanten beunruhigte, indem er von der geplanten Route abwich und gelassen in der Menge herumging.

Frau Schratt schrieb er zum Neujahrstag:

»Ich sehne mich unendlich nach Ihnen, Ihre liebe Gesellschaft geht mir sehr ab, und ich habe mich in letzter Zeit recht einsam und verlassen gefühlt.«[634]

Trotz seiner Altersmüdigkeit und trübseligen Stimmung war er jedoch energisch entschlossen, um jeden Preis am Frieden festzuhalten. Als Conrad von Hötzendorf und die Leute der Kriegspartei nicht aufhörten, zu bewaffnetem Einschreiten gegen Serbien zu drängen, verlor Franz Josef endlich die Geduld: Seine Politik sei die des Friedens. Dieser Politik habe sich jedermann zu fügen.[635]

Zwei Wochen später zwang man Hötzendorf zurückzutreten, doch etwas später, 1912, wurde er wieder in sein Amt eingesetzt. Es hatte sich niemand gefunden, der ihn ersetzen konnte.

6. Sarajewo

Noch lange nachher entsannen sich Europäer des Sommers 1914 als eines Sommers von geradezu unheimlicher Schönheit und seligem Sonnenschein. Urlauber strömten in die Berge und an die Küste. In den eleganten Badeorten Österreichs und Böhmens nippten die Damen in weißen Sommerkleidern an ihren Teetassen oder löffelten ihr »Gefrorenes« und lauschten den Straußwalzern, die aus den von samtigem Rasen umgebenen Musikpavillons erklangen. »Heute noch«, schrieb Stefan Zweig, »wenn ich das Wort Sommer ausspreche, muß ich unwillkürlich an jene strahlenden Julitage denken, die ich damals in Baden bei Wien verbrachte.«[636]

Franz Josef hatte zu Ostern, während eines Besuches des Deutschen Kaisers, an einer Erkältung gelitten, die sich zu einer leichten Lungenentzündung auswuchs; wochenlang mußte er sein Eisenbett in der Hofburg hüten. Im Mai jedoch saß er wieder an seinem Schreibtisch und nahm seine Spaziergänge mit Frau Schratt von neuem auf.

Anfang Juni meldete sich sein Neffe Franz Ferdinand bei ihm, um den Kaiser daran zu erinnern, daß er nun bald zu den Manövern nach Bosnien fahren würde, an denen er in seiner Stellung als Generalinspektor für die gesamte bewaffnete Macht teilnehmen wollte. Aus zahlreichen Gründen hatte er, was diesen Besuch in Bosnien betraf, kein gutes Gefühl, auch kündigte sich ein sehr heißer Sommer an, und der Thronfolger war ein etwas beleibter Mann, dem Hitze arg zusetzen konnte.

»Tue nach deinem Belieben«, antwortete ihm der Kaiser.

Franz Ferdinand war sich darüber im klaren, daß diese Reise nicht gefahrlos war. Seit der Annexionskrise von 1908 und lebhafter noch nach dem Balkankrieg von 1913 hatte eine serbische Terroristenorganisation mit dem Namen »Schwarze Hand« in Bosnien intensiv gegen das Habsburgerregime agitiert. Die Gruppe bezog ihre Inspirationen von den anarchistischen Methoden des Russen Bakunin und hatte es sich zum Ziel gesetzt, mit Hilfe von Gewalt ein Großserbisches Reich zu errichten.

Wenn die österreichischen Instanzen wahrscheinlich auch nichts von der Existenz der »Schwarzen Hand« wußten, so war ihnen doch bekannt, daß in diesen Gebieten bereits Terrorakte stattgefunden hatten. Sogar in einer so fernen Stadt wie Chikago hatte im Dezember 1913 eine serbische Zeitung angekündigt:

»Der österreichische Thronfolger hat für das Frühjahr seinen Besuch in Sarajewo angesagt. Jeder Serbe möge sich das merken. Wenn der Thronfolger nach Bosnien will, bestreiten wir die Kosten . . . Serben, ergreift alles, was Ihr könnt, Messer, Gewehre, Bomben und Dynamit. Nehmet heilige Rache! Tod der Habsburgerdynastie.«[637]

Franz Ferdinand aber hatte nicht lange vor Antritt der Reise zu einem Freund gesagt: »Unter einen Glassturz lasse ich mich nicht stellen. In Lebensgefahr sind wir immer. Man muß nur auf Gott vertrauen.«[638] Er und Sofie traten am 24. Juni die Reise nach Bosnien an.

Vielleicht wäre er besorgter gewesen, wenn er gewußt hätte, daß tatsächlich am Tage nach seinem Gespräch mit Franz Josef, am 5. Juni 1914, der serbische Gesandte in Wien, Jovan Jovanović, dem österreichischen Finanzminister die Warnung hatte zugehen lassen, daß man ihn aus Belgrad über eine Verschwörung gegen den Erzherzog informiert habe. Doch war diese Warnung in so vage Worte gekleidet, daß Jovanović sich damit begnügte, zu verstehen zu geben, es wäre wohl das beste, die Manöver abzusagen. Weiter gedieh diese Angelegenheit nicht.

Die Wahrheit aber war, daß im Frühling 1914 Mitglieder der »Schwarzen Hand« endgültig den Mord an Franz Ferdinand beschlossen hatten. Der Anführer dieser Verschwörung, die offenbar russische Unterstützung genoß, war der Chef des Spionagedienstes der serbischen Armee, Oberst Dragutin Dimitrijević, bekannt unter dem Decknamen »Apis«, die Biene. Apis besaß sowohl in Verschwörungen als auch in Mordangelegenheiten Erfahrung, er hatte 1903 an der Palastrevolution in Serbien teilgenommen und bei der Ermordung des damals regierenden Königs und der Königin mitgewirkt.

Franz Ferdinand mußte sterben, nicht sosehr deshalb, weil er der habsburgische Thronerbe und als solcher den serbischen Nationalisten verhaßt war, sondern gerade weil sein Plan, einen autonomen südslawischen Staat im Rahmen des Reiches zu schaffen, sehr wohl geeignet war, die in den beiden Provinzen lebenden Serben zu befrieden und damit den serbischen Hoffnungen, sich Bosnien und die Herzegowina einzuverleiben, ein Ende zu setzen.

Der Besuch in Bosnien verlief tatsächlich sehr zufriedenstellend. Franz Ferdinand nahm an den Manövern teil, und Sofie stattete Schulen, Waisenhäusern und Kirchen offizielle Besuche ab – eine Aufgabe, der sie sich in vollendeter Form zu unterziehen wußte.

Am letzten Tag ihres Aufenthalts in Bosnien, nach einem Abschiedsbankett in Ilidže bei Sarajewo am 27. Juni, sagte Sofie strahlend zu dem neben ihr sitzenden

Kroatenführer: »Nun, lieber Doktor Sunarić, Sie haben doch unrecht behalten, überall, wohin wir kamen, sind wir mit großer Herzlichkeit begrüßt worden.«[639]

Am nächsten Tag, einem Sonntag, dem letzten Tag ihres Aufenthalts in Bosnien – es fügte sich, daß es der Veitstag, ein serbischer nationaler Gedenktag, war – wurden sie bei einem Empfang erwartet, den der Bürgermeister von Sarajewo gab. Darauf sollte ein Abschiedsessen im Hause des Landeschefs folgen. Abends würden sie dann im Zug sitzen, um nach Wien zurückzufahren, wo ihre Kinder sie erwarteten.

Die für diesen Tag getroffenen Sicherheitsmaßnahmen waren seltsam locker. Ein paar verdächtige Personen waren in Haft genommen worden, und an der offiziellen Fahrtroute war in weiten Abständen eine Handvoll Polizisten aufgestellt.

Um 10 Uhr morgens bestiegen Sofie in weißem Kleid und mit einem Federhut, Franz Ferdinand in seiner mit Medaillen behangenen Uniform, mit dem auffälligen grüngefiederten Generalshut, das offene Automobil, das sie zum Rathaus fahren sollte. Als die Reihe der offiziellen Wagen langsam den breiten Appelkai entlangrollte, warf einer der Verschwörer, ein jugendlicher Schriftsetzer namens Cabrinović, eine Bombe nach dem Wagen des Erzherzogs. Die Bombe schlug auf das zurückgeklappte Dach und prallte auf die Straße zurück, wo sie einige Neugierige und einen Adjutanten des Landeschefs von Bosnien, der in dem nächstfolgenden Wagen fuhr, verletzte.

Franz Ferdinand selbst war unverletzt, aber wütend. Im Rathaus kochte sein Zorn über, und er brüllte den Bürgermeister an: »Herr Bürgermeister, da kommt man zu Besuch hierher und wird mit Bomben empfangen!«[640]

Er beruhigte sich indessen bald wieder und erkundigte sich danach, ob der Bombenwerfer festgenommen sei. Als man ihm versicherte, man habe den Mann in Haft, murrte der Erzherzog: Dem werde man nach gut österreichischer Manier wahrscheinlich eine Verdienstmedaille verleihen.[641]

Der Bürgermeister hatte seine Rede auswendig gelernt und schickte sich nun an, sie vorzubringen, doch klangen seine Worte jetzt etwas ironisch: Alle Bürger Sarajewos seien überglücklich und begrüßten begeistert den höchst ehrenden Besuch der beiden Hoheiten mit herzlichstem »Willkommen!«[642]

Als hernach Franz Ferdinand Sofie überreden wollte, die Stadt in Begleitung eines seiner Adjutanten sofort zu verlassen, antwortete sie mit Festigkeit: »Nein, Franz, ich bleibe bei dir.«[643]

Jemand empfahl, das restliche Tagesprogramm abzusagen, doch der Landeschef der Provinzen, Feldzeugmeister Oskar Potiorek, erwiderte mit prahlerischer Vermessenheit: »Glauben Sie, Sarajewo steckt voll von Mördern?«[644]

Doch es verhielt sich tatsächlich so.

Wieder bestieg die Gesellschaft die wartenden Autos. Sie würden zuerst zum Krankenhaus fahren, um den verwundeten Adjutanten zu besuchen, entschied Franz Ferdinand, dann das Nationalmuseum besichtigen und hernach, wie im Programm vorgesehen, das Mittagessen einnehmen. Die Fahrtroute sollte indessen aus Sicherheitsgründen gegenüber der geplanten und veröffentlichten etwas abgeändert werden. Infolge eines jener unseligen Zufälle, die dem Lauf der Geschichte plötzlich eine andere, unerwartete Richtung geben können, dachte niemand daran, den Chauffeur des Wagens, in welchem das erzherzogliche Paar fuhr, von der beschlossenen Abänderung der Route zu verständigen, und so bog das Automobil, anstatt schnurgerade den Appelkai hinunterzufahren, rechts in die Franz-Josef-Straße ein – wie ursprünglich vorgesehen. Der Landeschef beugte sich vor und wies den Chauffeur an, zu wenden. Der Fahrer bremste, begann umständlich zu reversieren und brachte das Fahrzeug direkt an einen der Mörder, Gavrilo Princip, heran, der nichts weiter zu tun hatte, als seine Pistole zu ziehen und auf zwei Meter Distanz loszuschießen. Es war der vielleicht müheloseste Mord der Geschichte.

Weder Franz Ferdinand noch Sofie gaben einen Laut von sich. Beide saßen kerzengerade auf dem Rücksitz, so daß einige Augenblicke niemand wußte, daß die beiden verwundet waren. Erst als der erschrockene Chauffeur auf den Gashebel trat und der Wagen vorschnellte, schoß ein Blutstrahl aus dem Mund des Erzherzogs. Sofie schrie auf: »Jesus, mein Franzi, was ist mit dir?« Im selben Augenblick sank sie über den Knien ihres Mannes zusammen. Eine der Kugeln hatte ihre Bauchdecke zerrissen.

Franz Ferdinand schrie: »Soferl, Soferl! Nicht sterben! Du mußt leben für die Kinder!« Sein gefiederter Hut war zu Boden gerollt, und jetzt, da der Adjutant den Erzherzog aufzurichten versuchte, sank auch Franz Ferdinand über dem Körper seiner Frau zusammen und murmelte nur einen letzten Satz voll Höflichkeit und Wohlerzogenheit: »Es ist nichts.«[645]

Franz Josef täuschte keinen Kummer vor, als ihm über den Doppelmord Bericht erstattet wurde. Einen Moment lang war er still, dann murmelte er wie im Selbstgespräch: »Entsetzlich! Der Allmächtige läßt sich nicht herausfordern. Eine höhere Gewalt hat wieder jene Ordnung hergestellt, die ich leider nicht zu erhalten vermochte.« Seine Tochter schrieb in ihr Tagebuch, der Vorfall sei für Papa »eine Aufregung« gewesen.[646]

Etwas später erschien in Schönbrunn ein Augenzeuge des Vorfalls, um dem Kaiser den genauen Verlauf zu schildern.

»Und wie hat der Erzherzog sich gehalten?« fragte Franz Josef leise.

»Wie ein Soldat Eurer Majestät.«

Der Kaiser nickte. »Das war von Seiner kaiserlichen Hoheit auch nicht anders zu erwarten.« Es folgte eine Pause. Der Kaiser beendete sie, indem er mit seiner normalen Stimme fragte: »Und wie waren die Manöver?«

Binnen Monatsfrist setzte die Kettenreaktion ein. Die vielen komplizierten Verträge zwischen den europäischen Mächten, die jahrelange Aufrüstung, die schwelenden Aggressionen, die Revanchegelüste, die weiß Gott wie weit zurückreichten, all das begann immer gefährlichere Wechselwirkungen auszulösen, die sich bald aller Kontrolle entzogen, auf jeden Fall der Kontrolle des vierundachtzigjährigen Monarchen in der Hofburg.

Jetzt hatten Conrad von Hötzendorf und seine Kriegspartei Oberwasser. Österreich-Ungarn richtete ein Ultimatum an Serbien, Serbien wies das Ultimatum zurück, Rußland mobilisierte, um Serbien zu helfen, Deutschland, um Österreich zu helfen, Frankreich, um Rußland zu helfen, und England, um Frankreich zu helfen. Versöhnliche Gesten wurden versucht und beiseite gefegt.

Am Abend des 25. Juli überbrachte man Franz Josef in seiner Villa in Bad Ischl die Nachricht, daß die serbische Antwort auf das Ultimatum nicht befriedigend sei und die diplomatischen Beziehungen abgebrochen würden. Der Kaiser starrte den jungen Adjutanten, der ihm diese Meldung brachte, an, dann murmelte er, und seine Stimme war so gepreßt, daß die Worte kaum vernehmlich waren: »Also doch!« Der Adjutant reichte ihm das Blatt. Franz Josef nahm es, betrachtete es lange, überlas noch einmal den Text und sagte dann wie im Selbstgespräch: »Nun, der Abbruch der diplomatischen Beziehungen bedeutet noch immer nicht den Konflikt.« Und als ob dieser Gedanke ihm neue Hoffnung einflößte, zitterten die Greisenhände etwas weniger.[648]

7. Der Tod eines Kaisers

Nach einiger Zeit verließ er Schönbrunn überhaupt nicht mehr. Er schien nur für die Meldungen zu existieren, die ihm von seinen Ministern zugeleitet wurden, Nachrichten von der Front – von den unermeßlichen Fronten, die sich von Polen über die Karpaten nach Rumänien, südostwärts tief nach Serbien und Montenegro und quer durch die italienischen Alpen erstreckten.

Vorbei war die Zeit der großen Familiendiners, bei denen sich das ganze Haus Habsburg um die lange Festtafel versammelt hatte. Man aß jetzt mit dem übrigen Wien schwarzes Brot.

Der neue Thronerbe, Franz Josefs Großneffe Karl, stattete der Front im Namen des Kaisers offizielle Besuche ab. Franz Josef hatte Karl gern und hielt viel von ihm. »Ich schätze Karl sehr hoch. Er sagt mir aufrichtig seine Meinung. Er versteht aber auch zu gehorchen, wenn ich bei meiner Ansicht bleibe.«[649] Karls Frau, Kronprinzessin Zita, und ihre Kinder zogen in den Ostflügel des Schönbrunner Schlosses ein. Manchmal kamen ein paar von Franz Josefs Urenkeln – seine Tochter Marie Valerie hatte bereits verheiratete Kinder – mit ihren Puppen in »Uropas« Zimmer, und der alte Mann hatte seine Freude an ihrem Geplauder. Im großen und ganzen aber hatte er sich von den kleineren Angelegenheiten zurückgezogen. Marie Valerie schrieb in ihr Tagebuch: » . . . doch kommt mir jetzt mehr und mehr vor, als läge eine Art Schleier zwischen ihm und der Außenwelt – eine Art übergroßer Müdigkeit, die nur in jenen Dingen ganz weicht und der unverminderten Geistesfrische Platz macht, wo es sich um die großen Fragen handelt.«[650]

Im Jahre 1916 erlebte Franz Josef seinen 86. Geburtstag. In diesem Herbst machte sich in Wien die Erschöpfung fühlbar, die drohende Katastrophe lag in der Luft. Noch hatte sich das Kriegsglück nicht gegen die Mittelmächte entschieden: Im Osten waren die Russen weit von den Grenzen abgedrängt, deutsche und österreichische Armeen hatten Rumänien überrannt, Serbien und Montenegro waren besetzt. Im Süden waren die Italiener längs des Isonzo und in den Dolomiten festgehalten.

Doch hatten die Österreicher niederschmetternde Verluste – 450 000 Mann in dem Feldzug im Norden allein während der Monate Juni und Juli. Die Zahl der Deserteure in der vielsprachigen Armee – besonders unter den Tschechen, Italienern und Ruthenen – war fühlbar angestiegen. Das Schreckgespenst des Krieges und der Hungersnot geisterte durch die Reichshauptstadt, die Ernte hatte in diesem Jahr nur die Hälfte des normalen Getreideertrages eingebracht. Der österreichische Teil des Reichs bekam den Hunger zuerst zu spüren. Es gab weder Mehl noch Milch, weder Kartoffeln noch Kohlen. Frauen standen in langen Schlangen vor den Bäckerläden und den Lebensmittelgeschäften angestellt. Der deutsche Botschafter in Wien führte im September 1916 bittere Klage, alle Versuche, Österreich-Ungarn »nach unserem Vorbilde« zu organisieren, seien an der eingefleischten Gewohnheit des Fortwurstelns gescheitert. Es kam zu Marktkrawallen, Läden wurden geplündert, eine erbitterte Menge marschierte nach Schönbrunn. Die Eisentore wurden geschlossen, die Wachen verdoppelt; der Park, der immer öffentlich gewesen war, wurde für das Publikum gesperrt.

Und dann, am 21. Oktober, wurde der Ministerpräsident Karl Graf Stürgkh am hellichten Tag in einem

Restaurant, kaum einen Steinwurf weit von der Hofburg entfernt, ermordet. Der Mord wurde von einem prominenten Sozialisten, Dr. Friedrich Adler, begangen, der damit auf die Not der Bevölkerung aufmerksam machen und die Wiedereinberufung des Parlaments erzwingen wollte.

In den ersten Novembertagen begann der alte Kaiser zu husten. Obwohl er fieberte und Schmerzen litt, setzte er seine Arbeit am Schreibtisch in Schönbrunn fort. Es stimmte, daß ihm keine Zeit blieb, krank zu sein.

Der neue Ministerpräsident, Ernst von Koerber, kam nach Schönbrunn, um dem Kaiser die verhängnisvolle Situation des Landes darzulegen. Franz Josefs Kammerdiener hörte den alten Kaiser antworten: »Wenn das der Fall ist, müssen wir Frieden schließen – ohne jede Rücksicht auf meinen Verbündeten!«[651]

Am 19. November, dem Namenstag der verstorbenen Kaiserin, kam Katharina Schratt zu Besuch. Sie plauderten harmlos freundlich, wie alte Leute das so tun, von der Vergangenheit und von der Verklärten.

Am nächsten Tag stieg das Fieber, fiel, stieg wieder. Der besorgte Beichtvater spendete dem Kaiser die Kommunion und überbrachte ihm den persönlichen Segen des Heiligen Vaters in Rom. Die Tochter Marie Valerie zog nach Schönbrunn, um dem Vater nahe zu sein.

Am 21. November, kurz nach dem Mittagessen, fand Dr. Kerzl den Kaiser im Armstuhl am Schreibtisch zusammengesunken. Das Fieber war erschreckend hoch, doch widersetzte sich der hartnäckige alte Mann allen Bemühungen, ihn zu Bett zu bringen; er war gewohnt, zu befehlen. Er ruhte sich eine Weile in seinem Lehnstuhl aus und wandte sich dann wieder seinen Akten zu.

Sein Adjutant, Oberst Spányik, beobachtete ihn vom Nebenzimmer aus im Spiegel; er sah, wie der Kaiser zuerst den Kopf auf den einen, dann auf den anderen Arm stützte, bis die Feder seiner Hand entfiel. Dann sank Franz Josef in Schlaf. Um vier Uhr nachmittags erwachte er, raffte sich wieder zusammen und befahl dem Kammerdiener, die zu Boden gefallene Feder aufzuheben und in seine Hand zu legen. Er arbeitete weiter. Als er den letzten Akt von dem Stoß genommen und unterzeichnet hatte, strich er die Blätter glatt und klappte die Mappe zu.

Er aß ein kleines Nachtmahl. Als Valerie auf Zehenspitzen hereinkam, sagte er zu ihr, er fühle sich besser. Sie küßte die fieberheiße Hand des Vaters und wünschte ihm eine gute Nacht.

Jetzt bestanden die beiden Ärzte darauf, daß der Kranke zu Bett gehe. Zwei Diener trugen ihn, immer noch in seinem Lehnstuhl, zu dem Gebetsschemel neben seinem Bett. Franz Josef versuchte niederzuknien – seine Mutter hatte ihn gelehrt, es allmorgendlich und allabendlich zu tun; aber er fühlte sich zu schwach dazu. »Es geht nicht«, murmelte er. In seinem Armstuhl, vor dem Gebetsschemel sitzend, sprach er sein Gebet.

Sein Kammerdiener Ketterl sagte: »Majestät, es ist jetzt an der Zeit, zu Bett zu gehen.«

»Ich habe noch zu arbeiten.« Doch der Einspruch war schwach; er ließ sich von den Dienern entkleiden. Die Ärzte halfen ihm ins Bett, und Ketterl fragte, wie er es jeden Abend zu tun pflegte: »Haben Eure Majestät noch irgendwelche Befehle?«

Und wie immer antwortete Franz Josef: »Wecken Sie mich morgen um halb vier.«[652]

Allmählich füllte sich das Zimmer mit Leuten: Franz

Josefs Großneffe Karl, seit Sarajewo Thronerbe, kam, es kamen die Erzherzoge, Erzherzoginnen, die Räte des Kaisers, Minister, Adjutanten, Leibdiener. Alle im Schloß wußten, daß die letzten Stunden ihres Souveräns bevorstanden.

»Zu viele Menschen«, murmelte Valerie, als sie den überfüllten Raum betrat.

Der greise Monarch erwachte und verlangte zu trinken. Sein Kammerdiener stellte das Kissen behutsam auf und gab dem Kaiser einen Schluck Tee. Wieder fiel Franz Josef in tiefen Schlaf.

Um halb acht erschien der Schloßkaplan, um dem Sterbenden die letzte Wegzehrung zu reichen. Erzherzogin Valerie bot den Lippen ihres Vaters das alte Habsburgerkruzifix, das so vielen Kaisern in der letzten Stunde Trost gespendet hatte.

»Jesus, Erbarmen!« betete sie, legte das Kreuz in die Hand ihres Vaters und schloß ihre Hand darüber.

Die sakramentale Handlung war beendet. Der Atem des alten Mannes ging schneller, kürzer. Alle im Raum knieten nieder; eine Zeit, die nicht zu messen war, verstrich. Es war so still wie in einer Kapelle.

Ein Husten erschütterte den Körper des Sterbenden. Er richtete sich halb auf und fiel wieder zurück.

»Atmet er noch?« fragte seine Tochter angstvoll. Der Arzt beugte sich über Franz Josef und horchte das Herz ab. »Ich kann nichts mehr hören«, antwortete er mit gepreßter Stimme.

»Et lux perpetua luceat ei!« murmelte der Priester.

»Schließ ihm die Augen«, erinnerte jemand die Tochter, und mit zitternder Hand erwies Marie Valerie ihrem Vater den letzten Dienst. Es war fünf Minuten nach neun Uhr am Abend des 21. November 1916.

In Katharina Schratts Wohnung klingelte das Telefon,

dieses sinnlose Gerät, von dem der Kaiser so geringschätzig gedacht hatte. Es war der Obersthofmeister, Fürst Montenuovo, der Frau Schratt die Trauerbotschaft übermittelte.

Sie eilte nach Schönbrunn. Der Raum, in dem der Tote lag, war voll von bedeutsamen Leuten; eine ganze Weile bemerkte niemand die Frau, die still in der Tür stand. Dann bot ihr der junge Kaiser Karl den Arm und geleitete sie zu dem Bett; sie legte die zwei weißen Rosen, die sie mitgebracht hatte, auf die Brust des Toten.

XVI

DER VORHANG FÄLLT

Stunde um Stunde warteten trotz der Kälte geduldig und schweigsam zwei lange Menschenschlangen vor den äußeren Toren der Hofburg; langsam schoben sie sich vorwärts, bis sie auf dem Burggelände Einlaß fanden, dann zur Hofkapelle gelangten und endlich zum Katafalk, auf dem Franz Josefs Leichnam in der weißen und scharlachroten Feldmarschallsuniform inmitten eines ganzen Waldes brennender Kerzen lag.

Viele trugen Trauerkleidung – sie trauerten um ihre eigenen Toten, um die Toten von Lemberg, von Luck, vom San, von den nimmer endenden Isonzoschlachten, um Männer, die in den Karpaten begraben lagen, in Galizien, in Montenegro, unter den eisigen Gipfeln der Dolomiten.

Vielleicht trauerten diese Wiener, die langsam in die Burg Einzug hielten, überhaupt weniger um den alten Habsburger, der so lange wie eine alte kostbare Reliquie in seinem Schönbrunner Glasschrank eingeschlossen gewesen war, als vielmehr um sich selbst: um die unwiederbringlich verlorene, sonnenüberglänzte Welt, in der sie gelebt hatten und nie wieder leben würden.

Am 30. November 1916 führte hinter dem Leichenwagen, den acht schwarze Pferde zogen, ein schlanker junger Mann im langen Generalsmantel den Zug der Trauernden an: der junge Kaiser Karl. Neben ihm ging, tiefverschleiert, seine Gattin Zita, eine Prinzessin aus dem Hause Bourbon-Parma, und zwischen ihnen ging ihr erstgeborenes Kind Otto, der nächste Thronfolger – der nächste Erbe von etwas, worüber man nichts Bestimmtes mehr sagen konnte –, ein dunkeläugiger, blonder, vierjähriger Knabe, fast unwirklich in seiner wohlerzogenen prinzlichen Untadeligkeit, neugierig nach der Menge blickend, die sich längs des Konduktes aufgereiht hatte.

Ein letztes Mal vollzog sich am Tor der Kapuzinergruft der alte, barocke Bestattungsritus. Obersthofmeister Fürst Montenuovo pochte dreimal mit dem goldenen Stab an die Pforte, von innen kam die Frage, wer da Einlaß begehre. »Seine Apostolische Majestät«, antwortete der Fürst. »Den kenn' ich nicht«, erwiderte die Stimme hinterm Tor, und wieder pochte der goldene Stab, während die Trauergäste in ehrfürchtigem Schweigen den Sarg umstanden; wieder kam die Frage von innen, wer da klopfe, und dann die Antwort: der Herrscher Österreich-Ungarns. »Den kenn' ich nicht.« Erst als beim drittenmal auf die Frage, wer da Einlaß begehre, geantwortet wurde: »Dein Bruder Franz Josef, dessen Sünden so zahlreich waren wie die Haare auf seinem Haupt«[653], ging das Tor auf, der Sarg wurde in die dämmrige Gruft getragen und den Särgen der Ahnen zugesellt.

»Ein guter Bursch«, so hatte Franz Josef, der Großonkel, den jungen Karl genannt, der jetzt – in diesem schweren Winter von 1916 auf 1917 – die Pandorabüchse des Familienerbes in der Hand hielt; jeden Augenblick drohte sie mitten im Herzen Europas zu explodieren.

Sohn des leichtlebigen Erzherzogs Otto, des jüngeren Bruders Franz Ferdinands, war Karl, 1887 zur Welt gekommen, in hinreichender Entfernung vom Thron, um zunächst kaum anders zu leben als sonst ein junger Erzherzog. Erst durch den Tod seines Großcousins Rudolf in Mayerling und hernach durch die Ehe Franz Ferdinands, die dessen Kinder von der Erbfolge ausschloß, war Karl überraschend dem Thron nähergerückt.

In einer anderen Zeit – in einer Epoche des Friedens und einer Ära der Könige – hätte er gewiß einen vortrefflichen Kaiser abgegeben. Mild, freundlich, fast rührend bemüht, stets das Richtige zu tun, hatte er ein wenig von einem Gelehrten, ein wenig von einem Heiligen, doch war er zu schwach für die übermenschliche Last, die jetzt auf seine Schultern fiel.

Schon vor dem Tod seines Großonkels waren von den Mittelmächten, von Deutschland und Österreich-Ungarn, Friedensgespräche eingeleitet worden, doch der deutsche Tonfall war zu arrogant und die Bedingungen, die man stellte, waren zu vage formuliert, und so waren sie von der anderen Seite unverzüglich verworfen worden. Die militärische Lage war im Augenblick für die Mittelmächte durchaus nicht ungünstig. Die großen Fronten hielten stand, Rumänien war zusammengebrochen, Rußland dem Zusammenbruch nahe. Und doch lagen für Österreich-Ungarn dringende Gründe vor, den Frieden zu suchen, und Karl war sich dessen voll bewußt.

Im beginnenden Frühjahr 1917 ließ sich der junge Kaiser auf ein Friedenskomplott ein, das später als »Sixtus-Affäre« in die Geschichte eingegangen ist. Ohne seine deutschen Verbündeten davon in Kenntnis zu setzen, versuchte er Friedensverhandlungen mit Frankreich in die Wege zu leiten, und bediente sich hierfür der beiden Brüder seiner Frau, der Prinzen Sixtus und Xaver von Bourbon-Parma, die französische Staatsbürger waren und als Offiziere in der belgischen Armee dienten, als Vermittler. Der dringenden Einladung Karls, nach Wien zu kommen, fügte ihre Schwester die Bitte hinzu, sie sollten an die Männer in der Hölle der Schützengräben denken, die dort täglich zu Hunderten fielen und umkamen![654]

Aus der Schweiz nach Österreich eingeschleust, tauchten die beiden Brüder im März in Schloß Laxenburg auf. Sie hatten ihre Mission mit der französischen Regierung abgesprochen, hatten mit Präsident Poincaré und Premierminister Briand verhandelt und überbrachten die grundsätzlichen Bedingungen Frankreichs.

In dem frostigen Laxenburger Salon unterhandelten an diesem Märznachmittag die Brüder, ihre Schwester Zita und der junge Kaiser. Auch Graf Ottokar Czernin, der österreichische Außenminister – »groß, mager und kalt«, wie Sixtus ihn hernach beschrieb –, erschien für kurze Zeit. Es wurde kein tragfähiges Einvernehmen erreicht, doch blieb eine Tür für künftige Verhandlungen offen, und tatsächlich kam Sixtus im Mai wieder nach Österreich. Dieses Mal gab Karl – mit oder ohne Czernins Kenntnis – seinem Schwager einen Brief nach Frankreich mit, in dem er sich prinzipiell mit den französischen Forderungen einverstanden erklärte und die französische Forderung nach Elsaß-Lothringen zu unterstützen versprach. Der Friede, so erklärte er entschieden, müsse geschlossen werden, er wolle um jeden Preis Frieden haben.[655]

Karl wollte versuchen, seine deutschen Verbündeten zur Annahme dieser Bedingungen zu bewegen; sollten sie ablehnen, so war er willens, einen Separatfrieden zu schließen.

Tragischerweise – tragisch sowohl für Österreich-Ungarn als auch für die ganze Welt – scheiterten die Friedensverhandlungen vom Jahre 1917. Italien, das die Partei gewechselt hatte und zur Entente übergegangen war, verlangte Triest und das Trentino als Beute. Karl lehnte es ab, diese Preisgabe auch nur in Erwägung zu ziehen, insbesondere jene von Triest, das seit Jahrhunderten der Seehafen des Reichs gewesen war.

In Frankreich gab es inzwischen einen Regierungswechsel; die neuen Minister, erst unter Ribot, dann unter Clémenceau, waren weniger geneigt, über Frieden zu sprechen, und ein gleiches galt für die Deutschen, die mit dem unbeschränkten Unterseebootkrieg begonnen hatten. Die Vereinigten Staaten traten in den Krieg ein, die Russen schieden aus. Die Ostfront war entlastet, das hungrige Österreich erhoffte sich Brot aus der Ukraine.

Und nun kam der peinliche Abschluß der Sixtus-Affäre. In einer Anwandlung von unwahrscheinlicher Indiskretion plauderte Außenminister Graf Czernin aus, die Franzosen hätten Friedensschritte unternommen, die aber zu keinem Ziel geführt hätten, weil man sich über Elsaß-Lothringen nicht habe einigen können. Der neue französische Ministerpräsident und Kriegsminister Clémenceau, der »Tiger«, setzte zur Verteidigung der Wahrheit zum Sprung an, er verfocht die Ehre seines Landes, so wie er sie auffaßte, und gab der französischen Presse zu wissen, daß der österreichische Kaiser im abgelaufenen Frühling von sich aus Unterhandlungen eingeleitet und sich mit der Rückgabe Elsaß-Lothringens einverstanden erklärt habe!

Jetzt war der Teufel los. Die deutschen Verbündeten – eben in die »Kaiserschlacht« verwickelt, die große Westoffensive von 1918, die den Krieg gewinnen sollte – begehrten zornig Aufklärung, ob ihr Partner sie verraten habe.

Wäre Kaiser Karl ein kaltblütiger, völlig skrupelloser Charakter gewesen, so hätte er vielleicht einen Ausweg aus dem schrecklichen Dilemma gefunden, in dem er sich befand. Czernin, der das Dilemma verursacht hatte, sah Österreichs einzige Chance in einem Sieg der Deutschen und drängte Karl, die französische Behauptung, es habe ein »Friedenskomplott« stattgefunden, kurzerhand abzuleugnen. In Baden bei Wien, wo sich die kaiserliche Familie aufhielt, fand Czernin Karl am Ende aller seiner Weisheit auf einem Diwan liegen, Kompressen um die brennende Stirn. Karl unterzeichnete schließlich ein bombastisches Telegramm an Kaiser Wilhelm, das den Friedensschritt abstritt und in der Erklärung gipfelte: Österreichs Antwort würden »meine Kanonen im Westen« geben.[656]

Daraufhin veröffentlichte Clémenceau den Wortlaut von Karls Brief an Sixtus, und der Kaiser von Österreich und König von Ungarn stand vor der ganzen Welt als Lügner da.

Vom Beginn des Jahres 1918 an trieb die Donaumonarchie immer schneller auf die Katastrophe zu. Der Winter war streng gewesen, und die Ernährungslage verschlechterte sich stetig. Fast alle erreichbaren Lebensmittel gingen der Armee zu, das Rationierungssystem war zusammengebrochen. Überall griff der Schwarzmarkt Platz. Ein Teil der österreichischen Flotte meuterte. Große Streiks lähmten die Produktion der Industrie.

Das Parlament war seit 1914 vertagt gewesen. Karl hatte es im Mai 1917 wieder einberufen, doch das kam viel zu spät. Statt zu versuchen, die schrecklichen, auf dem Lande lastenden Probleme zu lösen, ging das Parlament in wildestem Chaos auf. Abgeordnete der Minderheiten stellten Forderungen und Gegenforderungen, brüllten einander nieder und bewarfen einander in der ehrwürdigen Marmorhalle mit Tintenfässern und Aktenmappen.

Am 6. Oktober 1918 erließ Karl ein Manifest, das einen Staatenbund der beteiligten Völker statuierte – die Vereinigten Staaten von Großösterreich, wie Franz Ferdinand sie bereits ins Auge gefaßt hatte. Das kam um Monate, um Jahre zu spät. Ungarn weigerte sich, daran teilzunehmen. Der Entschluß Karls hinkte außerdem hinter den Tatsachen her, denn schon im April 1918 hatte in Rom ein Kongreß der »unterdrückten«

Nationen Österreich-Ungarns getagt und faktisch die Zerreißung der Monarchie beschlossen.

Massendesertionen lähmten die Kampfkraft der Armee. Die Tschechoslowakei löste sich vom Reich los, ein neues Jugoslawien entstand, auch Ungarn sollte bald seine völlige Unabhängigkeit deklarieren. Rumpfösterreich, dem alle Glieder amputiert worden waren, wirtschaftlich ein Torso, suchte verzweifelt einen Weg, um überleben zu können.

Die Sozialdemokraten bekamen die Regierung in die Hand, und schließlich waren sie es, die das Leben des fast hoffnungslos darniederliegenden Landes retteten.

In den ersten Novembertagen 1918 drängten die sozialistischen Führer den Kaiser zur Abdankung; Arbeiter drohten mit einem Marsch nach Schönbrunn. Die Freunde, die Karl verblieben waren, beschworen ihn, in ein sicheres Exil zu gehen. Am 11. November unterzeichnete er – mit Bleistift – ein Dokument, in welchem er auf die Ausübung der Regierungsgewalt in Österreich verzichtete. Am selben Abend, nach Einbruch der Dunkelheit, brachten zwei Mietautos Karl, Zita und die Kinder in das Jagdschloß Eckartsau im Marchfeld.

In diesem Winter von 1918 auf 1919, einem schrecklichen Winter für die besiegten Völker, vielleicht dem bittersten in der Geschichte Österreichs, starben die Menschen in Wien zu Hunderten am Hunger, an der Kälte und an der Spanischen Grippe. Auch Karl erkrankte an der Grippe und erholte sich nur langsam. Die wenigen Besucher fanden ihn, in Decken gewikkelt, fröstelnd in einem Lehnstuhl sitzend vor. Zu Weihnachten war er zu schwach, um aufzustehen, und mußte im Rollstuhl in das Zimmer gefahren werden, in dem für die Kinder der Christbaum geschmückt war. Durch die Fenster von Schloß Eckartsau konnte er das

Marchfeld überblicken, auf dem sein Ahnherr, der erste Rudolf, gegen König Ottokar gekämpft und den Grundstein zur Hausmacht Habsburgs gelegt hatte. Es könnte als eine Art poetischer Gerechtigkeit erscheinen, daß die Familie, die in den Schreckenstagen des 13. Jahrhunderts ihren Aufstieg begonnen hatte, in den Schreckenstagen des 20. Jahrhunderts unterging.

Nun wurden alle Habsburger, die der Republik den Loyalitätseid verweigerten, des Landes verwiesen. Exkaiser Karl und seine Familie übersiedelten in die Schweiz.

Es war ein sehr gesitteter, friedlicher und trauriger Abgang. Die österreichische Revolution hatte sich in milden Formen gehalten, es war nicht zu einem Ausbruch wilder Leidenschaften gekommen, es hatte in Wien keine Schreckenszeit gegeben wie bei den gleichzeitigen Umstürzen in Rußland und Deutschland. Als Karl sein Land im Eisenbahnzug verließ, versammelte sich eine Schar treuer Anhänger auf dem Bahnhof, um ihm Lebewohl zu sagen. Karl hatte alles getan, was in seiner Macht stand, um seinem Land weiteres Blutvergießen zu ersparen.

Karl und Zita waren schlecht beraten, als sie von ihrem Schweizer Exil aus den Versuch unternahmen, die ungarische Krone wiederzuerlangen, zuerst im Frühling, dann im Herbst 1921. Sie wurden als Friedensbrecher festgenommen und an Bord einer britischen Fregatte auf die Insel Madeira gebracht, wohin ihnen ihre Kinder – sieben an der Zahl, das achte war unterwegs – folgten.

Blaß, schmal, vorzeitig ergraut, war dem Exsouverän keine Hoffnung mehr geblieben – und sehr, sehr wenig Geld. Zuletzt war er nicht einmal mehr imstande, die Hotelrechnungen seiner Familie zu begleichen. Er übersiedelte deshalb in jenem Winter in ein Landhaus in den Bergen, das man ihm zur Verfügung gestellt hatte. Es war schlecht geheizt, feucht und unbehaglich beengt. Hier hustete er sich durch den letzten Winter seines Lebens und erlag im Frühling einer neuerlichen Lungenentzündung. Vielleicht war es an der Zeit, zu sterben.

STAMMTAFELN

Stammtafel I

Von Rudolf I. bis Maximilian I.

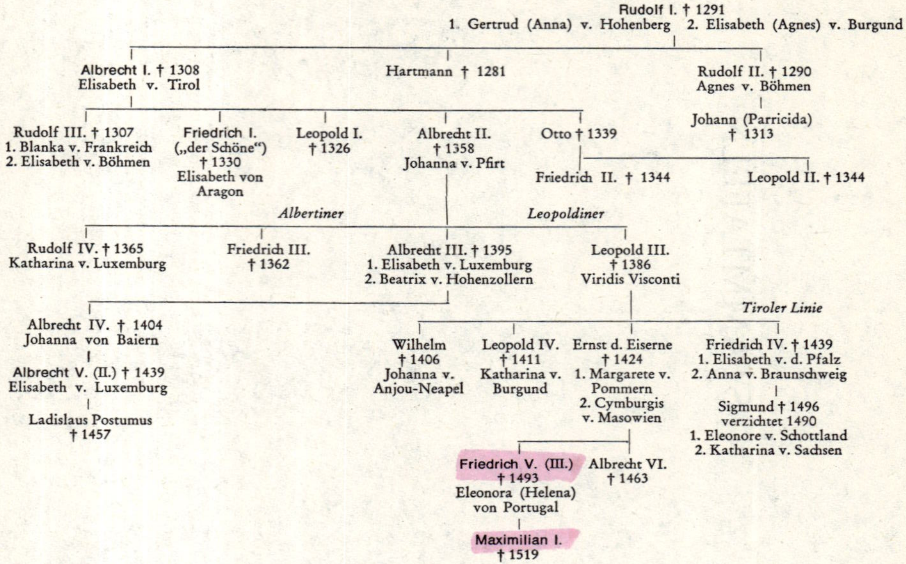

Stammtafel II

Von Maximilian I. bis Maria Theresia

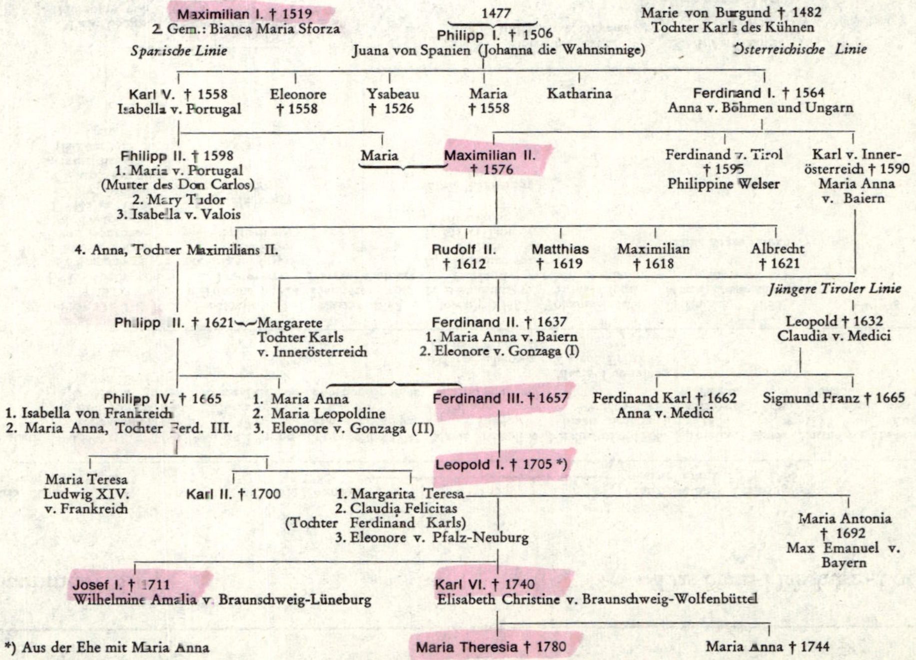

*) Aus der Ehe mit Maria Anna

Stammtafel III

Das Haus Habsburg-Lothringen

Maria Anna † 1744
Karl von Lothringen

Maria Theresia † 1780 — 1736 — Franz Stefan v. Lothringen (Kaiser Franz I.) † 1765

Elisabeth

Josef II. † 1790
1. Isabella von Bourbon-Parma
2. Maria Josefa von Baiern

Maria Christine † 1798
Albert von Sachsen-Teschen

Leopold II. † 1792
Maria Ludovica von Bourbon-Spanien

Maria Karoline † 1814
Ferdinand von Bourbon-Neapel
| Maria Theresia 2. Gem. Franz II.

Ferdinand † 1806
Maria Beatrix v. Modena-Este
| Maria Ludovica, 3. Gem. Franz II.

Amalia † 1804
Ferdinand v. Parma

Marie Antoinette † 1793
Ludwig XVI. von Frankreich

Max. Franz
Kurfürst von Köln † 1801

Kinder Leopolds II.:

Franz II. (I.) † 1835
1. Elisabeth von Württemberg
2. Maria Theresia von Bourbon-Neapel
3. Maria Ludovica v. Modena
4. Karol. Augusta von Bayern
(Kinder von 2. Gem.)

Ferdinand III. v. Toscana † 1824
1. Louise von Bourbon-Neapel
2. Maria von Sachsen
| *Linie Habsburg-Toscana*

Karl † 1847
Henriette von Nassau-Weilburg

Josef † 1847
1. Alexandra v. Rußland
2. Hermine von Anhalt
3. Maria Dor. v. Württemberg
| *Linie Erzherzog Josef*

Johann † 1859
Anna Plochl (Gräf. v. Meran)

Rainer † 1853
Maria Elisabeth von Savoyen
| *Linie Erzh. Rainer*

Ludwig † 1864

Kinder Franz' II. (I.):

Marie Louise Herzogin von Parma † 1847 Gem. Napoleons I.
| Herzog v. Reichstadt † 1832

Ferdinand I. (verz. 1848) † 1875
Maria Anna von Savoyen

Franz Karl † 1878
Sofie von Bayern

Kinder Karls:

Albrecht † 1895
Hildegard v. Bayern

Karl Ferdinand † 1874
Elisabeth, Tochter d. Erzherzogs Josef

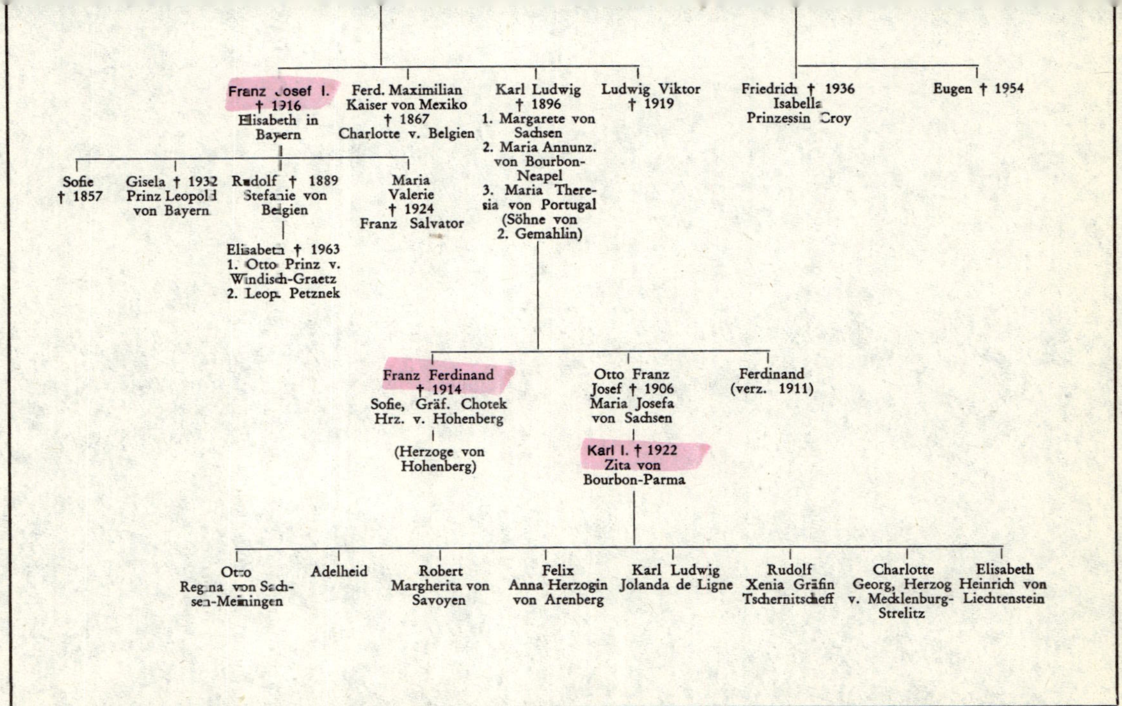

Franz Josef I. † 1916 Elisabeth in Bayern
Ferd. Maximilian Kaiser von Mexiko † 1867 Charlotte v. Belgien
Karl Ludwig † 1896 1. Margarete von Sachsen 2. Maria Annunz. von Bourbon-Neapel 3. Maria Theresia von Portugal (Söhne von 2. Gemahlin)
Ludwig Viktor † 1919
Friedrich † 1936 Isabella Prinzessin Croy
Eugen † 1954
Sofie † 1857
Gisela † 1932 Prinz Leopold von Bayern
Rudolf † 1889 Stefanie von Belgien
Maria Valerie † 1924 Franz Salvator
Elisabeth † 1963 1. Otto Prinz v. Windisch-Graetz 2. Leop. Petznek
Franz Ferdinand † 1914 Sofie, Gräf. Chotek Hrz. v. Hohenberg
(Herzoge von Hohenberg)
Otto Franz Josef † 1906 Maria Josefa von Sachsen
Ferdinand (verz. 1911)
Karl I. † 1922 Zita von Bourbon-Parma
Otto Regina von Sachsen-Meiningen
Adelheid
Robert Margherita von Savoyen
Felix Anna Herzogin von Arenberg
Karl Ludwig Jolanda de Ligne
Rudolf Xenia Gräfin Tschernitscheff
Charlotte Georg, Herzog v. Mecklenburg-Strelitz
Elisabeth Heinrich von Liechtenstein

Anmerkungen

Einige Vergleichswerte zum Verständnis alter Währungen

Es ist nur schwer möglich, mit einiger Sicherheit den Kurswert alten Geldes mit dem heutiger Währungen zu vergleichen. Immerhin kann man zu folgenden Entsprechungen gelangen: 1 Florin (nach Florenz, der Stadt, in der diese Währung zum erstenmal im Umlauf war), abgekürzt 1 Fl. – 1 Gulden = 60 Kreuzer = 2 englische Shilling = 40 US-Cent = 2 DM. 1 Golddukaten = 4½ Gulden, = 9 englische Shilling = 2 US-Dollar, 25 Cent = 9 DM.

Die Angaben der Historiker differieren bei Vergleichen der Kurswerte des 16. Jahrhunderts mit der Gegenwart sehr stark. Der Preis, um den zur Zeit Martin Luthers das Erzbistum von Mainz gekauft wurde, ist verschiedentlich mit 50 000 Gulden oder 10 000 Dukaten angegeben, was 50 000 Dollar entspräche, aber mit einer Kaufkraft von über einer Million in heutiger Währung. Die Kosten für die Wahl Karls V. – 800 000 Gulden – werden mit etwa 10 Millionen Dollar heutigen Kurswertes geschätzt.

Einen Begriff von den Lebenshaltungskosten jener Zeit gibt eine Preisliste, die Anno 1594 ein Agent der Fugger aus Wien an sein Bankhaus meldete:

4 Kreuzer für einen kleinen Laib Brot
2 Kreuzer für ein Pfund Fleisch
10 Kreuzer für eine Flasche alten Weines
5 Kreuzer für ein Pfund Kerzen
19 Florin für eine Klafter Holz

Ein anderes Beispiel: 1790 betrug das jährliche Einkommen der Rothschilds, die immerhin schon als sehr wohlhabend galten, nach den Angaben von Saul K. Padover (New York, *The Revolutionary Emperor Joseph the Second,* 1934) nur 2000 bis 3000 Gulden.

I HABSBURGS AHNHERR

1 Der Name der Habsburger wird von ihrem Stammschloß, der Habsburg oder Habichtsburg abgeleitet, die im Aargau in der Nähe der Aare in der heutigen Schweiz liegt. Die Familienbesitztümer lagen zur Zeit Rudolfs I. hauptsächlich im Elsaß und in Schwaben. – 2 Mathias von Neuenberg, *Chronik*, zitiert bei Otto Frass, *Quellenbuch zur Österreichischen Geschichte*, 2 Bde. (Wien, Birken-Verlag, 1956), I, S. 125. – 3 Ebd. – 4 Louis Leger, *History of Austro-Hungary* (London, Rivingtons, 1889), S. 109. Der Vorfall ist möglicherweise nicht historisch. – 5 Wilhelm Knappich, *Die Habsburger-Chronik* (Salzburg, Verlag »Das Bergland-Buch«, 1959), S. 20. – 6 Ebd. – 7 Ebd. S. 27. – 8 Adam Wandruszka, *Das Haus Habsburg* (Wien, Verlag für Geschichte und Politik, 1956), S. 35 f. – 9 Die Krone des Heiligen Römischen Reiches wird heute zusammen mit den Reichsinsignien und Kronjuwelen in der Schatzkammer der Wiener Hofburg aufbewahrt. Es wird angenommen, daß die Krone im Jahre 962 in der Werkstätte eines deutschen Goldschmieds für die Krönung Ottos des Großen in Rom hergestellt wurde. Der Stein »Der Weise« verschwand aus der Stirnplatte im Lauf des 14. Jahrhunderts. – 10 James Bryce, *The Holy Roman Empire*, 4. Ausgabe (London, Macmillan & Co., 1904), Fußnote S. 263. Der Titel »Majestät« wurde den Königen von England und von Schweden erst 1633, dem König von Frankreich 1641 zuerkannt. – 11 Karl Brandi, *Kaiser Karl V.*, übers. von C. V. Wedgwood (London, Jonathan Cape, 1939), S. 123.

II HABSBURG IM HEIRATSGESCHÄFT: MAXIMILIAN I.

1. Hochzeit in Burgund

12 Jean Molinet, *Chroniques*, 5 Bde. (Paris, Verdière Libraire, 1827), LXXXV, S. 302. – 13 Heinrich Fichtenau, *Der junge Maximilian (1459-1482)* (Wien, Verlag f. Geschichte u. Politik, 1959), S. 11 ff. – 14 Frass, I, S. 201. Das Motto hat zahlreiche Auslegungen, unter anderem »Alles Erdreich ist Österreich Untertan«. – 15 Fichtenau, S. 13 ff. – 16 Im 15. Jh. umfaßten die Länder der Herzoge von Burgund den größten Teil des heutigen Belgien, die Niederlande, Luxemburg und einen großen Teil des nördlichen und nordöstlichen Frankreich. Das Herz ihrer Besitzungen war das ursprüngliche Herzogtum Burgund (Bourgogne), ein Lehen des Königs von Frankreich, und die Grafschaft Burgund (Franche-Comté), ein Lehen des Heiligen Römischen Reiches, denen durch

Heirat, Erbschaft und Eroberung die Grafschaften von Flandern, Artois, Picardie, Hainaut, Brabant, Geldern, Holland und Luxemburg hinzugefügt wurden. Es war der Ehrgeiz Karls des Kühnen, die südlichen Teile seines Landes, die Bourgogne und Franche-Comté, mit den nördlichen – den sogenannten Pays-de-par-deça oder Niederlanden – durch die Eroberung von Lothringen zu gewinnen, was schließlich zu seinem Untergang führte. – 17 Luc Hommel, *Marie de Bourgogne ou Le Grand Héritage* (Brüssel, A. Goemaere, 1945), S. 176 ff. Augenzeugenberichte über das Zusammentreffen in Trier können bei Joseph Chmel gefunden werden, dem Herausgeber der *Actenstücke und Briefe zur Geschichte des Hauses Habsburg im Zeitalter Maximilians I.*, Teil I der *Monumenta Habsburgica, Sammlung von Aktenstücken und Briefen zur Geschichte des Hauses Habsburg in dem Zeitraum von 1473 bis 1576*, 4 Bde. (Wien, Aus der Kaiserlich-Königlichen Hof- und Staatsdruckerei, 1853-1858), I-1, S. 57 ff. – 18 Fichtenau, S. 28. – 19 Hommel, S. 286 ff. – 20 Karl Rausch, *Die Burgundische Heirat Maximilians I.* (Wien, Verlag von Carl Konegen, 1880), S. 165 ff. Auch Chmel, I-1, S. 142, Nr. 39; S. 468, Nr. 177. – 21 Chmel, I-1, S. 140, Nr. 37. – 22 Ebd. S. 141, Nr. 38. – 23 Ebd. S. 147, Nr. 42. – 24 Hommel, S. 296. – 25 Ebd. S. 299. – 26 Olivier de La Marche, *Mémoires*, 4 Bde. (Paris, Librairie Renouard, 1883-1888), III, Fußnote S. 245. – 27 Rausch, S. 166 ff. – 28 Ebd. S. 175 ff. – 29 Victor von Kraus (Hg.), *Maximilians I. vertraulicher Briefwechsel mit Sigmund Prüschenk, Freiherrn zu Stettenberg* (Innsbruck, Verlag der Wagner'schen Universitätsbuchhandlung, 1875), S. 25. – 30 De La Marche, Biographische Einleitung zu Band I, S. LXX. – 31 Chmel, I-1, S. 157, Nr. 48. – 32 Hommel, S. 307. – 33 Ebd. – 34 Rausch, S. 177 ff., Hommel S. 308. – 35 Rausch, S. 161 ff. – 36 Chmel, I-1 S. 159 ff. Nr. 49. – 37 Molinet, XLIV, S. 98.

2. *Die Mitgift*

38 Kraus, S. 28. – 39 Chmel, I-1, S. 161, Nr. 49. – 40 Philippe de Commynes, *Mémoires*, 3 Bde. (Paris, Jules Renouard, 1840-1847), II, S. 183. – 41 Kraus, S. 28, 31 ff. – 42 Ebd. S. 28. – 43 Hommel, S. 129. – 44 *Flanders in the Fifteenth Century: Art and Civilization, Catalogue of Exhibition of Masterpieces of Flemish Art* (Detroit, Michigan, Detroit Institute of Arts, und Brüssel, Belgien, Centre National de Recherches Primitifs Flamands, gemeinsam herausgegeben 1960), S. 322. – 45 Die Achatschale und das Schwert mit dem Einhorn von Karl dem Kühnen ist in der Schatzkammer der Wiener Hofburg zu sehen. – 46 Kraus, S. 28. – 47 Ebd. S. 35. – 48 Ebd. S. 27. – 49 Ebd. S. 39. – 50 Hommel, S. 114. – 51 Kraus, S. 35. – 52 Einzelheiten über die frühe Geschichte des Ordens können bei (Henri Marie Bruno) Baron Kervyn de Lettenhove,

La Toison d'Or (Brüssel, Librairie Nationale d'Art et d'Histoire, 1907) nachgelesen werden. – Ursprünglich wurde angenommen, daß der Name des Ordens vom Goldenen Vlies Jasons und seiner Argonauten abgeleitet wurde. Da aber Jasons Tugend und Charakter nicht einwandfrei waren, neigte sich die Symbolik eher dem biblischen Gideon zu. Als der Orden von Maries Großvater, Philipp dem Guten, gegründet wurde, legten an seinem Hochzeitstag im Jahre 1430 gewisse scharfe Kritiker die Symbolik auch im Lichte der notorischen Liebesbeziehungen Philipps aus und erklärten, die 24 goldenen Glieder der Kette stellten die 24 Mätressen Philipps dar und das Vlies das schöne goldblonde Haar seiner Favoritin Marie van Crombrughe. – 53 Marian Andrews (Pseud.: Christopher Hare), *Maximilian the Dreamer* (London, Stanley Paul & Co., 1913), S. 53. – 54 Hommel, S. 337. – 55 Glenn Elwood Waas, *The Legendary Character of Kaiser Maximilian,* Nr. 14, Columbia University Germanic Studies (New York, Columbia University Press, 1941), S. 156 ff.

3. *Leid und Herrlichkeit*

56 Jane de Iongh, *Margaret of Austria* (New York, W. W. Norton & Co., 1953), S. 62. – 57 Um der Gefahr eines Interregnums zu entgehen, war im Mittelalter der Brauch entstanden, die Wahl und Krönung (in Aachen) des Nachfolgers noch zu Lebzeiten des Kaisers zu sichern. Der gesetzmäßige Erbe erhielt bis zum Tode des Kaisers den Titel »König der Römer« und erhielt dann die Kaiserkrone ohne weitere Zeremonie. (Vgl. Bryce, S. 472 ff). – 58 Molinet, XLV, S. 7. – 59 Ebd. XLV, S. 33 f. – 60 Waas, S. 128.

4. *Bräute – verloren und gewonnen*

61 Arthur May, *The Habsburg Monarchy, 1867-1914* (Cambridge, Mass., Harvard University Press, 1951), S. 6. – 62 Frass, I, S. 259. – 63 Der Tradition gemäß erhielt der Kaiser des Heiligen Römischen Reiches Deutscher Nation seinen Titel erst bei der Krönung durch den Papst in Rom. Friedrich III. war jedoch der letzte Kaiser, der so gekrönt wurde. Die Venezianer verweigerten Maximilian die Durchreise durch ihr Gebiet, so daß er nicht nach Rom gelangen konnte und offiziell ungekrönt blieb. Der Papst gestand ihm das Recht zu, den Titel »Erwählter Römischer Kaiser« zu führen. Karl V. wurde in Bologna vom Papst gekrönt, aber sein Bruder und Nachfolger Ferdinand I. wurde niemals vom Papst gekrönt. Von dieser Zeit an wurde der Titel »Kaiser« – nach

der Krönung in Frankfurt am Main – beim Tode des vorhergehenden Kaisers angenommen. – 64 Michel Dugast Roullé, Hubert Cuny und Hervé Pinoteau, *Les Grands Mariages des Habsbourgs* (Paris, G. Saffroy, 1955), S. 31 f. – 65 Julia Cartwright, *Beatrice d'Este* (New York, E. P. Dutton & Co., 1928), S. 209 ff., auch Anneliese Gatt, *Der Innsbrucker Hof zur Zeit Kaiser Maximilians I., 1493-1519* (unveröffentl. Dissertation, Leopold-Franzens-Universität zu Innsbruck, 1943), S. 78 ff. – 66 Cartwright, S. 219. – 67 Waas, S. 61. – 68 Andrews, S. 95, Kraus, S. 103. – 69 Gatt, S. 149 ff. – 70 Ebd.

5. Kaiser Maximilians Image

71 Glenn Elwood Waas beschäftigt sich in dem bereits zitierten Werk *The Legendary Character of Kaiser Maximilian* ausführlich mit den Legenden, die sich in dem Jahrhundert nach dem Tode des Kaisers um ihn bildeten. – 72 Friedrich Nüchter, *Albrecht Dürer*, übers. v. Lucy D. Williams (Ansbach, Fr. Seybold, 1911), S. 22. – 73 Molinet, XLV, S. 76 ff. – 74 Karl Eduard Vehse, *Memoirs of the Court and Aristocracy of Austria*, übers. v. Franz Demmler, 2 Bde. (London, H. S. Nichols, 1896), I, S. 9. – 75 Ebd. I, S. 9 ff., auch Knappich, S. 94. – 76 Wilhelm Bauer (Hg.), *Die Korrespondenz Ferdinands I.* (Wien, Adolf Holzhausen, 1912), S. 70. – 77 Kraus, S. 48. – 78 Vehse, I, S. 15. – 79 Waas, S. 80.

6. Die spanische Heirat: Philipp der Schöne und Johanna die Wahnsinnige

80 Luc Hommel, *Marguerite d'York ou La Duchesse Junon* (Paris, Librairie Hachette, 1959), S. 289. – 81. Ebd. S. 233. – 82 Ebd. S. 235. – 83 Ebd. S. 289. – 84 Brouwer J., *Johanna de Waanzinnige, een tragisch leven in een bewogen tijd* (Amsterdam, J. M. Meulenhoff, 1949), S. 17. – 85 De Iongh, S. 94. – 86 Gertrude von Schwarzenfeld, *Karl V., Ahnherr Europas* (Hamburg, Georg D. W. Callweg, 1954), S. 154. – 87 Brouwer, S. 40. – 88 Schwarzenfeld, S. 159. – 89 Brouwer, S. 41, Hommel, *Marguerite d'York*, S. 290. – 90 Schwarzenfeld, S. 157. – 91 Harry Tighe, *A Queen of Unrest. The Story of Juana of Castile* (London, Swan Sonnenschein, 1905), S. 199. – 92 Schwarzenfeld, S. 164. – 93 Tighe, S. 199. – 94 Johannas neuester Biograph Johannes Brouwer hält es für möglich, daß Philipp von seinem Schwiegervater, König Ferdinand, vergiftet wurde, dem durch seinen Tod große Vorteile erwuchsen. Der Historiker fügt jedoch hinzu, daß kein Beweis dafür möglich ist und der Tod auch durch natürliche Ursachen eingetreten sein kann. – 95 William H.

Prescott, *History of the Reign of Ferdinand and Isabella the Catholic,* 3 Bde. (Philadelphia, J. B. Lippincott & Co., 1870), III, S. 268. – 96 Vehse, I, S. 35.

7. Die Kinder von Mecheln

97 M. Le Glay, *Correspondance de l'Empereur Maximilian 1er et Marguerite d'Autriche Sa Fille, de 1507 à 1519,* 2 Bde. (Paris, Jules Renouard, 1839), II, S. 380. – 98 Ebd. I, S. 177. – 99 Ebd. I, S. 293. – 100 Ebd. I, S. 367. – 101 Ebd. I, S. 383. – 102 Ebd. II, S. 48. – 103 Ebd. II, S. 37. – 104 Waas, S. 139. – 105 Le Glay, II, S. 257. – 106 Troels Frederick Troels-Lund, *Dagligt liv i Norden i det sekstende aarhundrede,* 13 Bde. (Kopenhagen, Gyldendal, 1908), IV, S. 167. – 107 Jane de Iongh, *Mary of Hungary, Second Regent of the Netherlands,* übers. v. M. C. Herter Norton (New York, W. W. Norton & Co., 1958), S. 35 – 108 Le Glay, II, Fußnote S. 336. – 109 Ebd. – 110 De Iongh, *Mary of Hungary,* S. 28. – 111 Leon Schick, *Jacob Fugger, Un Grand Homme d'Affaires au début du XVIe Siècle* (Paris, S. E. V. P. E. N., 1957), S. 111. – 112 Hans Ankwicz-Kleehoven, *Der Wiener Humanist Johannes Cuspinian* (Graz-Köln, Hermann Böhlaus Nachf., 1959), S. 83 ff. – 113 Le Glay, II, S. 301. – 114 Ebd., II, S. 300.

8. Albrecht Dürers letztes Porträt

115 Great Britain, Public Record Office, *Calendar of State Papers and Manuscripts Relating to English Affairs Existing in the Archives and Collections of Venice and in other Libraries of Northern Italy,* hg.v. Rawdon Brown (London, Longmans, Green, Reader & Dyer, 1867), II, S. 388. In Hinkunft wird *The Calendar of State Papers . . . of Venice* mit C. S. P. V. abgekürzt. – 116 Schick, S. 153 ff. – 117 Le Glay, II, S. 414.

III DIE WELT KARLS V.

1. Erbe der Welt

118 Die berühmte Habsburgerlippe, die ein dauerndes Familienmerkmal wurde und noch im 20. Jahrhundert bei Familienmitgliedern auftritt, stammte zweifellos aus der Ehe zwischen Maximilian und Marie von Burgund. Wie man auf seinen Profilporträts deutlich erkennen kann, hatte schon Maximilian einen stark vorspringenden Unterkiefer,

während Porträts von Maries Vater Karl dem Kühnen eine deutlich volle Unterlippe zeigen. Maximilians Kieferbildung soll ein Erbstück seiner Großmutter väterlicherseits, Cymburga von Masowien, gewesen sein. – Nach den Angaben des Chronisten Brantôme besuchte Karls Schwester Eleonore die Grüfte der Herzoge von Burgund im Kartäuserkloster von Dijon und hatte die absonderliche Idee, sich die Gräber öffnen zu lassen. Mehrere Leichen waren gut erhalten, und Eleonore bemerkte in ihren Gesichtern mit Entzücken die vorspringenden Unterkiefer und Unterlippen. »Ha«, rief sie aus, »ich hatte immer gedacht, unsere Münder stammten von den Vorfahren aus Österreich, aber jetzt bemerke ich, daß sie von Marie von Burgund und ihren Vorfahren ererbt sind!« (Zitiert in William Bradford, *Correspondence of the Emperor Charles V and His Ambassadors at the Courts of England and France ... With a Connecting Narrative and Biographical Notice of the Emperor ...* (London, Richard Bentley, 1750), Fußnote S. 343.) – Trotz Eleonores Beobachtung ist jedoch wahrscheinlich, daß die Kieferbildung ein Erbstück der Habsburgerlinie ist, die vorspringende Unterlippe hingegen dürfte von den burgundischen Vorfahren stammen. – 119 Royal Tyler, *The Emperor Charles the Fifth* (Fair Lawn, N. J., Essential Books, 1956), S. 290. – 120 Joseph Chmel (Hg.), *Urkunden, Briefe und Aktenstücke zur Geschichte Maximilians I. und seiner Zeit* (Stuttgart, Bibliothek des Literarischen Vereins, 1845), S. 261. – 121 Great Britain, Public Record Office, *Letters and Papers Foreign and Domestic of the Reign of Henry VIII*, hg. von J. S. Brewer (London, Longmans, Green, Reader & Dyer, 1867), I., S. 363, Nr. 3248, 3271. In der Folge abgekürzt mit: L. P. F. D. – 122 Le Glay, I., S. 241. – 123 Vitals vollständiges Reisetagebuch wird in der *Collection des Voyages des Souveraines des Pays-Bas*, hg. von Gachard et Piot, angeführt (Brüssel, F. Hayez, 1881), S. 1 ff. – 124 Ebd. S. 58. – 125 Brandi, S. 171.

2. Familienangelegenheiten

126 Ebd. S. 79. – 127 Brouwer, S. 109. – 128 Gachard et Piot, S. 135. – 129 Ebd. S. 136. – 130 Hommel, *Marguerite d'York*, S. 290. – 131 Gachard et Piot, S. 140. – 132 Ebd. S. 237 ff. – 133 Bauer, S. 40. – 134 Gachard et Piot, S. 146. – 135 Bauer, S. 7. – 136 Gachard et Piot, S. 147. – 137 Ghislaine de Boom, *Les Voyages de Charles-Quint* (Brüssel, Office de Publicité, 157), S. 38. – 138 Gachard et Piot, S. 270.

3. Eine folgenschwere Wahl

139 C. S. P. V., II, S. 503. – 140 Schick, S. 168. – 141 Ebd. S. 167. – 142 Ebd. S. 168. – 143 Ebd. S. 172. – 144 Ebd. S. 168. – 145 Ebd. S. 173. – 146 C. S. P. V., II, S. 503. – 147 Ebd. S. 514. – 148 Ebd. S. 519. – 149 Bauer, S. 11. – 150 C. S. P. V., II, S. 531. – 151 Ebd. S. 514. – 152 L. P. F. D., III, Teil 1, S. 115, Nr. 326. – 153 Ebd. S. 114, Nr. 323. – 154 Ebd. S. 115, Nr. 326. – 155 Ebd. – 156 Brandi. S. 111. – 157 König Karl I. von Spanien wurde Kaiser Karl V. – 158 C. S. P. V., II, Fußnote S. 545. – 159 John Lynch, *Spain under the Habsburgs (1516-1598)* (New York, Oxford University Press, 1964), S. 39. – 160 Siehe die Tabelle vor den Anmerkungen. – 161 Brandi, S. 111.

4. Der nahtlose Mantel

162 Brandi, S. 123. – 163 Roland Bainton, *Here I Stand: A Life of Martin Luther* (New York, Abingdon Cokesbury Press, 1950), S. 185. – 164 Schwarzenfeld, S. 91. – 165 Bainton, S. 188. – 166 C. S. P. V., III, S. 180.

5. Jahre des Triumphes

167 Schwarzenfeld, S. 138. – 168 Ebd. S. 139. – 169 Vehse, I, S. 56, auch Oscar Browning, *The Age of the Condottieri* (London, Methouen & Co., 1895), S. 230 ff. – 170 C. S. P. V., III, S. 401.

6. Das verschlossene Herz

171 Tyler, S. 285. – 172 Baron Kervyn de Lettenhove (Hg.), *Commentaires de Charles-Quint* (Paris, Firmin-Didot Frères et Fils, 1862), S. 4. – 173 Brandi, S. 219. – 174 D. B. Wyndham Lewis, *Charles of Europe* (New York, Coward-McCann, 1931), S. 68. – 175 Vehse, I, S. 170. – 176 Tyler, S. 278. – 177 Bartholomew Sastrow, *Social Germany in Luther's Time* (London, Archibald Constable, 1902), S. 230. – 178 Mario Cavalli, *Relations of Venetian Ambassadors* in *Renaissance Reader*, hg. von James Ross und Mary Martin McLaughlin (New York, Viking Press, 1953), S. 303. – 179 Bradford, S. 135. – 180 Emil Schäffer, *Habsburger schreiben Briefe: Privatbriefe aus fünf Jahrhunderten* (Leipzig, E. P. Tal & Co. Verlag, 1935), S. 20. – 181 Brandi, S. 324, De Iongh, *Mary of Hungary*, S. 160. – 182 De Iongh, *Mary of Hungary*, S. 263. – 183

Tyler, Fußnote S. 61. – 184 De Iongh, *Mary of Hungary*, S. 130. – 185 Brandi, S. 343. – 186 Badford, S. 136. – 187 C. S. P. V., III, Fußnote, S. 374. – 188 Karl Lanz (Hg.), *Staatspapiere zur Geschichte des Kaisers Karl V. aus dem Königlichen Archiv und der Bibliothèque de Bourgogne zu Brüssel* (Stuttgart, Bibliothek des Literarischen Vereins, 1845), S. 34. – 189 Sir Charles Petrie, *Philip II of Spain* (New York, W. W. Norton & Co., 1963), S. 34. – 190 Schwarzenfeld, S. 31. – 191 Kervyn de Lettenhove, *Commentaires de Charles-Quint*, S. 44. – 192 Ebd. S. 52.

7. Der nahtlose Mantel zerreißt

193 Brandi, S. 527. – 194 Vehse, I, S. 165. – 195 J. A. Froude, *Life and Letters of Erasmus* (New York, Charles Scribner's Sons, 1895), S. 382 ff. – 196 Schwarzenfeld, S. 175.

8. Bruderzwist

197 *Denkschrift über die Succession in der Kaiserwürde*, wahrscheinlich vom Bischof von Arras geschrieben, in Karl Lanz, *Staatspapiere*, S. 450. – 198 Tyler, S. 174. – 199 De Iongh, *Mary of Hungary*, S. 235. – 200 Lanz, S. 482 ff. – 201 Vehse, I, S. 164. – 202 Tyler, S. 107. – 203 Lewis, S. 189. – 204 Jean H. Mariéjol, *Philip II. The First Modern King*, übersetzt von B. Wells (New York, Harper & Bros., 1933), S. 26.

9. Exil

205 Schwarzenfeld, S. 316. – 206 Lewis, S. 306. – 207 Ebd. S. 82. – 208 Kervyn de Lettenhove, *Commentaires, Introduction*, S. VI. – 209 Vehse, I, S. 150.

IV ÖSTERREICHISCHE UND SPANISCHE GESCHWISTERKINDER

1. Ferdinands Familie

210 Schäffer, S. 22. – 211 Knappich, S. 121. – 212 Lynch, S. 37. – 213 Bauer, S. 12, Nr. 14. – 214 De Iongh, *Mary of Hungary*, S. 55. – 215 Knappich, S. 125. – 216 Bauer, S. 400. – 217 Viktor Bibl, *Maximilian II., Der rätselhafte Kaiser* (Hellerau bei Dresden, Avalun-Verlag, 1929), S. 29. – 218 Ebd. – 219 Frass, II, S. 51. – 220 Bibl, S. 29.

2. Der siegreiche Krummsäbel

221 Bauer, S. 70, Nr. 42. – 222 De Iongh, *Mary of Hungary*, S. 96. – 223 Ebd. S. 98. – 224 Bauer, S. 130, Nr. 67. – 225 Frass, II, S. 36. – 226 De Iongh, *Mary of Hungary*, S. 90. – 227 Ebd. S. 67. – 228 Bauer, S. 435, Nr. 224. – 229 Harald Lamb, *Suleiman the Magnificant* (Garden City, N. Y., Doubleday & Co., 1951), S. 99. – 230 De Iongh, *Mary of Hungary*, S. 105. – 231 Bauer, S. 444, Nr. 232. – 232 Lamb, S. 127.

3. Ketzerei im Familienkreis

233 Bibl, S. 30. – 234 Bauer, S. 37. – 235 Ebd. S. 59. – 236 Vehse, I, S. 203. Über die Heirat von Maximilians natürlicher Tochter Gelena wird eine merkwürdige Geschichte erzählt. Als sie zu einem hübschen und klugen Mädchen herangereift war, wurde ihre Hand als Preis für den Gewinner eines Ringkampfes ausgesetzt. Ein riesenhafter Kärntner Adeliger, Baron Andreas von Rauber, gewann sie, nachdem er einen spanischen Granden von gleicher Körpergröße besiegt und in einen Sack gebunden dem Kaiser vor die Füße gelegt hatte. – 237 Schäffer, S. 24. – 238 Bibl, S. 46. – 239 Knappich, S. 137. – 240 Brandi, S. 630. – 241 Bibl, S. 59.

4. Erzherzog Ferdinand und Philippine Welser

242 Vehse, I, S. 186. – 243 Victor von Klarwill (Hg.), *The Fugger News Letters*, übers. v. Pauline de Chary (London, John Lane The Bodley Head Ltd., 1924), S. 46. – 244 Bibl, S. 167. – 245 Vehse, I, S. 187. – 246 Bibl, S. 153 f. – 247 Jetzt im Kunsthistorischen Museum in Wien. – 248 *Symmicta germanica de re coquinaria ... Philippinae Welserae*, in der Handschriftensammlung der Österreichischen Nationalbibliothek, Wien.

5. Der junge Maximilian gibt nach

249 Vehse, I, S. 183. – 250 Bibl, S. 71 f. – 251 Ebd. S. 83. – 252 Vehse, I, S. 182. – 253 Bibl, S. 90. – 254 Ebd. S. 92. – 255 Anonym. *A brief rehersal and discription of the Coronation of the hye and myghtie Prince Maximilian Kyng of Romans ... at the famus citie of Francford yn the year of owr Lord 1562. Newli prented yn Gaunte ... 1565* (British Museum, reproduziert auf Universitätsmikrofilm Nr. 16.578).

6. Kaiser Ferdinands letzte Tage

256 Richard Kralik, *Geschichte der Stadt Wien und ihrer Kultur* (Wien, Adolf Holzhausen, 1926). S. 159. – 257 Ebd. S. 130. – 258 Ebd. S. 161. – 259 *Letters of Ogier Ghislain de Busbecq to the Holy Roman Emperor Maximilian II*, übersetzt aus dem lateinischen Text des J. B. Howaert von Robert Epes Jones und Bernard Clarke Weber (New York, Bookman Associates, 1961), S. 8. – 260 Bibl, S. 116 ff.

7. Eine spanische Erziehung

261 Gertrude von Schwarzenfeld, *Rudolf II.* (München, Verlag Georg D. W. Callwey, 1961), S. 22. – 262 Bibl, S. 197. – 263 Ebd. S. 198. – 264 Charles de Moüy, *Don Carlos et Philippe II.* (Paris, Perrin et Cie., 1888), S. 66 ff. – 265 Bibl, S. 232. – 266 Ebd. – 267 Ebd. S. 208. – 268 Ebd. S. 236. – 269 Lynch, S. 179. – 270 Bibl, S. 252. – 271 Ebd. S. 255. – 272 De Moüy, S. 333. – 273 Bibl, S. 257. – 274 Klarwill, S. 7 f. – 275 Schwarzenfeld, *Rudolf II.*, S. 29.

8. Maximilian II. - eine »Via Media«

276 Schwarzenfeld, *Rudolf II.*, S. 30. – 277 Ebd. S. 34. – 278 C. V. Wedgwood, *The Thirty Years War* (Garden City, N. Y., Doubleday & Co., 1961), S. 59. – 279 Knappich, S. 132. – 280 Vehse, I, S. 183. – 281 Bibl, S. 298. – 282 Vehse, I, S. 200. – 283 Bibl, S. 394 ff. – 284 Sir David Brewster, *Tycho Brahe in Martyrs of Science* (London, Chatto & Windus, n. d.), S. 180. – 285 Bibl, S. 395. – 286 Ebd. S. 30. – 287 Vehse, I, S. 200.

9. Interfamiliare Ehen

288 Ludwig Pfandl, *Philipp II.* (München, Verlag Georg D. W. Callwey, 1951), S. 401. – 289 H. Forneron, *Histoire de Philippe II.* (Paris, E. Plon et Cie., 1882), S. 401 ff. – 290 Desiderius Erasmus, *The Education of a Christian Prince,* übersetzt von Lester K. Born (New York, Columbia University Press, 1936), S. 243. – 291 Maria Jesús Pérez Martin, *Margarita de Austria, Reina de España* (Madrid, Espasa-Calpe, 1961), S. 163.

10. *Am Hof Rudolfs II.*

292 Klarwill, S. 74, 107 ff., 15 f., 208 f. – 293 Schwarzenfeld, *Rudolf II.*, S. 44 ff. – 294 Ebd. S. 146 f. – 295 Vehse, I, S. 235.

11. *Matthias - Monarch der Sieben »M«*

296 In der Sammlung der Geistlichen Schatzkammer, Hofburg, Wien. – 297 Knappich, S. 154. – 298 Vehse, I, S. 250.

V DIE HABSBURGER IN BEDRÄNGNIS: PROTESTANTEN UND TÜRKEN

1. *Ferdinand II.*

299 Wedgwood, S. 79. Slawatas eigener Bericht *Der Prager Fenstersturz*, zitiert bei Frass, II, S. 107. – 300 Vehse, I, S. 243. – 301 Wedgwood, S. 81 f. – 302 Vehse, I, S. 257. – 303 Wedgwood, S. 59. – 304 Knappich, S. 158. – 305 Vehse, I, S. 262. – 306 Frass, I, S. 109, Khevenhüllers Bericht aus *Annales Ferdinandei zu 1619*. – 307 Wedgwood, S. 139. – 308 Ebd. S. 131.

2. *Eine Braut in Kriegszeiten*

309 Grete Mecenseffy, *Habsburger im 17. Jahrhundert: Die Beziehungen der Höfe von Wien und Madrid während des Dreißigjährigen Krieges*, Bd. 121, Nr. 1 des *Archivs für österreichische Geschichte* (Wien, Rudolf M. Rohrer, 1955), S. 38 ff. Die Darstellung der Reise Maria Annas ist hauptsächlich dieser Quelle entnommen. – 310 Wedgwood, S. 228. – 311 Mecenseffy, S. 44. – 312 Schäffer, S. 30. – 313 Mecenseffy, S. 81.

3. *Leopold I. - ein Kaiser wider Willen*

314 Schäffer, S. 32. – 315 Vehse, I, S. 423. – 316 Victor von Renner, *Wien im Jahre 1683* (Wien, Verlag R. V. Waldheim, 1883), S. 4. – 317 Vehse, I, S. 423. – 318 Velasquez: Bildnisse der Infantin Margarita Teresa, Kunsthistorisches Museum, Wien. – 319 Vehse, I, S. 440 ff. – 320 Knappich, S. 177. – 321 Vehse, II, S. 11. – 322 Schäffer, S. 32.

4. *Die große Belagerung Wiens*

323 Augenzeugenberichte aus den Tagen vor der Belagerung bei Renner, S. 218 ff. – 324 Karl August Schimmer, *The Sieges of Vienna by the Turks* (London, J. Murray, 1847), S. 95 ff. – 325 *Cambridge History of Poland* (Cambridge, England, The University Press, 1950), S. 537 ff. – 326 John Bingham Morton, *Sobieski, King of Poland* (London, Eyre & Spottiswoode, 1932), S. 186. – 327 Ebd. Fußnote, S. 178. – 328 Ebd. S. 201. – 329 Schäffer, S. 33, Onno Klopp, *Das Jahr 1683* (Graz, Verlagsbuchhandlung Styria, 1882), S. 314. – 330 Vielleicht apokryph: Klopp, S. 554, bezweifelt die Richtigkeit der Darstellung und gibt an, daß sie zuerst in dem französischen Bericht von Salvandy erscheint. – 331 Klopp, S. 321 ff., Renner, S. 448.

VI IN EINER BAROCKWELT

332 Vehse, II, S. 79. – 333 Ebd. II, S. 82. – 334 Ebd. II, S. 95. – 335 Ebd. II, S. 12. – 336 Ebd. II, S. 122. – 337 Ebd. – 338 Ebd. I, S. 424. – 339 Rosina Topka, *Der Hofstaat Kaiser Karls VI.* (unveröffentlichte Dissertation, Universität Wien, 1954), passim. – 340 Ebd. S. 133. – 341 Einer der lebhaftesten Beweise dieser »Kaisertreue« (angeführt bei Wilhelm Rausch, *Die Hofreisen Kaiser Karls VI.*, unveröffentlichte Dissertation, Universität Wien, 1954, S. 147) ereignete sich im Jahre 1732, als Karl VI. eines Tages auf einer Jagd in Böhmen das Unglück hatte, statt des verfolgten Hirschen seinen treuen Freund und Hofmarschall Fürst Schwarzenberg zu treffen. Man rief rasch einen Arzt aus Prag, doch konnte er nicht mehr helfen, die Wunde war unbedingt tödlich. Der Kaiser war außer sich, warf Hut und Perücke weit weg und war nicht zu beruhigen. Der Sterbende aber bat den Arzt, Seine kaiserliche Majestät zu trösten, und sagte: »Es ist das Geschick des Himmels, daß ich von Seiner Majestät erschossen wurde. Bei meiner Ankunft im Himmel werde ich Gott bitten, Seiner Majestät einen Erben zu schicken, und um eine lange Regierungszeit für ihn flehen.« Ob die Worte des Sterbenden wahrheitsgetreu überliefert sind, ist vielleicht von geringerer Bedeutung als die Tatsache, daß seine Zeitgenossen sie für durchaus glaubhaft hielten und daß ihnen eine derartige Treue eines kaiserlichen Dieners nicht im geringsten ungewöhnlich erschien. – 342 Vehse, II, S. 1 ff., Casimir Freschot, *Mémoires de la Cour de Vienne* (Köln, Guillaume Etienne, 1705), S. 102. – 343 Vehse, II, S. 128. – 344 Ebd. – 345 Großmeister vom Orden des Goldenen Vlieses waren nach Philipp II. die Könige von Spanien. Mit dem Tode Carlos' II. und dem Aussterben der spanischen Linie im Jahre 1700 ging diese Würde auf Karl VI. über,

der den Orden 1713 in Wien neu begründete. – 346 Freschot, S. 135 ff. – 347 Vehse, II, S. 61. – 348 Sir Robert Murray Keith, *Memoirs und Correspondence*, hg. v. Mrs. Gillespie Smith, 2 Bde. (London, Henry Colburn, 1849), I, S. 456. – 349 Vehse, II, S. 125. – 350 Therese Schüssel, *Kultur des Barock in Österreich* (Graz, Stiasny Verlag, 1960), S. 107 ff. – 351 Vehse, II, S. 130, Freschot, S. 49. – 352 Schüssel, S. 113. – 353 P. Eberhard Kusin, *Die Kaisergruft bei den P. P. Kapuzinern in Wien* (Wien, Buch- und Kunstverlag Othmar Kloiber, 1949), S. 71 ff. Auch Vehse, II, S. 76 ff. – 354 Pater Kusin bezweifelt diesen speziellen Teil der Begräbniszeremonie der Habsburger. In vielen Berichten über Leichenbegängnisse der Habsburger findet sich jedoch diese Beschreibung.

VII PROBLEME DER ERBFOLGE

1. Ein neuer König für Spanien

355 Schäffer, S. 35. – 356 Ebd. S. 36. – 357 John Langdon-Davies, *Carlos, The King Who Would Not Die* (Englewood, Cliffs, N. J., Prentice-Hall, 1963), S. 196. – 358 Ebd. S. 238. – 359 Der Bericht stammt vom Duc de St-Simon, der aber bekanntlich nicht dabei war und seine heitere Version aus zweiter Hand bezog. Cf. *Saint-Simon at Versailles*, ausgewählt und übersetzt aus den *Memoirs* (of St-Simon) von Lucy Norton (New York, Harper & Bros., 1958), S. 59 ff. – 360 Marcus Landau, *Geschichte Kaiser Karls VI. als König von Spanien* (Stuttgart, Verlag der J. C. Cotta'schen Buchhandlung, 1889), S. 147 ff. – 361 Ebd. S. 390. – 362 Ebd. S. 391. – 363 Ebd. S. 395. – 364 Ebd. S. 485.

2. Sorgen und Freuden Karls VI.

365 Wilhelm Rausch, *Die Hofreisen Kaiser Karls VI.*, S. 141. – 366 Vehse, II, S. 142. – 367 Ebd. – 368 Wilhelm Rausch, S. 60. – 369 Ebd. S. 64. – 370 Ebd. S. 88 ff. – 371 Ebd. S. 48. – 372 Elisabeth Christines grüngepolsterte Sänfte, die ein Wunder an Reisekomfort des 18. Jahrhunderts war und sogar eingebaute sanitäre Einrichtungen bot, kann heute in der Wagenburg des Schlosses Schönbrunn in Wien besichtigt werden. Das aus Silber und Kristall verfertigte Reiseservice und der transportable Ofen, die auf Reisen wie dieser verwendet wurden, werden im Silbernen Zimmer des kaiserlichen Schlosses aufbewahrt. – 373 Wilhelm Rausch, S. 88. – 374 Ebd. – 375 Ebd. S. 90. – 376 Mary

Maxwell Moffat, *Maria Theresa* (London, Methuen & Co., 1911), S. 49. – 377 Margaret Goldsmith, *Maria Theresa of Austria* (London, Arthur Barker, 1936), S. 53. – 378 Ebd. S. 56. – 379 Ludwig Reiners, *Frederick the Great*, übers. von Lawrence Wilson (London, Oswald Wolff, 1960), S. 90.

VIII DIE GROSSE KAISERIN

1. *Krönung in Preßburg*

380 Moffat, S. 72. – 381 Adam Wolf, *Marie Christine, Erzherzogin von Österreich*, 2 Bde. (Wien, Carl Gerold's Sohn, 1863), I, S. 5. – 382 Moffat, S. 67. – 383 Knappich, S. 215. – 384 Moffat, S. 86. – 385 François Fejtö, *Un Habsbourg Révolutionnaire, Joseph II* (Paris, Librairie Plon, 1953), S. 4. – 386 Moffat, S. 114 ff., Nathaniel Wraxall, *Memoirs of the Courts of Berlin, Dresden, Warsaw and Vienna in the Years 1777, 1778 and 1779*, 2 Bde. (London, T. Cadell & W. Davies, 1806), II, S. 306 ff.

2. *Die Landesmutter*

387 Goldsmith, S. 95. – 388 J. Alexander Mahan, *Maria Theresia of Austria* (New York, Thomas Y. Crowell Co., 1932), S. 229. – 389 Moffat, S. 145. – 390 Knappich. S. 220, Moffat, S. 16 u. 163. – 391 John Naglee Burk, *Mozart and his Music* (New York, Random House, 1959), S. 18. – 392 Walter Horace Bruford, *Germany in the Eighteenth Century: The Social Background of the Literary Revival* (Cambridge, England, The University Press, 1935), S. 80; David Hume in einem Brief vom 15. April 1784, zitiert bei Burton, *Life and Correspondence of David Hume*, 1846: » . . . Wir wurden auch bei den Erzherzogen und Erzherzoginnen – schönen Kindern – eingeführt und ebenso bei der Kaiserinwitwe. Diese hatte zwei Monate lang keine Gesellschaft gegeben, aber da sie erfuhr, daß Engländer ihr vorgestellt zu werden wünschten, war sie sofort zum Empfang bereit. Du mußt wissen, daß man sich hier vor den Majestäten weder verbeugt noch vor ihnen niederkniet, sondern knickst. Nach einer kurzen Unterhaltung mit der Kaiserin hatten wir also den ziemlich langen Saal rückwärts und beständig knicksend zu durchschreiten und waren in Gefahr, übereinander auf einen Haufen zu purzeln. Die Kaiserin bemerkte es und rief: ›Allez, allez, Messieurs, sans cérémonie; vous n'êtes pas accoutumés à ce mouvement et le plancher est glissant.‹ Wir waren der Kaiserin sehr dankbar für diese Aufmerksamkeit, denn meine Kollegen hatten schreckliche Angst, ich möchte auf sie fallen und sie totdrücken.« – 393 Moffat, S. 328, Vehse, II, S. 202. – 394 Mahan, S. 238.

3. *Die Keuschheitskommission*

395 Wraxall, II, S. 319. Das Grab wurde am 20. September 1754 in seiner endgültigen Gestalt von der Kaiserin besichtigt und gutgeheißen. – 396 Vehse, II, S. 206. – 397 Lady Mary Wortley Mantagu, *Letters and Works,* hg. von Lord Wharncliffe, 3 Bde. (London, Swan Sonnenschein, 1893), I, S. 295 ff. – 398 *Dr. Charles Burney's Continental Travels 1770-1772,* hg. von Cedric Howard Glover (London, Blackie & Sons, 1927), S. 146. – 399 Wraxall, II, S. 252 ff., Vehse, II, S. 206. – 400 Goldsmith, S. 267 ff. – 401 Ebd. S. 168. – 402 Walther Tritsch, *Metternich und sein Monarch* (Darmstadt, Im Holle Verlag, 1952), S. 192. – 403 Goldsmith, S. 222. – 404 Ebd. S. 223.

4. *Absolutismus im Kinderzimmer*

405 Wandruszka, S. 169 f. – 406 Goldsmith, S. 151. – 407 Ebd. S. 148. – 408 Fejtö, S. 28. – 409 Goldsmith, S. 150. – 410 Alfred Ritter von Arneth (Hg.), *Briefe der Kaiserin Maria Theresia an ihre Kinder und Freunde,* 4 Bde. (Wien, Wilhelm Braumüller, 1881), III, S. 29. – 411 Wolf, S. 13, Fejtö, S. 52. – 412 Saul K. Padover, *The Revolutionary Emperor Joseph the Second* (New York, Robert O. Ballon, 1934), S. 37. – 413 Goldsmith, S. 204, Fejtö, S. 52. – 414 Goldsmith, S. 204. – 415 Padover, S. 37, Fejtö, S. 52. – 416 Mahan, S. 279. – 417 Fred Hennings, *Das Josephinische Wien* (Wien, Verlag Herold, 1966), S. 20. – 418 Padover, S. 49. – 419 Ebd. – 420 Ludwig F. Jedlicka (Hg.), *Maria Theresia in ihren Briefen und Staatsschriften* (Wien, Bergland Verlag, 1955), S. 30. – 421 Moffat, S. 311. – 422 Mahan, S. 293. – 423 Harold Acton, *The Bourbons of Naples* (London, Methuen & Co., 1956), S. 124. – 424 Wraxall, II, S. 323 ff. – 425 Acton, S. 126, Vehse, II, S. 235 ff. – 426 Adam Wandruszka, *Leopold II.,* 2 Bde. (Wien, Verlag Herold, n. d.), I, S. 207. – 427 Goldsmith, S. 241. – 428 Acton. S. 138. – 429 Ebd. S. 139. – 430 Ebd. S. 141. – 431 Ebd. S. 137. – 432 Ebd. – 433 Wolf, I, S. 125. – 434 Alfred Ritter von Arneth (Hg.), *Maria Theresia und Marie Antoinette, Ihr Briefwechsel* (Wien, Wilhelm Braumüller, 1866), S. 1 ff. – 435 André Castelot, *Queen of France, A Biography of Marie Antoinette* (New York, Harper & Bros., 1957), S. 9.

5. *Der letzte Brief an die Königin von Frankreich*

436 Moffat, S. 327. – 437 Ebd. S. 328. – 438 Vehse, II, S. 237. – 439 Jedlicka, S. 31. – 440 Henry Swinburne, *The Courts of Europe at the Close of the Last Century,* 2 Bde. (London, H. S. Nichols, 1895), I, S. 304. – 441 Arneth, *Maria Theresia und Marie Antoinette, Ihr Briefwechsel,* S. 348.

IX JOSEF II. – DER KAISER DES KLEINEN MANNES

1. *Neigungen eines einfachen Menschen*

442 Alfred Ritter von Arneth (Hg.), *Joseph II. und Leopold von Toscana, Ihr Briefwechsel von 1781 bis 1790,* 2 Bde. (Wien, Wilhelm Braumüller, 1872), I, S. 3. – 443 Ebd. S. 28. – 444 Padover, S. 49. Die Summe würde heute mindestens $ 11 000 000 in gegenwärtiger Währung betragen. – 445 Vehse, II, S. 124. – 446 Padover, S.107. – 447 Vehse, II, S. 265. – 448 Marcel Brion, *Daily Life in the Vienna of Mozart and Schubert,* übers. v. Jean Stewart (New York, The Macmillan & Co., 1962), S. 18. – 449 Hennings, S. 34. – 450 Eine von Thomas Jefferson erzählte Anekdote, zitiert bei Padover, S. 120. – 451 Vehse, II, S. 314. – 452 Ebd. – 453 Padover, S. 122.

2. *Der Weltverbesserer*

454 Ebd. S. 217. – 455 Ebd. S. 253. – 456 Ebd. S. 192. – 457 Castelot, S. 119.

3. *Ein Thronerbe wird bestimmt*

458 Adolf Beer (Hg.), *Joseph II., Leopold II. und Kaunitz, Ihr Briefwechsel* (Wien, Wilhelm Braumüller, 1873), S. 102. – 459 Padover, S. 98. – 460 Walter Consuelo Langsam, *Francis the Good: The Education of an Emperor, 1768-1792* (New York, The Macmillan & Co., 1949), S. 52 ff. – 461 Arneth, *Joseph II. und Leopold von Toscana,* I, S. 340. – 462 Langsam, S. 59 ff. 463 Tritsch, S. 81. – 464 Langsam, S. 67. – 465 Ebd. S. 81. – 466 Cölestin Wolfsgruber, *Franz I., Kaiser von Österreich* (Wien, Wilhelm Braumüller, 1899), I, S. 70.

4. *Epitaph*

467 Padover, S. 389. – 468 Arneth, *Joseph II. und Leopold von Toscana,* II, S. 270 ff. – 469 Langsam, S. 82. – 470 Vehse, II, S. 305.

X KRIEGE UND WALZER: DIE ZEIT NAPOLEONS

1. *Die kurze Regierung Leopolds II.*

471 Langsam, S. 84, Arneth, *Joseph II. und Leopold von Toscana,* II, S. 319. – 472 Langsam, S. 86. – 473 Diese Heirat der doppelten Cousins ersten Grades zeitigte verheerende Folgen in der Nachkommenschaft. Der ältere Bruder des Königs Ferdinand von Neapel (aus der spanisch-bourbonischen Linie), ein Onkel von Marie Therese und Franz, war vollkommen schwachsinnig; er lebte in Neapel mit einem Wärter. (Josef II., dessen Neugierde unstillbar war, sah sich das unglückliche Geschöpf bei einem Besuch in Neapel an.) Von den zwölf Kindern des Kaisers Franz, bei denen die Gefahr bestand, mit doppelten Erbanlagen belastet zu sein, blieben nur fünf am Leben. Der älteste Sohn, Ferdinand, war ein Epileptiker von unterdurchschnittlicher Intelligenz. Eine Tochter, Maria Anna, war schwachsinnig und lebte bis zu ihrem Tode mit einem Wärter in Schönbrunn. Marie Therese glaubte, daß die Entwicklung dieser Tochter durch einen furchtbaren Schock gestört worden sei, den sie, Marie Therese, während der Schwangerschaft erlitten hatte, als im Schönbrunner Tiergarten ein Orang-Utan ausgebrochen und ihr auf die Schulter gesprungen war. – 474 Tritsch, S. 103. – 475 Castelot, S. 409.

2. *Franz II. und Napoleon*

476 Langsam, S. 157. – 477 Brion, S. 159. – 478 Langsam, S. 159. – 479 Emil Ludwig. *Napoleon,* übers. v. Eden und Cedar Paul (New York, Boni Liveright, 1926), S. 342, Tritsch, S. 205.

3. *Häusliches Leben in Kriegszeiten*

480 Langsam, S. 162 ff. – 481 Der Apollosaal wurde von einem bedeutenden Chirurgen, Dr. Sigmund Wolffsohn, erbaut, der durch seine Erfindung von künstlichen beweglichen Armen und Beinen, die für Tausende von Amputierten aus den Napoleonischen Kriegen eine Wohltat waren, ein Vermögen erworben hatte. – 482 Heinrich Eduard Jacob, *Johann Strauß, Father and Son,* übers. v. Marguerite Wolff (New York, Greystone Press, 1940), S. 24. – 483 Langsam, S. 163. – 484 Karl Geiringer, *Josef Haydn, A Creative Life in Music* (New York, W. W. Norton & Co., 1946), S. 157. – 485 Langsam, S. 161. – 486 Ebd. – 487

Der Brief ist vom 15. Dezember 1781 datiert, in *Mozart's Letters,* hg. von Eric Blum (Harmondsworth, Middlesex, England, Penguin Books, 1956), S. 186. – 488 Tritsch, S. 215. – 489 Haus-, Hof- und Staatsarchiv, Wien, Sammelbände, Karton 43, Fasc. 284, 1810, und Pack 19, Nr. 103. – 490 Tritsch, S. 223. – 491 F. M. Kircheisen, *Memoirs of Napoleon I, compiled from his own writings* (New York, Duffield & Co., 1929), S. 126. – 492 André Castelot, *King of Rome* (New York, Harper & Bros., 1960), S. 138. – 493 Ebd. S. 64.

4. *Ein Familientreffen*

494 Castelot, *King of Rome,* S. 195. – 495 Acton, S. 616. – 496 Castelot, *King of Rome,* S. 143. – 497 Acton, S. 629.

XI KÖNIGE AUF URLAUB: DER KONGRESS TANZT

1. *Die Eröffnung des Wiener Kongresses*

498 Comte A. de La Garde-Chambonas, *Souvenirs du Congrès de Vienne* (Paris, Librairie Emile-Paul, 1904), S. 6. – 499 Ebd. S. 72 ff., S. 204. – 500 Frederick Freska (Hg.), *A Peace Congress of Intrigue,* übers. v. Harry Hansen (New York, The Century Co., 1919), S. 30ff.

2. *Gäste in der Hofburg*

501 Tritsch, S. 214. – 502 Aus *Letters of Talleyrand,* zitiert bei Freska, S. 315.

3. *Zwistigkeiten und Duelle*

503 Harold Nicolson, *The Congress of Vienna* (New York, Harcourt, Brace & Co., 1946), S. 150. – 504 Ebd. S. 164. – 505 Ebd. S. 179. – 506 Brief von Humboldt, zitiert bei Freska, S. 204 ff. – 507 Freska, S. 179.

4. Der Tanz geht zu Ende

508 Ebd. S. 180. – 509 Oder mindestens $ 250 000 in heutiger Währung. Nicolson schätzt die Gesamtkosten in *The Congress of Vienna* auf S. 167 auf »mindestens dreißig Millionen Gulden«. Talleyrand, zitiert bei Freska S. 315, schätzt die Kosten auf 220 000 Gulden pro Tag. – 510 Emil Pirchan, *Fanny Elßler* (Wien, Wilhelm Frick Verlag, 1940), S. 12. – 511 Memoiren der Gräfin Bernstorff bei Freska, S. 42. – 512 Freska, S. 119. – 513 Tritsch, S. 545 ff. – 514 Ebd. S. 547.

XII HERR BIEDERMEIER UND SEINE ZEIT

1. Franz der Gute - Ferdinand der Gütige

515 Tritsch, S. 549. – 516 Das Wort selbst ist von einer fiktiven Gestalt abgeleitet, einem einfachen, gutmütigen deutschen Bürger Gottlieb Biedermaier, der in den *Fliegenden Blättern* gegen Ende des 19. Jahrhunderts erschien. Die Zeit, die dem Revolutionsjahr 1848 unmittelbar vorangegangen war, wurde als philisterhaft angesehen und als Biedermeierzeit bezeichnet. – 517 Castelot, *King of Rome*, S. 269. – 518 Ebd. – 519 Ebd. S. 195. – 520 Siegfried Weyr, *Erzherzogin Leopoldine, das Leben einer Leidgeprüften*, veröffentlicht in der Tageszeitung *Neues Österreich* (17. Januar 1960, Wien). Die Zitate aus weiteren Briefen Leopoldines sind derselben Quelle entnommen. – 521 Egon Caesar Corti, *Vom Kind zum Kaiser, Kindheit und Erste Jugend Kaiser Franz Josefs I. und seiner Geschwister* (Graz, Verlag Anton Pustet, 1950), S. 94. – 522 Corti, S. 17, Castelot, *King of Rome*, S. 365. – 523 Corti, S. 15. – 524 Ebd. S. 40. – 525 Ebd. S. 26.

2. Biedermeierromanzen

526 Vehse, II, S. 409. – 527 Corti, S. 160. – 528 Vehse, II, S. 377. – 529 Corti, S. 33. – 530 Ebd. S. 34. – 531 Ebd. S. 35. – 532 Ebd. S. 39. – 533 Ebd. S. 40. – 534 Ebd. S. 65.

3. Revolution und Abdankung

535 Edward Crankshaw, *The Fall of the House Habsburg* (New York, Viking Press, 1963), S. 14. – 536 Corti, S. 156. – 537 Ebd. S. 171. – 538 Crankshaw, S. 26. – 539 Priscilla Robertson, *Revolution of 1848, A Social*

History (Princeton, N. J., Princeton University Press, 1952), S. 224. – 540 Horace Rumbold, *The Austrian Court in the Nineteenth Century* (London, Methuen & Co., 1909), S. 116, und Fred Hennings, *Das franzisko-josephinische Wien im Spiegel der Familie Alt,* Lichtbildervortrag Wien 1952. – 541 Corti, S. 332.

XIII FRANZ JOSEF – BEGINN EINER LANGEN HERRSCHAFT

1. Der junge Monarch

542 Egon Caesar Corti, *Mensch und Herrscher: Weg und Schicksal Kaiser Franz Josefs I. und seiner Geschwister zwischen Thronbesteigung und Berliner Kongreß* (Graz, Verlag Styria, 1952), S. 78.

2. Kaiserin Elisabeth

543 Egon Caesar Corti, *Elisabeth* (Graz, Verlag Anton Pustet, 1950), S. 27. – 544 Corti, *Mensch und Herrscher,* S. 145. – 545 Corti, *Elisabeth,* S. 51. – 546 Ebd. S. 186. – 547 Ebd. S. 63. – 548 Ebd. S. 56. – 549 Ebd. S. 437.

3. Lehrjahre Franz Josefs

550 Tritsch, S. 710. – 551 Corti, *Mensch und Herrscher,* S. 223. – 552 Tritsch, S. 709. – 553 Karl Tschuppik, *Empress Elizabeth of Austria* (London, Archibald Constable, 1930), S. 54. – 554 May, *The Habsburg Monarchy,* S. 434. – 555 Corti, *Elisabeth,* S. 97. – 556 May, S. 33.

5. Maximilian in Mexiko

557 Corti, *Mensch und Herrscher,* S. 381. – 558 Egon Caesar Corti, *Maximilian und Charlotte of Mexico,* 2 Bde. (London, Alfred A. Knopf, 1928), II, S. 822. – 559 Ebd. S.823. – 560 Corti, *Mensch und Herrscher,* S. 397. – 561 Ebd. S. 398. – 562 Ebd. S. 404.

6. Familienleben in den siebziger Jahren

563 Corti, *Maximilian und Charlotte of Mexico*, II, S. 771. – 564 May, S. 151. – 565 Corti, *Elisabeth*, S. 243. – 566 Corti, *Mensch und Herrscher*, S. 285. – 567 Das Faschingsabenteuer, einem Bericht aus Corti, *Elisabeth*, S. 253 ff., entnommen. – 568 Eugen Ketterl, *The Emperor Francis Joseph I., An Intimate Study*, übers. v. M. Ostheide (London, Skeffington & Sohn, n. d.), S. 27.

XIV DIE TRAGÖDIE VON MAYERLING

1. Ein neuer Thronfolger: Rudolf

569 Richard Barkeley, *The Road to Mayerling, Life and Death of Crown Prince Rudolf of Austria* (New York, St. Martin's Press, 1958), S. 27. – 570 Corti, *Mensch und Herrscher*, S. 443. – 571 Ebd. S. 420. – 572 Corti, *Elisabeth*, S. 132. – 573 Barkeley, S. 37. – 574 Stephanie (Princess) of Belgium, Fürstin of Lonyay, *I Was to Be an Empress* (London, Ivor Nicholson & Watson, 1937), S. 113. – 575 Ebd. S. 153 f. – 576 Barkeley, S. 181. – 577 Ebd. S. 120. – 578 Ebd. S. 197 ff. – 579 Ebd. S. 117. – 580 Ebd. S. 193.

2. Mary Vetsera

581 Ebd. S. 193. – 582 Marie Larisch, *My Past* (New York, G. P. Putnam's Sons, 1913), S. 224 ff. – 583 Baronin-Mutter Helene Vetsera, *Das Drama von Mayerling (Das Tagebuch der Baronin-Mutter Helene Vetsera)* (Reichenberg, Gebrüder Stiepel Gesellschaft, 1921), S. 15. – 584 Ebd. S. 16. – 585 Ebd. S. 26 f. – 586 Oskar Freiherr von Mitis, *Das Leben des Kronprinzen Rudolf, mit Briefen und Schriften aus dessen Nachlaß* (Leipzig, Insel-Verlag, 1928), S. 395. – 587 Larisch, S. 299 ff. – 588 Barkeley, S. 227 ff. – 589 *Das Mayerling-Original, Offizieller Akt des K. K. Polizeipräsidiums* (Wien, Wilhelm Frick Verlag, 1955), S. 5. – 590 Das Memorandum des Grafen Hoyos, das im Haus-, Hof- und Staatsarchiv in Wien aufbewahrt wird, wurde in Mitis' Bericht *Das Mayerling-Original* und teilweise in Barleys Bericht abgedruckt. – 591 *Das Mayerling-Original*, S. 19. – 592 Mitis, S. 390. – 593 Ebd. S. 391. – 594 Ebd. – 595 Corti, *Elisabeth*, S. 417. – 596 Ebd. S. 420. – 597 *Das Mayerling-Original*, S. 79. – 598 Ernst Frh. v. Planitz, *Die Lüge von Mayerling* (Berlin, A. Pichler & Co., 7. Aufl.), S. 188. – 599 Ebd. S. 189. – 600 *Das Mayerling-Original*, S. 29 f. – 601 Egon Caesar Corti und Hans Sokol, *Der Alte Kaiser Franz Josef I. vom Berliner Kongreß bis zu seinem Tode* (Graz, Verlag Styria, 1956), S. 129.

3. *Komplott des Schweigens*

602 *Das Mayerling-Original*, S. 42. – 603 Barkeley, S. 265. – 604 Ebd. S. 271. – 605 *Das Mayerling-Original*, S. 54 ff. – 606 Corti-Sokol, *Der Alte Kaiser*, Faksimile des Abschiedsbriefes, S. 96 f. – 607 Corti, *Elisabeth*, S. 422.

XV FINALE DER HOFBURG

1. *Elisabeth in Trauer*

608 Corti, *Elisabeth*, S. 428. – 609 Ebd. S. 217.

2. *Franz Josefs Freundin*

610 Jean de Bourgoing (Hg.), *Briefe Kaiser Franz Josephs an Katharina Schratt* (Wien, Verlag Herold, 1964), S. 44 f. – 611 Ebd. S. 55. – 612 Ebd. – 613 Ebd. S. 56. – 614 Corti, *Elisabeth*, S. 471. – 615 Ebd. S. 465.

3. *Onkel und Neffe*

616 Bourgoing, S. 385. – 617 Joachim Remak, *Sarajevo* (New York, Criterion Books, 1959), S. 18. – 618 Bourgoing, S. 401. – 619 Corti-Sokol, *Der Alte Kaiser*, S. 264. – 620 Bourgoing, S. 425.

4. *Wien um die Jahrhundertwende*

621 Martin Freud, *Sigmund Freud: Man and Father* (New York, Vanquard Press, 1958), S. 156. – 622 Stefan Zweig, *Die Welt von gestern* (Wien, Bermann-Fischer-Verlag, 1948), S. 17. – 623 Adolf Hitler, *Mein Kampf* (München, Verlag Franz Eher Nachfolger, 1932), S. 135. – 624 *Hitlers Zweites Buch, ein Dokument aus dem Jahre 1928*, hg. von Gerhard L. Weinberg (Stuttgart, Deutsche Verlags-Anstalt, 1961), S. 185.

5. Götterdämmerung

625 Ketterl, S. 39. – 626 Bourgoing, S. 468. – 627 Ebd. S. 469. – 628 Reinhold Lorenz, *Kaiser Karl und der Untergang der Donaumonarchie* (Graz, Verlag Styria, 1959), S. 63. – 629 Corti-Sokol, *Der Alte Kaiser,* S. 334. – 630 Ebd. – 631 Remak, S. 24. – 632 Ebd. S. 27. – 633 Corti-Sokol, *Der Alte Kaiser,* S. 331. – 634 Bourgoing, S. 471. – 635 Ebd. S. 363.

6. Sarajewo

636 Zweig, S. 290. – 637 Corti-Sokol, *Der Alte Kaiser,* S. 408. – 638 Ebd. S. 409. – 639 Remak, S. 108 f. – 640 Ebd. S. 130. – 641 Ebd. S. 132. – 642 Ebd. S. 130. – 643 Ebd. S. 134. – 644 Ebd. – 645 Ebd. S. 140 f. und verschiedene mündliche Überlieferungen. – 646 Corti-Sokol, *Der Alte Kaiser,* S. 412. – 647 Ebd. S. 414. – 648 Ebd. S. 420.

7. Der Tod eines Kaisers

649 Ebd. S. 449. – 650 Ebd. S. 445. – 651 Ketterl, S. 247. – 652 Der Bericht vom Tod Franz Josefs wurde teils der Darstellung bei Corti-Sokol (*Der Alte Kaiser,* S. 464 ff.), teils der Wiedergabe bei Ketterl (*Emperor Francis Joseph I,* S. 251 ff.) entnommen.

XVI DER VORHANG FÄLLT

653 Hans Karl Zessner-Spitzenburg, *Kaiser Karl* (Salzburg, Salzburger Verlag für Wirtschaft und Kultur, 1953), S. 119. – 654 Ebd. S. 137. – 655 Arthur Polzer-Hoditz, *The Emperor Karl* (London, Putnam, 1930), S. 231. – 656 Edmund von Glaise-Horstenau, *The Collapse of the Austro-Hungarian Empire,* übers. v. Ian F. D. Morrow (London, J. M. Dent & Sons, 1930), S. 130.

Namenregister